これだけ覚えれば860点突破!

新TOEIC®テストに でる順英単語

河上源一[編著]
ブルース・ハード元上智大学教授[監修]

中経出版

まえがき

　本書は TOEIC によく出る単語約 3,000 を，最も効率よくマスターできるよう，
　　①見出し語を，**頻度順**に
　　②単語の意味を，**よく使われる順**に
　　③単語の用例を，**よく使われる形**で簡潔に
示したものです。

　全体を **6 つのパート**に分け，各パートに**約 500 語**を配置してあります。Part 1 から順に読んでいただくことを基本としていますが，**途中どこからでも読み進めていただけるようになっています**（「特徴と使い方」参照）。つまり，自分の最も必要とするレベルから始めていただけばよいのです。

　用例には，「日常の英会話」と「オフィスの英会話」，「ビジネス英語（Eメール，レター）」の表現を豊富に入れました。**単語で引く英会話・ビジネス英語の表現集**といってもいいかもしれません（ただし，用例は暗唱していただけるように，可能な限り簡潔に，文が長くなる場合はフレーズの形で掲載しています）。

　単語は，日本語の意味を 1，2 つ暗記しているというだけでは十分ではありません。実際に使いこなして初めて単語力といえます。そのためには，**単語の用法（語法）**を知らなければなりません。本書の語義の解説には，そのような情報を可能なかぎり入れました。収録した単語は，いずれも TOEIC に頻出するものですが，それ以上に，生活・仕事の中で英語を使ううえでも重要なものばかりです。

　なお，本書は，2001 年の刊行以来，読者のご指示を得て版を重ねてきましたが，新 TOEIC テスト施行を機会に全体にわたり細部を見直し，さらに，効果的な学習ができるような体裁にして，このたび再出発することにいたしました。

2008 年 1 月

編著者

本書の特徴と使い方

　本書の最大の特徴は，コンピューターが重要な役割を果たしていることです。実際，著者の1人といえるかもしれません。そこで，原稿の作成手順にそって，どのようにコンピューターが活躍したのかを，少し説明させていただきます。

① 3,000語の選定

　まず，TOEICの問題をコンピューターにインプットして単語の頻度を調べます。ただしTOEICの問題自体は公開されていませんから，ここでは，いわゆる模擬試験問題を資料としました。模擬問題は，テスト実施機関が発行している公式問題集の他に，第三者が作成したものが数多く出版されています。アメリカ，イギリス及び日本国内の出版社のものを収集，利用させていただきました。総語数約20万語の頻度を調べています。

　最近，英・米で作成されている大がかりな英語のデータベースから比べれば20万語という数は微々たるものですが，TOEICの傾向を調べるのには十分な数といってよいと思います。

　このデータ分析の結果が下図です。このグラフは縦軸が総語数（割合），横軸が頻度順の単語数です。このグラフを見て驚くのは，頻度1位の語から頻度500位くらいまでの急激な線の立ち上がりです。500位で約70％，1,000位で約80％を占めています。このことから，TOEICにおいても，基本語がいかに重要かということがわかります。

　この基本データから，どの範囲の語を本書に収録したかを示したのが，

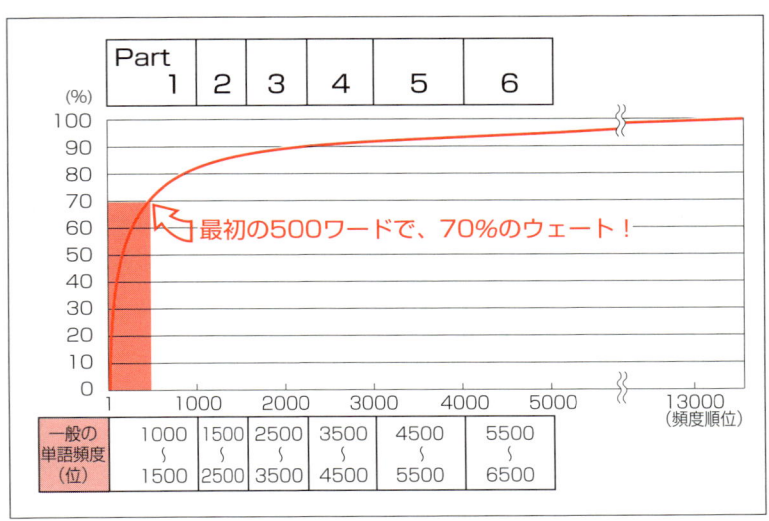

図の上部の番号です。

頻度1～1,000位くらいまでは,ほとんどが中学校レベルの基本語ですので,TOEICに特徴的な語以外は省きます。さらに頻度5,000位内から,固有名詞・意味の簡単な名詞・派生語など,不必要なものを削っていき,最終的に,重要語3,000語を選び出しました。これを約500語ずつ,6つのパートに分けると,大まかに図のような関係になります。

こうして選ばれた3,000語が,一般の英語の頻度とどのような関係にあるのかが気になるところです。TOEICはその名前の通り「国際コミュニケーション」のための英語なので,たとえば,ビジネスに関する語の頻度が高いといった傾向があります。具体的な手順は省きますが,信頼できる一般英語の頻度表と対照してみた結果,大体,図の下段のような対応関係が見られます。

②意味(語義)の選定

単語の頻度はコンピューターが分析してくれても,その意味となると,残念ながらコンピューターにはわかりません。しかし,範囲を限定したものならば,データベースを使って,語義の頻度を調べることは可能です。

ただし,こうして分析した結果は検証が必要です。それには語義が頻度順に書かれた,信頼できる辞書が欲しいところです。

幸いなことに,この分析作業の最中に,絶好の辞書が出版されました。それは,ピアソン・エデュケーション社の *Longman Advanced American Dictionary* (LAAD) です。TOEICはアメリカ英語ですから,LAADは本書の目的に最も近い辞書ということができます。データの分析結果は,全面的にこの辞書によって検証いたしました(頻度順は自前のデータが中心ですが,判断が困難な場合はLAADに従いました)。

③意味ごとの用例

用例は,その単語が最も多く使われる,自然な形で示すようにしました。しかも,会話やビジネスレターなど,実際の場面ですぐ使えるものが理想です。この用例の分析と作成にもパソコンが活躍しました。

ある単語の用例を作成するという場合,具体的には以下のようにします。編者者のパソコンには①英会話表現(日常・ビジネス),②ビジネスレター,③ニュース英語といったように,分野別に用例のデータベースが作成されています(もう1つ,息抜き用に④「英語の名言・ことわざ集」があります)。これらのデータベースから,ある単語について,いわゆる「串刺し検索」をすると,それぞれの分野ごとに用例が検索されます。この検索結果から,上記の番号を優先順位にして,最も多い用法のものを選んでいきます。こうすると,会話によく使われる基本語には会話の用例が,ビジネスに関連する語にはビジネス英会話かビジネスレターの用例が,ニュースでよく使われる語にはニュースの用例が選ばれます。

さらに，これらをもとに，簡潔で暗唱しやすい例文にするために，文の一部を省略したり，フレーズの形にしたりします（辞書などでは one's とか someone という一般形にするところを，his とか your のまま示しているものもあります。実際に近い形のほうが暗記して使いやすいと考えたからです）。また，名詞の多くは形容詞や前置詞句と組み合わせた名詞句のみを示しました。

こうしてできた用例は，アメリカ人 Bryan Musicar 氏（編著者の友人で少壮の物理学徒）のネイティブチェックを受け，さらに監修者の Bruce Hird 先生によって全面的に校閲されました。

④コラム

ところで，本文のあちこちにコラムがあります（目次参照）。これも，TOEIC のコンピューター分析から生まれています。

コラムには2種類あります。「ア・ラ・カルト」は主に，同意語の使い分けです。もう1つは「TOEIC頻出 単語・語法問題」で，主に TOEIC の Part V と Part VI の対策です。スペース節約のために，問題文を二者択一形式にしてありますが，TOEIC に頻出する単語・語法問題を取り上げて，解説しています。

⑤本書を効果的に使っていただくために

本書は，「まえがき」にも書きましたように，どこからでも読んでいただけるようになっています。そのために役立つのが「参照番号」です。

本文のページを開くと，右端にある単語と番号が目につくと思います。この番号は，それぞれの単語の見出し番号です。

○ は後出語，⊖ は前出語であることを表しています。

この「参照番号」によって，もし，例文中にわからない語があれが，その単語の解説個所に飛ぶことができます。

さらに，本書に収録できなかった語で，重要なものについては，⚘印で「注」をつけました。

⑥その他の記号について

▶は派生語を示します。

♣印は，適宜，それぞれの語についての補足的な解説が書かれています。

✹印は「発音注意」のマークです。それほど多くはありませんが，発音に注意すべき語について，発音記号の後に付いています。

目　次

まえがき	i
PART 1　（1～500）	1
PART 2　（501～1,000）	93
PART 3　（1,001～1,515）	179
PART 4　（1,516～2,025）	259
PART 5　（2,026～2,535）	323
PART 6　（2,536～3,060）	381
索　引	434

●ア・ラ・カルト

1	「料金」のいろいろ	9
2	「客」のいろいろ	17
3	「旅行」のいろいろ	41
4	「痛い」	89
5	「借りる」「貸す」	101
6	～ache「～痛」のいろいろ	162
7	「軍隊」	212
8	「辞める」	301

● TOEIC 頻出 単語 ・ 語法問題

TOEIC 頻出問題（1）… 11	TOEIC 頻出問題(12)… 127
TOEIC 頻出問題（2）… 23	TOEIC 頻出問題(13)… 137
TOEIC 頻出問題（3）… 29	TOEIC 頻出問題(14)… 149
TOEIC 頻出問題（4）… 55	TOEIC 頻出問題(15)… 169
TOEIC 頻出問題（5）… 57	TOEIC 頻出問題(16)… 171
TOEIC 頻出問題（6）… 59	TOEIC 頻出問題(17)… 195
TOEIC 頻出問題（7）… 61	TOEIC 頻出問題(18)… 205
TOEIC 頻出問題（8）… 97	TOEIC 頻出問題(19)… 213
TOEIC 頻出問題（9）… 99	TOEIC 頻出問題(20)… 225
TOEIC 頻出問題(10)… 105	TOEIC 頻出問題(21)… 307
TOEIC 頻出問題(11)… 112	TOEIC 頻出問題(22)… 311

扉イラスト／富山じょーじ

PART 1

1,500語レベル
TOEIC問題中 80%cover

1-500

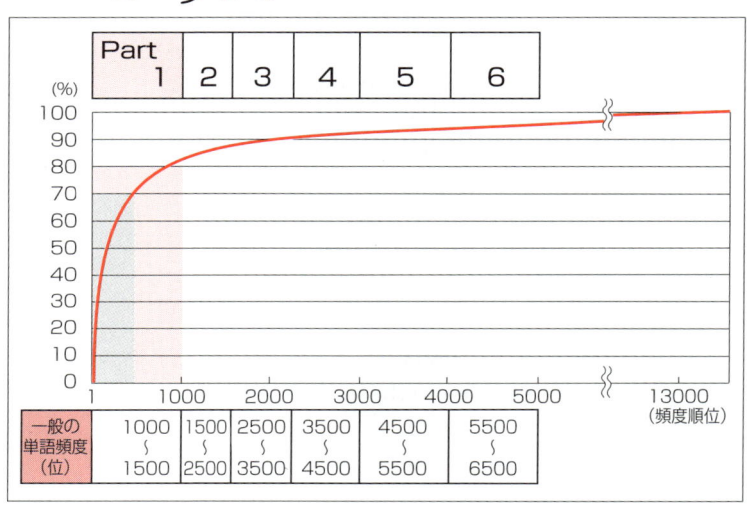

PART 1

1. company [kʌ́mpəni]
名 会社, 同席[同行]すること, 仲間

▶ accompany (683)
- What **company** do you work for?
  (何という会社に勤めているのですか)
- I've enjoyed your **company** very much.
  (ご一緒できて本当に楽しかったです)   ○enjoy(73)

2. want [wάnt]
動 ((～すること)を)望む, (～が)欠けている
名 欠乏

- I **want** a table at the window.(窓際の席にしてください)
- We will have to stop this project for **want** of funds.
  (財源不足のためこの計画を中断しなければならないだろう)
  ○project(513), fund(552)

3. office [ɔ́ːfəs]
名 事務所, 会社・職場, 役所

▶ official (303)
- the head **office**(本社, 本店)
- **office** hours(営業時間, 就業時間)
- public **offices**(公共機関)   ○public(76)

4. call [kɔ́ːl]
動 (～を)呼ぶ, 電話をかける
名 (電話の)呼び出し, 通話

- Please **call** me "Ben."(「ベン」と呼んでください)
- I'll **call** you again sometime next week.
  (来週のいつか, もう一度お電話します)
- I'd like a wake-up **call**, please.
  (モーニングコールをお願いしたいのですが)

♣「モーニングコール」はa wake-up callが普通。

5. service [sə́ːrvəs]
名 接客・サービス,
  (公共の)事業《通信・交通・電力など》

▶ serve (53)
- Do you have room **service**?(ルームサービスはしていますか)
- There's bus **service** to the airport.(空港へはバスの便がある)

6. order [ɔ́ːrdər]
名 注文(品), 順序, 命令
動 注文する, 命じる

- I'd like to place an **order**.(注文をしたいのですが)
- alphabetical **order**(アルファベット順)
- I'd like to **order** 40 copies of *How to Write E-mail*.
 (*How to Write E-mail*を40冊注文します) ○copy(89)

♣「A社に注文する」はorder ~ from A companyという。名詞の場合はplace an order for ~ with A companyとなるが冗長な感じがある。

7. way [wéi]
名 (〜の)やり方(to do, of doing), 道筋, 方角, 道のり

- The easiest **way** to go there is to take a taxi.
 (そこに行くのに一番簡単なのはタクシーに乗ることだ)
- Could you show me the **way** to the post office?
 (郵便局へ行く道を教えていただけますか) ○show(48), post(123)
- Please come this **way**.(どうぞこちらへ)

8. store [stɔ́ːr]
名 店, 蓄え 動 (〜を)蓄える・格納する

- When does the **store** open[close]?
 (その店は何時に開店[閉店]しますか) ○close(52)
- They should be **stored** at low temperatures.
 (それらは低温で保管しなければならない) ○temperature(550)

9. business [bíznəs]
名 事業, 業務, (やるべき)事

▶ businessman 名 ビジネスマン
- I'm in the trading **business**.(貿易業についています) ○trade(217)
- Bryan is in Paris on **business**.(ブライアンは仕事でパリにいます)
- (It's) none of your **business**.
 (あなたには関わりのないことだ《くだけた表現》)

10. pay [péi]
動 (金を)支払う, (注意などを)払う
名 給料・報酬

▶ payment (413), payable (2117)
- Can I **pay** by credit card?(カードで払えますか) ○credit(511)
- You should **pay** more attention to your health.
 (自分の健康にもっと注意を払うべきだ) ○attention(242)
- a **pay** raise(賃上げ, 昇給) ○raise(190)

PART 1

11. report [ripɔ́ːrt]
名 報道, 報告
動 (〜を)報道する・報告する(on)

- news **reports**(報道)
- This is our company's annual **report**.
(これがわが社の年次報告書です) ○annual(1044)
- They are **reporting** on a train accident on TV.
(テレビで列車事故について報道している) ○accident(124)

12. job [dʒáb]
名 勤め口, 仕事

- I've taken a **job** in New York.(ニューヨークで職についた)
- a hard **job**(困難な仕事)

13. base [béis]
動 《be 〜d on で》(〜に)基づいている
名 基部, 基礎, 基地

▶ basic(349)
- The story is **based** on fact.(その話は事実に基づいている)
- the **base** of Mt. Everest(エベレスト山のふもと)
- a wage **base**(給与ベース) ○wage(754)

14. price [práis]
名 価格, 《〜s で》物価　動 (〜に)値段をつける

- What's the **price**?(おいくらですか)
- rise [fall] in **prices**(物価の上昇[下落]) ○rise(221), fall(139)
- reasonably **priced** goods(妥当な値段の商品)
○reasonable(852), goods(615)

15. problem [prábləm]
名 問題, 課題

- What's the **problem**?(どうかしました?)
- solve a **problem**(問題を解く, 解決する) ○solve(484)

16. rate [réit]
名 割合, 料金　動 (〜を)評価する

▶ rating 名 格付け
- tax **rates**(課税率・税率) ○tax(29)
- What is the **rate** for the room?(この部屋の料金はいくらですか)
- He is **rated** as the top golf player.
(彼はトップゴルフプレイヤーと評価されている)

PART 1

17 check [tʃék]
動 調べる　名 小切手, 勘定書, 検査

- I'll **check** and let you know soon.
（調べてすぐにお知らせいたします）
- I'd like to cash this **check**, please.
（この小切手を現金にしたいのですが）　　　　　　　⇔cash(131)
- May I have my **check**, please?（勘定書をください）

18 market [máːrkit]
名 市場・マーケット, (取引)市場

▶ marketing 名 営業・販売, marketable (2865)
- buy some fish at the **market**（市場で魚を買う）
- the international **market**（国際市場）　　　　　⇔international(91)

19 part [páːrt]
名 部分, 役割
動《part ways [company]で》(〜と)別れる(with)

- the major **part** of the student body（学生集団の大部分）
　　　　　　　　　　　　　　　　　　　　　　　　⇔major(531)
- play an important **part** in the project
（事業計画において重要な役割を果たす）　　　　　　⇔project(513)
- I **parted** ways with her last night.（昨夜彼女と別れた）

♣ 第1の例文のbodyは「団体」の意味。

20 sale [séil]
名 販売, 特売,《〜sで》売上(高)

▶ sell 動 売る[売れる]
- a house for **sale**（売り家）
- an opening **sale**（開店記念特売）
- **Sales** have been growing so far.
（これまでのところ売上げは伸びている）

21 change [tʃéindʒ]
動 変える[変わる]　名 変化, つり銭・小銭

- Can I **change** British pounds for American dollars here?
（ここで英国ポンドを米国ドルに換えられますか）
- a **change** in the weather（天候の変化）　　　　⇔weather(68)
- I'd like some small **change**.（小銭が欲しいのですが）

1〜500

PART 1

22 plan
[plǽn]

名 計画・予定, 案　動 計画する

- Do you have **plans** for tomorrow?（明日予定はありますか）
- I'm **planning** to move in early next month.
（来月初めに引っ越す計画を立てている）

♣move in「引っ越す」

23 room
[rúːm]

名 部屋, 空間, 余地

- a one-**room** apartment（ワンルームのアパート）
- There isn't enough **room** for all these bags.
（このバッグ全部を収納できるスペースがありません）
- There's no **room** for doubt.（疑問の余地がない）　◯doubt(462)

24 area
[éəriə]

名 地域・区域,（活動の）範囲

- This is a nonsmoking **area**.（ここは禁煙区域です）

25 free
[fríː]

形 自由な, 無料の, 暇な　動（～を）解放する

- Please feel **free** to call me again.
（どうぞ遠慮なくまた電話してください）
- Please send me your **free** catalog.
（無料カタログを送ってください）　◯catalog(416)
- Are you **free** on Saturday night?（土曜の夜はあいてますか）

26 product
[prάdəkt]

名 製品

▶ produce (160)
- I would like to order the following **products**:
（以下の製品を注文したいと思います）　◯following(503)

27 sure
[ʃúər]

形（～を）確信する(of, that), 必ず～する(to do)

▶ surely (1019)
- I'm **sure** I can do it.（本当にできるさ）
- I'll be **sure** to tell her.（必ず彼女に伝えておくよ）

28 increase
[inkríːs]

動 増やす[増える]
名 [ínkriːs] 増加（⇔decrease(608)）

- The car gradually **increased** its speed.
  （車はだんだん速度を増した） ○gradually(1349)
- a pay **increase**（賃上げ）

29 tax
[tǽks]
名 税金　動 (〜に)課税する

▶ taxation (2411)
- That'll be $75.98, with the **tax**.
  （税込みで75ドル98セントになります）

30 receive
[risíːv]
動 (〜を)受け取る

▶ receipt (679), reception (1128)
- I **received** your letter of September 12.
  （9月12日付の手紙を受け取りました）

31 include
[inklúːd]
動 (〜を)含む・入れる (⇔exclude(1792))

- Does the price **include** tax?
  （その料金に税金は含まれていますか）

32 program
[próugræm]
名 計画・プログラム，番組
動 プログラムを作る

- a fitness **program**（フィットネスプログラム） ○fitness(2171)
- a children's TV **program**（子ども向けテレビ番組）
- **programmed** control（プログラム制御） ○control(102)

33 cost
[kɔ́(ː)st]
名 代価・費用，犠牲
動 (費用・時間・労力が)かかる

▶ costly (2302)
- The **cost** will be approximately $300.
  （費用はおおよそ300ドルです） ○approximately(1114)
- How much does it **cost**?（それはいくらかかりますか）

34 government
[gʌ́vərnmənt]
名 政府

▶ govern 動 統治する
- What is the new **government**'s policy on Japan?
  （日本に対する新政府の政策はどのようなものですか） ○policy(137)

PART 1

35 offer
[ɔ(:)fər]
- 動 (～を)勧める・申し出る, 提供する
- 名 申し出

- Can I **offer** you something to drink?
  (何か飲み物をお持ちしましょうか《機内などで》)
- We would like to **offer** you a 10% discount.
  (10%の割引をいたします) ○discount(106)
- I am very pleased to accept your **offer**.
  (お申し出を喜んでお受けいたします) ○accept(203)

36 charge
[tʃɑ:rdʒ]
- 名 料金, 責任, 告発
- 動 (金額を)請求する, (～を)非難[告発]する

- service **charge**(サービス料)
- I am in **charge** of domestic sales.
  (私は国内販売を担当しています) ○domestic(642)
- Will you **charge** it to my room, please?
  (部屋の方に請求してくださいませんか)
- He was **charged** with murder.(殺人罪に問われた) ○murder(1373)

37 experience
[ikspíəriəns]
- 名 経験 動 (～を)経験する

- We have a great deal of **experience** with computers.
  (わが社はコンピューターに関して豊かな経験があります)
- It was the biggest earthquake I ever **experienced**.
  (それはいままで経験したなかで一番大きな地震だった)
  ○earthquake(352)

38 state
[stéit]
- 名 状態, 国家, 州 動 (～を)述べる

▶ statement (590)
- What's the **state** of the Japanese yen today?
  (今日の円の状況はどんなですか)
- Would you please **state** your name?
  (お名前を言っていただけますか)

39 information
[infərméiʃən]
- 名 情報, 案内(所)

▶ inform (236)
- Please send me **information** on your products.
  (貴社の製品についての情報を送ってください)

- tourist **information**(旅行案内) ○tour(199)

40 account
[əkáunt]

名 勘定・口座, (出来事などの)説明
動 (〜を)説明する(for)

▶ accounting (1516), accountant (2150)
- a savings **account**(普通預金口座) ○saving(1533)
- She gave a full **account** of what happened.
  (彼女は起きたことを詳しく説明した) ○happen(71)
- How do you **account** for these results?
  (これらの結果をどのように説明しますか) ○result(121)

41 turn
[tə́ːrn]

動 (向きを)変える, (〜に)変える[変わる](into, to)
名 順番, 変化

- **Turn** right[left] at the next corner.
  (次の角を右に[左に]曲がりなさい) ○corner(175)
- Next time it's my **turn**.(次回は私の番です)
- Trade has finally taken a **turn** for the better.
  (取引はやっといい方向へ向かった)

42 form
[fɔ́ːrm]

名 (文書の)書式, 姿・形 動 (〜を)形づくる

- Please fill out the **form** and send it to us.
  (この用紙に必要事項を書き込んで, 送ってください) ○fill(70)
- Her **form** is beautiful.(彼女は美しい姿をしている)
- We **formed** a circle.(私たちは円陣を組んだ)

43 customer
[kʌ́stəmər]

名 顧客・得意先

▶ custom (940)
- A waitress is bringing coffee for the **customers**.
  (ウエイトレスが客にコーヒーを運んでいる)

ア・ラ・カルト 〈1〉

「料金」のいろいろ

charge (36) はサービスに対する料金及び使用料。rate (16) も主にサービスに対するもので, こちらは基準料金をいいます。fare (325) は交通機関の運賃。fee (551) は弁護士・医者などの専門職に対する料金, あるいは学校や会に入るときに支払う料金。

PART 1

44 line [láin]
名 線, 路線, 行列, 電話線, 職業

- a straight [curved] line（直［曲］線）　　　◐curve(1449)
- a network of bus lines（バス路線網）　　　◐network(623)
- They are waiting in line for the tickets.
  （チケットを手に入れるために列をつくって待っている）
- Please hold the line.（《電話で》切らずにお待ちください）◐hold(94)
- What line of work are you in?（どんな仕事をしているのですか）

♣横の並びをrowという。行進する行列はprocession, お祭りなどにバンドを先頭に繰り出す行列はparade, 数学の「行列」はmatrixという。

45 schedule [skédʒu:l]
名 予定(表)
動 《be 〜dで》(〜の)予定である(for, to do)

- Let me check my schedule.（私の予定を調べてみます）
- We are scheduled to stay here for 3 days.
  （3日間ここに滞在する予定です）

46 sign [sáin]
動 (〜に)署名する　名 標識, 徴候

▶ signal (332), signature (862)
- Please sign both copies and return one to us.
  （両方にサインして1通を返送してください）　◐copy(89), return(50)
- traffic signs（交通標識）

47 decide [disáid]
動 決める, 決心する

▶ decision (167)
- Have you decided yet?（（ご注文は）もうお決まりですか）

48 show [ʃóu]
動 (〜を)見せる［示す］, 案内する
名 展示会, ショー

[活用] show - shown [showed] - shown [showed]
- Could you show me this bag?（このかばんを見せてもらえますか）
- I'll show you around Tokyo.（東京を案内してあげよう）
- an auto show（モーターショー）

49 drive [dráiv]
動 (〜を)運転する, (人を)車に乗せていく, (〜を)追いやる　名 ドライブ

[活用] drive - drove - driven

- Don't drink and **drive**.(飲んだら乗るな)
- Why don't I **drive** you home?(家まで車で送るよ)
- It **drives** me crazy.(それが私をいらいらさせる)

50 **return** [rítə́ːrn]
動 戻る[戻す]
名 戻る[戻す]こと,《~sで》利益・収益

- I'd like him to call back when he **returns**.
  (彼が戻りましたら折り返し電話をして欲しいのですが)
- I would like to **return** these papers.
  (これらの答案[レポート]を返したいと思います)
- get high **returns**(高い利益を得る)

♣return ticket《米》では「帰りの切符」,《英》では「往復切符」の意味。

51 **run** [rʌ́n]
動 (会社などを)経営する,(機械などが)動く,
(競走・選挙に)出る(for)

- His father **runs** a big company.(彼の父親は大企業の経営者だ)
- The new engine **runs** more quietly.
  (新型のエンジンは動きがより静かだ)
- **run** for election(選挙に立候補する)   ●election(1343)

52 **close** [klóuz]
動 閉める[閉まる], 終える[終わる]
[klóus] 形 近い, 親密な, 綿密な　副 接近して

▶ closely (1412)
- What time does the post office **close**?
  (郵便局は何時に閉まりますか)   ●post(123)
- a **close** friend(親しい友人)
- take a **closer** look(詳しく調べる)
- My parents live **close** by.(私の両親は近くに住んでいる)

TOEIC頻出 単語・語法問題 ────────(1)─

◇ Could you give me (an information / some information) about your hotel?　　　　　　　　(答) some information

※ information (39) は抽象名詞で「数えられない名詞」の仲間です。したがって, 冠詞をつけず, また複数形にもなりません。これはTOEIC 最頻出問題。この他によく出題される抽象名詞にadvice (267), damage (204) があります。またnews「ニュース」も-s がついていますが単数扱いです。

(意味) そちらのホテルについて, 少し情報を頂きたいのですが。

PART 1

53 serve
[sə́ːrv]
動 (食事などを)**出す**, (〜に)**仕える**, **役立つ**

▶ service (5)
- We don't **serve** alcohol.(お酒はお出ししていません)
- How can I **serve** you?(何か承りましょうか)
- It'll **serve** the purpose.(それは目的にかなうだろう)

　　　　　　　　　　　　　　　　　　　　　　○purpose(237)

54 department
[dipάːrtmənt]
名 **部**, **部門**, **学部[科]**

- Which **department** do you belong to?
（何部に所属していますか） ○belong(812)
- Where's the furniture[ladies'] **department**?
（家具[女性用品]売り場はどこですか） ○furniture(225)

55 cause
[kɔ́ːz]
動 (〜を)**引き起こす**　名 **原因・理由**

- Much damage was **caused** by the storm.
（嵐で多くの被害が引き起こされた） ○damage(204), storm(437)
- We are now investigating the **cause** of the problem.
（ただいま,問題の原因を調査中です） ○investigate(1629)

56 expect
[ikspékt]
動 **予期する**, **期待する**, (人・事を)**待つ**

▶ expectation (1561)
- I didn't **expect** him to come.(彼が来るとは思わなかった)
- What do you **expect** me to do about it?
（それについて私に何をやって欲しいですか）
- We're **expecting** some rain.(雨を待っている[雨が降りそうだ])

♣be expecting (a baby [child])で「妊娠している」という意味。pregnant(2190)参照。

57 system
[sístəm]
名 **制度**, **装置**, **方式**

▶ systematic 形 体系的な
- an educational **system**（教育制度） ○education(285)
- an air-conditioning **system**（空気調節システム） ○condition(95)
- an operating **system**（オペレーティング・システム《略》OS）

　　　　　　　　　　　　　　　　　　　　　　○operate(585)

PART 1

58 arrive [əráiv]
動 着く, 到着する (⇔depart(1725))

► arrival (501)
- I'll **arrive** there by seven tonight.
  (今晩7時までにはそこに着きます)

59 course [kɔ́ːrs]
名 課程, 針路, コース

- Is there a final for this **course**?
  (この講座には最終試験がありますか)　　　　　○final(313)
- change one's **course** (針路を変える)
- a golf **course** (ゴルフコース)

♣ 競技用トラックやプールの「コース」はlane(665)を使う。

60 bill [bíl]
名 請求書, 紙幣, 法案　**動** 請求書を送る

- She is paying her **bill** at the cash desk.
  (彼女はレジで勘定を支払っている)　　　　　○cash(131)
- a five-dollar **bill** (5ドル紙幣)

61 air [éər]
名 空気,《by airで》飛行機で・航空便で, 様子

- an **air** conditioner (空気調節装置, エアコン)　○condition(95)
- travel by **air** (飛行機で旅をする)

62 manager [mǽnidʒər]
名 支配人・経営者, (会社の)部長

► manage (451)
- I'd like to speak to the **manager**, please.
  (支配人と話したいのですが)
- a sales [personnel] **manager** (販売[人事]部長)　○personnel(1579)

63 seat [síːt]
名 座席　**動** (〜を)座らせる

- Please take [have] a **seat**. (どうぞお掛けください)
- Please be **seated** at the table. (テーブルにご着席ください)

PART 1

64 own [óun]
形 自分自身の　動 (~を)所有する

► owner (1037)
- He started a business of his **own**.
  (彼は自分自身の事業を起こした)
- The hotel is **owned** by a Russian businessman.
  (そのホテルはロシアの実業家が所有している)

65 stand [stǽnd]
動 立つ, (~の状態)である, 《疑問文・否定文で》(~を)我慢する　名 売店

- The tower **stands** on a hill.(その塔は丘の上に立っている)
- The thermometer **stands** at 20℃.(温度計は20℃を示している)
- I can't **stand** this toothache.(この歯痛には我慢できない)
- a newspaper **stand**(新聞売場)

66 notice [nóutəs]
動 (~だと)気がつく　名 通知, 予告

► notify (2131)
- Did you **notice** the "Fragile" sticker?
  (「割れ物注意」のステッカーに気づきましたか) ○fragile(2982), stick(950)
- the **notice** of resignation(退職通知)　　　　○resignation(1862)
- I'm sorry to have to make this request on such short **notice**.
  (急にこんなお願いをしなければならず申し訳ありません)

67 trip [tríp]
名 小旅行　動 つまずく[つまずかせる]

- Mr. Wada is now on a business **trip**.(ワダ氏は現在出張中です)
- He **tripped** on the doorstep.(戸口の上がり段でつまずいた)
  ♣p. 41参照。

68 weather [wéðər]
名 天候, 空模様

- What's the **weather** going to be like today?
  (今日の天気はどうなりそうですか)

69 complete [kəmplíːt]
形 全部の, 完全な　動 (~を)完成させる

► completely (901)
- the **complete** works of Shakespeare(シェイクスピア全集)

- a **complete** failure(完全な失敗) ⊃failure(1152)
- We expect the work to be **completed** by next month.
(その仕事は来月までに完成する見込みです)

70 fill
[fíl]

動(～を)満たす, (～で)いっぱいにする(with), 《fill out [in]で》(書類などに)書き込む

- Please **fill** it up.(満タンにしてください《ガソリンスタンドで》)
- The hall was **filled** with people.(ホールは人でいっぱいだった)

71 happen
[hǽpn]

動起こる, 偶然～する(to do)

▶ happening 名出来事
- What **happened**?(何が起きたのですか)
- Do you **happen** to know his address?
(ひょっとして彼の住所を知ってますか) ⊃address(251)

72 floor
[fló:r]

名床, 階

- The worker is vacuuming the **floor**.
(作業員が床に掃除機をかけている) ⊃vacuum(1925)
- What **floor** is your office on?
(あなたの事務所は何階にありますか)

73 enjoy
[endʒói]

動(～を)楽しむ

▶ enjoyment 名楽しむこと, 享受, enjoyable(1882)
- I've really **enjoyed** this evening.(今夜は本当に楽しかったです)

74 age
[éidʒ]

名年齢, 時代, 《～sで》長い間

- at the **age** of fifteen(15歳で)
- the space **age**(宇宙時代)
- I haven't seen you for **ages**!
(長い間会っていませんでしたね《久しぶりですね》)

75 passenger
[pǽsəndʒər]

名乗客

- The streetcar is filled with **passengers**.
(路面電車は満員の乗客を乗せている)

♣車の助手席をthe passenger seatという。

PART 1

76 public [pʌ́blik]
形 公衆の, 公共の(⇔private(277))
名《in publicで》人前で, 《the ～で》大衆

▶ publicity (2356)
- a **public** telephone(公衆電話)
- a **public** service(公共事業, 行政事務)
- I get really nervous in **public**.(人前ではすごく緊張してしまう)

⊃nervous(757)

77 type [táip]
名 型, タイプ 動 タイプする

- What **types** of music do you prefer?
  (どんなタイプの音楽が好きですか) ⊃prefer(138)
- She is really my **type**.(彼女は私の好みのタイプです)

78 board [bɔ́:rd]
動 (乗り物に)乗り込む 名 板, 重役会,
《on boardで》(船・飛行機などに)乗って

▶ boarding (2611)
- Where can I **board** the ship?(乗船場はどこですか) ⊃ship(183)
- a bulletin **board**(掲示板) ♣bulletin「公報」
- a **board** meeting(取締役会議)

79 main [méin]
形 主要な 名 (水道・ガスなどの)本管

▶ mainly (1258)
- The **main** problem, as you know, is price.
  (知ってのとおり主要な問題は価格です)
- water [gas] **main**(水道[ガス]の本管) ⊃gas(182)

80 care [kéər]
動 (～を)気にかける(about), (～が)欲しい(for)
名 世話, 注意

- He didn't **care** about the cost.
  (彼は費用のことなど気にしなかった)
- Would you **care** for dessert?(デザートはいかがですか)
- Take **care** of yourself.(お体を大切に) ⊃dessert(1099)

81 save [séiv]
動 (～を)救う, (～を)節約する,
　(～を)蓄える・とっておく

▶ saving (1533)
- The boy was **saved** from drowning.

（少年は溺れているところを救助された） ☝drown「溺れる」

- Call now and **save** 30%.（すぐに電話をして，30%節約しよう）
- Please **save** the file in a "text" format.
（このファイルをテキストフォーマットで保存してください）

○file(537), format(2439)

82 **provide** [prəváid]

動 （〜に…を）**供給する**（with, for）, （〜に）**備える**（for, against）

- Please **provide** us with the following information:
（以下の資料をお送りください） ○following(503)
- **provide** for the future（将来に備える） ○future(219)

83 **allow** [əláu]

動 （〜するのを）**許す**（to do）（⇔forbid(2344)）

- Parking is not **allowed** here.（ここは駐車できません）
- Please **allow** me to introduce Mr. Sato, our president.
（わが社の社長，サトウを紹介いたします） ○introduce(379)

84 **spend** [spénd]

動 （時間・お金を）**費やす**

▶ spending 名 支出, 消費   活用 spend - spent - spent

- I **spent** all my money.（お金を使い果たした）
- How do you **spend** your free time?
（自由な時間をどう過ごしていますか）

85 **point** [pɔ́int]

名 **点, 要点**
動 （〜を）**指し示す**（at, to）, （〜を）**指摘する**（out）

- an objective **point**（目標地点） ○objective(2523)
- I see your **point**.（おっしゃりたいことはわかります）
- She **pointed** directly at him.（彼女はまっすぐ彼を指さした）

○directly(143)
- The teacher **pointed** out the mistakes in my composition.
（先生は私の作文の誤りを指摘した） ○compose(2331)

―― ア・ラ・カルト ――――――――――――――――――〈2〉

「客」のいろいろ
　customer (43)「(商店の)得意客」, passenger (75)「乗客」, client (632)「依頼人」, guest「招待客, ホテル・旅館の客」, shopper「買物客」, visitor「訪問客」

PART 1

86 break [bréik]
動 壊す[壊れる]　**名** 小休止

[活用] break - broke - broken
- **break** a cup [window] (コップ[窓ガラス]を割る)
- **break** a promise (約束を破る)　　　　　⊃promise(256)
- Let's take a coffee **break**. (お茶の時間にしましょう)

87 drop [dráp]
動 落ちる[落とす], 降ろす(off)　**名** 下落

- I **dropped** my camera. (カメラを落とした)
- Please **drop** me off at the corner. (角で降ろしてください)　　⊃corner(175)
- There's a 20% **drop** in production. (生産が20％低下している)
　　　　　⊃production(584)

88 mail [méil]
名 郵便(物)　**動** 郵送する, 投函する

- Please send this letter by air [surface] **mail**.
  (この手紙を航空便[普通郵便]で送ってください)　⊃surface(729)
- Please **mail** or fax the instructions.
  (指示書は郵便かファックスで送ってください)　⊃instruction(521)
- Can you **mail** this for me? (これを投函してくれない？)

89 copy [kápi]
名 写し, (本の)〜部[冊]
動 複写する・コピーする

- Here's a **copy** of my report. (これが報告書のコピーです)
- He asked me to **copy** my report.
  (彼は私の報告書をコピーさせて欲しいと言った)

90 develop [divéləp]
動 開発する・発展させる, (フィルムを)現像する

▶ developed **形** 発展した, development (635)
- We need to **develop** a new range of products.
  (私たちは一連の新製品を開発する必要がある)　⊃range(560)

91 international [intərnǽʃnl]
形 国際的な

- I'd like to make an **international** call.
  (国際電話をかけたいのですが)

PART 1

92 message [mésidʒ]
名 伝言, (人が)伝えようとしていること

- Could I leave a **message**? (伝言をお願いしたいのですが)
- Their action sends a clear **message** to the world.
  (彼らの行動は世界に明確なメッセージを送っている)

○action(306), clear(185)

93 front [fránt]
名 前部, 正面(⇔back「後部, 裏」, rear(1175)), 《in front of で》(〜の)前に[で, の]

- a **front** desk (フロント, 受付)
- a **front** door (前部ドア, 正面玄関)
- Please stop in **front** of that building.
  (あの建物の前で止めてください)

94 hold [hóuld]
動 手に持つ, (会などを)催す, 持ち続ける

活用 hold - held - held

- One of the girls is **holding** a sketchbook.
  (女の子たちの1人はスケッチブックを手にしている)
- The game will be **held** next Saturday afternoon.
  (試合は次の土曜の午後に行われます)
- Please **hold** the line for a moment.
  (《電話で》しばらく切らずにお待ちください)

○moment(481)

95 condition [kəndíʃən]
名 状態, 《〜s で》状況, 条件
動 調子[状態]を整える

- How did the doctor describe her **condition**?
  (医者は彼女の状態をどう説明したの?) ○describe(341)
- housing **conditions** (住宅事情[状況]) ○housing(660)
- I want to present one **condition**. (条件を1つ提示したい)

○present(162)

96 probably [prábəbli]
副 たぶん, おそらく

▶ probable (1428)
- You are **probably** a little tired from the trip.
  (あなたはおそらく旅の疲れが少しあるのでしょう) ○tired(241)

PART 1

97 term [tə́ːrm]
名 期間, 用語, 《～sで》条件・間柄

- the **term** of the loan (ローンの返済期間) ◐loan(534)
- a computer **term** (コンピューター用語)
- the payment **terms** (支払い条件) ◐payment(413)

98 interest [íntərəst]
名 興味・関心, 利息・利子, 利害・利益
動 興味[関心]を持たせる

▶ interested 形 興味[関心]を持っている (in)

- Thank you for your **interest** in our products.
  (当社製品に関心をお持ちいただきありがとうございます)
- an **interest** rate (利率) ⊖rate(16)
- protect the public **interest** (一般の人の利益[公益]を守る)
- That doesn't **interest** me much.
  (それにはあまり興味がわきませんね)

99 pass [pǽs]
動 通り過ぎる, (時が)過ぎる, (～を)手渡す,
(試験などに)合格する 名 通行許可証

▶ passage (1374)

- **pass** through customs (税関を通過する) ◐custom(940)
- **pass** a busy day (あわただしい1日を送る) ◐busy(115)
- Please **pass** me the salt. (塩を取ってください)
- a commuter **pass** (通勤定期券) ◐commute(2641)

100 request [rikwést]
名 依頼, 要請 動 (～を)要請する

- We will accept your **request** on the following conditions: ...
  (以下の条約つきであなたの申請を受理します)

  ◐accept(203), following(503)

- Thanks very much for your letter **requesting** our catalog.
  (わが社のカタログをご請求くださりありがとうございます)

  ◐catalog(416)

101 meal [míːl]
名 食事

- I enjoyed the special **meal** very much.
  (その特別料理はとてもおいしかった)

PART 1

102 control [kəntróul]
名 支配・管理，制御　動 管理[制御]する

- quality **control**（品質管理） ○quality(546)
- Things got a bit out of **control**.
（事態はいささか収拾がつかなくなった） ○bit(375)
- I couldn't **control** myself.（自制することができなかった）

103 regular [régjələr]
形 規則的な，通常の，普通の

▶ regularly (1737)
- keep **regular** hours（規則正しい生活をする）
- a **regular** meeting（定例会議）
- **regular** size（普通サイズ）

104 fire [fáiər]
動 （労働者を）解雇する，（銃などを）発射する
名 火事

- He was **fired** from his job.（彼は仕事をくびになった）
- There was a **fire** on Maple Street.（メープル通りで火事があった）

105 wear [wéər]
動 （～を）着用する，すり減る[減らす]（out, etc.），
疲れさせる（down, out）　名 衣服

活用 wear - wore - worn
- The girl is **wearing** dark glasses.
（その少女は黒メガネをかけている）
- My shoes have **worn** out.（靴がすり減ってしまった）
- I'm **worn** out.（疲れてしまった）
- Where is the ladies' **wear** section?
（女性服の売り場はどこですか） ○section(589)

106 discount [dískaunt]
名 割引　動 割引く

- Is there any **discount** for using VISA?
（ビザ（カード）を使うと何か割引はありますか）

107 expensive [ikspénsiv]
形 高価な（⇔cheap(218), inexpensive(1305)）

▶ expense (555)
- I'm afraid it's too **expensive** for me.
（それは私には高すぎると思います）

PART 1

108 industry
[índəstri]
名 産業・工業

▶ industrial (663)
- the information and communication **industry**
（情報通信産業） ○communication(592)

♣industryには「勤勉」の意味もある。この形容詞はindustrious (664)。

109 local
[lóukl]
形 地元の，各駅停車の（⇔express(180)）
名 普通列車

- I'd like to try some **local** wine.
（この土地のワインを飲んでみたいのですが）
- Where can I catch a **local** train for Nara?
（奈良行きの普通列車に乗るにはどこへ行けばいいですか）○catch(191)

♣local trainは日本語の「ローカル線の列車」とは意味が異なるので注意。

110 position
[pəzíʃən]
名 地位，立場，姿勢，位置

- apply for the **position** of branch manager
（支店長の地位に応募する） ○apply(158), branch(252)
- I'm in a difficult **position**.（私は難しい立場にある）
- a standing [sitting] **position**（立った[座った]姿勢）

111 reach
[ríːtʃ]
動 (～に)着く，(手などを)伸ばす(out)，
(～に)達する 名 (手の)届く範囲

- How long does it take to **reach** Japan?
（日本に到着するのにどれくらいの時間がかかりますか）
- She is **reaching** out her hand for food.
（彼女は食べ物を取ろうと手を伸ばしている）
- **reach** an agreement（合意に達する） ○agreement(649)
- Keep this out of children's **reach**.
（これは子どもの手の届かない所に置いてください）

112 trouble
[trʌ́bl]
名 もめごと，迷惑，悩み
動 (～に)面倒をかける，(～を)悩ます

- We are in **trouble**.（私たちは困っています）
- I didn't intend to cause you **trouble**.
（あなたに迷惑をかけるつもりではありませんでした）
○intend(417), ○cause(55)
- I am sorry to **trouble** you.（ご面倒をおかけしてすみません）

PART 1

113 traffic [trǽfik]
名 交通[通信・通話]（量）

- air [sea] **traffic**（航空[海上]交通）
- The **traffic** is very heavy today.（今日は交通量が非常に多い）

114 value [vǽljuː]
名 価値, 価格　動（〜を）尊重する

▶ valuable (487)
- increase [decrease] in **value**（価値が上がる[下がる]）
- We would much **value** your professional opinion.
（あなたの専門家としてのご意見を尊重いたします）

○professional(346), opinion(399)

115 busy [bízi]
形（〜で）忙しい(at, with, (in) doing)，
（人・車で）混雑する，（電話が）話し中の

- I've been very **busy** with work.（仕事で大変忙しいです）
- a **busy** street（繁華街）
- I tried to call him, but the line was **busy**.
（彼に電話をしたが話し中だった）

TOEIC頻出 単語・語法問題 ───────(2)───

◇ We are not allowed (having / to have) pets in our apartment.
　　　　　　　　　　　　　　　　　　　（答）to have

※「動詞＋人＋to do」の形をとる動詞は多いので，当然よく出題されます。主なものをあげておきます。

　advise (230), persuade (2018), remind(766), expect (56), request (100), urge (1668), allow (83), forbid (2344), invite (295), permit (364) など。

　基本語ではtell「告げる」, teach「教える」, ask「頼む」などです。
　また, suggest (239) はこの形をとらずsuggest (to ＋人) that ... になることも関連して押さえておきましょう。
（意味）私たちのアパートではペットを飼うことは許されていない。

116 foreign [fɔ́(:)rən]
形 外国の

▶ foreigner 名 外国人
- **foreign** trade（外国貿易） ⊙trade(217)
- **foreign** languages（外国語） ⊙language(228)
- Where is the **foreign** exchange window?
  （外国為替取引の窓口はどこですか） ⊙exchange(636)

117 possible [pásəbl]
形 (実行)可能な, 起こりうる（⇔impossible）, 《as ... as possibleで》可能な限り…に

▶ possibility (787), possibly (1425)
- Would it be **possible** to change the date until next week?
  （お会いするのを翌週に変更することは可能でしょうか） ⊙date(200)
- It's **possible** she might be late for work.
  （彼女が遅刻することはありえることです）
- I'd like to see you as soon as **possible**.
  （できるだけ早くお会いしたいのですが）

118 cover [kʌ́vər]
動 (~を)覆う, (保険で)保証する, 報道する
名 覆い, 表紙

▶ coverage (2153)
- **cover** a sofa with a blanket（ソファーを毛布で覆う）
- Will my insurance **cover** this?（これは保険で保証されますか）
  ⊙insurance(549)
- The summit conference was **covered** live on TV.
  （首脳会議はテレビで生中継された） ⊙summit(2080), conference(1030)
  ♣live「生(放送)で」

119 mind [máind]
名 心・精神, 考え　動 《疑問・否定文で》気にする

- What's on your **mind**?（何を考えて[心配して]いるの？）
- At the last moment he changed his **mind**.
  （どたん場で彼は考えを変えた） ⊙moment(481)
- Do you **mind** if I smoke?（タバコを吸ってもいいですか）

120 energy [énərdʒi]
名 精力, エネルギー

▶ energetic 形 精力的な
- He is always full of **energy**.（彼はいつも活力がみなぎっている）

- solar [nuclear] **energy**(太陽[核]エネルギー)

◦solar(1587), nuclear(1078)

121 **result** [rizʌ́lt]
名 結果, 成果　動 (〜な)結果に終わる(in), (〜から)結果として生じる(from)

- I will let you know as soon as we get the test **results**.
(テストの結果がわかり次第あなたに知らせます)
- I hope that the plan will **result** in much more sales.
(その企画で売上げが増えるといいですね)

122 **matter** [mǽtər]
名 問題, 困難
動《主に疑問文・否定文で》重要である

- It's a very important **matter**.(それは非常に重要な問題です)
- What's the **matter** with you?(どうかしたの？)
- It doesn't **matter**, anyway.(どっちみち大したことじゃない)

123 **post** [póust]
名 郵便(=mail(88)), 地位, 柱
動 (ビラなどを)掲示する

▶ postage (2124), postal (1312)
- a **post** office(郵便局)
- He resigned his **post**.(彼は職を退いた)　　◦resign(1861)
- **post** a notice(掲示を出す)

124 **accident** [ǽksidənt]
名 事故,《by accidentで》偶然に

▶ accidentally (2290)
- There was a serious **accident** on the freeway.
(高速道路で重大な事故があった)　◦serious(331), freeway(1752)
- He discovered it by **accident**.(彼は偶然それを見つけた)

125 **attend** [əténd]
動 出席する, (仕事などに)精を出す(to), (〜の)世話をする(to)

▶ attendance 名 出席, attention (242)
- Unfortunately, I cannot **attend** the meeting.
(残念ながら会議に出席できません)
- I have a few other things to **attend** to.
(しなければならない仕事がいくつか残っています)
- Are you being **attended** to?
(《店員が客に》誰かご用を承っておりましょうか)

PART 1

126 continue [kəntínju:]
動 (〜を)続ける (to do, doing), 続く

- I will **continue** to study the problem.
  (その問題の研究を続けるつもりだ)　　　　　　　　　⊃study(148)
- Dry weather will **continue** through the weekend.
  (乾燥した天候は週末いっぱい続くでしょう)

127 degree [digrí:]
名 学位, 程度, (温度などの)度

- He has a **degree** in engineering.
  (彼はエンジニアリングの学位を持っている)　　　　　⊃engineering(1151)
- to a certain **degree** (ある程度は)　　　　　　　　⊃certain(423)

128 heart [há:rt]
名 心臓, 心

- My **heart** is beating rapidly. (心臓[胸]がドキドキしている)
  　　　　　　　　　　　　　　　　　　　　　　　　⊃beat(472)
- I love you with all my **heart**. (心から愛しています)

129 plant [plǽnt]
名 植物, 工場(設備)　動 植える

- The room is filled with **plants** and flowers.
  (その部屋は草花であふれている)
- an automobile assembly **plant** (自動車組立工場)
  　　　　　　　　　　　　　　　　　　　　　　　　⊃assembly(1741)
- The trees are **planted** along the center line.
  (センターライン沿いに樹木が植えられている)

130 amount [əmáunt]
名 量　動 総計〜になる (to)

- a large [small] **amount** of money (多[少]額の金)
- This would **amount** to about $300 a year.
  (これは年約300ドルになるでしょう)

131 cash [kǽʃ]
名 現金　動 現金にする

- I'll pay in **cash**. (現金で支払います)
- I would like to **cash** a traveler's check.
  (トラベラーズ・チェックを現金にしたいのですが)

PART 1

132 conversation
[kànvərséiʃən] 名会話

▶ converse 動 会話する
- It was good to have this **conversation** with you today.
（本日この話合いができてよかったです）

133 record
[rékərd]
名 記録, 最高記録
動 [rikɔ́:rd] (～を)記録する, 録音する

- Don't you have any **record** of my order?
（私の注文についてそちらに記録がないのですか）
- break sales **records**（売上げ記録を更新する）
- In Fukuoka, 260 mm of rain was **recorded** Tuesday.
（福岡では火曜日に260ミリの雨が記録されました）

134 head
[héd]
名 頭, （組織の）長
動 (～へ)向かう[向かわせる] (for, toward)

- My **head** hurts.（頭が痛む） ○hurt(470)
- the **head** of our department（私たちの部の部長）
- Where are you **headed** for?（どこへ行くの？）

135 party
[pá:rti] 名 パーティー, 一行, 政党

- a dinner [luncheon] **party**（晩餐[午餐]会） ○luncheon(2663)
- How many in your **party**?（何名様ですか）
- the Democratic [Republican] **Party**（民主[共和]党）

136 discuss
[diskʌ́s] 動 (～を)議論する

▶ discussion (1224)
- I'd like to **discuss** this subject with you in person.
（この件についてあなたと直接会って話し合いたいのですが）
○subject(309)

137 policy
[pɑ́ləsi] 名 政策・方針, 保険証書

- a fiscal [foreign] **policy**（財政[外交]政策） ○fiscal(2309)
- an insurance **policy**（保険証券） ○insurance(549)

PART 1

138 prefer [prifə́:r]
動 (~を(…より))好む (to)

▶ preference (1711)
- I'd **prefer** a nonsmoking window seat.
 (窓側の禁煙席がいいのですが)
- I **prefer** rice to bread. (パンよりご飯が好きだ)

139 fall [fɔ́:l]
動 落ちる, 下がる　名 落下・降下

活用 fall - fell - fallen
- He **fell** off the chair [horse]. (彼はいす[馬]から落ちた)
- The temperature **fell** to -30°C [minus thirty degrees].
 (気温は-30℃に下がった)　　　　　　　　　　○temperature(550)

140 pick [pík]
動 (~を)選び出す, (物を)取りに行く (up), (車で人を)迎えに行く (up)

- He **picked** his words carefully. (彼は慎重に言葉を選んだ)
- Where can I **pick** up the tickets?
 (チケットはどこへ取りに行けばいいのですか)
- I'll **pick** you up around 9 o'clock at your hotel.
 (9時ごろホテルに迎えに行きます)

141 airline [éərlàin]
名 定期航空路,《~sで》航空会社

- an international [a domestic] **airline** (国際[国内]航空(路))
　　　　　　　　　　　　　　　　　　　　　　　○domestic(642)

142 direct [dərékt]
形 直接の　副 直接に　動 道を教える, 導く

▶ directly (143), direction (322), director (536)
- a **direct** flight for San Jose (サンノゼ行き直行便)
- Does this train go **direct** to Chicago?
 (この列車はシカゴに直行しますか)
- Can you **direct** me to the gate?
 (入口までの道を教えてくれますか)

143 directly [dəréktli]
副 直接に, すぐに

- If you have any questions, please call me **directly** at 0-80-

12345.
(何か疑問がありましたら、直接私宛て 0-80-12345 にお電話ください)

144 **necessary** [nésəsèri]
形 必要な, 必然的な

▶ necessity (1477)
- It is **necessary** to study these materials before taking the exam.(試験を受ける前にこの資料を勉強しておく必要がある) ◯material(290)
- a **necessary** consequence (必然的結果) ◯consequence(1820)

145 **surprise** [sə(r)práiz]
動 (〜を)驚かせる　名 驚き

- I'm **surprised** to hear that.(それを聞いて驚いた)
- What a pleasant **surprise** to hear from you!
(君から便りがあるなんて驚きだがうれしいな) ◯pleasant(948)

146 **case** [kéis]
名 場合, 事例, 事件・訴訟

- In that **case**, I'll call again next week.
(その場合は来週もう一度電話をします)
- This is a very interesting **case**.(これは大変興味深い例です)
- a divorce **case** (離婚訴訟) ◯divorce(1096)

TOEIC頻出 単語・語法問題 ――――― (3)

◇ (You / It) will be necessary to use a word processor.

(答)It

※ necessary (144) は, 人を主語にすることができない形容詞です。「人」を言い表すときは, It is necessary for 〜 to ... のようにして,「for 〜」に人を入れます。
人を主語にできない主な形容詞:
  necessary (144), convenient (596), delightful (2335), regrettable (954), natural (820)
  基本語では, dangerous「危険な」, difficult「難しい」, easy「易しい」, (im)possible「(不)可能な」, useful「有益な」, important「重要な」
(意味) ワードプロセッサを使う必要があるでしょう。

PART 1

147 popular [pápjələr]
形 (～に)人気のある(with), 大衆的な

▶ popularity (1689)
- This model is very **popular** with young people.
  (この型は若者に大変人気がある) ◐model(316)
- a **popular** entertainment(大衆芸能) ◐entertainment(763)

148 study [stʌ́di]
動 (～を)勉強する, (～を)調査[研究]する
名 勉強, 研究, 書斎

- Where did you **study** Spanish?
  (スペイン語はどちらで勉強したのですか)
- We need to **study** the market.(市場を調査する必要がある)
- a case **study**(事例研究)

149 design [dizáin]
動 設計する, デザインする
名 設計, デザイン

▶ designer 名 デザイナー
- This museum is **designed** to help people experience science at work.(この博物館は人々が実際に科学を体験する手助けとなるように設計されている) ◉experience(37)
- I don't like this **design**.(私はこのデザインは好きではありません)

150 medicine [médəsn]
名 薬, 医学

▶ medical (1537)
- I'd like some **medicine** for my cold.
  (風邪の薬が欲しいのですが)

151 boss [bɔ́ːs]
名 社長, 上司, 実力者

- I'll have a talk with my **boss** and get back to you later.
  (社長と話してから、後ほどご連絡いたします)
- a party **boss**(政党のボス)

152 law [lɔ́ː]
名 法律, 法則

▶ lawyer (447)
- obey [break] the **law**(法律を守る[破る]) ◐obey(1955)
- the **law** of energy conservation(エネルギー保存の法則)

○conservation(1178)

153 lead
[líːd]

動 (〜を)**導く**, (道などが)**通じる**(to), **リードする**, (〜な生活を)**送る**　名**先導**

▶ leader 名 指導者, leadership 名 リーダーシップ, leading (1528)

[活用] lead - led - led

- She **led** us to our seats.（彼女は私たちを席に導いた）
- Where does this road **lead**?（この道はどこへ通じるのか）
- The East is **leading** the West 5 to 2.
  （東が西を5対2でリードしている）
- **lead** a peaceful life（平穏な日々を送る）

154 list
[líst]

名**表・リスト**　動 (名簿などに)**載せる**

- May I see the wine **list**, please?
  （ワインリストを見せていただけますか）
- The specials are **listed** on the menu.
  （サービス料理はメニューに載せてあります）

○specialize(1803)

155 safe
[séif]

形**安全な, 無事な**　名**金庫**

▶ safety (227)

- Is this area **safe**?（ここは安全な地域ですか）　○sound(193)
- All passengers are **safe** and sound.（乗客は全員無事です）

156 step
[stép]

名**一歩, 手段,**《〜sで》**階段**　動**歩を進める**

- Take a **step** back, please.（一歩下がってください）
- I will take the necessary **steps** immediately.
  （直ちに必要な手を打ちましょう）　○immediately(216)
- Would you **step** this way, please?
  （こちらへ歩み寄りくださいませんか）

♣ stepsは屋外にある階段をいい, 屋内のものにはstairs(454)を使う。

157 short
[ʃɔ́ːrt]

形**短い,** (〜が)**不足している**(of, on)

▶ shortage (1641), shortly (1666)

- Let's have a **short** rest.（ちょっと休もう）　○rest(226)
- We are **short** of cash.（現金が足りない）

PART 1

158 apply
[əplái]

動 (〜を)申し込む(for), (〜を…に)応用する(to)

► application (526), applicant (1578)
- **apply** for a job(仕事に応募する)
- **apply** new technology to the basic design
 (新しい技術を基本設計に応用する) ○technology(695), basic(349)

159 period
[píəriəd]

名 期間, 時期, ピリオド

► periodical (2990)
- an 18-month trial **period**(18カ月の試用期間) ○trial(956)
- an early **period** in history(歴史の初期)

160 produce
[prəd(j)úːs]

動 (〜を)製造[製作, 生産]する
名 [próud(j)uːs] 産物

► production (584), product (26)
- We **produce** a wide range of motors.
 (さまざまな種類のモーターを製造しています) ○range(560)
- agricultural **produce**(農産物) ○agriculture(1928)

161 chance
[tʃæns]

名 機会, 見込み

- I hope I'll have a **chance** to see you again.
 (またお目にかかる機会があるよう願っています)
- There's a good **chance** of showers this evening.
 (今晩にわか雨の見込みが高い)

162 present
[préznt]

形 出席している(⇔absent(935)), 現在の 名 贈物
動 [prizént] 提出する, (〜を)贈る

► presentation (1087), presently (1858)
- He will be **present** at his son's wedding.
 (彼は息子の結婚式には出席するだろう)
- the **present** economic conditions(現在の経済状況)
 ○economic(762), ○condition(95)
- The report will be **presented** at the next meeting.
 (報告書は次回の会議で提出されるだろう)

PART 1

163 couple
[kʌ́pl]

名 1対・1組, 《a couple of で》2, 3の

- a married **couple**（夫婦）
- I'll spend a **couple** of days there.（そこで2, 3日過ごします）

164 fine
[fáin]

名 罰金　動 (〜に)罰金を科する　形 細かい

▶ finely 副 細かく
- a parking **fine**（駐車違反の罰金）
- He was **fined** $500 for speeding.
  （スピード違反で500ドルの罰金を科せられた）
- a **fine** line（細い線）

165 likely
[láikli]

形 〜しそうな(to do, that), 見込みのある

- He is **likely** to win the game.[=It is **likely** that he will win the game.]（彼は試合に勝ちそうだ）　⊃win(334)
- She is the most **likely** candidate.（彼女は最も有望な候補者だ）
  ⊃candidate(1094)

166 prepare
[pripéər]

動 (〜を)用意する, (〜に)備える(for), 《be 〜d to do で》〜する用意がある

▶ preparation (1200)
- Your table is being **prepared**.
  （あなたのテーブルはまもなく用意が整います）
- He is busy **preparing** for the meeting next week.
  （彼は来週の会議の準備で忙しい）
- We are **prepared** to offer you an annual salary of $120,000.
  （120,000ドルの年俸を出してもよいと思っています）
  ⊃annual(1044), salary(279)

167 decision
[disíʒən]

名 決定, 決心

▶ decide (47)
- I haven't made a **decision** yet.（まだ決めてません）

PART 1

168 total [tóutl]
形 **全体の**(⇔partial(2063)), **完全な**　名 **総計**
動 (〜を)**合計する**(up)

▶ totally (1363)
- The **total** cost will be about $1,000.
（費用はしめて1,000ドルくらいでしょう）
- That is a **total** failure.（それは完全な失敗だ）　○failure(1152)
- The **total** is $12.50.（総額は12ドル50セントです）

169 training [tréiniŋ]
名 **訓練・養成**

▶ train 動 訓練する
- job **training**（職業訓練）

170 reason [rí:zn]
名 **理由, 道理**

▶ reasonable (852)
- Do you mind my asking the **reason** for that decision?
（そのように決定した理由をお尋ねしてもよろしいでしょうか）
- listen to **reason**（道理に耳を傾ける）

171 force [fɔ́:rs]
名 **力, 軍隊**　動 (〜することを)**強制する**(to do)

- armed **force**（武力）
- I heard that he was **forced** to resign.
（彼は辞職を強いられたと聞いた）　○resign(1861)

♣ military (1208)参照。

172 limit [límit]
名 (最大・最小)**限度**,《〜sで》**範囲**　動 **制限する**

▶ limitation (173)
- What is the speed **limit**?（制限速度はどれくらいですか）
- The park is off **limits** between 8:00 p.m. and 7:00 a.m.
（その公園は午後8時から翌朝7時までは立入禁止です）
- The amount you can buy is **limited**.
（ご購入個数には限定があります）　⊖amount(130)

PART 1

173 limitation [lìmitéiʃən]
名 制限(すること), 《~sで》(能力などの)限界

▶ limit (172)
- a **limitation** on exports [imports] (輸出[輸入]制限)
　　　　　　　　　　　　　　　　　○export(720), import(662)

174 national [nǽʃənl]
形 全国的な, 国家の, 国立の

▶ nation (328), nationality (1954)
- the **national** average (全国平均)　　　○average(530)
- **national** interests (国益)
- a **national** park (国立公園)

175 corner [kɔ́ːrnər]
名 角, すみ

- Please turn right at the second **corner**.
  (2つ目の角を右に曲がってください)

176 face [féis]
動 (困難などに)直面する, (~に)面している
名 顔, 表面

- I am **facing** the biggest challenge of my career.
  (生涯で最もやりがいのある課題に直面している)
　　　　　　　　　　　　　　　　　○challenge(716), career(740)
- My apartment **faces** the park. (私のアパートは公園に面している)

177 add [ǽd]
動 (~を)加える, 《add toで》(~を)増す

▶ addition (547), additional (548)
- I have nothing to **add**. (つけ加えることはありません)
- The news **added** to our happiness.
  (その知らせで私たちは一層うれしくなった)

178 demand [dimǽnd]
動 要求する　名 需要(⇔supply(541)), 要求

▶ demanding (2615)
- I **demand** to see my lawyer. (弁護士に会うことを要求します)
- **demand** for oil (石油の需要)　　　　　　○lawyer(447)

PART 1

179 depend [dipénd]
動 (〜に)頼る(on), (〜)しだいである(on)

▶ dependent (1302)
- I **depended** on him time and again.
  (彼には何かにつけて世話になった) ♧ time and again「しばしば」
- Everything **depends** on the weather.(すべては天候次第だ)

180 express [iksprés]
動 (考えなどを)表現する
形 名 急行の(列車), 速達の(便)(⇔local(109))

▶ expression (1467)
- I can't **express** how sorry I am.(お詫びの言葉もありません)
- Is this an **express** train?(この列車は急行ですか)

181 repair [ripéər]
動 (〜を)修理する 名 修理

▶ repairman 名 修理工(=repairer)
- Can you get this **repaired**?(これを修理してもらえますか)
- The **repairs** will cost about $1,000.(修繕費は約1,000ドルです)

182 gas [gǽs]
名 ガス, ガソリン(=gasoline)

- natural **gas**(天然ガス) ○nature(820)
- Is there a **gas** station around here?
  (このあたりにガソリンスタンドはありますか)

183 ship [ʃíp]
名 船 動 輸送する, 発送[出荷]する

▶ shipment (1588)
- a passenger[cargo] **ship**(客[貨物]船)
- How much does it cost to **ship** by air?
  (航空便で送るといくらかかりますか)

184 lose [lú:z]
動 (〜を)失う, 負ける(⇔win(334)),
　　損をする(⇔gain(314))

▶ loss (568) 活用 lose - lost - lost ┌○passport(873)
- I've **lost** my passport.(パスポートを失くしてしまった)
- We **lost** the game 3-0.(3対0で試合に負けた)
- The company **lost** $100,000 on the project.

(その事業で会社は100,000ドルを損失した) ○project(513)

185 clear [klíər]
形 明瞭な 動 (〜を)片付ける

▶ clearly 副 明らかに, clearance (2729)
- Can you make this copy a little **clearer**?
(このコピーをもう少しきれいにできませんか)
- Could you please **clear** those books from the desk?
(机の上の本を片付けてくれませんか)

186 activity [æktívəti]
名 活動

▶ active (634)
- outdoor **activities**(戸外活動) ○outdoor(1118)
- community **activities**(地域社会活動) ○community(612)

187 crowd [kráud]
名 群集 動 (〜に)群がる・押し寄せる

▶ crowded (188)
- A **crowd** has gathered around the soccer players.
(群集はサッカー選手の周りに集まった) ○gather(429)
- They **crowded** into the hall.(彼らはホールに押し合って入った)

188 crowded [kráudid]
形 込み合った

- The market is very **crowded**.(市場はすごく混雑している)

189 daily [déili]
形 毎日の, 日常の 副 毎日

- a **daily** newspaper(日刊紙)
- One tablet three times **daily**.(1錠を1日3回) ○tablet(2127)

190 raise [réiz]
動 (〜を)上げる, 育てる 名 賃上げ

- All (those) in favor, please **raise** your hand.
(賛成の方はみな手を挙げてください) ○favor(353)
- She was born and **raised** in the United States.
(彼女はアメリカ合衆国で生まれ育った)
- The company is going to give us a **raise**.
(会社は賃上げをするようだ)

PART 1

191 catch [kǽtʃ]
動 つかまえる, (乗り物に)乗る・間に合う, 聞き取る

活用 catch - caught - caught

- The early bird **catches** the worm.
  (早起きの鳥は虫を捕まえる《ことわざ》)
- If you hurry, you'll be able to **catch** the last plane.
  (急げば最終(飛行)便に間に合いますよ)
- Excuse me. I couldn't **catch** what you said.
  (すみませんがおっしゃった事を聞き取れませんでした)

192 skin [skín]
名 皮膚, 皮

- She has clear **skin**.(彼女は肌がきれいだ)
- animal **skins**(動物の皮)

193 sound [sáund]
動 (〜に)聞こえる[思われる], (〜を)鳴らす[鳴る]
名 音 **形** 健全な, しっかりした

- It **sounds** like a good plan.(それは良い計画のようですね)
- Don't make a **sound**.(音をたてるな)
- A **sound** mind in a **sound** body.
  (健全な体に健全な心《ことわざ》)

194 ground [gráund]
名 地面,《〜sで》理由・根拠, (研究の)分野

- A man is lying on the **ground**.(地面に男が横たわっている)
- I have good **grounds** for thinking like that.
  (そのように考える十分な根拠がある)

195 agree [əgríː]
動 賛成する(with)(⇔oppose(1209)), 合意[同意]する(⇔disagree(2379))

▶ agreement (649)

- I **agree** with you.(あなたに賛成です)
- We **agreed** to meet again next week.
  (来週また会うことで合意した)

196 ready [rédi]
形 (〜する)用意[準備]ができた, 喜んで〜する(to do)

▶ readily (1965)

- Dinner's **ready**.(夕食の用意ができました)

- Are you **ready** to go?(出かける用意はできた？)
- I am always **ready** to help you.(いつでも喜んでお手伝いします)

197 **exercise** [éksərsàiz]
- 名 運動, 練習, (権利などの)行使
- 動 運動する, (権利などを)行使する

- take regular **exercise** to keep fit
  （健康を維持するために規則正しい運動をする） ○fit(361)
- **Exercise** regularly.(定期的に運動しなさい) ○regularly(1737)
- **exercise** the right to vote(投票権を行使する) ○vote(333)

198 **press** [prés]
- 動 (～を)押す, (～に)強く求める
- 名 《the～で》新聞(記者)

▶ pressure (638)
- Which key do I **press** to start?
  （始動するにはどのキーを押すのですか）
- They **pressed** him for payment many times.
  （彼らは何度も彼に支払いを強く求めた） ○payment(413)
- The Prime Minister refused to speak to the **press**.
  （総理大臣は記者会見を拒否した） ○prime(1655), refuse(690)

199 **tour** [túər]
- 名 旅行, 視察

▶ tourism (2258), tourist 名 旅行者
- I'd like to make a bus **tour** of England.
  （イギリスのバス旅行をしたいのですが）
- a plant **tour**（工場見学[視察]）

♣ p. 41参照。

200 **date** [déit]
- 名 日付, デート, 会う約束
- 動 日付をつける, (～と)デートする

- What's the **date** today?(今日は何日ですか)
- I have a **date** with her tonight.(今夜は彼女とデートだ)
- Thank you for your check **dated** September 7 for $927.96.
  （9月7日付けの927ドル96セントの小切手をありがとうございます）

PART 1

201 enter
[éntər]

動 (～に)入る, (～を)入力[記入]する

▶ entrance (286), entry (1687)
- May I **enter** the room now?(いま部屋に入ってもいいですか)
- **Enter** your name and a password.
  (名前とパスワードを入力してください)

202 level
[lévl]

名 水準・程度, 水平面　形 平らな
動 平らにする

- Stock prices are now at the lowest **level** in 10 years.
  (株価は目下, 過去10年間で最安値をつけている)　　　○stock(515)
- 1,000 meters above [below] sea **level**
  (海抜[海面下]1,000メートル)

203 accept
[əksépt]

動 (～を)受け入れる, 受諾する(⇔refuse(690))

▶ acceptance (1761), acceptable (1762)
- Do you **accept** credit cards?(クレジットカードを使えますか)
  　　　○credit(511)
- **accept** an invitation(招待に応じる)　　　○invitation(296)

204 damage
[dǽmidʒ]

名 損害, 被害　動 (～に)損害を与える

▶ damaged 形 破損した
- The **damage** caused by the fire was estimated at $500,000.
  (火災による損害は500,000ドルと見積もられた)　　　○estimate(1119)
- About 1,300 houses were **damaged** by the flood.
  (約1,300戸が洪水で損害を受けた)　　　○flood(465)

205 deal
[díːl]

動 (問題などを)扱う(with), (商品を)扱う(in)
名 商取引, 契約

[活用] deal - dealt - dealt

- **deal** with customer complaints(客の苦情処理をする)
  　　　○complaint(1117)
- The store **deals** in dry goods.(その店は衣料品を扱っています)
- make a **deal**(取引をする)　　　○goods(615)

♣ dry goodsは「織物・衣料品」のこと。《英》では「乾物」の意味。

PART 1

206 excellent
[éksələnt]
形 優れた・すばらしい

► excel (2660)
- I thought it was an **excellent** idea.
（それはすばらしい考えだと思った）

207 patient
[péiʃənt]
形 忍耐[我慢]強い（⇔impatient「我慢できない」）
名 患者

► patience (1259)
- Please be **patient** for a little while longer.
（もうちょっとの間我慢してください）
- attend a **patient** （患者を看護する） ⊖attend(125)

208 process
[práses]
名 過程, 工程
動 [prəsés]（〜を）処理[加工]する

► processed (2617)
- This **process** takes a few hours.
（この処理（過程）は数時間かかります）
- a production **process**（製造工程） ⊖production(584)
- **process** data [information]（データ[情報]を処理する） ⊖data(593)

209 join
[dʒɔ́in]
動（組織・活動などに）加わる・参加する, （〜を）つなぐ

- Mr. Taro Wada will **join** our company as of April 1.
（4月1日付でワダ・タロウ氏がわが社に入社します）
- Would you **join** us for a drink?（一緒に一杯いかがですか）
- **join** hands（手をつなぐ, 手を携える）

ア・ラ・カルト 〈3〉

「旅行」のいろいろ

　trip (67) は仕事や観光など, さまざまな目的の旅行について使える語。tour (199) は観光地を巡る周遊旅行のほか, 施設や構内を視察して回ることにも使います。travel は場所から場所への移動に焦点をおいた語。ただし, one's travels とすると, 比較的長期の（観光）旅行を表します。journey (903) は長期の陸の旅で, 船の旅には voyage を使います。（例）a voyage around the world（世界一周の船旅）

PART 1

210 remember [rimémbər]
動 (~を)覚えている, (~を)思い出す

- Do you **remember** her?(彼女を覚えていますか)
- I can't **remember** where I put it.
(それをどこに置いたか思い出せない)

211 taste [téist]
動 (~の)味がする　名 味, 味見

- This **tastes** absolutely delicious.(これは極上の味がする)
- How's the **taste**?(味はどうですか)　　　　　↳ ○absolutely(1331)
- Would you like a **taste**?(味見なさいますか)

212 block [blák]
名 1区画, 固まり　動 (道などを)ふさぐ

- Go straight ahead for two **blocks**, and you'll find it on your left.(まっすぐ2ブロック行くと左手にあります)　○ahead(231)
- A stalled truck is **blocking** the exit.
(立ち往生したトラックが出口をふさいでいる) ○stall(1321), exit(463)

213 downtown [dáuntáun]
副 形 繁華街へ[の], 商業地区へ[の]
(⇔uptown「住宅地区」へ[の])

- Do you want to go **downtown** tonight?
(今晩街に行きたい?)

214 follow [fálou]
動 (~に)ついて行く, (忠告などに)従う,
《as followsで》次の通りで[に]

▶ following (503)
- Please **follow** me.(私の後に続いてください)
- I suggest you **follow** his advice.(彼の忠告に従ったほうがいいよ)
○suggest(239), advice(267)
- My new address is as **follows**: ….(新しい住所は次の通りです)
○address(251)

215 handle [hǽndl]
動 (~を)扱う, 処理する　名 取っ手, ハンドル

- Do you **handle** foreign exchange here?
(こちらでは外国為替を扱っていますか)　　　　○exchange(636)
- Can you **handle** it?(あなたにそれが処理できますか)
- a door **handle**(ドアの取っ手)

♣ 車のハンドルは a steering wheelという。steer(2289)参照。

216 immediately
[imí:diətli]
副 直ちに，直接に

▶ immediate 形 即座の，直接の
- I'd like you to do something about it **immediately**.
  (そのことで直ちに何らかの処置をとっていただきたいのですが)

217 trade
[tréid]
名 貿易，商売
動 (〜と)貿易する(with)，(〜と)交換する(for)

▶ trading 名 貿易，取引
- international **trade**(国際貿易)
- **trade** with China(中国と貿易をする)

218 cheap
[tʃí:p]
形 安い(⇔expensive(107))**，そまつな**

- Do you know of any **cheaper** hotels?
  (もっと安いホテルを知りませんか)

♣「給料が安い」というようなときはlowを使う。salary(279)参照。

219 future
[fjú:tʃər]
名 未来，将来　形 未来の

- No one knows what'll happen in the **future**.
  (未来のことは誰にもわからない)
- **future** plans(将来計画)

220 land
[lǽnd]
名 土地，陸地
動 着陸する[させる]，上陸する[させる]

- **land** prices(地価)
- travel by **land**(陸路を行く)
- Flight 101 from Seattle **landed** five minutes ago.
  (シアトルからの101便は5分前に着陸した)

221 rise
[ráiz]
動 上がる，昇る　名 上昇，増加

[活用] rise - rose - risen
- The cost of living has **risen** beyond my income.
  (生活費が収入以上に増加した)　　　　　　　　　○income(533)
- **rise** to the top(首位に立つ)
- a sharp **rise** in prices(物価の急激な上昇)

PART 1

222 suit [súːt]
名 スーツ・衣服　動 (〜に)適する, (〜に)似合う

▶ suitable (694)
- I'd like to have this **suit** pressed.
（このスーツをアイロンがけしてもらいたいのですが）
- The new job **suits** me fine.（新しい仕事は私によく合っている）

223 except [iksépt]
前 〜を除いて　動 (〜を)除く

▶ exception (919)
- We're open every day **except** Monday.
（月曜日を除く毎日営業しています）

224 fail [féil]
動 (〜に)失敗する(in), 〜し損なう(to do)

▶ failure (1152)
- He **failed** in the business.（その仕事で失敗した）
- Do not **fail** to be here on time.
（必ず時間通りにここに来てください）

225 furniture [fə́ːrnitʃər]
名《集合的に・単数扱い》家具

- We are putting almost all of our **furniture** up for sale.
（ほぼすべての家具を売りに出している）

226 rest [rést]
名 休息,《the 〜で》(〜の)残り(of)
動 休息する[させる]

- A man is taking a **rest** on the bench.
（男の人がベンチで休んでいる）
- He'll be out for the **rest** of the day.（彼は終日外出の予定です）
- We stopped and **rested** for a while.
（我々は立ちどまってしばらく休んだ）

♣a rest room「(ホテル・レストラン・劇場などの)手洗い」

227 safety [séifti]
名 安全

▶ safe (155)
- a **safety** seat for children（子ども用安全シート）
- For your **safety**, please don't lean on the doors.

PART 1

（危ないですからドアに寄りかからないでください） ↻lean(707)

228 language [læŋgwidʒ]
名 言葉・言語

・English is an international **language**.（英語は国際語です）

229 quarter [kwɔ́:rtər]
名 4分の1, 15分, 四半期, （都市部の）地区

▶ quarterly (2723)
・It's a **quarter** past three.（3時15分です）
・the first [second] **quarter** of the year
（1年の第1［第2］四半期）

230 advise [ədváiz]
動 助言［忠告］する, 通知する

▶ advice (267), advisory **形** 諮問［顧問］の
・He **advised** me to see the doctor.
（彼は私に医者に見てもらうよう助言した）
・Please **advise** me of your decision.
（貴社の結論をご通知ください） ⇒decision(167)

231 ahead [əhéd]
副 前方へ［に］

・I think we should go **ahead** with this plan.
（この計画を進めるべきだと思います）
・We are three days **ahead** of schedule.（予定より3日早い）
⇒schedule(45)

232 cross [krɔ́(:)s]
動 （～を）横切る, （横線を引いて）削除する
名 十字架

・Look both ways before you **cross** the street.
（通りを横切る前に左右をよく見なさい）
・He **crossed** her name off the list.
（彼は彼女の名前をリストから削除した）

233 disease [dizí:z]
名 病気

・A cold can lead to all kinds of **diseases**.（風邪は万病のもと）
⇒lead(153)

PART 1

234 earn
[ə́ːrn]
動 (金を)稼ぐ, (名声などを)得る

- How do you **earn** a living?
(どのようにして生活費を稼いでいますか[生計を立てていますか])

235 improve
[imprúːv]
動 (〜を)改善する, よくなる

▶ improvement (1153)
- **improve** the quality of our products (製品の品質を向上させる)
  ○quality(546)
- His health gradually **improved**. (彼の健康は徐々に回復した)
  ○gradually(1349)

236 inform
[infɔ́ːrm]
動 (〜に…を)知らせる (about, of, that)

▶ information (39)
- We would like to **inform** you that we have increased our prices as follows: ....
(価格が以下のように値上げになりましたことをお知らせいたします)

237 purpose
[pə́ːrpəs]
名 目的, 目標

- What is the **purpose** of your visit today?
(今日は何の目的でお越しですか)
- She achieved her **purpose**. (彼女は目標を達成した)
  ○achieve(858)

238 single
[síŋgl]
形 1つ[1人]の, 独身の **名** 《〜sで》独身者

- A **single** room, please. (1人部屋をお願いします)
- a **single** life (独身生活)

239 suggest
[sʌɡdʒést]
動 (〜を)提案する・勧める (that)

▶ suggestion (713)
- Could I **suggest** meeting on Tuesday?
(火曜日にお会いするのはいかがでしょうか)
- I **suggest** you take a taxi. (タクシーで行ってはどうでしょう)

♣ 上の文はsuggestの後のthatが省略されている文。これを ˣsuggest you to take ...とするのは誤り(p. 127参照)。

PART 1

240 choose
[tʃúːz]
動 選ぶ

▶ choice (1034)　活用 choose - chose - chosen
- I can't decide which one to **choose**.
  (どちらを選ぶべきか決められない)

241 tired
[táiərd]
形 (〜に)疲れて(from), (〜に)飽きて(of)

- I was very **tired** from walking.(歩いてとても疲れた)
- I'm **tired** of this place. Let's go.(ここは飽きた，さあ行こう)

242 attention
[əténʃən]
名 注意，配慮，気付

▶ attend (125)
- May I have your **attention**, please!(ご案内いたします)
- Would you please pay more **attention** to packing next shipment?(次回の出荷時には梱包にもっと配慮してください)
  　　　　　　　　　　　　　　　　　　　　　○pack(400), shipment(1588)

243 balance
[bǽləns]
名 釣り合い(⇔imbalance(2984))，残高，天秤
動 釣り合いをとる

▶ balanced (244)
- keep[lose] one's **balance**(心・身体の平衡を保つ[失う])
- You have to pay the **balance** within 90 days.
  (あなたは90日以内に残額を支払わなければなりません)

♣「アンバランス」はunbalanceではなくimbalanceを使う。ただし「アンバランスな(不均衡な)」という意味ではunbalancedを使う。

244 balanced
[bǽlənst]
形 釣り合いのとれた(⇔unbalanced「不均衡な」)

- a **balanced** diet(バランスのとれた食事)　　　　　○diet(567)
- a **balanced** budget(均衡予算)　　　　　　　　　　○budget(557)

245 favorite
[féivərət]
形 大好きな・お気に入りの
名 お気に入りの人[物]

▶ favor (353)
- What is your **favorite** movie?(お気に入りの映画は何ですか)
- This song is an all-time **favorite** of mine.
  (この曲は私の一番のお気に入りです)

PART 1

246 figure [fígjər]
名 数字, 姿, 人物　**動** (～と)考える(that)

- Are these **figures** accurate?(この数字は正確なものですか)
- She has a nice **figure**.(彼女はスタイルがいい)　⌐◦accurate(1495)
- I **figured** it was a good chance.(それはいい機会だと思った)
　　　　　　　　　　　　　　　　　　　　　　　　　　◦chance(161)

247 support [səpɔ́ːrt]
名 支持・支援
動 (人・考えなどを)支持する, (物を)支える

- You can count on my full **support**.
 (私は全面的に支持するから頼りにしてくれたまえ)　◦count(438)
- I **support** Roger's view on this.
 (これに関してはロジャーを支持します)　◦view(281)

248 clothes [klóuz]🌸
名 衣服, 衣類

▶ cloth (842)
- Where can I find children's **clothes**?
 (子ども服はどこにありますか)

249 dress [drés]
動 (～に服を)着せる　**名** ドレス, 衣服

- He is **dressed** in a light gray business suit.
 (彼は淡いグレーのビジネススーツを着ている)
- Should the ladies wear formal **dresses**?
 (女性はフォーマルな服装をしたほうがよいですか)　◦formal(968)

250 war [wɔ́ːr]
名 戦争, 戦い

- The country has long suffered from civil **war**.
 (その国は長い内戦にわずらわされている)　◦suffer(347), civil(1816)
- a price **war**(価格戦争・値引き競争)

251 address [ədrés]
名 住所, 演説　**動** (～に)宛名を書く, 講演する

▶ addressee **名** 受取人
- May I have your name and **address**?
 (お名前と住所をいただけますか)
- Thank you for your letter of May 5 **addressed** to Peter

Ross.
(ピーター・ロス宛て5月5日付のお手紙ありがとうございました)

252 branch
[brǽntʃ]
名 支店・部門, 枝

・a **branch** office（支店）

253 dial
[dáiəl]
動 (電話の番号を)回す[押す]
名 (ラジオなどの)ダイヤル, (時計などの)文字盤

・First, **dial** 0 to get the outside line.
（外線につなげるには最初に 0 を回して[押して]ください）
・turn the **dial**（ダイヤルを回す）

254 distance
[dístəns]
名 距離, 遠方

▶ distant (965)
・It's within walking **distance**.（歩いて行ける距離です）
・a long **distance** call（長距離電話）

255 fix
[fíks]
動 修理する, (日時, 場所などを)決める, (〜を)固定する

・The repairmen are **fixing** the car.（修理工が車を修理している）
・Have you **fixed** a date for the meeting yet? └→repair(181)
（もう会合の日を決めたかい？）

256 promise
[prάməs]
動 (〜に…を)約束する(to do, that) 名 約束

▶ promising (1028)
・I **promise** I'll make it up to you.（約束するよ, 償いはする）
・keep [break] one's **promise**（約束を守る[破る]）

257 wonder
[wʌ́ndər]
動 (〜かと)思う(if),
(〜を)知りたいと思う(wh-, if),
(〜を)感嘆する(at) 名 驚き

・I **wonder** if you could join us?（ご一緒していただけませんか）
→join(209)
・I **wonder** where she is now.（彼女はいまどこにいるのだろう）
・(It is) no **wonder** she refused his offer.
（彼女が彼の申し出を断ったのも無理はない） →refuse(690)

PART 1

258 careful
[kéərfl]

形 (～に)気をつける, 慎重な(⇔careless(1254))

► carefully 副 注意深く
- You should be **careful** about what you say.
  (あなたは話すことに気をつけなさい)

259 race
[réis]

名 競走[争], 人種
動 急ぐ・急いでする, 競走する

► racial (2539)
- a horse [an auto] **race** (競馬[自動車レース])
- Grabbing his briefcase, he **raced** for the airport.
  (書類かばんをつかむと, 彼は空港へと急ぎ走った) ○grab(1794)

260 actually
[ǽktʃuəli]

副 実は, 実際に(は)

► actual (985)
- Well, **actually**, you still owe me $50.
  (実は, あなたはまだ私に50ドルの借りがあります) ○owe(734)
- Let me show you what **actually** happened.
  (実際に何が起きたのかをご説明いたしましょう)

261 adult
[ədʌ́lt]

名 おとな, 成人 形 成人の

- Two **adults** and one child, please.
  (おとな2人と子ども1人をお願いします)
- **adult** animals (成獣)

262 appear
[əpíər]

動 (～)のようだ(to be, to do, that),
現れる(⇔disappear(1450))

► appearance (263)
- There **appears** to be a misunderstanding.
  (どうやら誤解があるようだ) ○misunderstanding(1836)
- A message will **appear** on the screen.
  (画面にメッセージが表示されます) ○screen(627)

263 appearance
[əpíərəns]

名 外見・外観, 出現

- Never judge by **appearances**.
  (外見で判断してはいけない《ことわざ》) ○judge(380)

PART 1

264 media [míːdiə]
名 報道機関（＝mass media）《mediumの複数形》

▶ medium (1834)
- The news was reported by all the major **media**.
（そのニュースはすべての主要なマスコミで報道された） ○major(531)

265 warn [wɔ́ːrn]
動 警告する

▶ warning (793)
- He was **warned** not to be late again.
（二度と遅れるなと警告を受けた）

266 angry [ǽŋgri]
形（～に）腹を立てて(at, with)，怒った

▶ anger 名 怒り
- I'm very **angry** with you!
（あなたにはとても腹を立てているんです）
- **angry** words（怒りの言葉）

267 advice [ədváis]
名 助言・忠告

▶ advise (230)
- Can I give you some **advice**?
（ちょっと助言［忠告］をさせてもらえますか）

268 announce [ənáuns]
動 発表する，公表する

▶ announcement (269)
- We are happy to **announce** that Mr. Ichiro Suzuki has joined our sales section.
（スズキ・イチロウ氏が私どもの営業部に入りましたことをご案内いたします） ○section(589)

269 announcement [ənáunsmənt]
名 発表，公表

- an official **announcement**（公式発表） ○official(303)

PART 1

270 claim [kléim]
動 (〜であると)主張する, 要求する
名 要求・請求

- He **claimed** he hadn't done anything really wrong.
  (彼は何も悪いことなどしていないと主張した)
- a **claim** for damages(損害賠償請求)   ◯damage(204)

♣「苦情・クレーム」はcomplaint(1117)でclaimは使わない。

271 create [kriéit]
動 創造する

▶ creation 名 創造, creative (1281)
- We are trying to **create** a new market.
  (わが社は新しい市場を作り出そうとしています)

272 deliver [dilívər]
動 配達する, (演説などを)する

▶ delivery (833)
- Could you **deliver** it to the Hilton Hotel?
  (それをヒルトンホテルまで届けていただけますか)
- He **delivered** the opening address.(彼は開会の辞を述べた)
  ◯address(251)

273 drug [drʌ́g]
名 麻薬, 薬品

- take **drugs**(麻薬を常用する)
- a sleeping [pain-killing] **drug**(睡眠[鎮痛]薬)   ◯pain(330)

274 effort [éfərt]
名 努力

- We must make an immediate **effort** to reduce costs.
  (経費削減のために即刻努力しなくてはならない)
  ◯immediately(216), ◯reduce(520)

275 general [dʒénərl]
形 概略の, 全般の, 一般の

▶ generally (782)
- Make your points specific, not **general**.
  (論点をばく然とさせず具体的にしなさい)   ◯specific(863)
- a **general** catalog(総目録)   ◯catalog(416)

PART 1

276 personal [pə́:rsənl]
形 個人の, 個人的な

▶ person 名 人, personality (1491)
- These are for my **personal** use.（これは私の身の回り品です）
- May I ask you a **personal** question?
（個人的な[立ち入った]ことを聞いていいですか）

277 private [práivət]
形 私有の・私的な, 非公開の（⇔public(76)）

▶ privacy (1314)
- a **private** letter（私信）
- Please keep this matter **private**.
（この件は内密にしておいてください）

278 recently [rí:sntli]
副 最近

▶ recent (572)
- That store opened quite **recently**.（あの店にごく最近開店した）
- ♣ recentlyは過去及び完了時制で使い, 現在時制では普通使わない。

279 salary [sǽləri]
名 給料

- a high [low] salary（高級[薄給]）
- What's your annual **salary**?（年俸はどのくらいですか）
- ♣ wage (754)参照。　　　　　　　　　　　　　　↳●annual(1044)

280 standard [stǽndərd]
名 標準・基準, 水準　形 標準の

- global **standards**（国際基準, 世界標準）　　　●global(599)
- the **standard** of living（生活水準）
- a **standard** size（標準サイズ）

281 view [vjú:]
名 （〜に対する）見方・意見, 眺め
動 （〜を）考察する

- In my **view**, that is wrong.（私の意見では, それは間違っている）
- I'd like a room with a **view** of the lake.
（湖の見える部屋をお願いします）

PART 1

282 film [fílm]
名 (写真・映画の)**フィルム, 映画**　**動 撮影する**

- I'd like to develop this **film**.(このフィルムを現像したいのですが)
  ⮕develop(90)
- Did you enjoy the **film**?(その映画は楽しかったですか)

283 practice [præktis]
名 練習, 実行
動 練習する, 実行する, (医者などを)開業する

▶ practical(975), practitioner 名 開業医[弁護士]
- **Practice** makes perfect.(習うより慣れろ《ことわざ》)
- put the plan into **practice**(計画を実行する)
- **practice** Karate every day(毎日カラテの練習をする)

284 agency [éidʒənsi]
名 代理業, 代理店

▶ agent(424)
- an advertising [a travel] **agency**(広告[旅行]代理業)
  ⮕advertising(1048)

285 education [èdʒəkéiʃən]
名 教育

▶ educate(966), educational 形 教育の, 教育的な
- He received a college **education**.(大学教育を受けた)

286 entrance [éntrəns]
名 入り口(⇔exit(463))**, 入場・入学・入社**

▶ enter(201)
- the **entrance** to a house(家の玄関)
- take an **entrance** examination(入学[入社]試験を受ける)
  ⮕examination(427)

287 guess [gés]
動 推測する, (〜と)思う　**名 推測**

- I **guess** so.(そうでしょう)
- I **guess** I have the wrong number.
  (番号を間違えたのだと思います)
- That's a good **guess**.(いい見当をつけたね)

PART 1

288 hang [hæŋ]
動 ぶら下がる[下げる], 《hang onで》待つ・がんばり通す

活用 hang - hung - hung

- The traffic signs are **hanging** from a pole.
  （信号機が柱から垂れ下がっている） ◯pole(365)
- **Hang** on a second.（ちょっと待ってください）

♣「(あきらめずに)がんばり通す」には"hang in (there)"という言い方もある。vow(1806)の例文参照。

289 heat [híːt]
名 暖房, 暑さ, 熱　**動**（～を）熱する

- Turn on the **heat**.（暖房をつけなさい）
- The **heat** today was a record-breaker.
  （今日の暑さは記録破りだった）
- We had a **heated** discussion.（熱い議論を交わした）
  ◯discussion(1224)

290 material [mətíəriəl]
名 原料・材料, 資料
形 物質の, 物質的な（⇔spiritual(2078)）

- raw **materials**（原材料） ◯raw(949)
- building **materials**（建材）
- **material** affluence（物的豊かさ） ◯affluent(3005)

291 monthly [mʌ́nθli]
形 月1回の, 1カ月間の　**副** 月ごとに, 毎月
名 月刊誌

- a **monthly** magazine（月刊雑誌）
- The highest **monthly** sales figure last year was $20,000.
  （昨年度の月間売上額の最高値は20,000ドルでした）　⇒figure(246)
- pay $15 **monthly**（月ごとに15ドル払う）

TOEIC頻出 単語・語法問題 ───────────(4)

◇ The job market (is / has been) tight recently because of the recession.　　　　　　　　　　　　　　　（答）has been

※「最近」の意味を表すrecently (278)は現在完了か過去の文で使い, 現在時制の文では使いません。現在時制ではthese daysやnowadaysを使います。またlately (643)は主に現在完了の文で使います。

（意味）不景気のため最近の求人状況は厳しい。

PART 1

292 print [prínt]   動(〜を)**印刷する** 名**印刷**

- How do I **print** out a file?（ファイルの印刷はどうやるのでしょうか）
 ○file(537)
- The book is in [out of] **print**.
 （その本は（まだ）出版されている[絶版になっている]）

293 share [ʃéər]   動(〜を)**分ける・共有する** 名**市場占有率, 分け前**

- Can I **share** a glass of wine with you?
 （ワイン1杯を分けて飲みませんか）
- a market **share** of 60%（60％の市場占有率）

294 excuse [ikskjúːz]   動(〜するのを)**許す**(for), (〜の)**言い訳をする** 名[ikskjúːs]**言い訳**

- **Excuse** me for going before you.（お先に失礼いたします）
- You don't have to make **excuses**.（別に言い訳しなくてもいいよ）

295 invite [inváit]   動(〜を)**招待する**, (〜に…を)**勧める・請う**(to do)

▶ invitation (296)
- I'd like to **invite** you to [for] dinner.
 （あなたを夕食にお招きしたいのですが）
- He was **invited** to lead the group.
 （彼はそのグループを導くよう要請された） ○lead(153)

296 invitation [ìnvitéiʃən]   名**招待(状)**

- I am happy to accept your **invitation**.
 （ご招待を喜んでお受けします） ○accept(203)

297 borrow [bɔ́(ː)rou]   動**借りる**(⇔lend(456))

▶ borrowing (2621)
- Can I **borrow** your car?（車を貸してもらえますか）

298 double [dʌ́bl]   形 副 **2倍の[に]** 動**2倍にする** 名**2倍**

- Do you have a room with two **double** beds?
 （ダブルベッドが2つある部屋はありますか）

- It **doubles** the processing speed.
  (それによって処理速度は2倍になる)　　　→process(208)

299 **effect** [ifékt]
名 影響・効果, 《take effectで》効果を生じる・(法律などが)発効する

effective (582)

- What was the **effect** of the typhoon?
  (台風の影響はどうでした？)
- When will the announced change take **effect**?
  (発表された変更が発効するのはいつだろうか)　　→announce(268)

300 **forward** [fɔ́:rwərd]
副 前方へ[に] (⇔backward「後方へ[に]」)
動 転送する, (計画などを)進める

- I'm looking **forward** to hearing from you soon.
  (すぐにお便りをもらえることを楽しみにしています)
- I **forwarded** your email to two of my friends.
  (君のEメールを友だち2人に転送したよ)

301 **further** [fɔ́:rðər]
形 それ以上の　副 さらに, それ以上に

- If you need any **further** information, please let me know.
  (さらに詳しく知りたい場合は, 私にお申しつけください)
- We shouldn't let this problem go any **further**.
  (それ以上問題をこじらせてはならない)

TOEIC頻出 単語・語法問題 ―――――――――――――(5)

◇ 1. We look forward to (see / seeing) you at the conference.
　　　　　　　　　　　　　　　　　　　　　　(答)seeing
　2. He will soon get used to (use / using) a word processor.
　　　　　　　　　　　　　　　　　　　　　　(答)using

※ forward (300) とused (1024) を含む, 次のイディオムはTOEIC最頻出項目です。ともに最後のtoが前置詞で, 後には名詞か動名詞がきます。不定詞と勘違いしないようにしましょう。
　look forward to (楽しみに待つ), be used to (慣れている)
(意味) 1. 大会(会場)でお会いできるのを楽しみにしております。
　　　 2. 彼はワープロを使うのにすぐ慣れるでしょう。

PART 1

302 lie
[lái]

動 横たわる, (～に)ある, うそを言う　**名** うそ

活用 (横たわる)lie-lay-lain-lying, (うそを言う)lie-lied-lied-lying

- Why don't you **lie** down for an hour or so?
 (1時間かそこら横になってはどうですか)
- He's obviously **lying**.[= He is obviously telling a **lie**.]
 (彼は明らかにうそを言ってる)　　　　　　　　　　　○obviously(1017)

303 official
[əfíʃl]

形 公式の, 公の　**名** 公務員, 職員

▶ officially **副** 公式に, office(3)　　　　　　　　　　　○statement(590)
- make an **official** statement(公式声明を発表する)
- government **officials**(国家公務員)

304 reserve
[rizə́:rv]

動 (～を)予約する, (～を)取っておく, (権利などを)留保する　**名** 蓄え, 遠慮

▶ reservation(1041)
- I'd like to **reserve** a table for two.
 (2人分のテーブル席を予約したいのですが)
- I will **reserve** next Saturday afternoon for you.
 (次の土曜の午後を君のために取っておきましょう)
- We **reserve** the right to cancel this order.
 (この注文を取り消す権利は留保しておきます)　　　　　○cancel(563)
- **reserves** of food(食糧の蓄え)

305 responsible
[rispánsəbl]

形 (～に・の)責任がある(to, for), 信頼できる

▶ responsibility(625)　　　　　　　　　　　　　　　　○failure(1152)
- I am **responsible** for the failure.(失敗の責任は私にあります)
- I'm **responsible** for developing the sales plan.
 (私には販売計画を立てる責任がある)
- a **responsible** man(信頼できる人)

306 action
[ǽkʃən]

名 行動, 実行

▶ act **動** 行動する, 動く
- an **action** plan(行動計画)
- The new plan was put into **action**.(新計画が実行に移された)

PART 1

307 hire [háiər]
動 雇う, 賃借り[貸し]する

- They **hired** two detectives.(探偵を2人雇った)
- I'd like to **hire** a car for the weekend.
  (週末に車を貸してもらいたいのですが)

308 rush [rʌ́ʃ]
動 (〜へ)急ぐ(into, to), (〜を)急いでやる[送る]
名 急ぎ, 殺到

- Shoppers are **rushing** to the store.
  (買物客が店に殺到している)
- The boy was **rushed** to the hospital.
  (その少年は急いで病院へ運ばれた)
- Why are you in a **rush**?(なぜ急いでいるの？)

309 subject [sʌ́bdʒikt]
名 主題, 学科
形 (〜を)免れない・必要とする(to)

- Let's change the **subject**.(話題を変えましょう)
- This price is **subject** to change.
  (この値段は変更することがあります)

1〜500

TOEIC頻出 単語・語法問題 ────(6)──

◇ 1. He was (laying/ lying) down for a nap when the phone rang.　　　　　　　　　　　　　　　　　　(答)lying
　2. I'm afraid prices will continue to (raise / rise).　(答)rise

※多くの動詞は自動詞と他動詞の両方に使われますが, なかには「自動詞」と「他動詞」それぞれに, 対応する語が別にあるものがあります。
自動詞と他動詞に対応する語があるもの：
　　（自）　　　　　（他）
　　lie (302)　──　lay (448)
　　rise (221)　──　raise(190)
　　sit「座る」　──　set「据える・置く」

特に lie の過去形が lay で紛らわしく, それだけに TOEIC にはよく出題される項目です。
(意味) 1. 電話が鳴ったとき, 彼は横になって昼寝をしていた。
　　　 2. 物価は上がり続けるのではないかと思う。

PART 1

310 touch [tʌ́tʃ]
名 連絡, 接触　動 (〜に)触れる, 感動させる

- Let's keep in **touch**! (連絡し合いましょう)
- Don't **touch** my things. (私の物に触らないで)
- It really was a **touching** story. (本当に感動的な物語でした)

311 wind [wáind]
動 (糸・テープなどを)巻く, (道・川が)うねる (through, across)　名 [wínd] 風

[活用] wind - wound - wound

- **wind** a tape backward [forward] (テープを巻き戻す[進める])
- The road **winds** through the hill for about five miles.
  (道路は約5マイルにわたって丘を曲がりくねっている)
- The **wind** is blowing hard. (風が強く吹いている)

312 detail [ditéil]
名 細部, 詳細

▶ detailed (2043)
- Let's discuss the **details** over lunch.
  (詳細についてはお昼を食べながら話し合いましょう)

313 final [fáinl]
形 最後の, 最終的な　名 決勝戦, 最終試験

▶ finally 副 ついに, 最後に
- I've got a **final** exam tomorrow. (明日, 最終試験があるんだ)
- the 2002 World Cup **finals** (2002年ワールドカップの決勝戦)

314 gain [géin]
動 (〜を)得る (⇔lose(184)), (重さ・速さなどが)増す
名 利益 (⇔loss(568))

- I have **gained** invaluable experience in recent years.
  (近年計り知れぬほど貴重な経験を積んだ) ○valuable(487), recent(572)
- I have **gained** some weight. (体重が増えた)　　　　○weight(795)

315 hardly [há:rdli]
副 ほとんど〜ない, とても〜ない

- There are **hardly** any people swimming today.
  (今日は泳いでいる人はほとんどいない)
- I can **hardly** wait to see the movie.
  (その映画, 早く見たいなー)

PART 1

316 model [mádl]
名 模型, 型式, (ファッション)モデル, 手本

- a full-scale **model**(実物大の模型) ○scale(1166)
- the latest **model**(最新型) ○latest(1527)
- a top fashion **model**(トップ・ファッションモデル) ○fashion(428)

317 protect [prətékt]
動 (~を…から)守る・保護する(from, against)

► protection (318), protective (1799)
- Not all sunglasses will **protect** your eyes from the sun.
(すべてのサングラスが太陽から目を守るとは限らない)

318 protection [prətékʃən]
名 保護

- animal **protection**(動物保護)

319 success [səksés]
名 成功

► succeed (421)
- I wish you **success** in your new business.
(あなたの新しい事業のご成功をお祈りいたします)

♣ a successとすると「成功した事[人]」という意味になる。

TOEIC頻出 単語・語法問題 ———————————(7)—

◇ The leaders are expected (discussing / to discuss) the creation of a free trade agreement. (答) to discuss

※目的語に「不定詞」をとる動詞の問題です。このタイプの動詞は多いのですが，主なものをあげておきます。

afford (796), agree(195), aim(810), arrange (440), choose (240), claim (270), decide (47), demand (178), desire (719) expect (56), fail (224), hesitate (1402), intend (417), learn, manage (451), mean, neglect (1478), offer (35), plan (22), prepare (166), pretend (1426), promise (256), refuse (690), resolve (1899), seek (711), seem, tend (1234), wait, wish

(意味) (各国の)リーダーたちは自由貿易協定の作成について協議することが予定されている。

PART 1

320 approach
[əpróutʃ]
動 (〜に)近づく **名** (研究などの)方法, 接近

- We are now **approaching** Narita International Airport.
(この機は, いま成田国際空港に近づいています)
- a new **approach** to teaching reading skills
(読書教育の新しい方法) ○skill(561)

♣動詞のapproachは他動詞。後にto[toward]をつけないように注意。

321 citizen
[sítisn][sítizn]
名 市民, 国民

▶ citizenship (2692)
- the **citizens** of Tokyo(東京都民)
- a Japanese [U. S.] **citizen**(日本[アメリカ]国民)

322 direction
[dərékʃən]
名 方向, 《〜sで》指示・説明(書)

▶ direct (142)
- the opposite **direction**(反対の方向) ○opposite(821)
- read the **directions** carefully(指示[説明]書を注意深く読む)

323 event
[ivént]
名 出来事, 行事

- an epoch-making **event**(画期的な出来事)
- an annual **event**(年中行事) ○annual(1044)

324 explain
[ikspléin]
動 説明する

▶ explanation (1020)
- Could you **explain** that again?
(もう一度それを説明してもらえませんか)

325 fare
[féər]
名 (交通機関の)運賃・料金

- What [How much] is the **fare** to Narita, please?
(成田までの運賃はいくらですか)

♣p. 9参照。

PART 1

326 lift [líft]
動 持ち上げる
名 (人を)車に乗せること(＝ride(1392))
- This is too heavy for me to **lift** by myself.
  (これは重すぎて1人で持ち上げるのは無理です)
- Can I give you a **lift**?(私の車に乗っていきませんか)

327 mention [ménʃən]
動 (〜に)言及する　名 (〜への)言及(of)
- As I **mentioned** on the telephone, ...
  (電話でも申し上げましたが…)
- He made no **mention** of it in his speech.
  (彼は演説でそのことについて言及しなかった)

328 nation [néiʃən]
名 国家, 国民

▶ national (174), nationality(1954)
- an industrial [agricultural] **nation**(工業[農業]国)
  ○industrial(363), agriculture(1928)

♣ nationはcountryよりもformalな語。

329 officer [á(ː)fəsər]
名 警察官(＝police officer), 将校, (企業の)役員
- a police **officer**(警察官)
- an army [air force] **officer**(陸軍[空軍]将校)

330 pain [péin]
名 (肉体的・精神的な)痛み・苦痛, 《〜sで》骨折り

▶ painful 形 痛い, つらい
- I have a sharp **pain** in my stomach.(胃がきりきり痛む)
- I took great **pains** with my last assignment.
  (この前の課題にはとても骨折ったよ)　○assignment(1131)

331 serious [síəriəs]
形 まじめな, 重大な

▶ seriously (1289)
- Are you **serious**?(本気なの)
- He suffered **serious** burns in the fire.
  (彼は火事でひどいやけどを負った)　○suffer(347), burn(460)

1〜500

PART 1

332 signal [sígnl]
名 信号, 合図　動 合図する

► sign (46)
- He ignored the traffic **signals**. (彼は交通信号を無視した)
  ⊙ignore(1189)

333 vote [vóut]
名 投票　動 (〜の)投票をする (on, for, against)

- Why don't we take a **vote**? (投票で決めよう)
- **vote** for [against] the bill (法案に賛成[反対]の票を投ずる)
  ⊃bill(60)

334 win [wín]
動 (戦い・試合に)勝つ (⇔lose(184)), (賞などを)勝ち取る

[活用] win - won - won
- The Giants **won** the game by two to one.
  (2対1でジャイアンツが勝った)　⊃prize(824)
- **win** first prize [the gold medal] (1等賞[金メダル]を獲得する)

335 guide [gáid]
名 案内者[書]　動 案内する

► guidance (1563)
- Where is the TV **guide**? (テレビガイド[番組案内]はどこ?)
- She **guided** the old woman to the station.
  (そのおばあさんを駅まで道案内した)

336 ability [əbíləti]
名 能力

► able 形 〜できる
- She has the **ability** to see both sides of an issue.
  (彼女は問題の両面を見る能力がある)　⊙issue(522)

337 bar [bá:r]
名 酒場・(バーの)カウンター, 棒

- Shall we have a drink in the hotel **bar**?
  (ホテルのバーで一杯やりましょうか)
- a **bar** code (バーコード)　⊙code(1633)

PART 1

338 blood
[blʌd]
名 血, 血筋

▶ bleed (1215)
- My **blood** type is A. (私の血液型はAです)
- **Blood** is thicker than water. (血は水よりも濃い《ことわざ》)

339 certainly
[sə́ːrtnli]
副 確かに, 《返事で》承知しました

▶ certain (423)
- Yes, I **certainly** can! (はい, 必ずできます)
- **Certainly**! (承知しました)

340 contain
[kəntéin]
動 (～を)中に含む, (感情を)抑える

- Tofu **contains** a good deal of protein.
(豆腐はタンパク質を豊富に含んでいる) ○protein(2143)

341 describe
[diskráib]
動 (～の様子を)述べる・描写する

▶ description (718)
- Will you please **describe** what it is like?
(それがどんなものか説明してくれませんか)

342 instead
[instéd]
副 その代わりに, 《instead ofで》(～の)代わりに

- How about going to the movies **instead**?
(代わりに映画に行くってのはどう？)
- The total will be $8,500 **instead** of $8,300.
(合計は8,300ドルではなく8,500ドルでしょう)

343 lock
[lák]
動 (～に)鍵をかける, (鍵をかけて～を)閉じこめる(in) 名 錠

- Could you check and make sure the door is **locked**?
(たしかにドアに鍵をかけたか確かめてくれませんか)
- I've **locked** my keys in my car.
(鍵を車の中に置いたままロックしてしまった)
- I need automatic door **locks**. (自動ドアロックをつける必要がある)
○automatic(1161)

♣ keyとlockの違いに注意。lockを開けたり閉めたりするものがkey。

PART 1

344 mark [máːrk]
名 印, 指標, 点数　動 (〜に)印をつける

- a check [question] **mark**(チェック[クェスチョン]マーク)
- reach [break] the $500 million **mark**
  (5億ドル台に達する[を突破する])
- Please park in **marked** spaces only.
  (印のついた場所だけに駐車してください)

345 nearly [níərli]
副 ほとんど・もう少しで

- It's **nearly** 10:00.(もうすぐ10時です)
- He was **nearly** hit by the car while crossing the street.
  (道路を横断中, 彼はもう少しで車にはねられるところだった)

346 professional [prəféʃənl]
形 プロの, 職業上の・専門職の
名 プロ(⇔amateur(1681)), 専門家

▶ profession (1013)
- a **professional** soccer player(プロのサッカー選手)
- **professional** training(職業訓練, 専門教育)
- a tennis [golf] **professional**(テニス[ゴルフ]のプロ)

347 suffer [sʌ́fər]
動 (病気などで)苦しむ(from),
　　(損害・被害を)こうむる

- I'm **suffering** from insomnia.(不眠症なんだ)
- The city **suffered** much damage from the earthquake.
  (その街は地震によって深刻な被害をこうむった)　●earthquake(352)

348 attack [ətǽk]
動 攻撃する, (問題などに)取りかかる
名 (病気の)発作, 攻撃

- A group of four young men **attacked** a 57-year-old man.
  (4人の若者の一団が57歳の男性を襲った)
- **attack** a problem(問題に取り組む)
- a heart **attack**(心臓発作)

349 basic [béisik]
形 基礎の, 基本的な　名 《〜sで》基本・原則

▶ base (13)
- a **basic** salary(基本給)　　　　　　　　　　　　　●salary(279)
- **basic** ideas(基本的な考え(方))

・go back to the **basics**（原点に帰る）

350 common
[kámən]

形 普通の，共通の

・Is it **common** for Japanese men to cook?
（日本人男性が料理するのは普通ですか）
・We have **common** interests.（私たちには共通の利害がある）
→interest(98)

351 district
[dístrikt]

名 地区・地域

・an industrial[a farming] **district**（工業[農業]地域）→industrial(663)

352 earthquake
[ə́:rθkwèik]

名 地震

・A strong **earthquake** hit the east part of India today.
（今日強い地震がインドの東部を襲った）

353 favor
[féivər]

名 好意

▶ favorite (245), favorable (1885)
・Could you do me a **favor**?（お願いを聞いていただけますか）

354 grade
[gréid]

名 学年，成績，等級　動 等級をつける

・What **grade** are you in? － I am in the fifth **grade**.
（何年生ですか──5年生です）
・get good **grades** in math（数学で良い成績を取る）
・high **grade** goods（高級品）

355 match
[mǽtʃ]

名 試合，適合(するもの)
動 (～と)調和する，(～に)匹敵する

・a tennis **match**（テニスの試合）
・It's a perfect **match** for this computer system.
（それはこのコンピューター・システムにぴったり合う）→system(57)
・Do you have a shirt to **match** this?
（これに合うシャツはありますか）

PART 1

356 mix [míks]
動 混ぜる, 混同する (up)

▶ mixture (2348)
- **mix** the ingredients well (材料をよく混ぜる)　⊙ingredient(1590)
- You seem to have our account **mixed** up with someone else's. (私たちの勘定を, 他の誰かのと混同しているようですが)
　　　　　　　　　　　　　　　　　　　　　　　　　　　⇒account(40)

357 profit [práfət]
名 利益 (⇔loss(568))
動 (~から)利益を得る (from, by)

▶ profitable (1735)
- The school bazaar made a small **profit**.
  (学校のバザーで利益が少し出た)
- A wise person **profits** from his mistakes.
  (賢い人は失敗から利益を得る[転んでもただでは起きない]《ことわざ》)

358 slip [slíp]
動 (誤って)滑る, こっそり動く[入る・出る]
名 伝票

▶ slippery (2243)
- I **slipped** and fell on the stairs. (階段で足を滑らせて転んだ)
- It's **slipped** my mind. (それを忘れてしまった)　⊙stair(454)
- Here is my confirmation **slip**. (これが私の確認伝票です)
　　　　　　　　　　　　　　　　　　　　　　　　⊙confirmation(2177)

359 clerk [klə́ːrk]
名 店員, 事務員

- a fast-food **clerk** (ファーストフードの店員)
- Please leave the keys with the desk **clerk**.
  (フロント係にキーをお預けください)

360 fair [féər]
形 公正な, (肌・髪が)明るい色の
名 見本市・博覧会

- That's not **fair**. (それはずるいよ)
- Her skin is very **fair**. (彼女は肌がとても白い)
- an international trade **fair** (国際見本市)

361 fit [fít]
形 (~に)適した (for, to), 体の調子がよい
動 (~に)ぴったり合う

▶ fitness (2171)

- I think he is **fit** for that job.（彼はその仕事に適していると思う）
- I am very **fit** and healthy.（私はとても元気で健康です）
- The shirt **fits** me pretty well.
  （そのシャツはサイズが私にぴったり合う）

362 flag [flǽg]
名 旗, 標識　動 (〜に)合図をする

- The **flag** is flying at half mast.
  （旗は柱の中央に掲げられている［半旗が掲げられている］）
- The man is **flagging** down the bus.
  （その男性は手を上げてバスを止めようとしている）

363 human [hjú:mən]
形 人間の, 人間的な

- No robot can replace a **human** being.
  （どんなロボットも人間の代わりにはなれない）　　○replace(655)
- **human** emotion（人間らしい感情）　　○emotion(1415)

364 permit [pərmít]
動 (〜を)許す・許可する　名 [pə́:rmit] 許可(証)

▶ permission (667)
- Smoking is not **permitted** here.（ここは禁煙です）
- Do you have a **permit** to park here?
  （ここの駐車票は持っていますか）

365 pole [póul]
名 さお・柱, 極

▶ polar (2945)
- a flag **pole**（旗ざお）
- the North[South] **Pole**（北［南］極）

366 progress [prágres]
名 進歩, 発達
動 [prəgrés]（仕事が）はかどる, 進歩[発達]する

▶ progressive 形 進歩的な
- As yet, we have made little **progress** in our negotiations.
  （いままでのところ交渉はあまり進展していない）　○negotiation(1093)
- the **progress** of science（科学の発達）
- Our work is **progressing** rapidly.（仕事は迅速に進んでいる）
  ○rapid(497)

PART 1

367 publish [pʌ́bliʃ]
動 (~を)出版する, (~を)発表する

▶ publication 名 出版
- The book was **published** in 1923.（その本は1923年刊です）
- He **published** the report in *The Journal of Medicine*.
（彼はその報告書を*The Journal of Medicine*誌に発表した）

⊙journal(1256)

368 regard [rigá:rd]
名 《~sで》「よろしく」(というあいさつ)
動 (~を…と)みなす(as), (~を)評価する

▶ regarding (369), regardless (1995)
- Give my **regards** to everybody.
（みなさまによろしくお伝えください）
- We **regard** customer service as our primary interest.
（お客様サービスがわが社の最も重要なものであると考えております）

⊙primary(1403), ⊙interest(98)

- a highly **regarded** writer（名高い作家） ⊙highly(415)

369 regarding [rigá:rdiŋ]
前 ~に関して・~について

- Consult us at any time **regarding** products service.
（この製品のサービスについてはいつでも私どもにご相談ください）

⊙consult(1098)

370 shock [ʃák]
名 (精神的な)ショック, 衝撃
動 (~に)衝撃を与える

- The news came as a **shock**.（そのニュースはショックでした）
- I'm **shocked**!（ショックを受けた）

371 terrible [térəbl]
形 ひどい, 恐ろしい

▶ terror 名 恐怖
- I have a **terrible** headache.（ひどい頭痛がする） ⊙headache(902)
- a **terrible** accident（恐ろしい事故）

372 tie [tái]
動 (~を)結ぶ・縛る(up), 《be ~d upで》(~で)忙しい **名** ネクタイ

- He kept his dog **tied** up to a tree.（彼はイヌを木につないでおいた）
- Sorry, I'm **tied** up now.（申し訳ない, いま忙しくて）

PART 1

373 shape [ʃéip]
名 形, (健康・経営などの)状態
動 (〜を)形づくる

- The cookies are in animal **shapes**.
（クッキーは動物の形をしている）
- I've been in good [bad] **shape** these days.
（近ごろ調子がいい[調子が悪い]）

374 miss [mís]
動 (〜を)し損なう, (〜に)乗り遅れる, (〜が)いないのを寂しく思う

- **miss** a TV program（テレビ番組を見逃す）
- **miss** the train（列車に乗り遅れる）
- We really **miss** you.（君がいなくて本当に寂しい）

375 bit [bít]
名 《a bit of で》少しの・1つの, 《a bit で》少し

- I have a **bit** of a fever.（私は少し熱がある） ○fever(1207)
- I've arrived a **bit** early.（少し早く着いた）

376 compare [kəmpéər]
動 (〜と)比較する(with, to), (〜に)たとえる(to)

▶ comparison 名 比較, comparable (2373)
- **compare** new models with old ones
（新型品を旧型品と比較する） ⊕model(316)
- Life is often **compared** to a voyage.
（人生はよく航海にたとえられる）

377 correct [kərékt]
形 正しい, 適切な 動 (誤りを)訂正する

▶ correction 名 訂正, 訂正個所
- Am I **correct**?（私(の言っていること)は正しいですか）
- make a **correct** decision（適切な判断をする） ⊕decision(167)
- **Correct** the errors, if any.（誤りがあれば正しなさい） ○error(844)

378 empty [émpti]
形 空の 動 空にする

- an **empty** seat（空いている席）
- He **emptied** the bottle.（彼はびんを空にした[飲み干した]）

PART 1

379 introduce [intrəd(j)úːs]
動 (〜を)紹介する, (〜を)導入する

- introduction (922), introductory (2165)
  - Let me **introduce** you to Mr. Saito.
  (サイトウ氏を紹介いたします)
  - We have recently **introduced** our new Model 2000 to the market.(わが社は,最近新型2000を市場に披露しました)

380 judge [dʒʌdʒ]
動 (〜を[と])判断する, (〜に)判決を下す
名 裁判官, 審判(員)

- judgment (1566)
  - They **judged** that there were no major problems.
  (彼らは特に重大な問題はないと判断した)
  - The man was **judged** guilty.(その男は有罪と判決を下された)
  ⊃guilty(1418)

381 length [léŋkθ]
名 長さ

- long 形 長い, lengthen (2702)
  - It measures twenty feet in **length**.(それは長さが20フィートある)
  ⊃measure(431)

382 modern [mádərn]
形 現代の, 現代的な

- **modern** art(現代[近代]美術)
- **modern** life-style(現代的な生活形態)

383 pleasure [pléʒər]
名 喜び・楽しみ, 楽しい事

- please 動 (〜を)喜ばせる, pleasant (948)
  - Are you here on business or for **pleasure**?
  (仕事でいらしたのですか,それとも楽しみ[遊び]で?) ⊃business(9)
  - It was a **pleasure** meeting you.(お会いできて楽しかったです)

384 remove [rimúːv]
動 (〜を)取り去る・取り除く

- removal 名 除去
  - Please **remove** my name from the list.
  (私の名前をリストから削除してください)

385 sense [séns]
名 感覚, 意味　**動** (～を)感知する

▶ sensible (1394), sensitive (1288)
- She has a good **sense** of humor.
（彼女はユーモアのセンスがいい）
- That answer doesn't make **sense**.（その返答では意味がない）

386 separate [sépərət]
形 分かれた, 別個の
動 [sépəreit] (～を)引き離す, 分離する

▶ separately (387), separation **名** 分離
- Could we have **separate** checks?
（勘定は別々にしてもらえますか）
- She has been **separated** from her husband for two years.
（彼女は夫から2年間引き離されている）

387 separately [sépərətli]
副 別々に

- We are sending you the catalog **separately**.
（別便でカタログをお送りします）　　　　　　　　　○catalog(416)

388 spread [spréd]
動 広げる[広がる]　**名** ひろがり, 普及

[活用] spread - spread - spread
- The tree branches **spread** over the whole house.
（木の枝が家全体をおおうように広がっている）
- The rumor **spread** rapidly.（そのうわさはまたたく間に広がった）
○rumor(1372)
- prevent the **spread** of disease（病気のまん延をふせぐ）
○prevent(434)

389 exciting [iksáitiŋ]
形 興奮させる, はらはらするような

▶ excite (800)
- The show was very **exciting**.
（そのショーはとてもエキサイティングだった）

PART 1

390 bear [béər]
動 (費用・責任などを)**負う・担う**, (〜を)**がまんする**

活用 bear - bore - born
- We will **bear** the shipping costs.(運送費はわが社で負担します) ◯shipping(1589)
- I couldn't **bear** it any longer.(もうそれには堪えられなかった)

♣ be bornで「生まれる」の意味は中学必修語レベル。

391 capital [kǽpətl]
名 資本, 首都, 大文字

- bring [draw] in foreign **capital**(外資を導入する)

♣ capital punishmentで「死刑」の意味。

392 comfortable [kʌ́mfərtəbl]
形 くつろいだ, 快適な

▶ comfort (1560)
- Make yourself **comfortable**.(どうぞ楽にしてください)
- Try this chair. It's more **comfortable**.
  (この椅子を試してみてください。もっと座り心地がいいですよ)

393 complain [kəmpléin]
動 (〜について)**不平[苦情]を言う**(about, of)

▶ complaint (1117)
- Don't **complain** about it later.(後で文句を言わないように)

394 content [kántent]
名《通例〜sで》**内容, 目次**
形 [kəntént] (〜に)**満足して**(with)

- What are the **contents** of the package?
  (包みの中身は何ですか) ◯package(401)
- No man is **content** with his lot.
  (境遇に満足している者はいない《ことわざ》) ♧lot「運命」

395 court [kɔ́ːrt]
名 裁判所, (テニスなどの)**コート, 中庭**

- appeal to a higher **court**(上告する) ◯appeal(736)
- a tennis **court**(テニスコート)

PART 1

396 example [igzǽmpl]
名 例, 手本

- Will you give me a few **examples**?
  (いくつか例をあげてくれますか)

397 garage [gərá:dʒ]
名 車庫, 自動車修理[整備]工場

- a **garage** sale
  (ガレージセール《自宅のガレージで中古家具や衣類を売ること》)
- My car is in the **garage** for repairs.
  (私の車は工場に修理に出している)　　　　　　　　　⇒repair(181)

398 method [méθəd]
名 方法, 方式

- What **method** of payment will you use?
  (支払い方法はどうしますか)　　　　　　　　　　　⇒payment(413)
- Japanese business **methods**(日本的経営方式)

399 opinion [əpínjən]
名 意見,《in my opinion で》私の考えでは…

- What is your **opinion**?(あなたの意見はどうですか)
- In my **opinion**, we should start the project as soon as possible.
  (私の考えでは,可能な限り早くこの事業を開始すべきだと思う)
  　　　　　　　　　　　　　　　　　　　　　　　⇒project(513)

400 pack [pǽk]
動 荷造りする・包装する,《be ~ed で》(人で)満員である(with)
名 包み, 1箱[1包]

▶ package(401), packing 名 包装, 梱包
- We have to **pack** our suitcases.
  (スーツケースの荷造りをしなければならない)
- The slopes are **packed** with skiers.
  (斜面はスキーヤーでいっぱいだ)
- smoke one **pack** of cigarettes a day(1日にタバコを1箱吸う)

PART 1

401 package [pǽkidʒ]
名 包み・小包, 包装紙

- I'd like to send this **package** by air.
  (航空便でこの小包を送りたいのですが)
- The date of manufacture is on the back of the **package**.
  (製造月日は包装の裏面にあります)　➔date(200), ◦manufacture(1368)

402 performance [pərfɔ́ːrməns]
名 演奏[上演], 性能, 業績

▶ perform (569)
- Can I get tickets for tonight's **performance**?
  (今夜の演奏のチケットは手に入りますか)
- a high **performance** computer (高性能コンピューター)

403 realize [ríːəlàiz]
動 (〜を)悟る, (〜を)実現する, (利益を)得る

- I hope people will **realize** the great potential of this product. (みんなにこの製品がすばらしい可能性をもっていることを知って欲しい)　◦potential(1199)
- He finally **realized** his dream. (彼はついに夢を実現した)
- **realize** a profit (利益を得る)

404 route [rúːt]
名 道(筋)・ルート

- Which **route** should I take to the top?
  (どの道で頂上まで行こうか)

405 spare [spéər]
動 (時間などを)割く　**形** 予備の, 余分な
名 予備品

- Can you **spare** a few minutes? (ちょっと時間をあけられますか)
- a **spare** tire (予備タイヤ)　◦minute(505)
- He jogs in his **spare** time. (彼は余暇にジョギングをする)　◦jog(1710)

406 tight [táit]
形 きつい, (予定などが)詰まった　**副** きつく

▶ tightly **副** 堅く, しっかりと
- This jacket is a little **tight**. (この上着はちょっときつい)
- My schedule is rather **tight** this week.
  (今週はかなり予定が詰まっている)　➔schedule(45)

- Hold **tight** and don't let go of the rope.
（しっかり握って，ロープを離すな）

407 flat [flǽt]
形 平らな，パンクした，(数が)きっかりの
副 きっかり

- **flat** land（平坦な土地）
- I have a **flat** tire.（タイヤがパンクした）
- It took us **flat** fifteen minutes.（ちょうど15分かかった）　○minute(505)
- run 100m in 10 seconds **flat**（100mをきっかり10秒で走る）

408 collect [kəlékt]
動 集める[集まる]，集金する
形 副 受信人払い[着払い]の[で]

▶ collection (409)
- My hobby is **collecting** postage stamps.（趣味は切手収集です）
- I'd like to make a **collect** call to Japan.　　○postage(2124)
（日本にコレクトコールをかけたいのですが）

409 collection [kəlékʃən]
名 収集品，収集，集金

- an antique **collection**（時代物のコレクション）　○antique(1604)
- garbage **collection**（ごみ収集）　○garbage(1139)

410 destroy [distrɔ́i]
動 (～を)破壊する（⇔construct (1520)）

▶ destruction 名 破壊
- The house was completely **destroyed** by fire.
（その家は火事で跡形もなくなった）　○completely(901)

411 difficulty [dífikʌ̀lti]
名 困難，《～iesで》困難な状況

▶ difficult 形 難しい
- You'll have no **difficulty** finding what you want.
（難なく望みのものを見つけることができるでしょう）
- economic **difficulties**（経済的困窮）　○economic(762)

412 edge [édʒ]
名 端，(刃物の)刃

- The girl is on the **edge** of the cliff.（少女はがけの端にいる）
- a razor's **edge**（かみそりの刃）

PART 1

413 payment [péimənt]
名 支払い(額)

▶ pay (10)
- Here is my check for $1,500, which is **payment** for my order.(1,500ドルの小切手を送ります。私の注文分の支払いです《小切手を郵送するとき》)

414 guard [gáːrd]
名 監視人・見張り
動 (攻撃などから)守る, (〜に)用心する(against)

- a security **guard**(警備員) ○security(525)
- The area was heavily **guarded** by the police.
(その地域は警官によって厳重に警備されていた) ○heavily(1304)
- **guard** against accidents(事故が起きないように用心する)

♣ 警備員をguard manとはいわない。a guard dogは「番犬」の意味。

415 highly [háili]
副 おおいに, 高く(評価して)

- This new business will be **highly** profitable.
(この新しい事業は, おおいに利益をもたらすだろう)○profitable(1735)
- He thinks **highly** of his new boss.
(彼は新しい上司を高く評価している)

416 catalog [kǽtəlɔ̀(ː)g]
名 カタログ・目録　**動** (〜を)カタログに載せる

- Could you please send me your free **catalog**?
(貴社の無料のカタログを送っていただけますか)

417 intend [inténd]
動 (〜を)意図する(to do, for)

▶ intention (1421)
- I **intend** to finish the report by Friday.
(金曜日までにレポートを終えるつもりだ)
- This book is **intended** for young adults.
(この本は青少年向けです)

418 load [lóud]
名 積み荷, (精神的な)重荷　「(⇔unload(2901))
動 (〜を)積み込む, (〜に弾などを)入れる

- a heavy **load**(重い荷)
- I feel a **load** off my mind.(肩の荷が下りたようだ)

- The truck is **loaded** with many boxes.
  (そのトラックはたくさんの箱を積んでいる)
- **load** the camera with film（カメラにフィルムを入れる）

419 row [róu]
名 （横の)**列・並び**,《in a rowで》**連続して・一列に**
動 （ボートを)**こぐ**

- sit in the front [the fifth] **row**（最前列［5列目］に座る）
- for five days in a **row**（連続5日間）

♣縦に並んだ列はlineという。

420 social [sóuʃl]
形 **社会の，社交的な**

▶ society (855)
- **social** problems（社会問題）
- She's more **social** than I am.（彼女は私より社交的だ）

421 succeed [səksí:d]
動 （〜に)**成功する**(in)，**あとを継ぐ**

▶ success (319), successor 名 後継者・後任者
- We **succeeded** in catching her interest.
  （私たちは彼女の興味を引きつけることに成功した）
- His son **succeeded** him as president of the company.
  （彼の息子があとを継いで会社の社長になった）

422 usual [júːʒuəl]
形 **いつもの・普段の** (⇔unusual(1167))，
《as usualで》**いつものように**

▶ usually 副 いつもは，普通は
- Our **usual** terms of payment are 30 days net.
  （通常の支払条件は正味30日です） ⊕term(97), ⊙net(1371)
- Everything is the same as **usual**.（すべていつもの通りです）

423 certain [sə́ːrtn]
形 **ある〜，いくらかの，**
《be certainで》**確かな**(⇔uncertain「不確かな」)

▶ certainly (339)
- a **certain** country（某国）
- for a **certain** time（しばらくの間）
- Are you **certain** that you saw him there?
  （彼をそこで見たというのは確かですか）

PART 1

424 agent
[éidʒənt]
名 代理店・代理人

► agency (284)
- an advertising [a travel] **agent**（広告[旅行]代理店）
　　　　　　　　　　　　　　　　　○advertising(1048)

425 cable
[kéibl]
名 ケーブル線, 電報（=telegram）
動 （～に）電報を打つ

- **cable** television（有線テレビ）
- a congratulatory **cable**（祝電）　　○congratulate(2185)

426 crash
[krǽʃ]
動 衝突する[させる], （飛行機が）墜落する, （コンピューターなどが）故障する　名 衝突・墜落

- The car **crashed** into a barrier at 80 kph.
（その車は時速80キロで防護壁に衝突した）　○barrier(2421)
- A light plane with two people on board **crashed**.
（2名が乗った軽飛行機が墜落した）　➔board(78)
- My computer **crashed**.（私のコンピューターがクラッシュした）
- an air **crash**（飛行機の墜落）

427 examination
[igzæmənéiʃən]
名 試験, 検査《略》exam）

► examine (1076)
- pass [fail] an **examination**（試験に合格する[不合格になる]）

428 fashion
[fǽʃən]
名 流行（の物）

► fashionable (1562)
- She always wears the most up to date **fashions**.
（彼女はいつも流行の最先端をいく服を着ている）　➔wear(105)

429 gather
[gǽðər]
動 集まる[集める], （～と）推測する（that）

- We all **gathered** around the stove.
（みなストーブの囲りに集まった）
- I **gather** you've some ideas for our PR campaign.
（我々のピーアールキャンペーンに君には何か案があると思えるのだが）
　　　　　　　　　　　　　　　　　○campaign(1723)

PART 1

430 knowledge
[nálidʒ] 名 知識

▶ know 動 知っている

- He has a deep **knowledge** of international business.
（彼は国際的な商取引に深い知識がある）

♣ knowledgeは抽象名詞なので，普通は冠詞はつかない。しかし，形容詞がついて具体的な内容になると〈a＋形容詞＋knowledge of...〉の形で冠詞をつける。

431 measure
[méʒər] 名 《しばしば〜sで》手段，ものさし
動 （〜を）測る

▶ measurement (1052)

- All possible **measures** were taken to revitalize the economy.（経済を再生するために可能な手段はすべてとられた）
  ⊃vital(2285), economy(542)

- Would you **measure** my waist, please?
（胴囲りを測っていただけますか）

432 movement
[múːvmənt] 名 （政治的・社会的）活動，動き・運動

▶ move 動 動く[動かす]　名 動き

- the environmental **movement**（環境保護運動）
  ⊃environmental(1704)

- What do you think of the market's **movements** last quarter?（前四半期の市場の動きをどう考えますか）

433 plenty
[plénti] 名 多量[多数] (of)

- No, thanks. I've already had **plenty**.
（いや結構です。もうたくさんいただきました）
- Relax. We have **plenty** of time.
（落ち着いて。まだ時間はたっぷりあるよ）

434 prevent
[privént] 動 （〜を未然に）防ぐ，
（〜が…するのを）妨げる (from)

▶ prevention (1567), preventive (2792)

- **prevent** crime（犯罪を防止する）　⊃crime(656)
- Urgent business **prevents** me from joining you.
（急用のためご一緒できません）　⊃urgent(1631)

PART 1

435 sail [séil]
名 帆, 航海　**動** 出航[出港]する, 航海する

- That ship's **sail** is torn.(その船の帆はちぎれている) ○tear(857)
- We set **sail** for Honolulu tomorrow.
  (明日ホノルルに向けて出航します)
- The ship **sails** for Seattle on April 11.
  (その船は4月11日にシアトルに向けて出港する)

436 spot [spát]
名 場所, 斑点・しみ
動 見つける, しみをつける

- sightseeing **spots** （観光名所）　○sightseeing(1319)
- I'll be wearing a green jacket, so you can **spot** me.
  (私はグリーンの上着を着ていますから見つけられますよ)

437 storm [stɔ́ːrm]
名 嵐　**動** 突進する(into, out of)

- The **storm** damaged a power line.(嵐で送電線に被害が出た)
- He **stormed** into [out of] the room.　○damage(204)
  (彼は部屋に飛びこんだ[から飛び出した])

438 count [káunt]
動 数える, (〜と)みなす(as), (〜を)あてにする(on)
名 数えること

- **count** from one to ten（1から10まで数える）
- I **count** him as one of my best friends.
  (彼のことを親友の1人と思っている)
- You can **count** on me.(私をあてにしてもいいよ)

439 abroad [əbrɔ́ːd]
副 外国へ[で]

- Have you ever traveled **abroad**?
  (外国へ旅行したことがありますか)

440 arrange [əréindʒ]
動 (〜の)手はずを整える, 並べる

▶ arrangement (441)
- I will call you next week in order to **arrange** a meeting.
  (来週, お会いする日取りを決めるためにお電話いたします)
- The chairs are **arranged** in a row.
  (椅子は一列に並べられている)　○row(419)

PART 1

441 arrangement [əréindʒmənt] 名 手配, 協定, 配列
- make travel **arrangements**（旅行の手配をする）
- the free trade **arrangement**（自由貿易協定）

442 century [séntʃəri] 名 世紀
- What do you expect in the new **century**?
  （新世紀に何を期待しますか） ⇒expect(56)

443 fan [fǽn] 名 （娯楽・スポーツなどの）ファン, うちわ・扇風機
- I am a big **fan** of European soccer.
  （ヨーロッパサッカーの大ファンです）
- turn [switch] on the **fan**（扇風機をつける）

444 firm [fə́ːrm] 名 会社 形 堅い, しっかりした
▶ firmly 副 堅く, しっかりと
- He has worked for the **firm** for thirty years
  （彼はその会社で30年働いてきた）
- The ground was **firm**.（堅い地面だった）
- She gave him a **firm** "no."
  （彼女は彼にきっぱりと「いやだ」と言った）

445 former [fɔ́ːrmər] 形 以前の, 《the～で》前者（⇔latter(2100)）
- The **former** prime minister has been dead for twenty years.
  （その元首相は20年前に亡くなっている） ⇒prime(_655), minister(1871)

446 grand [grǽnd] 形 （規模・範囲・程度などが）大きな, 完全な
- a **grand** opening sale（開店大売出し）
- the **grand** total（総計） ⇒total(168)

447 lawyer [lɔ́ːjər] 名 弁護士, 法律家
▶ law (152)
- a corporate **lawyer**（（会社の）顧問弁護士） ⇒corporation(1104)

PART 1

448 lay [léi]
動 横たえる, 《lay offで》一時解雇する

活用 lay - laid - laid
- He **laid** his hand on her shoulder.(彼は彼女の肩に手を置いた)
- **lay** off 200 employees(従業員200人を一時解雇する)
  ♣ layoff (3017)参照。　　　　　　　　　　　　　　　○employee(510)

449 luck [lÁk]
名 運, 幸運

▶ lucky (450)
- Good **luck** on the exam tomorrow.
  (明日の試験がうまくいきますように)

450 lucky [lÁki]
形 幸運な

- I was **lucky** today.(今日はついていた)
- **Lucky** you[me]!(君は[僕は]なんて運がいいんだ！)
  ♣ 日本語のようにLucky!とはいわない。

451 manage [mǽnidʒ]
動 なんとか…する(to do), 管理[経営]する

▶ management (556)
- I **managed** to meet the deadline.
  (何とか締切りに間に合わせた)　　　　　　　　　　○deadline(1072)
- **manage** a business effectively(効果的に企業を経営する)
　　　　　　　　　　　　　　　　　　　　　　　　○effective(582)

452 plate [pléit]
名 (浅い)皿, (金属製の)表札・プレート, (金属製の)食器類

- You have to clean up your **plate**.
  (自分の皿(の料理)はみな食べなさいよ)
- a license **plate**((車の)ナンバープレート)　　　　○license(581)

453 stage [stéidʒ]
名 (発達・発展の)段階, 舞台

- I'm sorry, but I can't comment at this **stage**.
  (申し訳ありませんが, いまの段階では何もお話しできません)
- May I have a table near the **stage**, please?　　○comment(675)
  (ステージの近くのテーブルにしていただけますか)

PART 1

454 stair
[stéər]

名《~sで》階段

- Let's take the **stairs**.(階段で行きましょう)
- ♣ step(156)参照。

455 strike
[stráik]

動 (~を)打つ, (考えが~の)心に浮かぶ
名 打撃, ストライキ

► striking(2084)　活用 strike - struck - struck
- **Strike** while the iron is hot.(鉄は熱いうちに打て《ことわざ》)
- It **strikes** me that something is wrong.
（何かがおかしいという気がする）
- go on **strike**(ストを決行する)

456 lend
[lénd]

動 (~を)貸す(⇔borrow(297)),
　　(援助の手など)与える

- Could I ask you to **lend** me some money?
（少しお金を貸していただけないでしょうか）
- **Lend** me a hand with these bags.
（これらのカバンに手を貸してよ）

457 master
[mǽstər]

名 名人, 主人　動 (~を)習得する　形 親[原]…

- She is a **master** at cooking.(彼女は料理の名人だ)
- Japanese is a difficult language to **master**.
（日本語は習得するのが難しい言語だ）　　　　　⇒language(228)
- a **master** key(親キー)

458 shake
[ʃéik]

動 振る, 揺らす[揺れる], 握手する
名 振ること, ミルクセーキ

活用 shake - shook - shaken
- **Shake** the bottle well before use.
（使用前にびんをよく振ってください）
- The building **shook** badly during the earthquake.
（地震でビルはかなり揺れた）　　　　　　　　　　⇒badly(1447)
- I agree. Let's **shake** on it.
（賛成です。それについては握手をしましょう《協定を成立させる》）

PART 1

459 aware [əwéər]
形 (〜に)気づいて (of, that)

- We are **aware** of how important this market is.
（わが社はこの市場がいかに重要であるかを認識している）

460 burn [bə́ːrn]
動 燃える, 焼く[焼ける]　名 やけど

- The fire is **burning** brightly.（火が赤々と燃えている）
  ◯bright(865)
- The three-story house was completely **burned** down.
（その3階建ての家は全焼した）　◯completely(901)

♣活用は「規則変化」の他に, 過去・過去分詞をburntとすることもある。

461 cab [kǽb]
名 タクシー (=taxi)

- Could you call a **cab** for me?（タクシーを呼んでいただけませんか）

♣《英》では主にtaxiを使う。

462 doubt [dáut]
動 疑う　名 疑い

▶ doubtful 形 疑わしい

- I **doubt** if that's the case.（それが事実かどうか疑問に思う）
  ⊖case(146)
- There's no **doubt** in my mind.（私の心には何の疑念もない）

463 exit [égzit]
名 出口 (⇔entrance(286))

- Where is the emergency **exit**?（非常口はどこにありますか）
  ◯emergency(1049)

464 fence [féns]
名 (木材や金属の)柵・塀　動 (〜を)柵[塀]で囲む

- There is a **fence** across the lawn.（芝生の向こうに柵がある）
- I **fenced** my yard in.（庭を柵で囲んだ）

465 flood [flʌ́d]
名 洪水　動 氾濫する

- The heavy rains caused serious **floods**.
（大雨でひどい洪水が起きた）　⊖cause(55)
- My bathroom is **flooded**.（風呂があふれて水浸しになった）

PART 1

466 flow [flóu]
動 流れる 名 流れ

- The traffic is **flowing** smoothly.(車は順調に流れている)
- Stop the **flow** of blood.(出血を止めなさい) ○smooth(883)

467 plain [pléin]
形 明白な, 質素な, 平易な 名 平原・平野

- It was **plain** that she was out of condition.
 (彼女の調子が悪いのは明白だった) ○condition(95)
- Please show me some that are more **plain**.
 (もっと地味なものを見せてください)
- Please explain in **plain** English.
 (わかりやすい英語で説明してください) ○explain(324)

468 sort [sɔ́ːrt]
名 種類 動 解決する・整理する(out)

- What **sort** of business are you in?
 (どんな種類の仕事をしているのですか)
- **sort** out a problem(問題を解決する)
- **sort** out the files(ファイルを整理する) ○file(537)

469 stretch [strétʃ]
動 伸びる[伸ばす] 名 広がり, 伸び

- He **stretched** out on the couch.
 (彼は長いすにからだを伸ばして横になった)
- Please **stretch** your legs.(どうぞ脚を伸ばしてください)

470 hurt [hɔ́ːrt]
動 痛む, (〜を)傷つける 名 傷, 害

- My head[stomach, tooth] **hurts**.(頭[胃・歯]が痛む)
- I didn't mean to **hurt** you.(君を傷つけるつもりはなかった)

471 anxious [ǽŋkʃəs]
形 (〜を)心配して(about, for), (〜を)切望して(to do)

▶ anxiety (2031)
- I'm **anxious** about the results of the examination.
 (試験の結果が心配だ) ○result(121)
- We are always **anxious** to assist you.
 (いつでもお役に立ちたいと切望いたしております) ○assist(958)

PART 1

472 beat [bíːt]
動 打ち負かす，(連続的に)打つ，(心臓が)鼓動する
名 連打，鼓動

[活用] beat - beat - beaten
- Brazil **beat** France in the final, 2-1.
  (決勝でブラジルがフランスを2－1で打ち負かした) ➡final(313)
- **beat** on the door(ドアを(ドンドンと)たたく)
- a heart **beat**(心拍)

473 defense [diféns]
名 防御・防衛 (⇔offense(1444))，(被告の)弁護(人・団)

▶ defensive **形** 防御的な
- a missile **defense** system(ミサイル防衛システム)

474 disk [dísk]
名 円板，ディスク，レコード
- a floppy[hard] **disk**(フロッピー[ハード]ディスク)

475 electricity [ilèktrísəti]
名 電気

▶ electric (1134)
- **electricity** supply(電力供給) ◯supply(541)

476 fault [fɔ́ːlt]
名 過失，故障，欠点

▶ faulty (2816)
- It's my **fault**.(それは私の過失です)
- The **fault** is in the fuel supply system.
  (燃料供給システムに欠陥がある) ◯supply(541)
- I can't find **fault** with these proposals.
  (この提案に非難されるべき点はない) ◯proposal(877)

477 festival [féstəvl]
名 祭り，祝祭
- a film[music] **festival**(映画[音楽]祭)

478 freeze [fríːz]
動 凍る[凍らせる]

[活用] freeze - froze - frozen
- It's **freezing** today.(今日は凍えそうに寒い)

・**Freeze**!(動くな！)

479 host [hóust]
名 (パーティーの)**主人(役)**, **主催者**
動 (〜を)**主催する**

・act as **host** at a party(パーティーでホストを務める)
・the dinner **hosted** by the Prime Minister(首相主催の晩餐会)

480 insect [ínsekt]
名 **昆虫**

・These **insects** are the same species.
（この昆虫はみな同一種である） ○species(1784)

481 moment [móumənt]
名 **ちょっとの間**, 《the[this] 〜で》**現在**, (〜の)**時**

► momentary 形 瞬間的な
・I'll be there in just a **moment**.(すぐに行くよ)
・She's not at her desk at the **moment**.
（彼女はただいま席を外しております）

482 powerful [páuərfl]
形 **強力な**

► power 名 力
・**powerful** leadership（強力な指導力） ○lead(153)

ア・ラ・カルト 〈4〉

「痛い」
　hurt(470) は「(体の部分が) 痛む」という一般的な語。「心が痛む」という場合にも使います。また「痛める，傷つける」という他動詞の意味で使えます。ache(2001) も「痛む」ですが，こちらは長時間続くような痛みのとき。pain(330) は「痛み」という名詞。特に鋭い痛みをいい，体に感じる「痛み」の他に，「心の痛み」にも使います。ache は名詞の場合は「鈍痛」の意味。またheadache (902) のように合成語でよく使われます。hurt は名詞としては，信頼を裏切られたりしたときに感じる「心の痛手・苦痛」。sore(898)は，炎症や筋肉痛などで「ひりひり[ずきずき]痛い」というときに使う形容詞。

PART 1

483 puzzle
[pázl]
- 名 パズル, なぞ
- 動 《be ～dで》当惑する・頭を悩ます (about, over)

- a crossword [jigsaw] **puzzle**（クロスワード［ジグソー］パズル）
- We were **puzzled** about what to do next.
（次に何をしたらよいか途方に暮れた）

484 solve
[sálv]
- 動 (問題などを)解決する

▶ solution (1073)
- All the problems are **solved**.（問題はすべて解決した）

485 tip
[típ]
- 名 チップ, 先端　動 (～に)チップをやる

- Does this include the **tip**?（これにはチップは含まれていますか）
　　　　　　　　　　　　　　　　　　　　　　　　→include(31)
- His name is on the **tip** of my tongue.
（彼の名前は舌の先まで出かかっている）
- How much should I **tip** him?（彼にチップをいくらあげるべきだろう）

486 tool
[túːl]
- 名 工具, 道具

- a power **tool**（電動工具）
- kitchen [gardening] **tools**（台所［庭仕事］用具）

487 valuable
[væljəbl]
- 形 貴重な, 高価な　名 《～sで》貴重品

▶ value (114)
- Thank you very much for your **valuable** suggestions.
（貴重なご提案をくださり深く感謝いたします）　　○suggestion(713)
- Can you keep my **valuables**?（貴重品を預かってもらえますか）

488 wire
[wáiər]
- 名 針金, 電話線, 電報 (=telegram)

- set up a telephone **wire**（電話線を敷設する）
- Send him this message by **wire**.
（彼に電報でこのメッセージを送りなさい）　　→message(92)

489 worth
[wə́ːrθ]
- 前 (～の)値打ちがある, (～する)価値がある (doing)
- 名 価値

► worthy (490)
- This vase is **worth** $5,000.
（この花びんは5,000ドルの値打ちがある）
- This book is really **worth** reading.
（この本は本当に一読の価値がある）

490 **worthy** [wə́:rði]
形 (〜に)値する (of)

- His proposal is **worthy** of consideration.
（彼の提案は考慮に値する） ○proposal(877), consider(614)

491 **proud** [práud]
形 (〜を)誇りに思う (of, to do)

► pride (907)
- I'm so **proud** of you.（あなたのことをとても誇りに思っています）
- ABC Company is **proud** to announce its newest product.
（ABC社は新製品を発表することを誇りといたします）
○announce(268)

492 **beauty** [bjú:ti]
名 美

► beautiful 形 美しい
- natural **beauty**（自然の美） ○nature(820)

493 **broad** [brɔ́:d]
形 (幅が)広い (⇔narrow「狭い」), 広範な

► broaden 動 広げる, breadth 名 幅
- have a **broad** knowledge of European history
（ヨーロッパ史についての広い知識をもつ）
- We stock a **broad** selection of wines.
（豊富な品揃えのワインを在庫しています）○stock(515), selection(1054)

494 **broadcast** [brɔ́:dkæst]
名 放送　動 放送する

活用 broadcast - broadcast - broadcast
- a live **broadcast**（生放送） ○alive(1323)
- The interview was **broadcast** live across the country.
（インタビューは全国に生中継された）
○interview(565)

PART 1

495 brush [bráʃ]
名 ブラシ, 刷毛
動 (〜に)ブラシをかける, (〜を)払いのける (away, off)

- a paint **brush** (絵筆)
- Go **brush** your teeth.
  (歯を磨いてきなさい《母親が子どもに向かって》)
- She **brushed** away a tear. (彼女は涙をぬぐった)   ⊃tear(857)

496 difference [dífərəns]
名 違い

▶ different 形 異なる, differ (1984)
- What are the **differences** between these two sentences?
  (この2つの文の違いは何ですか)   ⊃sentence(1455)

497 rapid [rǽpid]
形 速い

▶ rapidly 副 速く, 急速に
- **rapid** changes in society (社会の急速な変化)   ⊃society(855)

498 swing [swíŋ]
動 (ぐるりと)回る[回す], 振る
名 スイング, ぶらんこ

[活用] swing - swung - swung
- He **swung** his arms. (彼は両腕をぐるっと回した)
- A boy is **swinging** his legs under the chair.
  (男の子がいすに座って足を揺すっている)
- He took a **swing** at the ball and missed.
  (彼はボールを狙って打ったが空振りだった)   ⇒miss(374)

499 wise [wáiz]
形 賢い

▶ wisdom 名 知恵
- It would be **wise** to take his advice.
  (彼の忠告を聞くのが賢明だろう)   ⇒advice(267)

500 image [ímidʒ]
名 イメージ・印象, 映像・画像

▶ imagine (816)
- We need to improve our company **image**.
  (わが社のイメージアップをはかる必要がある)   ⇒improve(235)
- a digital **image** (デジタル画像)   ⊃digital(2680)

PART 2

2,500語レベル
TOEIC問題中 86%cover
501-1,000

一般の単語頻度(位)	1000〜1500	1500〜2500	2500〜3500	3500〜4500	4500〜5500	5500〜6500
Part	1	2	3	4	5	6

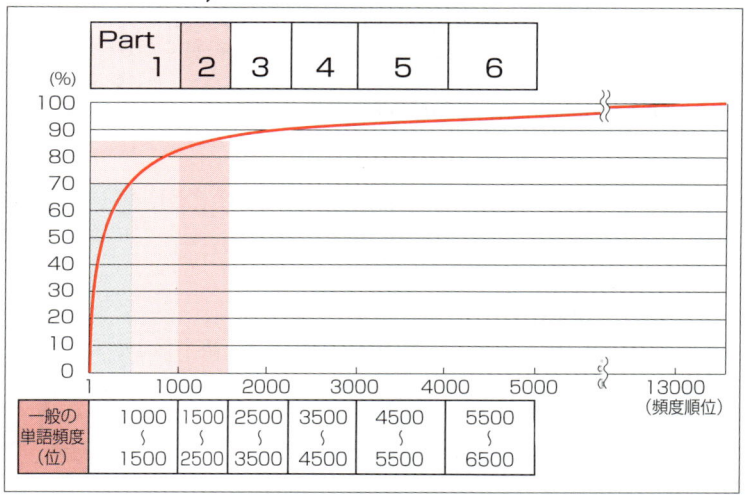

PART 2

501 arrival [əráivl]
名 到着 (⇔departure(1726))

▶ arrive (58)
- **arrival** time (到着時(刻))

502 goal [góul]
名 目標, ゴール・決勝点

- Our **goal** is to increase company sales by 10% this year.
  (目標は会社の今年度売上げを10%上げることだ)   ⊕sale(20)
- He scored two **goals** during the game.
  (試合で彼は2つのゴールを決めた)   ○score(1203)

503 following [fálouiŋ]
形 次の, 以下の (⇔previous(668), preceding(2530))
名 次のもの

▶ follow (214)
- Please answer the **following** questions:
  (以下の問いに答えてください)
- The **following** has been decided.
  (下記の事項が決定されました)   ⊕decide(47)

504 refer [rifə́ːr]
動 (〜を)参照する(to),
   (〜に)関連する・言及する(to)

▶ reference (1201)
- For details, **refer** to p.25 of the user manual.
  (詳細に関しては取扱説明書の25ページをご参照ください)

  ○manual(1664)

- Questions 80-82 **refer** to the following announcement.
  (問題80から82は次のアナウンスに関連したものです)

505 minute [mínət]
名 (時間・角度の)分, ちょっとの間, 《〜sで》議事録

- It's only a five-**minute** walk from here.
  (ここから歩いてたったの5分です)
- Wait a **minute**. (ちょっと待ってください)
- take the **minutes** of the meeting (会議の議事録をとる)

506 per
[pər]

前 ～につき

- How much is it **per** person? — 50 dollars **per** person including tax.（1人いくらですか── 税金込みで1人50ドルです）

→include(31)

507 article
[á:rtikl]

名 （～についての）記事（about, on），品物

- I recently read a magazine **article** about galaxies.
（最近，星雲に関する雑誌記事を読んだ）
- **articles** for everyday use（日用品）

508 require
[rikwáiər]

動 （～を）必要とする，要求する

▶ requirement (1610)
- We **require** at least three years of accounting experience for this position.（このポストには最低3年間の経理の経験が必要です）

→accounting(1516)
- Drivers are **required** to keep to the speed limits.
（運転手は制限速度の厳守が求められている）

→limit(172)

509 rent
[rént]

動 賃借り[賃貸し]する　**名** 賃貸料，家賃

▶ rental (1061)
- I would like to **rent** a car for three days.
（3日間，車を借りたいのですが）
- How much is the **rent**?（賃貸料[家賃]はいくらですか）

510 employee
[implɔ́ii:]

名 従業員（⇔employer(1344)）

▶ employ (743)
- I'm a government **employee**.（私は国家[地方]公務員です）

→government(34)

511 credit
[krédit]

名 信用取引（クレジット），信用　**動** 信用する

- What kind of **credit** cards do you accept?
（どのクレジットカードを受け付けますか）

PART 2

512 according
[əkɔ́:*r*diŋ]

副 《according to で》(情報などに)**よれば**・(計画などに)**したがって**

- **According** to the survey, ...（調査によると…） ◦survey(570)
- Prices will vary **according** to the quantity of the order.
（価格はご注文の量によって変動します） ◦vary(1739), quantity(1736)

♣ according to ...は「信頼できる情報によれば」という意味。したがって「私の意見では…」という場合 according to me [my opinion],.. は不適切。In my opinion ...などと言う。opinion (399)参照。

513 project
[prɑ́dʒekt]

名 **計画・事業**
動 [prədʒékt] （～を)**予測する, 計画する, 投影する**

▶ projection 名 予測・見積り

- We are now working on a long-term **project**.
（我々は目下，長期的事業に携っている） ⊃term(97)
- The company's profit is **projected** to drop 11% this year.
（今年の会社の利益は11％減少すると予想される） ⊃profit(357)

514 available
[əvéiləbl]

形 **入手[利用]できる**,（人が)**会うことができる**

- Is there a room **available** for tonight?
（今晩，部屋は空いていますか）
- She is not **available**. Can I take a message?
（彼女はただいまおりません。何か伝言はございますか）

⊃message(92)

515 stock
[stɑ́k]

名 **在庫(品), 株式**　動 （～を)**貯蔵する**

- Do you have this in **stock**?（この在庫はありますか）
- **stock** prices（株価）
- The store **stocks** all kinds of paper.
（その店ではあらゆる種類の紙をおいている）

516 found
[fáund]

動 （～を)**設立する・創立する**

▶ foundation (517)
- Our company was **founded** in 1980.
（わが社は1980年に設立された）

PART 2

517 foundation
[faundéiʃən]
名 基礎, 根拠, 財団

- The house was built on strong **foundations**.
  (その家は強固な土台の上に建てられた)
- The rumor has little **foundation**.
  (そのうわさはほとんど根拠がない) ⊃rumor(1372)
- the Carnegie **Foundation**(カーネギー財団)

518 contact
[kάntækt]
動 連絡する, 接触する　**名** 連絡(先), 接触

- If you have any questions, please feel free to **contact** us.
  (もしご質問があれば遠慮なくご連絡ください)
- We have had no **contact** since last year.
  (私たちは昨年来連絡をとっていません)

519 due
[d(j)ú:]
形 《be dueで》〜の予定で, 支払い期日の

- When is the event **due** to take place?
  (その行事はいつ行われる予定ですか)
- Rent is **due** by the fifth of the month.
  (賃貸料の支払いは月の5日までです) ⇒rent(509)

520 reduce
[rid(j)ú:s]
動 減少させる[する]

▶ reduction (1176)
- Could you **reduce** the price by 5%?
  (価格を5%割引にしていただけませんか)

TOEIC頻出 単語・語法問題　(8)

◇ We must make an effort to (induce / reduce) costs at this time. （答）reduce

※これも, 成り立ちが同じ語の選択問題。
　-duce は「導く」という意味。induce (2700) は「in(中へ) + duce (導く)」で「(誘って)〜させる」, reduce (520) は「re(後へ) + duce (導く)」で「減少させる」の意味になります。さらにintroduce (379), produce (160) も同じ仲間。intro- は「中に」, pro- は「前に」という意味です。
（意味）我々はいま経費を削減する努力をしなければならない。

PART 2

521 instruction [instrʌ́kʃən]
名《～sで》使用説明(書)・指示(書), 指導

▶ instruct (1890)
- operating **instructions**（操作説明書） ○operate(584)
- follow the **instructions** of the tour guide
（添乗員の指示に従う）

522 issue [íʃuː]
名 問題(点),（雑誌などの）…号
動（本などを）発行する,（命令などを）発する

- Global warming is one of the biggest **issues** today.
（地球温暖化は今日の重大問題の１つだ） ○global(599)
- the January **issue** of *TIME* magazine（「タイム」誌の１月号）
- Could you **issue** a new check, please?
（新しい小切手を発行してもらえますか）

523 suppose [səpóuz]
動（～と）思う・推測する(that),
《be ～d to doで》～することになっている・
～してはいけない〈否定文〉

- I **suppose** it's all right.（それでいいと思う）
- She's **supposed** to be back by now.
（そろそろ帰ってくるはずだけど）
- What am I **supposed** to do?（何をすればいいですか）
- You're not **supposed** to smoke in this room.
（この部屋で喫煙してはいけません）

524 property [prápərti]
名 財産・資産,《しばしば～iesで》(物の)特性

▶ proper (708)
- private **property**（私有財産） ○private(277)
- chemical [physical] **properties**（化学[物理]的特性）
○chemical(578), physical(678)

525 security [sikjúərəti]
名 安全・保障, 警備

▶ secure (1121)
- a social **security** system（社会保障制度） ○system(57)
- Does the building have a **security** system?
（この建物には警備[防犯]装置がありますか）

PART 2

526 application [æplikéiʃən]
名 応募, アプリケーション《実務用ソフトウェア》, 応用

► apply (158)
- fill out an **application** form(応募用紙に記入する) ⇒form(42)
- use a word-processing [spreadsheet] **application**
（ワープロ[表計算]ソフトを使う）

527 recommend [rèkəménd]
動 (～を)推薦する, (～を)勧める (doing, that)

- Could you **recommend** some good wines?
（手ごろなワインを選んでくれませんか）
- I **recommend** that you invest overseas.
（海外に投資することを勧めます） ⇒invest(1056), overseas(733)
- ♣ that節の動詞は原形(仮定法現在)を使う。(p.127参照)

528 research [rɪsə́ːrtʃ]
名 研究, 調査　**動** (～を)研究[調査]する

- **research** and development(研究開発《略》R&D) ⇒development(635)
- do market **research** on the new product
（新製品について市場調査をする）

529 advantage [ədvǽntidʒ]
名 利点 (⇔disadvantage「不利(な点)」),
《take advantage of で》(機会などを)利用する

- What are the **advantages** of this product?
（この製品の利点は何ですか）
- I hope that you will take **advantage** of this special offer.
（この特価提供をご利用くださるようお願いいたします） ⇒offer(35)

TOEIC頻出 単語・語法問題 ――――――――(9)――

◇ How long (should / are) you supposed to stay there?
（答）are

※ suppose (523) は, be supposed to do で「～することになっている・～しなければならない」という意味になります。また, You are not supposed to .... のように, 否定文にすると, 「～してはいけない」という意味の, 婉曲な禁止になります。
（意味）どのくらいそこに滞在する予定ですか[滞在しなければならないのですか]。

501～1000

PART 2

530 average
[ǽvərɪdʒ]

形 平均の
名 平均(値), 《on averageで》平均して

- get an **average** mark（平均点を取る） ⇒mark(344)
- spend an **average** of 122,000 yen a month
  （月平均122,000円を使う）
- earn 1,000 dollars a week on **average**
  （平均して週に1,000ドル稼ぐ） ⇒earn(234)

531 major
[méɪdʒər]

形 主要な, 重大な（⇔minor(1213)）
名 専攻科目　動 (～を)専攻する(in)

▶ majority (532)
- We also accept **major** credit cards.
  （大手のクレジットカードでのお支払いもお受けします）
- My **major** is medieval European history.
  （私の専攻は中世ヨーロッパ史です）
- I'm **majoring** in French.（フランス語を専攻しています）

532 majority
[mədʒɔ́(:)rəti]

名 過半数, 多数(派)（⇔minority(2060)）

- a **majority** decision（多数決）
- The **majority** voted for [against] the bill.
  （大多数がその法案に賛成[反対]の投票をした） ⇒vote(333)

533 income
[ínkʌm]

名 収入, 所得

- His annual **income** is about 10 million yen.
  （彼の年収は約1,000万円です） ⇒annual(1044)

534 loan
[lóun]

名 貸付け・貸出し　動 (金・物を)貸す

- a housing **loan**（住宅ローン） ⇒housing(660)
- take out a **loan** to buy a car（車を買うために金を借りる）
- Can you **loan** me $10 until payday?
  （給料日まで10ドル貸してくれないか）

535 chart
[tʃɑ́:rt]

名 図・表　動 (～を)図表にする

- a weather **chart**（天気図）
- a sales **chart**（売上げ表）

536 director [dəréktər]
名 取締役, 監督

► direct (142)
- a board of **directors**（取締役会） ⇒board(78)

537 file [fáil]
名（文書・コンピューターの）ファイル
動（～を）提出[申請]する, ファイルする (away)

- I have to go through these **files** today.
（これらのファイルを今日やり終えねばならない）
- **file** for divorce（離婚を申請する） ⇒divorce(1096)

538 illness [ílnəs]
名 病気

► ill **形** 病気の
- I have had no major **illnesses** so far.
（いままでに大きな病気はしたことがない）

539 item [áitəm]
名 項目, 品目・品物,（新聞記事などの）1項目

- Let's move onto the next **item** of the agenda.
（議題の次の項目に移りましょうか） ⇒agenda(2159)
- Do you send **items** overseas?（海外への品物の発送はしますか）

ア・ラ・カルト 〈5〉

「借りる」「貸す」

　borrow (297) も rent (509) も日本語では「借りる」で同じように思えますが, borrow は「(無料で) 借用する」, rent は「お金を払って(物を) 借りる」という意味です。ただし,「お金を借りる」という場合は, 利子を払っても borrow です。銀行から「借りる」というときは take out a loan (534) とも言います。また, トイレやコピー機など移動できないものを借りる場合は, 単にuseを使います。

　「貸す」ほうは lend (456) か loan (534) ですが, お金を貸す場合は loan が普通です。

PART 2

540 concern [kənsə́ːrn]
動 《be ~ed aboutで》(〜を)心配する, 《be ~ed in[with]で》(〜に)関係している
名 心配, 関心事

- There's nothing to be **concerned** about.
  (心配することなど何もないよ)
- I am not **concerned** with that.
  (私はそのことには関係ありません)
- Thank you for your **concern**.
  (ご心配いただきましてありがとうございます)

541 supply [səplái]
名 供給(⇔demand(178))
動 供給する[with, to, for]

▶ supplier (2849)
- Oil is now in short **supply**.(石油は現在供給不足である)
  └⊃short(157)
- **supply** factories with raw materials
  [=**supply** raw materials to factories]
  (原材料を工場に供給する) ⊃raw(949), ⊃material(290)

♣ withとtoでsupplyの後の語順が逆になることに注意。

542 economy [ikánəmi]
名 経済, 節約 形 経済的な・徳用の

▶ economic (762), economical(1701)
- The **economy** is heading for recovery.
  (経済は回復に向かっている) ⊃recovery(1782)
- **Economy** class, please.(エコノミークラス[普通席]をお願いします)

543 graduate [grǽdʒuèit]
動 (〜を)卒業する(from)
名 [grǽdʒuət] *卒業生

▶ graduation 名 卒業
- I **graduated** from St. Martin's College.
  (聖マーティン大学を卒業しました)
- She is a **graduate** of Texas University.
  (彼女はテキサス大学の卒業生です)

544 contract [kántrækt]
名 契約(書) 動 [kəntrǽkt] 契約する・請け負う

- sign a **contract**(契約書にサインする) ⊃sign(46)
- **contract** to build a house(家の建築を請け負う)

PART 2

545 expert [ékspə:rt]
名 専門家, 熟練者　形 熟練した

- We should get an **expert**'s opinion on this matter.
（この問題については専門家の意見を聞くべきだ）　⇒opinion(399)

546 quality [kwáləti]
名 品質(⇔quantity(1736))

- products of high **quality**（高品質の製品）

547 addition [ədíʃən]
名《in addition toで》(〜に)加えて・その上

▶ add (177), additional (548)
- In **addition** to service charges, tax will be necessary.
（サービス料に加えて税金がかかるでしょう）　⇒charge(36)

548 additional [ədíʃənl]
形 追加の, その他の

- an **additional** fee（追加料金）　⇒fee(551)
- Please give me a call if you need **additional** information.
（その他に何か情報が必要でしたらお電話ください）

549 insurance [inʃúərəns]
名 保険

▶ insure (2519)
- Do you have **insurance** on your car?
（車に保険をかけていますか）

550 temperature [témpə(r)tʃùər]
名 温度・気温, 体温

- Today's **temperature** rose as high as 30 ℃.
（今日の温度は30℃まで上がった）
- You should take your **temperature**.（熱を測ったほうがいい）

551 fee [fíː]
名 手数料, (入場・入会の)料金, 授業料

- an entrance **fee**（入場料）　⇒entrance(286)
- college **fees**（大学の授業料）
　♣ p.9参照。

501〜1000

PART 2

552 fund [fʌ́nd]
名《~sで》資金, 基金
動 (~に)基金[資金]を出す

- invest **funds** overseas（資金を海外に投資する）
- create a **fund**（基金を創設する）
- ... is fully **funded** by the U.S. government.
（…はアメリカ政府が100％出資している）

553 situation [sìtʃuéiʃən]
名 状況[情勢], 立場

▶ situate 動 位置を定める
- How do you see the present **situation**?
（現在の状況をどう思いますか）

554 staff [stǽf]
名《集合的に》職員・スタッフ

- a temporary **staff**（派遣社員）　　　　　　　⊙temporary(1265)
- a **staff** member of the company（その会社の社員）

555 expense [ikspéns]
名 費用,《~sで》経費

▶ expensive (107)
- at great **expense**（多額の費用をかけて）
- pay one's traveling **expenses**（旅費を払う）

556 management [mǽnidʒmənt]
名 管理・経営,《集合的に》経営陣・管理職

▶ manage (451)
- budget **management**（予算管理）
- top [middle] **management**（最高経営陣[中間管理職]）

557 budget [bʌ́dʒət]
名 予算　動 (~の)予算を立てる(for)

- cut the defense **budget**（防衛予算を削る）　　⊙defense(473)
- **budget** for buying a new car（新しい車を買う予算を立てる）

558 document [dákjəmənt]
名 文書(類)

▶ documentary 形 記録による　名 記録映画・ドキュメンタリー
- Will you please file away these **documents**?

（これらの書類をファイルしてくれませんか）　　　　　　　→file(537)

559 **benefit** [bénəfit]
名 給付・手当て, 利益, 恩恵
動 (〜の)ためになる

▶ beneficial (2200), beneficiary (3040)
- unemployment **benefits**（失業手当）　　○unemployment(1144)
- For your **benefit** as well as ours, would you please do all you can?
  （わが社のみならず貴社の利益のためにも最善を尽くしていただけませんか）

560 **range** [réindʒ]
名 範囲・幅　動 (範囲が)及ぶ

- I am responsible for a broad **range** of marketing activities.
  （私は市場での売買活動全般をまかされている）　　→responsible(305)
- What is the price **range**?（値段（の範囲）はどのくらいですか）
- Prices **range** from $10.50 to $15.50.
  （値段の範囲は10ドル50セントから15ドル50セントまでです）

TOEIC頻出 単語・語法問題　　　　　　　　　　　(10)

◇ In this company, (staff / employee) have to work long hours, but that's the price you pay for the high salary. （答）staff
※動詞が have to なので主語は複数です。ここでは staff が複数扱いになっています（employee は数えられる名詞なので employees とすれば OK です）。

　staff(554) や crew(1250) など人の集団を表す集合名詞は, 全体を対象としていう場合には単数扱い, 構成員一人一人に焦点を合わせていう場合には複数扱いにします。
　このタイプの集合名詞の代表的なものは基本語の family「家族」です。次の文では「家族」という集合体の複数という意味で families となっています。
　We are looking for families to provide safety and love for children.
　（子どもたちに安心と愛を与えてくれる家族を求めています）
単数・複数両方の扱いがある集合名詞：
　audience (755), committee (685), generation (722), jury (2393)
基本語では team「チーム」, class「クラス」など。
（意味）この会社では従業員は長時間働かねばならない。しかし, それは高給に対して払うべき代償である（＊price「代償」）。

PART 2

561 skill [skíl]
名 技能, 熟練

- skilled 形 熟練した, skillful (1971)
- He has basic computer **skills**.
  (彼は基本的なコンピューター技能がある)

562 avoid [əvɔ́id]
動 (〜を)避ける

- **avoid** giving a definite answer(確答を避ける)   ⊃definite(1124)

563 cancel [kǽnsl]
動 取り消す, 解約する

- cancellation (1557)
- Can I **cancel** this ticket?(このチケットをキャンセルできますか)

564 extra [ékstrə]
形 追加の, 余分の　副 特別に　名 余分のもの

- Is there any **extra** charge?(追加料金はありますか)   ⊃charge(36)
- He will have to study **extra** hard to pass the exam.
  (彼は試験にパスするために特別懸命に勉強しなければならないだろう)   ⊃pass(99)

565 interview [íntərvjùː]
名 インタビュー, 面接
動 インタビューをする, 面接する

- The reporter had an **interview** with the President.
  (その記者は大統領にインタビューした)   ⊃reporter(879)
- I am available for an **interview** at your convenience.
  (ご都合のよい時に面接に応じられます)   ⊃convenience(1607)
- **interview** the President(大統領にインタビューする)

566 delay [diléi]
動 延期する, 遅らせる　名 延期, 遅れ

- We cannot **delay** any longer.(これ以上延期はできない)
- Departure was **delayed** by bad weather.
  (悪天候のために出発が遅れた)   ⊃departure(1726)
- We apologize for the **delay**.(遅れたことをお詫びします)
  ⊃apologize(1618)

567 diet
[dáiət]

名(日常の)**飲食物**, (減量のための)**規定食**

- a healthy **diet**(健康的な日常の食事)
- I'm on a **diet**.(ダイエット[減量]中です)

568 loss
[lɔ́(:)s]

名**損失・損害**(⇔gain(314)), **死亡, 敗北**

► lose (184)
- profit and **loss**(利益と損失, 損益《略》PL)
- suffer great **losses**(大損失[損害]を受ける) ⊃suffer(347)
- I was sorry to hear about the **loss** of your mother.
  (お母様の訃報を聞いてお悔やみ申し上げます)

569 perform
[pərfɔ́:rm]

動(〜を)**演奏[上演]する**, (〜を)**成し遂げる**

► performance (402)
- The play was **performed** at the National Theater.
  (その演劇は国立劇場で上演された)
- She **performed** her duties.(彼女は自分の義務を果した)
  ⊃duty(868)

570 survey
[sə́rvei]

名**調査, 概観**   動[sə́:rvei](〜を)**調査する**

- carry out [conduct] a market **survey**(市場調査を行う)
  ⊃conduct(641)

571 means
[mí:nz]

名**手段・方法, 資力・収入**

- a **means** of transportation(交通手段) ⊃transportation(1438)
- You're living beyond your **means**.
  (君は収入以上の生活をしているよ)

♣「手段」の意味では単複同形。「資力」の意味では複数扱い。動詞 mean「意味する」の3単現と同形になる。

572 recent
[rí:snt]

形**最近の, 近ごろの**

► recently (278)
- Could you send me your most **recent** catalog?
  (貴社の最新版のカタログを送っていただけますか)

PART 2

573 lack
[lǽk]

名 (~の)**不足・欠乏**(of)　動 (~が)**不足している**

- a **lack** of information(情報不足)
- He seems to **lack** vigor today.(あいつ今日は元気がないようだ)　→vigorous(2914)

574 advance
[ədvǽns]

動 **進める[進む]**　形 **前もっての**
名 《in advanceで》**前もって**

▶ advanced (575)
- **advance** a project(計画を進める)
- **advance** payment(前払い金)　→payment(413)
- You can reserve a seat a month in **advance**.
 (1カ月前に座席を予約できます)　→reserve(304)

575 advanced
[ədvǽnst]

形 **進歩した, 高度な**

- **advanced** technology(高度な科学技術)　→technology(695)

576 equipment
[ikwípmənt]

名《集合的に・単数扱い》**設備・機器**

▶ equip (2207)
- office **equipment**(事務機器)

577 submit
[səbmít]

動 (~を…に)**提出する**(to), (~に)**服従する**(to)

- I would like to **submit** our proposal.
 (私どもの案を提出したいと思うのですが)　→proposal(877)
- **submit** to the order(命令に従う)

578 chemical
[kémikl]

形 **化学の**　名 **化学製品[薬品]**

▶ chemistry (2005)
- **chemical** products(化学製品)　→harm(942)
- This **chemical** is not harmful.(この化学製品は無害です)

579 display
[displéi]

動 (~を)**陳列する**　名 **陳列(品), 表示(装置)**

- His new book is being **displayed** in all the bookshops.
 (彼の新刊本はすべての書店に並べられている)
- a **display** of roses(バラの展示)

PART 2

580 individual
[ìndəvídʒuəl]
形 個々の・個人の　名 個人

- We would appreciate your **individual** opinions.
（あなた自身のご意見をお聞かせください）　　○appreciate(1082)
- the right of the **individual**（個人の権利）

581 license
[láisəns]
名 免許(状)　動 許可する

- Can I see your driver's **license**?
（運転免許証を見せてもらえますか）
- Are you **licensed** to carry a gun?
（銃を携帯する許可を得ていますか）

582 effective
[iféktiv]
形 効果的な, 有効な

▶ effectively 副 効果的に, effect(299)
- The medicine was surprisingly **effective**.
（その薬は驚くほど効果があった）　　⊃medicine(150)
- New price becomes **effective** on September 5.
（9月5日から新価格になります）

583 luggage
[lʌ́gidʒ]
名《集合的に・単数扱い》手荷物（＝baggage(1253)）

- How much **luggage** can I carry on?
（手荷物はどれくらい持ち込めますか）

584 production
[prədʌ́kʃən]
名 製造, 生産(高)

▶ produce(160)
- **production** costs（製造原価）
- mass **production**（大量生産）　　○mass(997)

585 operate
[ápərèit]
動（機械などを）操作する・(機械などが)作動する, 事業を営む, 手術する

▶ operation(586), operator(587)
- Please teach me how to **operate** this machine.
（この機械の操作の仕方を教えてください）
- The firm **operates** abroad[overseas].
（この会社は外国で事業を行なっている）

501〜1000

PART 2

586 operation [àpəréiʃən]
名 手術, 操業, 操作・運転

- I am going to have an **operation** next week.
（私は来週, 手術を受ける予定だ）
- How long has this plant been in **operation**?
（この工場は何年稼動していますか）

587 operator [ápərèitər]
名 機械などの操作員, 電話交換手

- a computer **operator**（コンピューターのオペレーター）
- Is there a Japanese-speaking **operator**?
（日本語を話せる交換手はいますか）

588 relationship [riléiʃənʃip]
名 (～との)関係(between, to, with)

▶ relation (1360)
- I look forward to a good **relationship** with your company.
（貴社と友好関係を持てることを期待しています）
- the **relationship** between parent and child（親子関係）

♣relationshipは人と人との(親しい)関係や親せき関係にも用いる。

589 section [sékʃən]
名 区分, (会社の)部[課]

- I'd like the nonsmoking **section**.
（禁煙の区域[禁煙席]をお願いします）
- He joined our sales **section** this year.
（彼は今年我々の販売課に加わりました）

590 statement [stéitmənt]
名 声明・陳述, 計算書・報告書

▶ state (38)
- make a brief **statement**（簡単な声明を出す）　　　○brief(631)
- a profit and loss **statement**（損益計算書《略》P/L）　⊙profit(357)

591 deposit [dipázət]
名 手付金, 預金, 堆積物
動 預ける, 預金する, 堆積させる

- Do I have to pay a **deposit**?（前金が必要ですか）
- Can I **deposit** my valuables here?
（ここで貴重品を預けられますか）　　　　　　　　　⊙valuable(487)

· I'd like to **deposit** this check in my account.
（この小切手を自分の口座に入れたいのですが） ⇒account(40)

592 communication [kəmjùːnikéiʃən]
名 (情報・意思の)**伝達, 通信**

► communicate (1164)
  · nonverbal **communication**（身振りなどによる伝達）
  · mass **communications**（マスコミ《新聞・ラジオなど》）

593 data [déitə]
名 **資料, 情報, データ**

· These **data** are based on a survey taken throughout Europe.
（これらの資料はヨーロッパ全体の調査結果に基づいている）
⇒survey(570)

♣ dataはdatumの複数形。したがって正式には複数扱いだがThis data is ...のように単数扱いすることも多い。review(645)の例文参照。

594 organization [ɔ̀ːrgənəzéiʃən]
名 **組織・団体**

► organize (1309)
  · a nongovernmental **organization**（非政府組織《略》NGO）
  · a nonprofit **organization**（(民間)非営利団体《略》NPO）

595 access [ǽkses]
名 **接近(方法), (〜を[に])利用[出入り]する資格**(to)
動 (コンピューターで〜に)**アクセスする**

· The hotel is within easy **access** to the airport.
（そのホテルは空港のすぐ近くにある）
· Every member is given **access** to the database.
（すべてのメンバーにそのデータベースを利用する資格が与えられます）
· Can you **access** the Internet from your home PC?
（家のパソコンからインターネットにアクセスできますか）

596 convenient [kənvíːnjənt]
形 (〜に)**都合がよい**(for), **便利な**
（⇔inconvenient(2196)）

· Unfortunately, it's not **convenient** for me today.
（残念ながら今日は都合が悪いです） ⇒way(7)
· a **convenient** way of sending money（便利な送金方法）

♣ 日本語で「私は都合がよい」というような言い方をするが、convenientは「人」を主語にできないので注意。available(514)はOK。

PART 2

597 encourage
[enkə́:ridʒ]

動 励ます, (〜するように)奨励する(in, to do)
(⇔discourage(1271))

▶ encouragement **名** 激励・奨励

- I was greatly **encouraged** by his success.
（彼の成功に大いに励まされた）
- **encourage** people to start their own business
（人々に自分の事業を立ち上げるように奨励する）

598 feature
[fíːtʃər]

名 特徴, 特集, 《〜sで》顔立ち
動 (〜を)特集する

- This car has many safety **features**.
（この車は多くの点で安全性に特徴がある） ⇒safety(227)
- a **feature** on friendship（友情についての特集）
- be **featured** in a magazine（雑誌で特集される）

599 global
[glóubl]

形 全世界の, 全体的な

▶ globe (1501), globalization **名** 地球[世界]規模化
- Competition is becoming **global**.（競争も世界的になりつつある）
　　　　　　　　　　　　　　　　　　　　　　⇒competition(640)
- a **global** concept（包括的概念）　　　　　⇒concept(1788)

600 location
[loukéiʃən]

名 位置・場所

▶ locate (1033)
- We have moved our office to a new **location** in California.
（わが社はカリフォルニアの新しい場所に移転しました）

TOEIC頻出 単語・語法問題 ────────(11)

◇ The new school was (found / founded) on March 16th in 2000. （答）founded

※ find「見つける」の過去・過去分詞はfound(516)と同じ形です。何でもない問題ですが，テスト本番では，あわてていて間違えてしまうということもあるので注意。

（意味）その新しい学校は2000年の3月16日に創立された。

PART 2

601 relax [riláeks]
動 くつろぐ, (〜を)緩める

▶ relaxation (1801)
- Come in and **relax** for a few minutes.
  (お入りになって, しばしおくつろぎください)
- **relax** the rules (規制を緩和する)

602 risk [rísk]
名 危険　動 (〜を)危険にさらす

▶ risky (2242)
- I think we really have to take that **risk**.
  (我々はそのリスクを引き受けねばならないと思う)
- Don't **risk** your money on an investment like that!
  (そんな投資をして金を危険にさらしてはだめだ!)

⊃investment(1057)

603 simple [símpl]
形 単純な・簡単な, 簡素な

▶ simply (604)
- There are no **simple** answers to that question.
  (その問いには簡単には答えられない)
- She likes **simple** designs. (彼女は簡素なデザインが好みだ)

⊃design(149)

604 simply [símpli]
副 単に, 簡潔に

- It was **simply** a waste of time.
  (それは単に時間の浪費でしかなかった)　　⊃waste(775)
- Could you put that more **simply**?
  (もっと手短に言っていただけませんか)

605 wild [wáild]
形 野生の, 乱暴な, 荒れた

- **wild** flowers [animals] (野生の花[動物])
- **wild** behavior (乱暴な行動)　　⊃behavior(1294)

PART 2

606 rule
[rúːl]

名 規則, 支配　動 (〜を)支配する

- follow [break] the **rules**(規則に従う[規則を破る])　→follow(214)
- **rule** of law(法の支配)
- **rule** over the country for 20 years
(その国を20年にわたって支配する)

607 unit
[júːnit]

名 単位(量), 〜個, (1つの機能を持つ)装置

- a **unit** of length [weight](長さ[重量]の単位)　○weight(795)
- a **unit** price(単価)
- How much would it cost for 30 **units**?
(30個ではいくらになりますか)
- an air conditioning **unit**(空調設備)　→condition(95)

608 decrease
[diːkríːs]

動 減る[減らす]　名 減少 (⇔increase(28))

- If this proposal is not accepted, sales will **decrease**.
(この提案が受け入れられなければ, 売上高は減少するでしょう)
　○proposal(877)
- a 5% **decrease** in cost(5％の費用の減少)

609 original
[ərídʒənl]

形 元の, 独創的な　名 原物・原本

▶ originally 副 最初は, もとは
- the **original** plan(原案)
- an **original** plan(独創的な案)
- I'll make a copy and give you the **original**.
(コピーを1部とったうえで, 原本をあげましょう)

610 select
[səlékt]

動 (〜を)選び出す

▶ selection (1054), selected (611)
- **Select** any three books, and then pay for only two.
(どの本でも3冊選んでください。そして, 2冊分だけお支払いください)

611 selected
[səléktid]

形 選ばれた

- **selected** goods(精選品)　○goods(615)

PART 2

612 community [kəmjú:nəti]
名 地域社会, 共同体

- a **community** center（公民館）
- the European **Community**（欧州共同体《略》EC）

613 congratulation [kəngrætʃuléiʃən]
[間]《~sで》おめでとう

▶ congratulate (2185)
- **Congratulations** on your new baby!
（赤ちゃんのお誕生おめでとうございます）

614 consider [kənsídər]
動 (~を)よく考える, (~を…と)みなす (to be)

▶ considerable (1337), consideration 名 考慮, 思いやり
- We're **considering** moving out into the country.
（私たちはその国へ引っ越すことを検討中です）
- She **considered** herself (to be) lucky.
（彼女は自分が幸運だと考えていた）

615 goods [gúdz]
名 商品, 品物

- We received the **goods** on schedule.（予定通りに商品が届いた）

616 growth [gróuθ]
名 成長

▶ grow 動 成長する
- rapid economic **growth**（高度経済成長） ○economic(762)

617 injury [índʒəri]
名 怪我, 損害

▶ injure (1170)
- suffer head [leg, knee] **injuries**（頭に[足に, 膝に]傷を負う）

618 transfer [trænsfə́:r]
動 移す[移る], 転送する, 乗り換える
名 [trǽnsfə:r] 転送, 乗り換え, 振替

- Mr. Toyama has been **transferred** to the head office.
（トヤマ氏は本社に転勤になりました）
- Shall I **transfer** your call?（電話を転送いたしましょうか）
- Where can I **transfer**?（どこで乗り換えられますか）

501～1000

PART 2

・a bank **transfer**（銀行振替）

619 treat
[tríːt]

動 (〜を)取り扱う，(〜に…を)おごる(to)，(〜を)治療する　名 もてなし

▶ treatment (1136)
・He **treated** her like a child.（彼は彼女を子どものように扱った）
・I'll **treat** you to dinner.（夕食をおごるよ）
・I have a **treat** for you.（あなたを喜ばせることがあります）

620 vehicle
[víːəkl]

名 乗り物，伝達手段

・a four-wheel-drive **vehicle**（4輪駆動車）

621 appointment
[əpɔ́intmənt]

名 (人と会う)約束，任命

▶ appoint (1512)
・I have an **appointment** to see Mr. Collins at 10:30.
（コリンズ氏に10時30分にお会いする約束をしております）

622 entire
[entáiər]

形 全体の

▶ entirely 副 全く・完全に
・That is roughly half of the island's **entire** population.
（それは全島民のおおよそ半分だ）　　○roughly(790), population(689)

623 network
[nétwəːrk]

名 放送[通信・交通]網，ネットワーク

・a public broadcasting **network**（公共放送網）　　○broadcast(494)
・a local area **network**（ローカル・エリア・ネットワーク《略》LAN）

624 opportunity
[ɑ̀pərt(j)úːnəti]

名 機会・好機

・I hope you will have an **opportunity** to come to Lexington soon.（レキシントンにおいでになる機会が早く訪れることを願っています）

625 responsibility
[rispɑ̀nsəbíləti]

名 責任，義務

▶ responsible (305)
・I will take full **responsibility**.（私が全責任を負いましょう）

PART 2

626 retire [ritáiər] 　動 (〜を)退職[引退]する(from)

▶ retirement (1150)
- He **retired** at the age of sixty.（彼は60歳で退職した）
- He **retired** from baseball.（彼は野球選手(の現役)を引退した）

627 screen [skríːn] 　名 スクリーン・画面, 網戸　動 選別する

- a display **screen**（ディスプレイの画面） ⇒display(579)
- We **screened** over 30 volunteers.
  （30人以上の志願者を選別した） ⇒volunteer(2023)

628 assistant [əsístənt] 　形 補助の, 副…　名 助手

▶ assist (958) ⇒department(54)
- **Assistant** Manager of the Sales Department（営業部副支配人）
- a teaching **assistant**（教育助手《略》TA）

629 attach [ətǽtʃ] 　動 (〜を)貼り付ける[取り付ける], 添付する

▶ attachment (2610)
- Make sure a photo is **attached** to your resume.
  （履歴書に必ず写真を貼ってください） ⇒resume(2609)
- Please see the **attached** file for details.
  （詳細は添付ファイルをご覧ください） ⇒detail(312)

630 basis [béisis] 　名 (知識などの)基礎, 基準

▶ base (13)
- Shoyu is the **basis** for many Japanese dishes.
  （醤油は多くの日本料理の基礎である）
- I am working on a part-time **basis**.
  （パートタイム制で働いています）

631 brief [bríːf] 　形 短い・簡潔な
　　　　　　　　　　　名 要約,《in briefで》手短に・要するに

▶ briefly 副 簡潔に
- make a **brief** comment（短評を加える） ⇒comment(675)
- news in **brief**（短信）

PART 2

632 client [kláiənt]
名 (弁護士などの)依頼人・顧客

- Tokyo Electric Co. is one of our major **clients**.
（東京電気はわが社の重要な顧客の1社です）

⊃electric(1134), ⊃major(531)

633 determine [ditə́ːrmin]
動 決心する, 決定する

▶ determination 名 決心, determined (2616)
- We held a meeting to **determine** the company's budget for next year.（わが社の来年度の予算を決めるための会議を開いた）

⊃budget(557)

634 active [ǽktiv]
形 活発な, 積極的な(⇔passive(1839))

▶ activity (186)
- an **active** market（活発な市況） ⊃market(18)
- **active** members of the club（クラブの積極的な会員）

635 development [divéləpmənt]
名 発達・発展, 開発

▶ develop (90)
- economic **development**（経済的発展） ⊃economic(762)
- the **development** of natural resources（自然資源の開発）

⊃resource(1111)

636 exchange [ikstʃéindʒ]
動 (〜を)交換する, 両替する　名 交換, 両替

- Could you **exchange** this shirt for one size larger, please?
（このシャツを一回り大きいものに取り替えてもらえませんか）

637 fried [fráid]
形 (油で)揚げた

▶ fry 動 揚げる[いためる, 焼く]
- **fried** chicken [oysters]（フライドチキン[かきフライ]）

638 pressure [préʃər]
名 (精神的)圧迫, 圧力
動 (〜に)圧力をかける(to do, into doing)

▶ press (198)

- We're under **pressure** to increase profits.
（利益を増やすよう迫られている） ⇒profit(357)
- high [low] blood **pressure**（高血圧[低血圧]）
- We were **pressured** into signing the contract.
（その契約書に署名するよう強いられた） ⇒contract(544)

639 **traditional** [trədíʃnl]
形 伝統的な

▶ tradition (1397)
- Kendo is one of Japan's **traditional** sports.
（剣道は日本の伝統的スポーツの1つです）

640 **competition** [kàmpətíʃən]
名 競争, 競技(会)

▶ compete (1168)
- price **competition**（価格競争）
- a piano **competition**（ピアノ・コンクール）

♣「コンクール」はフランス語から入ってきた言葉。

641 **conduct** [kəndʌ́kt]
動 (業務を)行う, 案内する, 指揮する
名 [kándəkt] 行い・行為

▶ conductor (1744)
- **conduct** a test（試験を実施する）
- a **conducted** tour（案内付きの旅行） ⇒honor(1228)
- honorable [dishonorable] **conduct**（立派な[不名誉な]行為）

642 **domestic** [dəméstik]
形 家庭(内)の, 国内の

- **domestic** waste（家庭廃棄物[ごみ]） ⇒waste(775)
- All **domestic** flights are nonsmoking.
（すべての国内線が禁煙です）

643 **lately** [léitli]
副 近ごろ, 最近

- Have you seen any movies **lately**?
（近ごろ何か映画を見たかい？）

♣latelyは主に現在完了で使い, 過去時制の文では使わない。recently(278)参照

PART 2

644 neighborhood
[néibərhùd]
名近所, (~の)近く(of)

▶ neighbor 名隣の人
- There is a big supermarket in the **neighborhood**.
  (近所に大きなスーパーがある)
- The fee would be somewhere in the **neighborhood** of $300.
  (料金は300ドル前後となります) ⇒fee(551)

645 review
[rivjúː]
名調査, 批評
動(~を)調査する・復習する・批評する

- The data is now under **review**.(データはただいま吟味中です)
- a book [movie] **review**(書評[映画評]) ⇒data(593)
- We will have to **review** the matter in some detail.
  (問題を細部にわたって検討する必要があろう) ⇒detail(312)
- **review** for an exam(試験のために復習する)

646 sincerely
[sinsíərli]
副心から

▶ sincere (1535)
- I **sincerely** hope you will accept our invitation.
  (招待をお受けくださいますよう心から祈っております) ⇒invitation(296)

647 variety
[vəráiəti]
名多様性, 種類

▶ vary (1739)
- We offer a wide **variety** of high-quality wine.
  (高級ワインをさまざまに品揃えしております) ⇒quality(546)

648 affect
[əfékt]
動(~に)影響する, 《be ~edで》感動する

▶ affection (2027)
- Smoking can severely **affect** your health.
  (喫煙はあなたの健康に厳しく影響する可能性があります) ⇒severe(1112)
- I was very much **affected** by the play.
  (その芝居に非常に感動しました)

649 agreement
[əgríːmənt]
名協定・契約(書), (意見などの)合意・一致

▶ agree (195)

- a trade **agreement**（貿易協定）
- sign an **agreement** on the project
（プロジェクトに関する契約書にサインする） ⇒sign(46)
- Russia and the U.S. reached an **agreement** in December.
（ロシアと米国は12月に合意に達した）

650 **attempt** [ətémpt]
動 (〜を)試みる・企てる (to do)　名 試み・企て

▶ attempted (651)
- We have **attempted** to reach you by telephone three times.
（あなたに3回電話連絡しました(が通じませんでした)）
- a failed **attempt**（成功しなかった企て）

651 **attempted** [ətémptid]
形 未遂の

- be arrested for **attempted** murder（殺人未遂で逮捕される）
⇔arrest(697), murder(1373)

652 **function** [fʌ́ŋkʃən]
名 機能, 働き　動 機能する

- What is the main **function** of vitamins?
（ビタミンの主要な働きは何ですか） ⇒main(79)
- My telephone doesn't **function** properly.（電話の調子が悪い）
⇔properly(709)

653 **grant** [grǽnt]
動 (許可などを)与える・認める,
《take ... for grantedで》(…を)当然のことと思う
名 認可, 授与

We are unable to **grant** your request.
（要求を認めることはできません） ⇒request(100)
- I took it for **granted** that he would get the position.
（私は彼がその地位につくのは当然のことと思っていました）
⇒position(110)

654 **political** [pəlítikl]
形 政治の

▶ politics 名 政治(学)
- **political** activity（政治活動）

PART 2

655 replace [ripléis]
動 (~に)取って代わる, (~を…と)取り替える (with)

► replacement (1968)
- Who do you think will **replace** Mr. M as prime minister?
  (誰がM氏に代わって首相になると思いますか)
  ◐prime(1655), minister(1871)
- Please **replace** this broken vase with a similar one.
  (この割れた花びんを同じようなものと取り替えてください)
  ◐similar(732)

656 crime [kráim]
名 犯罪, 罪

► criminal (657)
- computer **crime** (コンピューター犯罪)

657 criminal [kríminl]
形 犯罪の 名 犯人

- **criminal** acts (犯罪行為)
- discover a **criminal** (犯人を見つけ出す)

658 disappoint [dìsəpɔ́int]
動 (~を)失望させる, がっかりさせる

► disappointment (659)
- I promise you won't be **disappointed**.
  (がっかりさせないことを約束します)
  ◑promise(256)

659 disappointment [dìsəpɔ́intmənt]
名 失望

- What a **disappointment**! (なんという期待外れだろう)

660 housing [háuziŋ]
名 住宅(供給)

- **Housing** in Japan is very expensive.
  (日本では住宅がとても高い)
  ◑expensive(107)

661 identify [aidéntifài]
動 (~を)特定する, (身元を~と)確認する (as)

► identification (1599)
- **identify** the poison (毒物を特定する)
- The two Americans were **identified** as Air Force sergeants.

(2人のアメリカ人は空軍の軍曹であることが確認された)

662 import [impɔ́:rt]
動 輸入する (⇔export(720))
名 [ímpɔ:rt] 輸入, 《～sで》輸入品

- All components are **imported** from Germany.
  (部品はすべてドイツから輸入している) ○component(1819)
- direct **import**(**s**)(直輸入(品))

663 industrial [indʌ́striəl]
形 産業の・工業の

▶ industry (108)
- an **industrial** society(産業[工業]社会) ○society(855)

664 industrious [indʌ́striəs]
形 勤勉な

▶ industry (108)
- an **industrious** employee(勤勉な従業員) ○employee(510)

665 lane [léin]
名 車線, 小道, 航路, (トラック・プールの)コース

- a fast [slow] **lane**(追い越し[走行]車線)
- winding country **lanes**(曲がりくねったいなかの小道)
♣競技用トラックやプールの「コース」はcourse(59)ではなくlaneという。

666 occur [əkə́:r]
動 起こる, ふと心に浮かぶ

- A disk error **occurred** during a read operation.
  (読み込み中にディスク・エラーが発生しました)
  ○error(844), ○operation(586)
- A good idea just **occurred** to me.(いい考えを思いついた)

667 permission [pərmíʃən]
名 許可

▶ permit (364)
- Would you give me **permission** to use your song?
  (あなたの曲の使用許可をいただけないでしょうか)

PART 2

668 previous [príːviəs]
形 前の, 以前の (⇔following (503))

► previously 副 前もって
- the company's sales report for the **previous** quarter
  (会社の前四半期の売上報告) ⇒quarter(229)

669 principal [prínsəpl]
形 主要な 名 元金, 校長

- What are the **principal** products of your hometown?
  (あなたの故郷の主な産物は何ですか) ⇒product(26)
- interest on the **principal** (元金につく利息) ⇒interest(98)

670 surround [səráund]
動 (〜を)取り囲む

► surrounding (2101)
- The crowd **surrounded** Koizumi and shook his hand.
  (群集は小泉(首相)を取り囲み彼と握手をした)
♣新聞記事中では敬称が省略される。

671 tough [tʌf]
形 (仕事などが)骨の折れる, (人が)手ごわい, 堅い

- Things are really getting **tough**.
  (事態は本当に厳しくなってきている)
- He is a **tough** customer. (がんこな客だ)
- This meat is **tough**. (この肉は堅い)

672 unique [juːníːk]
形 無比の・すばらしい, 唯一の・特有の

► uniquely 副 比類なく
- take this **unique** business opportunity
  (この絶好の商機を捕える) ⇒opportunity(624)
- I am **unique**, just like everyone else.
  (私は, 他のみんながそうであるように固有の存在だ《名言集より》)
♣uniqueには「独特の, 変わった」という意味はないので注意。

673 aid [éid]
名 援助・救助, 補助器具 動 援助する

- financial **aid** (財政援助・学資援助) ⇒financial(747)
- first **aid** (応急手当)

· a hearing **aid**（補聴器）

674 **channel** [tʃǽnl]
名（テレビの）**チャンネル**, **経路**, **海峡**

· What's on **channel** five?（5チャンネルでは何をやってる？）
· You must go through proper **channels**.
（しかるべきルートを経なければならない） ○proper(708)

675 **comment** [kάment]
名 **論評**　動（～について）**論評する**（on, upon）

· We would appreciate receiving your **comments**.
（コメントをいただければ幸いです） ○appreciate(1082)
· Can you **comment** on the rumors about your company's financial problems?
（あなたの会社が財政危機にあるといううわさについて一言コメントをお願いします） ○rumor(1372), financial(747)

676 **establish** [istǽbliʃ]
動（会社などを）**設立する**, （友好関係などを）**樹立する**

▶ establishment (1521)
· Our company was **established** in 1984.
（わが社は1984年に設立されました）
· **establish** a face to face relationship
（ごく親密な関係を樹立する） ⇒relationship(588)

677 **percentage** [pərséntidʒ]
名 **比率・割合**

▶ percent 名 パーセント
· What **percentage** of the work force is unemployed?
（労働力の何パーセントが失業中ですか） ○unemployed(2157)

678 **physical** [fízikl]
形 **身体の**（⇔mental(1474)）, **物質的な**, **物理的な**

▶ physically 副 肉体的に, 物理的に
· **physical** strength（体力）
· Is there any **physical** evidence of the break-in?
（不法侵入の物的証拠が何かあるかね） ○evidence(918)

PART 2

679 receipt
[rísíːt]
名 領収(書),受領

▶ receive (30)
- Can I have a **receipt**, please?(領収書をもらえますか)
- Delivery will be within two weeks of **receipt** of your order.
（ご注文をいただいてから2週間以内にお届けします） ○delivery(833)

680 upset
[ʌpsét]
動 (〜を)ろうばいさせる,(計画などを)狂わす
形 (胃などの)具合が悪い 名 番狂わせ

活用 upset-upset-upset
- Don't be so **upset**.(そんなにカッカしないで)
- That'll **upset** my plan.(予定が狂ってしまう) ○plan(22)
- **upset** stomach(調子の悪い胃)

681 visa
[víːzə]
名 ビザ・査証

- The tourist **visa** is good for three months.
（その観光ビザは3か月有効です） ○tour(199)

682 volume
[válju(ː)m]
名 音量,1巻[冊],(取引などの)量,体積[容積]

- turn up [down] the **volume** on the stereo
（ステレオの音を大きく[小さく]する）
- a four-**volume** dictionary(全4巻の辞書)
- The **volume** of our trade with China is increasing.
（中国との取引が増大している）

683 accompany
[əkʌ́mpəni]
動 (〜と)一緒に行く・つき添う,(〜に)伴って起こる

▶ company (1)
- She will **accompany** him on a sightseeing tour.
（彼女が彼の観光旅行に同行するでしょう） ○sightseeing(1319)
- The boy was **accompanied** by his mother.
（その男の子は母親につき添われていた）

684 climate
[kláimət]
名 気候,情勢

- We have a mild [warm, cold] **climate** here.
（ここは穏かな[温暖な,寒い]気候だ） ○mild(971)

・social [political, economic] **climate**（社会[政治，経済]情勢）
⇒political(654), ⇒economic(762)

685 **committee** [kəmíti]
名《集合的に》**委員会**

・a budget **committee**（予算委員会） ⇒budget(557)

686 **insist** [insíst]
動（〜を）**主張する・要求する**（on, that）

・He **insisted** that he pay the hotel charges.
（彼は自分がホテル代を払うといって譲らなかった） ⇒charge(36)

♣例文のthat節の主語をIにすると「私にホテル代を払えと要求した」という意味になる。

687 **novel** [nάvl]
名**小説**　形**斬新な**

・He published a new **novel**.（彼は新しい小説を発表した）
・a **novel** design（斬新なデザイン） ⇒publish(367)

688 **ordinary** [ɔ́:rdənèri]
形**普通の，通常の**

・**ordinary** people（一般人，普通の人々）
・in the **ordinary** way（いつものとおり）

689 **population** [pὰpjəléiʃən]
名**人口，住民**

・growth [decline] in **population**（人口の増加[減少]）
⇒decline(1217)

TOEIC頻出 単語・語法問題 ―――――――――(12)―

◇ She insists that he (staying / stay) where he is. （答）stay
※ demand (178), forbid (2344), insist (686), suggest (239), recommend (527) などの動詞に続く that 節の中は「原形動詞」が使われます。イギリス英語では「should ＋原形」も使います。
（意味）彼女は，彼が今いる所にとどまるべきだと主張した。

PART 2

690 refuse [rifjú:z]
動 (…することを)拒む(to do), (〜を)断る (⇔accept(203))

▶ refusal 名 拒否

- He **refused** to comment on the case.
  (彼はその事件については論評を拒んだ) ⇒comment(675)
- They were **refused** entry into the stadium.
  (彼らは球場への入場を断られた) ⇒entry(1687), stadium(693)

691 salesman [séilzmən]
名 セールスマン(=salesperson)

- He is the best **salesman** of the year at Pontiac Motors.
  (彼はPontiac Motorsにおける今年のベストセールスマンです)

692 senior [sí:njər]
形 (役職などが)上位の
名 年長者(⇔junior), (大学・高校の)最上級生

▶ seniority (3052)

- a **senior** vice president(上席副社長)
- He is five years my **senior**.(彼は私の5年先輩です)

♣米国の4年制大学では1〜4年をfreshman, sophomore, junior, seniorという。3年制高校ではfreshman, junior, seniorという。

693 stadium [stéidiəm]
名 競技場, 野球場

- a baseball [soccer] **stadium**(野球場[サッカー競技場])

694 suitable [sú:təbl]
形 (〜に)適した・ふさわしい(for, to)

▶ suit (222)

- It is **suitable** for outdoor use.
  (それは屋外での使用に適している) ⇒outdoor(1118)

695 technology [teknálədʒi]
名 科学技術

- information **technology** (情報技術《略》IT)

696 victim [víktim]
名 犠牲者・被害者

- earthquake [flood] **victims**(地震[洪水]の被災者)

PART 2

697 arrest [ərést]
動 逮捕する　**名** 逮捕

- Three men were **arrested** on suspicion of killing a housewife.（主婦を殺害した容疑で3名の男が逮捕された）　⊙suspect(714)
- You're under **arrest**.（あなたを逮捕します）

698 attractive [ətræktiv]
形 魅力的な, 人を引きつける

▶ attract (738)
- She's really **attractive**.（彼女は実に魅力的だ）
- an **attractive** display（人目を引く陳列）　⊙display(579)

699 bargain [bá:rgin]
名 特価品・買い得品, 取引
動 (〜と[を])交渉する (with, for)

- The bicycle was a real **bargain**.
 （この自転車は本当に買い得（品）でした）
- We're willing to make a **bargain** with you.
 （わが社は喜んで貴社と取引をいたします）

♣日本語の「バーゲン」はbargain saleあるいは単にsaleという。

700 brand [brǽnd]
名 銘柄, 商標　**動** 烙印を押す

- a popular ice cream **brand**（人気のあるアイスクリームのブランド）
- a **brand** name（商標名）　⌐⊙popular(147)

♣brandは, ある会社の特定の商品(名)のことで「会社名」ではない。「有名ブランド(品)」をname brandsという。

701 brand-new [brǽnd n(j)ú:]
形 真新しい, 新品の

- We are enclosing our **brand-new** catalog.
 （最新のカタログを同封いたします）　⊙enclose(1038)

702 commercial [kəmə́:rʃl]
形 商業の, 貿易の　**名** 広告放送・コマーシャル

- the **commercial** area（商業地域）
- **commercial** value（商品価値）　⊙value(114)
- a TV **commercial**（テレビのコマーシャル）

PART 2

703 confirm
[kənfə́ːrm]

動 (〜を)確認する，(信念などを)強める

▶ confirmation (2177)
- I'd like to **confirm** the number of people who will attend.
(出席予定者数を確認したいのですが)　　　⇒attend(125)

704 cough
[kɔ́(ː)f]

名 せき　動 せきをする

- I have a **cough**.(せきが出る)
- I can't stop **coughing**.(せきが止まらない)

705 impress
[imprés]

動 (〜に)感銘を与える・印象を与える

▶ impression (706)
- I am very **impressed** by [with] your report.
(あなたの報告にとても感銘を受けました)

706 impression
[impréʃən]

名 印象

- My first **impression** was that his idea was not a good one.
(彼の思いつきはいいものではないというのが第一印象でした)

707 lean
[líːn]

動 傾く(over, forward)，
　　寄りかかる・立て掛ける(on, against)
形 やせた(⇔fat「太った」)

活用 lean - leaned [leant] - leaned [leant]

- She **leaned** over and gave him a kiss on the cheek.
(彼女はかがんで彼の頬にキスした)
- For your safety, don't **lean** on the rails.
(危険ですから手すりに寄りかからないように)　　　⇒safety(227)

708 proper
[prápər]

形 適切な，(〜に)固有の(to)

▶ property (524), properly (709)
- Put the books back in their **proper** place.
(適切な場所に本を戻しなさい)
- Be aware of the **proper** manners in this country.
(この国特有の作法があることを知りなさい)

⇒aware(459), ⇒manner(819)

709 properly [prápərli]
副 適切に

- The air conditioning isn't working **properly**.
（空調が適切に作動していない） ⮕condition(95)

710 rarely [réərli]
副 めったに～ない

▶ rare (1261)
- She **rarely** makes mistakes in her typing.
（彼女はタイプを打ち間違えることはめったにない）

711 seek [síːk]
動 （～を）求める・得ようとする，（～しようと）努める(to do)

活用 seek - sought - sought
- She is **seeking** a new position.（彼女は新しい職を探している）
⮕position(110)
- We **seek** to develop our knowledge of this field.
（この分野に関する知識を広めようと努めている） ⮕develop(90)

712 statue [stǽtʃuː]
名 彫像

- the **Statue** of Liberty（自由の女神像） ⮕liberty(1422)

713 suggestion [səgdʒéstʃən]
名 提案

▶ suggest (239)
- Do you have any **suggestions**?（何か提案がありますか）

714 suspect [səspékt]
動 （～ではないかと）思う(that)，（～を…の容疑で）疑う(of)　名 [sʌ́spekt] 容疑者

▶ suspicion 名 容疑, suspicious (2464)
- I **suspect** that you knew nothing about this.
（君はこのことについて何も知らなかったのではないかと思う）
- He was **suspected** of smuggling illegal drugs.
（彼は違法な薬を密輸入した容疑がかけられている）
⮕smuggle(3059), illegal(1946)
- The **suspect** admitted having been at the scene of the crime.（容疑者は犯行の現場にいたことを認めた）
⮕admit(735), ⮕crime(656)

PART 2

715 bore
[bɔ́ːr]

動《be ~d with で》(~に)退屈する
名 退屈な人[事]

▶ boring 形 退屈させる
- I was **bored** with the concert.(コンサートは退屈だった)

♣bearの過去形と混同しないように。boreは規則変化(bore - bored - bored)

716 challenge
[tʃǽlindʒ]

名 (やりがいのある)課題, 挑戦　**動** (~に)いどむ

▶ challenging (1558)
- I want a job with more **challenge**.
  (もっとやりがいのある仕事をやりたい)
- He **challenged** the champion and won.
  (彼はチャンピオンに挑戦し勝った)　◌championship(1787), ◌win(334)

717 connect
[kənékt]

動 (~を)つなぐ・関係づける(to, with)

▶ connection (1400)
- Please **connect** the cable to terminal A instead of terminal B.(ケーブルをターミナルBではなくターミナルAにつないでください)
　　　　　　　　　　　　　　　　　　　　　　◌terminal(2115)
- She is **connected** with that company.
  (彼女はその会社に関係がある)

718 description
[diskrípʃən]

名 描写・記述

▶ describe (341)
- a brief **description** of my research theme
  (研究テーマの簡単な説明)　　　◌research(528), ◌theme(1158)

719 desire
[dizáiər]

名 願望, 欲望　**動** (~を強く)望む

▶ desirable (1824)
- have a **desire** to get on in life(出世するという願望を持つ)
- **desire** peace(平和を望む)

720 export
[ikspɔ́ːrt]

動 輸出する (⇔import(662))
名 [ékspɔːrt] 輸出, 《~sで》輸出品

- These goods are **exported** all over the world.

（これらの品物は世界中に輸出されている）
・I'm in charge of **export** sales.（私が輸出販売の責任者です）
⇒charge(36)

721 fully [fúli]
副 完全に，すっかり

► full 形 いっぱいの，満ちた
・I'm **fully** satisfied with it.（それには完全に満足している）
⇒satisfy(727)
・We are **fully** booked for today.（今日は全室予約済みです）
⇒book「予約する」

722 generation [dʒènəréiʃən]
名 《集合的に》同世代の人々，世代

► generate (2251)
・the younger **generation**（若い世代）
・a third-**generation** Japanese-American（アメリカ日系三世）

723 maintain [meintéin]
動 維持する，保守する

► maintenance (1246)
・We are doing our best to **maintain** the highest standards.
（最高品質の水準を維持するために我々はベストを尽くしている）
⇒standard(280)

724 mineral [mínərl]
名 鉱物　形 鉱物を含んだ

・**mineral** resources（鉱物資源）　　　⇒resource(1111)
・I'd like a glass of **mineral** water.
（ミネラルウォーターを1杯ください）

725 option [ápʃən]
名 選択(権)，選択できる物

► optional (2489)
・You have the **option** of taking it or leaving it.
（これを取るか残すか選択できます）
・We have no **option** but to cancel the order.
（我々は注文をキャンセルするしかない）
⇒cancel(563)

726 release [rilíːs]

動 (〜を…から)**解放する**(from), (レコード・映画などを)**発売[公開]する**
名 **発売[公開]**

- She was **released** from the hospital last week.
  (彼女は先週退院した)
- A new version of the N-300 will be **released** next month.
  (新バージョンのN-300は来月発売です)　　○version(1129)
- new product **release**（新製品発表）

727 satisfy [sǽtisfài]

動 (人を)**満足させる**, (欲望・好奇心・条件などを)**満たす**

▶ satisfied 形 満足した, satisfying 形 満足できる, satisfaction (1970), satisfactory (2358)
- I hope the new design will **satisfy** our customers.
  （新しいデザインが顧客に満足してもらえるといいのですが）
- **satisfy** one's appetite（食欲を満たす）　　○appetite(2032)

728 series [síəri(ː)z]

名 **連続**,（本などの）**シリーズ**

- There has been a **series** of accidents at the factory.
  （その工場では連続して事故が起きている）
- a documentary **series**（ドキュメンタリーシリーズ（番組））
　　⇒document(558)

729 surface [sə́ːrfəs]

名 **表面**　形 **表面の**

- The **surface** of the lake is perfectly smooth today.
  （湖の水面は今日は全く静かだ）　　○smooth(883)
- **surface** mail（普通郵便）

730 vision [víʒən]

名 **視力**, **未来像**

- I have twenty-twenty **vision**.（私の視力は正常です）
- What our company needs is a clear **vision**.
  （わが社に必要なのは，明確な未来図だ）
♣twenty-twenty visionは視力1.0に相当する。

731 labor [léibər]

名 **労働**, **労働者**　動 **働く**

- mental [physical] **labor**（精神［肉体］労働） ●mental(1474), ●physical(678)
- **labor** force（労働力，労働者人口）

  ♣laborは集合的に「雇用者」対する「労働者（側）」あるいは「労働者階級」の意味。個人を指すときはlaborerを使う。laborには「分娩・出産」の意味もある。induce(2700)参照。

732 **similar** [símələr]
形 同じような，（～に）似ている(to)

▶ similarity 名 類似(点)
- **similar** products（類似製品）
- His character is very **similar** to his mother's.
  （彼の性格は母親によく似ている） ●character(776)

733 **overseas** [òuvərsíːz]
形 副 海外の[へ・に]，外国の[へ・に]

- I'd like to make an **overseas** call.
  （国際電話をかけたいのですが）
- invest **overseas**（海外に投資する） ●invest(1056)

734 **owe** [óu]
動（～に）支払い義務[借り]がある，（～の）おかげである(to)

- How much do I **owe** you?（(代金は)おいくらですか）
- I **owe** what I am now to you.
  （私が今日あるのはあなたのおかげです）

735 **admit** [ədmít]
動（～を）認める・自白する，（入場・入会などを）許可する(to, into)

▶ admission (1106)
- I **admit** that the price is rather high.
  （価格が高めであることは認めます）
- **admit** you to a club（クラブへの入会を許可する）

  ♣何かをする「許可を与える」という意味はadmitにはない。その意味ではallow(83), permit(364), approve(827)などを使う。

736 **appeal** [əpíːl]
名（援助などの）訴え(for)，人気
動（援助などを）訴える(to)

- an **appeal** for peace（平和への訴え［アピール］）
- The president **appealed** to the nation for support.
  （大統領は国民に支持を訴えた） ●nation(328), support(247)

PART 2

737 attitude
[ǽtit(j)ùːd]
名 態度・姿勢 (toward)

- He took a friendly **attitude** toward us.
（彼は私たちに親しい態度をとった）

738 attract
[ətrǽkt]
動 (人・注意・興味などを)引きつける, 魅惑する

▶ attraction (1267), attractive (698)
- **attract** a lot of attention（多くの注目を集める） ⇒attention(242)
- **attract** customers（客を引きつける）

739 authority
[əθɔ́ːrəti]
名 権限,《～iesで》当局

▶ authorize (2151)
- I don't have the **authority** to decide it on my own.
（私にはそれを自分で決定する権限がありません）
- the city **authorities**（市当局）

740 career
[kəríər]
名 経歴, 職業

- He started his **career** as a bank clerk.
（彼は最初の職として銀行員になった） ⇒clerk(359)

741 celebrate
[séləbrèit]
動 (～を)祝う

▶ celebration (1335)
- Our company is **celebrating** its 50th anniversary this April.
（わが社はこの4月に創立50周年を祝います） ⇒anniversary(1135)

742 device
[diváis]
名 装置・道具

▶ devise (2250)
- a safety **device**（安全装置） ⇒safety(227)

743 employ
[emplɔ́i]
動 (人を)雇う, (手段などを)用いる

▶ employee (510), employer (1344), employment (744)
- The company **employs** over 3,000 people.
（その会社は3,000人以上雇用している）

・**employ** the new concepts（新しい考えを用いる） ○concept(1788)

744 **employment** [implɔ́imənt]
名 雇用

・full-time [part-time] **employment**（常勤[パートタイム・非常勤]）

745 **essential** [isénʃl]
形 不可欠の，本質的な
名 《通例～sで》本質的要素

▶ essence 名 本質
・Absolute security at the meeting will be an **essential** point.
（会議が確実に安全に行われることが重要なポイントになろう）

○absolute(1330), ○security(525)

746 **finance** [fáinæns]
名 財政，《～sで》財源　動 融資する

▶ financial (747)
・deficit **finance**（赤字財政）　　　　　　　　　　　○deficit(2483)
・city **finances**（市の財源）
・The project was **financed** by the American Bank.
（その事業はアメリカ銀行から融資を受けていた）

TOEIC頻出 単語・語法問題　　　　　　　　　　　　　　―(13)―

◇ He admitted (receiving / to receive) $20,000 from KHD.
（答）receiving

※ admit (735) は目的語に ing 形の動詞か that 節をとります（改まった英語・新聞記事などでは admit to doing の形も使われる）。動詞の目的語が ing 形か to 不定詞かという問題も TOEIC 頻出項目です。目的語に「動名詞」をとり不定詞をとらない動詞の主なものをあげておきます。

appreciate (1082), avoid (562), celebrate (741), consider (614), delay (566), deny (1407), describe (341), enjoy (73), escape (1324), excuse (294), fancy (801), mind (119), miss (374), postpone (1690), practice (283), quit (1079), recall (1404), report (11), resist (2069), resume (1090), risk (602)

基本語では, finish「終える」, keep「～し続ける」(can't) help「～しないではいられない」など。また suggest (239), recommend (527) も that 節か動名詞を目的語にとり, to 不定詞は取りません。
（意味）彼は KHD から2万ドルを受け取ったことを認めた。

PART 2

747 financial [fainǽnʃl] 形 財政上の, 金融の

- We are in serious **financial** difficulties.
(深刻な財政困難に陥っている)

748 recognize [rékəgnàiz] 動 (〜であると)わかる, (〜であることを)認める (as, that)

▶ recognition (2067)
- I **recognized** him at once.(すぐに彼だとわかった)
- He is **recognized** as a formal member of this organization.
(彼はこの組織の公式会員と認められている)

⊃formal(968), ⊃organization(594)

749 regulation [règjəléiʃən] 名《〜sで》規則, 規制 (⇔deregulation(2822))

▶ regulate (1996)
- The new **regulations** will come into effect next month.
(新しい条例は来月に発効します)
- export **regulation**(輸出規制)

750 settle [sétl] 動 (〜に)決着をつける, (負債・勘定を)払う, 腰をすえる(down)

▶ settlement (1565)
- The trouble was peacefully **settled**.(問題は丸くおさまった)
- I want to **settle** the bill now.(いま, 勘定を払いたいのです)
- **settle** down and start studying(本腰を入れて勉強を始める)

751 strict [stríkt] 形 厳しい, 厳格な

▶ strictly (1738)
- She is very **strict** about manners.
(彼女は行儀作法にとても厳しい)

⊃manner(819)

752 survive [sərváiv] 動 (事故・逆境などを)生きのびる・切り抜ける, (〜より)長生きする

▶ survival 名 生存, survivor 名 生存者
- **survive** intense competition(厳しい競争を生き残る)

⊃intense(1833), ⊃competition(640)

- He is **survived** by his wife.(彼の妻は彼より長生きした)

753 tone
[tóun]

名 口調, 音色

・He spoke in an accusing **tone**.(彼は非難めいた口調で話した)
⇒accuse(1292)

754 wage
[wéidʒ]

名 賃金・給料

・a demand for **wage** increases(賃上げの要求)　⇒demand(178)

♣ wageは主に肉体労働に対して支払われる報酬。salary(279)参照。

755 audience
[ɔ́:diəns]

名 《集合的に》聴衆・観衆

・A large **audience** is gathering around the pool.
(多くの観衆がプールの周囲に集まっている)

756 harbor
[háːrbər]

名 港, 避難所

・The **harbor** is filled with fishing boats.(港は漁船が一杯だ)

757 nervous
[nɔ́ːrvəs]

形 緊張して, 神経質な, 神経の

► nervously 副 神経質に, nerve 名 神経
・I really get **nervous** in public.(公衆の前ではとても緊張する)
・be **nervous** about the results(結果を気にする)　⇒result(121)
・a **nervous** breakdown(神経衰弱・ノイローゼ)

758 normal
[nɔ́ːrml]

形 標準の, 正常の　名 標準

► normally 副 普通は, 正常に
・**normal** working day(標準的な労働日[労働時間])
・I have a **normal** appetite.(食欲は正常です)　⇒appetite(2032)
・Her weight is far below **normal**.
(彼女の体重は標準値をはるかに下回っている)　⇒weight(795)

759 author
[ɔ́:θər]

名 著者・作者

・He is the **author** of *Successful Business Management*.
(彼は*Successful Business Management*の著者です)

PART 2

760 bet [bét]
動 賭ける, 《I bet ...で》きっと…だ
名 賭け(金)

- I'll **bet** ten dollars on this.(こちらに10ドル賭けます)
- I **bet** it's not real.(きっとそれは本物ではないですよ) ○reality(1358)

761 cart [káːrt]
名 手押し車　動 (〜を)荷車で運ぶ

- Please do not put children on the baggage **carts**.
（手荷物用カートにお子様を乗せないでください）　　○baggage(1253)

762 economic [èkənámik]
形 経済の

▶ economy (542)
- How do you see the present **economic** situation?
（現在の経済状況をどう思いますか）

763 entertainment [èntərtéinmənt]
名 娯楽, もてなし

▶ entertain 動 もてなす
- the **entertainment** business（娯楽産業）

764 extremely [ekstríːmli]
副 極めて

▶ extreme (1884)
- This is **extremely** important to us.
（これは我々にとって極めて重要です）

765 flash [flǽʃ]
動 ピカッと光る, (考えなどが)ひらめく
名 フラッシュ, 閃光・ひらめき

- The turn signal is **flashing** on the car.
（その車はウインカーを出している）　　　　　　○signal(332)
- An idea **flashed** into my mind.(ある考えがひらめいた)
- May I use a **flash**?（フラッシュをたいてもいいですか）

766 remind [rimáind]
動 (〜に…を)思い出させる(of, to do, that)

- May I **remind** you of your agreement to finish the work in three weeks.（3週間以内にその仕事を終了するという契約を思い出してくださいますか）　　　　　　　　　　　○agreement(649)

PART 2

767 slice [sláis]
名 (薄く切った)一片, 分け前
動 薄く切る[切り取る]

- a **slice** of bread [beef](パン[ビーフ]の一切れ)
- take a **slice** of the profits(利益の分け前を取る) ⇒profit(357)
- **slice** a piece of ham(ハムを一切れ切る)

768 stroke [stróuk]
名 (卒中などの)発作, 一打・一振り

- He suffered a slight **stroke**.(彼は軽い卒中を起こした)
⇒suffer(347)

769 technical [téknikl]
形 技術的な, 専門的な

▶ technique (770)
- **technical** information(技術資料[情報])

770 technique [tekní:k]
名 (専門)技術・技法

- a basic **technique**(基本技術)

771 trend [trend]
名 傾向・動向, 流行

- business **trend**(景気動向)
- keep up with the **trend**(流行[時勢]に遅れない)

772 union [jú:njən]
名 組合(=labor union), 結合

- The railway **unions** went on a two-hour strike early this morning.(鉄道組合は本日早朝ストライキを2時間続けた)
⇒strike(455)

773 prove [prú:v]
動 (〜を)証明する, (〜であると)判明する

▶ proof (774) 活用 prove - proved - proved [proven]
- You have to **prove** the information in this document is correct.(あなたはこの文書の情報が正しいことを証明しなければならない) ⇒document(558), correct(377)
- The statement **proved** (to be) incorrect.
(その陳述は正しくないことが判明した)

PART 2

774 proof [prú:f]
名 証拠, 証明するもの

- There is no **proof** that he is guilty.
  (彼が有罪であるという証拠は何もない) ⊃guilty(1418)
- May I see **proof** of your age?
  (年齢を証明するものを見せてもらえますか)

♣接尾辞の -proofは「耐—」「防—」の意味。waterproof(防水)

775 waste [wéist]
動 浪費する　名 浪費, 廃棄物

- Don't **waste** your money on poor quality goods.
  (安っぽい品物を買って, むだ使いをしてはいけない) ⊃quality(546)
- It's just a **waste** of time.(それは単に時間の浪費だ)
- nuclear **waste**(核廃棄物) ⊃nuclear(1078)

776 character [kǽrəktər]
名 性格・性質, 登場人物, 文字

▶ characteristic (1872)
- He is a person of excellent **character**.(彼は性格の良い人だ)
  ⊃excellent(206)
- the main **characters**(主要な登場人物) ⊃main(79)
- Chinese **characters**(漢字)

777 dentist [déntəst]
名 歯医者

- I'd like to make an appointment to see the **dentist**, please.
  (歯医者さんの予約をしたいのですが) ⊃appointment(621)

778 desert [dézərt]
名 砂漠

- The edge of the **desert** moves forward four miles a year.
  (砂漠の先端は1年に4マイル前進する) ⊃edge(412)

779 equal [í:kwəl]
形 等しい, 平等な　動 (〜に)等しい

▶ equally (1255)
- Two times four is **equal** to eight.($4 \times 2 = 8$)
- All people are **equal**.(人間はすべて平等である)
- 10 minus 7 **equals** 3.($10 - 7 = 3$)

PART 2

780 exact [igzǽkt] 形 正確な

► exactly (781)
- Please let me know the **exact** date and place.
（正確な時間と場所をお知らせください）

781 exactly [igzǽktli] 副 正確に, 《返事で》そのとおり

- I don't know **exactly** what it is.
（それが何か正確には知りません）

782 generally [dʒénərəli] 副 一般に, 一般的に言って（＝generally speaking）

► general (275)
- He **generally** comes home around 6 o'clock.
（彼はたいてい6時ごろ帰宅する）
- **Generally**, the train arrives on time.
（一般的に言って, 列車は時間通りに到着する）

783 height [háit] 名 高さ, 最高潮

► high 形
- The new model is 800 cm in **height**.（新型は高さが800cmです） ➔model(316)
- I don't feel like eating much in the **height** of summer.
（夏の暑い盛りで食欲がない）

784 importance [impɔ́ːrtəns] 名 重要(性)

► important 形 重要な
- This is an issue of great **importance** to us all.
（これは私たちみんなにとって極めて重要な問題です） ➔issue(522)

785 mood [múːd] 名 気分,《the ～で》（～するという）気持ち(for)

- She's in a good[bad] **mood** today.
（彼女は今日は機嫌がいい[悪い]）
- I'm not in the **mood** for joking.（冗談を言う気になれない）

501〜1000

PART 2

786 particular
[pərtíkjələr]
形 特別の, (〜について)好みがうるさい(about, over)

▶ particularly 副 特に
- Any **particular** style [color]?
  (特に(ご希望の)スタイル[色]はありますか)   ○style(1062)
- He is very **particular** about his food.
  (彼は食べ物については好みがうるさい)

787 possibility
[pàsəbíləti]
名 可能性

▶ possible (117)
- I'd like to discuss the **possibility** of working together.
  (共同で仕事をする可能性があるかお話したいのですが)

788 roll
[róul]
動 転がる[転がす], 巻く　名 巻いた物

▶ roller 名 ローラー, キャスター
- A car **rolled** slowly by. (車がゆっくりと通りすぎた)
- Please **roll** up your sleeve. (腕をまくってください)
- Can I have a **roll** of color film? (カラーフィルムを1本ください)

♣「ローラー・スケート」はroller skatingという。「スケート」「スキー」はそれぞれskating, skiingなので注意。skate, skiは「動詞」で「スケートをする」「スキーをする」。「名詞」としては,それぞれ「スケート靴」「スキー板」の意味。またroller coasterは「ローラー[ジェット]コースター」のこと。

789 rough
[ráf]
形 大まかな, 乱暴な, 荒れた, ざらざらした

▶ roughly (790)
- Can you give me a **rough** idea of what you have in mind? (何を考えているか大まかなところを教えてくれませんか)
- **rough** handling of goods (品物の粗雑な取扱い)   ⊕handle(215)
- The sea is **rough** today. (今日の海は荒れている)

790 roughly
[ráfli]
副 大まかに, 乱暴に

- estimate the cost **roughly** (費用を概算する)   ○estimate(1119)
- The package seems to have been **roughly** handled.
  (その包みは乱暴に扱われたようだ)

791 sight [sáit]
名 見ること[見えること], 視力, 《~sで》名所

- He fell in love with her at first **sight**.
  (彼は彼女にひと目ぼれした)
- have good[bad] eye **sight**(視力がよい[悪い])
- I saw the **sights** in Kyoto by taxi.
  (タクシーで京都の名所を見てまわった)

792 sudden [sʌ́dn]
形 突然の・急な

▶ suddenly 副 突然に
- a **sudden** drop in the stock market(株式市場の急落)

793 warning [wɔ́ːrniŋ]
名 警告

▶ warn (265)
- The National Weather Service issued a storm **warning**.
  (全国気象局は, 暴風警報を出した) ⇒issue(522)

794 weigh [wéi]
動 (~の)重さがある, (~の)重さを量る, (~を)(比較)検討する

▶ weight (795)
- How much does it **weigh**? — (It **weighs**) 1.5 kilograms.
  (重さはいくらですか――1.5キログラムです)
- Can you **weigh** this?(これの重さを量ってください)
- **weigh** one plan against another
  (1つの計画を別のものと比較検討する)

795 weight [wéit]
名 重量・体重, 重み, 重荷

- I have gained[lost] some **weight**.(体重が増えた[減った])
- More **weight** will be put on computer skills.
  (コンピューター技術に, より重要性が置かれるでしょう) ⇒skill(561)

796 afford [əfɔ́ːrd]
動 《can ~で》(経済的, 時間的)余裕がある

- We can't **afford** to buy a new car.(新車を買う余裕はない)
- We can't **afford** any more delays.
  (これ以上遅れる時間的余裕はない) ⇒delay(566)

PART 2

797 besides [bisáidz]
前 〜の他に, 〜に加えて　副 その上

- I have two sisters **besides** her.
（私には彼女以外に2人の姉[妹]がいます）

798 ceremony [sérəmòuni]
名 儀式

- The welcoming **ceremony** is about to start.
（歓迎式典が始まろうとしている）

799 cure [kjúər]
動（病気を）治す　名 治癒, 治療（法）

- You are completely **cured**.（あなたはすっかり治りましたよ）
  ○completely(901)
- a new **cure** for cancer（癌の新しい治療法）　○cancer(1091)

800 excite [iksáit]
動《be 〜dで》興奮する

▶ excitement 名 興奮, exciting (389)
- No wonder you are **excited**!（君が興奮するのも当然だ）

801 fancy [fǽnsi]
形 高級な, 装飾的な　名 好み　動 想像する

- a **fancy** restaurant（高級レストラン）
- **fancy** clothes（おしゃれ着）
- Susan took a **fancy** to the dress.（スーザンはその服が気に入った）

802 flour [fláuər]※
名 小麦粉

- Udon is made of wheat **flour**.（うどんは小麦粉でできている）

803 legal [líːgl]
形 合法的な(⇔illegal(1946)), 法律（上）の

- In Japan, it is not **legal** to drink alcoholic beverages until age 20.
（日本では20歳前の飲酒は非合法である）　○beverage(2176)
- We should take **legal** action to protect our patent.
（わが社の特許を守るために法律上の手段をとるべきだ）
○patent(1595)

PART 2

804 mostly [móus*t*li] 副 たいてい・大部分は

- The victims were **mostly** children and elderly people.
（犠牲者の大部分は子どもと老人だった） ○elderly(1597)

805 playground [pléigràund] 名 (学校などの)運動場・遊び場

- The **playground** was full of children.
（遊び場は子どもたちでいっぱいだった）

806 reform [rifɔ́ːrm] 動 (～を)改革[改善]する 名 改革・改善・改良

- **reform** the education system（教育制度を改革する）
- tax **reform**（税制改革）

807 roast [róust] 動 (～を)焼く[あぶる・炒る] 名 焼き肉

- **roast** a chicken for dinner（夕食にチキンを焼く）
- I'll have the **roast** beef special.
（特別料理のローストビーフをいただくわ） ○specialize(1803)

808 talent [tǽlənt] 名 才能，才能のある人

▶ talented 形 才能のある
- She has a real **talent** for painting.
（彼女は本当に絵の才能がある）

♣芸能人などの意味での「タレント」はpersonality (1491)。

809 target [táːrgət] 名 (計画などの)目標，(攻撃の)標的

- We have reached our sales **target**.（売上目標に達した）

810 aim [éim] 動 (～の達成・獲得を)目指す(at, to do)，(～を…に)向ける(at) 名 目標，目的

- We are **aiming** to increase [at increasing] foreign trade.
（わが社は海外取引の増加を目指している）
- Our products are **aimed** at working mothers.
（わが社の製品は働く母親たちをターゲットにしています）

501～1000

PART 2

811 asleep
[əslíːp]
形 眠って(いる)(⇔awake(986))

- I fell **asleep** during the boring speech.
(退屈なスピーチの間に眠ってしまった) ⊕bore(715)

♣ asleepは名詞の前には用いない。sleepingを使う — a sleeping dog (眠っているイヌ)。alive(1323), awake(986)参照。

812 belong
[bilɔ́(ː)ŋ]
動 (〜に)所属する(to), (人の)所有である(to)

▶ belonging (1517)
- I **belong** to the Research & Development Department.
(私は研究開発部に所属しています)
- That **belongs** to him. (それは彼のものです)

813 exist
[igzíst]
動 存在する, 生存する

▶ existence 名 存在, 生存
- the biggest problem that **exists** between Japan and the US
(日米間に存在する最大の課題)
- No animal can **exist** without plants.
(いかなる動物も植物なしでは生存できない) ⊕plant(129)

814 familiar
[fəmíljər]
形 (〜に)よく知られている(to), (〜に)精通している(with)

- Your voice sounds very **familiar** to me.
(あなたの声はとてもなじみのある声だ) ⊕sound(193)
- I'm not **familiar** with that term. (その言葉はよく知らない)
⊕term(97)

815 fear
[fíər]
名 恐れ・不安 動 (〜を)恐れる

- I have no **fear** of my future. (将来の不安は全くない)
- There's nothing to **fear**. (恐れることは何もない)

816 imagine
[imǽdʒin]
動 想像する, (〜と)思う(that, wh-)

▶ imagination (818), image (500), imaginary (817)
- **Imagine** a world without war.
(戦争のない世界を想像してごらん)

- I can't **imagine** why this happened to you.
（どうしてこんなことが君に起こったのか思い当たらない）

817 **imaginary** [imǽdʒənèri]
形 想像上の・架空の

- All the characters in this story are **imaginary**.
（この物語のすべての登場人物は架空のものです） ●character(776)

♣ 似た形容詞でimaginativeは「想像力が豊かな」という意味。an imaginative writer（想像力が豊かな作家）。

818 **imagination** [imædʒinéiʃn]
名 想像(力)

- I'll leave it to your **imagination**.
（それについてはご想像にお任せします）

819 **manner** [mǽnər]
名 やり方, 態度, 《~sで》行儀作法

- There is something awkward in his **manner** of speaking.
（彼の話し方にはぎこちないところがある） ●awkward(2420)
- a friendly **manner**（友好的な態度）
- good table **manners**（上品なテーブルマナー）

820 **nature** [néitʃər]
名 自然, 性質

▶ natural 形 自然の
- the preservation [conservation] of **nature**（自然保護）
●preserve(1638), conservation(1178)
- human **nature**（人間性）

TOEIC頻出 単語・語法問題 ─────(14)─

◇ He is a very (imaginative / imaginary) writer. He is always writing about journey to other planets. （答）imaginative

※ imaginary(817)とimaginative「想像力が豊かな」の使い分けの問題はTOEIC頻出。もう1つimageの仲間にimaginableという語があります。これは「想像できる（限りの）」という意味。most, all, everyなどとともに使います。

　try every imaginable method（想像できるあらゆる方法を試みる）
（意味）彼は非常に想像力豊かな作家だ。いつも地球外惑星への旅について書いている。

PART 2

821 opposite [άpəzit]
形 副 反対の[に], 逆の[に]
前 ～の向かい側に

▶ oppose (1209)
- You are walking in the **opposite** direction.
（君は反対方向に歩いているよ）
- She took a seat **opposite** her husband.
（彼女は夫に向かい合って座った）

822 plastic [plǽstik]
形 プラスチック[ビニール]製の
名 プラスチック[ビニール]製品

- **plastic** bags [bottles]（ポリ袋[ペットボトル]）

♣ plasticはナイロン, ビニール製品なども含む。「ペットボトル」はa PET (polyethylene terephthalate) bottleから。

823 port [pɔ́ːrt]
名 港

- A boat is scheduled to leave [come into] **port** at 3:00 p.m.
（船は午後3時に出航[入港]予定である）　⊖schedule(45)

824 prize [práiz]
名 賞(品)　形 賞の

- She took [won] first **prize** in the book design competition.
（書籍の装丁デザインコンテストで彼女は1等賞をとった）
- **prize** money（賞金）　⌐⊖competition(640)

♣ first prizeにはtheをつけない。

825 shade [ʃéid]
名 日陰, 日よけ, (色の)濃淡[明暗]
動 (～を)陰にする

- Why don't you sit in the **shade** and rest?
（日陰に座って休んだらどうですか）
- Pull up [down] the **shade**.（ブラインドを上げ[下ろし]なさい）
- various **shades** of blue（いろいろな色調の青色）　⊖various(1236)

826 trust [trʌ́st]
動 (～を)信用する・信頼する
名 信用, 委託

- I **trust** you completely.（あなたを全面的に信用しています）
　⊖completely(901)
- I **trust** that you will take good care of it.（あなたがきっとよく世話してくれるものと信頼しています）

PART 2

827 approve [əprú:v] 動 (〜を)承認する, (〜に)賛成する(of)

- approval (1625)
  - **approve** a plan(計画を承認する)
  - Do you **approve** of whaling?(捕鯨に賛成ですか)

828 complex [kɑmpléks] 形 複雑な 名 複合施設・総合ビル

- a **complex** issue(複雑な問題) ⇒issue(522)
- a business [an office] **complex**(商業[オフィス]ビル)

829 elect [ilékt] 動 ((投票で)〜を…に)選出する((as), to)

- election (1343)
  - He was **elected** president of the board.
  (彼は委員会の委員長に選ばれた)

  ♣後に地位や組織名がくるときはtoを入れる。be elected to Congress
  (国会議員に選ばれる)

830 grace [gréis] 名 猶予(期間), 優雅さ

- graceful 形 優美な
  - a **grace** period(猶予期間) ⇒period(159)

831 influence [ínfluəns] 名 影響(力) 動 (〜に)影響を与える

- She has too much **influence** over her husband.
(彼女は夫に絶大なる影響力を持っている)
- Many young artists are **influenced** by his work.
(若いアーティストの多くは彼の作品に影響を受けている)

832 membership [mémbərʃip] 名 会員[社員, 議員]であること

- member 名 (組織の)一員, 会員
  - He has a golf club **membership**.
  (彼はゴルフクラブの会員権を持っている)

501〜1000

PART 2

833 delivery
[dilívəri]
名 配達(物), 出産

▶ deliver (272)
- send a letter by special **delivery** (速達便で手紙を出す)
- She had an easy **delivery**. (彼女は安産だった)

834 overnight
[óuvərnàit]
副 一晩(中)　形 夜通しの・一晩の

- Do I have to stay **overnight**? (1泊する必要がありますか)
- an **overnight** delivery service (翌日配達便)　⇒delivery(833)

835 pile
[páil]
名 (物の)山, たくさんの (of)
動 (〜を)積み重ねる[重なる] (up)

- **piles** of books (山積みの本)
- I've got a **pile** of work waiting for me.
  (やらなきゃいけない仕事がドサッとたまっている)
- The snow **piled** up high. (雪がたくさん積もった)

836 represent
[rèprizént]
動 (〜を)代表する・代理をする, (〜を)表す

▶ representation 名 代表, 表現, representative (1058)
- We are looking for an agent to **represent** us in Japan.
  (わが社は日本での輸入代理業者を捜しています)　⇒agent(424)

837 slightly
[sláitli]
副 わずかに

▶ slight 形 わずかな
- Housing costs dropped **slightly**. (住居費がわずかに下がった)
  ⇒housing(660)

838 temper
[témpər]
名 気性, 機嫌

- She has a short [quick] **temper**. (彼女は気が短い)

839 toast
[tóust]
名 トースト, 乾杯(の発声)
動 (〜のために)乾杯する

- Could I have some **toast**? (トーストをいただけますか)
- I'd like to propose a **toast** to Mr. Adams.
  (アダムス氏のために乾杯を提案したいのですが)　⇒propose(876)

PART 2

840 apart [əpáːrt]
副 (時間・距離が)**離れて**, 《apart fromで》(〜と)**離れて**

- How far **apart** are the two towns?
  (その2つの町はどのくらい離れていますか)
- **Apart** from a few minor problems, the trip was a great success.(小さなトラブルを別にすれば, 旅行は大成功だった)
  ○minor(1213)

841 birth [báːrθ]
名 **誕生, 生まれ**

- give **birth** to a child(子どもを産む)
- the place of my **birth**(私の出生地)

842 cloth [klɔ́(ː)θ]
名 **布, 織物**

▶ clothe 動 〜に服を着せる, clothes (248), clothing (843)
- Wipe the inside of the box with a clean **cloth**.
  (清潔な布で箱の内側を拭いてください)

843 clothing [klóuðiŋ]
名 《集合的に》**衣料品・衣類**

- a **clothing** store(衣料品店)

844 error [érər]
名 **誤り・過失**

- a careless **error**(不注意な間違い)   ○careless(1254)

845 feed [fíːd]
動 (動物に)**食べ物を与える**, (燃料などを)**供給する**

活用 feed - fed - fed
- Don't forget to **feed** the cat.
  (ネコにえさをやるのを忘れないように)

846 hate [héit]
動 (〜を)**嫌う・憎む**, (〜を)**嫌う**(to do, doing)
名 **憎しみ**

- I **hate** my boss.(上司が大嫌いだ)
- I **hate** to ask you, but ...(お聞きしたくないのですが, …)
- I **hate** arguing with you.(君と言い争うのはいやだ)   ○argue(951)

501〜1000

PART 2

847 hunt [hʌ́nt]
動 (~を)探す・捜す(for), (~を)狩る **名** 捜索

▶ hunting (848)
- **hunt** for a job(仕事を探す, 職を探す)
- the **hunt** for the missing child(行方不明の子どもの捜索)

848 hunting [hʌ́ntiŋ]
名 狩り, 捜索

- go bargain **hunting**(バーゲン品をあさりに行く)
- job **hunting**(求職[就職]活動)

849 occasion [əkéiʒən]
名 (特定の)時, 機会

▶ occasionally (1895)
- on several **occasions**(数回にわたって)
- Please allow us to decline your request on this **occasion**.
  (今回はご要望にお応えできないことをお許しください)
  ⊃decline(1217)

850 pardon [pá:rdn]
動 許す **名** 許し

- **Pardon** me for interrupting, but I have some urgent information.(お話し中申し訳ないのですが, 緊急のお知らせがあるのです)
  ⊃interrupt(860), urgent(1631)
- (I beg your) **pardon**?(もう一度言っていただけませんか)
  ⊃beg(1463)

851 peak [pí:k]
名 最高点・ピーク, 山頂

- Our profits reached a **peak** in the third quarter.
  (第3四半期にわが社の利益は最高に達した)

852 reasonable [rí:znəbl]
形 理にかなった, (値段などが)手ごろな
(⇔unreasonable(2604))

▶ reason (170)
- We hope our suggestions sound **reasonable**.
  (私たちの提案が妥当なものであることを願っています)
  ⊃suggestion(713)
- I'm looking for a restaurant with **reasonable** prices.
  (手ごろな値段で食べられるレストランを探しています)

PART 2

853 recover
[rikÁvər]
動 (病気などから)**回復する**(from), (〜を)**取り戻す**

▶ recovery (1782)
- I hope you **recover** from your illness soon.
(早く病気が治ることを願っています)

854 reply
[riplái]
名 返事, 答え
動 (〜に)**返事をする**(to), (〜と)**答える**(that)

- We are looking forward to receiving your **reply**.
(ご返事をお待ちしています)
- I'm sorry it took me so long to **reply**.
(ご返事が大変遅くなり申し訳ありません)

855 society
[səsáiəti]
名 社会

▶ social (420)
- a competitive **society** (競争社会) ○competitive(1097)

856 stream
[strí:m]
名 小川, 流れ **動 流れる**

- swim against the **stream** (流れに逆らって泳ぐ[時流に逆らう])
- Tears **streamed** down her cheeks.
(涙が彼女のほおを流れ落ちた)

857 tear
[téər]
動 引き裂く(up), **取り壊す**(down)
名 [tíər] **涙**

活用 tear - tore - torn
- He **tore** up the ticket. (彼はチケットを引き裂いた)
- The old house was **torn** down. (その古家は取り壊された)
- He was in **tears**. (彼は涙を浮べていた)

858 achieve
[ətʃí:v]
動 (〜を)**成し遂げる**

▶ achievement (1926)
- We all have to work together to **achieve** these goals.
(これらの目標を達成するために皆の力を合わせなければならない)
⇨goal(502)

PART 2

859 institution [ìnstit(j)úːʃən]
名 団体・機関, 制度

▶ institute (1622)
- an educational **institution**(教育機関, 学校)　⮕education(285)
- the **institution** of marriage(婚姻制度)

860 interrupt [ìntərʌ́pt]
動 (話などを)遮る, 中断させる

▶ interruption **名**(話を)遮ること, 中断
- May I **interrupt** you for a moment?
  (お話し中ちょっとお邪魔していいですか)
- His speech was **interrupted** several times by applause.
  (彼の演説は何度か拍手で中断された)

861 seldom [séldəm]
副 めったに〜ない

- A barking dog **seldom** bites.(吠えるイヌはめったに噛まない
  [口先ばかりの人は実行が伴わない]《ことわざ》)　⮕bite(1632)

862 signature [sígnətʃər]
名 署名

▶ sign (46)
- May I have your **signature** here?
  (ここにご署名をいただけますか)

863 specific [spəsífik]
形 明確な・具体的な

▶ specify (2315), specification (2316)
- Do you have something **specific** in mind?
  (何か具体的な考えがありますか)

864 battle [bǽtl]
名 戦闘・戦い　**動** 戦う(=fight)

- a **battle** for freedom(自由のための戦い)　⮕freedom(993)
- **battle** against poverty(貧困と戦う)　⮕poverty(2021)

865 bright [bráit]
形 明るい(⇔dark「暗い」, dim(2336)), 頭のよい

▶ brightly **副** 明るく, 輝いて

- It's **bright** and sunny.（今日は明るく日差しのあふれる天気です）
- a **bright** child（賢い子ども）

866 campus [kǽmpəs]
名（大学などの）構内・キャンパス

- The professor lives on **campus**.
（その教授はキャンパス内に住んでいる）

867 dig [díg]
動 掘る

[活用] dig - dug - dug

- They are **digging** a large hole for the underground tank.
（彼らは地下タンク用の大きな穴を掘っている） ○underground(1486)

868 duty [d(j)úːti]
名 義務・職務, 税

- Your employment **duties** are outlined in the job description.
（職務内容は職務説明書に概説されています） ○outline(1553),
- export[import] **duties**（輸出[輸入]税） └○description(718)

869 envelope [énvəlòup]
名 封筒

- Please mail it in the enclosed return **envelope**.
（同封の返信用封筒で郵送してください） ○enclose(1038)

870 float [flóut]
動 浮かぶ[浮かべる], 漂う

- A manned boat is **floating** on the river.
（人間を乗せた船が川を漂っている）

871 metal [métl]
名 金属

- a precious **metal**（貴金属） ○precious(906)
- heavy **metal**（ヘビーメタル《ロックの一種》, 重金属）

872 native [néitiv]
形 生まれた, 母国の　名（〜）生まれの人(of)

- my **native** country（母国）
- a **native** speaker of English（英語を母語として話す人）
- a **native** of London（ロンドン子）

PART 2

873 passport [pǽspɔ̀:rt]
名 旅券, パスポート

- May I see your **passport**, please?(パスポートを拝見できますか)

874 polish [pάliʃ]
動 (〜を)磨く, (文章などに)磨きをかける
名 磨き剤[粉]

- **polish** a floor with wax(ワックスで床を磨く)
- His presentation needs more **polishing**.
  (彼の提案はもっと練りあげなければならない)
- shoe[furniture] **polish**(靴墨[家具磨き剤])

875 pour [pɔ́:r]
動 (〜を)注ぐ・つぎ込む, (雨が)激しく降る

- Could you **pour** me some more milk?
  (牛乳をもう少しついでもらえますか)
- **pour** money into real estate(お金を不動産につぎ込む)
- It **poured** all day.(1日中どしゃ降りだった) ⊙estate(1039)

876 propose [prəpóuz]
動 (〜を)提案する, (〜に)結婚を申し込む(to)

▶ proposal(877)
- We would like to **propose** the following solution.
  (以下の解決策を提案したいと思います) ⊙solution(1073)
- He **proposed** to her on their first date.
  (最初のデートで彼は彼女に結婚を申し込んだ)

877 proposal [prəpóuzl]
名 提案, 申込み

- We'll accept your **proposal**.(あなた方の提案を受諾いたします)
- a marriage **proposal**(結婚の申込み) ⊙marriage(1122)

878 rank [rǽŋk]
名 地位, 等級
動 〜の位置を占める, (〜に)位置づける

▶ ranking **名** ランキング
- an official of high **rank**[=a high-ranking official]
  (地位の高い役人) ⊙official(303)
- He **ranks** first on the list of candidates.
  (候補者リストで1位の位置にいる) ⊙candidate(1094)
- The team is **ranked** first[No. 1] in the world.

PART 2

(そのチームは世界でトップ[No. 1]にランクされている)

879 reporter
[ripɔ́:rtər]

名 記者

► report (11)
- newspaper [television, TV] **reporters**(新聞[テレビ放送]記者)

880 shoot
[ʃú:t]

動 撃つ, 写真を撮る　名 新芽

► shot (881)　活用 shoot - shot - shot
- He was **shot** in the back.(背中を撃たれた)
- bamboo **shoot**(たけのこ)

881 shot
[ʃɑ́t]

名 撮影, シュート, 注射, 発射

- Let me take a **shot** of you.(写真を撮らせてください)
- Good **shot**!
  (ナイスショット！《ゴルフ》, ナイスシュート！《サッカー》)
- get a flu **shot**(流感の予防接種を受ける)　　　⇒flu(1181)

882 slide
[sláid]

動 滑る, (そっと)動く, (価格などが)下がる
名 スライド

活用 slide - slid - slidden [slid]
- The book **slid** off her knees.(本が彼女の膝から滑り落ちた)
- The boy **slid** out of the room.(少年は部屋からそっと抜け出した)

883 smooth
[smú:ð]

形 滑らかな, 順調な　動 (～を)滑らかにする

► smoothly 副 滑らかに
- **smooth** skin(滑らかな肌)
- The flight was very **smooth**.(飛行は順調だった)

884 spell
[spél]

動 (～を)綴る, (詳しく)説明する (out)

► spelling 名 綴り　活用 spell - spelled [spelt] - spelled [spelt]
- How do you **spell** your name?
  (お名前のスペルを教えていただけますか)
- The details are **spelled** out on page 15.
  (詳細は15ページに書かれています)　　　⇒detail(312)

PART 2

885 stuff
[stʌ́f]

名 (ばく然と)**物**　動 (〜を)**詰める**

- Thanks, but I don't need all that **stuff**.
  (ありがとう。でもそれらはみんな必要ありません)
- He **stuffed** his dirty clothes in the bag.
  (彼は汚れた衣類を袋に詰めた)

♣ 動物のぬいぐるみをa stuffed animalという。

886 thief
[θíːf]

名 **泥棒**

▶ thieve 動 盗む, theft (2175)
- **Thieves** stole everything in the office.
  (泥棒たちはその事務所にあるものすべてを盗んでいった)

887 twin
[twín]

形 **対の, 双子の**　名 **双子**

- I'd like a **twin** room.(ツインの部屋をお願いします)
- **twin** brothers[sisters](双子の兄弟[姉妹])

888 uniform
[júːnəfɔ̀ːrm]

名 **制服・ユニホーム**　形 **均一の, 一定の**

▶ uniformity 名 均一[画一]性
- We wear the company **uniforms** at our office.
  (事務所では会社の制服を着用する)　　　　　　　　　　⊕wear(105)
- sell at the **uniform** price of $2.99
  (2ドル99セントの均一価格で販売する)
- run at a **uniform** speed(一定のスピードで走る)

889 wipe
[wáip]

動 (〜を)**ふく・ぬぐう**, (〜を)**ふき取る**(off, away),
《wipe outで》(〜を)**一掃する・壊滅させる**

- **wipe** (off) the table(テーブルをふく)
- **wipe** her tears away(涙をふく)
- The earthquake **wiped** out the city center.
  (地震で街の中心部が壊滅した)

890 bunch
[bʌ́ntʃ]

名 **群れ, 束・ふさ**

- a **bunch** of students(学生の一群)
- a **bunch** of flowers(1束の花)

PART 2

891 drugstore
[drʌ́gstɔ̀:r]
名 ドラッグストア《薬や雑貨などを売っている店》

· Is there a **drugstore** nearby?(近くにドラッグストアはありますか)

↻nearby(1220)

892 experiment
[ikspérəmənt]
名 実験　動 実験する

▶ experimental (2266)
· The **experiment** was successful.(実験は成功した)

893 keyboard
[kí:bɔ̀:rd]
名 (ピアノなどの)鍵盤, (コンピューターの)キーボード

· a computer[piano] **keyboard**
(コンピューター[ピアノ]のキーボード[鍵盤])

894 otherwise
[ʌ́ðərwàiz]
副 さもなければ, その他の点では

· **Otherwise**, we will have to charge you overdue interest.
(さもなければ, 延滞利息を請求することになります)

⇒charge(36), ↻overdue(2733)

· He was tired, but **otherwise** in good health.
(彼は疲れてはいたが, それ以外は健康であった)

895 pace
[péis]
名 速度・ペース, 歩調

· move at a **pace** of 40 meters an hour(時速40メートルで動く)
· walk with a slow **pace**(ゆっくりとした歩調で歩く)

896 response
[rispɑ́ns]
名 応答, 反応

▶ respond (1264)
· Here is my **response** to your inquiry.
(お問い合わせにお答えします)

↻inquiry(1651)

897 smart
[smɑ́:rt]
形 頭のよい, 賢い

· a **smart** boy(頭のよい少年)
· You'd be **smart** to take it.
(あなたはそれを受け入れたほうが賢明です)

PART 2

898 sore
[sɔ́:r]
形 (ひりひり)痛い

・I have a **sore** throat.(のどがひりひりします)

899 sum
[sʌ́m]
名 合計, 総額　動 要約する(up)

・a large **sum** of money(巨額の金)
・**sum** it up in a few words(それを数語に要約する)

900 breathe
[brí:ð]
動 呼吸する(in, out)

▶ breath 名 呼吸
・**breathe** in[out] hard(息を強く吸う[吐く])
・**breathe** in the fresh air(新鮮な空気を吸う)

901 completely
[kəmplí:tli]
副 完全に・すっかり

▶ complete (69)
・I **completely** agree with you.(全くあなたに賛成です)

902 headache
[hédèik]
名 頭痛

・I have a **headache**.(頭痛がする)

903 journey
[dʒə́:rni]
名 (長期の)旅行

・We hope you have a pleasant **journey**.
(楽しい旅行でありますように) ○pleasant(948)
♣p. 41参照。

904 path
[pǽθ]
名 通り道, 進路, 小道

・the **path** to success(成功への道)
・the **path** of a hurricane(ハリケーンの進路)

ア・ラ・カルト ⟨6⟩

～ache「～痛」のいろいろ
　headache(902)「頭痛」, toothache「歯痛」, stomachache「腹[胃]痛」, backache「背中の痛み」, muscle ache「筋肉痛」

905 polite
[pəláit]

形 礼儀正しい(⇔rude(1431), impolite「無作法な」)

・It would be **polite** to return the phone call.
（折り返し電話するのがていねいでしょう）

906 precious
[préʃəs]

形 貴重な, 高価な

・**precious** memories（大事な思い出） ◎memory(1010)
・**precious** jewelry（高価な宝石類） ◎jewelry(1084)

907 pride
[práid]

名 誇り　動 （〜を）誇る

▶ proud(491)

・We take **pride** in our environmentally friendly products.
（わが社は環境にやさしい自社製品を誇りにしている）

◎environment(1226)

・We **pride** ourselves on complete service.
（極上のサービスは自慢できます）

908 repeat
[ripí:t]

動 （〜を）繰り返して言う, （〜を）繰り返す

▶ repetition 名 繰り返し

・Could you please **repeat** that?
（もう一度おっしゃってくださいますか）

・I will never **repeat** this mistake again.
（こんな間違いは二度と繰り返さないぞ）

909 respect
[rispékt]

名 尊敬・尊重, 《in respectで》（〜の）点
動 （〜を）尊敬する・尊重する

▶ respective(1572), respectively(1573)

・I have a lot of **respect** for his ability.
（彼の能力に大きな尊敬の念を持っています）

・These two products are similar in many **respects**.
（これらの2つの製品は多くの点で類似している） ⊝similar(732)

・He is highly **respected** as a fashion designer.
（彼はファッションデザイナーとして評判が高い）

PART 2

910 solid
[sάləd]
形 固体の (⇔liquid(1951), fluid(2383)), 固い
名 固体

- **solid** fuel (固体燃料) ◐fuel(1251)
- a **solid** friendship (固い友情)

911 strength
[stréŋkθ]
名 強さ, 力

▶ strong 形 強い, strengthen(1923)
- He has great **strength** of will. (彼は意志がとても強い)
◐will(1029)

912 struggle
[strʌ́gl]
名 苦闘
動 (~のために) 奮闘する (for, to do)

- a **struggle** for survival (生存のための闘い) ◉survive(752)
- **struggle** to solve the problem (問題を解決するために奮闘する)

913 tail
[téil]
名 尾, 末尾・後部

- The dog is wagging its **tail**. (イヌが尾を振っている)

914 ambulance
[ǽmbjələns]
名 救急車

- Please call for an **ambulance**. (救急車を呼んでください)

915 battery
[bǽtəri]
名 電池, 一式[一組]

- a dry [solar] **battery** (乾電池[太陽電池]) ◐solar(1587)
- conduct a **battery** of tests (一連のテストを実施する)
◉conduct(641)

916 cafeteria
[kæ̀fətíəriə]
名 カフェテリア《セルフサービスの食堂》

- the college [company] **cafeteria** (大学[会社]内カフェテリア)

917 ease
[íːz]
動 (苦痛などを) 和らげる
名 《at easeで》くつろいで

- **ease** the pain (痛みを和らげる)
- The host made the guests feel completely at **ease**.
(主人は客を心からくつろがせた)

918 evidence [évidns]
名 証拠

► evident (2048)
- Do you have any **evidence** for your statement?
（あなたの陳述を立証する証拠がありますか）

919 exception [iksépʃən]
名 例外

► except (223), exceptional (2381)
- There are always **exceptions** to rules.（例外のない規則はない）

⊃rule(606)

920 horizon [həráizn]
名 水平線[地平線], 視野

► horizontal 形 水平の
- the sun on [over] the **horizon**（水平線[地平線]の太陽）
- broaden [expand] one's **horizons**（視野を広げる）

⊃expand(1092), ⊃broad(493)

921 impact [ímpækt]
名 影響, 衝撃

- have a positive [negative] **impact** on the issue
（その問題にプラスの[マイナスの]影響を与える）

⊃positive(1825), negative(1012)

- withstand a strong **impact**（強い衝撃にも耐える）

⊃withstand(2960)

922 introduction [ìntrədʌ́kʃən]
名 導入, 紹介

► introduce (379)
- **introduction** of new technology（新しい技術の導入）
- This is a letter of **introduction** from Mr. Nakata.
（これがナカタ氏からの紹介状です）

923 lid [líd]
名 （容器の）ふた, まぶた（＝eyelid）

- open [close] the **lid** of the container
（容器のふたを開ける[閉める]）

⊃container(1113)

PART 2

924 link [líŋk]
動 (〜を…に)連結する (to, with) 名 関連, 輪・環

- His name is **linked** with the development of DNA research.
（彼の名はDNA研究の発展に結びついている）
- There is a strong **link** between earthquakes and tsunamis.
（地震と津波は強い関連がある）

925 muscle [mʌ́sl]
名 筋肉, 筋力

▶ muscular 形 筋肉(質)の, 力強い
- I pulled a **muscle**. （筋肉を痛めた）　♣pull「(筋肉などを)痛める」

926 pat [pǽt]
動 (掌で)軽くたたく[なでる]
名 軽くたたく[なでる]こと

- He **patted** me on the shoulder. [=He gave me a **pat**...]
（彼は私の肩をたたいた）

927 reflect [riflékt]
動 (〜を)反射する・反映する,
(〜を)熟考する (on)

▶ reflection (1568)
- **reflect** the light（光を反射する）
- Their proposals will be **reflected** in new government policy.
（彼らの提案は新しい政策に反映されるだろう）
⇒proposal(877), policy(137)
- This is an important matter and I need more time to **reflect** upon it.（これは重要なことなのでもっと熟慮する時間が欲しい）

928 reject [ridʒékt]
動 (〜を)拒否する (⇔accept(203))

▶ rejection 名 拒絶
- His loan request was **rejected**.（彼の借入れ申請は拒否された）

929 related [riléitid]
形 (〜に)関連のある (to), (〜と)親戚の (to)

▶ relate (1359)
- Which of the following is most **related** to the topic?
（次のどれが最も話題に関連があるでしょうか）
- He is distantly **related** to her.（彼は彼女と遠い親戚関係である）

930 sample [sǽmpl]
名 見本, 標本　動 (~を)試食[飲]する, 試す

- Let me offer you a free **sample**.（試供品をお受け取りください）
- I'd like to take a blood **sample**.
  （血液のサンプルをとりたいのですが）
- **sample** a dish（料理を試食する）

931 screw [skrúː]
動 (キャップなどを)回して開ける[閉める], (~を)ねじで止める　名 ねじ(釘)

- Make sure that the lid [cap] is **screwed** on tight.
  （ふた[キャップ]がきつく閉まっているか確かめなさい）
- tighten [loosen] a **screw**（ねじを締める[緩める]）　○loosen(1354)

932 shame [ʃéim]
名 残念なこと, 恥

▶ shameful 形 恥じるべき

- It's a **shame** the tickets are sold out.
  （チケットが売切れなんて残念だ）
- He has no **shame**.（彼は恥知らずだ）

933 steady [stédi]
形 安定した, 着実な

▶ steadily (1997)

- **steady** employment（安定雇用）
- Slow and **steady** wins the race.（急がば回れ《ことわざ》）

⇒win(334)

934 witness [wítnəs]
名 目撃者, 証人　動 (~を)目撃する・証言する

- a **witness** to the crime（犯行の目撃者）　⇒crime(656)
- Did you **witness** the accident?（事故を目撃しましたか）

935 absent [ǽbsənt]
形 《be absent from で》(~を)欠席する, 不在の (⇔present(162))

▶ absence (1375)

- Barry was **absent** from yesterday's lectures.
  （バリーは昨日の講義を欠席した）　○lecture(1190)

PART 2

936 boil [bɔ́il]
動 沸く[沸かす], 煮る[煮える]

- **boil** water [potatoes] (湯を沸かす[ジャガイモを煮る])
- a **boiled** egg (ゆで卵)

937 brain [bréin]
名 脳, 《しばしば~sで》頭脳, ブレーン

- **brain** dead (脳死(状態))
- Use your **brain**! (頭を使いなさい)

938 brake [bréik]
名 ブレーキ, 歯止め **動** ブレーキをかける

- put on the **brakes** (ブレーキをかける)
- put the **brakes** on increasing debt
  (増大する負債に歯止めをかける)   ◐debt(1148)

939 chapter [tʃǽptər]
名 (本などの)章, (歴史などの)一区切り

- the first [final] **chapter** (第1[最終]章)
- an important **chapter** in one's life (人生の重要な一章)

940 custom [kʌ́stəm]
名 慣習, 《~sで》税関, (商店の)取引(先)

▶ customer (43)
- traditional **customs** (伝統的な習慣)   ◐traditional(639)
- **customs** duties (関税)   ◐duty(868)

941 female [fíːmeil]
形 女性の, 雌の **名** 女性, 雌(⇔male(945))

- **female** graduates (女子卒業生)   ◐graduate(543)

942 harm [háːrm]
名 害 **動** 害を与える

▶ harmful **形** 有害な
- I meant no **harm**. (悪気はなかったのです)
- Looking at the computer screen too long can do your eyes **harm**.
  (コンピューターの画面を長時間見つめすぎると目を痛めることがある)

943 hide [háid]
動 (～を)隠す，隠れる

- He tried to **hide** his feelings from his friends.
（彼は友人たちには自分の気持ちを隠そうとした）

944 lonely [lóunli]
形 孤独な・寂しい

- I feel **lonely** living away from home.
（家族と離れて暮らすのは寂しい）

945 male [méil]
形 男性の，雄の　名 男性，雄　（⇔female(941)）

- a **male** college graduate（大学卒の男子）
- a **male**-dominated society（男性（支配の）社会）　⇒dominate(2436)

946 melt [mélt]
動 溶ける［溶かす］

- The snow **melted** quickly in the afternoon sun.
（午後の日を浴びて雪は急速に溶けた）

947 planet [plǽnit]
名 惑星，《the [our] ～で》地球

- **planets** revolving around the sun（太陽を回る惑星）
⇒revolve(2313)
- save the **planet** from global warming（地球を温暖化から救う）
⇒global(599)

501～1000

TOEIC頻出 単語・語法問題 ────(15)─

◇ She has been absent (from, since) Tuesday.　（答）since
※これはabsent(935)に関するちょっとした引っかけ問題。中学英語から be absent from … と覚えてきているので，条件反射的に from にしてしまいそうです。しかし from の後には「場所」を示す語がくるのであって，特に場所をいわない場合はいりません。問題文は「火曜日から（今日まで）」という意味の現在完了の文です。この意味では since を使います。from も時間について使えますが，過去あるいは未来時制の文中で「起点の時」を表します。
（意味）彼女は火曜日から休んでいる。

PART 2

948 pleasant [plézNt]
形 楽しい, 心地よい, (人の態度が)好ましい

▶ pleasure (383)
- Have a **pleasant** trip!(楽しいご旅行を)
- a **pleasant**, cool breeze(心地よい涼風)

949 raw [rɔ́ː]
形 生の, 加工していない

- Sashimi is sliced **raw** fish.(刺身とは生魚の薄切りのことだ)
  ⊃slice(767)
- **raw** data(未処理のデータ)

950 stick [stík]
動 貼りつける[つく], (主義などに)堅持する(to)
名 棒, 杖

▶ sticker 名 ステッカー [活用] stick - stuck - stuck
- **stick** a note on the refrigerator(メモを冷蔵庫に貼りつける)
- **stick** to your principles(主義を貫く) ⊃principle(1427)

951 argue [áːrgjuː]
動 (~と[を])議論する(with, about),
(~と)主張する(for, against, that)

▶ argument (952)
- **argue** about a problem(問題を論議する)
- **argue** against the proposal(提案に反対する) ⊃proposal(877)

952 argument [áːrgjumənt]
名 論議・口論, 主張・論拠(for, against, that)

- I had **arguments** with my wife last night.
  (昨夜妻と言い争いをした)
- It is hard to support the **argument** that the SDF is not a military force.
  (自衛隊が軍隊ではないという主張を支持するのは難しい)
  ⊃military(1208)

♣SDF＝Self-Defense Forces(自衛隊)

953 explore [iksplɔ́ːr]
動 探検する, 調査する

▶ exploration 名 探検, explorer 名 探検家
- **explore** space(宇宙を探索する)
- **explore** overseas markets(海外市場を調査する)

PART 2

954 regret [rigrét]
動 (〜を)後悔する, 残念ながら〜する (to do)
名 後悔

► regrettable 形 残念[遺憾]な
- I **regret** what I did.(自分のしたことを後悔しています)
- I **regret** to say that I will not be able to accept your offer.
（残念ながら, ご提案をお受けすることはできないでしょう）
- I have no **regrets** about it.(それについて何も後悔していない)

TOEIC頻出 単語・語法問題 ────(16)

◇ 1. I clearly remember (to put / putting) the key in my pocket this morning, but it's not there now. （答）putting
2. When entering the Pyramid, please remember (to extinguish/ extinguishing) all cigarettes.
（答）to extinguish

※目的語を動名詞にするか, 不定詞にするかという問題。
remember (210) は両方をとる動詞ですが, 動名詞と不定詞では意味が異なります。他に forget「忘れる」, try「試みる」, need「必要とする」, want (2), regret (954) なども, 次のように意味が異なります。

- remember to do 「〜することを覚えている」
- remember doing 「〜したことを覚えている」
- forget to do 「〜することを忘れる」
- forget doing 「〜したことを忘れる」
- try to do 「〜しようとする」
- try doing 「試しに〜してみる」
- need to do 「〜する必要がある」
- need doing 「〜される必要がある」※受け身の意味
- want to do 「〜したい」
- want doing 「〜される必要がある」※ need doing と同意。
- regret to do 「〜することを残念に思う」
  * to に続く動詞は announce, inform, learn, say, see, tell などの「知らせる」という意味の動詞に限られる。
- regret doing 「〜したことを後悔する」

（意味）1. 今朝, ポケットに鍵を入れたことは, はっきり覚えているのだが, いま見当たらない。
2. ピラミッドに入る際は, 忘れずにタバコの火を完全に消してください。

PART 2

955 rely [rilái]
動 (〜を)信頼する・あてにする (on, upon)

► reliable (2214)
- You can **rely** on us to deliver on time.
  (時間通りに配達しますのでおまかせください) ⇒deliver(272)

956 trial [tráiəl]
形 試験的な　名 裁判, 試み

► try 動 (〜を)試みる
- a **trial** run (試運転)
- a criminal [civil] **trial** (刑事[民事]裁判)

⇒criminal(657), ⇒civil(1816)

957 admire [ədmáiər]
動 感嘆する, 称賛する

► admiration 名 感嘆, 称賛
- I **admire** your memory. (あなたの記憶力には感嘆する)

⇒memory(1010)

958 assist [əsíst]
動 手伝う, 援助する

► assistance (959)
- I **assisted** her in writing the report.
  (彼女がレポートを書くのを手伝った)

959 assistance [əsístəns]
名 援助

- economic **assistance** (経済援助) ⇒economic(762)
- Please feel free to contact me if I can be of any further **assistance**. (他に何かお手伝いできることがありましたら遠慮なくご連絡ください) ⇒contact(518)

960 bend [bénd]
動 曲げる[曲がる]　名 曲がり, 湾曲部

活用 bend - bent - bent
- **bend** one's body [knees] (身[膝]をかがめる)
- I saw a freight train turning around the **bend**.
  (貨物列車がカーブを曲がるのが見えた) ⇒freight(2195)

961 blame [bléim]
動 (～を)非難する, (～を…に)責任を負わせる(on), 《be to blame forで》(～に対して)責めを負うべきである 名 (失敗などの)責任

- Don't **blame** yourself.(自分を責めてはいけない)
- Don't **blame** it on me!(私にその責任を押しつけないで)
- I feel I am to **blame** for what happened.
  (起きたことについては私に責任があると思います)

962 brilliant [briljənt]
形 (人が)極めて優秀な, すばらしい, 光り輝く

► brilliantly 副 鮮やかに
- a **brilliant** student(すばらしい才能のある学生)
- make **brilliant** achievements(目覚ましい業績を上げる)
  ⊃achievement(1926)

963 dare [déər]
動 思い切って～する(to do), 《How dare ...?で》よくも[厚かましくも]…できるね

- I wouldn't **dare** (to) ask her for a loan.
  (彼女に借金を頼むなんてことはしません) ⊃loan(534)
- How **dare** you say such a thing?(よくもそんなことが言えるね)

964 defend [difénd]
動 守る・防ぐ(⇔offend(1424))

► defense (473)
- **defend** the [one's] title(タイトルを防衛する)

965 distant [dístənt]
形 (距離・時間・関係が)遠い(⇔near, close), よそよそしい

► distance (254)
- **distant** relatives(遠い親類) ⊃relative(1361)
- He was always rather **distant** with the employees.
  (彼はいつも従業員にはいささかよそよそしかった) ⊃employee(510)

966 educate [édʒəkèit]
動 教育する

► education (285)
- I come from Japan, but I was **educated** in England.
  (私は日本出身ですが, イギリスで教育を受けました)

PART 2

967 forgive [fərgív]
動 (人・罪などを)**許す**

[活用] forgive - forgave - forgiven
- Please **forgive** me.(どうか私を許してください)

968 formal [fɔ́:rml]
形 公式[正式]の, 改まった(⇔informal(1385))

- a **formal** announcement(公式の発表) ⇒announcement(269)
- The teacher is very **formal** with her students.
(その教師は自分の教え子にとても改まった態度で接する)

969 gym [dʒím]
名《gymnasiumの略》**体育館・ジム**

- I can make it to the **gym** only twice a week.
(週に2回しかジムに行けない)

970 lazy [léizi]
形 怠惰な

▶ laziness **名** 怠惰
- He's so **lazy** that he avoids any kind of work.
(彼は怠け者でどんな仕事もしたがらない) ⇒avoid(562)

971 mild [máild]
形 穏かな, (程度の)軽い

- a **mild** climate(穏かな気候) ⇒climate(684)
- I have a **mild** cold[fever].(軽い風邪を引いている[発熱がある])
⇒fever(1207)

972 neat [ní:t]
形 きちんとした, 手際のいい

- keep a room **neat** and clean(部屋をきれいに整頓しておく)
- a **neat** work(手際のいい仕事)

973 object [ábdʒikt]
名 物体, 目的
動 [əbdʒékt] (~に)**反対する**(to, against)

▶ objective (2523), objection (2835)
- an unidentified flying **object**(未確認飛行物体《UFO》)
- What's the **object** of the exercise? ⇒identify(661)
(この行為の目的は何ですか)
- I have to **object** to your plan.(君の企画には反対せざるをえない)

PART 2

974 parade
[pəréid]

名 行列・パレード
動 (通りなどを)行進する, (〜を)みせびらかす

- a street **parade**(街頭行進)
- The players **paraded** around the stadium.
  (選手たちは競技場を一回り行進した)　　　⇒stadium(693)

975 practical
[præktikl]

形 実際的な, 実用的な

▶ practice (283)
- have **practical** experience(実地に経験する)
- **practical** books(実用書)

976 pure
[pjúər]

形 純粋な, 全くの(=complete(69))

▶ purely 副 純粋に
- **pure** gold [silver](純金[銀])
- I found it by **pure** accident.(全くの偶然にそれを見つけた)

977 role
[róul]

名 役割, (演劇の)役

- He played a leading **role** in the project.
  (その計画で彼は先導的役割を果たした)　　　⇔leading(1528)

978 scientific
[sáiəntífik]

形 科学の, 科学的な

▶ science 名 科学
- **scientific** knowledge(科学知識)
- **Scientific** studies have shown it.(科学的研究がそれを証明した)

979 sweat
[swét]

動 汗をかく　名 汗

活用 sweat - sweat [sweated] - sweat [sweated]
- He **sweats** even when it's not hot.(彼は暑くない日にも汗をかく)
- I'm dripping with **sweat**.(汗びっしょりだ)　⇔drip「(液体が)したたる」

980 teenager
[tí:nèidʒər]

名 10代の少年[少女]・ティーンエイジャー

- The singer is very popular among **teenagers**.
  (その歌手は10代の子たちにとても人気がある)

501〜1000

PART 2

981 trick [trík]
- 名 たくらみ・いたずら, 手品
- 動 (〜を)だます

▶ tricky 形 巧妙な, 油断のならない
- play a **trick** on him（彼にいたずらをする）
- She was **tricked** out of her money.（彼女は金をだまし取られた）

♣ do the trick は「うまくいく・成功する」という意味のイディオム。

982 distribution [dìstribjú:ʃən]
- 名 分配, 配布

▶ distribute (1776)
- **distribution** channels（流通経路, 販売チャネル）　⇒channel(674)

983 index [índeks]
- 名 索引, 指数

- an authors' **index**（著者名索引）
- the price **index**（物価指数）

984 typical [típikl]
- 形 典型的な

▶ type (77)
- Enjoy a **typical** Japanese meal.
 （典型的な日本料理をお楽しみください）

985 actual [ǽktʃuəl]
- 形 現実の, 実際の

▶ actually (260)
- **actual** cost of goods（商品の実際の費用）　⇒goods(615)
- give an **actual** example（具体例をあげる）

986 awake [əwéik]
- 形 目が覚めて（⇔asleep(811)）　動 目覚める

活用 awake - awoke - awoken
- I was **awake** all night long.（一晩中目が覚めていた）

♣ 形容詞のawakeは名詞の前には用いない。動詞のawakeは不規則変化。これに対して「目覚めさせる」の意味のawakenは規則変化なの注意 (awakened - awakened)。I was **awakened** by the shock of the earthquake.（地震の衝撃で目を覚まされた）

987 cheer [tʃíər]
- 動 元気づく[づける](up), 歓呼する　名 歓呼

- **Cheer** up! Things'll work out for the best.
  (がんばれ！事態は最高によくなるよ)
- raise a **cheer**（歓声を上げる） ⇒raise(190)

988 companion
[kəmpǽnjən] 名 仲間・連れ

- a lifelong **companion**（一生の伴侶）

989 depth
[dépθ] 名 深さ

▶ deep 形 深い
- This lake has an average **depth** of only four meters.
  (この湖は平均の深さがわずか4メートルです) ⇒average(530)

990 dislike
[disláik] 動 [〜を]嫌う　名 嫌悪

- Why do you **dislike** her so much?（なぜそんなに彼女が嫌いなの）
- have likes or **dislikes**（好き嫌いがある）

991 downstairs
[dáunstéərz] 副 階下へ［で］（⇔upstairs「階上へ［で］」）

- My house has seven rooms, four **downstairs** and three upstairs.（わが家には7部屋あり、4つが1階に、3つが2階にあります）

992 dust
[dʌ́st] 名 ちり・ほこり
動 ほこりを払う，（粉などを）振りかける

- gather **dust**（ほこりがたまる）
- **dust** the furniture（家具のほこりを払う） ⇒furniture(225)
- **dust** a cake with flour（ケーキに粉をかける） ⇒flour(802)

993 freedom
[frí:dəm] 名 自由

▶ free (25)
- **freedom** of speech [thought, religion]
  （言論［思想，信仰］の自由） ⇒religion(1429)

994 hero
[hí:ərou] 名 英雄, 主人公《女性形》heroine

▶ heroic 形 英雄的な
- a baseball **hero**（野球のスター選手）

・the **hero** of a novel(小説の主人公)

995 **intelligent** [intélidʒənt]
形 知能の高い, (高度な)情報処理能力を持つ

► intelligence (996)
- an **intelligent** child(知力の優れた子ども)
- an **intelligent** copier(多機能コピー機)

♣ 意味の似た形容詞にintellectual(1891)がある。intellectualは「(教育を受けて)知識が豊かな」という意味。子どもやチンパンジー, あるいはコンピューターはintelligentといえるがintellectualとはいわない。

996 **intelligence** [intélidʒəns]
名 知能・知性, (敵に関する)情報(機関)

- artificial **intelligence**(人工知能) ⊃artificial(1931)
- Central **Intelligence** Agency(中央情報局《略》CIA)

997 **mass** [mǽs]
名 多数[量], かたまり

► massive (2269)
- a **mass** transit system(大量輸送システム) ⊃transit(2546)

998 **noisy** [nɔ́izi]
形 騒がしい

► noise 名 騒音
- Excuse me for being so **noisy**.(騒がしくてすみません)

999 **pause** [pɔ́:z]
動 休止する 名 休止, 句切り

- He **paused** for a moment to catch his breath.
  (彼はちょっと休んでひと息ついた)
- After a brief **pause**, she said, "Yes."
  (少し間をおいて, 彼女は「はい」と言った) ⊃brief(631)

1000 **steal** [stí:l]
動 (~をこっそり)盗む 名 格安品, 盗塁

活用 steal - stole - stolen
- I had my bag **stolen** on the Chuo Line.
  (中央線(の電車内)でかばんを盗まれた)
- It's a **steal** at $5.(5ドルなら掘り出し物ですよ)

PART 3

3,500語レベル
TOEIC問題中 90%cover

1,001-1,515

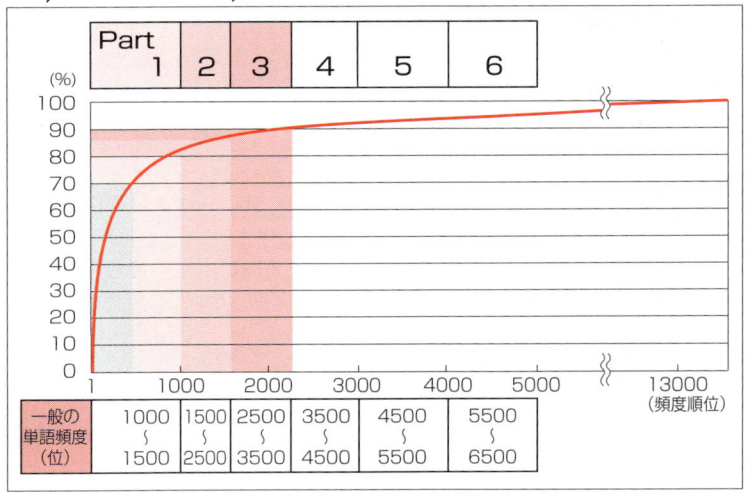

Part	1	2	3	4	5	6

一般の単語頻度(位)	1000〜1500	1500〜2500	2500〜3500	3500〜4500	4500〜5500	5500〜6500

PART 3

1001 adopt [ədápt]
動 (技術などを)採用する, (議案などを)採択する, 養子にする

▶ adoption 名 採用, 養子縁組
- **adopt** a new automation system
  (新しいオートメーションシステムを採用する) ○automation(1162)
- **adopt** a bill (法案を採択する) ○bill(60)
- **adopt** a baby girl (女の子の赤ちゃんを養子にする)

1002 arise [əráiz]
動 (問題などが)生じる・起こる

活用 arise - arose - arisen
- I'm sorry that this problem has **arisen**
  (この問題が起きて残念です)

1003 defeat [difí:t]
動 打ち負かす　名 敗北, 挫折

- We were **defeated** in the final game. (決勝戦で破れた) ○final(313)
- a narrow [crushing] **defeat** (惜敗[惨敗]) ○crush(1282)

1004 delete [dilí:t]
動 (文字・語などを)消す, 削除する

- **delete** a file (ファイルを削除する)

1005 dismiss [dismís]
動 (〜を)解雇[免職]する, (〜を)解散させる, (考えなどを)捨てる

▶ dismissal 名 解雇
- He **dismissed** his secretary. (彼は秘書を解雇した)
- Class is **dismissed**. (授業は終りです)

1006 glue [glú:]
動 (〜を)糊づけする, 《be 〜dで》釘づけになる
名 接着剤・糊

- **glue** two pieces of wood together (2個の木片を接着する)
- We were **glued** to the TV all day. (1日中テレビに釘づけだった)

1007 gossip [gásəp]
名 うわさ話・ゴシップ

- The **gossip** got around the town very fast.
  (ゴシップは早々に町中に広まった)

PART 3

1008 jail [dʒéil]
名 刑務所・留置場　**動** 投獄する

- He was sentenced to three years in **jail**.
（彼は3年の禁固刑を宣告された） ○sentence(1455)
- He was **jailed** for two years for robbery.
（彼は強盗で2年間投獄された） ○robbery(1802)

1009 jeopardize [dʒépərdàiz]
動 (生命・財産などを)危険にさらす

- Don't **jeopardize** your future career.
（君の将来を危険にさらすな） ⇒career(740)

1010 memory [méməri]
名 記憶(力), 思い出, (コンピューターの)記憶(装置)

▶ memorize (2394)
- My **memory** must be faulty.（私の記憶違いでしょう） ○faulty(2816)
- It will be a nice **memory**.（よき思い出となることでしょう）
- random-access **memory**（ランダムアクセスメモリ《略》RAM）
○random(2540)

1011 merit [mérət]
名 長所, 価値(⇔demerit「短所」)

- The plan has both **merits** and demerits.
（その企画には長所もあるが短所もある）

1012 negative [négətiv]
形 消極的な(⇔positive(1325)), 否定の
名 否定, (写真の)ネガ

- **negative** attitude（消極的な態度） ⇒attitude(737)
- a **negative** answer（否定的な返答）

1013 profession [prəféʃən]
名 (主に知的な)職業

▶ professional (346)
- What is her **profession**?—She's a doctor.
（彼女の職業は何ですか—医師です）

1014 ruin [rú(:)in]
動 破滅させる, だいなしにする　**名** 破滅

- No nation was ever **ruined** by trade.
（今まで貿易で破滅した国はない《Benjamin Franklinの言葉》）

- The rain **ruined** our holiday.（雨で休日がだいなしになった）

1015 sufficient [səfíʃənt]
形 十分な

- I do not have **sufficient** information to make a decision.
（十分な情報がないので決定できない） ⇒decision(167)

1016 burst [bə́ːrst]
動 破裂する[させる]，《～ingで》(～で)はちきれ そうになる(with)，《burst intoで》急に～し始める 名 破裂・爆発

[活用] burst - burst - burst

- A water main has **burst** out in the street.
（通りで水道本管が破裂した） ⇒main(79)
- The file cabinet is **bursting** with paper.
（ファイルキャビネットは書類ではちきれそうだ） ⇒cabinet(1195)
- **burst** into tears（ワッと泣き出す）

1017 obviously [ábviəsli]
副 明らかに

▶ obvious (2062)
- **Obviously**, you are right.（明らかにあなたが正しい）

1018 revolution [rèvəl(j)úːʃən]
名 革命，回転

▶ revolve (2313), revolutionary (1574)
- Information technology has undergone a major **revolution**.
（情報技術は大きな革命を遂げた） ⇒technology(695), ⇒undergo(1924)
- **revolution** speed（回転速度）

1019 surely [ʃúərli]
副 確かに・必ず

▶ sure (27)
- I will **surely** let you know.（必ずお知らせします）

1020 explanation [èksplənéiʃən]
名 説明

▶ explain (324)
- No one can provide an **explanation** for this at the moment.
（現在のところ誰もこれを説明できていない） ⇒provide(82)

PART 3

1021 spin [spín]
動 回転する[させる]　**名** 回転, (車の)一走り

活用 spin - spun - spun
- **spin** the wheel(車輪を回転させる)
- put **spin** on the ball(ボールに回転を与える)
- Let's go for a **spin**.(ドライブに行こう)

1022 spoil [spóil]
動 だめにする[なる]

活用 spoil - spoiled [spoilt] - spoiled [spoilt]
- **spoil** the appearance of the neighborhood
  (周辺の美観を損なう) ⇒appearance(263)
- The meat **spoiled** in the heat.(暑さで肉がだめになった)

1023 stranger [stréindʒər]
名 見知らぬ人, (場所に)不案内な人

▶ strange 形 未知の
- Never get into a car with a **stranger**.
  (知らない人と車に乗ってはいけない)
- I'm a **stranger** here myself.(私もここは不案内なんです)

1024 used [jú:st][jú:zd]
形 《be[get] used toで》〜に慣れている[慣れる], 中古の

- You'll soon get **used** to that.(それにすぐ慣れますよ)
- I am looking for a **used** car.(中古車を探しているところだ)

♣助動詞のused to「よく…したものだ」と混同しないように。

1025 divide [diváid]
動 分ける(into), 分配する(among, between), 割る(by)(⇔multiply(1734))　**名** 隔たり

▶ division (1100)
- This chapter is **divided** into three sections.
  (この章は3つの節に分かれている) ⇒chapter(939)
- **divide** (up) the money among the three(3人で金を分ける)
- Twelve **divided** by three equals four.($12 \div 3 = 4$) ⇒equal(779)
- the digital **divide**(デジタル・デバイド；情報技術格差)
  ⇒digital(2680)

1001〜1515

PART 3

1026 platform [plǽtfɔ:rm]
名 演壇, (駅の)ホーム, (政党の)綱領

- The speaker stepped onto the **platform**.
(演説者は壇上に上がっていった)
- What **platform** does the train leave from?
(その電車は何番線から出ますか)

1027 literature [lítərətʃər]
名 文学, 文献, (広告・宣伝用の)印刷物

- classical **literature**（古典文学）
- technical **literature**（技術文献） →technical(769)
- advertising **literature**（チラシ・広告） ○advertising(1048)

1028 promising [práməsiŋ]
形 前途有望な, 見込みのある

▶ promise (256)
- She is one of our most **promising** students.
(彼女はとても前途有望な学生の1人です)

1029 will [wíl]
名 意志, 遺言(状)

- have a strong **will** to succeed（出世しようという強い意志を持つ）
- make a **will**（遺言状を作成する）

1030 conference [kánfərəns]
名 会議, 協議

▶ confer 動 相談する
- I'm attending the **conference** next week.
(来週の会議に出席する予定です) →attend(125)

1031 construction [kənstrʌ́kʃən]
名 建設, 建造物

▶ construct (1520)
- The building is still under **construction**.
(そのビルはまだ建設中です)

1032 purchase [pə́:rtʃəs]
動 (〜を)購入する　名 購入(品)

- I would like to **purchase** the following products:

1001〜1515

（以下の製品を購入します）
・the date of **purchase**（購入日）

1033 **locate** [lóukeit]
動《be ～dで》（～に）**位置する**（at, in, etc.），（位置・場所を）**突き止める**

▶ location (600)
・The ticket counter is **located** on the first floor.
（チケット売場は1階にあります） ⊃counter(1036)
・Please deliver the baggage to my hotel as soon as you have **located** it.（荷物が見つかり次第ホテルへ届けてください）
⊃baggage(1253), ⊃deliver(272)

1034 **choice** [tʃɔ́is]
名 **選択**（する権利・機会），**選択肢**

▶ choose (240)
・I have no **choice** but to do it.
（それをやるより他にどうしようもない）
・We have two **choices**: take a taxi or walk.
（私たちには2つの選択肢があります。タクシーに乗るか歩くかです）

1035 **indicate** [índəkèit]
動（～を）**明らかにする**（that, wh-），（～を）**指し示す**

▶ indication (2210), indicator (2760)
・Please **indicate** whether you would like to attend the conference.（会議に出席されるかどうか，お知らせください）
⊃conference(1030)
・This arrow **indicates** the loss of energy.
（この矢印はエネルギーの減少を示す）

1036 **counter** [káuntər]
名 （銀行・店などの）**カウンター**，**計算器**

・Is this the check-in **counter** for Flight 104 to Narita?
（ここは成田行き104便のチェックイン・カウンターですか）

1037 **owner** [óunər]
名 **所有者**

▶ own (64)
・The **owner** of this property is Mrs. Margaret Brent.
（この地所の所有者はマーガレット・ブレントさんです）
⊃property(524)

PART 3

1038 enclose [enklóuz]
動 同封する, 囲む

- enclosure 名 同封(物), 構内
  - **Enclosed** is a certified check for $2,000 as advance payment.(前払いとして2,000ドルの支払い保証小切手を同封します)
    ⊃certify(2035)
  - The building **encloses** a courtyard.(建物が中庭を囲んでいる)

1039 estate [istéit]
名 財産, 所有地

- real **estate**(不動産)

1040 dine [dáin]
動 食事をする

- dinner 名 夕食, 晩さん
  - Won't you come and **dine** with us?
    (食事においでになりませんか)

1041 reservation [rèzərvéiʃən]
名 予約, (権利などの)保留

- reserve (304)
  - I'd like to make a **reservation**, please.(予約したいのですが)

1042 federal [fédərl]
形 連邦(制)の

- the **federal** government(連邦政府)

1043 track [trǽk]
名 (競技場の)トラック, 線路
動 (〜を)追う・追い詰める(down)

- a race **track**[racetrack](競走路) ⊃criminal(657)
- **track** down a criminal(犯人を追い詰める[逮捕する])

1044 annual [ǽnjuəl]
形 毎年の, 1年間の

- an **annual** report(年報, 年次報告書)
- an **annual** income(年収) ⊃income(533)

1045 bonus [bóunəs]
名 賞与・ボーナス

- a summer[winter, year-end] **bonus**(夏季[冬季, 年度末]賞与)

PART 3

1046 advertise [ǽdvərtàiz] 動 広告する・宣伝する

▶ advertisement (1047), advertising (1048)
- **advertise** a new product（新製品を宣伝する）

1047 advertisement [ædvərtáizmənt] 名 広告・宣伝（《略》ad）

- a classified **advertisement**（(部門別)案内広告，求人広告）
  ↪classified(2298)

1048 advertising [ǽdvərtàiziŋ] 名《集合的に》広告，広告業 形 広告の

- newspaper [press] **advertising**（新聞広告）
- an **advertising** agency（広告代理業） ↪agency(284)

1049 emergency [imə́:rdʒənsi] 名 非常時・緊急事態

- This is an **emergency**!（緊急です！）
- an **emergency** brake（非常[サイド]ブレーキ）

1050 award [əwɔ́:rd] 名 賞，賞品 動 （人に賞を）与える

- This picture has won an Academy **Award**.
  （この映画がアカデミー賞を獲得したんです） ↪win(334)
- He was **awarded** the Medal of Honor this year.
  （彼は今年、名誉勲章を授与された） ↪honor(1228)

1051 guarantee [gæ̀rəntí:] 動 （～を）保証する 名 保証[書・人]

- I **guarantee** you won't regret it.
  （あなたが後悔しないことを請け合います） ↪regret(954)
- The **guarantee** is for one year from the date of purchase.
  （保証は購入日から1年間です） ↪purchase(1032)

1052 measurement [méʒərmənt] 名《～sで》寸法，測定

▶ measure (431)
- precise [approximate] **measurements**
  （正確な[おおよその]寸法） ↪precise(1985), approximately(1114)

1001〜1515

PART 3

1053 lower [lóuər]
形 低い，下方の　動 (~を)下げる，減らす

- A **lower** price is not possible at this time.
  （現時点でこれより低い価格は不可能です）
- I have a pain in the **lower** abdomen.（下腹部に痛みがあります）
- **lower** the volume（音量を下げる）

1054 selection [səlékʃən]
名 選ばれた物[人]，選択

▶ select (610)
- We have a large **selection** of French wines.
  （フランス産ワインを多数とり揃えております）
- make a fair and impartial **selection**（公明正大な選択をする）

⊃partial(2063)

1055 dealer [díːlər]
名 販売店[人]

▶ dealership 名 販売代理店
- a car **dealer**（自動車販売業者）

1056 invest [invést]
動 投資する

▶ investment (1057), investor (1652)
- We have **invested** much money into this new venture.
  （わが社はこの新規ベンチャー事業に多額の投資をしてきました）

⊃venture(1908)

1057 investment [invéstmənt]
名 投資

- a high-risk **investment**（リスクの大きい投資）

1058 representative [rèprizéntətiv]
名 代表者　形 代表的な

▶ represent (836)
- union **representatives**（組合代表）　　　　⊃union(772)
- a sales **representative**（営業マン，セールス・レップ）
- This is a **representative** example of how to lose customer trust.（これはこうして消費者の信用を失うという代表的な例だ）

⊃trust(826)

PART 3

1059 minimum [mínəməm] 形 最小限の 名 最小限 (⇔maximum(1077))

▶ minimize (2866)
- The **minimum** order is $10.
  (注文は10ドル以上から受け付けます) ⇨volume(682)
- Set the volume to the **minimum**. (音量を最小にしなさい)

1060 predict [pridíkt] 動 予測する, 予言する

▶ prediction 名 予測, 予言 ⇨rate(16)
- No one **predicted** that the interest rate would rise so sharply. (利率がそれほど急に上がるとは誰にも予測できなかった)

1061 rental [réntəl] 名 賃貸(料) 形 賃貸の

▶ rent (509)
- video [car] **rental** (ビデオ[車]のレンタル)
- a **rental** room [house] (貸部屋[家])

1062 style [stáil] 名 様式, 型・スタイル

- Would you like a Japanese **style** hotel?
  (日本式のホテルではいかがですか)
- a popular hair **style** (流行のヘアスタイル) ⇨popular(147)

1063 software [sɔ́(:)ftwèər] 名 ソフトウェア (⇔hardware(1708))

- application **software** (応用ソフトウェア) ⇨application(526)

1064 county [káunti] 名 郡《州の下位の行政区画》

- **county** police (郡警察)

1065 current [kə́:rənt] 形 現在の 名 流れ, 電流

▶ currently 副 現在は, いまのところは
- What's the **current** exchange rate?
  (現在の為替レートはいくらですか) ⇨exchange(636)
- an electric **current** (電流) ⇨electric(1134)

1001～1515

PART 3

1066 procedure [prəsíːdʒər]
名 手続き, 手順

- What is the **procedure** for a refund?
(払戻しを受けるための手続きはどうしたらいいですか) ⊃refund(2106)

1067 sidewalk [sáidwɔːk]
名 歩道

- The women are walking down the **sidewalk**.
(女性たちが歩道を歩いて行く)

1068 facility [fəsíləti]
名 《〜tiesで》設備・施設

- airport **facilities**(空港施設)

1069 source [sɔ́ːrs]
名 源[水源], (情報などの)出所

- a **source** of energy(エネルギー源)
- a reliable **source** of information(信頼できる情報源)

⊃reliable(2214)

1070 luxury [lʌ́kʃəri]
名 豪華(なもの)・ぜいたく(品)
形 豪華な(＝luxurious(1071))

▶ luxurious (1071)

- enjoy the **luxury** of an overseas vacation
(休暇を海外で過ごすというぜいたくを味わう)
- a **luxury** hotel(豪華なホテル)

1071 luxurious [lʌgzúəriəs]
形 豪華な, ぜいたくな

- **luxurious** furniture(豪華な家具)
- a **luxurious** life(ぜいたくな暮らし)

1072 deadline [dédlàin]
名 締切日[時間], (最終)期限

- What's the **deadline** for this delivery?
(これはいつまでに配達しなければなりませんか) ⊃delivery(833)

1073 solution [səlúːʃən]
名 解決(策・法)

▶ solve (484)

- There's no easy **solution** to this problem.
（この問題は簡単には解決しない）

1074 register [rédʒistər]
- 動 （～を）登録する，（手紙を）書留にする
- 名 登録簿［機］

▶ registered (1075), registration (1600)
- I'd like to **register** for the spring semester.
（春学期の履修の登録をしたいのですが）　　　　　　　◐semester(2167)
- Can you **register** this parcel?（この小包を書留にしてくれますか）
- a cash **register**（金銭出納機，レジ）

1075 registered [rédʒistərd]
- 形 登録された

- I need to send this by **registered** mail.
（これを書留郵便でお願いします）

1076 examine [igzǽmin]
- 動 検査する，試験をする

▶ examination (427)
- I need to **examine** the contents of your bag.
（かばんの中身を調べさせてください）　　　　　　　　◐content(394)

1077 maximum [mǽksəməm]
- 形 最大限の（⇔minimum(1059)）　名 最大限

▶ maximize (3033)
- the **maximum** speed（最高速度）　　　　　　　　「◐extend(1105)
- The rental period can be extended to a **maximum** of 10 days．（貸出期間は最大限10日間まで延長することができます）

1078 nuclear [n(j)úːkliər]
- 形 原子力の，核の

- a **nuclear** power plant [station]（原子力発電所）
- **nuclear** fission [fusion]（核分裂［融合］）

♧fission「核分裂」, fusion「核融合」

1079 quit [kwít]
- 動 （仕事・学校などを）辞める，
（～するのを）やめる (doing)

活用 quit - quit - quit
- He is going to **quit** his job.（彼は仕事を辞めるつもりだ）
- I've **quit** smoking.（私はタバコをやめた）

PART 3

1080 resident [rézidənt]
名 居住者　形 住み込みの

- reside 動 住む, residence (1081)
  - local **residents**（地元［地域］住民）
  - a **resident** physician（住み込みの［常勤の］医師）　⇒physician(1688)

1081 residence [rézidəns]
名 居住, 邸宅

- residential (1571)
  - permanent **residence**（永住(権)）　⇒permanent(1260)
  - a **residence** tax（住民税）

1082 appreciate [əprí:ʃièit]
動 感謝する, （価値などを）認める

- appreciation (1695)
  - I really **appreciate** your support.
    （ご支援を心より感謝いたします）　⇒support(247)
  - **appreciate** good wine（ワインの良さがわかる）

1083 destination [dèstənéiʃən]
名 目的地

- Please check it to my final **destination**.
  （最終目的地まで通しで預かってください）

♣ 例文中のcheckは「（旅行用の）荷物を預ける」という意味。普通，航空会社のチェックイン・カウンターで預け，到着地で受け取る。

1084 jewelry [dʒú:əlri]
名 宝石類, （貴金属製の）装身具類

- jewel 名 宝石
  - a **jewelry** designer（宝石デザイナー）

1085 region [rí:dʒən]
名 地域, 地帯

- regional (1086)
  - Asia-Pacific **region**（アジア太平洋地域）
  - a mountainous **region**（山岳地帯）

1086 regional [rí:dʒənl]
形 地域の

· a **regional** sales conference(地域販売会議) ⇒conference(1030)

1087 presentation [prìːzəntéiʃən]
名 贈呈・授与, (論文・製品などの)発表, 上演[上映]

▶ present (162)
· the **presentation** of the Japan Prize(日本賞の授与(式))
· Following the **presentation** we will have an hour of discussion.(その発表に引き続いて, 1時間の討議をします)

⇒discussion(1224)

1088 involve [inválv]
動 《be 〜dで》(〜に)巻き込まれる・携わる・熱中する(in, with)

· He was **involved** in a traffic accident.(彼は交通事故に遭った)
· I am **involved** with the new project.
 (新しいプロジェクトに携わっている)

1089 ironic [airánik]
形 皮肉な

▶ ironically 副 皮肉にも
· It's **ironic** that ... [=Ironically ...](…とは皮肉なことだ)
· an **ironic** smile(皮肉な微笑)

1090 resume [rizjúːm]
動 (中止したものを)再開する

▶ resumption 名 再開
· We will **resume** the conference at 1:00.
 (1時に会議を再開します)

1091 cancer [kǽnsər]
名 癌

· He died of lung **cancer** at the age of 46.
 (彼は肺癌のため46歳で死んだ)

1092 expand [ikspǽnd]
動 拡大する, 拡張する

▶ expansion (1647)
· The economy is **expanding** at a slower pace than last year.
 (経済は去年より一層ゆっくりしたペースで成長している)

PART 3

1093 negotiation [nigòuʃiéiʃən]
名 交渉

► negotiate (2351)
- enter into **negotiations** on a licensing agreement
（ライセンス契約の交渉を開始する） ⊃license(581)

1094 candidate [kǽndidèit]
名 候補者, 志願者

- a **candidate** for election（選挙の候補者） ⊃election(1343)
- There were over twenty **candidates** for the position.
（その職には20人以上の応募者がいた）

1095 consumer [kənsjúːmər]
名 消費者

► consume (1697)
- **consumer** prices（消費者物価）

1096 divorce [divɔ́ːrs]
名 離婚　動 離婚する

- Do you want a **divorce**?（離婚したいの？）
- They got **divorced**.（あの2人は離婚した）

1097 competitive [kəmpétətiv]
形 競争力のある, 競争の（激しい）

► compete (1168)
- the world's most **competitive** corporation
（世界で最も競争力のある会社） ⊃corporation(1104)
- a **competitive** market（競争（の激しい）市場）

1098 consult [kənsʌ́lt]
動（専門家に）意見を求める,（辞書などを）調べる,
（～と）相談する(with)

► consultation 名 相談, 諮問
- **consult** an attorney（弁護士に相談する） ⊃attorney(2745)
- **consult** an encyclopedia（百科事典を調べる）
- I'll have to **consult** with my client.
（依頼人と相談しなければなりません） ⊃client(632)

1001〜1515

PART 3

1099 dessert [dizə́ːrt]
名 (食後の)デザート

・What will you have for **dessert**?(デザートは何にしますか)

1100 division [divíʒən]
名 部, 課

▶ divisional 形 部[課]の, divide (1025)
・Peter, this is Paul Jordan, head of the Overseas Sales **Division**.
(ピーター，こちらは海外販売部の部長，ポール・ジョーダンさんです)

1101 flavor [fléivər]
名 味, 風味, 趣
動 (食べ物に〜で)風味を添える(with)

・an almond [a vanilla] **flavor**(アーモンド[バニラ]の味)
・This wine has an excellent **flavor**.(このワインの風味は極上だ)
・The cook **flavored** his food with pepper. └➔excellent(206)
(コックはコショウで料理の味つけをした)

1102 obtain [əbtéin]
動 (〜を)獲得する

・**obtain** an export license(輸出許可を獲得する)

1103 chef [ʃéf]
名 コック長・シェフ

・**chef**'s salad(シェフサラダ)

TOEIC頻出 単語・語法問題 ――――――――(17)

◇ The search will (assume / resume) as soon as the weather permits. (答)resume

※成り立ちが同じ語の選択問題。形が似ているので混乱しがちですが，成り立ちの意味を押さえておけば，かえって易しい。

中心の-sume は「取る」という意味。resume (1090) は「re (再び) + sume (取る)」で「再開する」, assume (1605) は「as (〜へ) + sume (取る)」で「ある方向へ (態度を) 取る→想定する・責任をとる」の意味になります。ついでにpresume (2065) は「pre (先に) + sume (取る)」で「推定する・仮定する」, consume (1697) は「con (完全に) + sume (取る)」で「使い果たす・消費する」の意味です。
(意味) 捜索は天候が回復すれば直ちに再開されるだろう。

PART 3

1104 corporation [kɔ́ːrpəréiʃən]
名 会社

- corporate 形 法人の
  - The **corporation** was founded 75 years ago.
  （その会社は75年前に設立された）

1105 extend [iksténd]
動 延長[拡張]する, (～を)差し伸べる

- extension 名 延長, extensive (1706)
  - I'd like to **extend** my stay for a few days.
  （もう2, 3日滞在を延ばしたいのですが）
  - Please **extend** my greetings to your family.
  （家族の皆様によろしくお伝えください）

1106 admission [ədmíʃən]
名 入場料, 入場[入学・入社]許可, (事実であると)認めること(that)

- admit (735)
  - How much is the **admission**?（入場料はいくらですか）
  - **admission** into the country（入国許可）
  - make an **admission**（(犯行などを)自白する）

1107 despite [dispáit]
前 ～にもかかわらず

- Sales for 2001 were about the same as for 2000 **despite** our continued efforts.
（私たちの不断の努力にもかかわらず2001年の売上げは2000年とほとんど同じだった）

1108 adjust [ədʒʌ́st]
動 (～を)調節する, 順応する(to)

- adjustment 名 調整, 適応
  - **Adjust** your seat belt.（シートベルトを調節しなさい）

1109 administration [ədmìnistréiʃən]
名 政府, 経営・管理

- administer 動 管理する
  - the Bush **administration**（ブッシュ政権）
  - business **administration**（(企業)経営）

PART 3

1110 pollution [pəlúːʃən]
名 汚染, 公害

► pollute 動 汚染する
- environmental **pollution**（環境汚染） ○environmental(1704)

1111 resource [ríːsɔːrs]
名《〜sで》資源・資産, 手段

- natural [human] **resources**（天然[人的]資源）
- use every available **resource**（利用できるあらゆる手段を使う）
○available(514)

1112 severe [sivíər]
形 厳しい

- **severe** criticism（厳しい批評） ○criticism(1299)
- I have a **severe** headache.（激しい頭痛がする）

1113 container [kəntéinər]
名 容器, コンテナ

► contain (340)
- plastic **containers**（プラスチックの容器）

1114 approximately [əpráksimətli]
副 おおよそ

► approximate 形 おおよその
- The cost will be **approximately** $300.
（費用はおおよそ300ドルです）

1115 executive [igzékjətiv]
名 (企業の)幹部・役員　形 執行[実行]する

► execute (2306)
- middle management **executives**（中間管理職） ○management(556)
- the chief **executive** officer（最高経営責任者《略》CEO）

1116 install [instɔ́ːl]
動 (装置などを)取り付ける, (プログラムなどを)組み込む

► installation 名 設置
- I'd like to have a telephone **installed**.
（電話を取り付けてもらいたいのですが）

PART 3

1117 complaint [kəmpléint]
名 苦情・不平

▶ complain (393)
- I'd like to make a **complaint** about the last order.
（前回の注文品についてクレームがあります）

♣「苦情・クレーム」の意味でclaim (270)は使わない。

1118 outdoor [áutdɔ̀ːr]
形 戸外の（⇔indoor「屋内の」）

▶ outdoors 副 戸外で（⇔indoors「屋内で」）
- enjoy **outdoor** activities（戸外の活動を楽しむ）　　⇒activity(186)

1119 estimate [éstəmèit]
動 見積もる, 評価する
名 [éstəmət] 見積もり（額）

- The fire damage was **estimated** at over $20,000.
（火災による損害は20,000ドルを超えると見積もられた）
⇒damage(204)
- Could you give me an **estimate**?（見積りをいただけますか）

1120 frequently [fríːkwəntli]
副 しばしば・頻繁に

▶ frequent (1636)
- He plays golf **frequently**.（彼はしばしばゴルフをする）

1121 secure [sikjúər]
形 確固とした, 安全な　動 （〜を）確保する

▶ security (525)
- have a **secure** income（安定した収入がある）
- He feels **secure** about his future.
（彼は自分の将来に不安を感じていない）
- **secure** a seat（席を取っておく）

1122 marriage [mǽridʒ]
名 結婚

▶ marry 動 （〜と）結婚する
- Congratulations on your **marriage**!（ご結婚おめでとう！）
⇒congratulation(613)

1123 association [əsòusiéiʃən]
名 提携, 協会・組合, 連想

- ► associate (1766)
  - ・a close **association** with ABC Company
    （ABC社との緊密な提携）
  - ・a consumers' **association**（消費者組合） ⇒consumer(1095)

1124 **definite** [défənət]
形 明確な

- ► definitely (1823)
  - ・We'll be able to give you a **definite** answer next month.
    （来月には明確なご返事ができるでしょう）

1125 **inn** [ín]
名 宿屋・小さな旅館

- ・We managed to find an **inn** at the foot of the mountain.
  （ようやく山のふもとに宿屋を見つけた） ⇒manage(451)

1126 **promote** [prəmóut]
動 (〜を)促進する, (人を)昇進させる

- ► promotion (1127)
  - ・**promote** the sale of the products（製品の販売を促進する）
  - ・He was **promoted** to vice president.（彼は副社長に昇進した）

1127 **promotion** [prəmóuʃən]
名 (販売の)促進, 昇進

- ・sales **promotion**（販売促進）
- ・Congratulations on your **promotion** to Sales Manager.
  （販売部長への昇進おめでとう）

1128 **reception** [risépʃən]
名 (会社などの)受付・(ホテルの)フロント, 宴会・歓迎会, 受け入れること・歓迎

- ► receive (30)
  - ・a **reception** desk（受付, フロント）
  - ・a wedding **reception**（結婚披露宴）
  - ・receive a warm **reception**（暖かいもてなしを受ける）

1129 **version** [və́:rʒən]
名 …版・バージョン

- ・A new **version** will be available shortly.
  （新バージョンは間もなくご提供できます） ⇒shortly(1666)

PART 3

1130 assign [əsáin]
動 (人を…に)任命する(to, to do), (〜を…に)割り当てる(to)

▶ assignment (1131)
- I was **assigned** to the International Division.
（私は国際部に任命された）
- That work was **assigned** to me.
（その仕事は私に割り当てられた）

1131 assignment [əsáinmənt]
名 (仕事などの)割当て・任命, 宿題

- job **assignments**（仕事の割振り）
- room **assignment**（部屋割り）
- give an **assignment**（宿題を出す）

1132 graph [grǽf]
名 グラフ, 図表

▶ graphic (1133)
- The **graph** shows the sales this year.
（そのグラフは今年度の売上げを示している）

1133 graphic [grǽfik]
形 図[表]による
名《graphicsで》グラフィックアート(作品)

- a **graphic** designer（グラフィックデザイナー）
- computer **graphics**（コンピューター・グラフィックス《略》CG）

1134 electric [iléktrik]
形 電気の・電動の

▶ electrical 形 電気の[に関する], electricity (475)
- an **electric** car（電気自動車）

1135 anniversary [æ̀nivə́ːrsəri]
名 (〜周年の)記念日

- our tenth wedding **anniversary**（結婚10周年記念日）

1136 treatment [tríːtmənt]
名 待遇, 治療(法)

▶ treat (619)
- special **treatment**（特別待遇）
- The patient requires immediate **treatment**.

（その患者は直ちに治療が必要だ） →immediately(216)

1137 contribute [kəntríbjuːt]
動 (金・援助を)与える，(〜に)貢献する(to)

▶ contribution (1138)
- **contribute** one's time to volunteer work
（ボランティアの仕事に時間を使う） ◎volunteer(2023)
- **contribute** to world peace（世界平和に貢献する）

1138 contribution [kàntribjúːʃən]
名 貢献，寄付(金)

- make a **contribution** to society（社会に貢献する）
- collect **contributions**（寄付金を集める）

1139 garbage [gáːrbidʒ]
名 (生)ごみ，がらくた

- **Garbage** is collected every Wednesday and Friday.
（生ごみの収集は毎週水曜日と金曜日です）

1140 grocery [gróusəri]
名 食料雑貨

- **grocery** store（食料雑貨品店）

1141 participate [pɑːrtísəpèit]
動 参加する

▶ participation 名 参加, participant (2112)
- Some two hundred countries **participated** in the Olympic Games.（およそ200の国が国際オリンピック大会に参加した）

1142 poll [póul]
名 世論調査，投票(結果)　動 世論調査をする

- Recent **polls** indicate that 60% are undecided.
（6割の人々が誰に投票するか決めていないと世論調査は示している）
→indicate(1035)

1143 qualify [kwáləfài]
動 (…の)資格を得る[与える](for, to do)

▶ qualified (2114), qualification (2113)
- He has **qualified** for the finals.
（彼は決勝戦に出場する資格を得た）

1001〜1515

1144 unemployment [Ànimplɔ́imənt]
名 失業(⇔employment(744))

► unemployed (2157)
- What's the **unemployment** rate?（失業率はどれくらいですか）
  ⇒rate(16)

1145 alternative [ɔ:ltə́:rnətiv]
形 代わりの，(伝統的基準に基づかない)新しい
名 代わるもの

► alternate (1146)
- **alternative** sources of energy（代替エネルギー源） ⇒source(1069)
- **alternative** music（オルタナティブ音楽）
- We have no **alternative** but to cancel the order.
  （その注文を取り消さざるを得ない） ⇒cancel(563)

1146 alternate [ǽltərnət] [ɔ́:ltərnèit]
形 交替の・交互の，1つおきの
動 交替する，交互にする

- an **alternate** method（代替方法）
- on **alternate** days（1日おきに，隔日に）

1147 commission [kəmíʃən]
名 手数料，委任・委託　動 委任する

- a ten percent **commission** on net prices
  （正価の10%の手数料） ⇒net(1371)
- sell on a **commission** basis（委託販売する） ⇒basis(630)
- They **commissioned** me to study the problem.
  （彼らは私に問題の調査を委任してきた）

1148 debt [dét]
名 借金，負債

- He is up to his ears in **debt**.（彼は借金で首が回らない）
  ♧up to one's ears「(借金で)身動きがとれない」

1149 laundry [lɔ́:ndri]
名 クリーニング店・洗濯場，洗濯もの

- I want to send this to the **laundry**.
  （これをクリーニングに出したい）
- She is doing the **laundry**.（彼女は洗濯中です）

1150 retirement [ritáiərmənt]
名 退職

1151 engineering
[èndʒəníəriŋ] 名 工学・技術

► engineer 名 技術者
・computer **engineering**（コンピューター工学）

1152 failure
[féiljər] 名 失敗

► fail (224)
・His project was a big **failure**.（彼の企画は大失敗に終わった）

1153 improvement
[imprúːvmənt] 名 改善, 向上

► improve (235)
・He is showing considerable **improvement**.
（彼は著しい進歩を示している） ○considerable(1337)

1154 convince
[kənvíns] 動 (～を)確信させる・納得させる (of, that)

► conviction (2482), convincing 形 説得力のある
・I am **convinced** by your explanation.（君の説明で納得した）
○explanation(1020)

1155 depression
[dipréʃən] 名 不景気, 憂うつ

► depressed (2186)
・Japan is in a deep **depression**.（日本は深刻な不況下にある）
・suffer from **depression**（うつ病にかかっている）

1156 embassy
[émbəsi] 名 大使館

・the U.S. **Embassy** in Japan（日本のアメリカ大使館）

1157 headquarters
[hédkwɔ̀ːrtərz] 名 本社, 本部

・set up the **headquarters** in Tokyo（東京に本社を設ける）

► retire (626)
・voluntary **retirement**（希望退職） ○voluntary(2022)

PART 3

1158 theme [θíːm]
名 主題・テーマ

- This year's Earth Day **theme** is clean energy.
(今年の「地球の日」のテーマはクリーンエネルギーです)
- a **theme** park(テーマパーク)

1159 truth [trúːθ]
名 真理・真実，
《the truth is (that)で》実のところは…，
《to tell (you) the truthで》実を言えば

► true 形 真実の
- The **truth** will come out eventually.
(最後には真実が明らかになるだろう)   ⊙eventually(1628)
- The **truth** is, no one really knows how they built the pyramids.(実のところは，ピラミッドがどうやって建てられたかを誰も本当には知らないのだ)
- I don't know what to do, to tell you the **truth**.
(実を言うと，何をしていいかわからないんだ)

1160 academic [ækədémik]
形 学校[大学]の，学問的な

- an **academic** year(学年(度)《通例英米では9月～6月》)
- **academic** freedom(学問の自由)

1161 automatic [ɔ̀ːtəmǽtik]
形 自動の

► automation (1162)
- an **automatic** focus camera(オートフォーカス[自動焦点]カメラ)
   ⊙focus(1594)
- an **automatic** teller machine(現金自動預入支払機《略》ATM)
   ♧teller「銀行出納係」

1162 automation [ɔ̀ːtəméiʃən]
名 自動化

► automate 動 オートメーション化する
- office **automation**(オフィス・オートメーション《略》OA)

1163 banker [bǽŋkər]
名 銀行経営者，銀行役員

► bank 名 銀行

PART 3

・a **banker**'s draft（銀行手形） ○draft(1442)

1164 communicate [kəmjúːnikèit]
動（情報・意思を）**伝達する**, （〜と）**連絡を取り合う**（with）

▶ communication (592)
- an ability to **communicate** in English
  （英語で意思伝達する能力）
- We have to **communicate** more closely with each other.
  （私たちはもっと密接に連絡を取り合う必要がある） ○closely(1412)

1165 huge [hjúːdʒ]
形 **巨大な, 莫大な**

- A **huge** wave smashed over the boat.
  （巨大な波がその船に打ちつけた） ○smash(1555)
- spend a **huge** amount of money（莫大な金を使う）

1001〜1515

TOEIC頻出 単語・語法問題 ―――――――――(18)―

◇ But the party has not provided a (convinced / convincing) explanation of why it changed its position on the matter.
　　　　　　　　　　　　　　　　　　　　　　　（答）convincing

※他動詞からできた「-ed 形の形容詞」は受け身的な意味,「-ing 形の形容詞」は能動的な意味になります。主なものをまとめておきます。

amaze (1239)	amazed	amazing
amuse (1809)	amused	amusing
bore (715)	bored	boring
confuse (1674)	confused	confusing
convince (1154)	convinced	convincing
disappoint (658)	disappointed	disappointing
excite (800)	excited	exciting
frighten (1347)	frightened	frightening
interest (98)	interested	interesting
puzzle (483)	puzzled	puzzling
shock (370)	shocked	shocking
satisfy (727)	satisfied	satisfying
please「喜ばせる」	pleased	pleasing

（意味）しかし, その政党がなぜこの問題で立場を変えたのか説得力のある説明はなされていない。

PART 3

1166 scale [skéil]
名 はかり, 規模, 等級

- a bathroom [kitchen] **scale**（浴室［台所］のはかり）
- It was manufactured on a large **scale**.
  （それは大規模生産によって作られた） ⊃manufacture(1368)
- What was the **scale** of the earthquake?
  （その地震の震度はいくつでしたか）

1167 unusual [ʌnjúːʒuəl]
形 普通でない（⇔usual(422)）

- That's very **unusual**.（それはとても珍しいことだ）
- It is not **unusual** for her to be late.
  （彼女が遅刻するのは珍しいことではない）

1168 compete [kəmpíːt]
動 (〜と)競争する (with, against)

▶ competition (640), competitive (1097), competitor (1596)
- **compete** with imported products（輸入品と競争する）

1169 cultural [kʌ́ltʃərl]
形 文化的な, 教養の

▶ culture 名 文化, 教養
- **cultural** differences（文化的相違） ⊃difference(496)
- have a **cultural** background（教養の素地がある）
  ⊃background(1204)

1170 injure [índʒər]
動 (〜を)傷つける・怪我をする

▶ injury (617)
- I **injured** my right leg in the accident.（事故で右脚を怪我した）

1171 investigation [invèstəgéiʃən]
名 調査, 検査

▶ investigate (1629)
- Here are the results of our **investigation**.
  （これが我々の調査の結果です） ⊃result(121)

1172 outstanding [àutstǽndiŋ]
形 傑出した, 未解決の・未払いの

- She's an **outstanding** student.(彼女は卓越した学生だ)
- **outstanding** debts（未払いの借金） ⇒debt(1148)

1173 proceed [prəsíːd]
動 引き続き〜する(with, to do),（〜へ）進む(to) (⇔recede(2794))

▶ proceeding (1174)
- Please let us know if we can **proceed** with the repair.
（修理を続けてよいかどうかお知らせください） ⇒repair(181)
- Let's **proceed** to the next question.（次の問題に進もう）

1174 proceeding [prəsíːdiŋ]
名《〜sで》(訴訟)手続き, 議事

- begin legal **proceedings**（訴訟を起こす） ⇒legal(803)

1175 rear [ríər]
形 後の・後部の 名 後ろ, 背後(⇔front(93))

- a **rear** door[seat]（後部ドア[座席]）
- The car is parked in the **rear** of the garage.
（その車はガレージの後方に止めてある）

1176 reduction [ridʌ́kʃən]
名 減少させる[する]こと

▶ reduce (520)
- There will be a $100 **reduction** in the 2001 models.
（2001年モデルは100ドル値下げになるでしょう）

1177 accommodation [əkɑ̀mədéiʃən]
名 宿泊設備, 収容能力

▶ accommodate (2109)
- Please let me know whether I should reserve **accommodations** for you.
（宿を予約しておく必要があるかどうかお知らせください）
⇒reserve(304)

1178 conservation [kɑ̀nsərvéiʃən]
名 保護・保存

▶ conserve (2648)
- forest **conservation**（森林保全）

PART 3

1179 exceed [iksíːd]
動 (〜を)超える, まさる

▶ excess (1730)
- Working hours must not **exceed** 45 hours a week.
（労働時間は週45時間を超えてはいけない）

1180 exhaust [igzɔ́ːst]
動 (〜を)疲れさせる, (〜を)使い果たす
名 排気ガス

▶ exhaustion 名 疲労
- You look **exhausted**.（疲れているようだね）
- Our stock is nearly **exhausted**.
（うちの在庫はもう切れかかっている）

1181 flu [flúː]
名 インフルエンザ, 流感

- I have a touch of the **flu**.（インフルエンザにかかったようだ）

♣ a touch of 「…気味」

1182 portable [pɔ́ːrtəbl]
形 持ち運びできる・携帯用の　名 携帯用機器

- a **portable** telephone（携帯電話）

1183 recession [riséʃən]
名 景気後退, 不景気

- The Japanese economy has been in **recession**.
（日本経済は不況に陥っている）

1184 remain [riméin]
動 (〜の状態)のままである, あとに残る

▶ remainder (2587)
- Please **remain** seated until your name is called.
（名前を呼ばれるまで座っていてください）
- Much more still **remains** to be done.
（まだなすべきことはたくさん残っている）

1185 spirit [spírət]
名 精神,《〜sで》気分, 蒸留酒

▶ spiritual (2078)
- the pioneering **spirit**（開拓者精神）　　○pioneering (1248)

- Try to keep your **spirits** up.(元気を出せ, がんばれ)

1186 alarm [əláːrm]
名 警報(器), 目覚まし

- a fire **alarm**(火災報知器)
- an **alarm** clock(目覚まし時計)

1187 deserve [dizə́ːrv]
動 (〜(する)に)値する・(〜して)当然

- Everybody in the office thinks Bill **deserves** the promotion.
(ビルは昇進して当然だと会社の誰もが考えている)

→promotion(1127)

1188 fairly [féərli]
副 かなり, 公正に

▶ fair (360)
- She speaks English **fairly** well.(彼女は英語をかなり上手に話す)
- He spoke **fairly** on both sides of the issue.
(彼は論争点のどちらの側にも公正に話した)

→issue(522)

1189 ignore [ignɔ́ːr]
動 無視する

- Their request was completely **ignored**.
(彼らの要求は完全に無視された)

→request(100)

1190 lecture [léktʃər]
名 講義, 講演 動 講義[講演]する

- She gives a **lecture** every Friday.
(彼女は毎週金曜日に講義をする)
- He **lectures** in international politics at Rutgers University.
(彼はラットガース大学で国際政治学の講義をしている)

1191 observe [əbzə́ːrv]
動 観察する, (〜するのを)見る, (法律などを)守る

▶ observation (1192), observance (2867)
- **observe** the tides(潮の干満を観察する)
- He was **observed** entering the park.
(彼は公園に入るのを見かけられた)
- Please **observe** the "No Smoking" signs.
(「禁煙」の標示を守ってください)

→sign(46)

PART 3

1192 observation [ὰbzərvéiʃən]
名 観察(力)

- What we need are more accurate **observations**.
（我々に必要なのはより緻密な観察だ） ○accurate(1495)

1193 pale [péil]
形 (顔色などが)青白い, (色が)薄い

- You look **pale**. Are you feeling alright?
（君は顔色が悪いよ。だいじょうぶ？）

1194 atmosphere [ǽtməsfìər]
名 雰囲気, 大気・空気

- I'd like a restaurant with an intimate **atmosphere**.
（くつろいだ雰囲気のレストランがいいのですが） ○intimate(2392)
- the earth's **atmosphere**（地球の大気圏）

1195 cabinet [kǽbənit]
名 整理棚・キャビネット, 内閣

- a kitchen **cabinet**（食器棚）
- a **cabinet** member（閣僚）

1196 generous [dʒénərəs]
形 寛大な, 気前のよい

▶ generosity **名** 寛大

- The director of our department is a kind and **generous** person.（部長は親切で寛大な人だ）
- He is **generous** with his money.（彼は気前よく金を使う）

1197 launch [lɔ́:ntʃ]
動 (事業などを)始める, (新製品などを)売り出す, (ロケット[船]を)打ち上げる[進水させる]
名 開始, 発射

- **launch** a new business（新事業を始める）
- They are going to **launch** a new model.
（新しい型が発売されるそうだ）

1198 penalty [pénəlti]
名 罰金, 刑罰

- a **penalty** of $100 for late payment
（滞納に対する100ドルの罰金） ⊖payment(413)
- a light [heavy] **penalty**（軽い[重い]罰）

PART 3

1199 potential [pəténʃəl]
形 可能性のある　名 可能性, 潜在能力

- **potential** customers（将来見込みのある客）
- the sales **potential** of a product（製品の売れる可能性）

1200 preparation [prèpəréiʃən]
名 準備

▶ prepare (166)
- The final draft is now in **preparation**.
（最終稿はただいま準備中です）　　　　　　　　　　○draft(1442)

1201 reference [réfərəns]
名 参照, 照会, 言及

▶ refer (504)
- **reference** books（参考書）
- a letter of **reference**（照会状）
- There is no **reference** to the accident in today's paper.
（今日の新聞にはその事故のことは何も触れられていない）

1202 resort [rizɔ́:rt]
名 行楽地　動 (手段などに)訴える(to)

- a ski [seaside] **resort**（スキー場[海水浴場]（のリゾートホテル））
- **resort** to extreme measures（思いきった処置を取る）
　　　　　　　　　　　　　　　　○extreme(1884), ⊖measure(431)

1203 score [skɔ́:r]
名 得点, 点数　動 (得点・点数を)取る

- What's the **score**?（得点は何対何ですか）
- Her SAT math **score** was 750 points.
（彼女のSATでの数学の点数は750ポイントだった）
- He **scored** 80% on the English exam.
（彼は英語の試験で80%を取った）

1204 background [bǽkgràund]
名 (人の)経歴, (事件などの)背景

- a business **background**（職歴）
- the **background** of the affair（事件の背景）　　○affair(1460)
- **background** music
（バックグラウンド・ミュージック《略》BGM）

1001〜1515

PART 3

1205 crop [kráp] 名農作物, 収穫高 動収穫する
- The weather is just right for the **crops**.
(この天候は作物に最高だ)
- have a large **crop** of rice（米が豊作である）

1206 humid [hjú:mid] 形湿った, 湿気の多い
▶ humidity (2217)
- It's very hot and **humid** today.（今日は蒸し暑いですね）

1207 fever [fí:vər] 名（病気による）熱, 熱狂
- I think I have a **fever**.（熱があると思う）
- soccer **fever**（サッカー熱）

1208 military [mílətèri] 形軍隊の, 軍用の（⇔civil(1816)）
名《the ～》軍隊
- **military** power（軍事力）
- a **military** plane（軍用機）

1209 oppose [əpóuz] 動反対する（⇔agree(195)）,
《be ～d to で》（～に）反対である
▶ opposition (1210)
- They **opposed** the Government's plan.
（彼らは政府の計画に反対した）
- Her parents were **opposed** to her marriage.
（両親は彼女の結婚に反対だった）

1210 opposition [àpəzíʃən] 名反対・抵抗, 対戦相手［チーム］
- meet (with) strong **opposition** from local residents
（地域住民の強い反対にあう） ➔resident(1080)

─ ア・ラ・カルト ─────────────〈7〉─

「軍隊」
　the military (1208) は army「陸軍」, navy「海軍」, air force (171)「空軍」の総称。the armed forces も同意。troops は主に作戦中の兵士の集団を指していう「軍隊」。

PART 3

1211 search [sə́ːrtʃ]
動 (〜を)捜索する, (〜を)探し求める (for, after)
名 捜索

- **search** the room(部屋を捜索する)
- I **searched** for the answer in vain.
 (懸命に答えを探したがわからなかった) ⊙vain(2092)
- The **search** went on for weeks.(その捜索は何週間も続いた)

1212 stress [strés]
名 ストレス, 強調　**動** (〜を)強調する

- I'm under a lot of **stress** at work.(私は仕事でストレスが多い)
- **stress** the importance of quality(品質の重要性を強調する)
 ⇒quality(546)

1213 minor [máinər]
形 軽度の, 少数の(⇔major⟨531⟩)
名 未成年者

▶ minority (2060)
- a **minor** injury(軽傷) ⇒injury(617)
- It's against the law to sell cigarettes to **minors**.
 (未成年者にタバコを売るのは違法です) ⇒law(152)

1214 acid [ǽsid]
形 酸性の　**名** 酸

- **acid** rain(酸性雨)
- amino **acid**(アミノ酸)

1215 bleed [blíːd]
動 出血する

▶ blood (338)　[活用] bleed - bled - bled
- He is **bleeding** badly.(彼はひどく出血している) ⊙badly(1447)

TOEIC頻出 単語・語法問題　(19)

◇ They are strongly opposed to (resume / resuming) commercial whaling. (答)resuming

※ oppose (1209) は oppose 〜 か be opposed to 〜の形で用います。「〜」は名詞か動名詞です。不定詞のtoと間違えないようにしましょう。同じ意味のobject(973) も object to 〜 になります。
(意味) 彼らは商業捕鯨を再開することに強く反対している。

PART 3

1216 constant [kánstənt]
形 不断の、一定の

▶ constantly 副 絶え間なく
- You need **constant** practice to acquire a foreign language.
（外国語をものにするには不断の練習が必要だ）
⊃acquire(1680), ⊃practice(283)

1217 decline [dikláin]
動 低下する、(ていねいに~を)断る、衰える
名 (物価などの)下落、衰退

- The economy **declined** by 2% last year.
（経済は昨年2％低下した）
- **decline** an invitation（招待を辞退する） ⊃invitation(296)
- **decline** in population（人口の減少） ⊃population(689)

1218 exhibit [igzíbit]
動 展示する、示す
名 展示(品)、展示会（＝exhibition）

- **exhibit** new cars at the auto show
（自動車ショーで新車を展示する）
- Please don't touch any of the **exhibits**.
（展示品には手を触れないでください）

1219 machinery [məʃíːnəri]
名 《集合的に・単数扱い》機械

▶ machine 名 機械 ⊃automation(1162)
- automated **machinery**（オートメーション化した機械）

♣ machineryは集合的に「機械(類)」の意味。個々の「機械」はmachineを使う。

1220 nearby [níərbái]
形 近くの 副 近くに[で]

- The fire spread to **nearby** buildings.
（火事は近くのビルに広がった）
- Is there a parking lot **nearby**?（近くに駐車場はありますか）

1221 restore [ristɔ́ːr]
動 (~を(元の状態に))回復する、(信頼・希望などを)取り戻す

- **restore** law and order（法と秩序を回復する）
- **restore** the public's confidence in our political system
（わが国の政治システムへの国民の信頼を取り戻す）⊃confidence(1242)

PART 3

1222 scare [skéər]
動(～を)おびえさせる　名恐怖

▶ scared 形おびえた
- You **scared** me to death!(びっくりさせるなよ，死にそうだったよ)

1223 seal [síːl]
名封印，印章　動封をする，密封する

- Please put the **seal** here.(ここに封印を押してください)
- My lips are **sealed**.(私の唇はしっかり閉じられています《「口止めされている」，「話せない」などと言うときの決まり文句》)

1224 discussion [diskʌ́ʃən]
名議論

▶ discuss (136)
- a panel **discussion**(パネルディスカッション[公開討論会])

1225 clinic [klínik]
名診療所，相談所

- a dental [an eye] **clinic**(歯科[眼科]診療所)　　　　○dental(2154)

1226 environment [enváiərənmənt]
名(周囲の)環境，《the～で》自然環境

▶ environmental (1704)
- one's home **environment**(家庭環境)
- protect the **environment**(自然環境を保護[保全]する)

1227 frame [fréim]
名枠・縁，骨組み　動(計画などを)立案する

- a picture **frame**(額縁)
- a **frame** of a bicycle(自転車の骨組み)
- **frame** a law(法律を立案する)

1228 honor [ánər]
名名誉，敬意　動(～に)栄誉を与える

▶ honorable 形名誉ある
- It is a great **honor** to meet you.
  (お目にかかれて大変光栄に存じます)
- We are really **honored** by your visit.
  (おいでいただいて誠に光栄です)

1001～1515

PART 3

1229 hook [húk]
名 (物を掛ける)**かぎ**, (電話の)**フック**
動 (機器をケーブルで)**つなぐ** (up)

- Put your coat on the **hook**. (上着は洋服掛けに掛けてください)
- Around 80 percent of Japanese households will be **hooked** up to the Internet by 2004. (2004年までには日本の約80％の世帯がインターネットに接続されるだろう) ⊃household(1637)

1230 ideal [aidí:əl]
形 **理想的な** 名 **理想**

- That would be the **ideal** location for our conference. (あそこなら会議に申し分ない場所でしょう) ⊃location(600)
- maintain [realize] an **ideal** (理想を持ち続ける[実現する])

1231 joint [dʒɔ́int]
形 **共同の・合弁の** 名 **関節, 継ぎ目**

▶ join (209)
- a **joint** venture (共同企業体, 合弁事業) ⊃venture(1908)
- My **joints** ache terribly. (関節が激しく痛む) ⊃ache(2001)

1232 partner [pá:rtnər]
名 **相手, 配偶者**

- a trading **partner** (貿易相手(国))
- a business **partner** (共同経営者)

1233 ray [réi]
名 **光線・放射線**, (希望などの)**わずかな光** (of)

- a chest X **ray** (胸部レントゲン写真)
- We see a **ray** of hope for the future. (将来に一筋の希望が見える)

1234 tend [ténd]
動 (〜の[する])**傾向がある** (to, to do)

▶ tendency (1577)
- I **tend** to take things too seriously. (私は物事を必要以上に深刻に受け取る傾向がある) ⊃seriously(1289)

1235 twist [twíst]
動 **ねじる[れる], 曲げる[がる]**
名 **ねじれ**, (情勢などの)**展開**

- I **twisted** my ankle. (足首を捻挫した)
- You've **twisted** my words. (あなたは私の言葉をねじ曲げた)

1001〜1515

PART 3

1236 various [véəriəs] 形 さまざまな

▶ vary (1739)
- We produce **various** kinds of gardening tools.
（さまざまな種類の園芸用品を製造しています）

1237 wrap [rǽp] 動 包む

活用 wrap - wrapped [wrapt] - wrapped [wrapt]
- Can you **wrap** this as a gift?
（これをギフト用に包んでもらえますか）

1238 abuse [əbjúːs] 名 乱用, 虐待
動 [əbjúːz]（権力を）乱用する,（子どもを）虐待する

- drug **abuse**（薬物乱用）
- sexual and physical **abuse**（性的及び肉体的虐待） ⇒physical(678)
- He **abused** his position as branch manager.
（彼は支店長の地位を乱用した）

1239 amaze [əméiz] 動《be ~dで》(~に)驚く・びっくりする
(at, to do, that)

▶ amazement 名 驚き, amazing (2098)
- We were quite **amazed** at the results.
（その結果には全く驚いた）

1240 ancient [éinʃənt] 形 古代の, 昔の

- an **ancient** city（古代都市）

1241 charity [tʃǽrəti] 名 慈善（団体）

- a **charity** bazaar [concert]（チャリティバザー[演奏会]）

1242 confidence [kánfidəns] 名 信頼・自信,《in confidenceで》秘密で

▶ confident (1243), confidential (2695)
- I have **confidence** in you.（あなたを信頼しています）
- I'm telling you this in **confidence**.（内緒でこれをお話します）

PART 3

1243 confident [kánfidənt]
形 (〜を)確信している・自信がある (of, about, that)

- I'm **confident** we can reach an agreement.
  (合意に達することができると確信しています) ⊃agreement(649)
- I'm **confident** I'll get the job done on time.
  (私はその仕事を時間通りにやり遂げる自信があります)

1244 filter [fíltər]
名 ろ過装置, フィルタ
動 (〜を)ろ過する, 浸透する

- an air **filter**(空気ろ過器)
- **filter** drinking water(飲み水をろ過する)
- The news **filtered** through the office.
  (ニュースは社内に行き渡った)

1245 grain [gréin]
名 穀物, 木目

- export [import] **grain**(穀物を輸出[輸入]する)
- saw across the **grain**(木目に対して直角に切る)

1246 maintenance [méintənəns]
名 整備, 維持

▶ maintain (723) ⊃equipment(576)
- regular **maintenance** of equipment(設備の定期的整備)

1247 pioneer [pàiəníər]
名 先駆者, 開拓者　動 (〜を)開拓する

▶ pioneering (1248)
- a **pioneer** in the development of fuel-cell vehicles
  (燃料電池を動力とする乗り物開発の先駆者) ⊃fuel(1251)
- **pioneer** a new technique(新技術を開発する)

1248 pioneering [paiəníəriŋ]
形 先駆的な

- the **pioneering** work of NASA scientists
  (NASAの科学者たちによる先駆的な仕事)

1249 strain [stréin]
名 緊張, 重圧　動 (〜を)引っぱる・緊張させる

- suffer from physical [mental] **strain**

(肉体的[精神的]過労をわずらう) ○mental(1474)
・**strain** one's knee badly(膝をひどく痛める) ○badly(1447)

1250 crew [krúː]
名《集合的に》乗組員・乗務員, (仕事の)チーム

・a cabin **crew**(客室乗務員) ○cabin(1296)
・an emergency **crew**(救急隊) ⊖emergency(1049)

♣a crewは何人かで構成される集団が1つという意味。集団の中の1人はa crew member。

1251 fuel [fjúːəl]
名 燃料

・fossil **fuels**(化石燃料《石炭・石油・天然ガスなど》)

1252 habit [hǽbit]
名 (個人の)習慣・癖

・He is in the **habit** of reading a paper while having a meal.
(彼には食事をしながら新聞を読む癖がある)

1253 baggage [bǽgidʒ]
名《集合的に・単数扱い》手荷物(=luggage(583))

・Could you help me with this **baggage**?
(この荷物を運ぶのを手伝ってください)

1254 careless [kéərləs]
形 不注意な, 軽率な(⇔careful(258))

▶ carelessness 名 不注意
・It was **careless** of me to leave the door unlocked.
(ドアの鍵を閉めないでおいた私が不注意だった) ⊖lock(343)

1255 equally [íːkwəli]
副 等しく・平等に, 同様に

▶ equal (779)
・share the profits **equally**(利益を均等に分ける) ⊖share(293)

1256 journal [dʒə́ːrnl]
名 (雑誌など)定期刊行物, 日誌

▶ journalism 名 ジャーナリズム
・a medical **journal**(医学雑誌) ○medical(1537)

PART 3

1257 label [léibl]
動 (～に)ラベルをはる, (人に)レッテルをはる
名 札・ラベル

- The file was **labeled** "Top Secret."
 (そのファイルのラベルには「極秘」とあった)
- Stick a "FRAGILE" **label** on this package.
 (この小包に「割れ物注意」のラベルを貼りなさい)

1258 mainly [méinli]
副 主に

▶ main (79)　　　　　　　　　　　　　　　　　⇒competition(640)
- The decrease in the market share was **mainly** due to foreign competition.(市場占有率が落ちたのは主に海外での競争のためです)　　　　　　　　　　　　　♣due to「…の理由で」

1259 patience [péiʃəns]
名 忍耐(力)

▶ patient (207)
- Thank you for your **patience** during this delay.
 (この遅れの間のあなたの忍耐力に感謝いたします)　　⇒delay(566)

1260 permanent [pə́ːrmənənt]
形 永続的な, 常設の, 永久の
名 パーマ(=perm)

- **permanent** teeth(永久歯)
- **permanent** members of the U.N. Security Council
 (国連安全保障理事会の常任理事国)　　　　　　　　○council(1627)
- a **permanent** magnet(永久磁石)

1261 rare [réər]
形 まれな・珍しい, (ステーキが)レアの

▶ rarely (710)
- **rare** books(きこう本, 珍本)
- It is **rare** for him to be absent from work.
 (彼が仕事を休むなんて珍しい)
- I'd like my steak **rare**.(ステーキはレアでお願いします)

1262 relieve [rilíːv]
動 (苦痛・心配などを)取り除く,
　　(職・任務などから)解放[解任]する(of)

▶ relief (1263), relieved (1860)
- Take this medicine to **relieve** the pain.

(この薬を飲めば痛みがなくなります) ➔medicine(150)
・He was **relieved** of his post.(彼は職を解かれた)

1263 **relief** [rilíːf]
名 安心, (苦痛などの)除去, 救援

・It's a **relief** to hear that her condition is not serious.
(彼女の状態がさほど悪くないとのことでほっとしました)
・get **relief** from pain(痛みがとれる) ➔serious(331)

1264 **respond** [rispánd]
動 (〜に)答える・反応する(to)

▶ response (896)
・Please **respond** by tomorrow at the latest.
(おそくとも明日までにご返答ください) ➔latest(1527)

1265 **temporary** [témpərèri]
形 一時的な

▶ temporarily (2770)
・**temporary** employment(一時雇用, 臨時雇い) ➔employment(744)

1266 **theory** [θíːəri]
名 理論, 学説

▶ theoretical 形 理論的な
・the **theory** of relativity(相対性理論)

1267 **attraction** [ətrǽkʃən]
名 人を引きつけるもの《呼び物・出し物》, 魅力

▶ attract (738)
・a tourist **attraction**(観光名所)
・He couldn't resist the **attraction** of a high salary.
(彼は高給の魅力に抵抗することができなかった) ➔resist(2069)

1268 **bond** [bánd]
名 きずな, 債券, 接着(剤)　動 結合する

・the **bonds** of family [friendship](家族[友情]のきずな)
・a government **bond**(国債) ➔government(34)

PART 3

1269 compound [kámpaund]
名 化合[合成]物　動 [kəmpáund] 混合する

- a carbon **compound**（炭素化合物）
- **compound** a medicine（薬を調合する）

1270 detective [ditéktiv]
名 探偵

▶ detect (1700)
- The **detective** tracked the suspect to his apartment.
（探偵は容疑者をそのアパートまで追跡した）　→track(1043), suspect(714)

1271 discourage [diskə́:ridʒ]
動 (〜を)思いとどまらせる, 気力を失わせる
(⇔encourage(597))

- The cameras **discourage** shoplifters.
（カメラがあることで万引きを防いでいる）
- Don't be so **discouraged**.（そんなにしょげないで）

1272 expose [ikspóuz]
動 (〜を光・危険などに)さらす(to)

▶ exposure (1705)
- TV **exposes** children to violence and sex.
（テレビは子どもを暴力と性にさらしている）　→violence(1457)

1273 mechanical [məkǽnikl]
形 機械的な, 機械の

▶ mechanic (1676)
- The flight has been canceled due to a **mechanical** failure.
（機械故障のためその便は欠航になっています）　→cancel(563)

1274 proportion [prəpɔ́:rʃən]
名 割合, 釣り合い

- Research shows that the **proportion** of unmarried people has risen in most age categories.
（その調査によれば, ほとんどの年齢層で結婚しない人の割合が増えた）
- in [out of] **proportion**（釣り合いが取れている[取れていない]）

1275 retain [ritéin]
動 (〜を)保持する, (記憶に)留める

- **retain** the right to cancel the agreement

（契約を取り消す権利を保有する）　→memory(1010)
・**retain** the fact in his memory（事実を記憶に留めておく）

1276 shift [ʃíft]
動 (位置・方向などを)**変える[変わる]**
名 (勤務の)**交替, 変更**

・The wind **shifted** to the south.（風が南風に変わった）
・work the night **shift**（夜間勤務の仕事をする）

1277 tide [táid]
名 **潮(の干満), (世論などの)傾向**

・the rising **tide**（上げ潮）
・the **tide** of globalization（グローバル化の傾向）　→global(599)

1278 calm [káːm]
形 **落ち着いた・穏かな**
動 **落ち着かせる・静める**

・**calm** days（穏かな日々）
・At the hospital, the staff had to **calm** down some of the patients when the earthquake hit.
（その病院では、地震が起きたとき職員が何人かの患者を落ち着かせなければならなかった）　→staff(554), patient(207)

1279 casual [kǽʒuəl]
形 **形式ばらない, 臨時の**

・**casual** wear（普段着）
・**casual** employment（臨時雇用）

1280 casualty [kǽʒuəlti]
名 **死傷者, 犠牲者**

・the number of war **casualties**（戦死者の数）

1281 creative [kriéitiv]
形 **創造的な**

► create (271)
・**creative** ideas（創造的な考え）

1282 crush [kráʃ]
動 **押しつぶす, すりつぶす**

・Her hat was **crushed** in the crowd.
（彼女の帽子は群集の中で押しつぶされた）

PART 3

1283 eager [íːgər] 形 切望して (for, to do)

- I'm **eager** to start working on the project.
（その計画の実行に一刻も早く着手したい）

1284 instrument [ínstrəmənt] 名 (精密な)器具・機器, 楽器

- medical **instruments**（医療機器）　　　⊃medical(1537)
- Do you play any **instruments**?（何か楽器を演奏なさいますか）

1285 motion [móuʃən] 名 運動, 動議

- The machine was in **motion** when he opened the door.
（ドアを開けたとき, その機械は作動中だった）
- I'd like to make a **motion**.（動議を申し立てたいのですが）

1286 organ [ɔ́ːrgən] 名 (動植物の)器官, 機関, (パイプ)オルガン

▶ organism 名 有機体, 生物体, organic (2231)
- the circulatory [digestive] **organs**（循環[消化]器）
　　　　　　　　　　　　　　　　　　⊃circulation(2296), digest(2044)

1287 pose [póuz] 動 (問題などを)引き起こす・提出する, ポーズを取る　名 ポーズ, 見せかけ

- The problem is minor and **poses** no danger.　　⊃minor(1213)
（その問題はさして重要でなく危険を引き起こすことはない）
- Could you **pose** with us, please?（一緒に写真を撮らせてください）

1288 sensitive [sénsətiv] 形 (〜に)敏感な・神経質な (to, about)
（⇔insensitive「鈍感な」）

▶ sense (385)
- My eyes are very **sensitive** to light.
（私の目は光にとても敏感だ）
- She is very **sensitive** about her weight.
（彼女は体重をひどく気にしている）

♣sensitiveは感覚が敏感なことをいう。

1289 seriously [síəriəsli] 副 まじめに, ひどく

▶ serious (331)

- Don't take things too **seriously**.
  (物事をくそまじめに考えるなよ)
- The goods were **seriously** damaged by fire.
  (火事で商品は深刻な損害を受けた)

1290 split [splít]
動 分ける[分かれる]・割る[割れる]　名 分裂

[活用] split - split - split
- Let's **split** the bill.（割り勘にしましょう）
- She **split** up with her boyfriend.
  （彼女はボーイフレンドと手を切った）

1291 toss [tɔ́(:)s]
動（～を）軽くほうる　名 トス, コイン投げ

- Would you **toss** it over here?（こちらへそれをほうってくれますか）

1292 accuse [əkjúːz]
動《accuse A of Bで》
（AをBの理由で）訴える・非難する

▶ accusation 名 告発・告訴, accused (1293)
- He has been **accused** of spying.
  （彼はスパイ罪で告発されている） ♤spy「スパイ（をする）」
- They are **accusing** him of telling a lie.
  （彼らは彼がうそをついていると非難している）

1293 accused [əkjúːzd]
名《the ～で》被告人　形 告発された

- The **accused** was found guilty[innocent].
  （被告に有罪[無罪]の判決が下った）　○guilty(1418), innocent(2012)

TOEIC頻出 単語・語法問題 ────(20)─

◇ She is (sensitive / sensible) enough not to speak of it to others.　（答）sensible

※ sensitive (1288) は感覚が敏感なことや，機械などの感度が高いという意味。sensible (1394) は「分別がある」という意味で知性についての言葉です。この使い分けは TOEIC の頻出問題。このほか，同族語に sensuous「感性に訴える, 感性の豊かな」, sensual「官能的な」という語があります。選択肢に現れるので混乱しないように。
（意味）彼女にはそれを他人に言わないだけの分別がある。

PART 3

1294 behavior [bihéivjər]
名 行動, ふるまい・行儀

▶ behave (1448) →responsible(305)
- responsible [thoughtless] **behavior**（責任ある［軽率な］行動）
- good [bad] **behavior**（良い［悪い］ふるまい［行い］）

1295 burden [bə́ːrdn]
名 負担・重荷　動 (負担・重荷を)負わせる

- the tax **burden**（税負担）　→debt(1148)
- He is **burdened** with many debts.（大きな負債を負っている）

1296 cabin [kǽbin]
名 小屋, 船室・(飛行機の)機室

- a log **cabin**（丸太小屋）
- a first-class **cabin**（1等船室）

1297 chop [tʃáp]
動 切り刻む(up), たたき切る(down)

- **chop** an onion finely（タマネギを細かく刻む）　→fine(164)

1298 cling [klíŋ]
動 (〜に)しがみつく(to), (〜に)執着する(to)

活用 cling - clung - clung

- The boy **clung** to his father's arm.
（その男の子は父親の腕にしがみついた）　→belief(1399)
- He still **clings** to his belief.（彼はまだ自分の信念に執着している）

1299 criticism [krítəsìzm]
名 批評, 批判

▶ critic (1300), criticize (1773)
- literary [drama] **criticism**（文芸［演劇］批評）　→literary(2057)

1300 critic [krítik]
名 批評家

- a film [music, drama] **critic**（映画［音楽, 演劇］評論家）

1301 decorate [dékərèit]
動 装飾する

- The room was **decorated** with the flags of all nations.
（部屋は万国旗で飾られていた）

PART 3

1302 dependent [dipéndənt]
形 頼っている (⇔independent(1514))
名 扶養家族

▶ depend (179)
- The economy is heavily **dependent** on government spending. (経済は政府支出に大いに依存している) ◯heavily(1304)
- I have three **dependents**. (3人の扶養家族がいる)

1303 emphasis [émfəsis]
名 強調

▶ emphasize (1778)
- The course puts an **emphasis** on practical applications. (そのコースは実際の応用を重視している) ◯application(526)

1304 heavily [hévili]
副 多量に, (程度が)大きく

▶ heavy 形 重い, (程度などが)大きい, (交通量が)多い
- It started to snow **heavily**. (雪がたくさん降りはじめた)
- He is **heavily** occupied with that project. (彼はその事業で手一杯だ) ◯occupy(1355)

1305 inexpensive [inikspénsiv]
形 高価でない, 安い (⇔expensive(107))

- Are there any **inexpensive** restaurants near here? (このへんにそれほど高くないレストランはありますか)

1306 internal [intə́ːrnl]
形 内部の (⇔external(2049))

- **internal** affairs (内部の問題, 内政問題) ◯affair(1460)
- **internal** organs (内臓) ◯organ(1286)

1307 miracle [mírəkl]
名 奇跡(的な出来事)

- This medicine worked like a **miracle**. (この薬は奇跡的に効いた) ◯medicine(150)

1308 monitor [mánitər]
名 (コンピューターの)モニター, 監視装置
動 (〜を)監視する

- a 17-inch color **monitor** (17インチのカラーモニター)
- **monitor** the cease-fire (停戦を監視する) ◯cease(2425)

PART 3

1309 organize [ɔ́ːrɡənàiz]
動 (催しなどを)**準備する**, **構成する**, (組合などを)**組織する**

▶ organization (594), organized (1310)
- For new-comers, we have **organized** a welcome party.
  (新人のために私たちは歓迎パーティーを準備した)
- **organize** a report into six sections (記事を6項目に構成する)

1310 organized [ɔ́ːrɡənàizd]
形 **組織された**

- an **organized** crime (組織犯罪)　　　⇒crime(656)

1311 oxygen [ɑ́ksidʒən]
名 **酸素**

- put on an **oxygen** mask (酸素(吸入用)マスクをつける)

♣水素はhydrogen, 窒素はnitrogen, 炭素はcarbon。

1312 postal [póustl]
形 **郵便の**

▶ post (123)
- Thank you for your 10,000 yen **postal** transfer.　⇒transfer(618)
  (10,000円の郵便振替を送ってくださりありがとうございます)

1313 pray [préi]
動 (〜に…を)**祈る** (for, that)

▶ prayer 名 祈り
- We **prayed** for him to get well.
  (私たちは彼がよくなることを祈った)

1314 privacy [práivəsi]
名 **プライバシー**

▶ private (277)
- protect the **privacy** of the victims
  (被害者のプライバシーを守る)　　　⇒victim(696)

1315 privilege [prívəlidʒ]
名 **特典・特権**, **恩恵**　動 (〜に)**特典を与える**

▶ privileged 形 特典のある
- abuse the **privilege** (特権を濫用する)　　　⇒abuse(1238)
- I hope you will allow me the **privilege** of an interview.

(特別にインタビューさせていただけるといいのですが) ⊃interview(565)

1316 reputation
[rèpjətéiʃən]
名 評判, 名声

- Johnson Company has a high **reputation** for quality and service.
（ジョンソン社は品質とサービスには定評がある） ⊃quality(546)

1317 secondary
[sékəndèri]
形 第2の, 2次的な

- a **secondary** industry（第2次産業）
- That's a **secondary** matter.（それは2次的な問題だ）

1318 shield
[ʃíːld]
名 保護[遮へい]するもの
動 (～を)遮へい[保護]する

- an eye **shield**（保護メガネ）
- a heat **shield**（熱シールド）
- The house was **shielded** from view.
（その家は外から見えないように遮へいされていた）

1319 sightseeing
[sáitsìːiŋ]
名 観光

- Are there any city **sightseeing** buses?
（市内観光バスはありますか）

1320 skip
[skíp]
動 (～を)抜かす, 軽く跳ぶ

- I don't think you should **skip** breakfast.
（朝食を抜くのはよくないと思うよ）

1321 stall
[stɔ́ːl]
動 (エンストなどで)立ち往生する, 行き詰まる
名 露店

- The car **stalled** in the middle of the crossing.
（その車は交差点のど真ん中で立ち往生した）
- **stalled** Mideast peace talks（行き詰まった中東の和平交渉）

1322 stare
[stéər]
動 (～を)じっと見詰める(at, in, into)

- The man **stared** directly at me.
（その男は私の顔を真正面からじっと見つめた）

PART 3

1323 alive [əláiv]
形 生きている, 活力に満ちている

▶ live 形 生きている, (放送が)生の
- We hope they're all **alive**. (彼らが皆生存していることを祈る)
- She is wonderfully **alive** for her age.
(彼女は年の割りにはすごく元気だ)

♣ aliveは名詞の前には使わない。名詞の前にはlivingかliveを用いる―live fish(活魚)。awake(986), asleep(811)参照。

1324 escape [iskéip]
動 (〜を)逃れる, (〜から)逃げる (from)
名 (〜からの)逃亡 (from)

- He narrowly **escaped** being run over by a car.
(彼はあやうく車にひかれるという難から逃れた)
- He had a narrow **escape** from death. (彼は九死に一生を得た)

1325 positive [pázətiv]
形 確信している, 積極的な・肯定的な,
(検査の結果が) 陽性の (⇔negative(1012))

- I'm **positive** everything will come out all right.
(万事がうまくいくと確信している)
- a **positive** attitude (積極的な態度) ⇒attitude(737)

1326 praise [préiz]
名 賞賛　動 (〜を…のことで)ほめる (for)

- His work has won high **praise** from his colleagues.
(彼の仕事は同僚から絶賛を博した) ⇒win(334), ○colleague(1672)
- Everybody **praised** him for his hard work.
(彼の働きぶりを誰もが賞賛した)

1327 silence [sáiləns]
名 沈黙, 静けさ

▶ silent 形 沈黙した, 静かな
- They sat there in **silence**. (彼らはそこに黙って座っていた)
- There came a complete **silence**. (水を打ったように静まり返った)

1328 sink [síŋk]
動 沈む[める], 低下する　名 (台所の)流し

[活用] sink - sank - sunk

- A U.S. submarine **sank** a Japanese fishing boat.
(米国の潜水艦が日本の漁船を沈没させた)

- The president's approval rating has **sunk** nearly 10 points.
（大統領の支持率はほぼ10ポイント低下した） ◯approval(1625)

1329 symbol [símbəl]
名 象徴, 記号

▶ symbolic 形 象徴的な
- a status **symbol**（ステイタス・シンボル） ◯status(1667)
- "C" is the **symbol** for carbon.（Cは炭素の記号である）

1330 absolute [ǽbsəlùːt]
形 全くの, 完全な

▶ absolutely (1331)
- That is **absolute** nonsense.（そんなの全くのナンセンスだ）

1331 absolutely [ǽbsəlùːtli]
副 完全に・絶対に

- You're **absolutely** right!（あなたは完全に正しい）

1332 boast [bóust]
動 (〜を)自慢する(about, of), (〜を)誇りとする
名 誇りとする物

- He's always **boasting** about his accomplishments.
（彼はいつも業績を自慢している） ◯accomplish(1807)
- The town **boasts** the open-air sculpture museum.
（その町は屋外彫刻美術館を誇りにしている） ◯sculpture(2359)

1333 bomb [bám]
名 爆弾　動 爆撃する

- an atomic **bomb**（原子爆弾） ◯atomic(1462)
- pinpoint **bombing**（ピンポイント爆撃） ◯pinpoint(2807)

1334 breed [bríːd]
動 (動[植]物を)飼育[栽培]する, 育てる
名 品種

活用 breed - bred - bred
- **breed** horses（馬を飼育する）
- I was born and **bred** in the city.（私は生まれも育ちも都会でした）

1335 celebration [sèləbréiʃən]
名 祝賀(会)

▶ celebrate (741) ◯anniversary(1135)
- a 20th wedding anniversary **celebration**（結婚20周年祝賀会）

PART 3

1336 chase [tʃéis] 動(〜を)追跡する 名追跡
- **chase** a thief（泥棒を追跡する） ⇒thief(886)
- a car **chase**（カーチェイス）

1337 considerable [kənsídərəbl] 形かなりの, 相当な
- ▶ consider (614)
- He has **considerable** experience in this field.
（彼はこの分野で豊富な経験を積んでいる） ⇒experience(37)

1338 continent [kάntənənt] 名大陸
- ▶ continental 形 大陸の
- the North American **continent**（北アメリカ大陸）

1339 creature [krí:tʃər] 名生き物, 動物
- ▶ create (271)
- marine **creatures**（海洋生物）

1340 delight [diláit] 名大喜び・歓喜 動喜ばせる
- ▶ delighted (1341), delightful (2335)
- It was a great **delight** talking with you yesterday.
（昨日あなたとお話できたことは非常な喜びです）

1341 delighted [diláitid] 形喜んでいる
- I would be **delighted** if you could attend.
（ご出席いただければ大変うれしいのですが） ⇒attend(125)

1342 dramatic [drəmǽtik] 形劇的な・印象的な
- ▶ drama 名 劇, 戯曲
- a **dramatic** change（劇的な変化）

1343 election [ilékʃən] 名選挙

► elect (829)
- national [local] **elections**(国政[地方]選挙)

1344 **employer** [emplɔ́iər]
名 雇い主(⇔employee(510))

► employ (743)　　　　　　　　　　　　　　　　　⊙relation(1360)
- **employer**-employee relations(雇用者対従業員の関係)

1345 **essay** [ései]
名 随筆・評論

- a short **essay** on current social issues
 (現在の社会問題についての短い評論)　　　　⊙current(1065)

1346 **fortune** [fɔ́:rtʃən]
名 財産, 運・幸運

► fortunate (1470)
- He made a **fortune** out of stocks.(彼は株で財産を築いた)
- **Fortune** has smiled on us.(幸運が我々にほほえんだ)

1347 **frighten** [fráitn]
動 (~を)怖がらせる・驚かす

► fright 名 恐怖, 驚き
- I was **frightened** to death.(死ぬほどびっくりした)

1348 **gap** [gǽp]
名 隔たり, 隙間

- the wage **gap** between men and women(男女間の賃金格差)

1349 **gradually** [grǽdʒuəli]
副 徐々に(⇔suddenly(792))

► gradual 形 徐々の
- You'll **gradually** get used to the humid weather.
 (徐々に湿度の高い気候に慣れるでしょう)　　　　⊙humid(1206)

1350 **instant** [ínstənt]
形 即座の, 即席の　名 瞬間

► instantly 副 すぐに・直ちに
- **instant** access to the database
 (データベースへの瞬時のアクセス)
- Do it this **instant**!(いますぐそれをやりなさい)

PART 3

1351 ladder [lǽdər]
名 はしご, (出世の)階段

- climb up a **ladder**(はしごを登る)
- She swiftly climbed the **ladder** of success.
(出世の階段をかけ登った) ⊃swift(2545)

1352 leisure [líːʒər]
名 余暇・ひま

- **leisure** activities(余暇の活動)
- have no **leisure** time to travel(旅行するひまがない)

1353 loose [lúːs]
形 ゆるい, 結んでいない **動** (〜を)解き放つ

▶ loosen (1354)
- This sweater feels a little **loose** on me.
(このセーターは私にはちょっとだぶだぶだみたい)

1354 loosen [lúːsn]
動 ゆるめる

- **Loosen** your belt.(ベルトをゆるめなさい)

1355 occupy [ákjəpài]
動 (場所・地位などを)占める

▶ occupation (1356)
- Stores **occupy** the first floor of this building.
(ビルの1階は店舗が占めている)

1356 occupation [àkjəpéiʃən]
名 職業, 占領

- What kind of qualifications are needed for this **occupation**?
(この職業にはどんな資格が必要ですか) ⊃qualification(2113)

1357 presence [prézns]
名 出席・同席(⇔absence(1375)), 存在, (軍隊などの)駐留

- I really appreciate your **presence** at the party.
(パーティーに出席くださり誠にありがとうございます) ⊃appreciate(1082)
- There was no sign of life **presence** there.
(そこには生命存在のきざしは全くなかった)
- the **presence** of the U.S. military in Okinawa
(米軍の沖縄への駐留) ⊃military(1208)

PART 3

1358 reality [ri(:)ǽləti]
名 現実(性)，《in realityで》実は・実際には

- real 形 現実の，realistic (1897)
  - accept [escape from] **reality**（現実を受け入れる[から逃避する]）
  - In **reality**, this is not likely to happen.
  （実際には，このことは起こりそうにない）

1359 relate [riléit]
動 関連づける[する] (to)，《~を》話す

- relation (1360), related (929)
  - **relate** his overseas experience to his work
  （海外での経験を仕事に関連づける[活かす]）
  - His talk will **relate** to Internet security. ⇒security(525)
  （彼の話はインターネット・セキュリティに関連したものです）

1360 relation [riléiʃən]
名 関係 (with, between)

- relationship (588)
  - enter into business **relations**（取引関係に入る）

  ♣ relationは抽象名詞で単数扱い。relationsとすると具体的な「取引関係」を表して複数扱いになる。

1361 relative [rélətiv]
名 親類(の人)　形 比較的(な)，関連した

- relatively (1841)
  - She is my close [distant] **relative**.
  （彼女は近い[遠い]親せきに当たります）
  - a question of **relative** importance（比較的重要な問題）

1362 sympathy [símpəθi]
名 同情，共感

- sympathize (2620), sympathetic (2085)
  - Please accept my **sympathies**.（お悔み申し上げます）
  - I have great **sympathy** for his ideas.（彼の考えに大賛成だ）

1363 totally [tóutəli]
副 完全に，全く

- total (168)
  - I'm **totally** exhausted.（くたびれ果てた）　⇒exhaust(1180)

1001〜1515

PART 3

1364 treasure [tréʒər] 名宝物 動(〜を)大事にする

▶ treasury (2259)
- cultural **treasures**（文化遺産）

1365 tune [t(j)úːn] 名曲・メロディー 動(ラジオなどを)合わせる(to)，調整する(up)

- play a beautiful **tune** on the piano（ピアノで美しい曲を弾く）
- Stay **tuned** to this station for further weather reports.
（引き続き天気予報をこのダイヤル[チャンネル]でお聞き[ご覧]ください）

1366 wound [wúːnd] 名傷 動傷つける

- receive a slight [deep] **wound**（浅い[深い]傷を負う）
- He was seriously **wounded** in the head.
（彼は頭に重傷を負った）

1367 forecast [fɔ́ːrkæst] 名予報，予測 動予測する

活用 forecast - forecast [forecasted] - forecast [forecasted]
- What's the weather **forecast** for the weekend?
（週末の天気予報はどんなですか）
- It's hard to **forecast** the next earthquake.
（次の地震を予測するのは難しい）

1368 manufacture [mænjəfǽktʃər] 動製造する 名製造，《〜sで》製品

▶ manufacturer (1369)
- The company **manufactures** a wide range of kitchen products.（その会社は台所用品を広範囲に製造している） ⇒range(560)

1369 manufacturer [mænjəfǽktʃərər] 名製造業者

- I work for a computer **manufacturer**.
（コンピューター製造会社で働いています）

1370 yield [jíːld]
動 (～を)生み出す・もたらす, (～に)屈する(to)
名 産出高, 収益

- I'm certain it'll **yield** very positive results.
  (それは必ずポジティブな結果をもたらすものと確認している)
  →positive(1325)
- The government **yielded** to the pressure of public opinion.
  (政府は世論の圧力に屈した)　→pressure(638)
- the annual **yield** of wheat(小麦の年間収穫量)　→annual(1044)

1371 net [nét]
形 正味の(⇔gross(1401))
名 (テニスなどの)ネット・網
《the N～で》インターネット(=the Internet)

- a **net** profit [loss](純益[純損失])
- the goal **net**((サッカーなどの)ゴールネット)
- shop on the **Net**(インターネットで買い物をする)

1372 rumor [rúːmər]
名 うわさ　動《be ～edで》うわさされる

- I have heard some **rumors** about you.
  (君のうわさはいくつか聞いている)
- It is **rumored** that the President is going to resign.
  (大統領が辞職するらしいといううわさがある)　→resign(1861)

1373 murder [mə́ːrdər]
名 殺人　動 殺害する

- The man is accused of **murder**.
  (その男は殺人罪で告訴されている)　→accuse(1292)
- Where were you when she was **murdered**?
  (彼女が殺されたときあなたはどこにいましたか)

1374 passage [pǽsidʒ]
名 (法案などの)通過, (文章などの)一節, 通路

▶ pass(99)
- **passage** of a bill(法案の通過)　→bill(60)
- quote a **passage** from Shakespeare
  (シェイクスピアの一節を引用する)　→quote(2235)

PART 3

1375 absence [ǽbsəns] 名 欠席, 不在

▶ absent (935)
- Please excuse my **absence** from our meeting.
（会議を欠席して申し訳ありません） ⊕excuse(294)
- I can answer your request in Ms. Saito's **absence**.
（サイトウの不在中は私がご要望にお答えできます）

1376 basement [béismənt] 名 地階, 地下室

- a **basement** car park（地下駐車場）

1377 blank [blǽŋk] 形 空白の, 空の　名 空白, 書き込み用紙

- **blank** sheet（白紙）
- fill in the **blanks**（空欄を埋める） ⊕enclose(1038)
- I have enclosed an order **blank**.（注文用紙を同封いたしました）

1378 border [bɔ́:rdər] 名 国境, 境界（線）　動 隣接する

- cross the **border**（国境を越える）
- Switzerland is **bordered** on the west by France.
（スイスの西側はフランスに隣接している）

1379 carriage [kǽridʒ] 名 馬車

- The **carriage** is pulled by a single horse.
（その馬車は1頭の馬に引かれている）

1380 chairman [tʃéərmən] 名 議長（=chairperson）

▶ chair 名 議長　動 議長をつとめる
- We elected him **chairman**.（彼を議長に選んだ） ⊕elect(829)

1381 crack [krǽk] 動 （～を）割る[割れる]　名 割れ目・ひび

- The wine glass was **cracked**.（そのワイングラスは割れていた）
- **Cracks** appeared at the bottom of the tank.
（タンクの底に割れ目ができた）） ⊕appear(262)

1382 discovery [diskʌ́vəri]
名 発見, 発見されたもの

▶ discover 動 発見する
- ground breaking **discovery**（画期的発見）

1383 dull [dʌ́l]
形 (痛みなどが)鈍い, 退屈な, (商売が)活気がない

- I have a **dull** pain in my back.（背中に鈍い痛みがあります）
- This place is really **dull**.（ここは全く退屈なところだ）

1384 greet [gríːt]
動 (〜に)あいさつする, (〜を…で)迎える(with, by)

▶ greeting 名 あいさつ
- She **greeted** me with a kiss on the cheek.
  （彼女はほほにキスをして僕にあいさつした）
- He was **greeted** with a standing ovation.
  （彼はスタンディングオベーションで迎えられた）
  ♣ a standing ovationは, 全員が起立して拍手を送ること。

1385 informal [infɔ́ːrml]
形 形式ばらない, 非公式の(⇔formal(968))

- The atmosphere at the party was very **informal**.
  （パーティーはとてもくだけた雰囲気だった）　→atmosphere(1194)

1386 keen [kíːn]
形 熱心な, 鋭敏[敏感]な

- He has a **keen** interest in science.（彼は科学に強い興味を持つ）
- She has a **keen** sense of style.（彼女は流行に敏感だ）→sense(385)

1387 pill [píl]
名 丸薬・錠剤, 《the 〜で》経口避妊薬

- Take two **pills** after meals.（食後に2錠飲んでください）

1388 possess [pəzés]
動 (能力・財産などを)持っている, (考え・霊などが)とりつく

▶ possession (1389)
- The man **possesses** great wealth and power. →wealth(1489)
  （その男には巨大な富と権力がある）　　　　　→anxiety(2031)
- A feeling of anxiety **possessed** him.（彼は不安にとりつかれた）

PART 3

1389 possession [pəzéʃən]
名 所有(物)

- The man was arrested for illegal gun **possession**.
 (その男は銃の不法所持で逮捕された) ○illegal(1946), ●arrest(697)
- He lost all his **possessions** in the storm.
 (その嵐で彼は全財産を失った)

1390 quarrel [kwɔ́(:)rl]
動 (〜と)口論する, 不満を言う(with)
名 口論, 文句・不満

- I **quarreled** with my friend.(友人と口げんかをした)
- It takes two to make a **quarrel**.(けんか両成敗《ことわざ》)
- I have no **quarrel** with him.
 (彼に対して何も文句[不満]はない)

1391 reward [riwɔ́:rd]
動 (〜に)報いる **名** 報酬, 見返り

▶ rewarding (1575)
- I am pleased that your efforts have been **rewarded**.
 (あなたの努力が報われてうれしいです)
- receive a **reward** of $10,000 for this information
 (この情報提供で10,000ドルの報酬を受け取る)

1392 ride [ráid]
動 (自転車・馬・乗り物などに)乗る
名 乗る[せる]こと(on, in), 乗っている時間

活用 ride - rode - ridden

- **ride** (on) a horse [bicycle, motorcycle]
 (馬[自転車, オートバイ]に乗る)
- Can I give you a **ride**?(車で送りましょうか)
- It's within two hour's car [train] **ride**.
 (車[列車]で2時間以内(の距離)です)

1393 rob [ráb]
動 (〜から…を)奪う・盗む(of)

▶ robbery (1802)
- He was **robbed** of his money and credit cards.
 (彼は所持金とクレジットカードを奪われた)

1394 sensible [sénsəbl]
形 分別のある・賢明な

PART 3

- sense (385)
  - You were **sensible** to refuse the proposal.
    (その提案を拒否したとは君も賢明だった) →proposal(877)
  - ♣ p. 225参照。

1395 **threat** [θrét]
名 (～を)**脅かすもの・脅威**(to), (～の)**恐れ**(of)

- threaten (1396)
  - The issue will pose a serious **threat** to national security.
    (その問題は国家の安全保障に対して重大な脅威をもたらすだろう)
    →pose(1287), security(525)
  - an increased **threat** of terrorism (増大するテロの恐れ)

1396 **threaten** [θrétn]
動 (～を)**脅迫する**, (～の)**恐れがある**

- a **threatening** call (脅迫電話)
- be **threatened** with extinction (絶滅に瀕する) →extinct(2881)

1397 **tradition** [trədíʃən]
名 **伝統**, **伝説**

- traditional (639)
  - carry on the **tradition** (伝統を維持する)

1398 **weapon** [wépn]
名 **武器**

- nuclear **weapons** (核兵器) →nuclear(1078)

1399 **belief** [bilíːf]
名 **信念**, **信仰**, **信頼**

- believe 動 信じる
  - hold [have] a firm **belief** that .... (…という堅い信念を持つ)
  - freedom of **belief** (信仰の自由) →firm(444)

1400 **connection** [kənékʃən]
名 **関係**, **接続**

- connect (717)
  - There is an apparent **connection** between smoking and lung cancer. (喫煙と肺癌には明らかな関係がある) →apparent(1763)
  - Is there a **connection** to Paris? (パリへの接続はありますか)

PART 3

1401 gross
[gróus]

形 総計の(⇔net(1371))　名 グロス《12ダース》
動 (〜の)総収益を上げる

- **gross** income(総収入, 総所得)
- a **gross** of eggs(卵1グロス)
- We **grossed** $10,000 at the show.
(そのショーで10,000ドルの収益を上げた)

1402 hesitate
[hézitèit]

動 (〜を)ためらう(about, to do)

- Please do not **hesitate** to ask.(遠慮なくおたずねください)

1403 primary
[práimèri]

形 第一の・主要な, 初級の

▶ primarily (2233)
- The **primary** factor in our success is the quality of our products.(我々が成功した第一の要因は製品の質のよさだ)
- **primary** education(初等教育)　　　　　　　　　　○factor(1662)

1404 recall
[rikɔ́ːl]

動 (〜を)思い出す, (欠陥品を)回収する
名 (欠陥商品の)回収, リコール

- I don't **recall** ever meeting her.
(いままで彼女と会ったことがあるか思い出せない)
- Mitsuwa Motors is **recalling** their mini vans.
(ミツワモーター社はミニバンをリコールしている)

1405 width
[wídθ]

名 幅, 広さ

▶ wide 形 広い
- The **width** of the shelf is 45 cm.(棚の幅は45cmです)

1406 cast
[kǽst]

動 (票を)投じる, (視線などを)向ける　名 配役

[活用] cast - cast - cast
- **cast** a vote in an election(選挙で投票する)　　　　◉election(1343)
- She **cast** an envious look at her friend.
(彼女は友だちに羨望のまなざしを向けた)　　　　　　○envy(1939)

PART 3

1407 deny [dinái] 動(〜を)否定する

▶ denial 名否定
- I can't **deny** that I'm very disappointed.
（大変失望していることは否定できません）

1408 airmail [éərmèil] 名航空郵便(物)

- send a letter by **airmail**（手紙を航空便で出す）

1409 balcony [bǽlkəni] 名バルコニー，(劇場の)さじき

- I'd like a room with a **balcony**.
（バルコニー付きの部屋をお願いします）

1410 bitter [bítər] 形苦い，(批判・寒さなどが)厳しい，つらい

- have a **bitter** taste（苦い味がする） ⇒taste(211)
- a **bitter** cold day（寒さの厳しい日）

1411 caution [kɔ́ːʃən] 名用心，警告 動(〜に)警告する

▶ cautious (1743)
- We advise you to act with **caution**.（慎重に行動しなさい）
- We were **cautioned** not to drink tap water.
（水道水を飲まないよう警告された） ⇒tap(1435)

1412 closely [klóusli] 副綿密に，密接に

▶ close (52)
- We will **closely** study the proposal and get back to you soon.（ご提案を詳しく検討してすぐにご返事いたします） ⇒proposal(877)

1413 conscious [kánʃəs] 形(〜を)意識している(of)，意識のある (⇔unconscious(2603))

▶ consciousness 名意識，自覚
- Few people are **conscious** of the energy problem.
（エネルギー問題を意識している人は少ない）

1001〜1515

PART 3

1414 cruel [krúːəl] 形 冷酷[残酷]な

▶ cruelty 名 残酷
・How can you be so **cruel**?(どうしてそんなに冷酷になれるの?)

1415 emotion [imóuʃən] 名 感情

▶ emotional (1416), emotionally 副 感情的に
・I'm afraid to let my **emotions** show.
（私は自分の感情を表に出したくない）

1416 emotional [imóuʃənl] 形 感情的な・感動的な

・His speech was very **emotional**.
（彼の演説は非常に感動的だった）

1417 funeral [fjúːnərl] 名 葬儀・葬式

・The **funeral** will be held at St. Paul's Church.
（葬儀は聖パウロ教会で行われます）

1418 guilty [gílti] 形 罪の意識がある, 有罪の (⇔innocent (2012))

▶ guilt 名 有罪
・I feel **guilty** about forgetting her birthday.
（彼女の誕生日を忘れて悪いことをした）
・He was found **guilty**.（彼は有罪になった）

1419 handy [hǽndi] 形 手頃[便利]な, 手近な

・a **handy** reference book（便利な参考書） ⇒reference(1201)
・Keep this manual **handy**.
（このマニュアルを手近なところに置いてください） ⇒manual(1664)

1420 hint [hínt] 名 暗示・ヒント 動 ほのめかす

・Will you give me a **hint**?（ヒントを出してくれますか）
・What are you **hinting** at?（何のことを言っているの？）

PART 3

1421 intention [inténʃən]
名 意図・意志

▶ intend (417)
- He did it with good **intentions**. (彼は善意からそうしたのだ)
- I have no **intention** of leaving the job.
(仕事をやめるつもりは全くありません)

1422 liberty [líbərti]
名 自由, 《at libertyで》自由に〜してよい (to do)

- individual **liberty** (個人の自由)
- You are at **liberty** to read these files.
(これらのファイルはご自由にお読みください)

1423 odd [ád]
形 変な, はんぱの, 奇数の (⇔even「偶数の」)

- The bird was acting in a very **odd** way.
(その鳥はとても変な動作をしている)
- do **odd** jobs (はんぱ仕事[雑役]をする)
- **odd** numbers (奇数)

♣ odds (2608) 参照。

1424 offend [əfénd]
動 (〜を)怒らせる, (道徳・慣習などを)破る (against)

▶ offense (1444), offensive (2524)
- I was **offended** by his blunt speech.
(彼のぶしつけな口のきき方に腹が立った)

1425 possibly [pásəbli]
副 おそらく, 《can[could] 〜で》何とかして・できれば・どうしても (否定文)

▶ possible (117)
- **Possibly** I made a mistake in this case.
(おそらくこの事例で間違えたのだろう)
- Could you **possibly** give me a ride home?
(できれば家まで乗せていっていただけませんか)
- I couldn't **possibly** make it on that day.
(どうしてもその日にはできなかった)

1001〜1515

PART 3

1426 pretend [priténd]
動 (〜の)ふりをする (to be [do], that)

- He **pretended** to know nothing. [＝He **pretended** that he didn't know anything.]（彼は何も知らないふりをした）

1427 principle [prínsəpl]
名 主義・信条, 原則

- It's against my **principles**.（それは私の主義に反する）
- the **principle** of separation of church and state
（政教分離の原則） ⇒separate(386)

1428 probable [prábəbl]
形 ありそうな

▶ probably(96), probability **名** 見込み
- It is **probable** that he'll win the championship.
（彼は選手権大会でおそらく優勝するだろう） ⇒championship(1787)

1429 religion [rilídʒən]
名 宗教・信仰, 信念

▶ religious **形** 宗教の
- It is against my **religion**.（それは私の信仰[信念]に反する）

1430 rub [rʌ́b]
動 こする, 磨く

- **rub** out with an eraser（消しゴムで消す） ⇒erase(2342)

1431 rude [rúːd]
形 無礼な (⇔polite(905)), 粗野な

▶ rudeness **名** 無礼
- I thought you acted a little **rude** to him.
（君は彼に対してちょっと失礼だと思ったよ）

1432 soil [sɔ́il]
名 土壌

- fertile **soil**（肥沃な土壌） ⇒fertile(2512)

1433 sour [sáuər]
形 酸っぱい (⇔sweet「甘い」), （関係などが）気まずくなる[難しくする]

- This milk turned **sour**.（この牛乳, 酸っぱくなってる）
- Relations between Japan and China have **soured**.

(中国と日本の関係が気まずくなった)

1434 structure [strʌ́ktʃər]
名 構造, 建造物　動 (〜を)構築する

▶ structural 形 構造上の
- the **structure** of modern society(現代社会の構造)

1435 tap [tǽp]
名 (ガス・水道などの)栓
動 (〜を, 〜で)軽くたたく

- **tap** water(水道の水)
- She is **tapping** her toes to the music.
(音楽に合わせてつま先をトントン踏み鳴らしている)

1436 translate [trænsléit]
動 (〜に, 〜から)翻訳する(into, from)

▶ translation 名 翻訳
- His novels were **translated** into Japanese.
(彼の小説は日本語に翻訳された)

1437 transport [trænspɔ́:rt]
動 輸送する

▶ transportation (1438)
- The patient was **transported** by helicopter.
(患者はヘリコプターで輸送された)

1438 transportation [trænspərtéiʃən]
名 輸送(機関・手段), 交通(機関・手段)

- air **transportation**(空輸)
- Is it close to public **transportation**?
(交通機関へは近いですか)

1439 ugly [ʌ́gli]
形 不快な, 醜い

- Please don't speak in such **ugly** language.
(そんなきたない言葉遣いで話さないでください)

1440 vast [vǽst]
形 莫大な・膨大な

▶ vastly 副 たいそう
- **vast** numbers of people(おびただしい数の人)

PART 3

1441 yell [jél] 動 大声をあげる 名 叫び(声)

- Don't **yell** at me like that!
(そんなふうに私に向かって大声をあげないで)

1442 draft [dræft] 名 下書き・草案, 手形・小切手

- Now, I'll explain our **draft** plan.
(それでは計画の草案を説明します)
- a bank **draft**(銀行為替手形)

1443 inspire [inspáiər] 動 (人を)鼓舞する, (考え・感情を)吹き込む

► inspiration 名 鼓舞(する物・人), 霊感
- His success **inspired** me to work ever harder on my own research.
(彼の成功で私も自分の研究にもっと努めなければと鼓舞された)

→research(528)

1444 offense [əféns] 名 違反, 侮辱, 攻撃(⇔defense(473))

- a parking **offense**(駐車違反)
- Sorry! I didn't mean any **offense**.
(ごめん。悪気はなかったのです)
- **Offense** is the best defense.(攻撃は最善の防御なり《ことわざ》)

1445 landscape [lændskèip] 名 風景・景色

- I enjoyed the beautiful **landscape** of Yosemite.
(ヨセミテの美しい風景を満喫した)

1446 awful [ɔ́:fl] 形 ひどい, 恐ろしい

► awfully 副 とても, すごく
- an **awful** smell(ひどい悪臭)
- an **awful** accident(恐ろしい事故)

1447 badly [bǽdli] 副 まずく, ひどく

► bad 形 悪い, まずい

- He treated me **badly**.（彼は私を不当に扱った） →treat(619)
- Tom was **badly** injured in a traffic accident.
（トムは交通事故でひどい怪我をした）

1448 behave [bihéiv]
動 ふるまう, 行儀よくする

▶ behavior (1294)
- He **behaved** very decently.（彼は極めて礼儀正しくふるまった）
- **Behave** yourself.（お行儀よくしなさい） ○decent(2833)

1449 curve [kə́ːrv]
名 曲線, カーブ　動 曲がる[曲げる]

- The blue **curve** is our market share.
（青の曲線がわが社のマーケットシェアです） →share(293)
- The road **curves** sharply to the right.
（道は急角度で右へ曲がっている）

1450 disappear [dìsəpíər]
動 消える(⇔appear(262)), なくなる

- He **disappeared** without a trace.（彼は跡形もなく消えた）
○trace(1907)

1451 drill [dríl]
名 きり, 訓練
動 （きりなどで）穴を開ける, 訓練する

- an electric **drill**（電動ドリル）
- a fire [evacuation] **drill**（消防[避難]訓練） ○evacuate(2681)
- **drill** a hole through the door（ドアにドリルで穴を閉ける）

1452 fellow [félou]
名 仲間, やつ

- He is a **fellow** at Yale University.
（彼はイエール大学での仲間です）
- his **fellow** classmate（彼の級友）

1453 grateful [gréitfl]
形 (〜に)感謝している(to, for)

- I'm so **grateful** to you for telling me.
（話してくれて大変感謝しています）

PART 3

1454 root [rúːt]
名 根, 《～sで》ルーツ, 根源

- The tree has taken **root**. (その木は根づいた)
- The game, 'go' has its **roots** in China.
(囲碁は中国がルーツです)

1455 sentence [séntəns]
名 文, 判決　**動** (～に…の)判決を下す(to)

- an affirmative [a negative] **sentence** (肯定[否定]文)
  ⊃affirmative(2029)
- a suspended **sentence** (執行猶予つきの判決)　⊃suspend(2245)
- He was **sentenced** to 10 years in prison.
(彼は10年の禁固刑を宣告された)

1456 violent [váiələnt]
形 乱暴な, 激しい

▶ violence (1457)
- a **violent** crime (暴力犯罪)
- a **violent** earthquake (激震)

1457 violence [váiələns]
名 暴力

- We need organized efforts to prevent school **violence**.
(校内暴力を防止するために組織的努力が必要だ)

1458 wing [wíŋ]
名 羽・翼, (政党の)翼(よく)

- a butterfly's **wings** (チョウの羽)
- the liberal [conservative] **wing** (リベラル[保守]派)
  ⊃liberal(2015), conservative(1745)

1459 stupid [st(j)úːpəd]
形 愚かな, くだらない

- It was **stupid** of me to agree. (同意するなんて私はばかだった)

1460 affair [əféər]
名 (政治・社会・個人の)問題, 事態, 事件

- foreign **affairs** (外交問題)
- financial **affairs** (財務, 財政状態)　⊃financial(747)
- present state of **affairs** (現状)

PART 3

1461 analysis [ənǽləsis] 名 分析(⇔synthesis「統合」)
► analyze (1612)
・economic **analysis**(経済分析) ⇒economic(762)

1462 atomic [ətámik] 形 原子(力)の
► atom 名 原子
・**atomic** energy [power] (原子[核]エネルギー)

1463 beg [bég] 動 (〜を)懇願する (for, to do)
・He **begged** me for money.(彼は私に金を無心した)
・I **beg** your pardon?(もう一度言っていただけますか) ⇒pardon(850)

1464 bold [bóuld] 形 大胆な, ずうずうしい
・take a **bold** step(大胆な手段を取る)

1465 bury [béri]※ 動 (〜を)埋める, (〜を)うずめる
・He was **buried** beside his wife.
(彼は亡き妻のかたわらに埋葬された)
・She **buried** her face in her hands.
(彼女は両手に顔をうずめた[で顔をおおった])

1466 element [éləmənt] 名 (構成)要素, 元素
► elementary (1702)
・an important **element**(重要な要素)

1467 expression [ikspréʃən] 名 表現, 表情
► express (180)
・I've never heard that **expression** before.
(そんな表現は聞いたことがない)
・When the verdict was read, he had a surprised **expression** on his face.(評決が読まれたとき彼の顔には驚きの表情があった)
⇒verdict(3026)

1001〜1515

PART 3

1468 faith [féiθ]
名 信頼, 信仰

▶ faithful (2010)
- I have complete **faith** in you.
  (あなたに絶大なる信頼を寄せています)
- He's a man of deep **faith**.(彼は深い信仰の人だ)

1469 flock [flάk]
名 (羊・鳥などの)群れ 動 群がる

- A man is feeding a **flock** of birds.
  (男の人が鳥の群れにえさをやっている)
- Birds of a feather **flock** together.
  (同じ羽毛の鳥は1か所に集まる[類は友を呼ぶ]《ことわざ》)

1470 fortunate [fɔ́:rtʃənit]
形 幸せな・幸運な (in, to do)

▶ fortunately (1471), fortune (1346)
- He is **fortunate** in having such wonderful friends.
  (あんなにすばらしい友だちを持って彼は幸せだ)
- a **fortunate** person(幸運な人)

1471 fortunately [fɔ́:rtʃənətli]
副 幸いにも(⇔unfortunately (1630))

- Just **fortunately**, nobody was hit.
  (全く幸いなことに, 誰にもぶつからなかった)

1472 glance [glǽns]
名 ちらっと見ること
動 (〜を)ちらっと見る (at, over, etc)

- I recognized her at first **glance**.
  (一目みてすぐに彼女だとわかった)　　　　⇒recognize(748)
- He **glanced** nervously at his watch.
  (彼はいらいらしながら時計をちらっと見た)　⇒nervous(757)

1473 invent [invént]
動 (〜を)発明する, (うそなどを)でっち上げる

▶ invention 名 発明(品)
- **invent** a new product(新製品を発明する)
- He **invented** a good excuse for delaying his departure.
  (出発が遅れたうまい口実をでっち上げた)　⇒excuse(294), delay(566)

1474 mental [méntl]
形 精神の・心の (⇔physical(678))

► mentality 名 知性, 精神
- Walking is good for both physical and **mental** health.
（歩くことは心身両方の健康によいことである）

1475 merchant [mə́ːrtʃənt]
形 商業の　名 商人

► merchandise (2179)
- a **merchant** ship（商船）

1476 mount [máunt]
動 (問題・費用などが)増加する, (〜を)取り付ける[はめ込む]

- The costs on this project keep **mounting** up.
（この企画のコストは増加し続けている）
- **mount** chips on a circuit board（回路盤にチップを取り付ける）
　　　　○chip(2323), circuit(1815)

1477 necessity [nəsésəti]
名 必要(性),《〜sで》必需品

► necessary (144)
- There is no **necessity** for you to consult with him.
（あなたは彼に相談する必要はありません）　　○consult(1098)
- daily **necessities**（生活必需品）

1478 neglect [niglékt]
動 (〜を)無視する, ほうっておく
名 無視, 怠慢

- **neglect** his advice（彼の助言を無視する）
- **neglected** or abused children
（放置あるいは虐待されている子どもたち）　　○abuse(1238)

1479 passion [pǽʃən]
名 (〜への)情熱, 熱中 (for)

- I have a **passion** for whatever I am doing.
（何であれ, いまやっていることに情熱を持つ）

1480 pity [píti]
名 残念な事, 哀れみ

- It's a **pity** you can't make it to the party.
（君がパーティーに来られないとは残念だ）

PART 3

1481 rival [ráivl]
名 競争相手　動 (～に)匹敵する

- a **rival** company(競争会社)
- No one could **rival** him.(誰も彼には及ばなかった)

1482 stiff [stíf]
形 堅い・硬直した

► stiffen 動 堅くなる[する]
- I have **stiff** shoulders.(肩が凝っている)

1483 string [stríŋ]
名 ひも, 一続き(のもの), 《the ～sで》弦楽器

[活用] string - strung - strung
- tie a package with a **string**(ひもで小包をしばる)
- a **string** of business successes(一連の事業の成功)

1484 swear [swéər]
動 (～を)誓う(to do, that)

[活用] swear - swore - sworn
- **swear** to tell the truth(真実を語ることを誓う)
- I **swear** it's true.(絶対にうそじゃないよ)

1485 sweep [swí:p]
動 (～を)掃く, (～を)さっと運び去る(away)

► sweeping(2619)　[活用] sweep - swept - swept
- A man is **sweeping** the floor.(男の人が床を掃いている)
- The bridge was **swept** away by the flood.(橋が洪水で流された)

1486 underground [ʌ́ndərgràund]
形 地下の, 秘密の

- an **underground** parking lot(地下駐車場)
- the **underground** press(アングラ新聞)

1487 vague [véig]
形 はっきりしない, ぼんやりした

- She always gives **vague** replies.(彼女の返事はいつもあいまいだ)

1488 victory [víktəri]
名 勝利

- They won a narrow **victory**.(辛くも勝利を得た)　⇒win(334)

PART 3

1489 wealth [wélθ] 名《~ of で》豊富な, 富

► wealthy 形 裕福な
- a **wealth** of knowledge [experience]（豊富な知識[経験]）

1490 bare [béər] 形 裸の・むき出しの, ありのままの

► barely (1932)
- **bare** feet [hands]（素足[手]）
- These are the **bare** facts.（これらがありのままの事実です）

1491 personality [pə̀:rsənǽləti] 名 人格・性格,（芸能・スポーツなどの）有名人

► personal (276)
- She has a nice **personality**.（彼女はいい性格をしている）
- a sports [TV] **personality**（スター選手[テレビタレント]）
♣ a TV talent とはいわないので注意。

1492 sketch [skétʃ] 名 素描, 概略（図）
動 （～の）略図をかく[述べる]

- They are drawing **sketches**.（彼らはスケッチをしている）
- **sketch** out the sales plan（販売計画の概略を述べる）

1493 visual [víʒuəl] 形 目に見える, 視覚の

- the **visual** world（視覚世界）

1494 abstract [ǽbstrækt] 形 抽象的な（⇔concrete (2502)）
名 抽象（観念）, 要約

- **abstract** art（抽象芸術）
- **abstract** thinking（抽象的思考）

1495 accurate [ǽkjərət] 形 正確な, 精密な（⇔inaccurate「不正確な」）

► accuracy (2470)
- Your report was completely **accurate**.
（あなたのレポートは完全に正確でした）
- an **accurate** watch（精密な時計）

1001〜1515

PART 3

1496 cheat [tʃíːt]
動 だます, いかさまをする

- The man has **cheated** on his taxes for years.
(その男は何年も税金をごまかしていた)

1497 coincide [kòuinsáid]
動 (〜と)同時に起きる(with), (〜と)一致する (with)

▶ coincidence (1498)
- It **coincided** with a national holiday.
(国民の祝日と(日時が)重なった)
- His views **coincide** with mine.(彼の意見は私のものと一致する)

1498 coincidence [kouínsidəns]
名 同時発生, (偶然の)一致

▶ coincident 形 一致した
- What a **coincidence**!(偶然ですね)

1499 conclude [kənklúːd]
動 (〜と)結論づける, (〜を)終了させる

▶ conclusion (1634)
- Police **concluded** that the footprint matched his left boot.
(警察はその足跡が彼の左足のブーツに一致すると結論づけた)
　　　　　　　　　　　　　　　　　　　　　　　　　　　⮕match(355)
- He **concluded** his speech with a famous proverb.
(彼はスピーチを有名なことわざで結んだ)

1500 fame [féim]
名 名声

▶ famous 形 有名な
- He hoped to find **fame** as a singer.
(彼は歌手として名声を得ようと望んでいた)

1501 globe [glóub]
名 《the 〜で》地球, 球体

▶ global (599)
- a journey around the **globe**(世界旅行)

1502 insult [insʌ́lt]
動 侮辱する　名 [ínsʌlt] 侮辱

- I'm sure that she didn't intend to **insult** you.
  (彼女があなたを侮辱するつもりなどなかったのは確かですよ)
- She took it as an **insult**. (彼女はそれを侮辱ととった)

1503 **resemble** [rizémbl]
動 (〜に)似ている

- Bryan and his brother don't really **resemble** each other.
  (ブライアンと彼の兄[弟]はあまりよく似ていない)

1504 **resolution** [rèzəlúːʃən]
名 (問題の)解決, 決議, 決心

▶ resolve (1899)
- peaceful **resolution**(平和的解決)
- adopt **resolutions** calling for withdrawal of the troops
  (兵力の撤退を要求する決議を採択する)

◐withdrawal(2319), ◉adopt(1001)

1505 **visible** [vízəbl]
形 目に見える(⇔invisible「見えない」), 明らかな

- **visible** light(可視光線)
- It is **visible** to everybody.(それは誰の目にも明らかだ)

1506 **accent** [ǽksent]
名 なまり, アクセント

- speak Japanese with a Kansai **accent**
  (日本語を関西なまりで話す)

1507 **courage** [kə́ːridʒ]
名 勇気

▶ courageous (2431)
- I was amazed by his **courage**.(彼の勇気には驚いた)

◉amaze(1239)

1508 **false** [fɔ́ːls]
形 うその・にせの(⇔genuine(2440)), 誤った

- make a **false** statement(虚偽の申立てをする)
- give a **false** impression(誤った印象を与える)

PART 3

1509 nod
[nád]
動 うなずく, 会釈する　名 うなずき

・She **nodded** in approval.（彼女は同意してうなずいた）
　　　　　　　　　　　　　　　　　　　◌approval(1625)

1510 punish
[pʌ́niʃ]
動 (～を…のことで)罰する(for)

▶ punishment (1511)
・The boy was **punished** for being late.
（その男の子は遅刻して罰せられた）

1511 punishment
[pʌ́niʃmənt]
名 処罰

・I am opposed to capital **punishment**.（私は死刑に反対です）
　　　　　　　　　　　　　　　　　　　◌oppose(1209)

1512 appoint
[əpɔ́int]
動 (～に)任命する(as, to), (日時・場所を)定める

▶ appointment (621)
・He was **appointed** as Managing Director of the company.
（彼は会社の常務に任命された）

1513 ashamed
[əʃéimd]
形 (～を)恥じている(of, that), (～をするのが)恥ずかしい(to do)

・I'm **ashamed** of myself.（自分が恥ずかしい）
・I'm **ashamed** to admit it, but I forgot.
（恥ずかしい話ですが忘れました）

1514 independent
[ìndipéndənt]
形 (～から)独立した・自立した(of)
(⇔dependent(1302))

▶ independence (1515)
・an **independent** country（独立国家）
・He is **independent** of his parents.
（彼は両親の世話を受けていない）

1515 independence
[ìndipéndəns]
名 独立

・declare **independence**（独立を宣言する）　　◌declare(1936)

PART 4

4,500語レベル

TOEIC問題中 92%cover

1,516-2,025

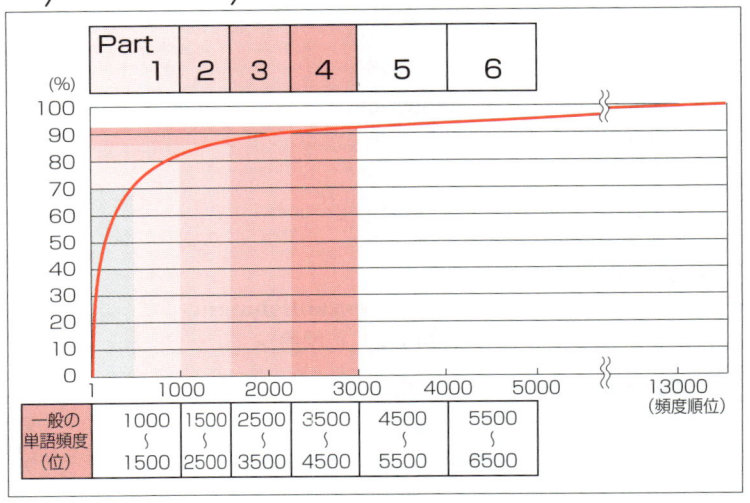

Part	1	2	3	4	5	6
一般の単語頻度（位）	1000〜1500	1500〜2500	2500〜3500	3500〜4500	4500〜5500	5500〜6500

PART 4

1516 accounting [əkáuntiŋ] 名 会計・経理

▶ account (40)
- the **accounting** department(会計課, 経理部) ⇒department(54)

1517 belonging [bilɔ́(:)ŋiŋ] 名《～sで》所有物

▶ belong (812)
- Please do not forget your **belongings** when you leave the train.(下車する際にはお忘れ物のないようにご注意ください)

1518 bind [báind] 動 結ぶ・縛る, 義務づける

▶ binding (2924), bound (1519)　活用 bind - bound - bound
- A child **binds** a married couple together.
（子はかすがい《ことわざ》）

1519 bound [báund] 形《be bound to doで》きっと～する・～する義務がある, ～行きの (for)

- The coming days are **bound** to be difficult for you.
（あなたはこれからきっと大変でしょう）
- He was **bound** by the contract to make payments on the 25th of each month. ⇒contract(544)
（彼は契約によって毎月25日に支払いをする義務があった）
- a plane **bound** for Narita(成田行きの飛行機)

♣be bound to doのboundはbindの過去分詞が形容詞になったもの。boundには「(ボールなどが)バウンドする」の意味もあるが,bounce(2473)の方をよく使う。

1520 construct [kənstrʌ́kt] 動 建設する

▶ construction (1031), constructive (2300)
- He **constructed** the house by himself.
（彼は自分で家を建てた）

1521 establishment [istǽbliʃmənt] 名 設立(されたもの), 《the ～で》体制・権威

▶ establish (676)
- an educational [a business] **establishment**(学校[会社])
- the medical **establishment**(医学界) ⇒medical(1537)

1522 deduct [didʌ́kt] 動 (～を)差し引く, 控除する

▶ deduction 名 差引き, 控除
- **deduct** 10% income tax from the total amount of payment

（支払い総額から10％の所得税を差し引く）

1523 democracy [dimákrəsi] 名 民主主義
- democratic 形 民主主義の, 民主的な
  - defend [protect] **democracy**（民主主義を守る） ⇒defend(964)

1524 scatter [skǽtər] 動 (〜を)まき散らす
- Demonstrators were **scattered** by the police.
  （デモ隊は警察に散り散りにされた） ⇒demonstrate(1685)

1525 territory [térətɔ̀:ri] 名 (営業などの)区域, 領土
- territorial 形 領土の
  - a sales **territory**（販売区域）

1526 justice [dʒʌ́stis] 名 正義・公正(⇔injustice「不正」), 裁判(官)
- justify (2014)
  - social [political] **justice**（社会[政治上の]正義）
  - the Department of **Justice**（(アメリカの)司法省）

1527 latest [léitist] 形 最近の・最新の, 《at the latestで》遅くとも
- What's the **latest** news?（最近変わったことはありましたか）
- I'll be able to ship it by this weekend at the **latest**.
  （遅くとも今週末までには出荷できると思います）

1528 leading [lí:diŋ] 形 主要な, 先導する
- lead (153)
  - ITT Co. is a **leading** manufacturer of business machines.
    （ITT Co.は事務用機器の主要メーカーです） ⇒manufacturer(1369)

1529 meantime [mí:ntàim] 名 《in the meantimeで》ところで・その間に
- In the **meantime**, let us know if there is anything we can do for you and your family.
  （ところで, 私たちがあなたとあなたのご家族に何かできることがありましたら何なりとおっしゃってください《お悔やみの手紙》）

1530 merely [míərli] 副 単に, ただ
- mere 形 単なる, ほんの
  - Perhaps it is **merely** an oversight.
    （たぶん単に見落としただけだよ） ⇒oversight「見落とし」

PART 4

1531 missing [mísiŋ]　形 行方不明の, 欠けている
▶ miss (374)
- My luggage is **missing**.（私の荷物が行方不明だ）
- Several items were **missing**.（いくつか不足品がありました）

1532 moral [mɔ́(:)rl]　名 教訓,《～sで》道徳　形 道徳上の
- The **moral** of this story is that dishonesty does not pay.
（その話の教訓は不誠実が割に合わないということだ）
- He has a keen sense of **moral** responsibility.
（彼は道徳的責任感が強い）　　　　　　　　　　⇒responsibility(625)

1533 saving [séiviŋ]　名 節約,《～sで》貯蓄
▶ save (81)
- It will be a great **saving**.（それは大幅な節約となるだろう）
- I would like to open a **savings** account.
（普通預金口座を開きたいのですが）　　　　　　　　⇒account(40)

1534 sigh [sái]　動 ため息をつく　名 ため息
- He **sighed** deeply.（彼は深くため息をついた）
- a **sigh** of relief（安堵のため息）　　　　　　　⇒relief(1263)

1535 sincere [sinsíər]　形 心からの, 誠実な
▶ sincerely (646), sincerity 名 誠実
- Please accept my **sincere** condolences[sympathies].
（心からお悔やみ申し上げます）　　　　　　　　　⇒condolence(2903)

1536 whistle [hwísl]　動 口笛を吹く, ピーと音がする　名 口笛
- I heard someone **whistle**.（誰かが口笛を吹くのが聞こえた）
- The wind **whistled** through the pine trees.
（松林を通り抜けて風がひゅーひゅーうなった）

1537 medical [médikl]　形 医学の, 医療の
▶ medicine (150)
- **medical** science（医学）
- **medical** care（医療・診療）　　　　　　　　　　⇒care(80)

1538 naked [néikid]　形 裸の, むきだしの
- He was half **naked**.（彼は半裸だった）
- stars invisible to the **naked** eye（裸眼では見えない星）
　　　　　　　　　　　　　　　　　　　　　　　⇒visible(1505)

PART 4

1539 protest [próutest] 名抗議 動 [prətést] (〜に)抗議する
- **Protest** against the government is growing.
（政府への抗議は大きくなっている）
- They have been **protesting** against the nuclear test.
（彼らは核実験に抗議している）

1540 soul [sóul] 名魂・精神
- His paintings lack **soul**.（彼の絵には魂がない）
- **soul** music（ソウルミュージック）

1541 conquer [káŋkər] 動征服する, 克服する
- **conquer** the world（世界を制覇する）
- She **conquered** her fear of heights.
（彼女は高さへの恐怖を克服した）

1542 crawl [kró:l] 動はう, (乗り物などが)のろのろと進む 名徐行, (水泳の)クロール
- She **crawled** into bed.（彼女ははってベッドに入りこんだ）
- Traffic is moving at a **crawl** today.（今日は交通が渋滞している）

1543 endure [end(j)úər] 動(〜に)耐えぬく, 持ちこたえる
▶ endurance 名耐久(性・力), 忍耐
- If we can **endure** the next 30 days, our prospects will greatly improve.（この30日間を持ちこたえられれば, わが社の見通しはかなりよくなるだろう） ⊃prospect(1840), ⊃improve(235)

1544 faint [féint] 形かすかな, ぼんやりした 動失神する
- I don't have the **faintest** idea.（まるで見当がつかない）
- She **fainted** at the sight of her own blood.
（彼女は自分の血を見て気を失った）

1545 genius [dʒí:njəs] 名天分, 天才
- have a **genius** for music（音楽の才能がある）
- Who is the greatest **genius** of all time?
（この世の最も偉大な天才は誰だろうか）

1546 grasp [grǽsp] 動(〜を)つかむ, 理解する 名理解(力)
- He **grasped** her hands tightly.
（彼は彼女の両手をしっかりと握りしめた） ⊃tight(406)
- **grasp** the true meaning of the problem

1516〜2025

PART 4

(問題の真意を把握する)

1547 hollow [hálou] 形 中身のない, 中空の 名 窪み
- a **hollow** promise(空約束)
- the **hollow** of your hand(掌)

1548 impose [impóuz] 動 (税などを…に)課す(on), (〜を…に)押しつける(on)
▶ imposition 名 課税, 負担
- A special tax is **imposed** on gasoline.
  (ガソリンは特別税が課せられている)
- Don't **impose** your values on me.
  (君の価値観を私に押しつけるな)

1549 impulse [ímpʌls] 名 (〜したいという)衝動(to do), 衝撃
▶ impulsive 形 衝動的な
- I was seized with an **impulse** to cry out.
  (大声で泣き出したい衝動に駆られた) ⊃seize(2074)

1550 instance [ínstəns] 名 例・場合,《for instanceで》例えば
- In this **instance** I'm afraid we are unable to meet your needs.(この場合ですと, ご要望にはそいかねると思われます)
- The ZX model, for **instance**, is becoming one of our most popular bicycles.
  (例えばZX型はわが社でかなり人気の高い自転車になりつつあります)

1551 mature [mətúər] 形 分別のある, 成熟した 動 成熟する, 満期になる
▶ maturity 名 成熟, 満期
- a **mature** person(分別のある人)
- a rapidly **maturing** market(急速に成熟しつつある市場)
- My time deposit **matures** in five years.
  (私の定期預金は5年で満期になる) ⊃deposit(591)

1552 oblige [əbláidʒ] 動《be 〜dで》(〜)せざるを得ない(to do)・(〜に)感謝する
▶ obligation 名 義務
- We are **obliged** to raise the price of our products.
  (製品の価格を上げざるを得ない)
- I would be **obliged** if you could make this special consideration.(特別にご考慮いただければありがたく存じます)

PART 4

→consider(614)

1553 outline [áutlàin] 名 概要, 輪郭　動 (〜の)概要を述べる

- I would like to give you a brief **outline** of our company.
（わが社の概要を手短にお話したいと思います） →brief(631)
- Could you **outline** the plan to me?
（その計画の概要を話してもらえませんか）

1554 parallel [pǽrəlèl] 名 類似点, 匹敵するもの, 平行線[面]　形 副 平行な[に]　動 (〜に)平行する

- the **parallels** between the present and the 1970s
（現在と1970年代との類似点）
- We are experiencing a technological revolution without **parallel** in history.
（私たちは歴史に類なき技術革命を体験中である） →experience(37)
- The railroad runs **parallel** to the river.
（線路は川と並行して走っている）

1555 smash [smǽʃ] 動 粉々にする[なる], 強打する

- The cup **smashed** onto the floor.
（カップは床に落ちて粉々になった）
- The car **smashed** into a wall.
（自動車は塀に激突した）

1556 triumph [tráiəmf] 名 勝利

▶ triumphant 形 勝ち誇った
- The election was a major **triumph** for the party.
（その政党にとって選挙は大勝利であった）

1557 cancellation [kæ̀nsəléiʃən] 名 取り消し, 解約

▶ cancel (563)
- Bad weather led to the **cancellation** of most flights out of Narita.（悪天候によって成田発のほとんどの便はキャンセルになった）

1558 challenging [tʃǽlindʒiŋ] 形 やりがいのある

▶ challenge (716)
- a **challenging** position in international marketing
（国際市場でのやりがいのある職） →position(110)

1516〜2025

PART 4

1559 clarify [klǽrifài] 動 (意味などを)明らかにする
- clarification 名 解明
  - Let me **clarify** several important points.
  （いくつかの重要な点を明らかにしたいと思います）

1560 comfort [kʌ́mfərt] 名 快適さ, 慰め 動 慰める・励ます
- comfortable (392)
  - travel in **comfort**（快適に旅をする）
  - I was greatly **comforted** by her story.
  （彼女の話を聞いてとても励まされた）

1561 expectation [èkspektéiʃən] 名 予想, 期待
- expect (56)
  - The results were beyond [below] our **expectations**.
  （結果は予想以上[以下]だった）
  - meet [live up to] their **expectations**（彼らの期待に応える）

1562 fashionable [fǽʃənəbl] 形 流行の, 高級な
- **fashionable** clothes [hairstyles]（流行の服[ヘアスタイル]）

1563 guidance [gáidəns] 名 指導・ガイダンス
- guide (335)
  - I would like to thank you for your support and **guidance**.
  （ご支援とご指導に感謝申し上げます）

1564 running [rʌ́niŋ] 形 走る・流れる, 稼動中の, 現行の
- run (51)
  - **running** water（流水, 水道水）
  - **running** costs（運転[運営]費）

1565 settlement [sétlmənt] 名 解決・合意, (負債などの)決済, 定住
- settle (750)
  - reach an out-of-court **settlement**（示談で和解する）
  - a monthly **settlement** of the accounts（月毎の決済）

1566 judgment [dʒʌ́dʒmənt] 名 判断・判断力, 判決
- judge (380)
  - I want you to make your own **judgment**.
  （あなた自身で判断してもらいたい）

・She has good **judgment**.(彼女は判断力が優れている)

1567 **prevention** [privénʃən] 名 防止
▶ prevent (434)
・a campaign for AIDS **prevention**(エイズ予防運動)
　　　　　　　　　　　　　　　　　　　○campaign(1723)

1568 **reflection** [riflékʃən] 名(鏡などに映った)像, 熟考(on)
▶ reflect (927)
・Dolphins can recognize their own **reflection**.
（イルカは鏡に映った自分の姿を認識できる）
・my **reflections** on democracy(民主主義についての考察)
　　　　　　　　　　　　　　　　　　　○democracy(1523)

1569 **remit** [rimít] 動 送金する
▶ remittance (1570)
・We **remitted** $1,500 to your bank account on September 13.(9月13日付であなたの銀行口座に1,500ドル送金しました)

1570 **remittance** [rimítəns] 名 送金
・Thank you very much for your **remittance**.
（ご送金ありがとうございました）

1571 **residential** [rèzidénʃəl] 形 住宅の
▶ residence (1081)
・a **residential** area(住宅街[地])

1572 **respective** [rispéktiv] 形 それぞれの
▶ respectively (1573)
・All product names are also the trademarks of their **respective** companies.(すべての製品名はそれぞれの会社の(登録)商標でもあります)　　　　　　　　○trademark(2874)

1573 **respectively** [rispéktivli] 副 それぞれ
・The retail prices are $310 and $350, **respectively**.
（小売価格はそれぞれ310ドルと350ドルです）

1574 **revolutionary** [rèvəl(j)úːʃənèri] 形 革命的な
▶ revolution (1018)
・This product is **revolutionary** in many respects.
（この製品はいろいろな点で革命的だ）　　　　○respect(909)

PART 4

1575 rewarding [riwɔ́:rdiŋ] 形 (する)価値のある, 有益な
► reward (1391)
- a **rewarding** job(働きがいのある仕事)
- The experience was **rewarding** in many ways.
(さまざまな意味で, その体験は有益だった)

1576 stake [stéik] 名 出資金 (in), 《at stakeで》危機にさらされて 動 (金・命を)賭ける
- have a 45 percent **stake** in the company
(その会社に持ち株比率45%で資本参加している)
- The company's survival is at **stake**.
(会社の存続が危機にさらされている) ⇒survive(752)
- **stake** all his money on the race
(そのレースに有り金を全部賭ける)

1577 tendency [téndənsi] 名 傾向
► tend (1234)
- show a **tendency** to increase[decrease]
(増加[減少]する傾向を示す)

1578 applicant [ǽplikənt] 名 応募者, 出願者
► apply (158)
- an **applicant** for admission(入学志願者) ⇒admission(1106)

1579 personnel [pə̀:rsənél] 名 《集合的に》職員, 人事(課)
- school **personnel**(学校職員)
- a **personnel** department(人事課[部])

1580 suite [swí:t] ✽ 名 (ホテルなどの)一続きの部屋, 一組[揃い]
- book a hotel **suite**(ホテルのスイートルームを予約する)
- a bedroom **suite**(寝室用家具のセット)

1581 coupon [kú:pɑn] 名 クーポン券, 割引券
- May I have a **coupon** tickets?(回数券をください)
- a 10-percent discount **coupon**(10%割引券) ⇒discount(106)

1582 cruise [krú:z] 名 巡航, 船旅 動 巡航する, 走行する
- a ten-day **cruise**(10日間の航海)
- Jet planes **cruise** at about 600 miles per hour.
(ジェット機は時速約600マイルで飛行する) ⇒per(506)

PART 4

1583 mortgage [mɔ́ːrgidʒ]
名 住宅ローン，抵当
動 (~を)抵当に入れる
- take out a **mortgage** on one's house（住宅ローンを契約する）
- The house was heavily **mortgaged**.
（その家は多額の抵当に入っていた）

1584 certificate [sərtífikət]
名 証明書
▶ certify (2035)
- a birth [death] **certificate**（出生[死亡]証明書）

1585 appliance [əpláiəns]
名 （家庭用）器具，機器
- cooking **appliances**（調理器具）

1586 supervisor [súːpərvàizər]
名 監督(者)，管理者
▶ supervise (2637)
- a production **supervisor**（生産部門の責任者）

1587 solar [sóulər]
形 太陽の
- **solar** system（太陽系）
- a **solar** car（ソーラー・カー）

1588 shipment [ʃípmənt]
名 出荷・発送，積荷
▶ ship (183)
- a delay in **shipment**（発送の遅れ）

1589 shipping [ʃípiŋ]
名 出荷・発送，輸送
- a **shipping** and handling charge（発送手数料）
- a **shipping** agent（運送業者）

1590 ingredient [ingríːdiənt]
名 成分，（料理などの）材料
- a main [chief] **ingredient**（主成分）
- It is made of all-natural **ingredients**.
（100%天然の材料でできています）

1591 cooperation [kouàpəréiʃən]
名 協力
▶ cooperate (2247)
- Thank you very much for your **cooperation**.
（ご協力を感謝いたします）

1516〜2025

1592 decade [dékeid] 名 10年間
- the first **decade** of the century(今世紀の最初の10年間)

1593 encounter [enkáuntər] 動 (危険・困難などに)直面する 名 遭遇
- **encounter** difficulties(困難に直面する)

1594 focus [fóukəs]
名 焦点, (興味・関心の)中心
動 (~に)焦点を合わせる(on)
- The image is in **focus**.(この映像はピントが合っている)
- My **focus** is on work.((いまは)仕事に集中している)
- Could you **focus** on the issue at hand please?
(身近な問題に焦点を合わせていただけますか) ⇔at hand「近くの[に]」

1595 patent [pǽtənt] 名 特許(権) 動 (~の)特許を取る
- obtain a **patent** for the invention(発明の特許を取る)
  ⇒obtain(1102), invent(1473)
- The hologram is a **patented** technology developed by 3DCD.(ホログラムは3DCD社が開発した特許技術である)

1596 competitor [kəmpétitər] 名 競争相手, 競合品
▶ compete (1168)
- We believe this price is lower than all our **competitors**'.
(この価格はどの競合品よりも安いと確信しています)

1597 elderly [éldərli] 形 年配の, 《the ~で》年配の人たち
- **elderly** people(老人)

1598 lobby [lábi] 名 ロビー, 圧力団体 動 ロビー活動をする
- I'll meet you in the main **lobby** of the hotel at 6:30.
(6時半にホテルのメインロビーへお迎えにあがります)
- an environmental **lobby**(環境問題の圧力団体)
  ⇒environmental(1704)

1599 identification [aidèntifəkéiʃən] 名 身元証明
▶ identify (661)
- Do you have any **identification**?
(何か身元確認できるものをお持ちですか)

1600 registration [rèdʒəstréiʃən] 名 登録, 記録
▶ register (1074)

- **registration** of marriage（婚姻届）
- Would you fill out this **registration** form, please?
（こちらの登録用紙に記入していただけますか）

1601 toll [tóul] 名 死傷者(数), 通行料, 長距離通話料
- The death **toll** has risen to 12.（死者の数は12人にのぼった）
- a **toll** road [highway]（有料道路）

1602 toll-free [tóul frí:] 形 フリーダイヤルの
- The **toll-free** number for information is 800-766-4466.
（案内のフリーダイヤルの番号は800-766-4466です）

1603 shuttle [ʃʌtl] 名 定期往復便, スペースシャトル
- take a **shuttle** to the airport（空港行きのシャトル便[バス]に乗る）

1604 antique [æntí:k] 形 年代物の 名 骨董品
- an **antique** car（年代物の車, アンティークカー）
- an **antique** shop（骨董品店）

1605 assume [əsjú:m] 動 想定する,（任務などを）引き受ける
▶ assumption (1606)
- If we don't hear anything from you by August 20, we will **assume** that everything is OK.
（8月20日までに何も連絡がない場合はすべて了解されたものとみなします）
- **assume** a new position（新しい地位につく）

1606 assumption [əsʌmpʃən] 名 仮定・想定, 就任
- The projection is based on several **assumptions**.
（その見積りはいくつかの仮定に基づいている） ⇒project(513)

1607 convenience [kənví:niəns] 名 (好)都合, 便利（⇔inconvenience (2196)）
- May I see you at your **convenience** this week?
（今週ご都合のよいときにお会いできますか）

1608 convention [kənvénʃən] 名 大会, 慣習
▶ conventional (1609)
- an annual **convention**（年次大会） ⇒annual(1044)
- social **conventions**（社会慣習）

PART 4

1609 conventional [kənvénʃənl] 形 従来の, 慣例的な
・**conventional** methods(従来の方法) ⇒method(398)

1610 requirement [rikwáiərmənt] 名 要件, 資格
▶ require (508)
・The most important **requirement** for success is enthusiasm.(成功するための最も重要な要件は熱中することだ) ⇒enthusiasm(1938)
・admission **requirements**(入学資格) ⇒admission(1106)

1611 sector [séktər] 名 部門・分野
・expand the export **sector**(輸出部門を拡大する)

1612 analyze [ǽnəlàiz] 動 分析する(⇔synthesize「統合する」)
▶ analysis (1461), analyst (1613)
・**analyze** data(データを分析する) ⇒data(593)

1613 analyst [ǽnəlist] 名 (情勢などの)アナリスト
・a stock market **analyst**(株式市場アナリスト) ⇒stock(515)

1614 booth [búːθ] 名 ブース《小さく仕切った部屋》
・a telephone **booth**(電話ボックス)

1615 brochure [brouʃúər] 名 パンフレット・小冊子
・Do you have a free **brochure**?(無料のパンフレットはありますか)

1616 intersection [ìntərsékʃən] 名 交差(点)
・Turn right at the next **intersection**.
(次の交差点で右へ曲がってください)

1617 defective [diféktiv] 形 欠陥[欠点]のある 名 欠陥品, 不良品
▶ defect (2263)
・a **defective** product(欠陥商品)

1618 apologize [əpálədʒàiz] 動 (〜に)謝る(for)
▶ apology (1619)
・I **apologize** for not replying to you earlier.
(もっと早くご返事ができなくて申し訳ありませんでした)

1619 apology [əpálədʒi] 名 謝罪
・I'm afraid I owe you an **apology**.

（あなたに謝らなくてはなりません） ⇒owe(734)

1620 appropriate [əpróupriət] 形 適切な(⇔inappropriate「不適切な」)
- This book is **appropriate** for children age 14 and over.
（この本は14歳以上の子どもに適している）

1621 editor [édətər] 名 編集者, 論説委員
▶ edit (2339), editorial 形 編集者の, 編集(上)の
- the **editor** in chief（編集長）

1622 institute [ínstətjù:t] 名 研究機関　動 制定する
▶ institution (859)
- the English Language **Institute**（英語研究所）

1623 invoice [ínvɔis] 名 送り状・納品伝票
- Attached is a copy of your **invoice** #5633.
（送り状＃5633のコピーを添付します）

1624 portion [pɔ́:rʃən] 名 一部分(of), (食物の)1人前(of)
- large **portion** of the population（住民の大部分） ⇒population(689)
- one **portion** of roast beef（1人前のローストビーフ）

1625 approval [əprú:vl] 名 承認・賛同, 許可
▶ approve (827)
- I hope this proposal will meet with the board's **approval**.
（この提案が役員会の承認を得られることを期待しています）
⇒proposal(877)

1626 consist [kənsíst] 動（～から）成る(of)
- The board **consists** of five directors.
（取締役会は5人の取締役で構成されている）

1627 council [káunsl] 名 評議会
- an advisory **council**（諮問委員会） ⇒advise(230)
- a student **council**（生徒会）

1628 eventually [ivéntʃuəli] 副 最終的には
▶ eventual 形 最終的な
- She will **eventually** appreciate your point of view.
（彼女は最終的には君の考えを正しく評価するだろう）
⇒appreciate(1082)

PART 4

1629 investigate [invéstəgèit] 動 (〜を)調査する
- investigation (1171)
- I will thoroughly **investigate** the matter.
(この件を徹底的に調査します) ⊃thorough(1906)

1630 unfortunately [ʌnfɔ́ːrtʃənətli] 副 残念ながら, 不運にも
(⇔fortunately(1471))
- unfortunate 形 不運な
- **Unfortunately**, that day is not convenient.
(残念ですが,その日は都合が悪いです) ⊃convenient(596)

1631 urgent [ə́ːrdʒənt] 形 緊急の
- urgently 副 緊急に
- Could I speak to Mr. Holmes? It's **urgent**.
(ホームズさんとお話できますか,緊急の用件なのです)

1632 bite [báit] 動 噛む, 噛みつく 名 一口・軽い食事
[活用] bite - bit - bitten
- **bite** one's lips with regret (悔しくて唇を噛む) ⊃regret(954)
- Would you like a **bite**? (ちょっと食事でもどうですか)

1633 code [kóud] 名 記号, 規則
- an area **code** (市外局番)
- Our school has a strict dress **code**.
(私たちの学校には厳しい服装規則がある) ⊃strict(751)

1634 conclusion [kənklúːʒən] 名 結論, 結末
- conclude (1499)
- arrive at a **conclusion** (結論に達する)

1635 crisis [kráisis] 名 危機・重大局面
- critical (1772)
- an energy **crisis** (エネルギー危機)

1636 frequent [fríːkwənt] 形 たびたびの, 頻繁な
- frequently (1120)
- a **frequent** visitor [guest] (常連客)

1637 household [háushòuld] 形 家族[家庭]の 名 家族・世帯
- **household** garbage (家庭ごみ)

· maintain a **household**（家計を維持する） ⇒maintain(723)

1638 **preserve** [prizə́:rv] 動（〜を）保存する 名自然保護区域
► preservation 名 保存・保護
· **preserve** the natural environment（自然環境を保護する） ⇒environment(1226)

1639 **pursue** [pərsjú:] 動（〜に）従事する, （〜を）追い求める
► pursuit 名 追究
· **pursue** a career in journalism（新聞記者として働く）
· **pursue** profit（利潤を追究する） ⇒journal(1256)

1640 **remote** [rimóut] 形 遠く離れた, （可能性などが）わずかな
· **remote** areas（辺ぴな地域）
· There is a **remote** chance that ...（…ということはありそうもない） ⇒chance(161)

1641 **shortage** [ʃɔ́:rtidʒ] 名 不足
► short (157)
· food **shortage**（食糧不足）

1642 **site** [sáit] 名（建物などの）場所, 用地　動《be 〜d で》位置する
· I visited your web **site**.（あなたのホームページを訪れました）
· a construction **site**（建設現場） ⇒construction(1031)
· The power plant was **sited** near the river.
（その発電所は川の近くに位置している）

♣ web site はインターネットに公開するページや画像が置かれている所。「ホームページ(home page)」は正しくは web site の第1ページ（目次）のことだが、日本では一般に web site の意味で使われている。

1643 **spacious** [spéiʃəs] 形 広々とした
► space 名 空き, 空間, 宇宙
· a **spacious** room（広々とした部屋）

1644 **architect** [á:rkitèkt] 名 建築家・設計者
► architecture (1645)
· the **architect** of the tower（そのタワーの設計者）

1645 **architecture** [á:rkətèktʃər] 名 建築様式, 建築学
· classical[modern] **architecture**（古典[現代]建築）

PART 4

1646 disorder [disɔ́:rdər] 名 無秩序, (心身の)不調
- political **disorder**(政治的な混乱) ⇒political(654)
- a functional **disorder**(機能障害) ⇒function(652)

1647 expansion [ikspǽnʃən] 名 拡大, 拡張
▶ expand (1092)
- the **expansion** of business(事業の拡大)

1648 expenditure [ikspénditʃər] 名 支出, 経費
▶ expend 動 費やす
- cut **expenditures**(支出を切り詰める)

1649 imply [implái] 動 ほのめかす・暗示する
▶ implication 名 含意
- I didn't mean to **imply** that.
 (そういう含みで言ったつもりはありません)

1650 inquire [inkwáiər] 動 (〜を)問い合わせる(about, who-), (〜を)調査する(into)
▶ inquiry (1651)
- I am writing to **inquire** about your products.
 (貴社の製品についておたずねしたく手紙をさし上げます)
- The police **inquired** into the matter.
 (警察はその事件の調査をした)

1651 inquiry [inkwáiəri] 名 問い合わせ
- Thank you for your **inquiry** about our products.
 (わが社の製品についてお問い合わせいただきありがとうございます)

1652 investor [invéstər] 名 投資家・出資者
▶ invest (1056)
- foreign [overseas] **investors**(海外の投資家)

1653 laboratory [lǽbərətɔ̀:ri] 名 実験室, 研究所
- a space **laboratory**(宇宙実験室)

1654 microwave [máikrouwèiv] 名 電子レンジ(=a microwave oven), マイクロ波
動 (〜を)電子レンジで調理[加熱]する
- be heated in a **microwave** oven(電子レンジで温める)

PART 4

1655 prime [práim] 　形 最も重要な, 最良の・極上の　名 最盛期
- Our **prime** concern is reducing the cost.
  （我々の最大の関心事は経費削減です）　　　　　　→reduce(520)
- **prime** time（ゴールデンアワー《最も視聴率の高い時間帯》）

1656 recipe [résəpi]※　名 （～の）調理法・レシピ (for)
- a **recipe** for tomato soup（トマトスープの作り方）

1657 superior [supíəriər]　形 （～より）優れた (to) (⇔inferior(2554))　名 目上の人
▶ superiority 名 優れていること
- Our products are **superior** to any other on the market.
  （弊社の商品は市場に出回っている他のどれよりも優れています）
- one's immediate **superior**（直属の上司）
♣subordinate (2995) 参照。

1658 category [kǽtəgɔ̀:ri]　名 部類・部門
▶ categorize (3041)
- belong to the same **category**（同じ部類に属する）
- be divided into four **categories**（4つのカテゴリーに分けられる）

1659 combine [kəmbáin]　動 （～と）結合する[させる] (with)
▶ combination (1660)
- **combine** business with pleasure（趣味と実益を兼ねる）

1660 combination [kàmbinéiʃən]　名 結合・組合わせ
- a delicious **combination** of flavors（おいしい味の取合せ）
  　　　　　　　　　　　　　　　　　　　　　　　→flavor(1101)

1661 enable [inéibl]　動 （～が…することを）可能にする (to do)
- These new procedures will **enable** us to work more efficiently.（今度の新しい手順でより効果的に仕事ができるようになるでしょう）　　　　　　→procedure(1066)

1662 factor [fǽktər]　名 （ある結果をもたらす）要因
- a basic [major] **factor**（基礎的な[重要な]要因）

1663 fasten [fǽsn]　動 締める, 固定する
▶ fast 形 固くしまった
- **Fasten** your seat belts, please.（シートベルトをお締めください）

PART 4

1664 manual [mǽnjuəl]
形 手の, 手動の　名 手引書
- He is engaged in **manual** labor.（彼は手仕事に従事している）　　engage(1779)
- an operation **manual**（操作マニュアル）　　operation(586)

1665 overall [óuvərɔ̀:l]
形 全部の・全体の
副 [òuvərɔ́:l] 全体として(は)
- the **overall** cost（全費用, 総原価）
- **Overall**, the meeting was a success.
（全般的に見ればその会議は成功であった）

1666 shortly [ʃɔ́:rtli]
副 まもなく・すぐに, 手短に
▶ short (157)
- She will be here **shortly**.（彼女はまもなくここへ来ます）
- to put it **shortly**（簡単に言えば）

1667 status [stéitəs]
名 状態・状況, (社会的)地位
- Could you let us know what the **status** is?
（状況がどうなっているか知らせていただけますか）
- raise the **status** of women（女性の地位を高める）

1668 urge [ə́:rdʒ]
動 (〜に…するよう)強く促す(to do),
(〜を)強く主張する(that)　名 衝動
- I **urge** you to reconsider your resignation.
（辞職をぜひとも思いとどまるようお願いいたします）　resignation(1862)
- I got an **urge** to take a trip.（急に旅に出たくなった）

1669 allowance [əláuəns]
名 手当(金), 許容(量)
- a family [transportation] **allowance**（家族［交通］手当）
　　transportation(1438)
- The baggage **allowance** is 30kg per person.
（手荷物の許容量は1人当たり30kgです）　　baggage(1253)

1670 attendant [əténdənt]
名 接客係［案内係］
▶ attend (125)
- a shop **attendant**（店員）
- a flight **attendant**（客室乗務員）
　♣ a flight attendantはスチュワーデス(stewardess)の中性名詞形。

1671 cereal [síəriəl]
名 (朝食用の)シリアル, 穀物

1516〜2025

- For breakfast I generally have a bowl of **cereal** and a glass of juice.（朝食には，普通ボール1杯のシリアルとコップ1杯のジュースをとります） ⇒generally(782)

1672 **colleague** [káli:g]　名 同僚
- Mr. Walker, I'd like you to meet my **colleague**, Bryan Kay.（ウォーカーさん，私の同僚のブライアン・ケイを紹介します）

1673 **compromise** [kámprəmàiz]　名 妥協　動 (〜と)妥協する(with)
- There's no room for **compromise**.（妥協の余地はない）
- We cannot **compromise** any further.（これ以上妥協するわけにはいかない） ⇒room(23)

1674 **confuse** [kənfjú:z]　動 (〜と)混同する(with, and)，《be 〜で》当惑する
▶ confusion (2504)
- Don't **confuse** liberty with license.（自由を放縦と混同してはならない） ⇒liberty(1422), license(581)
- I'm **confused** by your statement.（お話を聞いてわからなくなりました） ⇒statement(590)

♣ 上の文のlicenseは「(言動の)自由」が転じて「放縦」という意味。

1675 **disturb** [distə́:rb]　動 (仕事などを)妨げる，(平和などを)乱す
▶ disturbance 名 邪魔(物)
- I hope I'm not **disturbing** you.（お邪魔でないといいのですが）
- **disturb** the peace（平和を撹乱する）

1676 **mechanic** [məkǽnik]　名 機械工
▶ mechanical (1273)
- an aviation [aircraft] **mechanic**（航空機整備士） ⇒aviation(2777)

1677 **prescription** [priskrípʃən]　名 処方(箋)，規定
▶ prescribe (1678)
- Can you fill this **prescription** for me?（この処方箋の薬をください）

♣ この文のfillは「(処方薬を)調剤する」の意味。

1678 **prescribe** [priskráib]　動 (薬などを)処方する，(〜を)規定する
- **prescribe** painkillers（鎮痛剤を処方する）
- **prescribe** an age limit（年齢制限を定める）

PART 4

1679 sue [sjúː]　動 (〜を)訴える・告訴する
- His wife **sued** him for divorce.
（彼の妻は彼に対して離婚訴訟を起こした）　　　→divorce(1096)

1680 acquire [əkwáiər]　動 (〜を)獲得する, (〜を)身につける
▶ acquisition 名 獲得, 買収
- **acquire** Z Company（Z社を獲得する[傘下におさめる]）
- **acquire** new skills（新しい技術を身につける）

1681 amateur [ǽmətʃùər]　名 アマチュア(⇔professional(346)), 未熟者　形 アマチュアの
- an **amateur** photographer（アマチュア写真家）
- I am an **amateur** compared to you.
（あなたに比べれば、私なんか素人ですよ）　　　→compare(376)

1682 charm [tʃάːrm]　名 魅力　動 (〜を)魅了する
▶ charming (1683)
- the **charms** of rural life（田園生活の魅力）　　　→rural(2073)
- **charm** the audience（聴衆をうっとりさせる）　　　→audience(755)

1683 charming [tʃάːrmiŋ]　形 魅力的な・すてきな
- That's a very **charming** dress you are wearing.
（すてきなドレスを着ていますね）

1684 column [káləm]　名 (新聞などの)コラム・欄, 円柱
▶ columnist 名 コラムニスト
- She writes a weekly **column** in *the New York Times*.
（彼女は「ニューヨークタイムズ」に毎週コラムを書いている）

1685 demonstrate [démənstrèit]　動 (〜を)実証する・説明する, デモをする
▶ demonstration (1686), demonstrator 名 《〜sで》デモ隊
- **demonstrate** the new conveyor system
（新しいコンベアの性能を説明する）　　　→convey(1914)

1686 demonstration [dèmənstréitʃən]　名 デモ, 実証・実演
- a **demonstration** against new taxes（新税に反対するデモ）

1687 entry [éntri]　名 入ること, (競技などへの)参加, (データの)入力

1516〜2025

▶ enter (201)
- an **entry** form（参加応募用紙）
- data **entry**（データ入力）

1688 **physician** [fizíʃən]　名(内科)医
- a family **physician**（家庭医）
　♣外科医はsurgeon。

1689 **popularity** [pὰpjəlǽrəti]　名人気
▶ popular (147)
- gain great **popularity** with graphic designers
（グラフィックデザイナーに非常な人気を博す）

1690 **postpone** [poustpóun]　動延期する
- The meeting was **postponed** until tomorrow.
（会議は明日に延期された）

1691 **reveal** [rivíːl]　動(秘密などを)明らかにする（⇔ conceal (2501)）
- Do not **reveal** your personal identification number to anyone.（暗証番号は他人に明かさないでください）　⇒identification (1599)

1692 **scratch** [skrǽtʃ]　動(〜を)かく・ひっかく　名ひっかき傷
- **scratch** one's head（頭をかく，頭を悩ませる）
- **scratch** the surface（表面をひっかく，上っ面をなでる）

1693 **task** [tǽsk]　名仕事，任務
- complete a **task**（仕事を完遂する）　⇒complete (69)

1694 **anticipate** [æntísəpèit]　動予想する，期待する
▶ anticipation 名予想
- It took a little longer than I **anticipated**.
（予想したより少し時間がかかった）

1695 **appreciation** [əprìːʃiéiʃən]　名感謝，(通貨の)値上がり
▶ appreciate (1082)
- I'd like to express my **appreciation** for all your help
（いままでのご支援に感謝申し上げます）
- the yen's sharp **appreciation**（急激な円高）

1516〜2025

PART 4

1696 bureau [bjúərou] 名 案内所, (官庁の)局
▶ bureaucracy (2691)
- a travel **bureau**(旅行案内所[代理店])
- the Federal **Bureau** of Investigation(連邦捜査局《略》FBI)

⊕investigation(1171)

1697 consume [kənsjúːm] 動 (～を)消費する(⇔produce(160))
▶ consumption (1698), consumer (1095)
- **consume** one's energy(精力を使い果たす)

1698 consumption [kənsʌ́mpʃən] 名 消費
- reduce power **consumption**(電力消費をきり詰める)

1699 currency [kə́ːrənsi] 名 通貨, 貨幣
- I'd like to change some foreign **currency**.
(外貨を替えたいのですが)

1700 detect [ditékt] 動 (～を)見つける・見抜く
▶ detective (1270)
- **detect** land mines(地雷を探知する)
- **detect** a plot(策略を見抜く)

⊃plot(2020)

1701 economical [èkənɑ́mikl] 形 経済的な・節約になる
▶ economy (542)
- **economical** travel(節約した旅行)

1702 elementary [èləméntəri] 形 初歩の
- an **elementary** school(小学校)

1703 entitle [entáitl] 動 資格(権利)を与える, 題名をつける
- JetMate members are **entitled** to special rates.
(ジェットメイトの会員には特別(割引)料金が適用されます)
- His new book is **entitled** *Flowers A to Z*.
(彼の新著は*Flowers A to Z*という題がついている)

1704 environmental [envái(ə)rəméntl] 形 環境の, 周囲の
▶ environment (1226)
- **environmental** issues(環境問題)

⊕issue(522)

1705 exposure [ikspóuʒər] 名 さらすこと, (フィルムの)1こま

- expose (1272)
  - **exposure** to the sun(太陽光線にあてること)
  - a 36-**exposure** roll(36枚撮りフィルム) ⇒roll(788)
  - We need more publicity **exposure**.
    (製品をもっと広告して人の目にふれさせることが必要だ)
    ○publicity(2356)

1706 extensive [iksténsiv] 形 広範囲な, 広大な

- extend (1105)
  - She has an **extensive** knowledge of industrial ceramics.
    (彼女は工業用セラミックスに関する広範な知識を持っている)

1707 fiber [fáibər] 名 繊維, ファイバー

- glass **fibers**(ガラス繊維)
- an optical **fiber**(光ファイバー)

1708 hardware [há:rdwèər] 名《集合的に》ハードウェア (⇔software(1063)), 金物類

- computer **hardware**(コンピューターのハードウェア)
- household **hardware**(家庭用金物) ⇒household(1637)

1709 inflation [infléiʃən] 名 (物価の)暴騰・インフレーション

- inflationary 形 インフレの
  - **Inflation** is now running at about 12%.
    (インフレは目下12%程度だ)

1710 jog [dʒág] 動 ジョギングする

- jogging 名 ジョギング
  - I **jog** five miles a day.(1日に5マイルのジョギングをしている)

1711 preference [préfərəns] 名 好み

- prefer (138)
  - Do you have any **preference** in wine?
    (お好みのワインはありますか)

1712 prohibit [prouhíbit] 動 (法律などが~を)禁止する

- prohibition 名 禁止
  - Smoking is **prohibited** in this room.(この部屋は禁煙です)

PART 4

1713 promptly [prámptli] 副(時間)きっかりに, 即座に
- prompt (2234)
- The play starts **promptly** at 7:00.
（芝居は7時きっかりに始まります）

1714 recycle [rìːsáikl] 動再生利用する
- recycled 形再生利用の
- **recycle** bottles（びんを再利用する）

1715 urban [ə́ːrbən] 形都会の(⇔rural(2073))
- **urban** life（都会生活, アーバンライフ）

1716 devote [divóut] 動(〜を…に)捧げる(to)
- devotion 名献身, devoted (2570)
- **devote** summer vacation to report writing
（夏休みをレポート作成にあてる）

1717 adapt [ədǽpt] 動(〜を…に)適応[適合]させる(to, for), (新しい環境に)順応する(to)
- adaptation 名適応
- **adapt** the products to the changing market
（変化する市場に製品を適合させる）
- **adapt** to the Japanese way of life（日本の生活習慣に順応する）

1718 athlete [ǽθliːt] 名運動選手, スポーツマン
- athletic (1719)
- an amateur **athlete**（アマチュア選手）　　　⇒amateur(1681)

1719 athletic [æθlétik] 形運動競技の
- an **athletic** stadium（陸上競技場）　　　⇒stadium(693)

1720 bloom [blúːm] 名《in 〜で》開花, 最盛期　動(花が)咲く
- The azaleas are in full **bloom**.（ツツジは満開です）
- the **bloom** of youth（青春）
  ♣bloomは主に観賞用植物の花。blossom(1983)は果樹の花をいう。

1721 bother [báðər] 動困らせる, 面倒をかける,《主に否定文で》わざわざ〜する　名面倒, 悩みの種
- What's **bothering** you?（何でお困りですか）
- I'm sorry to **bother** you, but...（お邪魔してすみませんが…）

- Please don't **bother** to wait.（お待ちいただくには及びません）

1722 **calculate** [kǽlkjəlèit] 動（～を）計算する・見積もる
- calculation 名 計算・見積り
- **calculate** the cost（費用を見積もる）

1723 **campaign** [kæmpéin] 名（組織的）活動[運動]・キャンペーン
- carry out an aggressive sales **campaign**
  （積極的な販売活動を行う） ◯aggressive(2326)

1724 **concentrate** [kánsəntrèit] 動（～に）（注意を）集中する (on)、（～を）集中する
- concentration 名 集中
- We should **concentrate** more on domestic sales.
  （国内販売にもっと集中すべきである） ◯domestic(642)

1725 **depart** [dipá:rt] 動 出発する（⇔arrive(58)）
- departure (1726)
- When does the next bus for Chicago **depart**?
  （次のシカゴ行きのバスはいつ出発しますか）

1726 **departure** [dipá:rtʃər] 名 出発（⇔arrival(501)）
- What's the **departure** time?（出発時刻は何時ですか）

1727 **efficient** [ifíʃənt] 形 能率的な、有能な
- efficiency (1728)
- This method is not too **efficient**.
  （この方法はあまり効率的ではない）
- a very **efficient** secretary（大変有能な秘書）

1728 **efficiency** [ifíʃənsi] 名 能率・効率
- increase the production **efficiency**（生産効率を上げる）
- energy **efficiency**（エネルギー効率） ◯production(584)

1729 **enormous** [inɔ́:rməs] 形 巨大な
- enormously 副 莫大に、途方もなく
- **enormous** volumes of data（膨大な量のデータ） ◯data(593)

1730 **excess** [iksés] 名 超過 (over)、余分
- excessive (1731), exceed (1179)

- an **excess** of imports over exports（輸出額に対する輸入額の超過）

1731 **excessive** [iksésiv] 形 過度の
- Taking an **excessive** amount of vitamin C can be dangerous.（ビタミンCの過度の摂取は危険を伴う）

1732 **fiction** [fíkʃən] 名 小説, 作り話
- Truth is sometimes stranger than **fiction**.（事実は小説よりも奇なり《ことわざ》）
- His alibi was pure **fiction**.（彼のアリバイは全くの作り話だった）

1733 **mess** [més] 名 乱雑（な状態）, へま 動 台なしにする
▶ messy (2703)
- The house is a total **mess**.（その家は全く散らかっている）
- I'm afraid I'm going to make a **mess** of it.（へまをやるんじゃないかと心配なんだ）

1734 **multiply** [mʌ́ltiplài] 動 （大幅に）増加させる[する], （数を）掛ける（⇔divide(1025)）
▶ multiplication 名 掛け算
- The problems have **multiplied** enormously.（問題が途方もなく増えてきた） ⇒enormous(1729)
- Three **multiplied** by five is fifteen.（3 × 5 = 15）

1735 **profitable** [práfitəbl] 形 収益性の高い・もうかる, 有益な
▶ profit (357)
- a **profitable** business（もうかる商売）
- a **profitable** discussion（有益な議論）

1736 **quantity** [kwántəti] 名 数量（⇔quality(546)）
- a large [small] **quantity** of water（大量[少量]の水）

1737 **regularly** [régjələrli] 副 定期的に
▶ regular (103)
- exercise **regularly**（定期的に運動をする）

1738 **strictly** [stríktli] 副 厳しく, 厳格に
▶ strict (751)
- Smoking is **strictly** forbidden here.（ここでは喫煙は厳禁です）
  ⇒forbid(2344)

PART 4

1739 vary [vé(:)əri]
動 (〜の点で)**異なる**(in), **変化[変動]する**
- variation 名 変化, 変動, various (1236), variety (647)
  - Tickets **vary** in price from $10 to $15.
  （チケットの価格は10ドルから15ドルまでいろいろです）

1740 alert [ələ́:rt]
形 (〜に)**油断のない**(to) **名 警報・警戒**
動 警報を出す, 警告する
- be **alert** to any changes in the weather
  （どんな天候の変化にも注意している）
- a fire **alert**（火災警報）

1741 assembly [əsémbli]
名 集会, (機械の)**組立て**
- assemble (2221)
  - the city **assembly**（地方議会, 市議会）
  - an **assembly** line（組立てライン）

1742 bulb [bʌ́lb]
名 電球, 球根
- The light **bulb** has burned out.（電球が切れた）
- lily [tulip] **bulbs**（ユリ[チューリップ]の球根）

1743 cautious [kɔ́:ʃəs]
形 用心深い, 用心する
- caution (1411)
  - He is **cautious** about making any commitment at this time.
    （彼はいま, 言質を与えることに慎重だ） ○commitment(1770)

1744 conductor [kəndʌ́ktər]
名 案内人, 車掌, 指揮者
- conduct (641)
  - a tour **conductor**（ツアーコンダクター, 添乗員）
  - a train **conductor**（列車の車掌）

1745 conservative [kənsə́:rvətiv]
形 保守的な(⇔progressive(366)),
(評価・見積りが)**控えめな 名 保守的な人**
- conserve (2648)
  - a **conservative** party（保守政党）
  - **Conservative** estimates are 300 million yen.
    （控えめに見積もって3億円です） ⊖estimate(1119)

1746 dispose [dispóuz]
動 (〜を)**処分する**(of)
- disposal 名 処分
  - **dispose** of the property（財産を処分[整理]する） ⊖property(524)

1516〜2025

PART 4

1747 dissolve [dizálv] 動 溶ける[溶かす], (〜を)解散[解消]する
- Sugar **dissolves** in water.(砂糖は水に溶ける)
- **dissolve** the Lower House(衆議院を解散する)

1748 elegant [élǝgǝnt] 形 優雅な, 簡潔で明快な
- **elegant** fashions(上品な流行)
- an **elegant** solution(鮮やかな解決(策)) ⇒solution(1073)

1749 embarrass [embǽrǝs] 動《be 〜edで》きまりの悪い思いをする, (〜を…で)困らせる(with, about)
▶ embarrassing (1750), embarrassment 名 困惑
- I was really **embarrassed** today.
 (今日は全くきまりの悪い思いをした)
- He **embarrassed** the company with poor work.
 (まずい仕事をして彼は会社に迷惑をかけた)

1750 embarrassing [imbǽrǝsiŋ] 形 困惑させるような, やっかいな
- ask **embarrassing** questions(戸惑わせるような質問をする)
- an **embarrassing** situation(やっかいな事態) ⇒situation(553)

1751 foam [fóum] 名 泡, 気泡 動 泡立つ
- **foam** on beer(ビールの泡)

1752 freeway [frí:wèi] 名 高速道路
- Take the San Diego **Freeway** to exit 189A.
 (サンディエゴ高速道路に乗り189Aの出口で降りてください)

1753 renew [rinjú:] 動 更新する, 一新する
▶ renewal (2706)
- **renew** the sales contract(販売契約を更新する) ⇒contract(544)

1754 satellite [sǽtǝlàit] 名 (人工)衛星, (天体の)衛星
- a communications **satellite**(通信衛星)

1755 stain [stéin] 名 汚れ, 汚点 動 (〜を)汚す
- Can you remove this **stain**?(このしみは取れますか) ⇒remove(384)
- leave a **stain** on one's career(キャリアに汚点を残す)

1756 trim [trím] 動 きちんと刈り込む
- **trim** a hedge(生け垣を刈り込む)

| 1757 | **undergraduate** [ʌ̀ndərgrǽdʒuət] | 名 (大学の)学部生 |

- the **undergraduate** course（学部課程） ⇒course(59)

| 1758 | **withdraw** [wiðdrɔ́ː] | 動 (預金を)引き出す，(〜を)撤回する，(〜から)撤退する(from) |

▶ withdrawal (2319)　活用 withdraw - withdrew - withdrawn
- **withdraw** money from the account（口座から預金を引き出す）
- **withdraw** a request（要求を撤回する）

| 1759 | **worldwide** [wə́ːrldwáid] | 形 副 世界中の[で]，世界的な[に] |

- attract **worldwide** attention（世界的な注目を集める）
⇒attract(738)

| 1760 | **absorb** [əbsɔ́ːrb] | 動 吸収する，《be 〜ed in で》(〜に)夢中になる |

- **absorb** knowledge like a dry sponge
（乾いたスポンジのように知識を吸収する）
- He is completely **absorbed** in the novel.
（彼はその小説に熱中している）

| 1761 | **acceptance** [əkséptəns] | 名 受諾，容認 |

▶ accept (203), acceptable (1762)
- an **acceptance** speech（受諾演説）
- win general **acceptance**（一般に受け入れられる）

| 1762 | **acceptable** [əkséptəbl] | 形 受諾できる |

- I hope our condition would be **acceptable** to you.
（わが社の条件が貴社に受諾されることを祈ります） ⇒condition(95)

| 1763 | **apparent** [əpǽrənt] | 形 明白な，見かけの |

▶ apparently (1764)
- It is **apparent** that more than one person was responsible for the incident.（複数の人間がこの事故に責任があるのは明らかだ）
⇒incident(1888), ⇒responsible(305)

♣ more than one ... は，意味上は複数でも動詞は単数形を使うのが普通。

| 1764 | **apparently** [əpǽrəntli] | 副 どうやら〜らしい |

- **Apparently** there has been some trouble with him.
（どうやら彼に何かトラブルがあったらしい）

PART 4

1765 aspect [金spekt]
名 (物・事の) 側面, 局面

- There are two **aspects** about this issue.
(この問題には2つの側面がある) ⇒issue(522)

1766 associate [əsóuʃièit]
動 《be ~d で》関係 [提携] する, 連想する
名 [əsóuʃiət] 仲間　形 準…

▶ association (1123)
- We have long been **associated** with that company.
(わが社はその会社と長い提携関係にあります)
- a business **associate** (仕事の同僚[協同経営者])
- an **associate** member (準会員)

1767 circumstance [sə́ːrkəmstæns]
名 《~s で》(周囲の) 状況, 環境

- It's the best we can do under the **circumstances**.
(この状況下では, それが私たちにできる最善のことです)

1768 command [kəmǽnd]
動 命じる, (~を)意のままにする, 見渡す
名 命令, 運用力

- **command** silence (沈黙を命じる) ⇒silence(1327)
- **command** three languages (3カ国語を操る)
- **command** a nice view of the sea (海のすばらしい景色を見渡す)

1769 commit [kəmít]
動 (罪などを) 犯す, (人・経費・時間などを)
割く(to), (~を) 約束する(to)

▶ commission (1147), commitment (1770)
- **commit** a crime (罪を犯す) ⇒crime(656)
- **commit** oneself to the cause of human rights
(人権(擁護)の運動に身を投じる)

♣ 上の例文中の cause は「主義・理想」あるいは「(主義・理想のための)運動」という意味。

1770 commitment [kəmítmənt]
名 約束・公約, 献身・係わり合い

- Unfortunately, I have a prior **commitment** this week.
(残念ながら今週は先約があります) ⇒prior(2666)
- This program requires your total **commitment**.
(この計画はあなたの全面的な係わりを必要とします) ⇒program(32)

1771 craft [krǽft]
名 (職人などの) 技術・工芸, 飛行機・船舶

- traditional **crafts** (伝統工芸) ⇒traditional(639)
- a patrol **craft** (警備艇)

1772 **critical** [krítikl] 形 重大な, 批評[批判]の
- His condition is reported to be **critical**.
  (彼は重体だと伝えられている) ⇒condition(95)
- **critical** remarks(批判的な発言) ⇒remark(1966)

1773 **criticize** [krítəsàiz] 動 (〜を)批評する・批判する
▶ critic (1300)
- It's easy to **criticize** others.(他人を批判することは簡単だ)

1774 **deadly** [dédli] 形 致命的な 副 極度に
- **deadly** disease(死に至る病)

1775 **disaster** [dizǽstər] 名 災害, 惨事
▶ disastrous 形 悲惨な, 破滅的な
- natural **disasters**(自然災害)
- an air **disaster**(航空惨事)

1776 **distribute** [distríbjət] 動 分配する・配布する
▶ distribution (982)
- **distribute** food among the refugees(難民に食糧を配る) ⇒refugee(1800)

1777 **drag** [drǽg] 動 (〜を)引きずる 名 (〜の)障害物(on)
- **drag** an icon(アイコンをドラッグする)
- a **drag** on the economy(経済(発展)の妨げ)

1778 **emphasize** [émfəsàiz] 動 強調する
▶ emphasis (1303)
- **emphasize** the importance of education
  (教育の重要性を強調する)

1779 **engage** [engéidʒ] 動 《be 〜d in》(〜に)従事している, 《be 〜d to》(〜と)婚約している
▶ engagement (1780)
- We are **engaged** in the export of gourmet foods.
  (私たちは美食家向けの食品輸出の仕事をしています) ⇒gourmet(2107)
- He was **engaged** to my sister.
  (彼は私の姉[妹]と婚約していました)

PART 4

1780 engagement [ingéidʒmənt] 名 婚約, 約束
- announce her **engagement**(婚約を発表する)　⇒announce(268)
- Unfortunately, I have a prior **engagement**.
  (残念ながら, 先約があります)

1781 fold [fóuld] 動 折りたたむ, (腕などを)組む (unfold⇔(2494))
- **Fold** the paper in[into] four.(紙を4つに折りなさい)
- **Fold** your hands.(腕を組みなさい)

1782 recovery [rikʌ́vəri] 名 回復, 回収
▶ recover (853)
- She is on the road to **recovery**.
  (彼女は順調に全快に向かっている)

1783 significant [signífikənt] 形 重要な・意義深い, 著しい
▶ significance 名 重要性, 意義
- make a **significant** change in the foreign policy
  (外交政策に重大な変化をもたらす)
- a **significant** difference in opinion(著しい意見の相違)

1784 species [spí:ʃi(:)z] 名《単複同形》(生物の)種
- **species** preservation(種の保存)　⇒preserve(1638)
- Endangered **Species** Act(絶滅の危機に瀕した種の法《略》ESA)
♣endangeredは「絶滅の危機に瀕した」という意味の形容詞。

1785 stir [stə́:r] 動 (~を)かき回す, (感情を)かき立てる, (騒ぎなどを)引き起こす(up)
- **stir** one's tea(紅茶をかき混ぜる)
- **stir** the imagination(想像をかき立てる)　⇒imagination(818)
- **stir** up trouble[an argument](騒動[議論]を引き起こす)

1786 interpreter [intə́:rprətər] 名 通訳者
▶ interpret (2445)
- a simultaneous **interpreter**(同時通訳者)　⇒simultaneous(2601)

1787 championship [tʃǽmpiənʃip] 名 選手権大会, 優勝・選手権
▶ champion 名 選手権保持者・チャンピオン(《略》champ)
- the world tennis **championship**(世界テニス選手権大会)
- win the **championship**(選手権を獲得する, 優勝する)

PART 4

1788 concept [kánsept] 名 概念・考え
▶ conception (2614)
- a new **concept** in structural design（構造設計の新しい概念）
  ⇒structure(1434)

1789 consultant [kənsʌ́ltənt] 名 コンサルタント
▶ consult (1098)
- hire a **consultant**（コンサルタントを雇う）

1790 crucial [krúːʃəl] 形 極めて重要な
▶ crucially 副 決定的に
- Your support is **crucial** to our success.
  （あなたのご支援は私たちが成功するために不可欠です）

1791 dispute [dispjúːt] 名 紛争　動 (〜を)論争[口論]する
- settle a labor **dispute**（労働争議を解決する）　⇒settle(750)

1792 exclude [iksklúːd] 動 (〜を)締め出す・除外する(from) (⇔include(31))
▶ exclusion 名 排除, 除外, exclusive (2187)
- Cuba was **excluded** from the Quebec summit.
  （キューバはケベック首脳会議から除外された）　⇒summit(2080)

1793 furnish [fə́ːrniʃ] 動 (家具などを)備えつける, 供給する
- a room **furnished** with a desk and a chair
  （備えつけの机と椅子がある部屋）
- I will be glad to **furnish** you with the necessary information.
  （喜んで必要な情報を提供しましょう）

1794 grab [grǽb] 動 (〜を)ぐいとつかむ, ちょっと食べる
- A man **grabbed** her and forced her into his car.
  （男は彼女をつかむと無理やり車に乗せた）　⇒force(171)
- Let's **grab** a bite to eat before we go.
  （出かける前に軽い食事をとろう）　⇒bite(1632)
  ♣grab a biteで「軽い食事をとる」という意味。

1795 immigrant [ímigrənt] 名 (外国からの)移住者 (⇔emigrant(他国への)移住者)
▶ immigration (2642)
- **immigrants** from Asia（アジアからの移住者）

PART 4

1796 makeup [mèikʌ́p] 名 化粧(品), 構成
- wear [put on] **makeup**(化粧する) ⇒chemical(578)
- the chemical **makeup** of matter(物質の化学的構成)

1797 mission [míʃən] 名 任務, 使節団
- He completed [accomplished] the **mission**.
  (彼は使命を果たした) ○accomplish(1807)
- a trade **mission**(貿易使節団)

1798 peel [pí:l] 動 (〜の)皮をむく, (〜を)はがす(off)
- **peel** an apple [orange](リンゴ[オレンジ]の皮をむく)
- **peel** the label off the bottle(瓶からラベルをはがす) ⇒label(1257)

1799 protective [prətéktiv] 形 保護[防護]する, 保護的な
▶ protect (317)
- a **protective** mask(保護マスク, 防護マスク)
- a **protective** trade policy(保護貿易政策) ⇒policy(137)

1800 refugee [rèfjudʒí:] 名 避難民, 亡命者
- a **refugee** camp(難民キャンプ)

1801 relaxation [rì:lækséiʃən] 名 くつろぎ・気晴らし, 緩和
▶ relax (601)
- play tennis for **relaxation**(気晴らしにテニスをする)
- the **relaxation** of international tensions(国家間の緊張緩和)
  ○tension(1850)

1802 robbery [rábəri] 名 強盗(行為)
▶ rob (1393)
- **robbery** insurance(盗難保険) ⇒insurance(549)

1803 specialize [spéʃəlàiz] 動 (〜を)専門にする・専攻する(in)
▶ special 形 特別の, 専門の
  名 特別[臨時]のもの《特別番組・特別料理・特価品など》
- **specialize** in oriental history(東洋史を専攻する)

1804 strap [strǽp] 名 革ひも, バンド 動 (革ひもなどで)縛る
- a cellphone **strap**(携帯電話のストラップ)
- Are the children **strapped** in?
  (子どもたちはチャイルドシートを締めた?)

PART 4

1805 surgery [sə́:rdʒəri] 名 手術, 外科
- surgeon 名 外科医
  - undergo heart **surgery**（心臓手術を受ける） ○undergo(1924)

1806 vow [váu] 名 誓い 動 (〜を)誓う (to do, that)
- marriage **vows**（結婚の誓い）
- He **vowed** to hang in there.（彼はがんばってやると誓った）
♣ hang in (there)は「あきらめずにやる」の意味。hang(288)参照。

1807 accomplish [əkámpliʃ] 動 (〜を)成し遂げる
- accomplishment 名 完成, 業績
  - I'm sure that you can **accomplish** this task.
  （あなたがこの仕事を成し遂げるものと確信します）

1808 ambitious [æmbíʃəs] 形 大望をいだいた, (計画などが)野心的な
- ambition 名 大望, 野心
  - an **ambitious** person（野心家）
  - an **ambitious** project（野心的な[大がかりな]事業）

1809 amuse [əmjú:z] 動 (〜を)楽しませる
- amusement (1810), amusing 形 おもしろい
  - We were **amused** by his joke.（彼のジョークはおもしろかった）

1810 amusement [əmjú:zmənt] 名 娯楽
- an **amusement** park（遊園地）

1811 await [əwéit] 動 (〜を)待つ, 待ち受ける
- I will **await** your instructions.（ご指示をお待ちいたします）
- An even greater surprise **awaited** us. ○instruction(521)
（さらにもっと大きな驚きが待ち受けていた）

1812 capacity [kəpǽsəti] 名 (生産)能力, 収容力
- What is the production **capacity** of the plant?
（この工場の生産能力はどのくらいですか） ○plant(129)

1813 chill [tʃíl] 名 冷え, (恐れ・かぜなどによる)寒気
- chilly (1814)
  - There is a **chill** in the air.（風が冷たい）
  - I get the **chills**.（寒気がする）

1516〜2025

PART 4

1814 chilly [tʃíli] — 形 冷え冷えする
- It's **chilly** this morning.（今朝は冷えますね）

1815 circuit [sə́ːrkət] — 名 回路, 巡回
- a large-scale integrated **circuit**
  （大規模集積回路《略》LSI） ○integrated(2720)
- a **circuit** court（巡回裁判所） ⇒court(395)

1816 civil [sívl] — 形 市民[公民]の, 民間の（⇔military(1208)）
▶ civilian (2330), civilization (2499)
- **civil** rights（市民[公民]権）
- a **civil** airport（民間空港）

1817 clip [klíp] — 名 クリップ, 切り抜き　動 (〜を)クリップで留める(to, together), (〜を)切り取る
- a paper **clip**（紙ばさみ）
- Three sheets of paper were **clipped** together.
  （3枚の紙はクリップで留められていた）

1818 commerce [kámərs] — 名 商業, 通商
▶ commercial (702)
- electronic **commerce**
  （電子商取引, インターネットによる通信販売《略》EC） ○electronic(1827)
- international **commerce**（国際貿易）

1819 component [kəmpóunənt] — 名 構成要素・部品
- assemble **components**（部品を組み立てる） ○assemble(2221)

1820 consequence [kánsəkwèns] — 名 結果
▶ consequently (2334)
- an unexpected **consequence**（思いもよらない結果）

1821 contrary [kántrèri] — 形 反対の, (〜に)反する(to)
- a **contrary** view（反対の意見）
- This is **contrary** to our interests.（これは我々の利益に反する）

1822 cottage [kátidʒ] — 名 小屋・小さな別荘
- a rental **cottage**（貸し別荘） ⇒rental(1061)

1823 definitely [défənətli] — 副 確かに, そのとおり

► definite (1124)
・I'll **definitely** go. (もちろん行きます)

1824 desirable [dizáiərəbl]　形 望ましい (⇔undesirable「望ましくない」)

► desire (719)
・**desirable** location (望ましい立地)　　　　　　　　⇒location(600)

1825 distinguish [distíŋgwiʃ]　動 (〜を…と)区別する (from)

► distinguished (1826)
・**distinguish** what is real from what isn't
(現実のものとそうでないものとを区別する)

1826 distinguished [distíŋgwiʃt]　形 有名な・著名な

・a **distinguished** conductor (著名な指揮者)

1827 electronic [ilèktrάnik]　形 電子の, 電子工学の

► electronics 名 電子工学
・**electronic** mail (電子メール《略》e-mail)

1828 emerge [imə́:rdʒ]　動 (〜から)現れる (from), (事実などが)明るみに出る

・**emerge** from the darkness (暗闇から現れる)
・Eventually the truth **emerged**. (ついに真実が明るみに出た)
　　　　　　　　　　　　　　　　　　　　　　　　⇒eventually(1628)

1829 exhibition [èksəbíʃən]　名 展示(会), 公開演技[試合]

► exhibit (1218)
・The **exhibition** attracted 80,000 people over a two-week period.
(その展示会は2週間の期間中80,000の人々を魅了した) ⇒attract(738)

1830 fatal [féitl]　形 致命的な

► fate 名 運命
・a **fatal** wound [injury] (致命傷)
・make a **fatal** mistake (致命的なミスを犯す)

1831 heal [hí:l]　動 (病気などが)治る[治す]

・It will take two weeks for his arm to **heal**.
(彼の腕が治るには2週間かかるだろう)

1516〜2025

PART 4

1832 identity [aidéntəti] 名 身元, (自分が何者であるかの)認識
- identify (661) ⇒disclose(2484), conceal(2501)
- disclose [conceal] one's **identity**（身元を明かす[隠す]）

1833 intense [inténs] 形 激しい, 強烈な
- intensity 名 強烈さ, intensify 動 激しくする[なる]
- The competition here is very **intense**.
 （ここでは競争がとても激しい） ⇒competition(640)
- **intense** pain（激痛）

1834 medium [míːdiəm] 形 中間の 名《(複)media》(伝達の)手段・媒体
- media (264)
- a **medium**-size car（中型車）
- an advertising **medium**（広告媒体） ⇒advertising(1048)

1835 misunderstand [mìsʌndərstǽnd] 動 誤解する
- misunderstanding (1836)
- 活用 misunderstand - misunderstood - misunderstood
- Their intentions may have been **misunderstood**.
 （彼らの意図は誤解されたようだ） ⇒intention(1421)

1836 misunderstanding [mìsʌndərstǽndiŋ] 名 誤解
- There seems to be a **misunderstanding** about our intentions.（当社の意図に関して誤解があるように思えます）

1837 mutual [mjúːtʃuəl] 形 相互の, 共通の
- **mutual** understanding（相互理解）
- We met each other through a **mutual** friend.
 （私たちは共通の友だちを通じて知り合った）

1838 overlook [òuvərlúk] 動 見落とす, 大目に見る, 見渡す
- They must have **overlooked** your order.
 （君の注文を見落としたに違いない）
- I'll **overlook** the error this time.
 （今回は間違いを大目に見てやろう）
- This window **overlooks** the garden.（この窓から庭が見渡せる）

PART 4

1839 passive [pǽsiv] 形 受け身の・消極的な (⇔active(634))
- take a **passive** attitude (消極的な態度を取る) ⮕attitude(737)

1840 prospect [práspekt] 名 見込み・見通し
► prospective (2455)
- Our **prospects** are good [bright]. (見通しは明るい)

1841 relatively [rélətivli] 副 比較的に, 相対的に
► relative (1361) ⮕inexpensive(1305)
- It's **relatively** inexpensive. (それは比較的安いです)

1842 reverse [rivə́ːrs] 動 (~を)逆[反対]にする 名 逆 形 逆の, 反対の
- The judgment was **reversed** by a higher court.
  (判決は高裁で逆転した) ⮕judgment(1566)
- The **reverse** was true. (その逆が真実だった)
- See **reverse** side. (裏面をご覧ください)

1843 scarcely [skéərsli] 副 ほとんど~ない
► scarce 形 乏しい (⇔abundant(1987))
- There's **scarcely** any coffee left.
  (もうコーヒーがほとんど残っていない)

1844 scholar [skálər] 名 学者
► scholarship (1845)
- a brilliant **scholar** (優れた学者) ⮕brilliant(962)

1845 scholarship [skálərʃìp] 名 奨学金
- apply for a **scholarship** (奨学金を申し込む)

1846 scold [skóuld] 動 (~を)叱る
- Her father **scolded** her for coming home late.
  (彼女の父親は帰宅がおそいと彼女を叱った)

1847 sponsor [spánsər] 名 スポンサー, 後援者 動 スポンサーになる
- look for **sponsors** for the sporting event
  (スポーツ行事のスポンサーを探す)
- The TV program was **sponsored** by a beer company.
  (そのテレビ番組はビール会社の提供だった)

PART 4

1848 starve [stá:rv]
動 (~に)飢える(for, of), 《be ~ing [~d]で》腹が減る

► starvation 名 飢餓
- **starve** for affection [love, knowledge] (愛情[愛, 知識]に飢える) ⊃affection(2027)
- I'm **starved**. (腹が減った)

1849 strip [stríp]
動 (衣服を)脱ぐ(off), (~を…から)はぐ(off)
- **strip** off one's coat (上着を脱ぐ)
- **strip** wallpaper off the wall (壁から壁紙をはぎ取る)

1850 tension [ténʃən]
名 緊張(状態)

► tense 形 緊張した 「♔lessen「少なくする」
- lessen international **tension** (国際的緊張を緩和する)

1851 welfare [wélfèər]
名 福祉・福利, 生活保護
- promote the social **welfare** (社会福祉を増進する) ⊃promote(1126)

1852 consensus [kənsénsəs]
名 (意見などの)一致, (一致した)意見
- reach a national **consensus** (国民的合意に達する)

1853 garment [gá:rmənt]
名 衣服
- a bridal **garment** (花嫁の衣装)

1854 gear [gíər]
名 歯車, 《複合語で》~用具[装置]
- change **gears** (ギヤチェンジする)
- climbing [fishing] **gear** (登山[釣り]用具)

1855 guideline [gáidlàin]
名 《~sで》指針
- **guidelines** for applicants (募集要項) ⊃applicant(1578)

1856 incredible [inkrédəbl]
形 信じられない, 途方もない
- An **incredible** thing has happened. (信じがたいことが起きた)

1857 liquor [líkər]
名 (主に蒸留した)アルコール飲料, 酒(類)
- a **liquor** store (酒屋, 酒店)

1858 presently [prézəntli]
副 現在・目下

► present (162)
- We are **presently** negotiating with Son Co.

（目下，サン株式会社と交渉中です） ○negotiate(2351)
・**Presently**, I am unemployed.（現在のところ私は失業中です）
○unemployed(2157)

1859 **productive** [prədʌ́ktiv]　形 生産的な，生産力のある

► productivity 名 生産力, produce (160)
- It was a very **productive** meeting.
  （非常に生産的な会議だった）
- **productive** land（豊かな土地）

1860 **relieved** [rilíːvd]　形 安心した・ほっとした (to do, that)

► relieve (1262)
- I'm **relieved** to hear that.（それを聞いて安心しました）

1861 **resign** [rizáin]　動 （会社などを）退職する (from)，（役職・地位を）辞任する

► resignation (1862)
- He has **resigned** from our company.
  （彼はわが社を退職しました）
- I have decided to **resign** my position as head of AI bank.
  （私はAI銀行頭取の職を辞すことを決めました）

1862 **resignation** [rèzignéiʃən]　名 辞職 [辞任]，辞表

- call for the president's **resignation**（社長の退陣を要求する）
- submit [hand in] my **resignation**（辞表を提出する）○submit(577)

ア・ラ・カルト 〈8〉

「辞める」

　仕事や会社を「辞める」という意味の語にはretire (626), resign (1861), quit (1079) などがあります。

　retired from は特に一定の年齢に達して（定年で）「退職［引退］する」，resign (from) は「会社・役職を辞職［辞任］する」という意味です。会社などを退職する意味では resign from ... を，役職を辞任する意味では resign を使います。会社などを中途で辞めるというときは quit を使います。leave「去る」は広い意味でどの場合にも使えます。

PART 4

1863 shrink [ʃríŋk] 動 縮む[縮ませる], 減少する[させる]
► shrinkage 名 収縮(量・率), 減少(量・率)
[活用] shrink - shrank - shrunk
- **shrink** in the wash(洗濯すると縮む)
- **shrink** the budget deficit(財政赤字を削減する)　　○deficit(2483)

1864 strategy [strǽtədʒi] 名 戦略
- a marketing **strategy**(マーケティングの戦略, 販売戦略)

1865 tissue [tíʃu:] 名 ティッシュペーパー, (生物の)組織
- toilet **tissue**(トイレットペーパー)
- nerve [muscle] **tissue**(神経[筋肉]組織)
　　　　　　　　　　　　　　　　　　　　→nervous(757), muscle(925)

1866 aboard [əbɔ́:rd] 副 (乗り物に)乗って
- Welcome **aboard**!(ご乗車[搭乗]ありがとうございます)
♣aboardはon boardと同意。board(78)参照。

1867 anchor [ǽŋkər] 名 錨, ニュースキャスター, 最終走者[泳者] 動 投錨する
- drop **anchor**(投錨[停泊]する)
- a news **anchor**(ニュース番組のアンカー, ニュースキャスター)
♣「ニュースキャスター」はanchorman, anchorwoman, anchorpersonともいう。

1868 assure [əʃúər] 動 (~を)保証する
► assurance 名 保証, 確信
- We can **assure** delivery within three weeks of your order.
(ご注文から3週間以内の配達を保証いたします)　　→delivery(833)

1869 blend [blénd] 動 混ぜ合わせる, 混ざる 名 混合物
- **blend** the sugar, eggs, and flour
(砂糖と卵と小麦粉を混ぜ合わせる)　　→flour(802)
- His thesis is a **blend** of two theories.
(彼の論文は2つの理論の混合物だ)　　○thesis(2711), →theory(1266)

1870 capable [kéipəbl] 形 (~が)できる(of), 有能な
► capability 名 能力　　　　　　　　　　　　→human(363)
- This computer is **capable** of understanding human languages.(このコンピューターは人間の言葉を理解することができる)

- He is a **capable** clerk.（彼は有能な事務員です） ⇨clerk(359)

1871 **minister** [mínəstər] 名 大臣
- the Prime [Foreign] **Minister**（総理[外務]大臣）

1872 **characteristic** [kæ̀rəktərístik] 名《～sで》特性　形（～に）特有の(of)
► character (776)
- What are the **characteristics** of this machine?
  （この機械の特徴は何ですか）
- His accent is **characteristic** of the South.
  （彼のアクセントは南部特有のものだ） ⇨accent(1506)

1873 **clap** [klǽp] 動 拍手する，（手を）たたく
- The audience **clapped** and cheered.（聴衆は拍手喝采した） ⇨audience(755), cheer(987)

1874 **conflict** [kánflikt] 名（意見・利害などの）対立，争い　動 [kənflíkt]（～と）対立[矛盾]する(with)
- a **conflict** of interests（利害の対立）
- My interests **conflict** with his.（私の利害は彼のと相反する）

1875 **contrast** [kántræst] 名 相違(between, with)，対照(to, with)　動 [kəntrǽst]（…と）対照をなす(with)
- a **contrast** between the old and the new（新旧間の相違）
- His views **contrast** with ours in many respects.
  （彼の意見は我々のものと多くの点で対照的である） ⇨respect(909)

1876 **curious** [kjúəriəs] 形 好奇心の強い，奇妙な
► curiosity 名 好奇心
- I am **curious** to know if it is true.
  （それが本当であるかどうか知りたい）
- a **curious** noise（奇妙な音） ⇨noisy(998)

1877 **debate** [dibéit] 名 討論　動 討論する，熟考する
- a **debate** on national security（国家安全保障に関する討議） ⇨security(525)
- **debate** on a subject（ある話題について討論する） ⇨subject(309)

PART 4

1878 delicate [délikət] 形 繊細な, 精密な, (問題などが)微妙な
- delicacy 名 繊細さ
  - **delicate** skin(きめの細かい肌)
  - a **delicate** instrument(精密な器具)　　➔instrument(1284)

1879 descend [disénd] 動 (〜を)降りる(⇔ascend「登る」), (先祖から)伝わる(from)
- descent 名 下降, descendant (2915)
  - The people are **descending** the stairs.
    (人々は階段を降りている)
  - **descend** from generation to generation(代々伝わる)
    ➔generation(722)

1880 discipline [dísəplin] 名 しつけ, 規律　動 しつける
- home [family] **discipline**(家庭でのしつけ)
- keep **discipline**(規律を守る)

1881 dive [dáiv] 動 (水に)飛び込む, 潜水する　名 急落
活用 dive - dived [dove] - dived
- She **dove** into the pool.(彼女はプールに飛び込んだ)
- The stock market took a **dive** last month.
  (株式市場は先月急落した)

1882 enjoyable [endʒɔ́iəbl] 形 楽しい, おもしろい
- enjoy (73)
  - have a very **enjoyable** weekend(楽しい週末を過ごす)

1883 extent [ikstént] 名 程度・範囲
- extend (1105)
  - to some [a considerable, the fullest] **extent**
    (ある程度[かなりの程度, 最大限]まで)　　➔considerable(1337)

1884 extreme [ikstrí:m] 形 極端な　名 極端
- extremely (764)
  - She collapsed from **extreme** fatigue.
    (彼女は極度の疲労で倒れた)　　➔collapse(1933), fatigue(2308)
  - That's a little **extreme**.(それは少し極端です)

1885 favorable [féivərəbl] 形 好意のある, 好都合の
- favor (353)

- **favorable** reviews(好意的な批評) ⇒review(645)
- achieve **favorable** results(好成績を収める) ⇒achieve(858)

1886 glow [glóu]　　名 白熱[赤熱]　動 (目・顔が)輝く
- the **glow** of sunset [sunset glow](夕焼け)
- **glow** with happiness(幸せで輝く)

1887 immense [iméns]　　形 巨大な
▶ immensely 副 とても, 非常に
- make **immense** profits(巨利を生む)

1888 incident [ínsidənt]　　名 (付随的な・小さな)出来事
- report the **incident** to the police
  (その出来事を警察に報告する)

1889 initial [iníʃl]　　形 最初の　名 頭文字
- The program is in its **initial** stages.
  (計画はごく初期の段階です)　⇒stage(453)
- write your **initials**(イニシャルを書く)

1890 instruct [instrʌ́kt]　　動 指示する, 教える
▶ instruction(521), instructor 名 指導者・教師
- He was **instructed** to prepare the documents.
  (彼は書類を作成するよう指示された)

1891 intellectual [ìntəléktjuəl]　　形 知的な, 知性の　名 知識人
▶ intellect 名 知性(のある人)
- an **intellectual** conversation(知的な会話)
- **intellectual** development(知力の発達)　⇒development(635)

1892 intent [intént]　　形 (…の達成を)決意している(on)　名 意図(=intention(1421))
▶ intend(417)
- He is **intent** on becoming a lawyer.
  (弁護士になろうと決心している)
- He denied any **intent** to hide the error.
  (彼は間違いを隠す意図については否定した)　⇒deny(1407), hide(943)

♣ intentもintentionも「意図・意思」の意味だがintentの方が改まった語。また悪いことの場合にはintentを使う。with intent「故意に」。

1516〜2025

PART 4

1893 interfere [ìntərfíər]　動 (〜に)口出しする(in), (〜を)妨げる(with)

► interference 名 干渉, 妨害
- Do not **interfere** in other people's business.
  (人のことに口出しするな)　　　　　　　　　　　　　⇒business(9)
- I'm not going to **interfere** with your work.
  (君の仕事をじゃまするつもりはないよ)

1894 monument [mánjumənt]　名 記念碑[館・像など], 遺跡

- a historical **monument** (歴史的記念物)　　　　　⇒historical(1945)

1895 occasionally [əkéiʒənəli]　副 ときどき

► occasional 形 時折りの, occasion (849)
- **Occasionally**, these things happen.
  (時折こういうことが起こるものです)

1896 overcome [òuvərkám]　動 打ち勝つ・克服する

活用 overcome - overcame - overcome
- **overcome** the difficulty (困難に打ち勝つ)

1897 realistic [rìːəlístik]　形 現実的な, 写実的な

► reality (1358)
- I don't think your plan is very **realistic**.
  (君の企画はあまり現実的とは思えない)
- a **realistic** TV drama (現実を描いたようなテレビドラマ)

1898 rescue [réskjuː]　動 救助する　名 救助

- A firefighter **rescued** the boy from the burning house.
  (消防士は燃えさかる家からその男の子を救助した)
- **rescue** operation (救援活動)　　　　　　　　　　⇒operation(586)

1899 resolve [rizálv]　動 (問題などを)解決する, (〜を)決心[決定]する(to do, that)　名 決心・決意

► resolution (1504)
- **resolve** a problem [dispute] (問題[争議]を解決する)
- He **resolved** to study in the U.S.　　　　　　　⇒dispute(1791)
  (彼はアメリカへ留学しようと決心した)

1900 scenery [síːnəri]　名 《集合的に》景色, 風景

► scene 名 場面, 景色
- enjoy the beautiful natural **scenery** of the Alps

1516〜2025

(アルプス山脈の美しい自然の景色を満喫する)
♣個々の景色がscene，その集合としての地域全体の景色がscenery。

1901 **scheme** [skí:m]   名 計画，たくらみ   動 (～を)たくらむ
・a business **scheme** (事業計画)

1902 **sew** [sóu]   動 (～を)縫う・縫い合わせる[つける]
[活用] sew - sewn - sewn
・**sew** a button on (ボタンを縫いつける)
♣ sow (2469), saw「のこぎり」(seeの過去形でもある)などと混同しないように注意。

1903 **shallow** [ʃǽlou]   形 浅い(⇔deep「深い」)，表面的な
・The water is **shallow** here. (ここは水が浅いよ)
・**shallow** friendship (浅い交わり)

1904 **snap** [snǽp]   動 (写真を)撮る，(～を)素早くつかむ(up)，折る[折れる]
・**snap** a photo [picture] (写真を撮る)
・**snap** up a good buy (特価品に飛びつく)
・**snap** a stick in two (棒きれを2つに折る) ⇒stick(950)

1905 **squeeze** [skwí:z]   動 (～を)絞る，(～を…から)絞り出す[取る] (from, out of)
・**squeeze** a lemon (レモンを絞る)
・**squeeze** toothpaste from a tube (チューブから歯磨きを絞り出す)

TOEIC頻出 単語・語法問題 ―――――――――― (21)

◇ 1. About 10% of the merchandise (was / were) damaged on arrival. (答)was
　2. The police (are / is) searching for the missing girl. (答)are

※ merchandise (2179) は集合名詞ですが，常に単数として扱われます。baggage (1253)，equipment (576)，furniture (225)，machinery (1219)，scenery (1900) なども，常に単数扱いの集合名詞です。
　これとは反対に，police「警察」はこのままの形（複数形にならない）で常に複数扱いです。個々の警官をいうときはpolicemanか(police) officerを使います。同じようにpeople「人々」も常に複数扱いの語です。この people は TOEIC 最頻出項目の1つです。
(意味) 1. 商品の約10パーセントが到着時に損傷していた。
　　　 2. 警察は行方不明の少女を捜索している。

PART 4

1906 thorough [θə́:rou]
形 徹底的な
▶ thoroughly **副** 徹底的に
- a **thorough** investigation（徹底的な調査） ⇒investigation(1171)

1907 trace [tréis]
動 追跡[調査]する (back), (〜を)たどる, トレースする **名** 跡
- **trace** back to its origin（起源までさかのぼる[って調べる]） ⇒origin(1956)
- **trace** a family tree（家系図をたどる）
- It was gone without a **trace**.（それは跡形もなく消えた）

1908 venture [véntʃər]
名 ベンチャー事業[企業]
動 思い切って〜する[言う]
- set up a new **venture** company（新しい事業の会社を設立する）
- Nothing **ventured**, nothing gained.
（虎穴に入らずんば虎児を得ず《ことわざ》）

1909 vessel [vésl]
名 (解剖学上の)管, (大型の)船
- blood **vessels**（血管）
- a passenger **vessel**（客船） ⇒passenger(75)

1910 wildlife [wáidlàif]
名 《集合的な》野生生物
- **wildlife** protection（野生生物保護） ⇒protection(318)

1911 acute [əkjú:t]
形 (事態などが)深刻な, (痛みなどが)激しい, (観察などが)鋭い
- **acute** food shortages（深刻な食糧不足） ⇒shortage(1641)
- He is in **acute** pain.（彼はひどく痛がっている）

♣acuteな病気といえば「急性の」という意味。acute alcoholism（急性アルコール中毒）。「慢性の」はchronic (2883)。

1912 ambassador [æmbǽsədər]
名 大使
- the Japanese **ambassador** to France（駐仏日本大使）

1913 bug [bʌ́g]
名 昆虫, (機械・プログラムなどの)欠陥
- be bitten by a **bug**（虫に食わ[刺さ]れる） ⇒bite(1632)
- fix a **bug**（バグを修正する） ⇒fix(255)

♣be bitten by the travel bugで「旅行熱に取りつかれる」の意味。

1914 convey [kənvéi]
動 (思想などを)伝える, (〜を)運ぶ
▶ conveyor **名** コンベア

- **convey** information(情報を伝達する)

1915 famine [fǽmin] 　名 飢饉
- die of **famine**(飢饉で死ぬ)

1916 highlight [háilàit] 　動 (~を)強調する 　名 呼び物, 目玉
- **highlight** the need for reform(改革の必要を強調する) ⮕reform(806)
- this week's TV **highlights**(今週のテレビ番組のハイライト)

1917 magnificent [mægnífəsnt] 　形 壮大な, すばらしい
▶ magnificence 名 壮大
- a **magnificent** view of the harbor(壮大なる港の風景)

1918 numerous [n(j)úːmərəs] 　形 多数の
- receive **numerous** inquiries from customers
  (顧客から数多くの問い合わせを受ける) ⮕inquiry(1651)

1919 restrict [ristríkt] 　動 (~を…に)制限する(to)
▶ restricted (1920), restriction (2279)
- Speed is **restricted** to 40 kilometers an hour on this road.
  (この道路では制限速度は時速40キロです)

1920 restricted [ristríktid] 　形 制限された
- This is a **restricted** area.(ここは立ち入り禁止区域です)

1921 snatch [snǽtʃ] 　動 ひったくる, さっと取る 　名 ひったくり
- **snatch** a purse(財布をひったくる)
- She **snatched** up the phone.(彼女は受話器をさっと取った)

1922 spectator [spékteitər] 　名 観客・見物人
- At least 100,000 **spectators** were in the stadium.
  (スタジアムには少なくとも100,000人の観衆がいた) ⮕stadium(693)

1923 strengthen [stréŋkθn] 　動 強くする[なる], 強化する
▶ strength (911)
- Walking every day **strengthens** the muscles.
  (毎日のウォーキングが筋力を鍛えます) ⮕muscle(925)

PART 4

1924 undergo [ʌ̀ndərɡóu] 動 (苦しいことなどを)経験する, (手術・治療などを)受ける

活用 undergo - underwent - undergone
- **undergo** many hardships (多くの辛苦をなめる) ○hardship(2388)
- **undergo** an operation (手術を受ける) ⇒operation(586)

1925 vacuum [vǽkjuəm] 名 真空, 空白(状態) 動 (電気掃除機で)掃除する
- a **vacuum** (cleaner) (電気掃除機)
- a political **vacuum** (政治的空白) ⇒political(654)

1926 achievement [ətʃíːvmənt] 名 達成
▶ achieve (858)
- an academic **achievement** (学問上の業績) ⇒academic(1160)

1927 acquaintance [əkwéintəns] 名 知り合い・面識, 《make one's ~で》(~と)知り合いになる
- He is an old **acquaintance** of mine. (彼は古い知り合いです)
- I am pleased to make your **acquaintance**. (あなたと知り合いになれて, うれしいです)

1928 agriculture [ǽɡrikʌ̀ltʃər] 名 農業
▶ agricultural 形 農業の
- engage in **agriculture** (農業に従事する) ⇒engage(1779)

1929 alter [ɔ́ːltər] 動 (~を)作り変える, (~を)手直しする
▶ alteration 名 変更・修正, alternate (1146)
- **alter** one's schedule (予定を変更する) ⇒schedule(45)

1930 apt [ǽpt] 形 ~しがちな(to do), (~に)適した(for)
- She is **apt** to make mistakes if you pressure her too much. (彼女はプレッシャーをかけすぎるとミスをしがちだ) ⇒pressure(638)

1931 artificial [ɑ̀ːrtifíʃl] 形 人工的な, 不自然な(⇔natural「自然の」)
- **artificial** grass (《野球》人工芝)
- an **artificial** smile (作り笑い)

1932 barely [béərli] 副 かろうじて, わずかに
▶ bare (1490)
- He was **barely** able to walk. (歩くのがやっとだった)

1516〜2025

PART 4

1933 collapse [kəlǽps]　動 崩れる, 卒倒する　名 崩壊
- All the houses **collapsed** in the earthquake.
（地震ですべての家が倒壊した）
- She fainted and **collapsed**.（彼女は気を失って倒れた）
- price **collapse**（価格破壊, 値崩れ）　　　　　　　└➔faint(1544)

1934 constitution [kànstət(j)úːʃən]　名 憲法, 体格・体質
▶ constitute (2505)
- Article Nine of the **Constitution**（憲法第9条）
- have a good **constitution**（体格がいい）

1935 contest [kάntest]　名 競技(会)・コンテスト
- a speech **contest**（弁論大会）

1936 declare [diklέər]　動 (〜を)宣言する, (〜を)申告する
▶ declaration 名 宣言
- **declare** victory（勝利を宣言する）
- (Do you have) anything to **declare**?
（何か申告するものはありますか《税関で》）

1937 define [difáin]　動 定義する, 明確にする
▶ definition 名 定義
- **define** the word（語を定義する）
- **define** the issue（争点を明確にする）　　　　　　　➔issue(522)

1516〜2025

TOEIC頻出 単語・語法問題 ──────(22)──

◇ Mr. Willson has a lot of (experience / experiences) in selling computers.　　　　　　　　　　　　　（答）experience

※ experience (37) は「経験」の意味では抽象名詞。したがって複数形にはなりません。ただし,「(具体的に)経験[体験]したこと」という意味で使うときは「数えられる名詞」として扱います。

I am writing a book about my experiences living in Japan.
（私は日本に住んで体験したことについて本を書いている）

この他の主なものに,
success (319)「成功したこと[人]」, achievement (1926)「達成したこと・業績」, view (281)「意見」, 基本語ではkindness「親切な行為」, work「作品」などがあります。

（意味）ウィルソン氏はコンピュータ販売の豊富な経験をもっている。

PART 4

1938 enthusiasm [enθ(j)úːziæzm] 名 熱中, 熱狂
▶ enthusiastic 形 熱狂的な
- have **enthusiasm** for baseball [sumo]（野球[相撲]に熱中する）

1939 envy [énvi] 動 うらやむ・ねたむ 名 羨望（の的）
▶ envious 形（～を）うらやんで(of)
- I **envy** you.（君がうらやましいよ）
- You'll be the **envy** of everyone here.
（あなたはここの人たちみんなの羨望の的になるでしょう）

1940 era [íːrə] 名 時代・年代
- the **era** of zero interest rates（ゼロ金利時代） ⇒interest(98)

1941 extraordinary [ikstrɔ́ːrdənèri] 形 並外れた・驚くべき, 臨時の
- a man of **extraordinary** talent [genius]
（並外れた才能の持ち主） ⇒talent(808), genius(1545)
- an **extraordinary** meeting（臨時会議）

1942 fade [féid] 動（色・音・記憶などが徐々に）消える・薄れる
- The ambulance siren **faded** away.
（救急車のサイレンが徐々に遠くなっていった）

1943 frankly [frǽŋkli] 副 率直に（言って）
▶ frank 形 率直な
- **Frankly**, I don't care what you do.
（率直に言って, 君が何をしようと気にしないよ）

1944 harvest [háːrvist] 名 収穫（期）
- a rich [poor] **harvest**（豊[凶]作）

1945 historical [histɔ́(ː)rikl] 形 歴史に関する, 歴史上の
▶ historic 形 歴史的な, history 名 歴史
- Could you show me some places of **historical** interest?
（歴史的に興味を引く場所を案内してもらえますか）

♣ historicalは「歴史上の, 史実の」という意味。historicは「歴史上有名[重要]な, 歴史に残る」という意味。a historic moment（歴史的な瞬間）。

1946 illegal [ilíːgl] 形 違法の, 非合法の（⇔legal(803)）
- It's **illegal** to use a cellphone while driving.
（運転中の携帯電話の使用は違法である）

PART 4

1947 **inevitable** [inévətəbl] 形 避けられない, 当然[必然]の

▶ inevitably 副 必然的に
- Heated debate is **inevitable**. (白熱した議論は避けられない)
 ⇒debate(1877)
- the **inevitable** result (必然的な結果)

1948 **inherit** [inhérət] 動 (財産を)相続する, (性質・体質を)受け継ぐ

▶ inheritance 名 相続(財産)
- **inherit** property (財産を相続する) ⇒property(524)
- **inherit** a beautiful voice from her mother
 (母から美しい声を受け継ぐ)

1949 **instinct** [ínstiŋkt] 名 本能, 天性(のもの)

▶ instinctive 形 天性の, 本能的な
- He has a good **instinct** for business.
 (商売に対する天性の勘を持っている)

1950 **leap** [líːp] 動 跳ぶ・跳ねる, (機会などに)飛びつく(at) 名 跳躍

活用 leap - leaped [leapt] - leaped [leapt]
- Look before you **leap**. (転ばぬ先の杖《ことわざ》)
- **leap** at the offer [the chance] (申し出[チャンス]に飛びつく)

1951 **liquid** [líkwid] 形 液体の, 流動性の(⇔solid(910)) 名 液体

- **liquid** hydrogen (液体水素)
- **liquid** assets (流動資産) ⇒asset(2168)

1952 **miserable** [mízərəbl] 形 みじめな, ひどい

▶ misery 名 悲惨
- I felt **miserable** when I missed the train.
 (電車に乗り遅れてみじめな気分だった) ⇒miss(374)
- **miserable** weather (ひどい[うっとうしい]天気)

1953 **mode** [móud] 名 様式, モード《動作の状態》

- a **mode** of life (生活様式)
- It can be set in the automatic **mode**.
 (それは自動運転モードにセットできます)

1516〜2025

PART 4

1954 nationality [næʃənǽləti] 名 国籍
► nation (328)
- What **nationality** are you? — I'm French.
(国籍はどちらですか——フランス人です)

1955 obey [oubéi] 動 (〜に)従う, (規則などを)守る
► obedience 名 服従, 従順, obedient 形 従順な
- When old, **obey** your children.(老いては子に従え《ことわざ》)
- **obey** the law(法律を守る)

1956 origin [ɔ́(:)ridʒin] 名 起源, 血統
► originate (2271)
- certificates of **origin**(原産地証明(書)) ⊃certify(2035)
- an American of Japanese **origin**(日系アメリカ人)

1957 outcome [áutkʌm] 名 (物事の)結果, 成果
- a positive [an undesirable] **outcome**(良い[望ましくない]結果)
⊃positive(1325), desirable(1824)
- learning **outcome**(学習成果)

1958 output [áutpùt] 名 生産高(⇔input(2518)), 出力 動 生産する, 出力する
活用 output - output - output
- increase the **output** to 50,000 per month
(生産高を月50,000台に上げる)
- **output** to a printer(プリンターに出力する)

1959 panic [pǽnik] 名 恐慌(状態) 動 うろたえる[させる]
- There was a **panic** in the shop when the fire started.
(火事が起ったとき, 店の中はパニック状態になった)
- Don't **panic**.(落ち着いてください)

♣非常停止ボタンをa panic buttonという。press [hit] the panic button というと「あわてふためく」という意味にもなる。

1960 peculiar [pikjú:liər] 形 (〜に)特有の(to), 妙な
► peculiarity 名 特色, 癖
- This is not **peculiar** to Japanese.
(これは日本人に限ったことではない)
- **peculiar** behavior(一風変わった振る舞い) ⊃behavior(1294)

PART 4

1961 primitive [prímətiv] 形 原始的な, 原始の
- a **primitive** machine（原始的な機械）
- a **primitive** society（原始社会）

1962 prosperity [prɑspérəti] 名 繁栄・繁盛
▶ prosper (2456), prosperous (1963)
- I would like to propose a toast to the **prosperity** of our company.（わが社の繁栄のために乾杯をしたいと思います）
  ⇒toast(839)

1963 prosperous [prάspərəs] 形 繁栄[繁盛]している
- I wish you a happy and **prosperous** New Year.（新年に当たりご多幸とご成功をお祈り申し上げます）

1964 rage [réidʒ]
名 激怒
動 (嵐などが)荒れ狂う, (〜に)激怒する
- fly into a **rage**（逆上する）
- The storm **raged** on for three days.（嵐は3日間も荒れ狂った）

1965 readily [rédili] 副 容易に, 快く
▶ ready (196)
- The book is **readily** available.（その本は容易に入手できる）
  ⇒available(514)
- She **readily** agreed to go.（彼女は快く行くと言ってくれた）

1966 remark [rimάːrk] 名 意見, 言葉　動 (〜と)述べる (that)
▶ remarkable (1967)
- Please let me hear your **remarks** if any.（もしあれば, あなたの意見を聞かせてください）

1967 remarkable [rimάːrkəbl] 形 注目すべき, 著しい
- He has done a **remarkable** job managing this office.（彼はこの事務所運営に当たって目ざましい仕事ぶりを発揮している）
  ⇒manage(451)

1968 replacement [ripléismənt] 名 取替え(品)
▶ replace (655)
- Here is the **replacement** part you ordered.（これがご注文の取替え部品です）

PART 4

1969 sacrifice [sǽkrəfàis] 名犠牲 / 動(〜を…のために)犠牲にする (to, for)

- The Japanese people will have to make **sacrifices** to achieve economic reform.
(日本国民は経済の改革を達成するために犠牲を払わねばならないだろう) ⇒reform(806)
- **sacrifice** one's personal life for the company
(会社のために私生活を犠牲にする)

1970 satisfaction [sæ̀tisfǽkʃən] 名満足(⇔dissatisfaction(2752))

▶ satisfy (727)
- express **satisfaction** with the outcome
(結果に満足の意を表す) ⇒outcome(1957)

1971 skillful [skílfl] 形熟練した, 上手な

▶ skill (561)
- a **skillful** surgeon [carpenter](腕のいい外科医[大工])

♣ skillfulには「才能がある」という意味合いがある。これに対してskilled(561)は経験を積んだことによる「熟練」という意味合いがある。

1972 spectacle [spéktəkl] 名光景, 見もの

▶ spectacular 形壮観な
- a splendid **spectacle**(すばらしい光景) ⇒splendid(2082)

1973 stable [stéibl] 形安定した

▶ stabilize (2872)
- He is in **stable** condition.(彼は安定した状態である) ⇒condition(95)

1974 steep [stíːp] 形(坂などが)険しい, 急な

- a **steep** path(険しい道)
- a **steep** rise in prices(値段の急騰)

1975 substance [sʌ́bstəns] 名物質, 本質

▶ substantial 形かなりの, 実質的な
- a poisonous **substance**(有毒物質)

1976 suburb [sʌ́bəːrb] 名《the 〜sで》郊外

- They moved to the **suburbs**.(彼らは郊外に移り住んだ)

PART 4

1977 tender [téndər] 形 柔らかい, 優しい 　動 (〜を)提出する
- a **tender** steak（柔らかいステーキ）
- **tender** my resignation（辞表を提出する） ⇒resignation(1862)

1978 thrill [θríl] 動 (喜び・期待などで)わくわくする[させる] 名 わくわくすること, スリル
▶ thrilling 形 スリル満点の
- I was **thrilled** at the news.（ニュースを聞いてうきうきした）
- The roller coaster was quite a **thrill**.
  （ローラーコースターはすごいスリルだった）

1979 token [tóukn] 名 (〜の)しるし, (地下鉄などの)トークン 形 形ばかりの・ほんのわずかな
- Please accept this gift as a small **token** of my appreciation.
  （感謝のささやかなしるしとして, この贈り物を受け取ってください）
  ⇒appreciation(1695)
- **token** opposition（形ばかりの[わずかな]反対） ⇒opposition(1210)

1980 treaty [trí:ti] 名 条約, 協定
- sign a **treaty**（条約に調印する）

1981 upward [ápwərd] 副 形 上方へ[の], 上向きに[の]
  (⇔downward「下方へ[の]」)
- The GNP growth estimate has been revised **upward**.
  （GNPの推定成長率が上方修正された）
  ⇒estimate(1119), ⇒revise(2174)
- an **upward** sales trend（売上げの上向き傾向） ⇒trend(771)

1982 vanish [vǽniʃ] 動 (突然)消える, 消滅する
- The man **vanished** into the crowd.
  （その男は群集の中に姿を消した）

1983 blossom [blásəm] 名 (果樹の)花, 開花 動 (果樹・人が)開花する
- cherry **blossoms**（桜の花）
- **blossom** into a beautiful girl（美人に成長する）

1984 differ [dífər] 動 (〜と)異なる(from), (〜と)意見が違う
▶ difference (496)
- Customs **differ** from one country to another.
  （習慣は国によって異なる）

PART 4

1985 precise [prisáis] 形 正確な
- precisely 副 正確に
- precise calculations(厳密な計算) ⇒calculate(1722)

1986 sensation [senséiʃən] 名 感覚, 大評判
- sensational 形 大評判の
- lose all sensation(感覚が全くなくなる)
- cause a great sensation(大評判になる) ⇒cause(55)

1987 abundant [əbʌ́ndənt] 形 豊富な(⇔scarce(1843))
- abundance 名 大量(of)
- an abundant supply of oil(石油の豊富な供給(量)) ⇒supply(541)

1988 cope [kóup] 動 (困難な事などを)うまく処理する(with)
- cope with the continued economic crisis
  (長引く経済危機に対処する) ⇒crisis(1635)

1989 dairy [déəri] 名 酪農(場), 乳製品販売店
- dairy products [produce](乳製品)

1990 diplomatic [dìpləmǽtik] 形 外交の, 外交的な
- diplomacy (2378)
- diplomatic relations(外交関係, 国交) ⇒relation(1360)

1991 evaluate [ivǽljuèit] 動 (〜を)評価する
- evaluation 名 評価
- How would you evaluate Mr. Bush as a president?
  (あなたは社長としてのブッシュさんをどう評価されますか)

1992 flexible [fléksəbl] 形 柔軟な, 融通のきく
- flexibility 名 柔軟性
- We're on a very flexible schedule.(十分融通のきく予定です) ⇒schedule(45)

1993 headline [hédlàin] 名 (新聞・雑誌などの)見出し, 表題
- Have you seen today's headlines?(今日の見出しを見たかい)

1994 neutral [n(j)úːtrl] 形 中立の, 中性の
- a neutral viewpoint(中立の立場)
- a neutral detergent(中性洗剤)

PART 4

1995 regardless [rigá:rdləs] 形 (〜に)かかわらず(of)
▶ regard (368)
- Anyone may apply, **regardless** of gender.
（性別に関係なく誰でも応募できます）

1996 regulate [régjəlèit] 動 (〜を)規制する, (機器などを)調整する
▶ regulation (749)
- The disposal of industrial wastes is **regulated** by law.
（産業廃棄物の投棄は法律で規制されている）⇒dispose(1746), waste(775)
- **regulate** the room temperature（室内の温度を調節する）

1997 steadily [stédili] 副 しっかりと, 着実に
▶ steady (933)
- Business is growing **steadily**.（業績は順調に伸びている）

1998 strive [stráiv] 動 努力する
活用 strive - strove - striven
- We will **strive** to meet these demands by the deadline.
（期日までにこれらの需要に応じるよう努力します）
⇒demand(178), deadline(1072)

1999 tempt [témpt] 動 (〜する)気にさせる(to do)
▶ temptation 名 誘惑
- The fine weather **tempted** me to go out.
（天気が良かったので私は出かける気になった）

2000 workshop [wə́:rkʃàp] 名 ワークショップ(研究会), 作業場
- a crisis management **workshop**（危機管理セミナー）
⇒crisis(1635), management(556)
- a factory **workshop**（工場内の作業場）

2001 ache [éik] 動 痛む 名 痛み
- My stomach **aches** terribly.（胃がひどく痛む）
- I have an **ache** in my back.（背中が痛い）

2002 assert [əsə́:rt] 動 (〜を)主張する
▶ assertion 名 主張
- He **asserted** that it was not true.
（彼はそれが事実ではないと主張した）

PART 4

2003 ban [bǽn]　名 禁止(令)(on)　動 (法律で)禁止する
- **ban** on export（輸出禁止）
- Today, the US **banned** imports of livestock from the EU.
（本日，米国はEU加盟国からの家畜の輸入を禁止した）

2004 capture [kǽptʃər]　動 (〜を)捕える　名 捕獲(物), 逮捕
- It **captured** everyone's attention.
（それはみなの注意を引きつけた）　　　　　　⇒attention(242)
- Every action was **captured** on videotape.
（すべての行動はビデオに記録された）

2005 chemistry [kémistri]　名 化学
▶ chemical (578)
- organic **chemistry**（有機化学）　　　　　⇒organic(2231)

2006 conscience [kánʃəns]　名 良心
▶ conscientious 形 良心的な
- Follow your **conscience**.（自らの良心に従いなさい）

2007 enterprise [éntərpràiz]　名 事業, 企業
- a major **enterprise**（主要[大]企業）

2008 explode [iksplóud]　動 爆発する[させる]
▶ explosion (2009), explosive (2110)
- The gas line **exploded**!（ガス管が破裂した！）

2009 explosion [iksplóuʒən]　名 爆発, 激増[急増]
- The **explosion** shook the building.
（その爆発はビルを揺るがした）
- a population **explosion**（人口爆発）　　　⇒population(689)

2010 faithful [féiθfl]　形 忠実な, 誠実な
▶ faith (1468)
- He has always been **faithful** to me.
（彼はずっと私に対して誠実です）

2011 humble [hʌ́mbl]　形 控えめな, 粗末な
- a **humble** attitude（謙虚な態度）　　　　　⇒attitude(737)
- In my **humble** opinion, ...（私見ですが，…）

2012 **innocent** [ínəsənt]　形 無罪の(⇔guilty(1418)), 無邪気な

▶ innocence 名 無罪, 無邪気
- I am convinced that he is **innocent**.
  (彼は無実だと確信している)　　　　　　　　　⇒convince(1154)
- the **innocent** face of a sleeping child
  (寝ている子どもの無邪気な顔)

2013 **invade** [invéid]　動 (〜に)侵入する, (〜を)侵害・侵略する

▶ invasion 名 侵入, 侵害・侵略
- A virus **invaded** my computer.
  (コンピューターにウイルスが侵入した)　　　　　　⊙virus(2141)
- I didn't mean to **invade** your privacy.
  (君のプライバシーを侵害するつもりではなかったんだ)
  　　　　　　　　　　　　　　　　　　　　　　⇒privacy(1314)

2014 **justify** [dʒʌ́stəfài]　動 正当化する

▶ justification 名 正当化, justice (1526)
- Nothing can **justify** this kind of behavior.
  (どんな理由があってもこんなふるまいは正当だとは言えない)
  　　　　　　　　　　　　　　　　　　　　　⇒behavior(1294)

2015 **liberal** [líbərl]　形 寛容な, 自由主義の・進歩的な

▶ liberty (1422)
- a **liberal** mind (偏見のない広い心)
- **liberal** policy (自由主義政策)　　　　　　　　⇒policy(137)

2016 **mend** [mend]　動 (〜を)修繕する

- I need to get my trousers **mended**.
  (ズボンを修繕してもらわねば)

2017 **perceive** [pərsíːv]　動 (〜を)理解する, (〜を)知覚する

▶ perception 名 理解力, 知覚
- **perceive** the situation (状況を理解する)　　⇒situation(553)
- **perceive** someone entering the room
  (誰かが部屋に入って来るのに気づく)

PART 4

2018 persuade [pərswéid]
動 (〜を)説得して…させる(to do), (〜に…を)納得させる(of, that)

▶ persuasion 名 説得
- I **persuaded** her to take a rest today.
  (私は彼女を説得して今日1日休みをとらせた)
- **persuade** the jury of his innocence
  (彼は無罪だと陪審員団に納得させる) ⊙jury(2393), ⊕innocent(2012)

2019 refrain [rifréin]
動 (〜を)差し控える(from)

- Please **refrain** from smoking in this area.
  (このエリアでの喫煙はご遠慮ください)

2020 plot [plát]
名 (小説などの)筋, たくらみ
動 (グラフに点・線などを)記入する

- The **plot** of the novel was boring.(その小説の筋はつまらない)
- **plot** the data on a graph(データをグラフ上にプロットする)

2021 poverty [pávərti]
名 貧乏

▶ poor 形 貧しい
- live in **poverty**(貧しく暮らす)

2022 voluntary [váləntèri]
形 自発的な

▶ volunteer(2023)
- a **voluntary** resignation(任意[希望]退職)

2023 volunteer [vàləntíər]
名 志願者・ボランティア
動 (仕事などを)進んで引き受ける

- The Senior Center needs **volunteer** drivers.
  (シニアセンターがボランティアの運転手を必要としている)
- She **volunteered** to help senior citizens.
  (彼女は高齢者の手助けを買って出た)

2024 prolong [prəlɔ́(:)ŋ]
動 (時間・期間を)延長する・引き延ばす

▶ prolonged 形 長引く
- **prolong** one's stay for a week(滞在を1週間延ばす)

2025 nap [nǽp]
名 居眠り, 昼寝 動 居眠り[昼寝]する

- take [have] a **nap**(居眠りをする, うたた寝をする)

PART 5

5,500語レベル

TOEIC問題中 94%cover

2,026-2,535

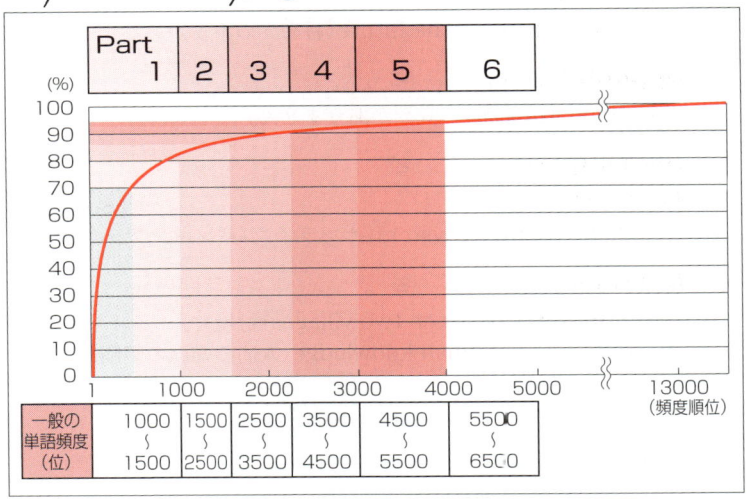

Part	1	2	3	4	5	6
一般の 単語頻度 (位)	1000 〜 1500	1500 〜 2500	2500 〜 3500	3500 〜 4500	4500 〜 5500	5500 〜 6500

PART 5

2026 acting [ǽktiŋ] 形 代理の, 臨時の
- **acting** manager（支配人代理, 部長代理）

2027 affection [əfékʃən] 名 愛情
▶ affect (648)
- She has a deep **affection** for her children.
（彼女は自分の子どもに深い愛情を抱いている）

2028 affirm [əfə́ːrm] 動 断言する
▶ affirmation 名 断言, affirmative (2029)
- He **affirmed** that the report was true.
（彼はその報道が事実であると断言した）

2029 affirmative [əfə́ːrmətiv] 形 肯定的な, 積極的な
- an **affirmative** reply（肯定的な返事）

2030 alien [éiliən] 形 外国(人)の, 異質の　名 外国人, 宇宙人
- an **alien** corporation（外資系企業）　⊃corporation(1104)
- Luxury is **alien** to his nature.（彼は贅沢には縁のない人だ）
- a resident **alien**（在留外国人）　⊃resident(1080)

2031 anxiety [æŋzáiəti] 名 (～の)心配・不安(about), (～に対する)切望(to do)
▶ anxious (471)
- feel **anxiety** about the future（将来への不安がある）

2032 appetite [ǽpitàit] 名 食欲, 欲求
- I have no **appetite**.（食欲がありません）

2033 banking [bǽŋkiŋ] 名 銀行業務, 金融
▶ bank 名 銀行　⊃online(2868)
- an online **banking** system（オンライン・バンキングシステム）

2034 boundary [báundəri] 名 境界(線), 限界・範囲
- the **boundary** between two villages（村境）
- **boundaries** of human knowledge（人間の知識の範囲）
　　⊃knowledge(430)

2035 certify [sə́ːrtifài] 動 証明する, 認証する
▶ certificate (1584)

・**certify** that a document is correct
（書類に誤りがないことを証明する）

2036 **complicated** [kámpləkèitəd] 形 複雑な

► complicate (2137)
・a **complicated** story（込み入った話）

2037 **confess** [kənfés] 動 告白する，白状する

► confession 名 告白，白状
・I must **confess** (that) I didn't enjoy the play.
（正直に言えば，その芝居はおもしろくなかったです）

2038 **congress** [káŋgrəs] 名 会議，《C～で》(米国などの)国会

・**Congress** has adjourned.（議会が休会した） ◎adjourn(2902)

♣congressman [congresswoman]は国会議員，特に下院議員の意味。上院議員はsenator (2406)。

2039 **creep** [kríːp] 動 はって進む，忍び寄る

活用 creep - crept - crept
・**creep** into bed（ベッドにもぐりこむ）

2040 **decay** [dikéi] 動 腐る，衰える 名 腐敗，衰退

・a **decaying** tree（朽ちかけている木）
・the **decay** of morals（モラルの荒廃） ◎moral(1532)

2041 **deceive** [disíːv] 動 だます，惑わす

► deceit 名 偽り，ぺてん
・He would never **deceive** others.
（彼は人をだますような人ではない）
・Do my eyes **deceive** me?
（こんなことがありうるだろうか（いや，そんなことはない））

2042 **deed** [díːd] 名 行為，証書

・heroic **deeds** in battle（戦争での英雄的な行為） ◎hero(994)
・a real estate **deed**（不動産証書） ◎estate(1039)

2043 **detailed** [ditéild] 形 詳しい，詳細な

► detail (312)
・**detailed** information about the program（計画の詳しい情報）

PART 5

2044 digest [daidʒést]
動 (〜を)消化する, (〜を)会得する
名 [dáidʒest] 要約

▶ digestion 名 消化・吸収
- I can't **digest** milk.（私は牛乳を消化できない）
- **digest** large amounts of knowledge（大量の知識を身につける）
- a weekly **digest** of the news（週1回のニュースダイジェスト）

2045 distinct [distíŋkt]
形 別個の, はっきりした

▶ distinction 名 区別, 識別
- That is a completely **distinct** matter.
（それは完全に別個の問題だ）
- **distinct** differences（はっきりした違い）

2046 drift [drít]
動 漂う 名 流れ(の向き), 吹きだまり

- A boat is **drifting** about on the sea.
（小船が海の上を漂っている）
- **drift** of the conversation（会話の成り行き）

2047 edition [idíʃən]
名 (出版物などの)版

- a paperback **edition**（ペーパーバック版）

2048 evident [évidnt]
形 明白な

▶ evidence (918)
- It was **evident** that he was tired.
（彼が疲れているのは明らかだった）

2049 external [ikstə́ːrnl]
形 外部の(⇔internal(1306))

- **external** demand（外需） ⇒demand(178)

2050 frontier [frʌntíər]
名 辺境,《〜sで》(学問などの)最先端

- the **frontier** spirit（開拓者精神） ⇒spirit(1185)
- extend the **frontiers** of science（科学の最前線を広げる）

2051 fundamental [fʌ̀ndəméntl]
形 基本的な 名 《〜sで》基本(原理)

- a **fundamental** difference in opinion（基本的な見解の違い）
- **fundamentals** of English grammar（英文法の基礎）

2052 grief [gríːf]
名 悲しみ・嘆き

▶ grieve 動 深く悲しむ ⇒share(293)
- We all share your **grief**.（私たちもみな共に悲しんでいます）

2053 halfway [hǽfwéi] 副形 中途で[の], 《meet ... halfwayで》(〜と)妥協する

- Don't give up **halfway**. (途中であきらめるな)
- Let's meet each other **halfway**. (お互いに妥協しよう)

2054 harsh [hάːrʃ] 形 厳しい

- the **harsh** realities of life (人生の厳しい現実)　⊃reality(1358)

2055 interval [íntərvl] 名 (時間・空間の)間隔

- I saw him after a long [short] **interval**.
  (久しぶりに[少し間を置いて]彼に会った)
- at regular **intervals** (一定の間隔で, 定期的に)　⊃regular(103)

2056 legislation [lèdʒisléiʃən] 名 《集合的に》法律, 立法

▶ legislate 動 法律を制定する
- pass a piece of **legislation** (法案を通す)

2057 literary [lítərèri] 形 文学の・文芸の

▶ literature (1027)
- a **literary** work (文学作品)
  ♣literally (2520)参照。

2058 logical [ládʒikl] 形 論理にかなった

▶ logic 名 論理(学)
- a **logical** conclusion (理にかなった[必然的な]結論)
  ⊃conclusion(1634)

2059 marvelous [mάːrvələs] 形 すばらしい

- I had a **marvelous** time. (すばらしい一時を過ごしました)

2060 minority [mənɔ́(ː)rəti] 名 少数(派) (⇔majority(532))

▶ minor (1213)
- a **minority** opinion (少数意見)

2061 modest [mάdəst] 形 謙虚な, 控えめな

- He is **modest** about his success. (彼は成功を鼻にかけない)
- a **modest** request (控えめな要望)

PART 5

2062 obvious [ábviəs]
形 明らかな

- obviously (1017)
  - It is **obvious** that these terms are not acceptable.
  (この条件が受諾しうるものでないことは明らかだ)

2063 partial [pá:rʃl]
形 部分的な(⇔total(168))、とても好きな、ひいきする(⇔impartial「公平な」)

- part (19)
  - a **partial** solution to the problem(問題の部分的解決)
  ⊃solution(1073)
  - I'm quite **partial** to wine.(私はワインには全く目がない)
  - She isn't **partial** to anyone.(彼女は誰にもえこひいきをしない)

2064 preoccupied [pri:ákjəpaid]
形 (~に)心を奪われている(with)

- preoccupy 動 夢中にさせる
  - She seems **preoccupied** with domestic cares.
  (彼女は家庭内の心配事で心を奪われているようだ)

2065 presume [priz(j)ú:m]
動 (~と)推定する[考える](that)、(~を…と)みなす(to be)

- presumably 副 おそらく、たぶん
  - I **presume** you overlooked it.(あなたはそれを見落としたようだ)
  - The man is missing and **presumed** dead. ⊃overlook(1838)
  (その人は行方不明で、死んだものとみなされている)

2066 priority [praió(:)rəti]
名 (順序や重要性の)優先(権)

- prior (2666)
  - give **priority** to our country's national interests
  (わが国の国益を優先する) ⊃interest(98)

2067 recognition [rèkəgníʃən]
名 認識、認めること

- recognize (748)
  - The city has changed beyond **recognition**.
  (その都市は見分けがつかぬほど変容した)
  - gain international **recognition**(国際的に認められるようになる)

2068 radical [rǽdikl]
形 根本的な、急進的な

- make a **radical** change(根本的な変革をする)
- He has **radical** ideas.(彼は急進的な思想の持ち主だ)

PART 5

2069 resist [rizíst] 動《主に否定文で》(〜を)こらえる, (〜に)抵抗する, (〜に)耐える

▶ resistance (2070), resistant (2765)
- I can't **resist** chocolate milk shakes.
（チョコレートミルクセーキには目がない）
- **resist** the takeover attempt（買収の試みに抵抗する）
↻takeover(2873), ↻attempt(650)

2070 resistance [rizístəns] 名 抵抗(力)
- heat **resistance**（耐熱性）
- put up strong **resistance**（頑強な抵抗を示す）
↬ put up「(抵抗を)示す」

2071 restrain [ristréin] 動 (〜を)抑制する (from)

▶ restraint 名 抑制
- He is too angry to **restrain** himself.
（彼はひどく腹を立てていて自分を抑えきれないでいる）

2072 ripe [ráip] 形 (果実が)熟した, (〜の)機が熟した (for)
- The melon was perfectly **ripe**.（そのメロンは完熟していた）
- The time is **ripe** for change.（いまこそ変革の時だ）

2073 rural [rúərl] 形 田舎[田園]の (⇔urban(1715))
- **rural** life（田園生活）

2074 seize [síːz] 動 (〜を)つかむ, (機会などを)とらえる, (感情などに)襲われる
- She suddenly **seized** his arm. [=She suddenly seized him by the arm.]（彼女はいきなり彼の腕をつかんだ）
- **seize** a chance（チャンスをつかむ, 好機をとらえる） ↻chance(161)

2075 slim [slím] 形 ほっそりした
動 削減する (down), やせる[やせさせる]
- become **slim** and stylish（やせてスマートになる）
- **slim** down the cost（経費を削減する）

2076 sorrow [sárou] 名 悲しみ, 《〜sで》不幸
- I share your **sorrow**.
（あなたの悲しみを共にしています《お悔やみの文》） ↻share(293)
- She has had more than her share of **sorrows**.
（彼女は背負いきれないほどの不幸な目にあってきた）

PART 5

2077 scent [sént] 名(快い)におい・芳香, 手がかり
- scent of roses (バラの香り)
- catch [pick up] the **scent** (手がかりをつかむ[集める])
♣odor (2584) 参照。

2078 spiritual [spíritʃuəl] 形 精神的な (⇔material(290))
► spirit (1185)
- **spiritual** support (精神的な支援) ⊃support(247)

2079 sticky [stíki] 形 粘着性の・べとつく, 厄介な
► stick (950)
- **sticky** tape (粘着テープ)
- a **sticky** situation (厄介な状況) ⊃situation(553)

2080 summit [sʌ́mit] 名 首脳会議, 頂上[頂点]
- a **summit** meeting [conference] (サミット, 首脳会議) ⊃conference(1030)

2081 spill [spíl] 動 こぼす[こぼれる] 名 こぼすこと・流出
- **spill** milk on the table (テーブルに牛乳をこぼす)
- an oil **spill** (石油の流出)

2082 splendid [spléndid] 形 すばらしい, 壮麗な
- The stages design was **splendid**.
  (舞台デザインはすばらしいものだった) ⊃stage(453)
- **splendid** views of the Grand Canyon
  (グランドキャニオンの壮麗な景色)

2083 sting [stíŋ] 動 刺す, 刺激する 名 刺し傷
[活用] sting - stung - stung
- He was **stung** by a wasp. (彼はスズメバチに刺された)
- Cigarette smoke **stings** my eyes. (タバコの煙が目にしみる)

2084 striking [stráikiŋ] 形 際立った, 人目を引く
► strike (455)
- a **striking** contrast (際立った対照) ⊃contrast(1875)
- a **striking** design (人目を引くデザイン)

2085 sympathetic [sìmpəθétik] 形 同情する, 共感する
► sympathy (1362)

- She is very **sympathetic** toward him.
（彼女は彼にとても同情的だ）

2086 **upright** [ápràit] 　形 直立した　副 直立して
- Please keep your seats in an **upright** position.
（座席は立てたままにしておいてください） ⇒position(110)

2087 **via** [váiə] 　前 〜経由で（=by way of）
- fly to Paris **via** London（ロンドン経由でパリへ飛ぶ）

2088 **wander** [wάndər] 　動 ぶらぶら歩く，放浪する
- **wander** along the street（通りをぶらつく）
♣wonder (257)と混同しないよう注意。

2089 **weave** [wíːv] 　動 （〜を）織る
- **weave** textiles（織物を織る） ⇒textile(2955)

2090 **tame** [téim] 　形 飼いならされた　動 （〜を）飼いならす
- The deer in the park are quite **tame**.
（公園の鹿はよく飼いならされている）

2091 **tidy** [táidi] 　形 きちんとした
- a **tidy** room（きちんと片づいた部屋）

2092 **vain** [véin] 　形 むだな，《in vainで》むだに
- a **vain** attempt（むなしい試み）
- All our efforts were in **vain**.（努力はすべて水の泡だった）

2093 **alleged** [əlédʒd] 　形 （〜の）疑い[容疑]がかけられている
▶ allege 動 申し立てる，allegedly (2094), allegation (2972)
- an **alleged** murderer（殺人の容疑がかけうれている人）

2094 **allegedly** [əlédʒidli] 　副 申立て[伝えられるところ]によると
- He **allegedly** shot the officer.（彼は警官を撃ったとされている）

2095 **ancestor** [ǽnsestər] 　名 先祖，祖先（⇔descendant(2915)）
- His **ancestors** came from Ireland.
（彼の先祖はアイルランドから来た）

PART 5

2096 ignorant [ígnərənt]
形 (〜を)知らない (about, of)
- ignorance 名 無知
  - I'm very **ignorant** about politics.(政治のことは全くわからない)

2097 shelter [ʃéltər]
名 避難(所) 動 (〜から)避難する (from)
- a basement **shelter**(地下避難所) ⇒basement(1376)
- **shelter** from a storm(嵐から避難する)

2098 amazing [əméiziŋ]
形 見事な, 驚くべき
- amaze (1239)
  - It's **amazing** how many things you remember.
    (そんなに多くのことを覚えているなんてすごい)
  - This is an **amazing** story.(これは驚くべき話だ)

2099 betray [bitréi]
動 裏切る, (秘密などを)もらす
- betrayal 名 裏切り
  - **betray** one's friend(友人を裏切る)
  - **betray** someone's secrets((人の)秘密をすっぱ抜く)

2100 latter [lǽtər]
形 後半の
名 《the 〜で》後者 (⇔ former (445))
- the **latter** half of the year(後半期, 1年の後半)
- Of these two plans, I prefer the **latter**.
  (この2つの企画について言えば, 後者の方がいいね) ⇒prefer(138)

2101 surrounding [səráundiŋ]
名 《〜sで》(取り巻く)環境 形 周囲の
- surround (670)
  - natural **surroundings**(自然環境)
  - the **surrounding** environment(周囲の環境) ⇒environment(1226)

2102 thirst [θə́ːrst]
名 (のどの)渇き, 渇望 (for)
- thirsty 形 のどが渇いた
  - satisfy my **thirst**(のどの渇きをいやす) ⇒satisfy(727)
  - a **thirst** for knowledge(知識欲)

2103 thrust [θrʌ́st]
動 (〜を)ぐいと押す (out, back, etc.)
名 ぐいと押すこと
[活用] thrust - thrust - thrust
- Yokozuna Musashimaru **thrust** out Chiyotenzan.
  (横綱武蔵丸は千代天山を押し出した)

PART 5

2104 universal [jùːnəvə́ːrsl] 形 全世界の, 普遍的な
▶ universe 名 宇宙
- a **universal** language（世界共通語）
- a **universal** truth（普遍的真理）

2105 seminar [sémənàːr] 名 セミナー, 研究会
- a self-enlightenment **seminar**（自己啓発セミナー）

2106 refund [rifʌ́nd] 名 払戻し(金)　動 (料金などを)払い戻す
- Could I have a **refund** for this?
（これを払戻ししていただけますか）
- Please cancel my order and **refund** the money.
（注文を取り消してお金を払い戻してください）　　　⇨cancel(563)

2107 gourmet [guərméi] 形 グルメの　名 美食家
- a **gourmet** restaurant（グルメ向きのレストラン）

2108 vegetarian [vèdʒətéəriən] 形 菜食主義(者)の　名 菜食主義者
- Do you have **vegetarian** dishes?（ベジタリアン料理にしますか）

2109 accommodate [əkámədèit] 動 (施設などが人を)収容する,（要求などを)受け入れる
▶ accommodation (1177)
- This hotel can **accommodate** 3,000 guests.
（このホテルには3,000人が宿泊できる）
- I cannot **accommodate** your request.
（あなたの要求は受け入れられません）　　　⇨request(100)

2110 explosive [iksplóusiv] 形 爆発性の, 爆発的な　名 爆発物
▶ explode (2008)
- an **explosive** gas（爆発性のガス）
- an **explosive** increase in demand（需要の爆発的な増加）
⇨demand(178)
- **Explosives** failed to break up the iceberg.
（爆薬で氷山を粉砕することはできなかった）

2111 overtime [óuvərtàim] 名 時間外労働, 残業
- work **overtime**（時間外労働[残業]をする）

2026〜2535

PART 5

2112 participant [pəːrtísəpənt] 名 参加者, 当事者
► participate (1141)
- All **participants** were impressed by the presentation.
（すべての参加者がその発表に深く印象づけられた）
⇒impress(705), presentation(1087)

2113 qualification [kwὰləfikéiʃən] 名 資格
► qualify (1143), qualified (2114)
- **qualifications** for application（申込資格） ⇒application(526)

2114 qualified [kwάləfàid] 形 資格がある
- a **qualified** instructor（有資格の指導員）

2115 terminal [tə́ːrmənl] 名 ターミナル, 端末　形 最終の, 末期の
► terminate (2814)
- an airport **terminal**（空港ターミナル）
- **terminal** care（末期医療） ⇒care(80)

2116 valid [vǽlid] 形 (法的に)有効な, 妥当な（⇔invalid「無効な」）
► validity 名 妥当性, 法的有効性
- This passport is **valid** for 10 years.
（このパスポートは10年間有効です）
- a **valid** conclusion（妥当な結論） ⇒conclusion(1634)

2117 payable [péiəbl] 形 支払う[支払われる]べき
- a check **payable** to the bearer（持参人払いの小切手）
♣bearer「持参人」

2118 expire [ikspáiər] 動 (契約などの)期限が切れる, 満了する
► expiration 名 満期, 満了
- The contract will **expire** at the end of this month.
（契約が今月末で切れる） ⇒contract(544)

2119 contaminate [kəntǽminèit] 動 汚す, 汚染する
► contamination 名 汚染　⇒environment(1226)
- **contaminate** the environment（環境を汚染する）

2120 freelance [fríːlæns] 形 フリー[自由契約]の
► freelancer 名 フリーランサー
- a **freelance** writer（フリーのライター）

2026〜2535

PART 5

2121 earnings [ə́ːrniŋz] 名 所得, 収益
- annual [average] **earnings**（年収[平均収入]） ⇒average(530)

2122 eliminate [ilímənèit] 動 (～を)除去する
- **eliminate** unnecessary expenses（無駄な出費を省く）

2123 facsimile [fæksíməli] 名 ファクシミリ（=fax）
- send an order by **facsimile**（ファクシミリで注文を送る）

2124 postage [póustidʒ] 名 郵便料金
▶ post (123)
- What [How much] is the **postage** for this package?（この小包の郵送料はいくらですか）

2125 precaution [prikɔ́ːʃən] 名 用心・警戒（against）
- take **precautions** against fires [an earthquake]（火事に用心する[地震に備える]）

2126 retail [ríːtèil] 名 小売り 動 (～の価格で)小売りされる（for, at）
▶ retailer 名 小売商
- a **retail** store（小売店）
- It **retails** for $100.（それは100ドルで売られている）

2127 tablet [tǽblət] 名 錠剤
- a vitamin C **tablet**（ビタミンCの錠剤）

2128 infant [ínfənt] 名 乳幼児 形 揺籃期の
- a breast-fed **infant**（母乳で育った赤ん坊）
- an **infant** industry（揺籃期産業）

2129 bid [bíd] 動 (入札で値を)つける（for, on） 名 入札
活用 bid - bid - bid
- They **bid** the highest price for the house.（彼らはその家に最高値をつけた）
- the best **bid** price（最高入札価格）

2130 metropolitan [mètrəpálitən] 名 大都市の・都会の
▶ metropolis 名 主要都市
- a **metropolitan** area（首都圏）

PART 5

2131 notify [nóutəfài] 動 (〜に…を)通知[通告]する(of, that)
► notice (66)
- Please **notify** me of your shipping timetable.
（発送予定を知らせてください）

2132 nourishment [nə́ːriʃmənt] 名 (栄養のある)食物, 滋養
► nourish 動 養う
- the lack of **nourishment**（栄養不足）

2133 upgrade [ʌ́pgrèid] 動 (〜を)アップグレードする
- **upgrade** the current system（現システムをアップグレードする）

2134 recipient [risípiənt] 名 受取人, 受賞者
- a social security **recipient**（社会保障の受給者）　⇒security(525)
- a **recipient** of the Nobel Prize（ノーベル賞受賞者）

2135 cellular [séljələr] 形 (無線電信が)セルラー方式の
- a **cellular** phone（携帯電話）
♣a cell phone [cellphone], a mobile phoneなどともいう。

2136 mall [mɔ́ːl] 名 ショッピングモール, 遊歩道
- a large suburban shopping **mall**
（郊外型大規模ショッピングセンター）　⇒suburb(1976)

2137 complicate [kɑ́mpləkèit] 動 複雑にする
► complicated (2036)
- Don't **complicate** things.（物事を複雑に考えるな）

2138 insert [insə́ːrt] 動 (〜を…に)挿入する(in, into)
- **Insert** Disk 1 into your floppy drive.
（ディスク1をフロッピードライブに差し込んでください）

2139 manuscript [mǽnjuskript] 名 原稿
- edit a **manuscript**（原稿を編集する）　⇒edit(2339)

2140 revenue [révənjùː] 名 (企業などの)収入, (国の)歳入
- the company's annual **revenues**（会社の年間総収益）

2141 virus [váiərəs] 名 ウイルス
- the influenza **virus**（インフルエンザウイルス）

- a computer **virus**(コンピューターウイルス)

2142 **contractor** [kɑ́ntræktər] 名(工事)請負人・土建業者

▶ contract (544)
- a general **contractor**(総合建築請負業者, ゼネコン) ⊕general(275)

2143 **protein** [próuti:n] 名タンパク質

- contain abundant **protein**(豊富なタンパク質を含む)
⊕contain(340), abundant(1987)

2144 **pharmacy** [fɑ́ːrməsi] 名 調剤, (調剤)薬局(=drúgstore(891))

▶ pharmaceutical (2145)
- Take this prescription to a **pharmacy**.
(この処方箋を持って薬局に行ってください)

2145 **pharmaceutical** [fɑ̀ːrməs(j)úːtikl] 形 薬剤の, 製薬の

- a **pharmaceutical** company(製薬会社)

2146 **radiation** [rèidiéiʃən] 名放射(線)

▶ radiate 動(光・熱などが)放射[放出]する
- solar **radiation**(太陽の放射線)

2147 **subscribe** [səbskráib] 動(〜を)予約[定期]購読する(to)

▶ subscription (2148)
- **subscribe** to a magazine [paper](雑誌[新聞]を定期購読する)

2148 **subscription** [səbskrípʃən] 名予約購読(料)

- renew my **subscription** for another year
(予約購読を1年更新する) ⊕renew(1753)

2149 **vaccination** [væksənéiʃən] 名予防接種

▶ vaccine 名ワクチン, vaccinate 動予防接種をする
- have a **vaccination** against influenza
(インフルエンザの予防接種を受ける)

2150 **accountant** [əkáuntənt] 名会計係, 会計士

▶ account (40)
- a certified public **accountant**(公認会計士《略》CFA)
⊕certify(2035)

PART 5

2151 authorize [ɔ́:θəràiz] 動 (〜に…する)権限を与える, 許可する
- authority (739), authorized (2152)
  - I'm not **authorized** to answer these questions.
  (私にはこれらの質問にお答えする権限がありません)

2152 authorized [ɔ́:θəràizd] 形 権限が与えられた, 許可された
  - an **authorized** dealer(指定販売店) ⇒dealer(1055)

2153 coverage [kʌ́vəridʒ] 名 報道, (保険の)保証範囲[額]
- cover (118)
  - live **coverage** of the World Soccer match
  (ワールドサッカーの生中継)
  - I want to change my insurance **coverage**.
  (保険の保証額を変更したいのですが) ⇒insurance(549)

2154 dental [déntl] 名 歯の, 歯科の
  - **dental** care [treatment](歯の治療) ⇒treatment(1136), care(80)

2155 equivalent [ikwívələnt] 名 同等のもの 形 (〜と)同等の(to)
  - What is the English **equivalent** for this Japanese?
  (この日本語と同義の英語は何ですか)
  - an MBA or **equivalent** degree(MBAもしくは同等の学位) ⇒degree(127)

2156 initiative [iníʃətiv] 名 自発性, 主導権
- initiate (2578)
  - act on one's own **initiative**(自発的に行動する)
  - take the **initiative**(主導権を取る)

2157 unemployed [ʌ̀nimplɔ́id] 形《the 〜で》失業者, 失業中の
- employ (743)
  - the long-term **unemployed**(長期失業者)

2158 utility [ju:tíləti] 名 公共施設《ガス・水道・電気など》
  - **utility** charges(公共料金, 光熱費) ⇒charge(36)

2159 agenda [ədʒéndə] 名 議題
  - Let's move on to the next item on the **agenda**.
  (次の議題に進みましょう) ⇒item(539)

PART 5

2160 auditorium [ɔ̀:ditɔ́:riəm] 名 観客席, 講堂
- The **auditorium** was packed.（観客席は満員だった）
- a school **auditorium**（学校の講堂） ⇨pack(400)

2161 liability [làiəbíləti] 名 (補償などの)責任,《~iesで》負債
▶ liable (2942)
- assume **liability**（責任を負う） ⇨assume(1605)
- assets and **liabilities**（資産と負債） ⇨asset(2168)

2162 memorandum [mèmərǽndəm] 名 覚え書き, メモ (=memo)
- a **memorandum** of the agreement（協定書）

2163 mileage [máilidʒ] 名 走行距離[マイル数], (自動車の)燃費
- a **mileage** charge（マイル当たり料金）
- The car gets excellent **mileage**.（その車の燃費はとてもよい）

2164 condominium [kàndəmíniəm] 名 分譲マンション（《略》condo）
- a one-room **condominium**（ワンルームマンション）

2165 introductory [ìntrədʌ́ktəri] 形 導入の, 入門の
▶ introduce (379)
- an **introductory** chapter（序章）
- an **introductory** course（入門コース）

2166 verify [vérəfài] 動 (~を)確かめる, (~を)立証する
▶ verification 名 確認, 立証
- **verify** the figures（数字を確かめる） ⇨figure(246)
- The man's statement was **verified** by witnesses.
 （その男の供述は目撃者によって立証された）
 ⇨statement(590), witness(934)

2167 semester [səméstər] 名 (2学期制の)学期
- first [second] **semester**（前[後]期）
 ♣ 4学期制の場合の学期をquarterという。また一般に「学期」の意味ではtermを用いる。

2168 asset [ǽset] 名 財産・資産,《比喩的に》財産・宝
- current [liquid] **assets**（流動資産） ⇨liquid(1951)
- Alex has been a major **asset** to the company.
 （アレックスは会社の重要な宝です） ⇨major(531)

2026〜2535

PART 5

2169 counsel [káunsl] 名弁護士(団) 動カウンセリングをする
► counseling (2170), counselor 名カウンセラー
- chief **counsel**（主任弁護人）
- **counsel** cancer patients（癌患者のカウンセリングをする）
→patient(207)

2170 counseling [káunsliŋ] 名助言・カウンセリング
- health [marriage] **counseling**（健康［結婚］相談）

2171 fitness [fítnəs] 名健康, 良好
► fit (361)
- improve physical **fitness**（健康を増進する） →physical(678)

2172 handicap [hǽndikæp] 名不利な条件・ハンディキャップ
► handicapped 形障害のある →physical(678)
- a mental [physical] **handicap**（精神的［身体的］障害）

2173 irritate [írətèit] 動いらいらさせる, ひりひりさせる
► irritating 形いらいらさせる
- I am **irritated** by this slow computer.
  （この作動のおそいコンピューターにはいらいらする）
- My eyes feel **irritated**.（目がひりひりする）

2174 revise [riváiz] 動（～を）修正する, （～を）改訂する
► revision 名改訂［修正］
- Enclosed is our **revised** invoice.
  （修正ずみの送り状を同封します） →invoice(1623), enclose(1038)
- a **revised** edition（改訂版）

2175 theft [θéft] 名盗み・窃盗
► thief (886)
- car [bicycle] **theft**（自動車［自転車］泥棒）

2176 beverage [bévəridʒ] 名（水以外の）飲み物
- an alcoholic **beverage**（アルコール飲料）

2177 confirmation [kànfərméiʃən] 名確認
► confirm (703)
- Please fax me your **confirmation** of this order.
  （注文請書をファックスでお送りください）

PART 5

2178 intake [íntèik] 名 摂取(量), 取り入れ口 (⇔outlet(2232))
- reduce your **intake** of sugar（砂糖の摂取量を減らす） ➔reduce(520)
- an air **intake**（空気取り入れ口）

2179 merchandise [mə́ːrtʃəndàiz] 名《集合的に・単数扱い》商品
▶ merchant (1475)
- display **merchandise**（商品を展示する） ➔display(579)

2180 designate [dézignèit] 動 指名［指定］する,
▶ designation 名 指名・指定
- a **designated** hitter（指名打者《略》DH）
- Smoking is permitted only in the **designated** areas.
（喫煙は指定された場所だけで許可されている） ➔permit(364)

2181 partition [pɑːrtíʃən] 名 仕切り, 分割 動 分割する［仕切る］
- a movable **partition** (wall)（可動パーティション［間仕切り］）
- **partition** a disk（ハードディスクをパーティションに分割する）

2182 rebate [ríːbeit] 名 払戻し, 割戻し
- a tax **rebate**（税金の払戻し）
- a **rebate** of 15%（15パーセントの割戻し）
♣「賄賂」というような悪い意味はない。

2183 assessment [əsésmənt] 名 評価, 査定
▶ assess 動 評価する, 査定する
- an environmental **assessment**
（環境影響評価［環境アセスメント］） ➔environmental(1704)
- an **assessment** of damages（損害（額）の査定） ➔damage(204)

2184 compliment [kámpləmənt] 名 賛辞,《~sで》あいさつ（の言葉） 動 [kámpləmènt] 賛辞を述べる
▶ complimentary (2622)
- Thank you for the **compliment**.（ほめてくださってありがとう）
- Please accept this with our **compliments**.
（私たちの感謝の気持ちとしてこれをお受け取りください）
♣ 文法用語のcomplement「補語」と混同しないように注意。

PART 5

2185 congratulate [kəngrætʃəlèit] 動 (〜に)お祝いを述べる (on)
- congratulation (613), congratulatory 形 お祝いの
  - I'd like to **congratulate** you on your engagement.
  （ご婚約おめでとうございます） ⇒engagement(1780)

2186 depressed [diprést] 形 憂うつな, 不景気の
- depress 動 憂うつにする, depression (1155)
  - Tom looks **depressed**.（トムは憂うつそうだ）

2187 exclusive [iksklú:siv] 形 独占的な
- exclude (1792)
  - an **exclusive** sales agreement（独占販売協定） ⇒agreement(649)

2188 overwhelm [òuvərhwélm] 動 《be 〜edで》(感情に)圧倒される, (相手を)圧倒する
- overwhelming (2189)
  - She was **overwhelmed** by the sad news.
  （その悲しい知らせに彼女は打ちのめされた）

2189 overwhelming [òuvərhwélmiŋ] 形 圧倒的な
- an **overwhelming** majority（圧倒的多数） ⇒majority(532)

2190 pregnant [prégnənt] 形 妊娠した
- She is six months **pregnant**.（彼女は妊娠6カ月だ）
- ♣妊娠していることを間接的にShe is expecting (a baby).という。

2191 receptionist [risépʃənist] 名 受付係, フロント係
- reception (1128)
  - a telephone **receptionist**（電話受付係）

2192 trash [træʃ] 名 ごみ, がらくた
- a pile of **trash**（ごみの山） ⇒pile(835)

2193 comprise [kəmpráiz] 動 (〜から)なる, (〜を)構成する
- The house **comprises** 2 bedrooms, a kitchen, and a living room.（その家は2寝室, キッチン, リビングルームからなる）
- Female workers **comprise** 39% of the total work force.
（全労働力の39％が女性労働者である）

PART 5

2194 enforce [enfɔ́ːrs]　動 (法律などを)施行する, (〜を)強要する
- ▶ enforcement 名 実行, 強制
  - **enforce** a rule [policy] (規則[政策]を実施する[守らせる])

2195 freight [fréit] ※　名 貨物(運送)
- air **freight** (航空貨物)

2196 inconvenience [ìnkənvíːnjəns]　名 不便, 不都合 (⇔convenience (1607))
- ▶ inconvenient 形 不便な, 都合の悪い
  - I'm sorry for the **inconvenience**.
    (ご不便[迷惑]をおかけいたしまして申し訳ありません)

2197 enroll [enróul]　動 (〜に)入学[入会]する (in)
- ▶ enrollment 名 入学[入会], 登録者数
  - **enroll** in a seminar (セミナーに登録する)

2198 eligible [élidʒəbl]　形 (の・〜する)資格がある (for, to do)
- You are **eligible** for membership.
  (あなたには会員になる資格があります)

2199 disable [diséibl]　動《be 〜dで》身体に障害を負う, (機械を)動かなくする
- ▶ disabled 形 身体障害のある
  - He was permanently **disabled** in the war.
    (彼は戦争で身体障害のある身になった)　⊃permanent (1260)
  - **disable** data transfer (データ転送を禁止する)　⊃transfer (618)

2200 beneficial [bènəfíʃl]　形 (〜に)有益な (to)
- ▶ benefit (559)
  - be **beneficial** to your health (健康に良い)

2201 blast [blǽst]　名 突風・爆風, とても楽しいこと
　　　　　　　　　　　　動 爆破する
- a nuclear **blast** (核爆発)　⊃nuclear (1078)
- Tonight's party was a **blast**!
  (今夜のパーティーはすごく楽しかった《くだけた表現》)
- **blast** huge rocks (大きな岩を爆破する)　⊃huge (1165)

2026〜2535

PART 5

2202 boom [búːm] 名(景気・人気の)急上昇 動急に景気づく
- a building **boom**(建築ブーム)
- a **boom** in Napa wines(ナパワインのブーム)
- The IT business is **booming**.(ＩＴビジネスは急成長している)
  ♣IT=information technology

2203 cashier [kæʃíər] 名現金出納係・レジ係
- Do I pay you or the **cashier**?
  (支払いはあなたにですか，それともレジ係にですか)

2204 cite [sáit] 動引用する，出頭を命じる
▶ citation 名引用　　　　　　　　　　　　　　　⇒passage(1374)
- **cite** a passage from the book(その本から一節を引用する)
- A policeman **cited** him for not observing the stop sign.
  (警官は彼に停止信号違反で出頭を命じた)　　⇒observe(1191)

2205 compensation [kàmpənséiʃən] 名賠償[補償](金)
▶ compensate (2658)
- pay 70 million yen in **compensation** to the victim
  (被害者に7,000万円の補償金を支払う)　　　　⇒victim(696)

2206 donate [dóuneit] 動寄付[寄贈]する
▶ donation 名寄付(金)　　　　　　　　　　　　⇒charity(1241)
- **donate** $10,000 to a charity(慈善団体に10,000ドルを寄付する)

2207 equip [ikwíp] 動備えつける
▶ equipment (576)
- **equip** the building with a new security system
  (そのビルに新しいセキュリティ・システムを設置する)⇒security(525)

2208 fascinate [fǽsənèit] 動魅了する
▶ fascinating 形魅了する, fascination 名魅力
- I was **fascinated** by the Kabuki performance.
  (歌舞伎の公演に魅了された)　　　　　　　　⇒performance(402)

2209 frustrate [frʌ́streit] 動失望させる，(計画などを)挫折させる
▶ frustration 名欲求不満, 挫折
- I'm **frustrated** with the present working conditions.
  (現行の労働条件には不満だ)　　　　　　　　⇒condition(95)

PART 5

2210 indication [ìndikéiʃən] 名徴候, 指示
► indicate (1035)
- a reliable **indication** of a coming earthquake
（次の地震の確かな徴候） ●reliable(2214)

2211 leak [líːk] 動（内容物・秘密が）漏れる[漏らす] 名漏れ
► leakage 名漏れること
- Gas is **leaking** out of the main valve.
（ガスがメインバルブから漏れている）
- We have a water **leak**.（水漏れしている）

2212 penetrate [pénətrèit] 動（～を）突き抜ける,（～に）浸透する
► penetration 名貫通, 浸透, 洞察
- a wound that **penetrated** to the bone（骨まで達した傷）
- **penetrate** the Japanese market（日本市場に浸透する）

2213 relevant [réləvənt] 形関連がある(to)（⇔irrelevant「無関係の」）
- data **relevant** to the research（研究に関係のあるデータ）
●data(593)

2214 reliable [riláiəbl] 形信頼できる・確かな
► rely (955)
- highly **reliable** information（極めて信頼度の高い情報）

2215 tag [tǽg] 名（付け）札, 付箋 動（～に）札を付ける
- a price **tag**（値札）

2216 habitat [hǽbitæt] 名（動植物の）生息地・自生地
- a penguin's natural **habitat**（ペンギンの自然生息地）

2217 humidity [hju:mídəti] 名湿気, 湿度
► humid (1206)
- The **humidity** is 70% at present.（湿度は現在70％です）

2218 premium [príːmiəm] 名保険料,《at a premium で》プレミア[割増金]付きで 形高級な
- life insurance **premium**（生命保険料） ●insurance(549)
- The tickets are being sold at a **premium**.
（そのチケットはプレミアム付きで売られている）
- **premium** wine（高級ワイン）

PART 5

2219 runway [ránwèi]　　名 滑走路
- A plane is approaching the **runway** for takeoff.
（飛行機が離陸のため滑走路に向かっている）　　⇒approach(320)

2220 aisle [áil] ✱　　名 (座席の間の)通路
- **Aisle** or window seat? － I'd like an **aisle** seat.
（通路側と窓側とどちらの席にしますか——通路側の席をお願いします）

2221 assemble [əsémbl]　　動 集まる[集める]，(機械を)組み立てる
▶ assembly (1741)
- A lot of protesters **assembled** in the park.
（多くの抗議する人々が公園に集まった）　　⇒protest(1539)
- **assemble** a machine（機械を組み立てる）

2222 astonish [əstániʃ]　　動 《be ～edで》(～に)驚く(at, by, to do)
▶ astonishment 名 驚き, astonishing (2223)
- I was **astonished** at [to hear] the news.
（そのニュースに[を聞いて]驚いた）

2223 astonishing [əstániʃiŋ]　　形 驚くばかりの
- an **astonishing** success（驚異的な成功）

2224 consistent [kənsístnt]　　形 (言動などが…と)一致している(with)
- His behavior is **consistent** with his words.
（彼の行動は言うことと一致している）　　⇒behavior(1294)

2225 convert [kənvə́ːrt]　　動 (～に)変える[替える](into, to)
▶ conversion 名 変換
- **convert** dollars into yen（ドルを円に替える）

2226 damp [dǽmp]　　形 湿った(⇔dry「乾いた」)
　　　　　　　　　　　　動 (～を)湿らす　名 湿気
- **damp** air（湿った空気）
- wipe a table with a **damp** cloth（湿った布でテーブルを拭く）　⇒wipe(889)

2227 deprive [dipráiv]　　動 (～から…を)奪う(of)
- Her illness **deprived** her of the chance to go to college.
（彼女は病気のために大学に行けなかった）

2228 ethnic [éθnik]　　形 人種の，民族的な
- an **ethnic** conflict（民族紛争）　　⇒conflict(1874)

・**ethnic** cuisine（民族料理）

⇨cuisine「料理（法）」

2229 **fulfill** [fulfíl]　動（希望・約束を）**実現する**（義務を）**果たす**

▶ fulfillment 名 実現, 遂行
・**fulfill** one's dream（夢を実現する）
・**fulfill** a contract（契約を履行する）　⇨contract(544)

2230 **inspect** [inspékt]　動 **検査する, 調査する**

▶ inspection 名 検査, 調査
・**inspect** a machine（機械を点検する）
・**inspect** the situation（状況を調査する）　⇨situation(553)

2231 **organic** [ɔːrgǽnik]　形 **有機栽培の, 有機体の**

▶ organ (1286)
・**organic** agriculture（有機農業）　⇨agriculture(1928)

2232 **outlet** [áutlèt]　名 **販売店, 排出口**（⇔intake(2178)）**, コンセント**

・We have retail **outlets** in every major city.
（わが社はすべての主要都市に販売店があります）
・an air **outlet**（(空気の)排気口）
・an electric **outlet**（コンセント）

♣ outlet = wall socket「コンセント」　この意味ではconsentは使わない。

2233 **primarily** [praimérəli]　副 **主として, 第一に**

▶ primary (1403)
・live **primarily** by freelance writing
（主にフリーランスの執筆で生計を立てている）　⇨freelance(2120)

2234 **prompt** [prámpt]　形 **即座の**　動（～を…へ）**駆り立てる**(to, to do)

▶ promptly (1713)
・make a **prompt** reply（即答する）
・What **prompted** him to make a move?
（何が彼を行動に駆り立てたのだろうか）

2235 **quote** [kwóut]　動 **引用する, 見積もる**

▶ quotation (2236)
・**quote** a passage from a book（本から一節を引用する）
・The prices **quoted** do not include sales tax.
（見積り価格には売上税は入っていません）

PART 5

2236 quotation [kwoutéiʃən] 名引用(文・句), 見積り(額)
- a **quotation** from the Bible(聖書からの引用)
- a **quotation** for repairs(修理の見積り)

2237 react [ri(:)ækt] 動(〜に)反応する(to), (〜に)作用する(on)
► reaction (2238)
- She **reacted** angrily to his words.
(彼女は彼の言葉に立腹した様子を見せた)

2238 reaction [ri(:)ækʃən] 名反応
- What was their **reaction** to our proposal?
(我々の提案に対する彼らの反応はどうでしたか)　⮕proposal(877)

2239 refresh [rifréʃ] 動気分をさわやかにする
► refreshment (2240)
- **Refresh** yourself with a cup of ice tea.
(アイスティーを1杯飲んで元気を出しなさい)

2240 refreshment [rifréʃmənt] 名《〜sで》軽い飲食物, 元気回復剤
- Following the film, **refreshments** will be served.
(映画の後で軽食が出ます)　⮕serve(53)

2241 reluctant [rilʌ́ktənt] 形(〜を)したがらない(to do), しぶしぶの
► reluctance 名気の進まないこと
- Some companies are **reluctant** to hire women.
(女性を雇用したがらない企業もある)
- give a **reluctant** answer(しぶしぶ返事をする)

2242 risky [ríski] 形危険を伴う
► risk (602)
- a **risky** business(リスクのあるビジネス)

2243 slippery [slípəri] 形滑りやすい
► slip (358)
- The road is **slippery**.(道路が滑りやすくなっている)

2244 stimulate [stímjəlèit] 動刺激する, 激励する
► stimulation 名刺激, 激励
- **stimulate** the economy(景気を刺激する[活性化させる])

PART 5

2245 suspend [səspénd]
動 (〜を)一時停止[延期]する, つるす

▶ suspension 名 一時停止, 停職[停学]
- The game was **suspended** because of the rain.
  (試合は雨のため延期された)
- **suspend** a lamp from the ceiling(天井からランプをつるす)

2246 ample [ǽmpl]
形 十分な・豊富な(⇔scanty「乏しい」)

- You will have **ample** time to do it later.
  (それをやる時間が後程十分あります)

2247 cooperate [kouápərèit]
動 (〜と・を)協力する(with, in, for, to do)

▶ cooperation (1591)
- **cooperate** with them to resolve this matter
  (この件を解決するために彼らと協力する)   ⊃resolve(1899)

2248 counterpart [káuntərpà:rt]
名 対応[相当]する人[もの]

- The visiting Cambodian Foreign Minister will meet with his Japanese **counterpart** on Wednesday.
  (訪問中のカンボジア外相は水曜日に日本の外相と会談するでしょう)
                                                    ⊃minister(1871)

2249 defendant [diféndənt]
名 被告(⇔plaintiff(2789)) **形** 被告の

- declare a **defendant** guilty [not guilty]
  (被告を有罪[無罪]と宣告する))   ⊃declare(1936), guilty(1418)

2250 devise [diváiz]
動 考案する

▶ device (742)
- a newly **devised** system(新しく考案されたシステム)

2251 generate [dʒénərèit]
動 (〜を)発生させる・生み出す

- **generate** electricity(発電する)
- **generate** profits(利益を生む)

2252 persist [pərsíst]
動 (〜に)固執する・し続ける(in, in doing)

▶ persistent (2253), persistence 名 固執
- **persist** in one's views(自説に固執する)
- He **persisted** in asking her to marry him.
  (彼は彼女に自分と結婚してくれと言い続けた)

2026〜2535

PART 5

2253 persistent [pərsístənt] 形 持続する, しつこい
- a **persistent** headache（長引く頭痛）
- a **persistent** salesman（しつこいセールスマン）

2254 script [skrípt] 名 脚本・台本, 文字
- a radio [television] **script**（ラジオ[テレビ]の台本）

2255 stack [sték] 名 積み重ねた山 動 積み重ねる[重なる]
- **stacks** of papers to work on（処理しなければならない書類の山）
- **stack** the dishes in the sink（皿を流しに積み重ねる）

2256 statistics [stətístiks] 名 統計（学）
▶ statistical 形 統計の
- population **statistics**（人口統計） ⇒population(689)

2257 symptom [símptəm] 名（病気の）症状・徴候
- show hayfever **symptoms**（花粉症の症状を見せる）

2258 tourism [túərìzm] 名 観光事業
▶ tour (199)
- **tourism** development（観光開発）

2259 treasury [tréʒəri] 名 宝庫,《the T～で》財務省
- a **treasury** of wisdom（知識の宝庫）
- ♣「財務省」は正式にはThe Department of the Treasury。

2260 behalf [bihǽf] 名《on [in] behalf ofで》（人を）代表して・（人の）ために
- On **behalf** of everyone here, I would like to thank you for your lecture.
（ここにいる皆を代表してあなたの講義に感謝いたします）

2261 clue [klúː] 名 手がかり, 糸口
- a **clue** to solve the problem（その問題を解く手がかり）
- I don't have a **clue** [I have no **clue**].（見当もつかない）

2262 corridor [kɔ́(ː)rədər] 名 廊下
- It's the third door down that **corridor**.
（その廊下を行って3つ目のドアです）

PART 5

2263 defect [díːfekt] 名 欠陥・欠点
- defective (1617)
  - a structural **defect**（構造上の欠陥） ⇒structure(1434)

2264 distress [distrés] 名 苦悩 動《be ～edで》心を痛める
- emotional [mental] **distress**（精神的苦痛） ⇒emotional(1416)
- I was deeply **distressed** to learn of your wife's accident.（奥様の事故を知って深く心を痛めております）

2265 ensure [enʃúər] 動（～を）確実にする
- **Ensure** that the disk is not exposed to dust.
  （ディスクにほこりが付かないように気をつけてください） ⇒expose(1272)

2266 experimental [ikspèrəméntl] 形 実験の, 実験的な
- experiment (892)
  - **experimental** medicines（試薬品） ⇒medicine(150)

2267 feast [fíːst] 名 ごちそう, 宴会
- a Christmas [Thanksgiving] **feast**（クリスマス[感謝祭]のごちそう）

2268 implement [ímpləmənt] 動（～を）履行[実行]する 名 道具・用具
- implementation 名 履行・実行
  - **implement** the new project（新プロジェクトを実施する）
  - writing **implements**（筆記具）

2269 massive [mǽsiv] 形 大量の, 巨大な
- mass (997)
  - **massive** bleeding（大量出血）
  - a **massive** earthquake（巨大地震）

2270 optimistic [ὰptəmístik] 形 楽観的な（⇔pessimistic(2354)）
- optimism 名 楽観[楽天]主義
  - an **optimistic** expectation（楽観的な予想） ⇒expectation(1561)

2271 originate [ərídʒənèit] 動（～を）考案する, (～から)始まる (in, from)
- origin (1956)
  - **originate** a plan（起案する）
  - a custom **originating** in Chinese culture
    （中国文化に起源をもつ慣習）

2026〜2535

PART 5

2272 outlook [áutlùk] 名 見通し, (物事に対する)見方
- the **outlook** for economic growth (経済成長の見通し)
- my **outlook** on life (私の人生観)

2273 overhead [óuvərhèd] 名 間接費・諸経費 形副 頭上の[に]
- cut **overhead** (costs) (経費を切り詰める)
- Please watch the **overhead** signs. (頭上の標示をご覧ください)

2274 patronage [pǽtrənidʒ] 名 (店などへの)ひいき・愛顧
- Thank you for your **patronage**.
 (毎度ごひいきいただきありがとうございます)

2275 phase [féiz] 名 (発達・変化の)段階, 局面
- the initial [final] **phase** (初期[最終]段階)　　　⇒initial(1889)
- enter a new **phase** (新しい局面に入る)

2276 profile [próufail] 名 プロフィール・概要, 横顔
- a brief **profile** of the author (著者の略歴)
- a company **profile** (会社の概要)

2277 recruit [rikrú:t] 動 (社員を)採用[募集]する 名 新入社員
- **recruit** office staff (事務職員を採用する)

2278 refined [rifáind] 形 精製された, 洗練された
▶ refine 動 精製する
- **refined** sugar [salt] (精製された砂糖[塩])
- **refined** manners (洗練された振舞い)

2279 restriction [ristrík∫ən] 名 制限
▶ restrict (1919)
- voluntary export **restriction** (輸出自主規制《略》VER)
　　　　　　　　　　　　　　　　　　　　⇒voluntary(2022)

2280 ridiculous [ridíkjələs] 形 ばかげた, こっけいな
▶ ridicule 動 嘲笑する
- This is a **ridiculous** situation! (何てばかげた事態だ!)
　　　　　　　　　　　　　　　　⇒situation(553)

2281 sole [sóul] 形 唯一の, 独占的な
- the **sole** survivor of the plane crash

（飛行機墜落事故の唯一の生存者） ⊃survive(752)
・the **sole** selling agent（独占販売代理店） ⊃agent(424)

2282 **substitute** [sʌ́bstət(j)ùːt]
名（～の）代用品・代理人(for)
動（～を…の）代わりに使う(for)

► substitution 名 代用, 置換
・a sugar **substitute**（砂糖の代用品）
・**substitute** honey for sugar（砂糖の代わりにはちみつを使う）
♣ forの代わりにwithを使うとsubstitute sugar with honeyとなる。

2283 **terrific** [tərífik]
形 すばらしい・すごい

・a **terrific** performance（すばらしい演奏） ⊃performance(402)

2284 **violate** [váiəlèit]
動（法律に）違反する,（権利を）侵害する

► violation 名 違反, 侵害
・**violate** the law（法律に違反する）
・**violate** his privacy（彼のプライバシーを侵害する） ⊃privacy(1314)

2285 **vital** [váitl]
形 極めて重要な, 生命の[に関わる]

► vitality (2286), vitalize 動 活気づける
・His experience is **vital** to the new project.
（彼の持つ経験がその新しい企画には不可欠だ）
・a **vital** injury（致命的な怪我） ⊃injury(617)

2286 **vitality** [vaitǽləti]
名 生命力・活力

・a town full of **vitality**（活力に溢れた町）

2287 **widespread** [wáidspréd]
形 広く行き渡った・普及した

・the **widespread** use of computers（コンピューター利用の普及）

2288 **fluent** [flúːənt]
形 流ちょうな, 流れるような

► fluently 副 流ちょうに, 滑らかに
・He is **fluent** in English. [＝He speaks **fluent** English.]
（彼の英語は流ちょうだ）

2289 **steer** [stíər]
動（～を）操縦する[舵をとる]

► steering 名 操縦
・**steer** the car [boat]（車を運転する[船の舵をとる]）
♣ 車のハンドルをa steering wheelという。handle(215)は「取っ手」のこと。

PART 5

2290 accidentally [æksidéntəli] 副 偶然に・誤って
- accidental 形 偶然の, accident (124)
  - I have **accidentally** deleted the file.
  (誤ってファイルを消してしまった)　　　→delete(1004)

2291 accumulate [əkjúːmjəlèit] 動 (〜を)蓄積する, たまる
- accumulation 名 蓄積
  - **accumulate** skills and experience(技術と経験を蓄積する)

2292 bankrupt [bǽŋkrʌpt] 形 破産した 名 破産者
- bankruptcy (2293)
  - ABC Co. went **bankrupt** in March this year.
  (ABC社は今月3月に倒産した)

2293 bankruptcy [bǽŋkrʌptsi] 名 破産, 倒産
- go into **bankruptcy**(破産する)

2294 banquet [bǽŋkwət] 名 宴会, 晩餐会
- a wedding **banquet**(結婚披露宴)

2295 circulate [sə́ːrkjulèit] 動 循環する[させる], 流通する[させる]
- circulation (2296)
  - **circulate** the air(空気を入れ換える)　　　→rumor(1372)
  - The rumor **circulated** widely.(うわさは広く知れ渡った)

2296 circulation [sə̀ːrkjəléiʃən] 名 循環, 発行部数, 流通
- blood **circulation**(血液の循環)
- The magazine has a **circulation** of 40,000.
(この雑誌の発行部数は40,000部です)

2297 classify [klǽsəfài] 動 (〜を…に)分類する(as, into), (〜を)機密扱いにする
- class 名 部類, classification 名 分類, classified (2298)
  - This plant is **classified** as a flower, not a tree.
  (この植物は木ではなく花に分類される)

2298 classified [klǽsəfàid] 形 分類された, 機密扱いの
- **classified** advertisement((部門別)求人広告)　　　→advertisement(1047)
- **classified** information(機密情報)

PART 5

2299 competent [kámpətnt] 形 有能な, (〜する)能力のある (for, to do)
► competence 名 能力, compete (1168)
- a **competent** secretary (有能な秘書)
- I am not **competent** to criticize it.
  (私にはそれを批判するだけの能力がありません) ⇒criticize(1773)

2300 constructive [kənstrʌ́ktiv] 形 建設的な
► construct (1520)
- **constructive** criticism (建設的な批評)

2301 coordinate [kouɔ́ːrdənit] 動 (〜を)調整する 名 座標
► coordination 名 調整 ⇒schedule(45)
- **coordinate** production schedules (製造計画を調整する)

2302 costly [kɔ́(ː)stli] 形 費用のかかる, 損失[犠牲]の大きい
► cost (33)
- It was more **costly** than expected.
  (それは予想以上に高くついた)
- One mistake could be very **costly**.
  (1つの誤りが大きな損失になりかねない)

2303 dedicate [dédikèit] 動 (〜を…に)捧げる (to)
► dedicated 形 献身的な, dedication 名 献身
- He's **dedicated** his life to helping others.
  (彼は人生を他人を助けることに捧げている)

2304 diagram [dáiəgræm] 名 図(表), (列車の)ダイヤ
- See the **diagram** on p.4. (4ページの図をご覧ください)

2305 economics [èkənámiks] 名 経済学
► economist 名 経済学者
- consumer **economics** (消費者経済学)

2306 execute [éksəkjùːt] 動 (職務などを)実行する, (〜を)処刑する
► executive (1115), execution 名 遂行, 執行
- **execute** an order (注文を履行する)

PART 5

2307 faculty [fǽkəlti] 名 (大学の)学部・教授陣, 才能・能力
- a **faculty** meeting (教授会)
- a **faculty** for management (経営の能力)

2308 fatigue [fətí:g] 名 疲労
- physical [mental] **fatigue** (肉体的[精神的]な疲労)

2309 fiscal [fískəl] 形 会計の, 財政の
- the budget for **fiscal** 2001 (2001年度の予算)

2310 fuss [fʌ́s] 名 (ささいなことでの)大騒ぎ
- What are they making such a **fuss** about?
  (何をそんなに大騒ぎしているの?)

2311 isolate [áisəlèit] 動 (〜を)孤立させる, (〜を)分離する
▶ isolation 名 分離, 隔離
- The village was **isolated** by the earthquake.
  (その村は地震で孤立した)

2312 outbreak [áutbrèik] 名 (突発的な)発生, 勃発
- an **outbreak** of influenza (インフルエンザの(大)発生)

2313 revolve [riválv] 動 回転する (around)
▶ revolution (1018)
- Our discussion **revolved** around the budget for next year.
  (議論は来年度の予算をめぐって行なわれた)

2314 rigid [rídʒid] 形 厳しい, 厳格な
- **rigid** information control (厳しい情報統制)　　⇒control(102)
♣ rigidは「堅くて融通性がない」という意味。rigorous (2810) 参照。

2315 specify [spésəfài] 動 (〜を)指定する・明記する
▶ specific (863), specification (2316)
- **specify** a brand (銘柄を指定する)
- Please **specify** the details. (詳細を明記してください)

2316 specification [spèsəfikéiʃən] 名 《〜sで》仕様(書)・明細(書)
- technical **specifications** (技術仕様書)　　⇒technical(769)

2026〜2535

PART 5

2317 storage [stɔ́:ridʒ] 名 貯蔵(庫・場所・量)
- ▶ store (8)
  - frozen **storage**(冷凍保存)
  - 2GB data **storage**(2GB(ギガバイト)のデータ保存量)

2318 vacant [véikənt] 形 (部屋が)空いている, (職・地位が)空席の
- ▶ vacancy (2773)
  - Do you have a **vacant** room?(お部屋は空いていますか)
  - The position was **vacant** for three months.
    (その職は3か月間欠員だった)

2319 withdrawal [wiðdrɔ́:əl] 名 (預金の)引き出し, 撤回, 撤退
- ▶ withdraw (1758)
  - I'd like to make a **withdrawal**.(預金を引き出したいのですが)

2320 innovation [ìnəvéiʃən] 名 革新・刷新
- ▶ innovate 動 刷新する, innovative (2321)
  - technological **innovation**(技術革新)

2321 innovative [ínəvèitiv] 形 革新的な
  - an **innovative** idea(革新的なアイデア)

2322 span [spǽn] 名 長さ, 期間 動 (期間・距離に)及ぶ・わたる
  - the life **span**(一生・寿命)
  - in a **span** of twenty years(20年の間に)
  - The studies **spanned** 30 years.
    (研究は30年の長きにわたった)

2323 abandon [əbǽndən] 動 断念する(=give up), (～を)見捨てる
- ▶ abandoned (2324)
  - **abandon** a plan(計画を断念する)

2324 abandoned [əbǽndənd] 形 見捨てられた
  - an **abandoned** car(乗り捨てられた車)

2325 adventure [ədvéntʃər] 名 冒険
- ▶ adventurous 形 冒険的な, 大胆な
  - a spirit of **adventure**(冒険心) ⇒spirit(1185)

2026〜2535

PART 5

2326 aggressive [əgrésiv] 形 積極的な, 攻撃的な (⇔defensive(473))
► aggression (2742)
- an **aggressive** salesman (積極的なセールスマン)
- **aggressive** behavior (攻撃的な行動) ⇒behavior(1294)

2327 apparatus [æ̀pərǽtəs] 名 器具・装置
- electric [electrical] **apparatus** (電気器具)

2328 chip [tʃíp] 名 切片, (IC)チップ 動 (小片を)削り取る
- potato **chips** (ポテトチップ)
- a computer **chip** (コンピューターチップ)
- ♣ホテル・タクシーなどでの「チップ」はtip (485)。

2329 circular [sə́ːrkjələr] 名 (広告の)ちらし 形 円形の
- an advertising **circular** (広告用ちらし) ⇒advertising(1048)
- a **circular** table (円形テーブル)

2330 civilian [sivíljən] 形 民間(人)の・文民の 名 民間人
► civil (1816)
- be under **civilian** control (文民統制下にある)

2331 compose [kəmpóuz] 動 (〜を)構成する, (文章や曲を)作る
► composition 名 構成, 作曲[作文]
- Japan is **composed** of 4 major islands.
  (日本は4つの主要な島で構成されている)

2332 condense [kəndéns] 動 濃縮[凝縮]する
- **condensed** milk (濃縮ミルク)

2333 confine [kənfáin] 動 (〜を…の範囲に)制限する(to), (〜を…に)閉じ込める(to, in)
- **confine** the answers to the questions (質問にのみ答える)
- be **confined** to bed with a severe cold
  (ひどいかぜで床についている) ⇒severe(1112)

2334 consequently [kánsəkwèntli] 副 その結果
► consequence (1820), consequent 形 結果として起こる
- **Consequently**, we are forced to raise our prices.
  (その結果, わが社の(製品の)価格を上げざるを得ません)

PART 5

2335 delightful [diláitfl] 形 楽しい, 愉快な
▶ delight (1340)
- It was a **delightful** evening.（楽しい夕べでした）

2336 dim [dím] 形 薄暗い,（記憶が）おぼろげな
- a **dim** room（薄暗い部屋）
- have a **dim** recollection（うすうす覚えている）
　　　　　　　　　　　　　　　　　　⊃recollect(2853)

2337 disgust [disgÁst] 動（～を）むかつかせる 名 嫌悪
▶ disgusting 形 むかつくような
- I'm totally **disgusted** with the outcome of the trial.
（裁判の結果には全くむかむかする）　⊃outcome(1957), trial(956)

2338 drain [dréin] 動 排水をする, 空にする 名 排水溝[路]
- My sink isn't **draining** properly.
（シンクがきちんと排水されない）
- a blocked **drain**（詰まった排水溝）

2339 edit [édit] 動 編集する
▶ editor (1621)
- **edit** a book [magazine]（本[雑誌]を編集する）

2340 enlarge [enláːrdʒ] 動（～を）拡大[拡張]する
▶ enlargement 名 引伸し
- **enlarge** a photo（写真を引き伸ばす）

2341 entertainer [èntərtéinər] 名 芸能人・エンターテイナー
- a street **entertainer**（街角の芸人）

2342 erase [iréis] 動（～を）消す
- The tape was accidentally **erased**.
（そのテープはうっかり消された）

2343 fantastic [fæntǽstik] 形 すばらしい, 空想的な
▶ fantasy 名 空想
- You really look **fantastic**.（君は全くすてきだ）
- a **fantastic** story（夢物語）

2026〜2535

PART 5

2344 forbid [fərbíd] 動 (〜を)禁じる
活用 forbid - forbade [forbad] - forbidden
・I'm **forbidden** to drink alcohol.(私は酒を禁じられている)

2345 gaze [géiz] 動 じっと見つめる 名 注視・凝視
・**gaze** into the man's face(その男の顔をじっと見つめる)
・He turned his **gaze** to us.(彼は我々の方に視線を向けた)

2346 insider [insáidər] 名 (組織の)内部の人
・an **insider**'s view(消息筋の見解)

2347 memorial [məmɔ́:riəl] 名 記念品[碑, 館] 形 記念の・追悼の
・a war **memorial**(戦争記念碑・慰霊碑)
・a **memorial** service(告別式・追悼式)

2348 mixture [míkstʃər] 名 混合(物)
▶ mix (356)
・a **mixture** of gases(気体の混合物)

2349 modify [mádəfài] 動 修正する, 改良する
・**modify** the terms of the contract(契約の条件を修正する)

2350 multiple [mʌ́ltəpl] 形 複合の, 多重の
・**multiple** reasons(複合的な[複雑な]理由)
・a **multiple**-choice test(多項選択式のテスト)

2351 negotiate [nigóuʃièit] 動 交渉する, 取り決める
▶ negotiation (1093)
・**negotiate** with the manufacturer for a discount
(メーカーと値引きの交渉をする)　　　　　　⇒manufacturer(1369)

2352 omit [oumít] 動 (〜を)除外する・省く, (〜を)怠る・忘れる
・The rest is **omitted**.(以下省略)
・I **omitted** to tell him this.(彼にこのことを言わなかった)

2353 overflow [òuvərflóu] 動 氾濫する, あふれ出る
活用 overflow - overflew - overflown
・The river **overflowed** its banks.(川が堤防を越えて氾濫した)

2354 pessimistic [pèsəmístik] 形 悲観的な(⇔optimistic(2270))

- pessimism 名 悲観主義
  - a **pessimistic** outlook on the market
  （市場についての悲観的な見通し） ⇒outlook(2272)

2355 **pierce** [píərs] 動 (〜を)突き刺す[通す]
- His words **pierced** me to the heart.
（彼の言葉は私の心に突き刺さった）
- get her ears **pierced**（耳にピアスをする）

2356 **publicity** [pʌblísəti] 名 知れ渡ること・評判, 宣伝・広報
- public (76)
  - receive **publicity**（評判になる）
  - the **publicity** department（広報部）

2357 **remedy** [rémədi] 名 治療薬[法], 改善策　動 (〜を)改善する
- a good cold **remedy**（効きめのあるかぜ薬）
- a plan to **remedy** the situation（状況を改善するための計画）

2358 **satisfactory** [sæ̀tisfǽktəri] 形 満足な
- satisfy (727)
  - I hope everything is **satisfactory**.
（すべてが満足のいくものであることを願っています）

2359 **sculpture** [skʌ́lptʃər] 名 彫刻(物)　動 (〜を)彫刻する
- Greek **sculpture**（ギリシャ彫刻）
- **sculpture** a statue（像を彫る） ⇒statue(712)

2360 **soften** [sɔ́(:)fn] 動 柔らかくする[なる] (⇔harden「固くする[なる]」) 和らげる[和らぐ]
- soft 形 柔らかい
  - The butter began to **soften** up.（バターは柔らかくなり始めた）
  - Their attitudes began to **soften**.（彼らの態度が軟化してきた）

2361 **suicide** [sú:əsàid] 名 自殺
- He attempted [committed] **suicide**.
（彼は自殺を企てた[自殺した]） ⇒commit(1769)

2362 **ultimate** [ʌ́ltəmət] 形 究極の, 最終の
- ultimately 副 究極的に
  - the **ultimate** goal（究極の目標, 最終目的）

PART 5

2363 acknowledge [əknálidʒ]
動 (～を)認める, (手紙などを)受け取ったことを知らせる

▶ acknowledgment 名 承認, 感謝
- He **acknowledged** that his opinion was wrong.
（彼は自分の意見が誤りであることを認めた）
- I **acknowledge** receipt of your letter of November 21.
（11月21日付のお手紙を拝受いたしました） ⇒receipt(679)

2364 administrative [ədmínəstrèitiv]
形 行政の, 管理の

▶ administration (1109)
- an **administrative** office（行政官庁, 管理事務所）
- general **administrative** expenses（一般管理費） ⇒expense(555)

2365 alliance [əláiəns]
名 （国家間の）同盟・（企業などの）提携

▶ ally (2366)
- an economic **alliance**（経済同盟）
- capital and business **alliance**（資本及び業務提携） ⇒capital(391)

2366 ally [əlái]
名 同盟者[国], 協力者　動 同盟する
- military **allies**（軍事同盟国） ⇒military(1208)

2367 attribute [ətríbju:t]
動 (～が…の)おかげであると考える(to)
名 [ǽtribjù:t] 特質・属性

- **attribute** the company's success to their hard work
（会社の成功は彼らの勤勉な労働の賜と思う）
- a unique **attribute**（特異な特性） ⇒unique(672)

2368 beforehand [bifɔ́:rhænd]
副 前もって, あらかじめ (⇔afterward)
- Please inform us **beforehand** if you are planning to attend.
（出席するおつもりでしたら前もってお知らせください） ⇒attend(125)

2369 blot [blát]
名 しみ・汚れ, 汚点　動 しみをつける
- ink **blots**（インクのしみ[汚れ]）
- a **blot** on one's career（経歴上の汚点）

2370 blueprint [blú:print]
名 青写真, 設計図
- draw up a fiscal reform **blueprint**（財政改革の青写真を描く）
⇒fiscal(2309)

2371 characterize [kǽrəktəràiz]
動 特徴づける

▶ character (776)
- This model is **characterized** by its simplicity.
（このモデルはシンプルな点に特徴があります）

2372 **commodity** [kəmádəti] 名 商品, 産物
- daily **commodities**（日用品）
- **commodity** prices（物価）

2373 **comparable** [kámpərəbl] 形（～と）類似の・（～に）匹敵する (to, with)
▶ compare (376)
- **comparable** situations（類似の場合）
- Their products are hardly **comparable** with ours in quality.
（その製品は品質においてわが社のものとは比べものにならない）

2374 **correspond** [kɔ(:)rəspánd] 動（～に）一致する (to, with),（～と）文通する (with),（～に）相当する (to)
▶ correspondence (2696), correspondent (2375)
- **correspond** with reality（現実と一致する） →reality(1358)
- **correspond** with each other for a long time（長い間文通する）

2375 **correspondent** [kɔ(:)rəspándənt] 名 通信員, 特派員
- foreign **correspondents**（外国人記者団）

2376 **curriculum** [kəríkjələm] 名（学校の）教科課程・カリキュラム
- a **curriculum** for elementary school children
（小学生のための教科課程） →elementary(1702)
♣ 就職の際に提出する「履歴書」をresume (2609)というが, 大学教員などの場合はcurriculum vitae [víːtə]という。

2377 **deputy** [dépjəti] 名 代理人・副～
- a **deputy** general manager（部長代理, 副部長）

2378 **diplomacy** [diplóuməsi] 名 外交, 駆け引き
▶ diplomat 名 外交官, diplomatic (1990)
- peaceful **diplomacy**（平和外交）
- use **diplomacy**（駆け引きをする）

2379 **disagree** [dìsəgríː] 動 意見が合わない (⇔agree(195))
▶ disagreement (2380)
- I'm afraid I have to **disagree**.（残念ながら, 同意できません）

PART 5

2380 disagreement [dìsəgríːmənt] 名 意見の不一致, 食い違い
- **disagreement** between two theories [persons]
（２つの理論［２人の間］の不一致） ⇒theory(1266)

2381 exceptional [iksépʃənl] 形 並外れた, 例外的な
▶ exceptionally 副 例外的に, exception (919)
- He has an **exceptional** memory.
（彼は並外れた記憶力の持ち主だ） ⇒memory(1010)

2382 fake [féik] 名 にせ物・贋作 形 にせの 動 ふりをする
- That painting is a **fake**. （あの絵画は贋作だ）
- **fake** jewelry （にせの宝石類）
- **fake** illness （仮病を使う）

2383 fluid [flúːid] 名 流体 形 流動性の（⇔solid(910)）
- Could you check the brake **fluid**?
（ブレーキ液を調べてもらえますか）
- a **fluid** diet （流動食） ⇒diet(567)

2384 foster [fɔ́(ː)stər] 形 里子［親］の 動 (〜を)育成する
- a **foster** child [parent] （養子［里親］） ⇒relationship(588)
- **foster** closer relationships （より親密な関係を育成する）

2385 gorgeous [gɔ́ːrdʒəs] 形 豪華な, すてきな
- This room looks **gorgeous**. （この部屋は豪華ですね）
- She's really **gorgeous**. （彼女は本当に魅力的だ）

2386 gratitude [grǽtət(j)ùːd] 名 感謝（の気持ち）
- I would like to express my deepest **gratitude** to all of you.
（すべての皆様に心から感謝申し上げます）

2387 gravity [grǽvəti] 名 重力, （事態の)重大さ
▶ grave 形 重大な
- the earth's **gravity** （地球の重力［引力］）
- realize the **gravity** of the situation （事態の重大さを認識する）

2388 hardship [háːrdʃip] 名 苦難
- endure **hardship** （苦難に堪える） ⇒endure(1543)

2389 hospitality [hὰspətǽləti] 名 親切なもてなし

- Thank you for your **hospitality**.
（おもてなしありがとうございました）

2390 **indifferent** [indífərənt] 形（～に）無関心な (to, toward)
- indifference 名 無関心
  - He is **indifferent** to [toward] politics.（彼は政治には無関心だ）

2391 **intermediate** [ìntərmíːdiət] 形 中級の, 中間の
- I have been placed into an **intermediate** class.
  （中級クラスに入っています）
- an **intermediate** stage（中間段階）

2392 **intimate** [íntəmət] 形 親しい, 親しみやすい
- intimacy 名 親密（さ）
  - an **intimate** friend of mine（私の親しい友人）
  - an **intimate** atmosphere（親しみやすい雰囲気）

⇒atmosphere(1194)

2393 **jury** [dʒúəri] 名 《集合的に》陪審, 陪審員団
- The **jury** judged him "not guilty."（陪審は彼を「無罪」とした）

⇒guilty(1418)

2394 **memorize** [méməràiz] 動（～を）暗記する, 記憶する
- memory (1010)
  - **memorize** a speech（演説を暗記する）

2395 **motivate** [móutəvèit] 動（～する）動機を与える (to do)
- motivation (2396), motivated (2397), motive (2398)
  - What **motivated** you to enter this field?
    （この分野に入った動機は何ですか）

2396 **motivation** [mòutivéiʃən] 名 動機づけ・やる気
- work on employee **motivation**（従業員の意欲向上に取り組む）

♤ work on「～の改善[改良]に取り組む」

2397 **motivated** [móutəvèitid] 形 やる気のある
- a highly **motivated** student（非常に意欲のある学生）

2398 **motive** [móutiv] 名（主に隠された）動機
- The suspect's **motive** was unclear.
  （容疑者の動機はわかっていなかった）

PART 5

2399 obstacle [ábstəkl] 名 障害(物)
- an **obstacle** to progress(進歩を妨げるもの)

2400 offshore [ɔ́(ː)ʃfɔ́ːr] 形 海外の, 沖合の 副 沖合で, 海外で
- **offshore** production(海外生産)
- anchor **offshore**(沖合に停泊する) ⇒anchor(1867)

2401 orbit [ɔ́ːrbət] 名 (人工衛星などの)軌道
- put a satellite into **orbit**(人工衛星を軌道に乗せる)

2402 rally [ræli] 動 (再)結集する, 盛り返す 名 集会
- **rally** public opinion(世論を結集する)
- a political **rally**(政治集会)

2403 restructure [ristrʌ́ktʃər] 動 (~を)再構築する・改革する
- **restructure** a company(会社の改革をする)

2404 scramble [skrǽmbl] 動 かき混ぜる, 大急ぎで(~を)する 名 奪い合い(for)
- I'd like **scrambled** eggs.(スクランブルエッグにしてください)
- The screaming guests **scrambled** to safety.
 (悲鳴を上げながら客は安全な場所へと殺到した)
   ♣この文のsafetyは「安全な場所」の意味。
- a **scramble** for the best seats at the stadium
 (野球場での最高の席を求めての奪い合い)

2405 scrape [skréip] 動 (~を)こする, (~を)こすり取る
- I fell off my bike and **scraped** my elbow.
 (自転車で転んでひじをすった)
- **scrape** the mud off my shoes(靴の泥をこすり落とす)

2406 senator [sénətər] 名 上院議員
- a newly elected **senator**(新しく選ばれた上院議員)
   ♣下院議員はcongressman [congresswoman]。

2407 soak [sóuk] 動 (~を水などに)浸す, びしょ濡れにする
- **soak** a sponge in water(スポンジを水に浸す)
- I was thoroughly **soaked** by the shower.
 (にわか雨でずぶ濡れになった)

PART 5

2408 summary [sʌ́məri] 名 要約
- summarize (2409)
- give a short **summary**（概略を述べる）

2409 summarize [sʌ́məràiz] 動 要約する
- **summarize** the main points（重要な点を要約する）

2410 suppress [səprés] 動 （感情を）抑える, （暴動などを）鎮圧する
- suppression 名 抑圧, 抑制
- **suppress** one's anger（怒りを抑える）

2411 taxation [tækséiʃən] 名 課税, 徴税
- tax (29)
- a **taxation** office（税務署）

2412 tremendous [triméndəs] 形 ものすごい, すばらしい
- a **tremendous** explosion（すさまじい爆発） ⇒explosion(2009)

2413 tuck [tʌ́k] 動 （～を）押し込む (in, into, under)
- He **tucked** the money into his pocket.
（彼はポケットにお金をしまい込んだ）

2414 worthwhile [wə́:rθhwáil] 形 （時間や労力をかける）価値のある
- It would be **worthwhile** having the data checked over again.（そのデータをもう一度調べてみる価値はあるだろう）

2415 transaction [trænsǽkʃən] 名 取引
- an overseas **transaction**（海外取引）

2416 utmost [ʌ́tmòust] 形 最大(限)の 名《the[one's] ～で》最大限
- I have the **utmost** faith in you.
（あなたに絶大なる信頼を寄せています）
- We will do our **utmost** to correct this situation.
（この状況を正すよう最善を尽くします）

2417 corrupt [kərʌ́pt] 動 堕落させる 形 堕落した
- corruption 名 堕落
- Power tends to **corrupt**.（権力を持つと堕落しやすい）
- **corrupt** officials（堕落した役人たち）

2026～2535

PART 5

2418 abolish [əbάliʃ] 　 動 (法律などを)廃止する
- **abolish** the death penalty (死刑を廃止する) ⇒penalty(1198)

2419 annoy [ənɔ́i] 　 動 いらいらさせる, 悩ませる
► annoyance 名 頭痛[悩み]の種
- He always **annoys** me with repeated questions.
(彼はしつこい質問で私をいつも悩ませる)

2420 awkward [ɔ́ːkwərd] 　 形 落ち着かない, 不器用な
► awkwardly 副 不器用に
- an **awkward** silence (気詰まりな沈黙)
- in an **awkward** manner (不器用な手つきで) ⇒manner(819)

2421 barrier [bǽriər] 　 名 障害・障壁, 防壁
- a language **barrier** (言葉の壁)
- a trade **barrier** (貿易障壁)

2422 bulk [bʌ́lk] 　 名 《the bulk of で》(~の)大部分, 《in bulk で》大量に　形 大量の
- get the **bulk** of the vote (票の大部分を得る)
- buy in **bulk** (大量に買う)
- **bulk** orders (大量注文)

2423 bump [bʌ́mp] 　 動 ぶつかる[ぶつける] (against, into)　名 衝突, こぶ
- He **bumped** into me. (彼は私にぶつかった)
- **bump** one's head against the wall (壁に頭をぶつける)

2424 carve [kάːrv] 　 動 (~を)彫る, (運命・進路を)切り開く (out)
- **carve** wood into Buddha (木で仏像を彫る)
- **carve** out one's career as a photographer
(写真家としての道を切り開く)

2425 cease [síːs] 　 動 (~を)やめる, 終わる
- **cease** operations (営業[業務]を停止する) ⇒operation(586)
- The shaking continued for a while and then **ceased**.
(振動はしばらく続きそして止んだ)

2426 charter [tʃάːrtər] 　 動 (乗り物を)借り切る　名 貸切り, 憲章
- **charter** a boat [bus, train] (船[バス, 列車]をチャーターする)

2026〜2535

- a **charter** flight（チャーター便）
- the **Charter** of the United Nations（国連憲章）

2427 confront [kənfrʌ́nt]　動（困難などに）立ち向かう, 直面させる
► confrontation 名 直面, 対決　　　「⇨head-on「正面の[に]」
- **confront** problems head-on（問題に真っ向から取り組む）

2428 consent [kənsént]　名 同意　動（〜に）同意する(to)
- Silence means **consent**.（沈黙は承諾の印《ことわざ》）
- **consent** to the divorce（離婚に同意する）　⇨divorce(1096)

2429 contempt [kəntémpt]　名 軽蔑
- She held him in **contempt**.（彼女は彼を軽蔑していた）

2430 core [kɔ́ːr]　名 芯, 核心
- remove the **core** from an apple（リンゴの芯を取る）
- the **core** of the issue（問題の核心）

2431 courageous [kəréidʒəs]　形 勇気のある
► courage (1507)
- a **courageous** person（勇気のある人）

2432 derive [diráiv]　動（〜から…を）引き出す(from), （〜に）由来する(from)
- **derive** her income from freelance work
  （フリーランスの仕事で収入を得る）　⇨freelance(2120)
- This word is **derived** from Latin.
  （この単語はラテン語から出ている）

2433 destiny [déstəni]　名 運命
- accept one's **destiny**（運命を受け入れる）

2434 dip [díp]　動（〜を液体などに）ちょっと浸す
- **dip** sashimi slices into shoyu（さしみを醤油につける）

2435 discharge [distʃɑ́ːrdʒ]　動（任務などから）解放する, （〜を）排出する
　名 [dístʃɑːrdʒ] 排出(物)
- be **discharged** for using excessive force
  （過度の暴力をふるったことで解任[解雇]される）　⇨excessive(1731)
- **discharge** untreated waste into the sea
  （未処理の廃棄物を海に排出する）

PART 5

2436 dominate [dámənèit] 動 (〜を)支配する
► dominant 形 支配的な
- a male **dominated** society(男性中心の社会)

2437 flatter [flǽtər] 動 (〜に)お世辞を言う, 喜ばせる
► flattery 名 お世辞
- Don't **flatter** me.(私にお世辞を言わないでよ)
- I'm **flattered** to hear that.(そのことを聞いてうれしく思います)

2438 flourish [flə́:riʃ] 動 繁栄する, 繁盛する
- This plant **flourishes** in this region.
 (この植物はこの地方でよく育つ)

2439 format [fɔ́:rmæt] 名 形式, 書式・体裁
- a question-and-answer **format**(Q&A形式)
- Please save the file in text **format**.
 (このファイルをテキストフォーマットで保存してください)

2440 genuine [dʒénjuin] 形 本物の(⇔false(1508)), 心からの
- **genuine** leather(本革)
- **genuine** affection(心からの愛情)　　　　　　⇒affection(2027)

2441 halt [hɔ́:lt] 名 停止, 中断　動 停止する[させる]
- The traffic came to a **halt**.(交通は停止した)
- **halt** abruptly(不意に止まる)

2442 illusion [ilú:ʒən] 名 幻影, 錯覚
- have no **illusions**(幻想を抱かない)

2443 illustrate [íləstrèit] 動 (本などに)挿絵[図・写真]を入れる
► illustration 名 実例, さし絵
- Please send us your **illustrated** catalog.
 (図版[写真]入りカタログを送ってください)

2444 incline [inkláin] 動 (〜へ)心が傾く(to, to do), (〜を)傾ける
　　　　　　　　　 名 [ínklàin] 坂・傾斜
- I'm **inclined** to agree with your idea.
 (君の考えに賛成してもいいかな)
- a steep[gentle] **incline**(急な[緩やかな]坂)

2026〜2535

PART 5

2445 interpret [intə́ːrprət] 動 通訳する, (〜を…と)解釈する (as)
▶ interpretation 名 解釈, 通訳
- **interpret** English into Japanese（英語を日本語に通訳する）
- He **interpreted** her silence as agreement.
（彼女の沈黙を同意と解釈した）

2446 merge [mə́ːrdʒ] 動 合併する[させる], 溶け込む[込ませる]
▶ merger (2447)
- The company has **merged** with Tokyo Trading Co., Ltd.
（その会社は東京トレーディングと合併した）

2447 merger [mə́ːrdʒər] 名 合併
- a **merger** with Tokyo Trading Co., Ltd.
（東京トレーディングとの合併）

2448 moderate [mάdərət] 形 中程度の, 適度な
- a **moderate** price（手頃な値段）
- **moderate** exercise（適度の運動）

2449 opponent [əpóunənt] 名 反対者, (競技・討論などの)相手
- an **opponent** of the bill（その議案に対する反対者）
- beat an **opponent** in the game（試合で相手を破る）

2450 overtake [òuvərtéik] 動 (〜を)追い越す
活用 overtake - overtook - overtaken
- We expect to **overtake** them within the year.
（1年以内に彼らを追い越すだろうと思っている）

2451 plunge [plʌ́ndʒ] 動 (〜に)飛び込む, (ある状態に)陥る[陥らせる] (into, in) 名 飛び込むこと
- The car **plunged** into the river.（その車は川に突っ込んだ）
- **plunge** into financial difficulties（財政困難に陥る） ⊖financial(747)
- take the **plunge**（思いきって行動する）

2452 prevail [privéil] 動 (〜に)普及している (in, among), (〜に)打ち勝つ (over, against)
▶ prevailing (2453), prevalent (2454)
- Such ideas **prevail** amongst young people these days.
（そのような考えが近ごろ若い人の間に広がっている）
- **prevail** over our rivals（競争相手に打ち勝つ） ⊖rival(1481)

2026〜2535

PART 5

2453 prevailing [privéiliŋ] 形 行き渡っている, 支配的な
- a **prevailing** opinion [view]（一般的な意見[見方]）

2454 prevalent [prévələnt] 形 普及[流行]している
- The Hong Kong flu is **prevalent** throughout the country.
（ホンコン型インフルエンザが全国に流行している）

2455 prospective [prəspéktiv] 形 予想される・見込みのある
▶ prospect (1840)
- a **prospective** customer（見込み客）

2456 prosper [práspər] 動 繁栄[繁盛]する
▶ prosperity (1962)
- Our business is **prospering**.（わが社の事業は成功している）

2457 pulse [pʌ́ls] 名 脈拍・鼓動　動 脈打つ
- check [take] one's **pulse**（脈を調べる[測る]）

2458 punctual [pʌ́ŋktʃuəl] 形 時間を守る
- be **punctual** for an appointment（約束の時間を守る）
⇒appointment(621)

2459 rash [rǽʃ] 名 （事件などの）多発(of), 発疹　形 軽率な
- a **rash** of strikes（ストライキの多発）
- develop a **rash** on my arms（腕に発疹ができる）
- a **rash** and thoughtless action（軽率で思慮のない行為）

2460 recess [ríːses] 名 （議会・法廷の）休会[休廷], （学校の）休み時間　動 休憩[休会]する
- Congress is in **recess**.（議会は休会中です）⇒congress(2038)
- The session will **recess** at 7 p.m.（会議は午後7時に休会します）

2461 routine [ruːtíːn] 名 （日常の）決まった仕事　形 日常の
- my daily **routine**（毎日の決まった仕事, 日課）
- **routine** work（日常業務）

2462 shed [ʃéd] 動 （涙・血などを）流す, （光などを）発する
[活用] shed - shed - shed
- **shed** bitter tears（悔し涙を流す）
- The moon **shed** a pale light.（月が青白く輝いていた）

PART 5

2463 soar [sɔ́ːr] 動 急上昇する, (市価などが)急騰する
- The temperature **soared**. (温度が急に上がった)
- **soaring** prices (急騰する物価)

2464 suspicious [səspíʃəs] 形 疑い深い, 怪しげな
▶ suspect (714)
- a **suspicious** figure (怪しい人影)

2465 sustain [səstéin] 動 (傷などを)こうむる, (〜を)維持する[持続させる]
▶ sustainable (3034)
- **sustain** a severe injury (ひどい傷を負う)
- **sustained** growth (持続的成長)

2466 tolerate [tɑ́ləreit] 動 (〜に)耐える, (〜を)許容する
▶ tolerance 名 寛容, 忍耐, tolerant (2969)
- I can't **tolerate** his rude manners any longer.
  (これ以上, 彼の無礼な態度に耐えられない)

2467 tragic [trǽdʒik] 形 悲劇的な
▶ tragedy 名 悲劇
- a **tragic** ending (悲劇的結末)

2468 transform [trænsfɔ́ːrm] 動 (〜を…に)変える (to, into)
- Computers have **transformed** our lives.
  (コンピューターは我々の生活を一変させた)

2469 sow [sóu] 動 (種を)まく (⇔reap「収穫する」)
[活用] sow - sowed - sown [sowed]
- **sow** a sense of goodwill (友好[親善]の種子をまく)

2470 accuracy [ǽkjərəsi] 名 正確さ
▶ accurate (1495)
- The **accuracy** of the information needs to be confirmed.
  (この情報が正確かどうか確認する必要がある)　⇒confirm(703)

2471 adequate [ǽdikwət] 形 十分な(量の), 適切な (⇔inadequate「不適切な」)
- **adequate** funds (十分な資金)
- The first aid was **adequate**. (応急手当は適切だった)　⇒aid(673)

PART 5

2472 attentive [əténtiv] 形 注意深い(to), 気を配って(to)
- ► attend (125)
  - an **attentive** audience（謹聴する聴衆）
  - She is very **attentive** to her hairstyle.
    （彼女はヘアスタイルに非常に気を配っている）

2473 bounce [báuns] 動 はずむ[はずませる], 戻ってくる
- **bounce** on the sofa（ソファの上で飛び跳ねる）
- a **bounced** check（不渡り小切手）

2474 blaze [bléiz] 名 炎, 輝き 動 燃え立つ
- The house was soon in a **blaze**.（その家はたちまち炎に包まれた）
- A fire **blazed** in the fireplace.（暖炉で火が燃えていた）

2475 boycott [bɔ́ikɑt] 動 ボイコットする 名 排斥, 不買運動
- **boycott** the voting（投票をボイコットする）
- **boycott** of foreign goods（外国製品の排斥）

2476 brew [brúː] 動 醸造する(up), (茶・コーヒーなどを)入れる
- ► brewery 名 醸造所
  - Sake is **brewed** from rice.（日本酒は米から醸造する）
  - **brew** (up) a pot of tea（ポット1杯の紅茶を入れる）

2477 bribe [bráib] 名 わいろ 動 (〜に)贈賄する・買収する
- ► bribery 名 贈賄[収賄]
  - accept [offer] a **bribe**（賄賂を受け取る[贈る]）
  - **bribe** a public official（公務員を買収する）

2478 cargo [káːrgou] 名 貨物, 船荷
- a **cargo** plane [ship]（貨物輸送機[貨物船]）

2479 clash [klǽʃ] 動 (〜と)衝突する(with, against) 名 衝突
- Your interests **clash** with mine.
  （あなたの利害は私の利害と対立します）
- a **clash** of opinions（意見の衝突）

2480 controversy [kántrəvə̀ːrsi] 名 論争
- ► controversial 形 議論の余地ある
  - a **controversy** over a direct election system
    （直接選挙制度についての論争） ⊖election(1343)

PART 5

2481 convict [kənvíkt] 動 (〜の犯罪で)有罪を宣告する(of)
- ▶ conviction (2482)
- He was **convicted** of fraud.(詐欺で有罪を宣告された) ⊕fraud(2935)

2482 conviction [kənvíkʃən] 名 確信, 有罪判決
- have a strong **conviction** that he is innocent
 (彼の無罪を堅く信じている) ⊕innocent(2012)
- **conviction** for murder(殺人による有罪判決) ⊕murder(1373)

2483 deficit [défəsit] 名 赤字(⇔surplus(2669))
- The government ran up huge **deficits**.
 (政府は赤字を大きく増やした) ♧run up「(借金を)重ねる」
- trade **deficit**(貿易赤字)

2484 disclose [disklóuz] 動 (〜を)公表する・あばく
- ▶ disclosure 名 公表, 暴露
- **disclose** the truth(真相を明らかにする)

2485 glimpse [glímps] 名 ちらりと見えること 動 ちらりと見る
- catch a **glimpse** of the thief(泥棒の姿がちらりと目に入る)

2486 heritage [héritidʒ] 名 (文化的)遺産
- preserve the world's **heritage**(世界遺産を保存する) ⊕preserve(1638)

2487 mammal [mæml] 名 哺乳動物
- a marine **mammal**(海洋哺乳動物)

2488 monetary [mánətèri] 形 通貨の
- ▶ money 名 通貨
- a **monetary** policy(通貨政策, 金融政策)

2489 optional [ápʃənl] 形 選択の, 任意の
- ▶ option (725)
- an **optional** tour(オプショナルツアー)

2490 pension [pénʃən] 名 年金
- ▶ pensioner 名 年金受給者
- live on a **pension**(年金暮らしをする)

2026〜2535

PART 5

2491 plug [plʌ́g]
名 栓, プラグ **動** (プラグを)差し込む(in)
- Put the **plug** in and fill the bath.
(栓をしてお風呂にお湯を入れなさい)
- **plug** a radio in(ラジオのプラグを差しこむ[ラジオをつける])

2492 preliminary [prilímənèri]
形 予備的な, 準備の
- enter into **preliminary** negotiations (with ...)
((…との)予備交渉に入る)　　　　　　　　　→negotiation(1093)

2493 transmit [trænsmít]
動 (〜を)送信する, (〜を)伝える
▶ transmission **名** 伝達
- The news was **transmitted** live.(ニュースは生で放送された)
- **transmit** a message(メッセージを伝える)

2494 unfold [ʌnfóuld]
動 (折りたたんだ物を)広げる, (徐々に)明らかにする[なる](⇔fold(1781))
- **unfold** a map(地図を広げる)

2495 absurd [əbsə́ːrd]
形 ばかげた
- an **absurd** rumor(ばかげたうわさ)　　　　　　　→rumor(1372)

2496 accustom [əkʌ́stəm]
動 《be 〜ed to で》(〜に)慣れている
- I'm not **accustomed** to being interviewed.
(私は面接を受けるのに慣れていない)

2497 attain [ətéin]
動 (目的などを)達成する, (〜に)到達する
▶ attainment **名** 達成
- **attain** one's aim [goal](目的を達する)
- **attain** the age of ninety(90歳に達する)

2498 chat [tʃǽt]
動 おしゃべりする **名** おしゃべり
- It's been nice **chatting** with you.(お話ができてよかったです)
- Please drop over for a **chat**.(ちょっと寄って話していってください)

2499 civilization [sìvələzéiʃən]
名 文明, 文明化
▶ civilize **動** 文明化する, civil (1816)
- ancient [modern] **civilization**(古代[現代]文明)　→ancient(1240)

2500 click [klík]
動 (マウスを)クリックする, (〜をカチッと)鳴らす
- To return to the first page, **click** (on) the "Home" icon.

(最初のページに戻るにはHomeのアイコンをクリックしてください)

2501 conceal [kənsí:l] 動 隠す(⇔reveal(1691))
- concealment 名 隠すこと
  - **conceal** the truth(真実を隠す)

2502 concrete [kánkri:t] 形 具体的な(⇔abstract(1494)) 名 コンクリート
- **concrete** examples(具体例)

2503 condemn [kəndém] 動 (〜を)非難する, (刑を)宣告する
- **condemn** violence(暴力を非難する) ⇒violence(1457)

2504 confusion [kənfjú:ʒən] 名 混同, 混乱
- confuse (1674)
  - There must be some **confusion**.(何か混同しているようです)

2505 constitute [kánstət(j)ù:t] 動 (〜の)構成要素となる
- constitution (1934)
  - Ten members **constitute** a quorum.(10名が定足数である)
  - The company's action **constitutes** a crime.
    (その会社の行為は犯罪にあたる) ♤quorum「定足数」

2506 contemporary [kəntémpərèri] 形 現代の 名 現代の[同時代の]人
- **contemporary** music(現代音楽)

2507 desperate [déspərət] 形 必死の, 絶望的な
- desperately 副 必死に, 絶望的に, despair(2623)
  - make a **desperate** effort(必死の努力をする)

2508 disguise [disgáiz] 動 (事実・感情などを)隠す・偽る, 変装する
- **disguise** one's feelings(感情を隠す)
- **disguise** one's age(年齢を偽る)

2509 evolution [èvəlú:ʃən] 名 進化, 発展
- evolve 動 進化[発展]する
  - the **evolution** of the universe(宇宙の進化) ⇒universe(2104)

2510 exaggerate [igzǽdʒərèit] 動 (〜を)誇張する
- exaggeration 名 誇張
  - **exaggerate** the matter(問題を誇張して言う)

2026〜2535

PART 5

2511 exclaim [ikskléim] 動 (突然)叫ぶ
► exclamation 名 叫ぶこと
- "Wow! That's too big!" she **exclaimed**.
 (「ワォ! それは大きすぎる!」彼女は叫んだ)
♣ an exclamation point[mark]は「感嘆符(!)」

2512 fertile [fə́:rtl] 形 肥沃な(⇔barren(2975)), (創造力などが)豊かな
► fertility 名 多産, 豊富
- **fertile** fishing grounds(豊かな漁場)
- a **fertile** writer(多作な作家)

2513 fetch [fétʃ] 動 (~を)連れて[取って]来る
- Go and **fetch** a doctor.(医者を呼んで来なさい)

2514 fierce [fíərs] 形 (感情・競争などが)激しい, どう猛な
- **fierce** competition(激烈な競争)
- a **fierce** animal(猛獣)

2515 gloomy [glú:mi] 形 憂鬱な, 薄暗い
► gloom 名 憂鬱, 暗がり
- Cloudy days make me feel **gloomy**.(曇りの日はうっとうしくなる)
- It's **gloomy** in here.(ここは薄暗い)

2516 hug [hʌ́g] 動 (~を)抱きしめる 名 抱擁
- She **hugged** the baby and kissed her on the cheek.
 (彼女は赤ん坊を抱きしめてほほにキスをした)
- She gave her mother a big **hug**.
 (彼女は母親をぎゅっと抱きしめた)

2517 infection [infékʃən] 名 感染(症)・伝染(病)
► infect 動 (病気などを)うつす
- take antibiotics for **infection**
 (感染症の治療で抗生物質を服用する) ♣ antibiotic「抗生物質」

2518 input [ínpùt] 名 入力, 投入高[量] 動 入力する
(⇔output(1958))
活用 input - input - input
- keyboard[voice] **input**(キーボード[音声]入力)
- capital **input**(資本投入量)

・**input** data into a computer（データを入力する）

2519 **insure** [inʃúər] 　動 保険をかける
► insurance (549)
・**insure** the house against fire（家に火災保険をかける）

2520 **literally** [lítərəli] 　副 文字通りに，本当に
► literal 形 文字通りの
・Don't take what I said **literally**.
（私の言ったことを文字通りにはとらないでくれ）

♣ literary (2057) と混同しないように注意。この使い分けもTOEIC頻出。

2521 **margin** [má:rdʒin] 　名 利ざや，得票[点]差，(ページの)余白
・a high [low] profit **margin**（高い[低い]利幅）
・win by a wide [narrow] **margin**（大差[僅差]で勝つ）

2522 **mourn** [mɔ́:rn] 　動 哀悼する，嘆く
・**mourn** the death of the President（大統領の死を悼む）

2523 **objective** [əbdʒéktiv] 　名 目的　形 客観的な（⇔subjective (2952)）
► object (973)
・achieve our primary **objective**（初期の目的を達する）
・an **objective** opinion（客観的な意見）

2524 **offensive** [əfénsiv] 　形 無礼な・不快な，攻撃の
► offend (1424)
・He apologized for his **offensive** behavior.
（彼は自分の無礼なふるまいを謝った）　　　⇒apologize (1618)
・The noise is **offensive**.（その音は耳障りだ）
・an **offensive** player（攻撃側の選手）

2525 **partnership** [pá:rtnərʃip] 　名 提携，協調
► partner (1232)
・form a **partnership** with B Co.（B社と提携する）
・an international **partnership**（国際的協調）

2526 **paste** [péist] 　名 ペースト，のり　動 (〜を)貼り付ける
・almond **paste**（アーモンドのペースト）
・cut out the article and **paste** it in the scrapbook
（記事を切り抜いてスクラップ帳に貼り付ける）

PART 5

2527 phenomenon [finámənàn] 名 現象, (並み外れた)人[事・物]
- strange natural **phenomena**(不思議な自然現象)
- ♣《複》phenomena

2528 precede [prisí:d] 動 (〜に)先行する
- ▶ precedent (2529), preceding (2530), precedence 名 優先(権)
- The G-8 foreign minister's talks **preceded** the G-8 summit.
(G8外相会談がG8首脳会議に先行して行われた)

2529 precedent [présidənt] 名 先例・前例
- follow a **precedent**(先例にならう)
- ♣ unprecedentedで「前例のない」という意味。

2530 preceding [prisí:diŋ] 形 前の, 先立つ(⇔following(503))
- the **preceding** chapter(前章)
- **preceding** years(先立つ数年間)

2531 prejudice [prédʒədəs] 名 偏見・先入観
動 (〜に対する)偏見を抱かせる(against)
- break down racial **prejudices**(人種的偏見を打破する)
- Are you **prejudiced** against him?　　　　　┗⊃racial(2539)
(あなたは彼に偏見を持っているのですか)

2532 proclaim [proukléim] 動 (〜を)宣言する, 公布する
- ▶ proclamation 名 宣言
- **proclaim** peace(平和を宣言する)

2533 virtual [və́:rtʃuəl] 形 仮想の, 事実上の
- ▶ virtually (2534)
- **virtual** reality(仮想現実(感), バーチャル・リアリティ《略》VR)

2534 virtually [və́:rtʃuəli] 副 実質的に・ほとんど
- This system has the ability to accomplish **virtually** any task.(このシステムはほとんどどんな課題もこなす能力を備えている)

2535 questionnaire [kwèstʃənéər] 名 アンケート(用紙)
- fill out a **questionnaire**(アンケートに記入する)

PART 6

6,500語レベル

TOEIC問題中 96%cover

2,536 - 3,060

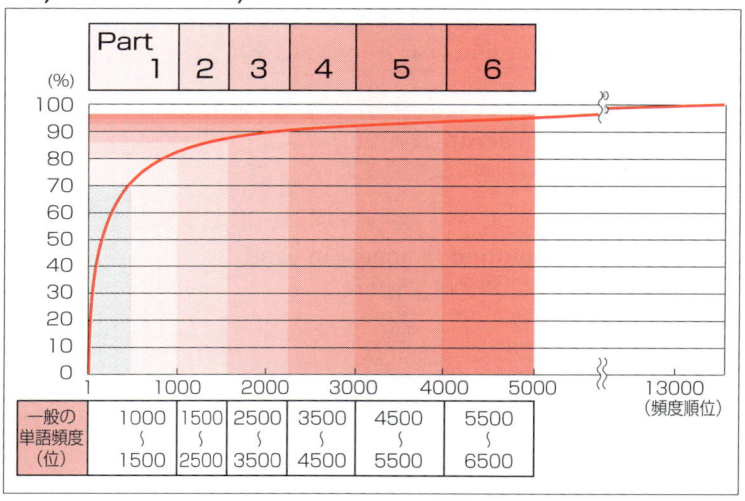

(%)	Part 1	2	3	4	5	6	
一般の単語頻度(位)	1000〜1500	1500〜2500	2500〜3500	3500〜4500	4500〜5500	5500〜6500	

PART 6

2536 allot [əlát] 動 (時間・仕事などを)割り当てる
► allotment 名 割当て
- **allot** four hours each day to do the work
  (毎日4時間をその仕事にあてる)

2537 cholesterol [kəléstəròul] 名 コレステロール
- blood **cholesterol** level(血中コレステロール値) →level(202)

2538 prominent [prάmənənt] 形 著名な, 目立った
- a **prominent** artist(著名な芸術家)

2539 racial [réiʃl] 形 人種(上)の, 民族の
► race (259)
- **racial** problems(人種問題)

2540 random [rǽndəm] 形 無作為の・任意の,《at randomで》手当たりしだいに・でたらめに
- **random** testing(無作為検査)
- read books at **random**(手当たりしだいに本を読む)

2541 rational [rǽʃənl] 形 合理的な, 理性的な
- a **rational** explanation(合理的な説明)

2542 scar [skά:r] 名 傷あと 動 (物・心に)傷あとを残す
- leave a mental **scar**(心に傷を残す)
- be **scarred** for life((心に)一生傷あとを残す)

2543 scrap [skrǽp] 名 屑, 廃物 動 廃止する, スクラップにする
- a heap of iron **scrap**(鉄屑の山)
- **scrap** a plan(計画を破棄する)

2544 summon [sʌ́mən] 動 (人を)呼び出す・召喚する
- He was **summoned** to appear in court.
  (彼は法廷への出頭を命じられた)

2545 swift [swíft] 形 迅速な, 即座の
► swiftly 副 素早く
- take **swift** action(迅速な行動をとる)

2546 transit [trǽnsət] 名 輸送, 通過

▶ transition (2547)
- The goods were damaged in **transit**.
（商品は輸送中に損傷した）

2547 **transition** [trænzíʃən]　名 移行, 過渡期
▶ transitional 形 過渡期の
- **transition** to a new phase（新たな局面への移行）
- a society in **transition**（過渡期にある社会）

2548 **uncover** [ʌnkʌ́vər]　動（隠されているものを）発見する, (〜の)覆いを取る
- **uncover** new evidence（新しい証拠を発見する）　⊕evidence(918)

2549 **undertake** [ʌ̀ndərtéik]　動（仕事などを）引き受ける, 着手する
[活用] undertake - undertook - undertaken
- **undertake** a task（仕事を引き受ける）

2550 **viewpoint** [vjú:pɔ̀int]　名 観点, 立場
- From the employee's **viewpoint**, this is good news.
（従業員の立場からすれば, これは吉報だ）

2551 **diligent** [dílidʒənt]　形 勤勉な
▶ diligence 名 勤勉
- a **diligent** student（勤勉な学生）

2552 **earnest** [ɔ́:rnist]　形 熱心な, まじめな
▶ earnestly 副 まじめに, 真剣に
- It is my **earnest** desire to work with you.
（ぜひ一緒に仕事をしたいと望んでいます）

2553 **fruitful** [frú:tfl]　形 有益な, 実りの多い
▶ fruit 名 果物, 成果
- a very **fruitful** meeting（実に有益な会議）

2554 **inferior** [infíəriər]　形 〜より劣って (to)（⇔superior(1657)）
▶ inferiority 名 劣ること, 下位
- The goods are **inferior** to the samples.
（(到着した)商品は, 見本よりも劣っている）

2555 **pastime** [pǽstàim]　名 気晴らし・娯楽
- my favorite **pastime**（好きな娯楽）

PART 6

2556 revive [riváiv] 動 回復する[させる], 復活する[させる]
► revival (2557)
- Efforts to **revive** her failed.(彼女を蘇生させようとする努力は失敗した)
- **revive** the economy(経済を復興する)

2557 revival [riváivl] 名 復活・再生
- the **revival** of the Japanese economy(日本経済の再生)

2558 thoughtful [θɔ́ːtfl] 形 思いやりのある, 思慮深い
► thought 名 思いやり
- That's very **thoughtful** of you.(それはご親切にありがとう)

2559 heir [éər]＊ 名 相続人・後継者(to)
- the **heir** to his father's fortune(彼の父の財産の相続人)
  ⇒fortune(1346)

2560 hail [héil] 動 (〜を)呼び止める 名 あられ・ひょう
- **hail** a cab [taxi](タクシーを呼び止める)
- A lot of **hail** fell last night.(昨夜ひょうがたくさん降った)

2561 plead [plíːd] 動 嘆願する, (〜を)申し立てる・主張する
[活用] plead - pleaded [pled] - pleaded [pled]
- **plead** with her to return(彼女に帰ってきて欲しいと嘆願する)
- **plead** guilty [not guilty](有罪を認める[無罪を申し立てる])

2562 abortion [əbɔ́ːrʃən] 名 妊娠中絶
- I am opposed to **abortion**.(妊娠中絶には反対です)

2563 activist [ǽktivist] 名 活動家
- an environmental **activist**(環境保護活動家)

2564 coarse [kɔ́ːrs] 形 目が粗い, 粗雑な
- **coarse** cloth(粗い布地)
- He is **coarse** in manner.(彼は態度が粗野だ)

2565 compulsory [kəmpʌ́lsəri] 形 強制的な, 義務的な
► compel (2831)
- **compulsory** automobile insurance(強制自動車保険)

PART 6

2566 cosmetic [kɑzmétik] 形 化粧(用)の, 美容の 名《～sで》化粧品
- **cosmetic** surgery(美容整形外科) ⇒surgery(1805)
- She doesn't wear **cosmetics**.(彼女は化粧をしない)

2567 courtesy [kə́ːrtəsi] 名 好意, 礼儀正しさ
- ▶ courteous 形 礼儀正しい
- Thank you for the **courtesy** extended to me.
  (ご好意に感謝いたします)

2568 cozy [kóuzi] 形 居心地のよい
- a **cozy** restaurant with a fireplace
  (暖炉のある居心地のよいレストラン)

2569 deliberate [dilíbərət] 形 意図的な, 慎重な 動 [dilíbərèit] 熟慮する
- ▶ deliberately 副 慎重に, 故意に, deliberation 名 熟慮, 審議
- **deliberate** mischief(故意のいたずら)
- take **deliberate** action(慎重に行動する)
- **deliberate** a problem(問題をじっくり考える)

2570 devoted [divóutid] 形 献身的な
- ▶ devote (1716)
- a **devoted** husband[mother](愛妻家[子ども思いの母])

2571 dimension [diménʃən] 名 寸法・大きさ, 次元
- outside **dimension**(外形寸法)
- a figure in three **dimensions**(3次元[立体]の像)

2572 drought [dráut] 名 干ばつ, 日照り続き
- suffer from **drought**(干害を受ける) ⇒suffer(347)

2573 endeavor [endévər] 名 努力・試み 動 (～しようと)努力する(to do)
- I wish you success in your new **endeavors**.
  (あなたの新規事業が成功しますように)
- **endeavor** to achieve one's goals(目的を達成しようと努力する)

2574 ethical [éθikl] 形 倫理の, 道徳上の
- ▶ ethics 名 倫理(学), 道徳
- an **ethical** issue[problem](倫理的な問題)

PART 6

2575 excursion [ikskə́:rʒən] 名 遠足, (団体の)旅行
- go for an **excursion**(遠足に行く)

2576 exploit [iksplɔ́it] 動 (資源などを)活用する・開発する
▶ exploitation 名 開発, 搾取
- **exploit** natural resources(天然資源を活用[開発]する)

2577 inhabit [inhǽbət] 動 (人・動物が~に)住む
▶ inhabitant 名 住人
- The island is **inhabited** by rare birds.
 (その島には珍しい鳥が生息している) ⇒rare(1261)

2578 initiate [iníʃièit] 動 (事業・計画などを)始める
- **initiate** an investigation(調査に着手する) ⇒investigation(1171)

2579 misleading [mìslí:diŋ] 形 誤解を招きやすい
▶ mislead 動 誤解させる
- **misleading** advertisements(誤解を招く広告)

2580 molecule [máləkjù:l] 名 分子
- a **molecule** of water(水の分子)

2581 monopoly [mənápəli] 名 独占, 専売(権)
▶ monopolize 動 独占する
- hold a **monopoly** in PC operating systems
 (コンピューターオペレーティングシステムを独占する)

2582 nuisance [n(j)ú:səns] 名 迷惑(な行為), やっかいな事[人]
- The noise is a **nuisance** to the neighbors.
 (その騒音は近所迷惑になっている)

2583 obscure [əbskjúər] 形 不明瞭な・あいまいな
- an **obscure** explanation(あいまいな説明)

2584 odor [óudər] 名 におい, 臭気
- a liquid without any **odor**(無臭の液体)
 ♣「(快い)香り」はscent(2077)やfragrance(2784)。

2585 perspective [pərspéktiv] 名 (総体的)見方・観点, 遠近法
- see things from a different **perspective**

（異なった視点からものを見る）

2586 probe [próub] 動（～について）精密に調べる（into）
- **probe** into the payoff scandal（贈賄事件を調べる）

⌕ payoff「賄賂」, scandal「不祥事」

2587 remainder [riméindər] 名残り・残余
▶ remain (1184)
- I'll pay the **remainder** upon delivery.
（残金は現物が配達されたときに払います）

2588 rip [ríp] 動（～を）引き裂く, もぎ取る[はぎ取る]
- **rip** an envelop open（封筒を破って開ける）
- **rip** a page out of the book（本の1ページを破り取る）

2589 sequence [síːkwəns] 名連続（するもの）
▶ sequential 形連続した
- the **sequence** of events（一連の出来事）

2590 shatter [ʃǽtər] 動粉々にする[なる], （～を）打ち砕く
- The earthquake **shattered** windows.
（地震によって窓ガラスが粉々になった）
- The country's economy was **shattered** by the war.
（戦争によってその国の経済は崩壊した）

2591 shiver [ʃívər] 動（恐怖・寒さで）震える 名身震い
- I'm **shivering**.（寒くて震えている）
- It gave me the **shivers**.（それにはぞっとしました）

2592 skyscraper [skáiskrèipər] 名超高層ビル
- The hotel is a **skyscraper**.（そのホテルは超高層ビルです）

2593 sophisticated [səfístikèitid] 形洗練された, 精巧な
- a **sophisticated** lady [gentleman]（洗練された女性[男性]）
- a **sophisticated** computer（精巧なコンピューター）

2594 souvenir [sùːvəníər] 名記念品, みやげ物
- **souvenirs** of my trip（旅行の記念品）
- a **souvenir** shop（みやげ物店）

PART 6

2595 sway [swéi] 動 揺れる[揺する] 名 揺れ
- **sway** back and forth(前後に揺れる)

2596 tackle [tækl] 動 (〜に)取り組む, (〜に)タックルする
- **tackle** a problem(問題に取り組む)
- **tackle** a thief(泥棒にタックルする)

2597 vicious [víʃəs] 形 悪意のある
▶ vice 名 邪悪
- **vicious** remarks(悪意のある言葉)　　　⇒remark(1966)
- a **vicious** cycle(悪循環)

2598 biography [baiágrəfi] 名 伝記
- an official **biography**(公式の伝記)

2599 extract [ikstrækt] 動 (〜を)引き抜く・引き出す　名 [ékstrækt] 抽出(物), 抜粋
- **extract** essential oils from flowers(花から精油をしぼり取る)
- lemon **extract**(レモン・エキス)

2600 secondhand [sékəndhænd] 形 中古の, 間接的な
- a **secondhand** shop(中古品店)
- **secondhand** news(また聞きのニュース)

2601 simultaneous [sàiməlténiəs] 形 同時の, 同時に起こる
▶ simultaneously 副 同時に
- **simultaneous** interpretation(同時通訳)　　　⇒interpret(2445)

2602 trivial [tríviəl] 形 ささいな, 取るに足らない(=trifling)
- That is merely a **trivial** problem.
  (それはささいな問題にすぎない)

2603 unconscious [ʌnkánʃəs] 形 意識不明の, 無意識の (⇔conscious(1413))
▶ unconsciously 副 無意識に
- She became **unconscious**.(彼女は意識不明になった)
- an **unconscious** habit(無意識の癖)

2604 unreasonable [ʌnrí:znəbl] 形 不合理な・不当な(⇔reasonable(852))
- an **unreasonable** claim(不当な要求)

PART 6

2605 widen [wáidn] 動 広くする[なる]
► wide 形 (幅が)広い
- **widen** one's view (視野を広げる)

2606 mobile [móubl] 形 移動可能な, (社会が)流動性のある
► mobility 名 移動性, (社会的な)流動性
- a **mobile** phone [= a cellular phone] (移動[携帯]電話)
- a **mobile** society (流動社会)

2607 serial [síəriəl] 形 連続的な, 続き物の
- a **serial** number (通し番号)
- a **serial** drama (連続ドラマ)

2608 odds [ádz] 名 見込み, 賭け率
► odd (1423)
- The **odds** are in favor of [against] me. (勝ち目がある[ない])
- even **odds** (五分五分の確率)

2609 résumé [rèz(j)uméi]※ 名 履歴書, 要約・レジュメ
- I have enclosed my **resume**. (履歴書を同封いたしました)
  ♣ resumeとも綴る。resume (1090)と混同しないように注意。curriculum (2376)参照。

2610 attachment [ətǽtʃmənt] 名 添付ファイル, 付属品, 愛着
► attach (629)
- send photos as an e-mail **attachment**
  (Eメールの添付ファイルで写真を送る)
- a camera **attachment** (カメラの付属品)

2611 boarding [bɔ́ːrdiŋ] 名 搭乗
► board (78)
- Where is the **boarding** gate for Delta Airlines?
  (デルタ航空の搭乗ゲートはどこですか)

2612 comprehension [kàmprihénʃən] 名 (読み・聞きの)理解(力)
► comprehend (2832)
- beyond one's **comprehension** (理解できない)
- a listening [reading] **comprehension** test
  (聞き取り[読解力]テスト)

PART 6

2613 comprehensive [kàmprihénsiv] 形 包括的な
- comprehend (2832)
  - a **comprehensive** plan（総合的計画）

2614 conception [kənsépʃən] 名 考え
- concept (1788)
  - I have no **conception** of what it is like.
  （それがどんなものだか全然分からない）

2615 demanding [dimǽndiŋ] 形 骨の折れる，(あまりに)多くを求める
- demand (178)
  - a **demanding** job（きつい仕事）

2616 determined [ditə́ːrmind] 形 断固とした，(～を)決意している (to do)
- determine (633)
  - **determined** opposition（断固たる反対）
  - be **determined** to marry her（彼女と結婚すると決めている）

2617 processed [prəsést] 形 加工[処理]した
- process (208)
  - **processed** foods（加工食品）

2618 sentiment [séntimənt] 名 (感情のまざった)意見・心情，感傷
- sentimental 形 心情的な・感傷的な
  - public **sentiment** over the textbook issue
  （教科書問題についての国民感情[世論]）

2619 sweeping [swíːpiŋ] 形 広範な・徹底的な
- sweep (1485)
  - **sweeping** structural reforms（抜本的な[広範な]構造改革）

2620 sympathize [símpəθàiz] 動 同情する (with)，共鳴する (with)
- sympathy (1362), sympathizer 名 支持者・シンパ
  - I **sympathize** deeply with you.（心からご同情いたします）

2621 borrowing [bárouiŋ] 名 借入れ・借金
- borrow (297)
  - the **borrowing** rate（借入れ金利）

PART 6

2622 complimentary [kàmpləméntəri] 形 無料サービスの・優待の, 賞賛の
► compliment (2184)
- a **complimentary** ticket（無料招待券）

2623 despair [dispéər] 名 絶望　動 (〜に)絶望する(of)
► desperate (2507)
- sink into **despair**（絶望に陥る）
- **despair** of ever seeing her again
  （彼女には再び会えないものとあきらめる）

2624 warehouse [wéərhàus] 名 倉庫
- a distribution **warehouse**（流通倉庫）　　⇒distribution(982)

2625 allergy [ǽlərdʒi] 名 (〜に対する)アレルギー(to)
► allergic 形 アレルギー(性)の
- I have an **allergy** to pollen.[=I'm **allergic** to pollen.]
  （花粉に対してアレルギーがある）

2626 warranty [wɔ́(ː)rənti] 名 保証(書)
- a one-year **warranty** period（1年の保証期間）

2627 affordable [əfɔ́ːrdəbl] 形 (価格が)手頃な
- **affordable** housing（手頃な(価格の)住宅）

2628 sensor [sénsər] 名 感知装置・センサ
- a light **sensor**（光センサ）

2629 airfare [éərfèər] 名 航空運賃
- 40% off the standard **airfare**（通常航空運賃の40％割引）

2630 surcharge [sə́ːrtʃɑ̀ːrdʒ] 名 追加料金, 追徴金
- a 10% **surcharge** for next-day delivery
  （翌日配達は10％の追加料金）

2631 bulletin [búlitn] 名 掲示, 広報
- a **bulletin** board（掲示板）
- a news **bulletin**（ニュース速報）

2536〜3060

PART 6

2632 collide [kəláid] 動 衝突する
- collision (2633)
- **collide** head-on with a car（車と正面衝突する）

2633 collision [kəlíʒən] 名 衝突, (意見などの)対立
- a head-on **collision**（正面衝突）
- a **collision** of interests [views]（利害 [意見] の対立）

2634 incentive [inséntiv] 名 奨励(金), 動機・刺激
- tax **incentives** for new business investments
  （新規事業投資に対する優遇措置 [税]） ⊃investment(1057)

2635 intensive [inténsiv] 形 集約的な・集中的な
- an **intensive** language course（語学の集中講座）

2636 lumber [lʌ́mbər] 名 材木, 木材
- building **lumber**（建築用材）

2637 supervise [sú:pərvàiz] 動 監督する, 管理する
- supervision 名 監督, 管理, supervisor (1586)
- **supervise** the staff members（職員を管理する）

2638 temperate [témpərət] 形 温帯(産)の, 温和な
- a **temperate** climate（温帯気候）

2639 update [ʌ̀pdéit] 動 (〜を)最新のものにする
名 [ʌ́pdèit] 最新情報 [版], 更新
- **update** a database（データベースを更新する）
- We have an **update** on the market.（市場の最新情報があります）

2640 vapor [véipər] 名 蒸気
- evaporate (3032)
- water [gasoline] **vapor**（水蒸気 [ガソリンの蒸気]）

2641 commute [kəmjú:t] 動 通勤する
- commuter 名 通勤 [通学] 者
- How do you **commute** to work?（何で通勤していますか）

2642 immigration [ìmigréiʃən] 名 (外国からの)移住（⇔emigration「(外国への)移住」）
- immigrate 動 (外国から)移住する

2536〜3060

・illegal [legal] **immigration**（不法な［合法的］移民）

2643 **interactive** [ìntərǽktiv] 形 双方向の, 対話式[型]の

▶ interaction (2644)
- **interactive** television systems（双方向のテレビシステム）
- **interactive** teaching（対話式の授業）

2644 **interaction** [ìntərǽkʃən] 名 (相互)交流

▶ interact 動 交流する
- **interaction** with different cultures（異文化との交流）

2645 **landmark** [lǽndmàːrk] 名 (陸上の)目印, 画期的な出来事

- Are there any **landmarks**?（何か目印はありますか）
- a **landmark** victory（画期的勝利）

2646 **module** [mάdʒuːl] 名 モジュール・構成単位

- a lunar **module**（月(面)着陸船）

♣ モジュール＝単独の機能を持ち, 全体の構成要素として他のモジュールと組み合わせることのできるもの。

2647 **specialty** [spéʃəlti] 名 (店などの)得意料理, 専門

- local **specialties**（郷土料理）
- a **specialty** shop（専門店）

2648 **conserve** [kənsə́ːrv] 動 保存[保全]する

▶ conservation (1178), conservative (1745)
- **conserve** energy [water]（エネルギー[水]を大切に使う）

2649 **curb** [kə́ːrb] 名 (歩道の)縁石, 抑制(するもの・策)

- A car was parked at the **curb**.
  （車が縁石のところ［道路のへり］に駐車していた）
- call for **curbs** on prices（物価の抑制を求める）

2650 **petty** [péti] 形 ささいな, 取るに足りない

- **petty** issues（ささいな問題）
- a **petty** crime（軽犯罪）

2651 **setback** [sétbæk] 名 敗北, 挫折

- They suffered a major **setback** in the election.
  （彼らは選挙で大敗北を喫した）

PART 6

2652 surge [sə́ːrdʒ]　動 (急激に)**高まる, 押し寄せる**　名**急増**
- **surging** oil prices（急騰する石油価格）
- the recent **surge** in imports（最近の輸入の急増）

2653 stale [stéil]　形**新鮮でない, 新鮮味がなくなる**
- This beer is getting **stale**.（このビールは気が抜け始めてるよ）
- The discussions turned **stale**（議論はマンネリになった）

2654 stockholder [stákhòuldər]　名**株主**
- ▶ stock (515)
- a **stockholders**' meeting（株主総会）

2655 workout [wə́ːrkàut]　名（スポーツの）**トレーニング**
- do a daily **workout**（毎日のトレーニングをする）

2656 cater [kéitər]　動**出張料理をする**, (要望などに)**応ずる** (to)
- ▶ catering 名 ケータリング《出張料理》
- **cater** for weddings and parties
（結婚披露宴やパーティの料理をまかなう）
- **cater** to the customers' needs（顧客のニーズに応える）

2657 chore [tʃɔ́ːr]　名《～s で》(家庭の)**毎日の雑用**
- household **chores**（家事）　　　　　　　→household(1637)

2658 compensate [kámpənsèit]　動**補償する**
- ▶ compensation (2205)
- We ask that you **compensate** us for this loss.
（この損失の補償を要求します）

2659 discard [diskáːrd]　動 (～を)**捨てる**
- **discard** old customs（古い習慣を捨てる）

2660 excel [iksél]　動 (～に)**秀でている** (at, in)
- ▶ excellent (206)
- **excel** at foreign languages（外国語に秀でる）

2661 flip [flíp]　動 (～を指先などで)**はじく**
- **flip** through the pages of a book（本のページをパラパラめくる）

PART 6

2662 formula [fɔ́ːrmjələ] 名 公式・方式
▶ formulate 動 公式化する
- a scientific **formula**（科学上の公式）
- There is no sure **formula** for success.
（成功への確実な方式はない）

2663 luncheon [lʌ́ntʃən] 名 （正式な）昼食会, 午餐会
- hold [give] a **luncheon**（午餐会を催す）

2664 municipal [mjuːnísəpl] 形 地方自治の・都市[町]の
- a **municipal** government（市政）

2665 petition [pətíʃən] 名 請願(書) 動 請願する (for, against, to do)
- sign a **petition**（請願書に署名する）
- **petition** for [against] the new road
（新しい道路建設に賛成の[反対の]請願をする）

2666 prior [práiər] 形 （時間・順序が）先の, (〜に)優先する (to)
- a **prior** engagement（先約）
- a duty **prior** to all others（他のすべてに優先する義務）

2667 reorganize [riɔ́ːrgənaiz] 動 (〜を)再編成する
- **reorganize** the production system
（製造システムを再編成する）

2668 subsidiary [səbsídièri] 名 子会社 形 補助的[従属的]な
- an overseas **subsidiary**（海外子会社）

2669 surplus [sə́ːrplʌs] 名 余り, 過剰 (⇔deficit (2483)) 形 余分[過剰]の
- trade **surplus**（貿易黒字）

2670 accelerate [əksélərèit] 動 加速する, 促進する
▶ acceleration 名 加速・促進
- **accelerate** the process（進行を早める）

2671 advocate [ǽdvəkèit] 動 （主義などを）主張[支持]する 名 [ǽdvəkət] ＊提唱者
- **advocate** free speech（言論の自由を唱道する）
- gun-control **advocates**（銃規制を唱える人々）

2536〜3060

PART 6

2672 directory [dərékt*ə*ri] 名 名簿・住所録
・a telephone **directory**（電話帳）

2673 disrupt [disrʌ́pt] 動（交通・会合などを）混乱させる
・**disrupt** the proceedings（議事を混乱させる）

2674 facilitate [fəsílətèit] 動（〜を）容易にする
▶ facility (1068)
・**facilitate** change（変化を促進する）

2675 hospitalize [hɑ́spətəlàiz] 動 入院させる
▶ hospital 名 病院
・He was **hospitalized** with appendicitis.（彼は盲腸で入院した）

2676 jobless [dʒɑ́bles] 形 失業中の，失業者の
・the **jobless** rate（失業率）

2677 juvenile [dʒúːvənl] 形 少年[少女]の，子どもじみた
・**juvenile** crime（青少年犯罪）

2678 quake [kwéik] 名 地震（＝earthquake (352)） 動 身震いする
・The **quake** measured 5.8 on the Richter scale.
（その地震はリヒタースケール[マグニチュード]5.8を記録した）
・**quake** with fear（恐怖で震える）

2679 scenic [síːnik] 形 景色のよい，眺めのよい
▶ scenery (1900)
・one of the three **scenic** spots of Japan（日本三景の1つ）

2680 digital [dídʒitl] 形 デジタルの
▶ digit 名 数字，桁
・a **digital** camera（デジタルカメラ）

2681 evacuate [ivǽkjuèit] 動 避難させる[する]
▶ evacuation 名 避難
・All residents were ordered to **evacuate**.
（居住者全員が避難するように命じられた）

2682 hazardous [hǽzərdəs] 形 危険な・有害な
▶ hazard 名 危険

- **hazardous** wastes(有害廃棄物)

2683 **reminder**[rimáindər] 名 思い出させるもの・記念の品, 催促状
▶ remind (766)
- a **reminder** of happier days(幸福な日々の思い出の品)
- If payment has already been made, please disregard this **reminder**.(もし支払いがおすみでしたら, この催促状は読み捨ててください) ○disregard(2879)

2684 **slack**[slæk] 形 (商売など)不振な, ゆるい 名 不振, たるみ
- **slack** market(緩慢な市況, 沈滞した市況)
- business **slack**(景気停滞)

2685 **tuition**[t(j)u(:)íʃən] 名 授業料(=tuition fee)
- college **tuition**(大学の授業料)

2686 **complexion**[kəmplékʃən] 名 顔色・肌色
- have a dark [light] **complexion**(肌色が浅黒い[白い])

2687 **fume**[fjú:m] 名 (悪臭のある, 有毒な)ガス
- poisonous [toxic] **fumes**(有毒ガス) ○toxic(2997)

2688 **upside**[Ápsaid] 名 《upside downで》逆さまに
- turn the table **upside** down(テーブルをひっくり返す)

2689 **broil**[brɔ́il] 動 (肉・魚などを直火で)焼く
- **broil** a steak on the grill(ステーキをグリルで焼く)

2690 **itinerary**[aitínərèri] 名 旅行日程, 旅行計画
- I will arrange the **itinerary** for you.
 (あなたの旅行日程を手配いたしましょう)

2691 **bureaucracy**[bjuərákrəsi] 名 官僚主義[制度]
▶ bureau (1696)
- government **bureaucracy**(政府の官僚組織)
♣bureau(官庁の局)+cracy(政治)

2692 **citizenship**[sítiznʃìp] 名 市民権・公民権
▶ citizen (321)
- gain U.S. **citizenship**(合衆国の市民権を得る)

PART 6

2693 civic [sívik] 形 市民の, 市の
- a **civic** duty（市民の義務） ⇒duty(868)
- a **civic** square（市民広場）

2694 compartment [kəmpá:rtmənt] 名 区画,（列車の）仕切った客室
- a luggage **compartment**（荷室, トランク）

2695 confidential [kànfidénʃl] 形 内密の, 親展の
▶ confidence (1242)
- Please keep the information **confidential**.
（その情報は秘密にしておいてください）
- **Confidential**（親展《封筒の表書き》）

2696 correspondence [kɔ̀(:)rəspándəns] 名 通信, 一致
▶ correspond (2374)
- business **correspondence**（商業通信）

2697 elevate [éləvèit] 動（〜を）高める, 持ち上げる
- **elevate** one's blood pressure（(人の)血圧を上げる）
- an **elevated** railroad（高架鉄道）

2698 emission [imíʃən] 名（光・熱などの）放出
▶ emit 動 放出する
- exhaust **emission** control（排ガス規制）

2699 expertise [èkspə:rtí:z] 名 専門知識[技術]
- require a certain **expertise**
（ある程度の専門知識が必要とされる）

2700 induce [ind(j)ú:s] 動（誘って）させる(to do),（〜を）引き起こす
▶ inducement 名 誘導
- **induce** consumers to spend more money
（消費者にもっとお金を使うようにしむける）
- **induce** labor（陣痛[分娩]を起こさせる）

2701 legend [lédʒənd] 名 伝説, 伝説的人物
▶ legendary 形 伝説的な
- famous Greek **legend**（有名なギリシャ伝説）

PART 6

2702 lengthen [léŋkθn] 動 (〜を)長くする・延長する
- length (381)
- **lengthen** a runway (滑走路を延長する)

2703 messy [mési] 形 散らかった, 汚い
- mess (1733)
- a **messy** kitchen (散らかった台所)

2704 outfit [áutfit] 名 用具[装備]一式
- a bridal **outfit** (花嫁衣裳)
- a travel(ing) **outfit** (旅行用品)

2705 pedestrian [pədéstriən] 形 歩行者用の 名 歩行者
- a **pedestrian** crossing (横断歩道＝crosswalk)

2706 renewal [rin(j)úːəl] 名 更新, 一新
- renew (1753)
- the **renewal** of a license (免許更新)

2707 stationery [stéiʃənèri] 名 文房具, 事務用品
- a **stationery** store (文房具屋)

2708 superb [supə́ːrb] 形 すばらしい, 豪華な
- The meals were **superb**. (食事は最高でした)

2709 surpass [sərpǽs] 動 (〜を)しのぐ・上回る
- **surpass** expectations (予想を上回る)

2710 therapy [θérəpi] 名 治療, (物理・精神)療法
- gene **therapy** (遺伝子治療) ⊃gene(2834)
- group **therapy** (集団療法)

2711 thesis [θíːsis] 名 (学位)論文
- a graduation **thesis** (卒業論文)

2712 wholesale [hóulsèil] 形 卸売りの 名 卸売り
- wholesaler 名 卸売商
- **wholesale** prices (卸売物価)

PART 6

2713 assault [əsɔ́ːlt] 名 暴行, 襲撃 動 襲撃する
- He is charged with **assault**.（暴行のかどで告発されている）

2714 authentic [ɔːθéntik] 形 本物の, 信用[信頼]できる
- **authentic** Italian food（本格的なイタリア料理）
- **authentic** information（信用できる情報）

2715 compile [kəmpáil] 動 編集[編纂]する
- **compile** a dictionary（辞書を編集する）

2716 comply [kəmplái] 動 (要求・規則などに)応じる[従う] (with)
- I cannot **comply** with the terms of payment.
（その支払い条件には応じかねます） ⇒term(97)

2717 fertilizer [fə́ːrtəlàizər] 名 肥料
- artificial [natural] **fertilizer**（人工[天然]肥料）

2718 hostage [hástidʒ] 名 人質
- free **hostages**（人質を解放する）

2719 integrate [íntəgrèit] 動 (〜を)統合する (with), 差別をなくす
▶ integration 名 統合, integrated (2720)
- A Bank will be **integrated** with B Bank as of January 2002.
（2002年1月にA銀行はB銀行に統合されるだろう）

2720 integrated [íntəgrèitid] 形 統合された, 差別をしない
- an **integrated** communications system（統合通信システム）
- an **integrated** society（差別のない社会）

2721 lightweight [láitwèit] 形 (重さが)軽い・軽量の
- a **lightweight** camera（軽量のカメラ）

2722 litter [lítər] 名 屑, ごみ 動 (ごみなどを)散らかす
- clean up **litter**（ごみを片付ける）
- The park is **littered** with bottles and cans.
（公園は瓶や缶で散らかっている）

2723 quarterly [kwɔ́ːrtərli] 形副 年4回(の) 名 季刊誌
▶ quarter (229)
- a **quarterly** report（四半期ごとの報告）

· a scientific **quarterly**（科学季刊誌）

2724 **scrub** [skrʌ́b] — 動（～を）ごしごし磨く[洗う]
· **scrub** the floor with a brush（ブラシで床をこする）

2725 **spouse** [spáus] — 名 配偶者, 夫[妻]
· include your **spouse** in the purchase agreement
（購入契約に配偶者を入れる）

2726 **subside** [səbsáid] — 動 静まる・収まる, 沈下する
► subsidence 名 沈下
· Gradually, the storm **subsided**.（次第に嵐は静まった）

2727 **transplant** [trænsplǽnt] — 動（植物・臓器などを）移植する 名 [trǽnsplænt] 移植（手術）
· **transplant** trees（木を移植する）
· an organ **transplant**（臓器移植）

2728 **adjacent** [ədʒéisnt] — 形 近くの・近隣の（to）
· The stadium is **adjacent** to the station.（球場は駅の近くにある）

2729 **clearance** [klíərəns] — 名（通関・離着陸などの）許可, 片付け
► clear (185)
· customs **clearance**（通関手続き）
· a **clearance** sale（在庫一掃セール）

2730 **infrastructure** [ínfrəstrʌ̀ktʃər] — 名 産業[社会]基盤
· the country's economic **infrastructure**（国の経済基盤）

2731 **inventory** [ínvəntɔ̀ːri] — 名 在庫(品), 在庫調べ
· have a large [small] **inventory**（在庫品が多い[少ない]）
· an annual **inventory**（年に1度の棚卸し）

2732 **nutrient** [n(j)úːtriənt] — 名 栄養分, 養分
· Spinach is specially rich in **nutrients**.
（ホウレンソウは特に栄養に富んでいる） ♧ spinach [spínitʃ]「ホウレンソウ」

2733 **overdue** [òuvərd(j)úː] — 形 延滞の, （乗り物が）定刻を過ぎた
· **overdue** interest（延滞利息）
· be several hours **overdue**（数時間遅れである）

PART 6

2734 vendor [véndər] 名 納入業者, 露店商
・a computer **vendor**(コンピューター納入業者)

2735 consecutive [kənsékjətiv] 形 連続した
・three **consecutive** wins(3連勝)

2736 courier [kúriər] 名 宅配便
・send the documents by **courier**(書類を宅配便で送る)

2737 installment [instɔ́ːlmənt] 名 分割払い, 割賦
・buy on the **installment** plan(分割払いで買う)

2738 dose [dóus] 名(1回分の)服用量,(飲み薬の)一服
・a **dose** of powdered medicine(1回分の粉薬)　→medicine(150)

2739 downturn [dáuntə̀ːrn] 名(景気・物価などの)下落(⇔upturn「上昇」)
・an economic **downturn**(経済不況)

2740 malfunction [mælfʌ́ŋkʃən] 名(機能の)障害, 故障　動 正しく働かない
・an engine **malfunction**(エンジンの不調[故障])

2741 discrimination [diskrìminéiʃən] 名 差別
▶ discriminate 動(〜を)差別する(against)
・**discrimination** against women in hiring
(雇用における女性差別)

2742 aggression [əgréʃən] 名 攻撃(性)
▶ aggressive (2326)
・economic **aggression**(経済侵略)

2743 amendment [əméndmənt] 名(〜の)修正[改正](to)
▶ amend 動 修正する
・make an **amendment** to the contract(契約を改正する)

2744 anonymous [ənánəməs] 形 匿名の, 作者不明の
・an **anonymous** letter(匿名の手紙)

2745 attorney [ətɔ́ːrni] 名 弁護士
・a defense **attorney**(被告の弁護士)

PART 6

2746 auction [ɔ́:kʃən] 名 競売, オークション
- sell [buy] goods at an **auction**（競売で品物を売る[買う]）

2747 concise [kənsáis] 形 簡潔な
► concisely 副 簡潔に
- a **concise** explanation（簡潔な説明）

2748 confide [kənfáid] 動 (秘密などを)打ち明ける
► confidence (1242)
- **confide** one's secret（秘密を打ち明ける）

2749 conform [kənfɔ́:rm] 動 (規則などに)従う (to)
- **conform** to regulations（規則を守る）

2750 delegate [déligət] 名 代表　動 [déligèit] 代表として派遣する
► delegation 名 代表団
- **delegates** from Japan to the conference（会議の日本代表たち）

2751 displace [displéis] 動 追い払う, …にとって代わる
- **displaced** people by the civil war（内戦によって追放された人々）
- Coal was **displaced** by natural gas.（石炭は天然ガスにとって代わられた）

2752 dissatisfaction [dìssætisfǽkʃən] 名 不満・不平（⇔satisfaction(1970)）
► dissatisfy 動 失望させる
- show **dissatisfaction**（不満を示す）

2753 distract [distrǽkt] 動 (注意などを)そらす
► distraction 名 気を散らすもの, 気晴らし
- **distract** one's attention（人の注意をそらす）

2754 dividend [dívidènd] 名 配当(金)
- pay a **dividend** of 5%（5%の利益配当をする）

2755 dormitory [dɔ́:rmətɔ̀:ri] 名 寄宿舎・寮 (《略》dorm)
- live in a **dormitory**（寮で生活する）

PART 6

2756 embark [embάːrk] 動 (事業に)乗り出す(on), 乗船[搭乗]する
- **embark** upon a business venture (冒険的事業に乗り出す)

2757 enrich [enrítʃ] 動 (物や心を)豊かにする
- **enrich** one's life (人生を充実させる)

2758 exert [igzə́ːrt] 動 (権力・影響力などを)行使する
▶ exertion 名 (権力の)行使
- **exert** a great influence on our lives
 (我々の生活に大きな影響を及ぼす)

2759 fabric [fǽbrik] 名 織物・布地, (社会の)骨組み
- cotton [silk, wool] **fabrics** (綿[絹, 毛]織物)
- the **fabric** of Japanese society (日本社会の骨組み)

2760 indicator [índikèitər] 名 表示(器), 指標
▶ indicate (1035)
- a speed **indicator** (速度計)
- an economic **indicator** (経済指標)

2761 menace [ménəs] 名 脅威
- a **menace** to world peace (世界平和にとっての脅威)

2762 picturesque [pìktʃərésk] 形 絵のように美しい
- a **picturesque** landscape (絵のように美しい風景)

2763 portray [pɔːrtréi] 動 (〜を)描く, (〜の役を)演じる
- **portray** the life-style of today's young people
 (現代の若者の生活様式を描く)

2764 pottery [pátəri] 名 陶器, 製陶所
- make **pottery** (陶器を作る)
 ♣《参考》porcelain「磁器」

2765 resistant [rizístənt] 形 《合成語で》耐性のある
▶ resist (2069)
- water-**resistant** paper (耐水紙)
- a child-**resistant** cap (子どもが開けにくい(ボトルの)キャップ)

PART 6

2766 safeguard [séifgà:rd] 動 保護する 名 予防(手段)
- **safeguard** the environment(自然環境を保全する)
- a **safeguard** against accidents(事故の予防策)

2767 soothe [sú:ð] 動 なだめる, (痛みなどを)和らげる
- **soothe** a crying baby(泣く子をなだめる)
- **soothe** the pain(痛みを和らげる)

2768 specimen [spésəmin] 名 標本, 見本
- a blood **specimen**(血液標本)
- **specimen** pages(見本刷り)

2769 subsequent [sʌ́bsəkwənt] 形 後の, (〜に)続く
- **subsequent** developments(後続の諸開発)

2770 temporarily [tèmpərérəli] 副 一時, 一時的に
▶ temporary (1265)
- close a plant **temporarily**(工場を一時閉鎖する)

2771 testify [téstəfài] 動 証言する
▶ testimony (2772)
- **testify** at the trial(裁判で証言する)

2772 testimony [téstəmòuni] 名 証言, 証拠
- give **testimony** in court(法廷で証言する)

2773 vacancy [véikənsi] 名 空き部屋, 空席
▶ vacant (2318)
- No **vacancy**.(満室《掲示》)
- There are three **vacancies** on the staff.
(スタッフに3名の欠員があります)

2774 wholesome [hóulsəm] 形 健康によい, 健全な
- **wholesome** food(健康食品)
- a **wholesome** life(健全な生活)

2775 adolescent [ædəlésnt] 形 青春期[思春期]の 名 青春期の若者
▶ adolescence 名 青春期, 思春期
- **adolescent** boys [girls](思春期の少年[少女])

2536〜3060

405

PART 6

2776 allocate [ǽləkèit] 動(〜を)**割り当てる，配分する**
- **allocate** $10,000 for the research(調査に10,000ドルをあてる)

2777 aviation [èiviéiʃən] 名**航空(学・術)**
- **aviation** accidents(航空機事故)

2778 breakthrough [brékθrù:] 名(科学・技術などの)**大発見・大躍進**
- make a scientific **breakthrough**(科学上の一大発見をする)

2779 compute [kəmpjú:t] 動(〜を)**コンピューターで計算する**
- ► computer 名 コンピューター
- **compute** interest(利子を計算する)

2780 considerate [kənsídərət] 形**思いやりがある**
- ► consider (614)
- She is **considerate** of elderly people.
(彼女は老人に思いやりがある)

2781 donor [dóunər] 名**献血者**, (移植用臓器の)**提供者**
- an organ **donor** card(臓器提供(意思表示)カード)

2782 epidemic [èpidémik] 名(病気・犯罪などの)**流行**
- a flu [measles] **epidemic**(インフルエンザ[はしか]の流行)

2783 expel [ikspél] 動(〜を)**追い出す**
- **expel** someone from the country(国外に追放する)

2784 fragrance [fréigrəns] 名**よいにおい[香り]**
- ► fragrant 形 よい香りの
- the **fragrance** of roses(バラの香り)

2785 hemisphere [hémisfìər] 名(地球の)**半球**
- ► sphere (2871)
- the Northern [Southern] **Hemisphere**(北[南]半球)

2786 liberation [lìbəréiʃən] 名**解放(運動)**
- ► liberate 動 解放する
- **liberation** of the hostages(人質の解放)

2787 lookout [lúkàut] 名**見張り・監視(所)**

- be on the **lookout** for shoplifters（万引を見張っている）
- a **lookout** tower（監視塔）

2788 **memorable** [mémərəbl] 形 記憶すべき
- a **memorable** experience（忘れられない経験）

2789 **plaintiff** [pléintif] 名 原告（⇔defendant(2249)）
- a verdict for [against] the **plaintiff**（原告に有利[不利]な評決）
  ○verdict(3026)

2790 **plateau** [plætóu] 名 高原[停滞]状態, 高原
- reach a **plateau**（高原状態になる[停滞期に入る]）

2791 **prestigious** [prestídʒiəs] 形 一流の, 名声のある
► prestige 名 名声
- a **prestigious** company（一流会社）

2792 **preventive** [privéntiv] 形 予防の
► prevent (434)
- take **preventive** measures（予防措置をとる）

2793 **reactor** [ri(ː)æktər] 名 反応炉・原子炉
- a nuclear **reactor**（原子炉）

2794 **recede** [risíːd] 動 遠ざかる, 後退する（⇔proceed(1173)）
- **recede** from memory（記憶から遠ざかる）

2795 **skeleton** [skélətn] 名 骨格, 骨子・概略
- the steel **skeleton** of the building（ビルの鉄骨組み）
- a **skeleton** plan（概略案）

2796 **slump** [slʌmp] 名 不振・不調, 暴落　動 暴落する
- be in a **slump**（スランプに陥っている）
- a **slump** in the dollar's value（ドルの暴落）

2797 **tow** [tóu] 動 （〜を）牽引する
- **tow** a vehicle（車両を牽引する）

2798 **transcript** [trǽnskript] 名 （手書き[タイプ]された）写し, 成績証明書
- a **transcript** of the trial（裁判の記録）

PART 6

2799 biotechnology [bàiəteknάlədʒi] 名 生物工学・バイオテクノロジー
- the **biotechnology** industry(バイオテクノロジー産業)
- ♣ bio- は「生物・生命」という意味の接頭語。「bio(生物)-logy(学問)」で「生物学」の意味。

2800 deteriorate [ditíəriərèit] 動 悪化[劣化]する
▶ deterioration 名 悪化, 劣化
- **deteriorated** condition(悪化[劣化]した状態)

2801 erupt [irÁpt] 動 (紛争などが)勃発する, 噴火する
▶ eruption 名 勃発, (火山の)爆発
- Controversy **erupted** over the issue.
 (その問題をめぐる論争が始まった)
- The volcano **erupted**.(その火山が爆発した)

2802 fabulous [fǽbjələs] 形 とてもすばらしい
- That's **fabulous** news!(それはすばらしいニュースだ!)

2803 germ [dʒə́ːrm] 名 細菌, 芽
- a disease **germ**(病原菌)
- wheat **germ**(小麦の胚芽)

2804 irrigation [ìrigéiʃən] 名 灌漑
▶ irrigate 動 灌漑する
- **irrigation** water(灌漑用水)

2805 multinational [mÀltinǽʃənl] 形 多国籍の 名 他国籍企業
- a **multinational** company [corporation](多国籍企業)

2806 obsolete [ὰbsəlíːt] 形 すたれた・時代遅れの
- an **obsolete** word(廃語)

2807 pinpoint [pìnpɔ́int] 動 (~を)正確に特定する
- **pinpoint** the cause(原因を特定する)

2808 ramp [rǽmp] 名 (高速道路の)ランプ, (飛行機の)タラップ
- an entrance[exit] **ramp**(入口[出口]ランプ)

2809 reunion [rijúːnjən] 名 同窓会, クラス会

PART 6

- have a high school **reunion**(高校の同窓会をする)

2810 **rigorous**[rígərəs] 形 厳しい, 厳密な
- pass a **rigorous** examination(厳しい試験に合格する)
- ♣ rigorousは「厳格で, 厳しい」という意味。rigid(2314)参照。

2811 **sanction**[sǽŋkʃən] 名《〜sで》制裁(措置)
- impose economic **sanctions**(経済制裁を課す)

2812 **skeptical**[sképtikl] 形 懐疑的な
- I'm still rather **skeptical**.(まだちょっと疑いが残る)

2813 **takeoff**[téikɔ̀(:)f] 名 離陸
- an emergency **takeoff**(緊急離陸[発進])
- ♣ take offで「離陸する」の意味。

2814 **terminate**[tə́:rmənèit] 動 終了させる
▶ termination 名 終了, terminal (2115)
- **terminate** a contract(契約を終了させる[解約する・解除する])

2815 **disperse**[dispə́:rs] 動 分散させる[する]
- **disperse** demonstrators(デモ隊を分散させる)

2816 **faulty**[fɔ́:lti] 形 欠陥のある
▶ fault (476)
- a **faulty** component(不良部品)

2817 **mandatory**[mǽndətɔ̀:ri] 形 義務的な・強制的な
- the **mandatory** retirement age(定年)

2818 **saturate**[sǽtʃərèit] 動 染み込ませる, 飽和状態にさせる(with)
▶ saturated 形 飽和した
- **saturate** a sponge with water(スポンジに水を染み込ませる)
- The Japanese insurance market appears **saturated** at present.(日本の保険市場は目下飽和状態のように思われる)

2819 **simulate**[símjəlèit] 動 (〜を)模擬実験[シミュレート]する
▶ simulation 名 模擬実験[シミュレーション]
- **simulate** the system(システムをシミュレートする)

PART 6

2820 sluggish [slʌ́giʃ] 形 のろい・緩慢な
- **sluggish** economic growth（緩慢な経済成長）

2821 turbulence [tə́ːrbjələns] 名 (天候・海の)大荒れ, (社会の)動乱
- air **turbulence**（乱気流）

2822 deregulation [diːrègjəlèiʃən] 名 規制緩和, 自由化（⇔regulation(749)）
- **deregulation** of finance（金融自由化）

2823 downsizing [dáunsàiziŋ] 名 (事業・人員の)縮小・合理化
▶ downsize 動 縮小[削減]する
- cost cutting and **downsizing**（経費削減と合理化）

2824 meteorological [mìːtiərəládʒikl] 形 気象(学上)の
▶ meteorology 名 気象学
- **meteorological** observation（気象観測）

2825 paperwork [péipərwə̀ːrk] 名 文書業務, 事務処理
- The **paperwork** took all day long.
（事務処理は丸1日かかった）

2826 relocate [rìːloukéit] 動 (～を)再配置する
- be **relocated** to Detroit（デトロイトに転勤になる）

2827 renovate [rénəvèit] 動 (～を)修理[復元]する
- **renovate** an apartment building（アパートの建物を修理する）

2828 administrator [ədmínistrèitər] 名 管理者[人], 行政官
▶ administration (1109)
- a network **administrator**（ネットワーク管理者）

2829 carrier [kǽriər] 名 配達人・運送業者, 運搬車[船], 保菌者
- a mail **carrier**（郵便配達員）
- an aircraft **carrier**（航空母艦）

2830 supplement [sʌ́pləmənt] 名 補足, (別冊)付録
▶ supplementary 形 補足の, 付録の
- a vitamin **supplement**（ビタミン補給剤）
- a Sunday **supplement**（(新聞の)日曜版）

PART 6

2831 compel [kəmpél] 動 (〜に…することを)強制する (to do)
► compulsory (2565), compulsion 名 強制
- We are **compelled** to revise our prices.
（価格の改定を余儀なくされました）
⇒revise(2174)

2832 comprehend [kàmprihénd] 動 理解する, 包括する
► comprehension (2612), comprehensive (2613)
- **comprehend** the basics of the subject
（主題の基本を理解する）

2833 decent [dí:snt] 形 まあまあの・かなりの, きちんとした
► decently 副 きちんと, 上品に
- a **decent** living（まともな暮らし）
- **decent** clothes（きちんとした服装）

2834 gene [dʒí:n] 名 遺伝子
► genetic 形 遺伝の
- **gene** recombination（遺伝子組換え）

2835 objection [əbdʒékʃən] 名 反対, 異議
► object (973)
- I have no **objection** to it.（それに異議はありません）

2836 rust [rʌ́st] 名 さび 動 さびる
► rusty 形 さびた
- rub off the **rust**（さびをこすり落とす）

2837 bruise [brú:z] 名 打ち身・あざ 動 傷をつける[傷つく]
- He had **bruises** all over his body.（彼は全身にあざがあった）
- She **bruises** easily.（彼女は傷つきやすい）

2838 dictate [díkteit] 動 (〜を)口述する, 指図[命令]する
► dictation 名 書き取り・口述, dictator (2839)
- **dictate** a letter to the secretary（秘書に手紙を書き取らせる）

2839 dictator [díkteitər] 名 独裁者
- throw out the **dictator**（独裁者を追い出す）

2840 diploma [diplóumə] 名 卒業[修了]証書
- a graduation **diploma**（卒業証書）

2536〜3060

PART 6

2841 escort [éskɔːrt] 動 付き添う・護衛する 名 護衛・付添い
- The children were **escorted** by their parents.
(子どもたちは親に付き添われていた)
- a police **escort**(護衛警察官)

2842 incorporate [inkɔ́ːrpərèit] 動 (~を)組み込む
▶ incorporated 形 会社組織の(《略》Inc.)
- **incorporate** new ideas into the plan
(案に新しい考えを織り込む)

2843 nominate [nάməneit] 動 (~を…に)指名する(as)・推薦する(for)
▶ nomination 名 指名, 推薦
- be **nominated** as Ambassador to France
(フランス大使に指名される)
- be **nominated** for President [for the Presidency]
(大統領候補に指名される)

2844 overview [óuvərvjùː] 名 概観
- give an **overview** of market trends(市場動向を概観する)

2845 sanitary [sǽnətèri] 形 (公衆)衛生の, 衛生的な
- improve **sanitary** conditions(衛生状態を改善する)

2846 scoop [skúːp] 名 (さじなどの)一すくい, 特ダネ
動 (~を)すくい上げる, (ニュースを)スクープする
- Three **scoops** of ice cream, please!
(アイスクリームを3すくい分ください)
- The news was a major **scoop**.(そのニュースは大スクープだった)

2847 subsidy [sʌ́bsədi] 名 補助金・助成金
▶ subsidize 動 補助する, 助成する
- an agricultural **subsidy**(農業助成金)

2848 subtract [səbtrǽkt] 動 引く, 減じる
▶ subtraction 名 引き算, 控除
- **subtract** 5 from 10(10から5を引く)

2849 supplier [səpláiər] 名 納入業者・供給者
▶ supply (541)
- a major **supplier** of computer products

(コンピューター製品の主要供給業者)

2850 turnover [tə́ːrnòuvər] 名 売上[取引]高, (商品などの)回転率
- annual **turnover**（年間売上[取引]高）

2851 unanimous [ju(ː)nǽnəməs] 形 全員[満場]一致の
▶ unanimously 副 全員[満場]一致で
- a **unanimous** decision（全員一致の決定）

2852 indispensable [ìndispénsəbl] 形 (〜に)必要不可欠な (to, for)
- Your assistance is **indispensable** to us.
  （我々にはあなたの援助が必要不可欠です）

2853 recollect [rèkəlékt] 動 (〜を)思い出す
▶ recollection 名 記憶, 思い出
- As far as I can **recollect**....（思い出せる限りでは…）

2854 witty [wíti] 形 機知のある
▶ wit 名 機知・ウイット
- a **witty** speech（機知に富んだスピーチ）

2855 ambiguous [æmbíɡjuəs] 形 あいまいな
▶ ambiguity 名 あいまいさ
- give an **ambiguous** answer（あいまいな返事をする）

2856 celebrity [səlébrəti] 名 有名[著名]人
- a film [sports] **celebrity**（有名映画スター[スポーツ選手]）

2857 compatible [kəmpǽtəbl] 形 共存できる, 互換性がある
- a personal computer **compatible** with Mac
  （Macと互換性のあるパソコン）

2858 customary [kʌ́stəmèri] 形 習慣的な, 慣例の
▶ custom (940)
- Tipping isn't **customary** in Japan.
  （チップは日本では習慣的ではない）

2859 disposable [dispóuzəbl] 形 使い捨ての
▶ dispose (1746)
- a **disposable** cup [razor]（使い捨てコップ[カミソリ]）

PART 6

2860 drawback [drɔ́ːbæ̀k] 名欠点・不利な点
- One **drawback** is that it costs too much.
（1つの欠点は費用がかかりすぎるということだ）

2861 durable [d(j)úərəbl] 形耐久性のある
- **durable** consumer goods（耐久消費財）

2862 entrepreneur [ɑ̀ːntrəprənə́ːr] 名起業家, 事業家
- a student **entrepreneur**（学生起業家）

2863 integrity [intégrəti] 名高潔・誠実, 完全性
- a man [woman] of **integrity**（高潔な男[女]）
- system **integrity**（システムの完全性）

2864 lawsuit [lɔ́ːsùːt] 名訴訟
- file a **lawsuit**（訴訟を起こす）（＝sue(1679)）

2865 marketable [máːrkitəbl] 形よく売れる, 市場向きの
▶ market (18)
- have **marketable** skills（売り物になる技能を持つ[手に職を持つ]）

2866 minimize [mínəmàiz] 動（〜を）最小にする
▶ minimum (1059)
- **minimize** costs（コストを最小限にする[減らす]）

2867 observance [əbzə́ːrvəns] 名（法律などの）順守
▶ observe (1191)
- **observance** of traffic laws（交通法規の順守）

2868 online [ánláin] 形副インターネット(上)の[で]
- **online** shopping（オンライン・ショッピング）
- chat **online**（インターネットでおしゃべりする）

2869 speculate [spékjəlèit] 動推測する (about, on, that), 投機をする
▶ speculation (2870)
- **speculate** on the possibilities（可能性について思いめぐらす）
- **speculate** in oil stocks（石油株に手を出す）

2870 speculation [spèkjəléiʃən] 名推測, 投機
▶ speculative 形推測に基いた, 投機的な

- It's all **speculation** at this point.
（それは現段階ではすべてが推測だ）

2871 **sphere** [sfíər] 　名（活動・知識の）範囲, 球
► hemisphere (2785)
- a **sphere** of activity（活動領域）

2872 **stabilize** [stéibəlàiz] 　動 安定させる
► stable (1973)
- **stabilize** the financial system（金融制度を安定させる）

2873 **takeover** [téikòuvər] 　名 企業買収, 乗っ取り
- a **takeover** bid（株式公開買い付け《略》TOB）
♣ take overで「〜を乗っ取る」の意味。

2874 **trademark** [tréidmà:rk] 　名（登録）商標
- register a **trademark**（商標登録をする）

2875 **trigger** [trígər] 　名 引き金, 誘因　動（〜を）引き起こす
- pull the **trigger**（引き金を引く）
- **trigger** a reaction（反応を誘発する）

2876 **workplace** [wə́:rkplèis] 　名 仕事場・職場
- a comfortable **workplace**（快適な職場）

2877 **aspiration** [æ̀spəréiʃən] 　名 熱望・野望
► aspire 動 熱望する
- **aspiration** for fame（有名になりたいという野心）

2878 **bewilder** [biwíldər] 　動《be 〜edで》当惑する
- a **bewildered** look（当惑した表情）

2879 **disregard** [dìsrigá:rd] 　動（〜を）無視する　名 無視
- **disregard** a warning（警告を無視する）

2880 **extinguish** [ikstíŋgwiʃ] 　動（火などを）消す
► extinct (2881)
- Please **extinguish** all cigarettes.
（すべてのタバコの火を消してください）

PART 6

2881 extinct [ikstíŋkt] 形 絶滅した
► extinction 名 絶滅
- The birds are virtually **extinct** in Japan.
（それらの鳥は日本ではほとんど絶滅している）

2882 aggravate [ǽgrəvèit] 動 （病気・状況を）悪化させる
- **aggravate** an illness（病気をこじらせる）

2883 chronic [kránik] 形 （病気が）慢性の（⇔acute(1911)）
- **chronic** disease [disorder]（慢性病） ⇒disorder(1646)

2884 detain [ditéin] 動 （～を）拘留する，引き留める
- The crew was **detained** by China for 11 days.
（乗組員は11日間中国に拘留された）

2885 dubious [d(j)ú:biəs] 形 疑わしい，いかがわしい
- a **dubious** statement（疑わしい陳述）

2886 duplicate [d(j)úplikət] 名 複写・複製(品) 形 複製の 動 複写[複製]する
- a **duplicate** of the house key（家の鍵の複製）
- a **duplicate** key（合鍵）

2887 exempt [igzémpt] 形 （～から）免除された（from） 動 免除する
► exemption 名 免除，免税
- These goods are **exempt** from customs.
（これらの商品には関税がかかりません）

2888 incur [inkə́:r] 動 （損害・損失などを）招く・負う
- The loss was **incurred** by a delay in production.
（製造の遅れが損失を招いた）

2889 manipulate [mənípjəlèit] 動 （人・株価などを）操作する，操縦する
► manipulation 名 巧妙な取扱い
- **manipulate** stock prices（株価を(不正)操作する）
- **manipulate** the robot arm（ロボットのアームを操作する）

2890 petroleum [pətróuliəm] 名 石油
- refine crude **petroleum**（原油を精製する） ⇒crude(2929)

PART 6

2891 premature [príːmət(j)úər] 形 時期尚早の, 早すぎる
- **premature** birth [death]（早産 [早死]）

2892 retrieval [ritríːvl] 名 検索
▶ retrieve 動 (情報を)検索する
- data [information] **retrieval**（データ [情報] 検索）

2893 nutritious [n(j)uːtríʃəs] 形 栄養のある
▶ nutrition 名 栄養(摂取)
- You should eat more **nutritious** food.
  （もっと栄養のある食事をとりなさい）

2894 acclaim [əkléim] 名 賞賛 動 賞賛する
- receive critical **acclaim**（批評家の賞賛を受ける）　⇒critical(1772)
- Their products and services are widely **acclaimed**.
  （その会社の製品とサービスは幅広く賞賛されている）

2895 diagnose [dáiəgnòus] 動 (病気を…と)診断する (with, as)
- be **diagnosed** with diabetes（糖尿病と診断される）
  ⇒diabetes(3013)

2896 embargo [embáːrgou] 名 輸出入禁止
- an arms **embargo**（武器輸出入禁止）

2897 logo [lóugou] 名 商標・ロゴタイプ（=logotype）
- the **logo** of a company（会社の商標）

2898 loom [lúːm] 動 (危機などが)不気味に迫る
- Inflation **looms** ahead.（インフレが不気味に迫っている）

2899 overhaul [òuvərhɔ́ːl] 動 (〜を)分解修理する
　　　　　　　　　　　　　　 名 [óuvərhɔ̀ːl] 分解修理
- **overhaul** the transmission（トランスミッションを分解修理する）
  ⇒transmit(2493)
- The car needs an **overhaul**.
  （この車はオーバーホールする必要がある）

2900 reimburse [rìːimbə́ːrs] 動 (経費などを)払い戻す・返済する
- You will be **reimbursed** for travel expenses.
  （あなたの旅費分は払い戻されます）

PART 6

2901 unload [ʌnlóud] 動(積荷を)おろす(⇔load(418))
- **unload** cargo from a ship(船から荷をおろす)

2902 adjourn [ədʒə́ːrn] 動散会[休会]する
▶ adjournment 名散会, 休会
- The meeting **adjourned** at 11:45 a.m.
 (会議は午前11時45分に休憩に入った)

2903 condolence [kəndóuləns] 名悔やみ, 哀悼
- Please accept my sincerest **condolences**.
 (心よりお悔やみ申し上げます)

2904 detour [díːtuər] 名回り道
- make a long [short] **detour**(遠回り[ちょっと回り道]をする])

2905 boost [búːst] 動押し上げる 名上昇
- **boost** the value of stocks(株の価値を高める)
- a price **boost**(物価上昇)

2906 dialogue [dáiəlɔ(ː)g] 名対話, 会話
- open up a **dialogue**(対話を始める)
- ♣ dialogとも綴る。

2907 diminish [dimíniʃ] 動減らす[減る]
- **diminish** in speed(スピードが落ちる)

2908 diverse [dəvə́ːrs] 形さまざまな・多様な
▶ diversity (2909), diversify (2910)　　　　「⇒nationality(1954)
- people of **diverse** nationalities(さまざまな国籍の人々)

2909 diversity [dəvə́ːrsəti] 名多様性, 相違(点)
- cultural **diversity**(文化の多様性)

2910 diversify [dəvə́ːrsəfài] 動多様化する・多角化する
▶ diversification 名多様化・多角化
- **diversify** energy sources(エネルギー源を多様化する)
- **diversify** into new fields((多角化して)新部門に手を広げる)

2911 profound [prəfáund] 形重大な, 深い・深遠な
- have a **profound** effect(大きな効果がある)

- have a **profound** knowledge of art（美術に対する造詣が深い）

2912 render [réndər]
動 (〜を…に)する, (援助などを)与える
- be damaged and **rendered** useless（破損を受けて使えなくなる）
- owe money for services **rendered**（サービス代金を借りている）

2913 subtle [sʌ́tl]
形 微妙な, かすかな
- a **subtle** difference（微妙な違い）

2914 vigorous [víɡərəs]
形 精力的な, 力強い
▶ vigor 名 活力, 精力
- a **vigorous** sales campaign（精力的なセールスキャンペーン）

2915 descendant [diséndənt]
名 子孫（⇔ancestor(2095)）
- an immediate **descendant**（直系の子孫）

2916 dreadful [drédfl]
形 ひどい, 恐ろしい
▶ dread 動 恐れる
- **dreadful** weather（ひどい天気）

2917 elaborate [ilǽbərət]
形 精巧な　動 [ilǽbərèit] 詳しく述べる(on)
- an **elaborate** drawing（精巧に描かれた絵）
- Could you **elaborate** on this, please?
（これについて詳しく述べてくださいますか）

2918 provoke [prəvóuk]
動 (感情を)引き起こす, (〜を)怒らせる・(怒らせて)…させる(into)
- **provoke** an argument（論争を引き起こす）
- **provoke** him into fighting（相手を怒らせてなぐり合いになる）

2919 transparent [trænspǽrənt]
形 透明な
▶ transparency 名 透明(性・度)
- **transparent** plastic（透明プラスチック）

2920 adore [ədɔ́:r]
動 (〜を)敬愛している
- She obviously **adores** you.
（彼女は明らかにあなたに心酔している）

2921 altitude [ǽltit(j)ù:d]
名 高度,《〜sで》高地
- fly at an **altitude** of 10,000 meters
（高度10,000メートルを飛行する）

PART 6

2922 apprentice [əpréntis] 名 徒弟, 見習生
- an **apprentice** chef(見習いシェフ) ⇒chef(1103)

2923 ballot [bǽlət] 名 (無記名の)投票 動 投票する
- an absentee **ballot**(不在者投票(用紙)) ♣absentee「欠席者」

2924 binding [báindiŋ] 形 拘束力がある・義務的な 名 製本
▶ bind (1518)
- **binding** hours(拘束時間)

2925 commonplace [kάmənplèis] 形 ありふれた 名 ありふれたこと[物]
- Cell phones are becoming **commonplace**.
(携帯電話はありふれたものになりつつある)

2926 concede [kənsí:d] 動 (〜をしぶしぶ)認める, 譲歩する
▶ concession 名 譲歩, 免許
- **concede** defeat(敗北を認める)
- Would you **concede** a little more?
(もう少し譲歩していただけませんか)

2927 contradict [kὰntrədíkt] 動 矛盾する, (間違っていると)否定する
▶ contradiction 名 矛盾, 否定
- Aren't you **contradicting** yourself?
(言っていることが矛盾していませんか)

2928 creditor [kréditər] 名 債権者, 貸し主(⇔debtor(3042))
- a **creditors'** meeting(債権者会議)

2929 crude [krú:d] 形 未加工の, 未熟な
- **crude** oil(原油)
- a **crude** painting(未熟な絵)

2930 dismal [dízml] 形 陰うつな, 惨めな
- a dark and **dismal** afternoon(暗くて陰うつな午後)
- a **dismal** failure(惨めな失敗)

2931 divert [dəvə́:rt] 動 (用途・進路などを)変える・転じる
▶ diversion 名 気晴らし
- **divert** traffic away from the city center
(車の流れを市の中心部からそらせる)

PART 6

2932 embrace [embréis] 　動 抱きしめる，(提案などを)歓迎する
- She **embraced** her son tenderly.
 (彼女は息子をやさしく抱きしめた)
- **embrace** the new idea (新しい考えを歓迎する)

2933 enhance [enhǽns] 　動 (質・価値などを)高める
- **enhance** the quality of life (生活の質を向上させる)

2934 forthcoming [fɔ̀:rθkʌ́miŋ] 　形 来たる・今度の
- the **forthcoming** election (今度の選挙)

2935 fraud [frɔ́:d] 　名 詐欺(師)
- commit a **fraud** (詐欺行為を働く)

2936 friction [fríkʃən] 　名 あつれき，摩擦
- trade **friction** between the two nations (2国間の貿易摩擦)

2937 fringe [fríndʒ] 　名 周辺(部)
- a **fringe** benefit (諸手当・福利厚生費)　　⇒benefit(559)

2938 glare [gléər] 　動 (~を)にらみつける(at), ぎらぎら光る
- She **glared** at him accusingly. (彼女は彼を非難してにらみつけた)
- The sun **glared** down on us. (太陽が頭上でぎらぎら照りつけた)

2939 hypothesis [haipάθəsis] 　名 仮説
- verify [prove] a **hypothesis** (仮説を実証する)　　⇒verify(2166)

2940 lease [lí:s] 　名 賃貸借(契約)　動 賃貸[賃借]する
- take out a **lease** on a building (ビルの賃貸借契約をする)
- **lease** a copier (コピー機をリースする)

2941 legitimate [lidʒítəmət] 　形 合法的な，正当な
- **legitimate** business transaction (合法的な商取引)
　　　　　　　　　　　　　　　　　　⇒transaction(2415)

2942 liable [láiəbl] 　形 ~しがちな(to do), 法的責任がある
▶ liability (2161)
- be **liable** to catch a cold (風邪をひきやすい)
- be **liable** for damages (損害に対する責任がある)

PART 6

2943 monotonous [mənátənəs] 形 単調な・退屈な
▶ monotone 名 単調さ
・a **monotonous** job（単調な仕事）

2944 overturn [òuvərtə́:rn] 動（決定などを）覆す，ひっくり返す[返る]
・**overturn** a decision（決定を覆す）

2945 polar [póulər] 名 極地の，南[北]極の
▶ pole (365)
・a **polar** bear（シロクマ・北極グマ）
・the **polar** star（北極星＝Polaris）

2946 predecessor [prédəsèsər] 名 前任者，先行機種（⇔successor (421)）
・achievements of our **predecessors**（先人の功績）

2947 raid [réid] 名 襲撃　動（警察が～を）手入れする
・an air **raid**（空襲）
・The police **raided** the company's office.
（警察はその会社の事務所を手入れした）

2948 reconcile [rékənsàil] 動（～を）和解[調和]させる
▶ reconciliation 名 和解
・**reconcile** our differences（相違点を調和させる）

2949 reinforce [rì:infɔ́:rs] 動（～を）補強する・強化する
・**reinforce** one's argument with researched facts
（調査による事実で議論を補強する）
・**reinforced** concrete（鉄筋コンクリート）

2950 shrug [ʃrʌ́g] 動 肩をすくめる
・He **shrugged** his shoulders.（彼は肩をすくめた）

2951 straightforward [strèitfɔ́:rwərd] 形 率直な
・He is a **straightforward** person.（彼は率直な人だ）

2952 subjective [səbdʒéktiv] 形 主観の・主観的な（⇔objective (2523)）
・**subjective** judgment（主観的判断）

PART 6

2953 tariff [tǽrif] 名関税
- **tariff** barriers(関税障壁) →barrier(2421)

2954 tedious [tíːdiəs] 形退屈な
- a **tedious** lecture(退屈な講義)

2955 textile [tékstail] 名織物　形織物の
- woolen **textiles**(毛織物)
- **textile** goods(繊維製品)

2956 verbal [vɚːrbl] 形言葉による, 言葉の
- make a **verbal** promise(口約束をする)

2957 vertical [vɚːrtikl] 形垂直の, 縦の(⇔horizontal(920))
- the **vertical** axis(縦軸)

2958 vibrate [váibreit] 動震動する[させる]
► vibration 名振動
- The engine is **vibrating**.(エンジンが震動している)

2959 weary [wíəri] 形(～に)疲れた・うんざりして(of)
- I'm **weary** of arguing all the time.
(年中言い合いばかりでうんざりだ)

2960 withstand [wiðstǽnd] 動(～に)耐える・持ちこたえる
活用 withstand - withstood - withstood
- a building that can **withstand** earthquakes
(地震に耐えられる建物)

2961 bias [báiəs] 名先入観・偏見
► biased (2962)
- have no **bias** against foreigners(外国人に偏見を持たない)

2962 biased [báiəst] 形片寄った
- a **biased** view(偏見)

2963 drastic [drǽstik] 形思い切った, 抜本的な(=radical(2068))
- take **drastic** measures(思い切った手段をとる)

2536～3060

PART 6

2964 ecology [ikálədʒi] 名 生態(学), 自然環境
► ecological 形 生態学の, 環境の
- animal **ecology**(動物生態学)
- **ecology** movement(環境保護運動)

2965 fury [fjúəri] 名 激怒
► furious 形 激怒した
- She screamed at him in **fury**.(彼女は彼に激怒して叫んだ)

2966 reproach [ripróutʃ] 名 非難 動 (~を)非難する
- His work was beyond **reproach**.
(彼の仕事は非の打ち所がなかった)
- Never to **reproach** others.(他人を非難するな)

2967 rotten [rátn] 形 腐敗した
► rot 動 腐敗する
- **rotten** eggs [fish](腐った卵[魚])

2968 spontaneous [spɑntéiniəs] 形 自発的な, 自然発生的な
► spontaneously 副 自発的に
- **spontaneous** offer to help(援助の自発的申し出)
- **spontaneous** recovery(自然治癒)

2969 tolerant [tálərənt] 形 寛容な・寛大な
► tolerate (2466)
- He is **tolerant** toward young people.
(彼は若い人たちに寛大だ)

2970 wither [wíðər] 動 (植物などが)しおれる[しおれさせる]
- The flowers **withered** (away).(花はしおれて枯れてしまった)

2971 aerospace [έərəspèis] 名 航空宇宙(産業)
- the **aerospace** industry(航空宇宙産業)

2972 allegation [æləɡéiʃən] 名 (特に証拠のない)申立て, 主張
► alleged (2093)
- **allegations** of bribery(贈賄[収賄]の疑惑)　　　⇒bribe(2477)

PART 6

2973 apparel [əpǽrəl] 名衣料品, アパレル
- women's [men's, children's] **apparel**（婦人[紳士, 子ども]衣料品）

2974 audit [ɔ́:dit] 名会計監査
- an annual **audit**（年次監査）

2975 barren [bǽrən] 形不毛な(⇔fertile(2512)), 内容のない
- **barren** land（不毛の土地）
- a **barren** discussion（不毛の議論）

2976 breakup [bréikʌp] 名（夫婦・恋人などの）別離, （組織の）分裂
- a family **breakup**（家庭崩壊）
- ♣ break up で「分かれる, ばらばらになる」の意味。

2977 clone [klóun] 名そっくりなもの[写し]
- an IBM **clone**（IBMのクローン機）

2978 coherent [kouhíərənt] 形筋の通った
- a **coherent** story（筋の通った話）

2979 countenance [káuntənəns] 名顔つき・表情
- change one's **countenance**（表情を変える）

2980 dilemma [dilémə] 名板ばさみ・ジレンマ
- be caught in a **dilemma**（ジレンマに陥る）

2981 endorse [endɔ́:rs] 動承認する, （小切手など）裏書きする
- ▶ endorsement 名 承認, 裏書
- **endorse** a proposal（提案を承認する）
- **endorse** a check（小切手に裏書きする）

2982 fragile [frǽdʒəl] 形壊れやすい・もろい
- **Fragile**－Handle with Care.（壊れ物――取扱注意）

2983 humiliate [hju(:)mílièit] 動（～に）恥をかかせる
- ▶ humiliating 形 屈辱的な
- I feel **humiliated**.（恥ずかしい思いをした）

2536～3060

PART 6

2984 imbalance [imbæləns] 名 不均衡 (⇔balance(243))
- a trade **imbalance** (貿易不均衡)

2985 judicial [dʒu:díʃəl] 形 司法の, 裁判の
- a **judicial** system (司法制度, 司法当局)

2986 layout [léiàut] 名 割付け・レイアウト, 配置
- the page **layout** of a magazine (雑誌のページの割付け)

2987 lure [l(j)úər] 動 (〜を)誘惑する 名 魅力, 疑似餌
- **lure** younger customers (若い世代の客を勧誘する)
- the **lure** of money (金の魅力)

2988 ongoing [ángòuiŋ] 形 進行中の, 継続中の
- an **ongoing** project (進行中のプロジェクト)

2989 pending [péndiŋ] 形 未決定の, 係争中の
- a **pending** question (懸案の問題)

2990 periodical [pìəriádikl] 名 定期刊行物 形 定期的な (=periodic)
▶ period (159)
- a weekly [monthly] **periodical** (週刊[月刊]誌)
- **periodical** [periodic] inspections (定期点検) ⇒inspect(2230)

2991 portfolio [pɔːrtfóuliòu] 名 有価証券(一覧表), (大臣の)職(務)
- an investment **portfolio** (投資目録)
- the foreign affairs **portfolio** (外務大臣職)
♣もともとは紙ばさみ式の「書類入れ」のこと。

2992 quota [kwóutə] 名 (生産・販売などの)割当て数[量]
- a sales **quota** (販売割当て数[量])

2993 scan [skǽn] 動 ざっと見る[読む], (〜を)スキャンする
- **scan** a report (報告書をザッと見る)
- **scan** pictures into the computer
  (写真を(スキャナで)コンピューターに取り込む)

2994 slash [slǽʃ] 動 削減する 名 削減, スラッシュ(／)
- **slash** the budget (予算をばっさり削る)
- tax **slash** bill (減税法案)

PART 6

2995 subordinate [səbɔ́ːrdənət] 名 部下　形 下位の
- She's my immediate **subordinate**.
（彼女は私の直属の部下です）
♣「直属の上司」は superior (1657) 参照。

2996 tilt [tílt] 動 (〜を)傾ける　名 傾き
- **tilt** one's head（首をかしげる）

2997 toxic [táksik] 形 有毒な
- **toxic** wastes（有毒[有害]廃棄物）

2998 unify [júːnəfài] 動 (〜を)統合する[統一する]
- **unify** product standards（製品規格を一本化する）

2999 vulnerable [vʌ́lnərəbl] 形 傷つきやすい, 弱点がある
- **vulnerable** age（傷つきやすい年齢）
- **vulnerable** position（弱い立場）

3000 withhold [wiðhóuld] 動 保留する,（税金などを）天引きする
活用 withhold - withheld - withheld
- **withhold** payment（支払いを見合わす）
- a **withholding** tax（源泉徴収税）

3001 conspicuous [kənspíkjuəs] 形 人目を引く, 目立つ
- a **conspicuous** example（顕著な例）

3002 implicit [implísit] 形 暗黙の（⇔explicit「明示的な」）
- **implicit** approval [consent]（暗黙の承諾[同意]）

3003 superficial [sùːpərfíʃl] 形 表面の・うわべだけの
- a **superficial** understanding（うわべだけの理解）

3004 yearn [jə́ːrn] 動 (〜を)切望する (for, to do)
- **yearn** for my younger days
（若かった日々を[に戻りたいと]切望する）

3005 affluent [ǽfluənt] 形 豊かな, 裕福な
▶ affluence 名 富, 富裕
- an **affluent** society（豊かな社会, 潤沢社会）

PART 6

3006 assimilate [əsíməlèit] 動 吸収する, 同化する
- assimilation 名 同化, 消化
- **assimilate** new technologies（新しい技術を吸収する）

3007 barter [bɑ́ːrtər] 名 物々交換　動 物々交換する
- an economy based on **barter**（物々交換に基づいた経済）
- **barter** farm products for machinery
（農産物を機械と交換する）

3008 briefing [bríːfiŋ] 名 (簡潔な)状況説明, 最終打合せ
- a press **briefing**（記者会見）

3009 browse [bráuz] 動 ざっと目を通す　名 通覧・閲覧
- I'm just **browsing**, thanks.（ちょっと見ているだけです。ありがとう）
- **browse** the Internet（インターネットをブラウズする）

3010 collaborate [kəlǽbərèit] 動 協力[協同]する (on, with)
- collaboration 名 協同, 共同制作
- **collaborate** on the project（プロジェクトを協同で行う）

3011 denounce [dináuns] 動 (公然と)非難する, 告発する
- **denounce** the government's new energy policy
（政府の新しいエネルギー政策を非難する）

3012 deter [ditə́ːr] 動 思いとどまらせる
- **deter** the potential crime（犯罪の可能性を防止する）
→potential(1199)

3013 diabetes [dàiəbíːtiːz] 名 糖尿病
- diabetic 形 糖尿病の
- develop **diabetes**（糖尿病になる）

3014 hectic [héktik] 形 大変忙しい《くだけた表現》
- I've had a **hectic** week.（今週はものすごく忙しかった）
♣ I'm hectic. という言い方はしない。

3015 immune [imjúːn] 形 免疫のある (to), (～を)免れた (from)
- immunity 名 免疫性
- become **immune** to the disease（その病気に対して免疫になる）
- not **immune** from taxation（課税を免れない）

PART 6

♣ AIDS(エイズ)はAcquired Immune Deficiency Syndrome「後天性免疫不全症候群」。

3016 intermission [ìntərmíʃən]　名 休止・中断
- a ten-minute **intermission**(10分の休憩)

3017 layoff [léiɔ(:)f]　名 一時的解雇(期間)・レイオフ
- a seasonal **layoff**(季節的な一時帰休)
  ♣ lay (448)参照。

3018 lucrative [lú:krətiv]　形 もうかる
- a **lucrative** business(もうかる商売)

3019 morale [mərǽl]　名 士気, 意気込み
- The **morale** of the team was high.(チームの士気は盛んだった)
  ♣ moral (1532)との発音の違いに注意。

3020 pact [pǽkt]　名 協定, 条約
- a free-trade **pact**(自由貿易協定)

3021 psychiatrist [saikáiətrist]　名 精神科医
- see a **psychiatrist**(精神科医にかかる)
  ♣ psychoanalyst「精神分析医」, psychologist「心理学者」

3022 radius [réidiəs]　名 半径, (活動などの)範囲
- the **radius** of the Earth(地球の半径)
- the **radius** of action(行動範囲)
  ♣ 直径はdiameter。

3023 renowned [rináund]　形 有名な
- a **renowned** composer(有名な作曲家)

3024 stun [stʌ́n]　動 (〜を)呆然とさせる, (〜を)気絶させる
- He was **stunned** by the news.(その知らせを聞いて呆然とした)
  ♣ a stun gun「スタンガン」

3025 tumor [t(j)ú:mər]　名 腫瘍・できもの
- remove [take out] a **tumor**(腫瘍を切除する)

3026 verdict [vɚ́:rdikt]　名 (陪審員による)評決
- return a **verdict** of "not guilty"(無罪の評決を下す)

PART 6

3027 vocational [voukéiʃənl] 形 職業(指導)の
▶ vocation 名 職業
・a **vocational** school(職業訓練学校・専門学校)

3028 void [vɔ́id] 形 (法的に)無効の 動 無効にする
・a **void** contract(無効契約)
・**void** the invoice(送り状を取り消す)

3029 censor [sénsər] 動 検閲する
▶ censorship (3030)
・The newspaper has been **censored**.
(その新聞は検閲されていた)

3030 censorship [sénsərʃip] 名 検閲
・film **censorship**(映画の検閲)

3031 embody [embádi] 動 (思想などを)具体化する
・**embody** the ideals of freedom and equality
(自由と平等の理想を具体化する)

3032 evaporate [ivǽpərèit] 動 蒸発する
▶ vapor (2640), evaporation 名 蒸発
・The water has completely **evaporated**.
(水は完全に蒸発してしまった)

3033 maximize [mǽksəmàiz] 動 (〜を)最大にする
▶ maximum (1077)
・**maximize** one's efforts(最大限の努力をする)

3034 sustainable [səstéinəbl] 形 維持できる, 持続可能な
▶ sustain (2465)
・**sustainable** development(環境維持開発, 持続的な発展)

3035 tangible [tǽndʒəbl] 形 (根拠などが)明白な, 実体のある
・**tangible** advantages(明白な利点)
・**tangible** property(有形財産)

3036 tentative [téntətiv] 形 仮の, 試験的な
・a **tentative** plan [proposal](試案)

PART 6

3037 affiliate [əfílièit]
名 系列[子]会社
動 《be ～dで》提携する (with, to)
► affiliated 形 提携した
- a Japan-based **affiliate** of Cable & Wireless（Cable & Wireless社の日本子会社）
- Our company is **affiliated** with Nikko Co. Ltd.（わが社はNikko社と提携している）

3038 articulate [ɑːrtíkjəlèit]
動 はっきり述べる　形 はっきりした
- **articulate** one's ideas（自分の考えをはっきり述べる）

3039 autograph [ɔ́ːtəgræf]
名 (有名人の)サイン　動 サインする
- Could I have your **autograph**?（サインをしてください）

♣ 有名人の「サイン」の意味ではsign (46), signature (862)などは使わない。

3040 beneficiary [bènəfíʃieri]
名 (保険金などの)受取人, 受益者
► benefit (559)
- a **beneficiary**'s name（受取人氏名）

3041 categorize [kǽtigəràiz]
動 分類[類別]する
► category (1658)
- **categorize** the books according to author's name（本を著者別に分類する）　⇒author(759)

3042 debtor [détər]
名 借り主, 債務者（⇔creditor (2928)）
- a bankrupt **debtor**（破産した債務者）　⇒bankrupt(2292)

3043 default [difɔ́ːlt]
名 欠場, 不履行, デフォルト(値)
- win by **default**（不戦勝する）
- **default** of payment（滞納）

3044 delinquent [dilíŋkwənt]
形 滞納の, 非行の　名 (少年)非行者
► delinquency 名 非行
- a **delinquent** account（期限が過ぎても未済の勘定）
- a juvenile **delinquent**（非行少年）　⇒juvenile(2677)

3045 franchise [frǽntʃaiz]
名 フランチャイズ(店), (一定地域の)販売権
- a fast-food **franchise**（ファーストフードの(フランチャイズ)店）
- a retail **franchise**（小売り営業権）

PART 6

3046 hamper [hǽmpər] 動 (〜を)妨げる
- The snow **hampered** rescue operations.
（雪で救出作業が妨げられた）

3047 outright [áutràit] 形 完全な 副 [àutráit] 完全に
- an **outright** denial（完全な否定[否認]）
- win **outright**（完勝する）

3048 phony [fóuni] 形 にせの（⇔genuine (2440)） 名 にせ物
- a **phony** driver's license（偽造運転免許証）
  ♣ phoneyとも綴る。

3049 provisional [prəvíʒənl] 形 仮の, 暫定的な
- a **provisional** agreement（仮契約）
- **provisional** plans（暫定案）

3050 ratify [rǽtəfài] 動 承認する・批准する
- **ratify** a treaty（条約を批准する）

3051 refute [rifjú:t] 動 (〜を)論破する
- **refute** the claim（その主張を論破する）

3052 seniority [si:njɔ́:rəti] 名 年功（序列）
▶ senior (692)
- **seniority** salary [wage] system（年功序列型賃金制度）

3053 stipulate [stípjəlèit] 動 (〜を)規定する・明記する
- as **stipulated** in the agreement（契約書に明記してある通り）

3054 tangle [tǽŋgl] 動 《be 〜dで》もつれる・絡まる (up)
- The strings were **tangled** up.（ひもはすっかり絡み合っていた）

3055 consign [kənsáin] 動 (販売を)委託する
▶ consignment 名 委託（販売）
- **consigned** goods（委託品）

3056 alleviate [əlí:vièit] 動 (苦痛などを)軽減する, 緩和する
- **alleviate** the pain（痛みを和らげる）

PART 6

3057 download [dáunlòud] 動《電算》ダウンロードする(⇔upload)

・**download** data from the Web
(ウェブからデータをダウンロードする)

3058 liquidate [líkwidèit] 動(会社などを)整理する, (負債を)弁済する

・**liquidate** assets(資産を整理する)

3059 smuggle [smʌ́gl] 動(～を…へ)密輸入[出]する(in, into, out)

▶ smuggling 名 密輸
・**smuggle** guns into the country(その国に銃を密輸入する)

3060 skyrocket [skáirɑ̀kət] 動 急上昇する[させる]

・The price of houses[land] has **skyrocketed**.
(家屋[土地]の値段は急上昇した)

索　引

英単語の後の（　）内の数字は見出し番号，赤数字は，その掲載ページを表します。見出し番号のない語は，派生語，あるいはコラム内で説明されている単語です。斜体字の数が，それらの掲載ページを表しています。

A

abandon (2323)	357
abandoned (2324)	357
ability (336)	64
able	*64*
aboard (1866)	302
abolish (2418)	368
abortion (2562)	384
abroad (439)	82
absence (1375)	*167*, 238
absent (935)	*167*, *169*, 238
absolute (1330)	231
absolutely (1331)	231
absorb (1760)	289
abstract (1494)	255
absurd (2495)	376
abundance	*318*
abundant (1987)	318
abuse (1238)	217
academic (1160)	204
accelerate (2670)	395
acceleration	*395*
accent (1506)	257
accept (203)	*40*, 289
acceptable (1762)	*40*, 289
acceptance (1761)	*40*, 289
access (595)	111
accident (124)	25, *354*
accidental	*354*
accidentally (2290)	25, *354*
acclaim (2894)	417
accommodate (2109)	*207*, 333
accommodation (1177)	*207*, 333
accompany (683)	2, 126
accomplish (1807)	295
accomplishment	*295*
according (512)	96
account (40)	9, *260*, 337
accountant (2150)	9, 337
accounting (1516)	9, *260*
accumulate (2291)	354
accumulation	*354*
accuracy (2470)	255, 373
accurate (1495)	255, *373*
accusation	*225*
accuse (1292)	225
accused (1293)	225
accustom (2496)	376
ache (2001)	89, 319
achieve (858)	155, *310*
achievement (1926)	155, *310*, 311
acid (1214)	213
acknowledge (2363)	362
acknowledgment	*362*
acquaintance (1927)	310
acquire (1680)	280
acquisition	*280*
act	*58*
acting (2026)	324
action (306)	58
active (634)	37, *118*
activist (2563)	384
activity (186)	37, *118*
actual (985)	50, *176*
actually (260)	50, *176*
acute (1911)	308
adapt (1717)	284
adaptation	*284*
add (177)	35, *103*
addition (547)	35, *103*
additional (548)	35, *103*
address (251)	48
addressee	*48*
adequate (2471)	373
adjacent (2728)	401
adjourn (2902)	418
adjournment	*418*
adjust (1108)	196
adjustment	*196*
administer	*196*
administration (1109)	196, *362*, *410*
administrative (2364)	362
administrator (2828)	410
admiration	*172*
admire (957)	172
admission (1106)	135, 196
admit (735)	135, *137*, 196
adolescence	*405*
adolescent (2775)	405
adopt (1001)	180
adoption	*180*
adore (2920)	419
adult (261)	50
advance (574)	108
advanced (575)	108
advantage (529)	99
adventure (2325)	357
adventurous	*357*
advertise (1046)	187
advertisement (1047)	187
advertising (1048)	187
advice (267)	*11*, *45*, 51
advise (230)	23, *45*, *51*
advisory	*45*
advocate (2671)	395
aerospace (2971)	424
affair (1460)	250
affect (648)	120, *324*
affection (2027)	*120*, 324
affiliate (3037)	431
affiliated	*431*
affirm (2028)	324
affirmation	*324*
affirmative (2029)	324
affluence	*427*
affluent (3005)	427
afford (796)	*61*, 145
affordable (2627)	391
age (74)	15
agency (284)	54, *80*
agenda (2159)	338
agent (424)	*54*, 80
aggravate (2882)	416
aggression (2742)	358, *402*
aggressive (2326)	358, *402*
agree (195)	38, *61*, *120*
agreement (649)	38, *120*
agricultural	*310*
agriculture (1928)	310
ahead (231)	45
aid (673)	124
aim (810)	*61*, 147
air (61)	13
airfare (2629)	391
airline (141)	28
airmail (1408)	243
aisle (2220)	346
alarm (1186)	209
alert (1740)	287

索 引

alien (2030)	324	
alive (1323)	230	
allegation (2972)	*331*, *424*	
allege	*331*	
alleged (2093)	*331*, *424*	
allegedly (2094)	*331*	
allergic	*391*	
allergy (2625)	391	
alleviate (3056)	432	
alliance (2365)	362	
allocate (2776)	406	
allot (2536)	382	
allotment	*382*	
allow (83)	17, *23*	
allowance (1669)	278	
ally (2366)	362	
alter (1929)	310	
alteration	*310*	
alternate (1146)	202, *310*	
alternative (1145)	202	
altitude (2921)	419	
amateur (1681)	280	
amaze (1239)	205, 217, *332*	
amazement	*217*	
amazing (2098)	205, 217, *332*	
ambassador (1912)	308	
ambiguity	*413*	
ambiguous (2855)	413	
ambition	*295*	
ambitious (1808)	295	
ambulance (914)	164	
amend	*402*	
amendment (2743)	402	
amount (130)	26	
ample (2246)	349	
amuse (1809)	205, *295*	
amusement (1810)	295	
amusing	*295*	
analysis (1461)	251, *272*	
analyst (1613)	272	
analyze (1612)	251, 272	
ancestor (2095)	*331*	
anchor (1867)	302	
ancient (1240)	217	
anger	*51*	
angry (266)	51	
anniversary (1135)	200	
announce (268)	51	
announcement (269)	51	
annoy (2419)	368	
annoyance	*368*	
annual (1044)	186	
anonymous (2744)	402	
anticipate (1694)	281	
anticipation	*281*	
antique (1604)	271	
anxiety (2031)	87, *324*	
anxious (471)	87, *324*	
apart (840)	153	
apologize (1618)	272	
apology (1619)	272	
apparatus (2327)	358	
apparel (2973)	425	
apparent (1763)	289	
apparently (1764)	289	
appeal (736)	135	
appear (262)	50	
appearance (263)	50	
appetite (2032)	324	
appliance (1585)	269	
applicant (1578)	32, *268*	
application (526)	*32*, 99	
apply (158)	32, *99, 268*	
appoint (1512)	*116*, 258	
appointment (621)	116, *258*	
appreciate (1082)	137, *192, 281*	
appreciation (1695)	*192*, 281	
apprentice (2922)	420	
approach (320)	62	
appropriate (1620)	273	
approval (1625)	*151*, 273	
approve (827)	151, *273*	
approximate	*197*	
approximately (1114)	197	
apt (1930)	310	
architect (1644)	275	
architecture (1645)	275	
area (24)	6	
argue (951)	170	
argument (952)	170	
arise (1002)	180	
arrange (440)	61, *82*	
arrangement (441)	82, *83*	
arrest (697)	129	
arrival (501)	13, *94*	
arrive (58)	13, 94	
article (507)	95	
articulate (3038)	431	
artificial (1931)	310	
ashamed (1513)	258	
ask	*23*	
asleep (811)	148	
aspect (1765)	290	
aspiration (2877)	415	
aspire	*415*	
assault (2713)	400	
assemble (2221)	287, *346*	
assembly (1741)	287, *346*	
assert (2002)	319	
assertion	*319*	
assess	*341*	
assessment (2183)	341	
asset (2168)	339	
assign (1130)	200	
assignment (1131)	200	
assimilate (3006)	428	
assimilation	*428*	
assist (958)	*117*, 172	
assistance (959)	172	
assistant (628)	117	
associate (1766)	*199*, 290	
association (1123)	198, *290*	
assume (1605)	*195*, 271	
assumption (1606)	271	
assurance	*302*	
assure (1868)	302	
astonish (2222)	346	
astonishing (2223)	346	
astonishment	*346*	
athlete (1718)	284	
athletic (1719)	284	
atmosphere (1194)	210	
atom	*251*	
atomic (1462)	251	
attach (629)	*117*, 389	
attachment (2610)	*117*, 389	
attack (348)	66	
attain (2497)	376	
attainment	*376*	
attempt (650)	121	
attempted (651)	121	
attend (125)	25, *47, 278, 374*	
attendance	*25*	
attendant (1670)	278	
attention (242)	25, 47	
attentive (2472)	374	
attitude (737)	136	
attorney (2745)	402	
attract (738)	*129*, 136, *221*	
attraction (1267)	*136*, 221	
attractive (698)	129, *136*	
attribute (2367)	362	
auction (2746)	403	
audience (755)	*105*, 139	
audit (2974)	425	
auditorium (2160)	339	
authentic (2714)	400	
author (759)	139	
authority (739)	136, *338*	
authorize (2151)	*136*, 338	
authorized (2152)	338	
autograph (3039)	431	
automate	*204*	
automatic (1161)	204	
automation (1162)	204	
available (514)	96	
average (530)	100	

aviation (2777)	406	
avoid (562)	106, *137*	
await (1811)	295	
awake (986)	176	
award (1050)	187	
aware (459)	86	
awful (1446)	248	
awfully	*248*	
awkward (2420)	368	
awkwardly	*368*	

B

backache	*162*
background (1204)	211
bad	*248*
badly (1447)	248
baggage (1253)	219, *307*
balance (243)	47
balanced (244)	47
balcony (1409)	243
ballot (2923)	420
ban (2003)	320
bank	*204, 324*
banker (1163)	204
banking (2033)	324
bankrupt (2292)	354
bankruptcy (2293)	354
banquet (2294)	354
bar (337)	64
bare (1490)	255, *310*
barely (1932)	255, *310*
bargain (699)	129
barren (2975)	425
barrier (2421)	368
barter (3007)	428
base (13)	4, *66, 117*
basement (1376)	238
basic (349)	*4, 66*
basis (630)	117
battery (915)	164
battle (864)	156
bear (390)	74
beat (472)	88
beautiful	*91*
beauty (492)	91
beforehand (2368)	362
beg (1463)	251
behalf (2260)	350
behave (1448)	226, *249*
behavior (1294)	226, *249*
belief (1399)	241
believe	*241*
belong (812)	148, *260*
belonging (1517)	*148, 260*
bend (960)	172
beneficial (2200)	105, *343*

beneficiary (3040)	*105*, 431
benefit (559)	105, *343, 431*
besides (797)	146
bet (760)	140
betray (2099)	332
betrayal	*332*
beverage (2176)	340
bewilder (2878)	415
bias (2961)	423
biased (2962)	423
bid (2129)	335
bill (60)	13
bind (1518)	260, *420*
binding (2924)	*260*, 420
biography (2598)	388
biotechnology (2799)	408
birth (841)	153
bit (375)	71
bite (1632)	274
bitter (1410)	243
blame (961)	173
blank (1377)	238
blast (2201)	343
blaze (2474)	374
bleed (1215)	65, *213*
blend (1869)	302
block (212)	42
blood (338)	65, *213*
bloom (1720)	284
blossom (1983)	317
blot (2369)	362
blueprint (2370)	362
board (78)	16, *389*
boarding (2611)	*16*, 389
boast (1332)	231
boil (936)	168
bold (1464)	251
bomb (1333)	231
bond (1268)	221
bonus (1045)	186
boom (2202)	344
boost (2905)	418
booth (1614)	272
border (1378)	238
bore (715)	132, *205*
boring	*132*
borrow (297)	56, *101, 390*
borrowing (2621)	*56*, 390
boss (151)	30
bother (1721)	284
bounce (2473)	374
bound (1519)	260
boundary (2034)	324
boycott (2475)	374
brain (937)	168
brake (938)	168

branch (252)	49
brand (700)	129
brand-new (701)	129
breadth	*91*
break (86)	18
breakthrough (2778)	406
breakup (2976)	425
breath	*162*
breathe (900)	162
breed (1334)	231
brew (2476)	374
brewery	*374*
bribe (2477)	374
bribery	*374*
brief (631)	117
briefing (3008)	428
briefly	*117*
bright (865)	156
brightly	*157*
brilliant (962)	173
brilliantly	*173*
broad (493)	91
broadcast (494)	91
broaden	*91*
brochure (1615)	272
broil (2689)	397
browse (3009)	428
bruise (2837)	411
brush (495)	92
budget (557)	104
bug (1913)	308
bulb (1742)	287
bulk (2422)	368
bulletin (2631)	391
bump (2423)	368
bunch (890)	160
burden (1295)	226
bureau (1696)	282, *397*
bureaucracy (2691)	*282*, 397
burn (460)	86
burst (1016)	182
bury (1465)	251
business (9)	3
businessman	*3*
busy (115)	23

C

cab (461)	86
cabin (1296)	226
cabinet (1195)	210
cable (425)	80
cafeteria (916)	164
calculate (1722)	285
calculation	*285*
call (4)	2
calm (1278)	223

索　引

campaign (1723)	285	
campus (866)	157	
cancel (563)	106, 265	
cancellation (1557)	106, 265	
cancer (1091)	193	
candidate (1094)	194	
capability	302	
capable (1870)	302	
capacity (1812)	295	
capital (391)	74	
capture (2004)	320	
care (80)	16	
career (740)	136	
careful (258)	50	
carefully	50	
careless (1254)	219	
carelessness	219	
cargo (2478)	374	
carriage (1379)	238	
carrier (2829)	410	
cart (761)	140	
carve (2424)	368	
case (146)	29	
cash (131)	26	
cashier (2203)	344	
cast (1406)	242	
casual (1279)	223	
casualty (1280)	223	
catalog (416)	78	
catch (191)	38	
categorize (3041)	277, 431	
category (1658)	277, 431	
cater (2656)	394	
catering	394	
cause (55)	12	
caution (1411)	243, 287	
cautious (1743)	243, 287	
cease (2425)	368	
celebrate (741)	136, 137, 231	
celebration (1335)	136, 231	
celebrity (2856)	413	
cellular (2135)	336	
censor (3029)	430	
censorship (3030)	430	
century (442)	83	
cereal (1671)	278	
ceremony (798)	146	
certain (423)	65, 79	
certainly (339)	65, 79	
certificate (1584)	269, 324	
certify (2035)	269, 324	
chair	238	
chairman (1380)	238	
challenge (716)	132, 265	
challenging (1558)	132, 265	
champion	292	
championship (1787)	292	
chance (161)	32	
change (21)	5	
channel (674)	125	
chapter (939)	168	
character (776)	142, 303, 363	
characteristic (1872)	142, 303	
characterize (2371)	362	
charge (36)	8, 9	
charity (1241)	217	
charm (1682)	280	
charming (1683)	280	
chart (535)	100	
charter (2426)	368	
chase (1336)	232	
chat (2498)	376	
cheap (218)	43	
cheat (1496)	256	
check (17)	5	
cheer (987)	176	
chef (1103)	195	
chemical (578)	108, 320	
chemistry (2005)	108, 320	
chill (1813)	295	
chilly (1814)	295, 296	
chip (2328)	358	
choice (1034)	47, 185	
cholesterol (2537)	382	
choose (240)	47, 61, 185	
chop (1297)	226	
chore (2657)	394	
chronic (2883)	416	
circuit (1815)	296	
circular (2329)	358	
circulate (2295)	354	
circulation (2296)	354	
circumstance (1767)	290	
citation	344	
cite (2204)	344	
citizen (321)	62, 397	
citizenship (2692)	62, 397	
civic (2693)	398	
civil (1816)	296, 358, 376	
civilian (2330)	296, 358	
civilization (2499)	296, 376	
civilize	376	
claim (270)	52, 61	
clap (1873)	303	
clarification	265	
clarify (1559)	265	
clash (2479)	374	
class	105, 354	
classification	354	
classified (2298)	354	
classify (2297)	354	
clear (185)	37, 401	
clearance (2729)	37, 401	
clearly	37	
clerk (359)	68	
click (2500)	376	
client (632)	17, 118	
climate (684)	126	
cling (1298)	226	
clinic (1225)	215	
clip (1817)	296	
close (2977)	425	
close (52)	243, 11	
closely (1412)	11, 243	
cloth (842)	48, 153	
clothe (248)	153	
clothes (248)	48, 153	
clothing (843)	153	
clue (2261)	350	
coarse (2564)	384	
code (1633)	274	
coherent (2978)	425	
coincide (1497)	256	
coincidence (1498)	256	
coincident	256	
collaborate (3010)	428	
collaboration	428	
collapse (1933)	311	
colleague (1672)	279	
collect (408)	77	
collection (409)	77	
collide (2632)	392	
collision (2633)	392	
column (1684)	280	
columnist	280	
combination (1660)	277	
combine (1659)	277	
comfort (1560)	74, 266	
comfortable (392)	74, 266	
command (1768)	290	
comment (675)	125	
commerce (1818)	296	
commercial (702)	129, 296	
commission (1147)	202, 290	
commit (1769)	290	
commitment (1770)	290	
committee (685)	105, 127	
commodity (2372)	363	
common (350)	67	
commonplace (2925)	420	
communicate (1164)	111, 205	
communication (592)	111, 205	
community (612)	115	
commute (2641)	392	
commuter	392

437

companion (988) 177	concise (2747) 403	considerate (2780) 406
company (1) 2, *126*	concisely *403*	consideration *115*
comparable (2373) 71, *363*	conclude (1499) 256, *274*	consign (3055) 432
compare (376) 71, *363*	conclusion (1634) 256, *274*	consignment *432*
comparison *71*	concrete (2502) 377	consist (1626) 273
compartment (2694) 398	condemn (2503) 377	consistent (2224) 346
compatible (2857) 413	condense (2332) 358	conspicuous (3001) 427
compel (2831) *384*, 411	condition (95) 19	constant (1216) 214
compensate (2658) 344, *394*	condolence (2903) 418	constantly *214*
compensation (2205) 344, *394*	condominium (2164) 339	constitute (2505) *311*, 377
compete (1168) 119, *194*, 206, *270*, *355*	conduct (641) 119, *287*	constitution (1934) 311, *377*
	conductor (1744) *119*, 287	construct (1520) 184, *260*, *355*
competence *355*	confer *184*	construction (1031) 184, *260*
competent (2299) 355	conference (1030) 184	constructive (2300) *260*, 355
competition (640) 119, *206*	confess (2037) 325	consult (1098) 194, *293*
competitive (1097) *194*, 206	confession *325*	consultant (1789) *293*
competitor (1596) *206*, 270	confide (2748) 403	consultation *194*
compile (2715) 400	confidence (1242) 217, *398*, *403*	consume (1697) *194*, *195*, 282
complain (393) 74, *198*		consumer (1095) 194, *282*
complaint (1117) 74, *198*	confident (1243) 218	consumption (1698) 282
complete (69) 14, *162*	confidential (2695) *218*, *398*	contact (518) 97
completely (901) *14*, 162	confine (2333) 358	contain (340) 65, *197*
complex (828) 151	confirm (703) 130, *340*	container (1113) 197
complexion (2686) 397	confirmation (2177)*130*, 340	contaminate (2119) 334
complicate (2137) *325*, 336	conflict (1874) 303	contamination *334*
complicated (2036) *325*, *336*	conform (2749) 403	contemporary (2506) 377
compliment (2184) 341, *391*	confront (2427) 369	contempt (2429) 369
complimentary (2622) *341*, 391	confrontation *369*	content (394) 74
	confuse (1674) *205*, *279*, *377*	contest (1935) 311
comply (2716) 400	confusion (2504) *279*, 377	continent (1338) 232
component (1819) 296	congratulate (2185) *115*, 342	continental *232*
compose (2331) 358	congratulation (613) 115, *342*	continue (126) 26
composition *358*		contract (544) 102, *337*
compound (1269) 222	congratulatory *342*	contractor (2142) 337
comprehend (2832) 389, *390*, 411	congress (2038) 325	contradict (2927) 420
	connect (717) 132, *241*	contradiction *420*
comprehension (2612) *389*, *411*	connection (1400) *132*, 241	contrary (1821) 296
	conquer (1541) 263	contrast (1875) 303
comprehensive (2613) *390*, *411*	conscience (2006) 320	contribute (1137) 201
	conscientious *320*	contribution (1138) 201
comprise (2193) 342	conscious (1413) 243	control (102) 21
compromise (1673) 279	consciousness *243*	controversial *374*
compulsion *411*	consecutive (2735) 402	controversy (2480) 374
compulsory (2565) *384*, 411	consensus (1852) 300	convenience (1607) 271
compute (2779) 406	consent (2428) 369	convenient (596) 29, *111*
computer *406*	consequence (1820)*296*, *358*	convention (1608) 271
conceal (2501) 377	consequent *358*	conventional (1609)*271*, 272
concealment *377*	consequently (2334) 296, *358*	conversation (132) 27
concede (2926) 420		converse *27*
concentrate (1724) 285	conservation (1178) *207*, 393	conversion *346*
concentration *285*	conservative (1745) *287*, *393*	convert (2225) 346
concept (1788) 293, *390*	conserve (2648) 207, *287*, 393	convey (1914) 308
conception (2614) *293*, 390		conveyor *308*
concern (540) 102	consider (614) *115*, *137*, *232*, *406*	convict (2481) 375
concession *420*	considerable (1337) *115*, 232	

Term	Page(s)
conviction (2482)	203, 375, 375
convince (1154)	203, 205
convincing	203
cooperate (2247)	269, 349
cooperation (1591)	269, 349
coordinate (2301)	355
coordination	355
cope (1988)	318
copy (89)	18
core (2430)	369
corner (175)	35
corporate	196
corporation (1104)	196
correct (377)	71
correction	71
correspond (2374)	363, 398
correspondence (2696)	363, 398
correspondent (2375)	363
corridor (2262)	350
corrupt (2417)	367
corruption	367
cosmetic (2566)	385
cost (33)	7, 355
costly (2302)	7, 355
cottage (1822)	296
cough (704)	130
council (1627)	273
counsel (2169)	340
counseling (2170)	340
counselor	340
count (438)	82
countenance (2979)	425
counter (1036)	185
counterpart (2248)	349
county (1064)	189
couple (163)	33
coupon (1581)	268
courage (1507)	257, 369
courageous (2431)	257, 369
courier (2736)	402
course (59)	13
court (395)	74
courteous	385
courtesy (2567)	385
cover (118)	24, 338
coverage (2153)	24, 338
cozy (2568)	385
crack (1381)	238
craft (1771)	290
crash (426)	80
crawl (1542)	263
create (271)	52, 223, 232
creation	52
creative (1281)	52, 223
creature (1339)	232
credit (511)	95
creditor (2928)	420
creep (2039)	325
crew (1250)	105, 219
crime (656)	122
criminal (657)	122
crisis (1635)	274
critic (1299)	226, 291
critical (1772)	274, 291
criticism (1300)	226
criticize (1773)	226, 291
crop (1205)	212
cross (232)	45
crowd (187)	37
crowded (188)	37
crucial (1790)	293
crucially	293
crude (2929)	420
cruel (1414)	244
cruelty	244
cruise (1582)	268
crush (1282)	223
cultural (1169)	206
culture	206
curb (2649)	393
cure (799)	146
curiosity	303
curious (1876)	303
currency (1699)	282
current (1065)	189
currently	189
curriculum (2376)	363
curve (1449)	249
custom (940)	9, 168, 413
customary (2858)	413
customer (43)	9, 17, 168

D

Term	Page(s)
daily (189)	37
dairy (1989)	318
damage (204)	11, 40
damaged	40
damp (2226)	346
dangerous	29
dare (963)	173
data (593)	111
date (200)	39
deadline (1072)	190
deadly (1774)	291
deal (205)	40
dealer (1055)	188
dealership	188
debate (1877)	303
debt (1148)	202
debtor (3042)	431
decade (1592)	270
decay (2040)	325
deceit	325
deceive (2041)	325
decent (2833)	411
decently	411
decide (47)	10, 33, 61
decision (167)	10, 33
declaration	311
declare (1936)	311
decline (1217)	214
decorate (1301)	226
decrease (608)	114
dedicate (2303)	355
dedicated	355
dedication	355
deduct (1522)	260
deduction	260
deed (2042)	325
deep	177
default (3043)	431
defeat (1003)	180
defect (2263)	272, 351
defective (1617)	272, 351
defend (964)	173
defendant (2249)	349
defense (473)	88, 173
defensive	88
deficit (2483)	375
define (1937)	311
definite (1124)	199, 297
definitely (1823)	199, 296
definition	311
degree (127)	26
delay (566)	106, 137
delegate (2750)	403
delegation	403
delete (1004)	180
deliberate (2569)	385
deliberately	385
deliberation	385
delicacy	304
delicate (1878)	304
delight (1340)	232, 359
delighted (1341)	232
delightful (2335)	29, 232, 359
delinquency	431
delinquent (3044)	431
deliver (272)	52, 152
delivery (833)	52, 152
demand (178)	35, 61, 127, 390
demanding (2615)	35, 390
democracy (1523)	261
democratic	261
demonstrate (1685)	280

439

索　引

demonstration (1686) 280	developed 18	discharge (2435) 369
demonstrator 280	development (635) 18, 118	discipline (1880) 304
denial 243	device (742) 136, 349	disclose (2484) 375
denounce (3011) 428	devise (2250) 136, 349	disclosure 375
dental (2154) 338	devote (1716) 284, 385	discount (106) 21
dentist (777) 142	devoted (2570) 284, 385	discourage (1271) 222
deny (1407) 137, 243	devotion 284	discover 239
depart (1725) 285	diabetes (3013) 428	discovery (1382) 239
department (54) 12	diabetic 428	discriminate 402
departure (1726) 285	diagnose (2895) 417	discrimination (2741) 402
depend (179) 36, 227	diagram (2304) 355	discuss (136) 27, 215
dependent (1302) 36, 227	dial (253) 49	discussion (1224) 27, 215
deposit (591) 110	dialogue (2906) 418	disease (233) 45
depress 342	dictate (2838) 411	disguise (2508) 377
depressed (2186) 203, 342	dictation 411	disgust (2337) 359
depression (1155) 203, 342	dictator (2839) 411	disgusting 359
deprive (2227) 346	diet (567) 107	disk (474) 88
depth (989) 177	differ (1984) 92, 317	dislike (990) 177
deputy (2377) 363	difference (496) 92, 317	dismal (2930) 420
deregulation (2822) 410	different 92	dismiss (1005) 180
derive (2432) 369	difficult 29, 77	dismissal 180
descend (1879) 304	difficulty (411) 77	disorder (1646) 276
descendant (2915) 304, 419	dig (867) 157	disperse (2815) 409
descent 304	digest (2044) 325	displace (2751) 403
describe (341) 65, 132, 137	digestion 326	display (579) 108
description (718) 65, 132	digit 396	disposable (2859) 413
desert (778) 142	digital (2680) 396	disposal 287
deserve (1187) 209	dilemma (2980) 425	dispose (1746) 287, 413
design (149) 30	diligence 383	dispute (1791) 293
designate (2180) 341	diligent (2551) 383	disregard (2879) 415
designation 341	dim (2336) 359	disrupt (2673) 396
designer 30	dimension (2571) 385	dissatisfaction (2752) 403
desirable (1824) 132, 297	diminish (2907) 418	dissatisfy 403
desire (719) 61, 132, 297	dine (1040) 186	dissolve (1747) 288
despair (2623) 377, 391	dinner 186	distance (254) 49, 173
desperate (2507) 377, 391	dip (2434) 369	distant (965) 49, 173
desperately 377	diploma (2840) 411	distinct (2045) 326
despite (1107) 196	diplomacy (2378) 318, 363	distinction 326
dessert (1099) 195	diplomat 363	distinguish (1825) 297
destination (1083) 192	diplomatic (1990) 318, 363	distinguished (1826) 297
destiny (2433) 369	direct (142) 28, 62, 101	distract (2753) 403
destroy (410) 77	direction (322) 28, 62	distraction 403
destruction 77	directly (143) 28	distress (2264) 351
detail (312) 60, 325	director (536) 28, 101	distribute (1776) 176, 291
detailed (2043) 60, 325	directory (2672) 396	distribution (982) 176, 291
detain (2884) 416	disable (2199) 343	district (351) 67
detect (1700) 222, 282	disabled 343	disturb (1675) 279
detective (1270) 222, 282	disagree (2379) 363	disturbance 279
deter (3012) 428	disagreement (2380) 363, 364	dive (1881) 304
deteriorate (2800) 408		diverse (2908) 418
deterioration 408	disappear (1450) 249	diversification 418
determination 118	disappoint (658) 122, 205	diversify (2910) 418
determine (633) 118, 390	disappointment (659) 122	diversion 420
determined (2616) 118, 390	disaster (1775) 291	diversity (2909) 418
detour (2904) 418	disastrous 291	divert (2931) 420
develop (90) 18, 118	discard (2659) 394	divide (1025) 183, 195

dividend (2754)	403	easy	29	employee (510)	95, 136
division (1100)	183, 195	ecological	424	employer (1344)	136, 233
divisional	195	ecology (2964)	424	employment (744)	136, 137
divorce (1096)	194	economic (762)	102, 140	empty (378)	71
document (558)	104	economical (1701)	102, 282	enable (1661)	277
documentary	104	economics (2305)	355	enclose (1038)	186
domestic (642)	119	economist	355	enclosure	186
dominant	370	economy (542)	102, 140, 282	encounter (1593)	270
dominate (2436)	370	edge (412)	77	encourage (597)	112
donate (2206)	344	edit (2339)	273, 359	encouragement	112
donation	344	edition (2047)	326	endeavor (2573)	385
donor (2781)	406	editor (1621)	273, 359	endorse (2981)	425
dormitory (2755)	403	editorial	273	endorsement	425
dose (2738)	402	educate (966)	54, 173	endurance	263
double (298)	56	education (285)	54, 173	endure (1543)	263
doubt (462)	86	educational	54	energetic	24
doubtful	86	effect (299)	57, 109	energy (120)	24
download (3057)	433	effective (582)	57, 109	enforce (2194)	343
downsize	410	effectively	109	enforcement	343
downsizing (2823)	410	efficiency (1728)	285	engage (1779)	291
downstairs (991)	177	efficient (1727)	285	engagement (1780)	291, 292
downtown (213)	42	effort (274)	52	engineer	203
downturn (2739)	402	elaborate (2917)	419	engineering (1151)	203
draft (1442)	248	elderly (1597)	270	enhance (2933)	421
drag (1777)	291	elect (829)	151, 233	enjoy (73)	15, 137, 304
drain (2338)	359	election (1343)	151, 232	enjoyable (1882)	15, 304
drama	232	electric (1134)	88, 200	enjoyment	15
dramatic (1342)	232	electrical	200	enlarge (2340)	359
drastic (2963)	423	electricity (475)	88, 200	enlargement	359
drawback (2860)	414	electronic (1827)	297	enormous (1729)	285
dread	419	electronics	297	enormously	285
dreadful (2916)	419	elegant (1748)	288	enrich (2757)	404
dress (249)	48	element (1466)	251	enroll (2197)	343
drift (2046)	326	elementary (1702)	251, 282	enrollment	343
drill (1451)	249	elevate (2697)	398	ensure (2265)	351
drive (49)	10	eligible (2198)	343	enter (201)	40, 54, 281
drop (87)	18	eliminate (2122)	335	enterprise (2007)	320
drought (2572)	385	embargo (2896)	417	entertain	140
drug (273)	52	embark (2756)	404	entertainer (2341)	359
drugstore (891)	161	embarrass (1749)	288	entertainment (763)	140
dubious (2885)	416	embarrassing (1750)	288	enthusiasm (1938)	312
due (519)	97	embarrassment	288	enthusiastic	312
dull (1383)	239	embassy (1156)	203	entire (622)	116
duplicate (2886)	416	embody (3031)	430	entirely	116
durable (2861)	414	embrace (2932)	421	entitle (1703)	282
dust (992)	177	emerge (1828)	297	entrance (286)	40, 54
duty (868)	157	emergency (1049)	187	entrepreneur (2862)	414
		emission (2698)	398	entry (1687)	40, 280
E		emit	398	envelope (869)	157
eager (1283)	224	emotion (1415)	244	envious	312
earn (234)	46	emotional (1416)	244	environment (1226)	215, 282
earnest (2552)	383	emotionally	244	environmental (1704)	
earnestly	383	emphasis (1303)	227, 291		215, 282
earnings (2121)	335	emphasize (1778)	227, 291	envy (1939)	312
earthquake (352)	67	employ (743)		epidemic (2782)	406
ease (917)	164		95, 136, 233, 338	equal (779)	142, 219

441

equally (1255) *142*, 219	exclaim (2511) 378	extensive (1706) *196*, 283
equip (2207) *108*, 344	exclamation 378	extent (1883) 304
equipment (576)	exclude (1792) 293, *342*	external (2049) 326
108, *307*, *344*	exclusion 293	extinct (2881) *415*, 416
equivalent (2155) 338	exclusive (2187) 293, *342*	extinction 416
era (1940) 312	excursion (2575) 386	extinguish (2880) 415
erase (2342) 359	excuse (294) 56, *137*	extra (564) 106
error (844) 153	execute (2306) *197*, 355	extract (2599) 388
erupt (2801) 408	execution 355	extraordinary (1941) 312
eruption 408	executive (1115) *197*, 355	extreme (1884) *140*, 304
escape (1324) *137*, 230	exempt (2887) 416	extremely (764) *140*, *304*
escort (2841) 412	exemption 416	
essay (1345) 233	exercise (197) 39	**F**
essence *137*	exert (2758) 404	
essential (745) *137*	exertion 404	fabric (2759) 404
establish (676) *125*, *260*	exhaust (1180) 208	fabulous (2802) 408
establishment (1521)	exhaustion 208	face (176) 35
125, *260*	exhibit (1218) 214, *297*	facilitate (2674) 396
estate (1039) 186	exhibition (1829) 297	facility (1068) *190*, 396
estimate (1119) 198	exist (813) 148	facsimile (2123) 335
ethical (2574) 385	existence 148	factor (1662) 277
ethics 385	exit (463) 86	faculty (2307) 356
ethnic (2228) 346	expand (1092) *193*, 276	fade (1942) 312
evacuate (2681) 396	expansion (1647) *193*, 276	fail (224) 44, *61*, *203*
evacuation 396	expect (56) 12, *23*, *61*, *266*	failure (1152) *44*, 203
evaluate (1991) 318	expectation (1561) *12*, 266	faint (1544) 263
evaluation 318	expel (2783) 406	fair (360) 68, *209*
evaporate (3032) *392*, 430	expend 276	fairly (1188) 209
evaporation 430	expenditure (1648) 276	faith (1468) 252, *320*
event (323) 62	expense (555) *21*, 104	faithful (2010) 252, *320*
eventual 273	expensive (107) 21, *104*	fake (2382) 364
eventually (1628) 273	experience (37) 8, *311*	fall (139) 28
evidence (918) *165*, *326*	experiment (892) *161*, 351	false (1508) 257
evident (2048) *165*, *326*	experimental (2266)	fame (1500) 256
evolution (2509) 377	*161*, *351*	familiar (814) 148
evolve 377	expert (545) 103	family *105*
exact (780) 143	expertise (2699) 398	famine (1915) 309
exactly (781) 143	expiration 334	famous 256
exaggerate (2510) 377	expire (2118) 334	fan (443) 83
exaggeration 377	explain (324) 62, *182*	fancy (801) *137*, 146
examination (427) 80, *191*	explanation (1020) *62*, 182	fantastic (2343) 359
examine (1076) *80*, 191	explode (2008) 320, *333*	fantasy 359
example (396) 75	exploit (2576) 386	fare (325) *9*, *62*
exceed (1179) 208, *286*	exploitation 386	fascinate (2208) 344
excel (2660) *41*, 394	exploration 170	fascinating 344
excellent (206) 41, *394*	explore (953) 170	fascination 344
except (223) *44*, 165	explorer 170	fashion (428) 80
exception (919) *44*, *165*, 364	explosion (2009) 320	fashionable (1562)
exceptional (2381) *165*, 364	explosive (2110) *320*, 333	*80*, 266
exceptionally 364	export (720) 132	fast 277
excess (1730) *208*, 285	expose (1272) 222, *283*	fasten (1663) 277
excessive (1731) *285*, 286	exposure (1705) *222*, 283	fatal (1830) 297
exchange (636) 118	express (180) 36, *251*	fate 297
excite (800) 73, *146*, *205*	expression (1467) *36*, 251	fatigue (2308) 356
excitement *146*	extend (1105) *196*, *283*, 304	fault (476) 88, *409*
exciting (389) *73*, *146*, 205	extension *196*	faulty (2816) *88*, 409
		favor (353) 47, *67*, *304*

favorable (1885)	67, 304	flu (1181)	208	frustrate (2209)	344
favorite (245)	47, 67	fluent (2288)	353	frustration	344
fear (815)	148	fluently	353	fry	118
feast (2267)	351	fluid (2383)	364	fuel (1251)	219
feature (598)	112	foam (1751)	288	fulfill (2229)	347
federal (1042)	186	focus (1594)	270	fulfillment	347
fee (551)	9, 103	fold (1781)	292	full	133
feed (845)	153	follow (214)	42, 94	fully (721)	133
fellow (1452)	249	following (503)	42, 94	fume (2687)	397
female (941)	168	forbid (2344)	23, 127, 360	function (652)	121
fence (464)	86	force (171)	34, 212	fund (552)	104
fertile (2512)	378	forecast (1367)	236	fundamental (2051)	326
fertility	378	foreign (116)	24	funeral (1417)	244
fertilizer (2717)	400	foreigner	24	furious	424
festival (477)	88	forget	171	furnish (1793)	293
fetch (2513)	378	forgive (967)	174	furniture (225)	44, 307
fever (1207)	212	form (42)	9	further (301)	57
fiber (1707)	283	formal (968)	174	fury (2965)	424
fiction (1732)	286	format (2439)	370	fuss (2310)	356
fierce (2514)	378	former (445)	83	future (219)	43
figure (246)	48	formula (2662)	395		
file (537)	101	formulate	395	**G**	
fill (70)	15	forthcoming (2934)	421		
film (282)	54	fortunate (1470)	233, 252	gain (314)	60
filter (1244)	218	fortunately (1471)	252	gap (1348)	233
final (313)	60	fortune (1346)	233, 252	garage (397)	75
finally	60	forward (300)	57	garbage (1139)	201
finance (746)	137	foster (2384)	364	garment (1853)	300
financial (747)	137, 138	found (516)	96, 112	gas (182)	36
find	112	foundation (517)	96, 97	gather (429)	80
fine (164)	33	fragile (2982)	425	gaze (2345)	360
finely	33	fragrance (2784)	406	gear (1854)	300
finish	137	fragrant	406	gene (2834)	411
fire (104)	21	frame (1227)	215	general (275)	52, 143
firm (444)	83	franchise (3045)	431	generally (782)	52, 143
firmly	83	frank	312	generate (2251)	133, 349
fiscal (2309)	356	frankly (1943)	312	generation (722)	105, 133
fit (361)	68, 340	fraud (2935)	421	generosity	210
fitness (2171)	68, 340	free (25)	6, 177	generous (1196)	210
fix (255)	49	freedom (993)	177	genetic	411
flag (362)	69	freelance (2120)	334	genius (1545)	263
flash (765)	140	freelancer	334	genuine (2440)	370
flat (407)	77	freeway (1752)	288	germ (2803)	408
flatter (2437)	370	freeze (478)	88	glance (1472)	252
flattery	370	freight (2195)	343	glare (2938)	421
flavor (1101)	195	frequent (1636)	198, 274	glimpse (2485)	375
flexibility	318	frequently (1120)	198, 274	global (599)	112, 256
flexible (1992)	318	friction (2936)	421	globalization	112
flip (2661)	394	fried (637)	118	globe (1501)	112, 256
float (870)	157	fright	233	gloom	378
flock (1469)	252	frighten (1347)	205, 233	gloomy (2515)	378
flood (465)	86	fringe (2937)	421	glow (1886)	305
floor (72)	15	front (93)	19	glue (1006)	180
flour (802)	146	frontier (2050)	326	goal (502)	94
flourish (2438)	370	fruit	383	goods (615)	115
flow (466)	87	fruitful (2553)	383	gorgeous (2385)	364
				gossip (1007)	180

索　引

gourmet (2107)	333	hardly (315)	60
govern	7	hardship (2388)	364
government (34)	7	hardware (1708)	283
grab (1794)	293	harm (942)	168
grace (830)	151	harmful	168
graceful	151	harsh (2054)	327
grade (354)	67	harvest (1944)	312
gradual	233	hate (846)	153
gradually (1349)	233	hazard	396
graduate (543)	102	hazardous (2682)	396
graduation	102	head (134)	27
grain (1245)	218	headache (902)	89, 162
grand (446)	83	headline (1993)	318
grant (653)	121	headquarters (1157)	203
graph (1132)	200	heal (1831)	297
graphic (1133)	200	heart (128)	26
grasp (1546)	263	heat (289)	55
grateful (1453)	249	heavily (1304)	227
gratitude (2386)	364	heavy	227
grave	364	hectic (3014)	428
gravity (2387)	364	height (783)	143
greet (1384)	239	heir (2559)	384
greeting	239	help	137
grief (2052)	326	hemisphere (2785)	406, 415
grieve	326	heritage (2486)	375
grocery (1140)	201	hero (994)	177
gross (1401)	242	heroic	177
ground (194)	38	hesitate (1402)	61, 242
grow	115	hide (943)	169
growth (616)	115	high	143
guarantee (1051)	187	highlight (1916)	309
guard (414)	78	highly (415)	78
guess (287)	54	hint (1420)	244
guest	17	hire (307)	59
guidance (1563)	64, 266	historic	312
guide (335)	64, 266	historical (1945)	312
guideline (1855)	300	history	312
guilt	244	hold (94)	19
guilty (1418)	244	hollow (1547)	264
gym (969)	174	honor (1228)	215
		honorable	215
H		hook (1229)	216
habit (1252)	219	horizon (920)	165
habitat (2216)	345	horizontal	165
hail (2560)	384	hospital	396
halfway (2053)	327	hospitality (2389)	364
halt (2441)	370	hospitalize (2675)	396
hamper (3046)	432	host (479)	89
handicap (2172)	340	hostage (2718)	400
handicapped	340	household (1637)	274
handle (215)	42	housing (660)	122
handy (1419)	244	hug (2516)	378
hang (288)	55	huge (1165)	205
happen (71)	15	human (363)	69
happening	15	humble (2011)	320
harbor (756)	139	humid (1206)	212, 345

humidity (2217)	212, 345
humiliate (2983)	425
humiliating	425
hunt (847)	154
hunting (848)	154
hurt (470)	87, 89
hypothesis (2939)	421

I

ideal (1230)	216
identification (1599)	122, 270
identify (661)	122, 270, 298
identity (1832)	298
ignorance	332
ignorant (2096)	332
ignore (1189)	209
ill	101
illegal (1946)	312
illness (538)	101
illusion (2442)	370
illustrate (2443)	370
illustration	370
image (500)	92, 148
imaginable	149
imaginary (817)	149, 149
imagination (818)	148, 149
imaginative	149
imagine (816)	92, 148
imbalance (2984)	426
immediate	43
immediately (216)	43
immense (1887)	305
immensely	305
immigrant (1795)	293
immigrate	392
immigration (2642)	293, 392
immune (3015)	428
immunity	428
impact (921)	165
implement (2268)	351
implementation	351
implication	276
implicit (3002)	427
imply (1649)	276
import (662)	123
importance (784)	143
important	29, 143
impose (1548)	264
imposition	264
impossible	29
impress (705)	130
impression (706)	130
improve (235)	46, 203
improvement (1153)	46, 203
impulse (1549)	264

impulsive	264	
incentive (2634)	392	
incident (1888)	305	
incline (2444)	370	
include (31)	7	
income (533)	100	
inconvenience (2196)	343	
inconvenient	343	
incorporate (2842)	412	
incorporated	412	
increase (28)	6	
incredible (1856)	300	
incur (2888)	416	
independence (1515)	258	
independent (1514)	258	
index (983)	176	
indicate (1035)	185, 345, 404	
indication (2210)	185, 345	
indicator (2760)	185, 404	
indifference	365	
indifferent (2390)	365	
indispensable (2852)	413	
individual (580)	109	
induce (2700)	97, 398	
inducement	398	
industrial (663)	22, 123	
industrious (664)	123	
industry (108)	22, 123, 123	
inevitable (1947)	313	
inevitably	313	
inexpensive (1305)	227	
infant (2128)	335	
infect	378	
infection (2517)	378	
inferior (2554)	383	
inferiority	383	
inflation (1709)	283	
inflationary	283	
influence (831)	151	
inform (236)	8, 46	
informal (1385)	239	
information (39)	8, 11, 46	
infrastructure (2730)	401	
ingredient (1590)	269	
inhabit (2577)	386	
inhabitant	386	
inherit (1948)	313	
inheritance	313	
initial (1889)	305	
initiate (2578)	338, 386	
initiative (2156)	338	
injure (1170)	115, 206	
injury (617)	115, 206	
inn (1125)	199	
innocence	321	
innocent (2012)	321	
innovate	357	
innovation (2320)	357	
innovative (2321)	357	
input (2518)	378	
inquire (1650)	276	
inquiry (1651)	276	
insect (480)	89	
insert (2138)	336	
insider (2346)	360	
insist (686)	127	
inspect (2230)	347	
inspection	347	
inspiration	248	
inspire (1443)	248	
install (1116)	197	
installation	197	
installment (2737)	402	
instance (1550)	264	
instant (1350)	233	
instantly	233	
instead (342)	65	
instinct (1949)	313	
instinctive	313	
institute (1622)	156, 273	
institution (859)	156, 273	
instruct (1890)	98, 305	
instruction (521)	98, 305	
instructor	305	
instrument (1284)	224	
insult (1502)	256	
insurance (549)	103, 379	
insure (2519)	103, 379	
intake (2178)	341	
integrate (2719)	400	
integrated (2720)	400	
integration	400	
integrity (2863)	414	
intellect	305	
intellectual (1891)	305	
intelligence (996)	178	
intelligent (995)	178	
intend (417)	61, 78, 245, 305	
intense (1833)	298	
intensify	298	
intensity	298	
intensive (2635)	392	
intent (1892)	305	
intention (1421)	78, 245	
interact	393	
interaction (2644)	393	
interactive (2643)	393	
interest (98)	20, 205	
interested	20	
interfere (1893)	306	
interference	306	
intermediate (2391)	365	
intermission (3016)	429
internal (1306)	227
international (91)	18
interpret (2445)	292, 371
interpretation	371
interpreter (1786)	292
interrupt (860)	156
interruption	156
intersection (1616)	272
interval (2055)	327
interview (565)	106
intimacy	365
intimate (2392)	365
introduce (379)	72, 97, 165, 339
introduction (922)	72, 165
introductory (2165)	72, 339
invade (2013)	321
invasion	321
invent (1473)	252
invention	252
inventory (2731)	401
invest (1056)	188, 276
investigate (1629)	206, 274
investigation (1171)	206, 274
investment (1057)	188
investor (1652)	188, 276
invitation (296)	56
invite (295)	23, 56
invoice (1623)	273
involve (1088)	193
ironic (1089)	193
ironically	193
irrigate	408
irrigation (2804)	408
irritate (2173)	340
irritating	340
isolate (2311)	356
isolation	356
issue (522)	98
item (539)	101
itinerary (2690)	397

J

jail (1008)	181
jeopardize (1009)	181
jewel	192
jewelry (1084)	192
job (12)	4
jobless (2676)	396
jog (1710)	283
jogging	283
join (209)	41, 216
joint (1231)	216
journal (1256)	219
journalism	219

445

索引		
journey (903)	*41*, 162	
judge (380)	72, 266	
judgment (1566)	72, 266	
judicial (2985)	426	
jury (2393)	*105*, 365	
justice (1526)	261, *321*	
justification	*321*	
justify (2014)	*261*, 321	
juvenile (2677)	396	

K

keen (1386)	239
keep	*137*
keyboard (893)	161
kindness	*311*
know	*81*
knowledge (430)	81

L

label (1257)	220
labor (731)	134
laboratory (1653)	276
lack (573)	108
ladder (1351)	234
land (220)	43
landmark (2645)	393
landscape (1445)	248
lane (665)	123
language (228)	45
lately (643)	55, *119*
latest (1527)	261
latter (2100)	332
launch (1197)	210
laundry (1149)	202
law (152)	30, *83*
lawsuit (2864)	414
lawyer (447)	*30*, 83
lay (448)	*59*, 84
layoff (3017)	429
layout (2986)	426
laziness	*174*
lazy (970)	174
lead (153)	31, *261*
leader	*31*
leadership	*31*
leading (1528)	*31*, 261
leak (2211)	345
leakage	*345*
lean (707)	130
leap (1950)	313
learn	*61*
lease (2940)	421
leave	*301*
lecture (1190)	209
legal (803)	146
legend (2701)	398

legendary	*398*
legislate	*327*
legislation (2056)	327
legitimate (2941)	421
leisure (1352)	234
lend (456)	85, *101*
length (381)	72, *399*
lengthen (2702)	*72*, 399
level (202)	40
liability (2161)	339, *421*
liable (2942)	*339*, 421
liberal (2015)	321
liberate	*406*
liberation (2786)	406
liberty (1422)	245, *321*
license (581)	109
lid (923)	165
lie (302)	58, *59*
lift (326)	63
lightweight (2721)	400
likely (165)	33
limit (172)	34, *35*
limitation (173)	*34*, 35
line (44)	10
link (924)	166
liquid (1951)	313
liquidate (3058)	433
liquor (1857)	300
list (154)	31
literal	*379*
literally (2520)	379
literary (2057)	327
literature (1027)	184, *327*
litter (2722)	400
live	*230*
load (418)	78
loan (534)	100, *101*
lobby (1598)	270
local (109)	22
locate (1033)	*112*, 185
location (600)	112, *185*
lock (343)	65
logic	*327*
logical (2058)	327
logo (2897)	417
lonely (944)	169
long	*72*
lookout (2787)	406
loom (2898)	417
loose (1353)	234
loosen (1354)	234
lose (184)	36, *107*
loss (568)	*36*, 107
lower (1053)	188
luck (449)	84
lucky (450)	84

lucrative (3018)	429
luggage (583)	109
lumber (2636)	392
luncheon (2663)	395
lure (2987)	426
luxurious (1071)	190
luxury (1070)	190

M

machine	*214*
machinery (1219)	214, *307*
magnificence	*309*
magnificent (1917)	309
mail (88)	18
main (79)	16, *220*
mainly (1258)	*16*, 220
maintain (723)	133, *218*
maintenance (1246)	*133*, 218
major (531)	100
majority (532)	100
makeup (1796)	294
male (945)	169
malfunction (2740)	402
mall (2136)	336
mammal (2487)	375
manage (451)	*13*, *61*, 84, *104*
management (556)	*84*, 104
manager (62)	13
mandatory (2817)	409
manipulate (2889)	416
manipulation	*416*
manner (819)	149
manual (1664)	278
manufacture (1368)	236
manufacturer (1369)	236
manuscript (2139)	336
margin (2521)	379
mark (344)	66
market (18)	5, *414*
marketable (2865)	*5*, 414
marketing	*5*
marriage (1122)	198
marry	*198*
marvelous (2059)	327
mass (997)	178, *351*
massive (2269)	*178*, 351
master (457)	85
match (355)	67
material (290)	55
matter (122)	25
mature (1551)	264
maturity	*264*
maximize (3033)	191, *430*
maximum (1077)	*191*, 430
meal (101)	20
mean	*61*

446

Entry	Page(s)
means (571)	107
meantime (1529)	261
measure (431)	81, 187
measurement (1052)	81, 187
mechanic (1676)	222, 279
mechanical (1273)	222, 279
media (264)	51, 298
medical (1537)	30, 262
medicine (150)	30, 262
medium (1834)	51, 298
melt (946)	169
member	151
membership (832)	151
memorable (2788)	407
memorandum (2162)	339
memorial (2347)	360
memorize (2394)	181, 365
memory (1010)	181, 365
menace (2761)	404
mend (2016)	321
mental (1474)	253
mentality	253
mention (327)	63
merchandise (2179)	253, 307, 341
merchant (1475)	253, 341
mere	261
merely (1530)	261
merge (2446)	371
merger (2447)	371
merit (1011)	181
mess (1733)	286, 399
message (92)	19
messy (2703)	286, 399
metal (871)	157
meteorological (2824)	410
meteorology	410
method (398)	75
metropolis	335
metropolitan (2130)	335
microwave (1654)	276
mild (971)	174
mileage (2163)	339
military (1208)	212
mind (119)	24, 137
mineral (724)	133
minimize (2866)	189, 414
minimum (1059)	189, 414
minister (1871)	303
minor (1213)	213, 327
minority (2060)	213, 327
minute (505)	94
miracle (1307)	227
miserable (1952)	313
misery	313
mislead	386
misleading (2579)	386
miss (374)	71, 137, 262
missing (1531)	262
mission (1797)	294
misunderstand (1835)	298
misunderstanding (1836)	298
mix (356)	68, 360
mixture (2348)	68, 360
mobile (2606)	389
mobility	389
mode (1953)	313
model (316)	61
moderate (2448)	371
modern (382)	72
modest (2061)	327
modify (2349)	360
module (2646)	393
molecule (2580)	386
moment (481)	89
momentary	89
monetary (2488)	375
money	375
monitor (1308)	227
monopolize	386
monopoly (2581)	386
monotone	422
monotonous (2943)	422
monthly (291)	55
monument (1894)	306
mood (785)	143
moral (1532)	262
morale (3019)	429
mortgage (1583)	269
mostly (804)	147
motion (1285)	224
motivate (2395)	365
motivated (2397)	365
motivation (2396)	365
motive (2398)	365
mount (1476)	253
mourn (2522)	379
move	81
movement (432)	81
multinational (2805)	408
multiple (2350)	360
multiplication	286
multiply (1734)	286
municipal (2664)	395
murder (1373)	237
muscle (925)	166
muscular	166
mutual (1837)	298

N

Entry	Page(s)
naked (1538)	262
nap (2025)	322
nation (328)	35, 63, 314
national (174)	35, 63
nationality (1954)	35, 63, 314
native (872)	157
natural	29, 149
nature (820)	149
nearby (1220)	214
nearly (345)	66
neat (972)	174
necessary (144)	29, 29, 253
necessity (1477)	29, 253
need	171
negative (1012)	181
neglect (1478)	61, 253
negotiate (2351)	194, 360
negotiation (1093)	194, 360
neighbor	120
neighborhood (644)	120
nerve	139
nervous (757)	139
nervously	139
net (1371)	237
network (623)	116
neutral (1994)	318
news	11
nod (1509)	258
noise	178
noisy (998)	178
nominate (2843)	412
nomination	412
normal (758)	139
normally	139
notice (66)	14, 336
notify (2131)	14, 336
nourish	336
nourishment (2132)	336
novel (687)	127
nuclear (1078)	191
nuisance (2582)	386
numerous (1918)	309
nutrient (2732)	401
nutrition	417
nutritious (2893)	417

O

Entry	Page(s)
obedience	314
obedient	314
obey (1955)	314
object (973)	174, 213, 379, 411
objection (2835)	174, 411
objective (2523)	174, 379
obligation	264
oblige (1552)	264
obscure (2583)	386

447

索 引

observance (2867)	209, 414
observation (1192)	209, 210
observe (1191)	209, 414
obsolete (2806)	408
obstacle (2399)	366
obtain (1102)	195
obvious (2062)	182, 328
obviously (1017)	182, 328
occasion (849)	154, 306
occasional	306
occasionally (1895)	154, 306
occupation (1356)	234
occupy (1355)	234
occur (666)	123
odd (1423)	245, 389
odds (2608)	389
odor (2584)	386
offend (1424)	245, 379
offense (1444)	245, 248
offensive (2524)	245, 379
offer (35)	8, 61
office (3)	2, 58
officer (329)	63
official (303)	2, 58
officially	58
offshore (2400)	366
omit (2352)	360
ongoing (2988)	426
online (2868)	414
operate (585)	109
operation (586)	109, 110
operator (587)	109, 110
opinion (399)	75
opponent (2449)	371
opportunity (624)	116
oppose (1209)	150, 212, 213
opposite (821)	150
opposition (1210)	212
optimism	351
optimistic (2270)	351
option (725)	133, 375
optional (2489)	133, 375
orbit (2401)	366
order (6)	2
ordinary (688)	127
organ (1286)	224, 347
organic (2231)	224, 347
organism	224
organization (594)	111, 228
organize (1309)	111, 228
organized (1310)	228
origin (1956)	314, 351
original (609)	114
originally	114
originate (2271)	314, 351
otherwise (894)	161
outbreak (2312)	356
outcome (1957)	314
outdoor (1118)	198
outdoors	198
outfit (2704)	399
outlet (2232)	347
outline (1553)	265
outlook (2272)	352
output (1958)	314
outright (3047)	432
outstanding (1172)	206
overall (1665)	278
overcome (1896)	306
overdue (2733)	401
overflow (2353)	360
overhaul (2899)	417
overhead (2273)	352
overlook (1838)	298
overnight (834)	152
overseas (733)	135
overtake (2450)	371
overtime (2111)	333
overturn (2944)	422
overview (2844)	412
overwhelm (2188)	342
overwhelming (2189)	342
owe (734)	135
own (64)	14, 185
owner (1037)	14, 185
oxygen (1311)	228

P

pace (895)	161
pack (400)	75
package (401)	75, 76
packing	75
pact (3020)	429
pain (330)	63, 89
painful	63
pale (1193)	210
panic (1959)	314
paperwork (2825)	410
parade (974)	175
parallel (1554)	265
pardon (850)	154
part (19)	5, 328
partial (2063)	328
participant (2112)	201, 334
participate (1141)	201, 334
participation	201
particular (786)	144
particularly	144
partition (2181)	341
partner (1232)	216, 379
partnership (2525)	379
party (135)	27
pass (99)	20, 237
passage (1374)	20, 237
passenger (75)	15, 17
passion (1479)	253
passive (1839)	299
passport (873)	158
paste (2526)	379
pastime (2555)	383
pat (926)	166
patent (1595)	270
path (904)	162
patience (1259)	41, 220
patient (207)	41, 220
patronage (2274)	352
pause (999)	178
pay (10)	3, 78
payable (2117)	3, 334
payment (413)	3, 78
peak (851)	154
peculiar (1960)	314
peculiarity	314
pedestrian (2705)	399
peel (1798)	294
penalty (1198)	210
pending (2989)	426
penetrate (2212)	345
penetration	345
pension (2490)	375
pensioner	375
people	307
per (506)	95
perceive (2017)	321
percent	125
percentage (677)	125
perception	321
perform (569)	76, 107
performance (402)	76, 107
period (159)	32, 426
periodical (2990)	32, 426
permanent (1260)	220
permission (667)	69, 123
permit (364)	23, 69, 123
persist (2252)	349
persistence	349
persistent (2253)	349, 350
person	53
personal (276)	53, 255
personality (1491)	53, 255
personnel (1579)	268
perspective (2585)	386
persuade (2018)	23, 322
persuasion	322
pessimism	361
pessimistic (2354)	360
petition (2665)	395
petroleum (2890)	416

Word	Page(s)
petty (2650)	393
pharmaceutical (2145)	337
pharmacy (2144)	337
phase (2275)	352
phenomenon (2527)	380
phony (3048)	432
physical (678)	125
physically	125
physician (1688)	281
pick (140)	28
picturesque (2762)	404
pierce (2355)	361
pile (835)	152
pill (1387)	239
pinpoint (2807)	408
pioneer (1247)	218
pioneering (1248)	218
pity (1480)	253
plain (467)	87
plaintiff (2789)	407
plan (22)	6, 61
planet (947)	169
plant (129)	26
plastic (822)	150
plate (452)	84
plateau (2790)	407
platform (1026)	184
playground (805)	147
plead (2561)	384
pleasant (948)	72, 170
please	72, 205
pleasure (383)	72, 170
plenty (433)	81
plot (2020)	322
plug (2491)	376
plunge (2451)	371
point (85)	17
polar (2945)	69, 422
pole (365)	69, 422
police	307
policeman	307
policy (137)	27
polish (874)	158
polite (905)	163
political (654)	121
politics	121
poll (1142)	201
pollute	197
pollution (1110)	197
poor	322
popular (147)	30, 281
popularity (1689)	30, 281
population (689)	127
port (823)	150
portable (1182)	208
portfolio (2991)	426
portion (1624)	273
portray (2763)	404
pose (1287)	224
position (110)	22
positive (1325)	230
possess (1388)	239
possession (1389)	239, 240
possibility (787)	24, 144
possible (117)	24, 29, 29, 144, 245
possibly (1425)	24, 245
post (123)	25, 228, 335
postage (2124)	25, 335
postal (1312)	25, 228
postpone (1690)	137, 281
potential (1199)	211
pottery (2764)	404
pour (875)	158
poverty (2021)	322
power	89
powerful (482)	89
practical (975)	54, 175
practice (283)	54, 137, 175
practitioner	54
praise (1326)	230
pray (1313)	228
prayer	228
precaution (2125)	335
precede (2528)	380
precedence	380
precedent (2529)	380
preceding (2530)	380
precious (906)	163
precise (1985)	318
precisely	318
predecessor (2946)	422
predict (1060)	189
prediction	189
prefer (138)	28, 283
preference (1711)	28, 283
pregnant (2190)	342
prejudice (2531)	380
preliminary (2492)	376
premature (2891)	417
premium (2218)	345
preoccupied (2064)	328
preoccupy	328
preparation (1200)	33, 211
prepare (166)	33, 61, 211
prescribe (1678)	279
prescription (1677)	279
presence (1357)	234
present (162)	32, 193, 300
presentation (1087)	32, 193
presently (1858)	32, 300
preservation	275
preserve (1638)	275
press (198)	39, 118
pressure (638)	39, 118
prestige	407
prestigious (2791)	407
presumably	328
presume (2065)	195, 328
pretend (1426)	61, 246
prevail (2452)	371
prevailing (2453)	371, 372
prevalent (2454)	371, 372
prevent (434)	81, 267, 407
prevention (1567)	81, 267
preventive (2792)	81, 407
previous (668)	124
previously	124
price (14)	4
pride (907)	91, 163
primarily (2233)	242, 347
primary (1403)	242, 347
prime (1655)	277
primitive (1961)	315
principal (669)	124
principle (1427)	246
print (292)	56
prior (2666)	328, 395
priority (2066)	328
privacy (1314)	53, 228
private (277)	53, 228
privilege (1315)	228
privileged	228
prize (824)	150
probability	246
probable (1428)	19, 246
probably (96)	19, 246
probe (2586)	387
problem (15)	4
procedure (1066)	190
proceed (1173)	207
proceeding (1174)	207
process (208)	41, 390
processed (2617)	41, 390
proclaim (2532)	380
proclamation	380
produce (160)	6, 32, 97, 109, 301
product (26)	6, 32
production (585)	32, 109
productive (1859)	301
productivity	301
profession (1013)	66, 181
professional (346)	66, 181
profile (2276)	352
profit (357)	68, 286
profitable (1735)	68, 286
profound (2911)	418

449

索 引

program (32) 7
progress (366) 69
progressive 69
prohibit (1712) 283
prohibition 283
project (513) 96
projection 96
prolong (2024) 322
prolonged 322
prominent (2538) 382
promise (256) 49, 61, 184
promising (1028) 49, 184
promote (1126) 199
promotion (1127) 199
prompt (2234) 284, 347
promptly (1713) 284, 347
proof (774) 141, 142
proper (708) 98, 130
properly (709) 130, 131
property (524) 98, 130
proportion (1274) 222
proposal (877) 158
propose (876) 158
prospect (1840) 299, 372
prospective (2455) 299, 372
prosper (2456) 315, 372
prosperity (1962) 315, 372
prosperous (1963) 315
protect (317) 61, 294
protection (318) 61
protective (1799) 61, 294
protein (2143) 337
protest (1539) 263
proud (491) 91, 163
prove (773) 141
provide (82) 17
provisional (3049) 432
provoke (2918) 419
psychiatrist (3021) 429
public (76) 16, 361
publication 70
publicity (2356) 16, 361
publish (367) 70
pulse (2457) 372
punctual (2458) 372
punish (1510) 258
punishment (1511) 258
purchase (1032) 184
pure (976) 175
purely 175
purpose (237) 46
pursue (1639) 275
pursuit 275
puzzle (483) 90, 205

Q

quake (2678) 396
qualification (2113) 201, 334
qualified (2114) 201, 334, 334
qualify (1143) 201, 334
quality (546) 103
quantity (1736) 286
quarrel (1390) 240
quarter (229) 45, 400
quarterly (2723) 45, 400
questionnaire (2535) 380
quit (1079) 137, 191, 301
quota (2992) 426
quotation (2236) 347, 348
quote (2235) 347

R

race (259) 50, 382
racial (2539) 50, 382
radiate 337
radiation (2146) 337
radical (2068) 328
radius (3022) 429
rage (1964) 315
raid (2947) 422
raise (190) 37, 59
rally (2402) 366
ramp (2808) 408
random (2540) 382
range (560) 105
rank (878) 158
ranking 158
rapid (497) 92
rapidly 92
rare (1261) 131, 220
rarely (710) 131, 220
rash (2459) 372
rate (16) 4, 9
ratify (3050) 432
rating 4
rational (2541) 382
raw (949) 170
ray (1233) 216
reach (111) 22
react (2237) 348
reaction (2238) 348
reactor (2793) 407
readily (1965) 38, 315
ready (196) 38, 315
real 235
realistic (1897) 235, 306
reality (1358) 235, 306
realize (403) 76
rear (1175) 207

reason (170) 34, 154
reasonable (852) 34, 154
rebate (2182) 341
recall (1404) 137, 242
recede (2794) 407
receipt (679) 7, 126
receive (30) 7, 126, 199
recent (572) 53, 107
recently (278) 53, 55, 107
reception (1128) 7, 199, 342
receptionist (2191) 342
recess (2460) 372
recession (1183) 208
recipe (1656) 277
recipient (2134) 336
recognition (2067) 138, 328
recognize (748) 138, 328
recollect (2853) 413
recollection 413
recommend (527) 99, 127, 137
reconcile (2948) 422
reconciliation 422
record (133) 27
recover (853) 155, 292
recovery (1782) 155, 292
recruit (2277) 352
recycle (1714) 284
recycled 284
reduce (520) 97, 97, 207
reduction (1176) 97, 207
refer (504) 94, 211
reference (1201) 94, 211
refine 352
refined (2278) 352
reflect (927) 166, 267
reflection (1568) 166, 267
reform (806) 147
refrain (2019) 322
refresh (2239) 348
refreshment (2240) 348
refugee (1800) 294
refund (2106) 333
refusal 128
refuse (690) 61, 128
refute (3051) 432
regard (368) 70, 319
regarding (369) 70
regardless (1995) 70, 319
region (1085) 192
regional (1086) 192
register (1074) 191, 270
registered (1075) 191
registration (1600) 191, 270
regret (954) 171
regrettable 29, 171

450

索 引

regular (103) 21, *286*	report (11) 4, *137*, *159*	return (50) 11
regularly (1737) 21, *286*	reporter (879) 159	reunion (2809) 408
regulate (1996) *138*, *319*	represent (836) 152, *188*	reveal (1691) 281
regulation (749) *138*, *319*	representation *152*	revenue (2140) 336
reimburse (2900) 417	representative (1058) *152*, *188*	reverse (1842) 299
reinforce (2949) 422	reproach (2966) 424	review (645) 120
reject (928) 166	reputation (1316) 229	revise (2174) 340
rejection *166*	request (100) 20, *23*	revision *340*
relate (1359) *166*, *235*	require (508) 95, *272*	revival (2557) 384
related (929) 166, *235*	requirement (1610) 95, *272*	revive (2556) 384
relation (1360) *110*, *235*, *235*	rescue (1898) 306	revolution (1018) *182*, *267*, *356*
relationship (588) *110*, *235*	research (528) 99	revolutionary (1574) *182*, *267*
relative (1361) *235*, *299*	resemble (1503) 257	revolve (2313) *182*, *356*
relatively (1841) *235*, *299*	reservation (1041) 58, *186*	reward (1391) 240, *268*
relax (601) 113, *294*	reserve (304) 58, *186*	rewarding (1575) 240, *268*
relaxation (1801) *113*, *294*	reside *192*	rid (1392) 240
release (726) 134	residence (1081) 192, *267*	ridicule *352*
relevant (2213) 345	resident (1080) 192	ridiculous (2280) 352
reliable (2214) *172*, *345*	residential (1571) *192*, *267*	rigid (2314) 356
relief (1263) 220, *301*	resign (1861) 301	rigorous (2810) 409
relieve (1262) 220, *301*	resignation (1862) 301	rip (2588) 387
relieved (1860) 220, *301*	resist (2069) *137*, *329*, *404*	ripe (2072) 329
religion (1429) 246	resistance (2070) 329	rise (221) 43, *59*
religious *246*	resistant (2765) 329, *404*	risk (602) 113, *137*, *348*
relocate (2826) 410	resolution (1504) 257, *306*	risky (2242) *113*, *348*
reluctance *348*	resolve (1899) *61*, *257*, *306*	rival (1481) 254
reluctant (2241) 348	resort (1202) 211	roast (807) 147
rely (955) *172*, *345*	resource (1111) 197	rob (1393) 240, *294*
remain (1184) 208, *387*	respect (909) 163	robbery (1802) 240, *294*
remainder (2587) *208*, *387*	respective (1572) *163*, *267*	role (977) 175
remark (1966) 315	respectively (1573) *163*, *267*, *267*	roll (788) 144
remarkable (1967) 315	respond (1264) 161, *221*	roller *144*
remedy (2357) 361	response (896) 161, *221*	room (23) 6
remember (210) 42, *171*	responsibility (625) 58, *116*	root (1454) 250
remind (766) 23, *140*, *397*	responsible (305) 58, *116*	rot *424*
reminder (2683) *397*	rest (226) 44	rotten (2967) 424
remit (1569) *267*	restore (1221) 214	rough (789) 144
remittance (1570) 267	restrain (2071) 329	roughly (790) 144
remote (1640) 275	restraint *329*	route (404) 76
removal *72*	restrict (1919) 309, *352*	routine (2461) 372
remove (384) 72	restricted (1920) 309	row (419) 79
render (2912) 419	restriction (2279) 309, *352*	rub (1430) 246
renew (1753) 288, *399*	restructure (2403) 366	rude (1431) 246
renewal (2706) *288*, *399*	result (121) 25	rudeness *246*
renovate (2827) 410	resume (1090) *137*, 193, *195*	ruin (1014) 181
renowned (3023) 429	résumé (2609) 389	rule (606) 114
rent (509) 95, *101*, *189*	resumption *193*	rumor (1372) 237
rental (1061) 95, *189*	retail (2126) 335	run (51) 11, *266*
reorganize (2667) 395	retailer *335*	running (1564) *266*
repair (181) 36	retain (1275) 222	runway (2219) 346
repairman *36*	retire (626) 117, *203*, *301*	rural (2073) 329
repeat (908) 163	retirement (1150) *117*, *202*	rush (308) 59
repetition *163*	retrieval (2892) 417	rust (2836) 411
replace (655) 122, *315*	retrieve *417*	rusty *411*
replacement (1968) *122*, *315*		
reply (854) 155		

451

索 引

S

sacrifice (1969)	316
safe (155)	31, 44
safeguard (2766)	405
safety (227)	31, 44
sail (435)	82
salary (279)	53
sale (20)	5
salesman (691)	128
sample (930)	167
sanction (2811)	409
sanitary (2845)	412
satellite (1754)	288
satisfaction (1970)	134, 316
satisfactory (2358)	134, 361
satisfied	134
satisfy (727)	134, 205, 316, 361
satisfying	134
saturate (2818)	409
saturated	409
save (81)	16, 262
saving (1533)	16, 262
scale (1166)	206
scan (2993)	426
scar (2542)	382
scarce	299
scarcely (1843)	299
scare (1222)	215
scared	215
scatter (1524)	261
scene	306
scenery (1900)	306, 307, 396
scenic (2679)	396
scent (2077)	330
schedule (45)	10
scheme (1901)	307
scholar (1844)	299
scholarship (1845)	299
science	175
scientific (978)	175
scold (1846)	299
scoop (2846)	412
score (1203)	211
scramble (2404)	366
scrap (2543)	382
scrape (2405)	366
scratch (1692)	281
screen (627)	117
screw (931)	167
script (2254)	350
scrub (2724)	401
sculpture (2359)	361
seal (1223)	215
search (1211)	213
seat (63)	13
secondary (1317)	229
secondhand (2600)	388
section (589)	110
sector (1611)	272
secure (1121)	98, 198
security (525)	98, 198
seek (711)	61, 131
seem	61
seize (2074)	329
seldom (861)	156
select (610)	114, 188
selected (611)	114
selection (1054)	114, 188
sell	5
semester (2167)	339
seminar (2105)	333
senator (2406)	366
senior (692)	128, 432
seniority (3052)	128, 432
sensation (1986)	318
sensational	318
sense (385)	73, 224, 241
sensible (1394)	73, 225, 240
sensitive (1288)	73, 224, 225
sensor (2628)	391
sensual	225
sensuous	225
sentence (1455)	250
sentiment (2618)	390
sentimental	390
separate (386)	73
separately (387)	73
separation	73
sequence (2589)	387
sequential	387
serial (2607)	389
series (728)	134
serious (331)	63, 224
seriously (1289)	63, 224
serve (53)	2, 12
service (5)	2, 12
set	59
setback (2651)	393
settle (750)	138, 266
settlement (1565)	138, 266
severe (1112)	197
sew (1902)	307
shade (825)	150
shake (458)	85
shallow (1903)	307
shame (932)	167
shameful	167
shape (373)	71
share (293)	56
shatter (2590)	387
shed (2462)	372
shelter (2097)	332
shield (1318)	229
shift (1276)	223
ship (183)	36, 269
shipment (1588)	36, 269
shipping (1589)	269
shiver (2591)	387
shock (370)	70, 205
shoot (880)	159
shopper	17
short (157)	31, 275, 278
shortage (1641)	31, 275
shortly (1666)	31, 278
shot (881)	159
show (48)	10
shrink (1863)	302
shrinkage	302
shrug (2950)	422
shuttle (1603)	271
sidewalk (1067)	190
sigh (1534)	262
sight (791)	145
sightseeing (1319)	229
sign (46)	10, 64, 156
signal (332)	10, 64
signature (862)	10, 156
significance	292
significant (1783)	292
silence (1327)	230
silent	230
similar (732)	135
similarity	135
simple (603)	113
simply (604)	113
simulate (2819)	409
simulation	409
simultaneous (2601)	388
simultaneously	388
sincere (1535)	120, 262
sincerely (646)	120, 262
sincerity	262
single (238)	46
sink (1328)	230
sit	59
site (1642)	275
situate	104
situation (553)	104
skeleton (2795)	407
skeptical (2812)	409
sketch (1492)	255
skill (561)	106, 316
skilled	106
skillful (1971)	106, 316
skin (192)	38
skip (1320)	229

索 引

skyrocket (3060)	433	
skyscraper (2592)	387	
slack (2684)	397	
slash (2994)	426	
slice (767)	141	
slide (882)	159	
slight	*152*	
slightly (837)	152	
slim (2075)	329	
slip (358)	68, 348	
slippery (2243)	68, 348	
sluggish (2820)	410	
slump (2796)	407	
smart (897)	161	
smash (1555)	265	
smooth (883)	159	
smoothly	*159*	
smuggle (3059)	433	
smuggling	*433*	
snap (1904)	307	
snatch (1921)	309	
soak (2407)	366	
soar (2463)	373	
social (420)	79, 155	
society (855)	79, 155	
soft	*361*	
soften (2360)	361	
software (1063)	189	
soil (1432)	246	
solar (1587)	269	
sole (2281)	352	
solid (910)	164	
solution (1073)	90, 190	
solve (484)	90, 190	
soothe (2767)	405	
sophisticated (2593)	387	
sore (898)	89, 162	
sorrow (2076)	329	
sort (468)	87	
soul (1540)	263	
sound (193)	38	
sour (1433)	246	
source (1069)	190	
souvenir (2594)	387	
sow (2469)	373	
space	*275*	
spacious (1643)	275	
span (2322)	357	
spare (405)	76	
special	*294*	
specialize (1803)	294	
specialty (2647)	393	
species (1784)	292	
specific (863)	156, 356	
specification (2316)	156, 356, 356	
specify (2315)	156, 356
specimen (2768)	405
spectacle (1972)	316
spectacular	*316*
spectator (1922)	309
speculate (2869)	414
speculation (2870)	414
speculative	*415*
spell (884)	159
spelling	*159*
spend (84)	17
spending	*17*
sphere (2871)	406, 415
spill (2081)	330
spin (1021)	183
spirit (1185)	208, 330
spiritual (2078)	208, 330
splendid (2082)	330
split (1290)	225
spoil (1022)	183
sponsor (1847)	299
spontaneous (2968)	424
spontaneously	*424*
spot (436)	82
spouse (2725)	401
spread (388)	73
squeeze (1905)	307
stabilize (2872)	316, 415
stable (1973)	316, *415*
stack (2255)	350
stadium (693)	128
staff (554)	104, *105*
stage (453)	84
stain (1755)	288
stair (454)	85
stake (1576)	268
stale (2653)	394
stall (1321)	229
stand (65)	14
standard (280)	53
stare (1322)	229
starvation	*300*
starve (1848)	300
state (38)	8, *110*
statement (590)	8, 110
stationery (2707)	399
statistical	*350*
statistics (2256)	350
statue (712)	131
status (1667)	278
steadily (1997)	167, 319
steady (933)	167, *319*
steal (1000)	178
steep (1974)	316
steer (2289)	353
steering	*353*
step (156)	31
stick (950)	170, *330*
sticker	*170*
sticky (2079)	330
stiff (1482)	254
stiffen	*254*
stimulate (2244)	348
stimulation	*348*
sting (2083)	330
stipulate (3053)	432
stir (1785)	292
stock (515)	96, *394*
stockholder (2654)	394
stomachache	*162*
storage (2317)	357
store (8)	3, *357*
storm (437)	82
straightforward (2951)	422
strain (1249)	218
strange	*183*
stranger (1023)	183
strap (1804)	294
strategy (1864)	302
stream (856)	155
strength (911)	164, *309*
strengthen (1923)	164, 309
stress (1212)	213
stretch (469)	87
strict (751)	138, *286*
strictly (1738)	138, 286
strike (455)	85, *330*
striking (2084)	85, 330
string (1483)	254
strip (1849)	300
strive (1998)	319
stroke (768)	141
strong	*164*
structural	*247*
structure (1434)	247
struggle (912)	164
study (148)	30
stuff (885)	160
stun (3024)	429
stupid (1459)	250
style (1062)	189
subject (309)	59
subjective (2952)	422
submit (577)	108
subordinate (2995)	427
subscribe (2147)	337
subscription (2148)	337
subsequent (2769)	405
subside (2726)	401
subsidence	*401*
subsidiary (2668)	395
subsidize	*412*

453

索 引

subsidy (2847)	412	
substance (1975)	316	
substantial	316	
substitute (2282)	353	
substitution	353	
subtle (2913)	419	
subtract (2848)	412	
subtraction	412	
suburb (1976)	316	
succeed (421)	61, 79	
success (319)	61, 79, 311	
successor	79	
sudden (792)	145	
suddenly	145	
sue (1679)	280	
suffer (347)	66	
sufficient (1015)	182	
suggest (239)	23, 46, 127, 131, 137	
suggestion (713)	46, 131	
suicide (2361)	361	
suit (222)	44, 128	
suitable (694)	44, 128	
suite (1580)	268	
sum (899)	162	
summarize (2409)	367	
summary (2408)	367	
summit (2080)	330	
summon (2544)	382	
superb (2708)	399	
superficial (3003)	427	
superior (1657)	277	
superiority	277	
supervise (2637)	269, 392	
supervision	392	
supervisor (1586)	269, 392	
supplement (2830)	410	
supplementary	410	
supplier (2849)	102, 412	
supply (541)	102, 412	
support (247)	48	
suppose (523)	98, 99	
suppress (2410)	367	
suppression	367	
surcharge (2630)	391	
sure (27)	6, 182	
surely (1019)	6, 182	
surface (729)	134	
surge (2652)	394	
surgeon	295	
surgery (1805)	295	
surpass (2709)	399	
surplus (2669)	395	
surprise (145)	29	
surround (670)	124, 332	
surrounding (2101)	124, 332	
survey (570)	107	
survival	138	
survive (752)	138	
survivor	138	
suspect (714)	131, 373	
suspend (2245)	349	
suspension	349	
suspicion	131	
suspicious (2464)	131, 373	
sustain (2465)	373, 430	
sustainable (3034)	373, 430	
sway (2595)	388	
swear (1484)	254	
sweat (979)	175	
sweep (1485)	254, 390	
sweeping (2619)	254, 390	
swift (2545)	382	
swiftly	382	
swing (498)	92	
symbol (1329)	231	
symbolic	231	
sympathetic (2085)	235, 330	
sympathize (2620)	235, 390	
sympathizer	390	
sympathy (1362)	235, 330, 390	
symptom (2257)	350	
system (57)	12	
systematic	12	

T

tablet (2127)	335	
tackle (2596)	388	
tag (2215)	345	
tail (913)	164	
takeoff (2813)	409	
takeover (2873)	415	
talent (808)	147	
talented	147	
tame (2090)	331	
tangible (3035)	430	
tangle (3054)	432	
tap (1435)	247	
target (809)	147	
tariff (2953)	423	
task (1693)	281	
taste (211)	42	
tax (29)	7, 367	
taxation (2411)	7, 367	
teach	23	
team	105	
tear (857)	155	
technical (769)	141	
technique (770)	141	
technology (695)	128	
tedious (2954)	423	
teenager (980)	175	
tell	23	
temper (838)	152	
temperate (2638)	392	
temperature (550)	103	
temporarily (2770)	221, 405	
temporary (1265)	221, 405	
tempt (1999)	319	
temptation	319	
tend (1234)	61, 61, 216, 268	
tendency (1577)	216, 268	
tender (1977)	317	
tense	300	
tension (1850)	300	
tentative (3036)	430	
term (97)	20	
terminal (2115)	334, 409	
terminate (2814)	334, 409	
termination	409	
terrible (371)	70	
terrific (2283)	353	
territorial	261	
territory (1525)	261	
terror	70	
testify (2771)	405	
testimony (2772)	405	
textile (2955)	423	
theft (2175)	160, 340	
theme (1158)	204	
theoretical	221	
theory (1266)	221	
therapy (2710)	399	
thesis (2711)	399	
thief (886)	160, 340	
thieve	160	
thirst (2102)	332	
thirsty	332	
thorough (1906)	308	
thoroughly	308	
thought	384	
thoughtful (2558)	384	
threat (1395)	241	
threaten (1396)	241	
thrill (1978)	317	
thrilling	317	
thrust (2103)	332	
tide (1277)	223	
tidy (2091)	331	
tie (372)	70	
tight (406)	76	
tightly	76	
tilt (2996)	427	
tip (485)	90	
tired (241)	47	
tissue (1865)	302	
toast (839)	152	

454

索 引

token (1979)	317	
tolerance	*373*	
tolerant (2969)	*373*, *424*	
tolerate (2466)	*373*, *424*	
toll (1601)	271	
toll-free (1602)	271	
tone (753)	139	
tool (486)	90	
toothache	*162*	
toss (1291)	225	
total (168)	34, *235*	
totally (1363)	34, *235*	
touch (310)	60	
tough (671)	124	
tour (199)	39, *41*, *350*	
tourism (2258)	39, *350*	
tourist	*39*	
tow (2797)	407	
toxic (2997)	427	
trace (1907)	308	
track (1043)	186	
trade (217)	43	
trademark (2874)	415	
trading	*43*	
tradition (1397)	119, *241*	
traditional (639)	119, *241*	
traffic (113)	23	
tragedy	*373*	
tragic (2467)	*373*	
train	*34*	
training (169)	34	
transaction (2415)	367	
transcript (2798)	407	
transfer (618)	115	
transform (2468)	*373*	
transit (2546)	382	
transition (2547)	383	
transitional	*383*	
translate (1436)	247	
translation	*247*	
transmission	*376*	
transmit (2493)	376	
transparency	*419*	
transparent (2919)	419	
transplant (2727)	401	
transport (1437)	247	
transportation (1438)	247	
trash (2192)	342	
travel	*41*	
treasure (1364)	236	
treasury (2259)	236, *350*	
treat (619)	116, *200*	
treatment (1136)	116, *200*	
treaty (1980)	317	
tremendous (2412)	367	
trend (771)	141	

trial (956)	172	
trick (981)	176	
tricky	*176*	
trigger (2875)	415	
trim (1756)	288	
trip (67)	14, *41*	
triumph (1556)	265	
triumphant	*265*	
trivial (2602)	388	
troop	*212*	
trouble (112)	22	
true	*204*	
trust (826)	150	
truth (1159)	204	
try	*171*, *172*	
tuck (2413)	367	
tuition (2685)	397	
tumor (3025)	429	
tune (1365)	236	
turbulence (2821)	410	
turn (41)	9	
turnover (2850)	413	
twin (887)	160	
twist (1235)	216	
type (77)	16, *176*	
typical (984)	176	

U

ugly (1439)	247	
ultimate (2362)	361	
ultimately	*361*	
unanimous (2851)	413	
unanimously	*413*	
unconscious (2603)	388	
unconsciously	*388*	
uncover (2548)	383	
undergo (1924)	309	
undergraduate (1757)	289	
underground (1486)	254	
undertake (2549)	383	
unemployed (2157)	202, 338	
unemployment (1144)	202	
unfold (2494)	376	
unfortunate	*274*	
unfortunately (1630)	274	
uniform (888)	160	
uniformity	*160*	
unify (2998)	427	
union (772)	141	
unique (672)	124	
uniquely	*124*	
unit (607)	114	
universal (2104)	333	
universe	*333*	
unload (2901)	418	
unreasonable (2604)	388	

unusual (1167)	206	
update (2639)	392	
upgrade (2133)	336	
upright (2086)	331	
upset (680)	126	
upside (2688)	397	
upward (1981)	317	
urban (1715)	284	
urge (1668)	23, *278*	
urgent (1631)	274	
urgently	*274*	
use	*101*	
used (1024)	57, *183*	
useful	*29*	
usual (422)	79	
usually	*79*	
utility (2158)	338	
utmost (2416)	367	

V

vacancy (2773)	*357*, *405*	
vacant (2318)	*357*, *405*	
vaccinate	*337*	
vaccination (2149)	337	
vaccine	*337*	
vacuum (1925)	309	
vague (1487)	254	
vain (2092)	331	
valid (2116)	334	
validity	*334*	
valuable (487)	23, 90	
value (114)	23, *90*	
vanish (1982)	317	
vapor (2640)	392, *430*	
variation	*287*	
variety (647)	120, *287*	
various (1236)	217, *287*	
vary (1739)	*120*, *217*, 287	
vast (1440)	247	
vastly	*247*	
vegetarian (2108)	333	
vehicle (620)	116	
vendor (2734)	402	
venture (1908)	308	
verbal (2956)	423	
verdict (3026)	429	
verification	*339*	
verify (2166)	339	
version (1129)	199	
vertical (2957)	423	
vessel (1909)	308	
via (2087)	331	
vibrate (2958)	423	
vibration	*423*	
vice	*388*	
vicious (2597)	388	

455

victim (696)	128			will (1029)	184
victory (1488)	254	**W**		win (334)	64
view (281)	53, *311*	wage (754)	139	wind (311)	60
viewpoint (2550)	383	wait	*61*	wing (1458)	250
vigor	*419*	wander (2088)	331	wipe (889)	160
vigorous (2914)	419	want (2)	2, *171*	wire (488)	90
violate (2284)	353	war (250)	48	wisdom	*92*
violation	*353*	warehouse (2624)	391	wise (499)	92
violence (1457)	250	warn (265)	51, *145*	wish	*61*
violent (1456)	250	warning (793)	*51*, *145*	wit	*413*
virtual (2533)	380	warranty (2626)	391	withdraw (1758)	289, *357*
virtually (2534)	380	waste (775)	142	withdrawal (2319)	*289*, 357
virus (2141)	336	way (7)	3	wither (2970)	424
visa (681)	126	wealth (1489)	255	withhold (3000)	427
visible (1505)	257	wealthy	*255*	withstand (2960)	423
vision (730)	134	weapon (1398)	241	witness (934)	167
visitor	*17*	wear (105)	21	witty (2854)	413
visual (1493)	255	weary (2959)	423	wonder (257)	49
vital (2285)	353	weather (68)	14	work	*311*
vitality (2286)	353	weave (2089)	331	workout (2655)	394
vitalize	*353*	weigh (794)	145	workplace (2876)	415
vocation	*430*	weight (795)	145	workshop (2000)	319
vocational (3027)	430	welfare (1851)	300	worldwide (1759)	289
void (3028)	430	whistle (1536)	262	worth (489)	90
volume (682)	126	wholesale (2712)	399	worthwhile (2414)	367
voluntary (2022)	322	wholesaler	*399*	worthy (490)	91
volunteer (2023)	322	wholesome (2774)	405	wound (1366)	236
vote (333)	64	wide	242, *389*	wrap (1237)	217
vow (1806)	295	widen (2605)	389		
voyage	*41*	widespread (2287)	353	**Y**	
vulnerable (2999)	427	width (1405)	242	yearn (3004)	427
		wild (605)	113	yell (1441)	248
		wildlife (1910)	308	yield (1370)	237

〔監修者〕

Bruce Hird（ブルース・ハード）

　米国生まれ。ハワイ大学卒業。元上智大学国際教養学部教授。
　主な著書は、『TOEIC®テストの英単語』（監修）『新TOEIC®テストに　でる順英文法』（監修）（以上、中経出版）、『最新英文ビジネスレター——正しいスタイルとアプローチ』（松柏社）、『Longman High Speed Business Writing for e-Communication』（Longman Hong Kong）など。

〔編著者〕

河上　源一（かわかみ　げんいち）

　英語教材出版社の編集を経て、現在、出版企画・編集会社経営。
　主な著書は、『TOEIC®テストに　でる順英熟語』『新TOEIC®テストに　でる順英文法』『TOEIC®テストの英単語』（以上、中経出版）、『英文Eメール楽習文例集500』（共著）（ピアソン・エデュケーション）、『大学入試　頻度順英単語』（桐原書店）など。

英文校閲／Bryan Musicar
編集・制作／河源社

新TOEIC®テストに　でる順英単語　（検印省略）

2001年10月8日	初版第1刷発行
2007年11月11日	初版第36刷発行
2008年2月6日	新版第1刷発行
2008年2月29日	新版第2刷発行

監修者　Bruce Hird（ブルース・ハード）
編著者　河上　源一（かわかみ　げんいち）
発行者　杉本　惇

発行所　㈱中経出版　〒102-0083
　　　　　東京都千代田区麹町3の2　相互麹町第一ビル
　　　　　電話　03(3262)0371（営業代表）
　　　　　　　　03(3262)2124（編集代表）
　　　　　FAX　03(3262)6855　振替　00110-7-86836
　　　　　ホームページ　http://www.chukei.co.jp/

乱丁本・落丁本はお取替え致します。
DTP／フォレスト　印刷／恵友社　製本／越後堂製本

©2008 Genichi Kawakami, Printed in Japan.
ISBN978-4-8061-2950-9　C2082

手ぶらで勉強できる！　画期的なシリーズ

英語、日本語訳、例文等、必要な情報をすべて付属CD2枚に収蔵。通勤、通学、家事をしながら、いつでもどこでも覚えられる！

赤井田拓弥著

● TOEIC®テスト550点レベルの基本800語

CDを聞くだけで英単語が覚えられる本

● TOEIC®テスト730点レベルを目指す800語

CDを聞くだけで英単語が覚えられる本［中級編］

● TOEIC®テスト・英検・英会話に役立つ700熟語

CDを聞くだけで英熟語が覚えられる本

● TOEIC®テストに頻出する1000フレーズ

CDを聞くだけで英語表現が覚えられる本

中経出版

聞いて覚える韓国語単語帳

キクタン
韓国語
【初級編】

ハングル能力検定試験 4・5級レベル

アルク
www.alc.co.jp

はじめに
「キクタン韓国語」とは

■ ベストセラー「キクタン」の韓国語版

単語を聞いて覚える「聞く単語集」、すなわち「キクタン」。「キクタン」シリーズはアルクの英単語学習教材として始まりました。本シリーズは、音楽のリズムに乗りながら楽しく語彙を学ぶ「チャンツ」という学習法を採用し、受験生からTOEIC®のスコアアップを狙う社会人まで、幅広いユーザーの支持を受けています。本書は、この「キクタン」をベースにした、韓国語の単語帳です。

■ 覚えた単語を実践で役立てるために

せっかく蓄えたボキャブラリーも、音声で正しく認識していなければ、相手に通じさせることが難しくなります。また「知っている」単語を相手が口にした場合でも、聞き取ることが難しいでしょう。特に韓国語の発音には、表記と音声が一致しない「発音変化」という現象もあります。そこで、一度考えてみたいのが、単語を音声から学ぶこと。しかし、単に読み上げられた単語をただただ聞き続けるのは退屈なことです。

本書では、音楽に合わせてリズミカルに発音される単語を聞くことにより、楽しく単語の音声に触れ、かつネーティブスピーカーの発音を体に染み込ませることができるのです。

■ ハングル検定4・5級指定単語の多数をカバー

本書は、ハングル能力検定試験の初級レベル4・5級の出題範囲に指定されている語彙の中で、896の名詞、動詞、形容詞、副詞をピックアップして収めました。本書の収録語彙は、動詞、形容詞、副詞においては出題範囲を80%カバーしています(そのほか、助詞、語尾、慣用表現などの語彙を巻末にリスト掲載)。検定試験の最重要単語を音声とともに覚える。つまり、本書は検定対策にもなり、実践でも使える一石二鳥の単語帳なのです。

だから「効果的に学べる」!
本書の3大特長

1 「耳」と「目」をフル活用して覚える
まず耳で聞いて覚えて、さらに文字で確認することで学習効果が倍増。もちろん、本がなくても音声で、音声がなくても本で学習を進めていくこともできます。

2 1日16語、8週間のカリキュラム学習!
「無理なく続けられること」を前提に、1日の学習語彙量は常に同じ16語にしてあります。たった16語。でも、これを8週間、計56日続けて、確実に覚えていけば、4・5級レベルの名詞、動詞、形容詞、副詞の多くをマスターすることができるのです。もちろん自分のペースに合わせて、もっと早く進めてもいいでしょう。

3 変則活用も発音変化も、耳から学べば身に付く!
多くの初級者がつまずく発音変化という「壁」も、発音されたままに覚えれば恐くありません。この本では、各単語にカタカナでフリガナを付けたほかに、発音変化が起きる語には発音通りのハングルも併記してあります。音だけでなく、目でも発音変化を確かめることで、発音変化はやすやすとクリアすることができるでしょう。
用言については、各週の最後で、その週に学んだ用言の活用を練習するコーナーを設けました。英語の「go-went-gone」や「hear-heard-heard」の要領で、音で活用形を練習すれば、正則活用も変則活用も自然に身に付くはずです(※活用練習の音声に音楽は含まれていません)。

目次

1日16語、8週間で、ハングル検定4・5級レベルの896語をマスター!

1週目 →	□ 1日目 [CD1-02] **名詞 01** ▼ P.10	□ 2日目 [CD1-03] **名詞 02** ▼ P.14	□ 3日目 [CD1-04] **動詞 01** ▼ P.18
2週目 →	□ 8日目 [CD1-12] **名詞 05** ▼ P.42	□ 9日目 [CD1-13] **名詞 06** ▼ P.46	□ 10日目 [CD1-14] **動詞 03** ▼ P.50
3週目 →	□ 15日目 [CD1-21] **名詞 09** ▼ P.74	□ 16日目 [CD1-22] **名詞 10** ▼ P.78	□ 17日目 [CD1-23] **動詞 05** ▼ P.82
4週目 →	□ 22日目 [CD1-30] **名詞 14** ▼ P.106	□ 23日目 [CD1-31] **名詞 15** ▼ P.110	□ 24日目 [CD1-32] 名詞 16 ▼ P.114
5週目 →	□ 29日目 [CD2-01] 名詞 18 ▼ P.138	□ 30日目 [CD2-02] 名詞 19 ▼ P.142	□ 31日目 [CD2-03] 名詞 20 ▼ P.146
6週目 →	□ 36日目 [CD2-10] 名詞 21 ▼ P.170	□ 37日目 [CD2-11] 名詞 22 ▼ P.174	□ 38日目 [CD2-12] ハダ用言 02 ▼ P.178
7週目 →	□ 43日目 [CD2-20] 名詞 25 ▼ P.202	□ 44日目 [CD2-21] 名詞 26 ▼ P.206	□ 45日目 [CD2-22] ハダ用言 03 ▼ P.210
8週目 →	□ 50日目 [CD2-30] 名詞 29 ▼ P.234	□ 51日目 [CD2-31] 名詞 30 ▼ P.238	□ 52日目 [CD2-32] ハダ用言 04 ▼ P.242

■5級のみ　■5・4級　■4級のみ　■4・3級　■3級のみ

耳から覚える用言の活用			本書と音声CDの構成	▶ P.6	ハングル能力検定	▶ P.270
1 ▶ P.38	2 ▶ P.70	3 ▶ P.102	ハングル能力検定について	▶ P.8	4・5級その他品詞	
4 ▶ P.134	5 ▶ P.166	6 ▶ P.198	韓国語の言葉づかい	▶ P.266	索引	▶ P.274
7 ▶ P.230	8 ▶ P.262		変則活用	▶ P.268		

□ 4日目 [CD1-05]	□ 5日目 [CD1-06]	□ 6日目 [CD1-07]	□ 7日目 [CD1-08]
動詞 02	**形容詞 01**	**名詞 03**	**名詞 04**
▼	▼	▼	▼
P.22	P.26	P.30	P.34
□ 11日目 [CD1-15]	□ 12日目 [CD1-16]	□ 13日目 [CD1-17]	□ 14日目 [CD1-18]
動詞 04	**副詞 01**	**名詞 07**	**名詞 08**
▼	▼	▼	▼
P.54	P.58	P.62	P.66
□ 18日目 [CD1-24]	□ 19日目 [CD1-25]	□ 20日目 [CD1-26]	□ 21日目 [CD1-27]
形容詞 02	**名詞 11**	**名詞 12**	**名詞 13**
▼	▼	▼	▼
P.86	P.90	P.94	P.98
□ 25日目 [CD1-33]	□ 26日目 [CD1-34]	□ 27日目 [CD1-35]	□ 28日目 [CD1-36]
名詞 17	**ハダ用言 01**	**動詞 06**	**形容詞 03**
▼	▼	▼	▼
P.118	P.122	P.126	P.130
□ 32日目 [CD2-04]	□ 33日目 [CD2-05]	□ 34日目 [CD2-06]	□ 35日目 [CD2-07]
動詞 07	**動詞 08**	**副詞 02**	**副詞 03**
▼	▼	▼	▼
P.150	P.154	P.158	P.162
□ 39日目 [CD2-13]	□ 40日目 [CD2-14]	□ 41日目 [CD2-15]	□ 42日目 [CD2-16]
動詞 09	**動詞 10**	**名詞 23**	**名詞 24**
▼	▼	▼	▼
P.182	P.186	P.190	P.194
□ 46日目 [CD2-23]	□ 47日目 [CD2-24]	□ 48日目 [CD2-25]	□ 49日目 [CD2-26]
動詞 11	**形容詞 04**	**名詞 27**	**名詞 28**
▼	▼	▼	▼
P.214	P.218	P.222	P.226
□ 53日目 [CD2-33]	□ 54日目 [CD2-34]	□ 55日目 [CD2-35]	□ 56日目 [CD2-36]
動詞 12	**形容詞 05**	**副詞 04**	**名詞 31**
▼	▼	▼	▼
P.246	P.250	P.254	P.258

本書と音声CDの構成

1日の学習量は16語。2見開き4ページ、CD1トラックが1日分に当たります。

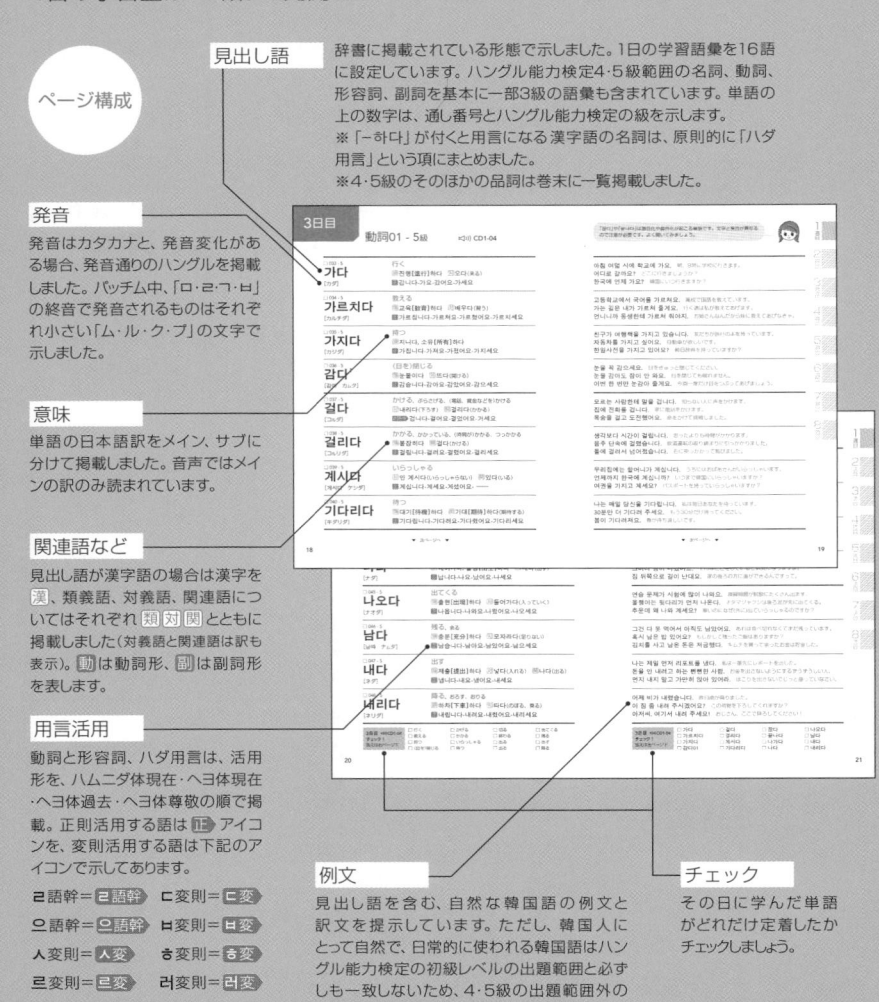

ページ構成

見出し語
辞書に掲載されている形態で示しました。1日の学習語彙を16語に設定しています。ハングル能力検定4・5級範囲の名詞、動詞、形容詞、副詞を基本に一部3級の語彙も含まれています。単語の上の数字は、通し番号とハングル能力検定の級を示します。
※「-하다」が付くと用言になる漢字語の名詞は、原則的に「ハダ用言」という項にまとめました。
※4・5級のそのほかの品詞は巻末に一覧掲載しました。

発音
発音はカタカナと、発音変化がある場合、発音通りのハングルを掲載しました。パッチム中、「ㅁ・ㄹ・ㄱ・ㅂ」の終音で発音されるものはそれぞれ小さい「ム・ル・ク・プ」の文字で示しました。

意味
単語の日本語訳をメイン、サブに分けて掲載しました。音声ではメインの訳のみ読まれています。

関連語など
見出し語が漢字語の場合は漢字を漢、類義語、対義語、関連語についてはそれぞれ類 対 関 とともに掲載しました（対義語と関連語は訳も表示）。動は動詞形、副は副詞形を表します。

用言活用
動詞と形容詞、ハダ用言は、活用形を、ハムニダ体現在・ヘヨ体現在・ヘヨ体過去・ヘヨ体尊敬の順で掲載。正則活用する語は 正 アイコンを、変則活用する語は下記のアイコンで示してあります。

ㄹ語幹=ㄹ語幹　ㄷ変則=ㄷ変
으語幹=으語幹　ㅂ変則=ㅂ変
ㅅ変則=ㅅ変　ㅎ変則=ㅎ変
르変則=르変　러変則=러変
하다用言=하用

例文
見出し語を含む、自然な韓国語の例文と訳文を提示しています。ただし、韓国人にとって自然で、日常的に使われる韓国語はハングル能力検定の初級レベルの出題範囲と必ずしも一致しないため、4・5級の出題範囲外の文法や語彙が使われた例文もあります。

チェック
その日に学んだ単語がどれだけ定着したかチェックしましょう。

※本書にはチェックシート（赤シート）が付いています。まず最初に覚えてほしい見出し語のメイン訳、さらに例文の訳は本文中で赤字になっているので、これらを隠して学習するのにご活用ください。

音声CDの構成

1日

音楽に合わせて、単語四つを次の要領で読む

♪ 가다 ▸ 行く ▸ 가다
♪ 가르치다 ▸ 教える ▸ 가르치다
♪ 가지다 ▸ 持つ ▸ 가지다
♪ 감다 ▸ 閉じる ▸ 감다
♪ 가다 ▸ 가르치다 ▸ 가지다 ▸ 감다

×

4セット・計16単語

×

1週

7セット・計112単語
＋
その週に学んだ用言の活用を練習します
※この部分は音楽がありません

가다 ▸ 갑니다 ▸ 가요 ▸ 갔어요 ▸ 가세요

가르치다 ▸ 가르칩니다 ▸ 가르쳐요 ▸ 가르쳤어요 ▸ 가르치세요

가지다 ▸ 가집니다 ▸ 가져요 ▸ 가졌어요 ▸ 가지세요

감다 ▸ 감습니다 ▸ 감아요 ▸ 담았어요 ▸ 감으세요

(…)

×

8週

8回・計896単語

ハングル能力検定について

ハングル能力検定(正式名称「ハングル」能力検定試験)は、主に日本語を母語とする学習者を対象とした韓国語・朝鮮語の検定試験です。春・秋の年2回、日本全国22の会場で実施され、準2級を含む5級から1級までの全6段階にレベルが分けられています(2008年4月現在)。この本で取り上げた単語のほとんどは入門・初級に当たる4級と5級のものです。4級、5級共に、100点満点(筆記60点、聞き取り40点)中、60点以上で合格。試験時間は90分(筆記60分、聞き取り30分)です。

5級 ▶ 韓国・朝鮮語を習い始めた初級前半の段階。40時間程度授業を受講したレベル。ハングルの母音と子音を正確に区別でき、約450語の単語や限られた文型を用いて作られた文を、読んだり聞いたりすることができる。決まり文句としてのあいさつや簡単な質問ができ、またそういった質問に答えることができる。自分自身や家族の名前、特徴や好き嫌いなどの私的な話題、日課や予定、食べ物などの身近な事柄について伝え合うことができる。

4級 ▶ 初級後半の段階。80時間程度授業を受講したレベル。比較的使用頻度の高い約950語の単語や文型を用いて作られた文を、読んだり聞いたりすることができる。決まり文句を用いてさまざまな場面であいさつができ、事実を伝え合うことができるだけでなく、レストランでの注文や簡単な買い物をする際の定型化された依頼や、簡単な誘いなどを行うことができる。自分の力で辞書を引き、知らない語の意味をある程度把握することができる上、頻繁に用いられる単語の組み合わせ(連語)についても一定の知識を持ち合わせている。短い文を読み、何について述べられたものなのかをつかむことができ、メモ書きや領収書などの実用的な文や、切符や映画のチケットなどを見て必要な情報を得ることができる。

※詳しい情報については下記にお問い合わせください。

NPO法人ハングル能力検定協会
〒106-0041　東京都港区麻布台1-11-5 5F
TEL:03-3568-7270　HP:http://www.hangul.or.jp/

キクタン韓国語
1週目

- 1日目　名詞01 [5級 ㄱ]　　　>>> 10
- 2日目　名詞02 [5級 ㄱ]　　　>>> 14
- 3日目　動詞01 [5級 ㄱ-ㄴ]　　>>> 18
- 4日目　動詞02 [5級 ㄴ-ㄷ]　　>>> 22
- 5日目　形容詞01 [5級 ㄱ-ㅁ]　>>> 26
- 6日目　名詞03 [5級 ㄱ-ㄴ]　　>>> 30
- 7日目　名詞04 [5級 ㄴ-ㄷ]　　>>> 34
- 　　　　用言の活用1　　　　　>>> 38

1日目

名詞01 - 5級　 CD1-02

□ 001 - 5
가게
[カゲ]

店
類 상점[商店]

□ 002 - 5
가방
[カバン]

かばん
類 백[bag], 배낭[背囊]

□ 003 - 5
가슴
[カスム]

胸
類 유방[乳房], 마음

□ 004 - 5
가을
[カウル]

秋
類 추계[秋季]　対 봄(春)

□ 005 - 5
가족
[カジョク]

家族
漢 家族　類 식구[食口], 처자식[妻子息]

□ 006 - 5
감기
[カムギ]

風邪
漢 感氣　類 고뿔, 인플루엔자[influenza]

□ 007 - 5
값
[갑　カプ]

値段、価値
類 가격[價格], 가치[價値]

□ 008 - 5
강
[カン]

川
漢 江　類 하천[河川]

▼ 次ページへ ▼

まずはハングル能力検定5級の名詞からスタートです。2種類ある母音「오」と「어」を注意して聞き、耳を慣らしていきましょう。

가게에 좀 들러서 갈게요.　店に寄ってから行きます。
동네에 작은 가게를 하나 냈어요.　町に小さな店を一つ出しました。
저 위쪽에 옷가게가 있어요.　あの上に洋服店があります。

가방 좀 들어 주세요.　かばんをちょっと持ってください。
부장님이 두고 가신 서류 가방.　部長が置いていった書類かばん。
오빠가 제 가방을 들어 줬어요.　兄が私のかばんを持ってくれました。

그가 아파하니 저도 가슴이 아파요.　彼が痛がるので私も胸が痛いです。
이 말을 가슴 깊이 새기세요.　この言葉を胸に深く刻んでください。
가슴이 뻥 뚫린 듯이 시원하다.　胸(のつかえ)がとれたようにさわやかだ。

이제 가을이 다가오나 봐요.　もう秋が近いようです。
가을 하면 역시 단풍놀이죠!　秋といえばやはり紅葉狩りでしょう。
슬슬 가을 옷들을 꺼내야겠어요.　そろそろ秋服を出さなければいけません。

가족끼리 여행을 가려고 해요.　家族だけで旅行に行こうと思います。
그와 그녀는 한 가족을 이뤘습니다.　彼と彼女は一つの家族になりました。
그분들과는 가족처럼 지내요.　彼らとは家族のように過ごしています。

감기 기운이 좀 있어요.　風邪をひきそうです(風邪の気配があります)。
감기 걸리지 않게 조심하세요.　風邪をひかないように注意してください。
동생한테 감기를 옮은 것 같아요.　弟に風邪をうつされたようです。

집값이 너무 올랐어요.　家の価格がとても上がりました。
왜 그렇게 비싼 값에 사셨어요?　なぜそんな高い値段で買われたんですか?
어머니는 값을 깎는 데 선수세요.　母は値段を下げさせる名人(選手)です。

강 옆에 있는 길을 따라오세요.　川の横にある道に沿って来てください。
이 강은 바다로 흐릅니다.　この川は海に流れます。
강을 배로 건너가요.　川を舟で渡ります。

▼ 次ページへ ▼

1日目

名詞01 - 5級　　🔊 CD1-02

□ 009 - 5
개
[ケ]

犬
類 견[犬]　関 강아지(子犬)

□ 010 - 5
거리¹
[コリ]

通り、街、道
類 가두[街頭]

□ 011 - 5
거의
[거이　コイ]

ほとんど、ほぼ
類 대개[大概]

□ 012 - 5
겨울
[キョウル]

冬
類 동계[冬季]　対 여름(夏)

□ 013 - 5
결과
[キョルグァ]

結果
漢 結果　類 열매　対 원인[原因](原因)　関 성과(成果)

□ 014 - 5
고기
[コギ]

肉、魚
類 육류[肉類]　対 채소[菜蔬](野菜)

□ 015 - 5
고등학교
[고등학꾜　コドゥンハクキョ]

高等学校
漢 高等學校

□ 016 - 5
고추
[コチュ]

唐辛子

| 1日目 🔊CD1-02 チェック！ 答えは右ページ下 | □ 店　□ かばん　□ 胸　□ 秋 | □ 家族　□ 風邪　□ 値段　□ 川 | □ 犬　□ 通り　□ ほとんど　□ 冬 | □ 結果　□ 肉　□ 高等学校　□ 唐辛子 |

12

우리집 개가 아닙니다.　うちの犬ではありません。
개를 한 마리 키우고 있어요.　犬を1匹飼っています。
어려서 개에게 물린 상처예요.　幼いとき犬にかまれた傷です。

주말이라 거리에 사람이 많네요.　週末なので通りに人が多いですね。
그저 거리를 말없이 걸었어요.　ひたすら通りを黙々と歩きました。
길을 잃어서 거리를 한참 헤맸어요.　道に迷って通りをしばらくさまよいました。

주말에는 거의 집에서 잡니다.　週末はほとんど家で寝ています。
일요일에는 거의 집에 없습니다.　日曜日にはほとんど家にいません。
일은 거의 다 되어 갑니다.　仕事はほとんどできつつあります。

겨울은 날이 춥고 밤이 깁니다.　冬は天気が寒くて夜が長いです。
겨울에는 기온이 영하까지 내려가요.　冬には気温が零下まで下がります。
겨울 방학은 언제부터예요?　冬休みはいつからですか?

시험 결과는 잘 나올 것 같아요?　試験の結果はよいようですか?
실험 결과는 성공적이었습니다.　実験結果は成功でした。
상황은 결과에 따라 달라집니다.　状況は結果によって異なります。

소고기보다 돼지고기가 좋아요.　牛肉より豚肉が好きです。
닭고기 중에서도 다리를 좋아해요.　鶏肉の中でも、ももが好きです。
돼지고기는 구워서 먹어요.　豚肉は焼いて食べます。

어머니는 고등학교 선생님입니다.　母は高校の先生です。
고등학교는 공학이었어요?　高校は共学でしたか?
고등학교는 어디 나왔어요?　高校はどこを出ましたか?

피망은 먹는데 고추는 못 먹어요.　ピーマンは食べますが、唐辛子は食べられません。
고추는 고추장에 찍어서 먹어야죠.　唐辛子は唐辛子味噌を付けて食べなくちゃ。
할머니께서 고추를 말리고 계세요.　祖母は唐辛子を干していらっしゃいます。

| 1日目 ◁))CD1-02 チェック! 答えは左ページ下 | □ 가게
□ 가방
□ 가슴
□ 가을 | □ 가족
□ 감기
□ 값
□ 강 | □ 개
□ 거리¹
□ 거의
□ 겨울 | □ 결과
□ 고기
□ 고등학교
□ 고추 |

2日目

名詞02 - 5級　　🔊 CD1-03

☐ 017 - 5	**과일**	果物
	[クァイル]	類 과실[果實]

| ☐ 018 - 5 | **교과서** | 教科書 |
| | [キョグァソ] | 漢 教科書　類 교본[教本] |

| ☐ 019 - 5 | **교사** | 教師 |
| | [キョサ] | 漢 教師　類 선생[先生]님 |

| ☐ 020 - 5 | **교실** | 教室 |
| | [キョシル] | 漢 教室 |

| ☐ 021 - 5 | **구두** | 靴 |
| | [クドゥ] | 類 신 |

| ☐ 022 - 5 | **구름** | 雲 |
| | [クルム] | |

| ☐ 023 - 5 | **구월** | 9月 |
| | [クウォル] | 漢 九月 |

| ☐ 024 - 5 | **국** | スープ、汁 |
| | [クク] | 類 국물　対 밥(ご飯) |

▼　次ページへ　▼

昨日に続いて名詞を覚えていきます。今日は2種類ある母音「우」と「으」の音に注意しながら聞いてみましょう。

과일 좀 싸 줄까요?　果物を包んであげましょうか？
무슨 과일을 좋아하세요?　どんな果物が好きですか？
과일 가게에서 사과를 샀어요.　果物屋でリンゴを買いました。

교과서는 다 챙겼니?　教科書は全部準備したかい？
교과서 위주로 공부했어요.　教科書主体で勉強しました。
그 책은 내 인생의 교과서이다.　あの本は私の人生の教科書だ。

딸아이가 교사예요.　娘が教師です。
사범대학을 나와서 교사가 됐어요.　師範学校を出て教師になりました。
올해로 교사 생활 십 년째입니다.　今年で教師生活10年目です。

지금 교실에 누가 있어요?　今教室に誰がいますか？
오늘 교실 청소 당번 누구야?　今日の教室の掃除当番は誰だ？
정든 교실도 오늘이 마지막이네요.　慣れ親しんだ教室も今日が最後ですね。

이 가게 구두 예뻐요.　この店の靴はかわいいです。
이 구두는 발에 맞아서 편해요.　この靴は足に合っていて楽です。
자기 전에 아버지 구두를 닦아요.　寝る前に父の靴を磨きます。

구름도 없고 날씨가 정말 좋습니다.　雲もなく天気が本当にいいです。
내 마음에 구름이 낀 것 같다.　私の心に雲がかかったようだ。
뭉게구름.　積雲。

구월에 생일인 친구가 있어요.　9月が誕生日の友だちがいます。
구월에는 2학기가 시작돼요.　9月には2学期が始まります。
구월말.　9月末。

어머니가 끓여 주시는 국이 맛있죠.　母が作ってくれたスープはおいしいです。
생일이라 미역국을 먹었어요.　誕生日なのでワカメスープを食べました。
아침은 콩나물국을 먹었어요.　朝は豆モヤシのスープを食べました。

▼　次ページへ　▼

2日目 — 名詞02 - 5級　CD1-03

□ 025 - 5
귀
[クィ]
耳

□ 026 - 5
그날
[クナル]
その日、当日、あの日

□ 027 - 5
그때
[クッテ]
その時、あの時

□ 028 - 5
그림
[クリム]
絵
類 회화[繪畵]

□ 029 - 5
글
[クル]
文、文章、文字
類 문장[文章]　対 말(言葉)

□ 030 - 5
금요일
[ク묘일　クミョイル]
金曜日
漢 金曜日

□ 031 - 5
금주
[クムジュ]
今週
漢 今週　類 이번주　対 다음주(来週)

□ 032 - 5
급
[クプ]
級
漢 級　類 단계[段階], 정도[程度]

2日目　CD1-03　チェック！　答えは右ページ下

- □ 果物
- □ 教科書
- □ 教師
- □ 教室
- □ 靴
- □ 雲
- □ 9月
- □ スープ
- □ 耳
- □ その日
- □ その時
- □ 絵
- □ 文
- □ 金曜日
- □ 今週
- □ 級

귀가 아플 정도로 추워요.　耳が痛いほど寒いです。
누가 내 욕을 하나? 귀가 가렵네.　誰か私の悪口を言ってるのか？　耳がかゆいな。
시끄러워서 귀를 막아 버렸어요.　うるさくて耳をふさいでしまいました。

그날이 빨리 오면 좋겠어요.　その日が早く来ればいいです。
그날 무슨 일이 있었어요?　あの日何かあったんですか？
그날까지 보내 주세요.　その日までに送ってください。

그와는 그때 만났습니다.　彼とはその時に会いました。
그때는 너무 바빴어요.　あの時はとても忙しかったです。
그때는 아직 그 사실을 몰랐어요.　その時はまだその事実を知りませんでした。

이 그림이 누구 그림이더라?　この絵は誰の絵だったかな？
친구는 그림을 잘 그려요.　友達は絵をうまく描きます。
그림을 보는 건 좋아합니다.　絵を見ることは好きです。

그는 어려서부터 글을 잘 썼어요.　彼は幼い頃から文章が上手でした。
좋은 글은 마음을 움직입니다.　よい文章は心を動かします。
말은 잘 못하지만 글은 좀 읽어요.　話はダメですが、文章は少し読みます。

금요일 밤에 영화를 보기로 했어요.　金曜日の夜に映画を見ることにしました。
금요일은 밤이 좋아.　金曜日は夜がいい。
금요일은 마음이 편하다.　金曜日は気が楽だ。

이 일은 금주 안에 끝날까요?　この仕事は今週中に終わりますか？
금주 중에 한번 봐요.　今週中に一度会いましょう。
금주는 금주 기간이다.　今週は禁酒期間だ。

그 영화는 B급도 안된다.　その映画はB級映画にも劣る。
홍차에도 등급이 있어요.　紅茶にも等級があります。
그 고기는 1등급 한우예요.　その肉は1等級の韓牛です。

2日目 📢 CD1-03
チェック！
答えは左ページ下

- ☐ 과일
- ☐ 교과서
- ☐ 교사
- ☐ 교실
- ☐ 구두
- ☐ 구름
- ☐ 구월
- ☐ 국
- ☐ 귀
- ☐ 그날
- ☐ 그때
- ☐ 그림
- ☐ 글
- ☐ 금요일
- ☐ 금주
- ☐ 급

3日目

動詞01 - 5級　 CD1-04

□ 033 - 5
가다
[カダ]

行く
類 진행[進行]하다　対 오다(来る)
正 갑니다-가요-갔어요-가세요

□ 034 - 5
가르치다
[カルチダ]

教える
類 교육[教育]하다　対 배우다(習う)
正 가르칩니다-가르쳐요-가르쳤어요-가르치세요

□ 035 - 5
가지다
[カジダ]

持つ
類 지니다, 소유[所有]하다
正 가집니다-가져요-가졌어요-가지세요

□ 036 - 5
감다¹
[감따　カムタ]

(目を)閉じる
類 눈붙이다　対 뜨다(開ける)
正 감습니다-감아요-감았어요-감으세요

□ 037 - 5
걸다
[コルダ]

かける、ぶらさげる、(電話、賞金などを)かける
対 내리다(下ろす)　関 걸리다(かかる)
ㄹ語幹 겁니다-걸어요-걸었어요-거세요

□ 038 - 5
걸리다
[コルリダ]

かかる、かかっている、(時間が)かかる、つっかかる
類 붙잡히다　関 걸다(かける)
正 걸립니다-걸려요-걸렸어요-걸리세요

□ 039 - 5
계시다
[게시다　ケシダ]

いらっしゃる
対 안 계시다(いらっしゃらない)　関 있다(いる)
正 계십니다-계세요-계셨어요- ──

□ 040 - 5
기다리다
[キダリダ]

待つ
類 대기[待機]하다　関 기대[期待]하다(期待する)
正 기다립니다-기다려요-기다렸어요-기다리세요

▼　次ページへ　▼

「끊다」や「끝나다」は激音化や鼻音化が起こる単語です。文字と発音が異なるので注意が必要です。よく聞いてみましょう。

아침 여덟 시에 학교에 가요.　朝、8時に学校に行きます。
어디로 갈까요?　どこに行きましょうか？
한국에 언제 가요?　韓国にいつ行きますか？

고등학교에서 국어를 가르쳐요.　高校で国語を教えています。
가는 길은 내가 가르쳐 줄게요.　行く道は私が教えてあげます。
언니니까 동생한테 가르쳐 줘야지.　お姉さんなんだから妹に教えてあげなきゃ。

친구가 여행책을 가지고 있습니다.　友だちが旅行の本を持っています。
자동차를 가지고 싶어요.　自動車が欲しいです。
한일사전을 가지고 있어요?　韓日辞典を持っていますか？

눈을 꼭 감으세요.　目をぎゅっと閉じてください。
눈을 감아도 잠이 안 와요.　目を閉じても眠れません。
이번 한 번만 눈감아 줄게요.　今回一度だけ目をつぶってあげましょう。

모르는 사람한테 말을 겁니다.　知らない人に声をかけます。
집에 전화를 겁니다.　家に電話をかけます。
목숨을 걸고 도전했어요.　命をかけて挑戦しました。

생각보다 시간이 걸립니다.　思ったよりも時間がかかります。
음주 단속에 걸렸습니다.　飲酒運転の取り締まりに引っかかりました。
돌에 걸려서 넘어졌습니다.　石に突っかかって転びました。

우리집에는 할머니가 계십니다.　うちにはおばあさんがいらっしゃいます。
언제까지 한국에 계십니까?　いつまで韓国にいらっしゃいますか？
여권을 가지고 계세요?　パスポートを持っていらっしゃいますか？

나는 매일 당신을 기다립니다.　私は毎日あなたを待っています。
30분만 더 기다려 주세요.　もう30分だけ待ってください。
봄이 기다려져요.　春が待ち遠しいです。

▼　次ページへ　▼

3日目

動詞01 - 5級　　🔊 CD1-04

□ 041 - 5
끊다
[끈타　クンタ]

切る、断つ
- 類 자르다　対 잇다(つなぐ)
- 正 끊습니다-끊어요-끊었어요-끊으세요

□ 042 - 5
끝나다
[끈나다　クンナダ]

終わる
- 対 시작되다(始まる)　関 끝내다(終える)
- 正 끝납니다-끝나요-끝났어요-끝나세요

□ 043 - 5
나가다
[ナガダ]

出る、出て行く
- 類 탈퇴[脱退]하다, 진출[進出]하다
- 正 나갑니다-나가요-나갔어요-나가세요

□ 044 - 5
나다
[ナダ]

出る、起こる、生える
- 類 태어나다, 출생[出生]하다　関 내다(出す)
- 正 납니다-나요-났어요-나세요

□ 045 - 5
나오다
[ナオダ]

出てくる
- 類 출현[出現]하다　対 들어가다(入っていく)
- 正 나옵니다-나와요-나왔어요-나오세요

□ 046 - 5
남다
[남따　ナムタ]

残る、余る
- 類 충분[充分]하다　対 모자라다(足りない)
- 正 남습니다-남아요-남았어요-남으세요

□ 047 - 5
내다
[ネダ]

出す
- 類 제출[提出]하다　対 넣다(入れる)　関 나다(出る)
- 正 냅니다-내요-냈어요-내세요

□ 048 - 5
내리다
[ネリダ]

降る、おろす、おりる
- 類 하차[下車]하다　対 타다(のぼる、乗る)
- 正 내립니다-내려요-내렸어요-내리세요

3日目 🔊 CD1-04 チェック！
答えは右ページ下

- □ 行く
- □ 教える
- □ 持つ
- □ (目を)閉じる
- □ かける
- □ かかる
- □ いらっしゃる
- □ 待つ
- □ 切る
- □ 終わる
- □ 出る
- □ 出る
- □ 出てくる
- □ 残る
- □ 出す
- □ 降る

밥 먹을 거니까 전화 그만 끊어요.　ご飯を食べるからもう電話を切ります。
담배를 끊고 싶어요.　たばこをやめたいです。
걔는 말이 많아서 좀 끊어 줘야 돼.　あいつは話が長いから止めてやらなきゃ。

이제 곧 시험이 끝나요.　もうすぐ試験が終わります。
이미 끝난 일은 잊으세요.　もう終わったことは忘れてください。
수업이 끝나서 다들 돌아갔어요.　授業が終わってみんな帰りました。

그는 그렇게 말하고 밖으로 나갔다.　彼はそう言って外に出て行った。
그가 나간 문을 보며 나는 울었다.　彼が出て行ったドアを見て私は泣いた。
혼자 있고 싶은데, 좀 나가 줄래?　一人でいたいんだけど、ちょっと出てくれる?

넘어져서 무릎에 피가 나요.　転んでひざに血が出ています。
그러다 병이 나겠어요.　そんなことをしていると病気になりますよ。
집 뒤쪽으로 길이 난대요.　家の後ろの方に道ができるんですって。

연습 문제가 시험에 많이 나와요.　練習問題が試験にたくさん出ます。
올챙이는 뒷다리가 먼저 나온다.　オタマジャクシは後ろ足が先に出てくる。
추운데 왜 나와 계세요?　寒いのになぜ(外に)出ていらっしゃるのですか?

그건 다 못 먹어서 아직도 남았어요.　あれは食べ切れなくてまだ残っています。
혹시 남은 밥 있어요?　もしかして残ったご飯はありますか?
김치를 사고 남은 돈은 저금했다.　キムチを買って余ったお金は貯金した。

나는 제일 먼저 리포트를 냈다.　私は一番先にレポートを出した。
돈을 안 내려고 하는 뻔뻔한 사람.　お金を出さないようにするずうずうしい人。
먼지 내지 말고 가만히 앉아 있어라.　ほこりを出さないでじっと座っていなさい。

어제 비가 내렸습니다.　昨日雨が降りました。
이 짐 좀 내려 주시겠어요?　この荷物を下ろしてくれますか?
아저씨, 여기서 내려 주세요!　おじさん、ここで降ろしてください!

**3日目　CD1-04
チェック!**
答えは左ページ下

- 가다
- 가르치다
- 가지다
- 감다01
- 걸다
- 걸리다
- 계시다
- 기다리다
- 끊다
- 끝나다
- 나가다
- 나다
- 나오다
- 남다
- 내다
- 내리다

4日目

動詞02 - 5級　CD1-05

□ 049 - 5
넣다
[너타　ノタ]
入れる
対 꺼내다(取り出す)　関 꽂다(挿す)
正 넣습니다-넣어요-넣었어요-넣으세요

□ 050 - 5
놀다
[ノルダ]
遊ぶ、(勤めなどを)休む
類 쉬다　関 놀리다(遊ばせる)
ㄹ語幹 놉니다-놀아요-놀았어요-노세요

□ 051 - 5
놀라다
[ノルラダ]
驚く
類 경악[驚愕]하다　関 놀래다(驚かす)
正 놀랍니다-놀라요-놀랐어요-놀라세요

□ 052 - 5
놓다
[노타　ノタ]
置く
類 두다　対 들다(持ち上げる)
正 놓습니다-놓아요-놓았어요-놓으세요

□ 053 - 5
다니다
[タニダ]
通う
類 출퇴근[出退勤]하다
正 다닙니다-다녀요-다녔어요-다니세요

□ 054 - 5
닫다
[닫따　タッタ]
閉める
類 폐쇄[閉鎖]하다　対 열다(開く)　関 닫히다(閉まる)
正 닫습니다-닫아요-닫았어요-닫으세요

□ 055 - 5
돌아가다
[도라가다　トラガダ]
帰る、回る　戻る
類 귀환[歸還]하다　対 돌아오다(戻って来る)
正 돌아갑니다-돌아가요-돌아갔어요-돌아가세요

□ 056 - 5
돌아오다
[도라오다　トラオダ]
戻って来る、帰ってくる
類 복귀[復歸]하다　対 돌아가다(帰る)
正 돌아옵니다-돌아와요-돌아왔어요-돌아오세요

▼ 次ページへ ▼

「넣다」と「놓다」は母音だけが異なります。きちんと聞き分け、正しく発音できるようにしましょう。

가방에 교과서를 넣었다.　かばんに教科書を入れた。
이 짐도 같이 넣어 주세요.　この荷物も一緒に入れてください。
사물함에 가방을 넣어 두었어요.　私物入れにかばんを入れておきました。

그냥 수다 떨면서 놀았어요.　ただおしゃべりして遊びました。
내가 놀 시간이 어디 있어요.　私に遊んでいる時間があるわけないでしょ。
가게가 오늘 노는 날이래요.　店は今日休日だそうです。

어머니가 메일을 보내서서 놀랐다.　母がメールを送ったので驚いた。
갑자기 소리를 질러서 놀랐잖아요.　突然大声を出すので驚いたじゃないですか。
아기가 놀라면 엄마가 더 놀란다.　子供が驚くと母親がもっと驚く。

책은 책상 위에 놓으세요.　本は机の上に置いてください。
마음 놓고 놀다 와요.　安心して(心を置いて)遊んできなさい。
이제 그만 나 좀 놓아 주세요.　もう私を放っておいてください。

그 길로 어떻게 차가 다녀요?　あの道をどうやって車が通れますか？
주말에 할머니 댁에 다녀왔어요.　週末に祖母の家に行ってきました。
여행을 자주 다니는 편이에요.　旅行によく行く方です。

바람이 들어오니 문 좀 닫아요.　風が入るからドアを閉めてください。
그는 나를 보고는 입을 닫아 버렸다.　彼は私を見て口を閉じてしまった。
지금은 은행 문 닫았을 텐데요.　今は銀行(の扉)は閉まっているでしょうよ。

오늘은 바로 집으로 돌아갑니다.　今日はすぐ家に帰ります。
내게는 돌아갈 고향이 없습니다.　私には帰る故郷がありません。
기계는 잘 돌아가나요?　機械はうまく回っていますか？

유학 갔던 오빠가 돌아왔습니다.　留学に行っていた兄が戻って来ました。
드디어 내 차례가 돌아왔다.　ついに私の番が戻ってきた。
그에게 돌아온 것은 욕이었다.　彼に返ってきたのは罵声だった。

▼　次ページへ　▼

4日目

動詞02 - 5級　　CD1-05

□ 057 - 5
되다
[トゥエダ]

(〜に)なる、よい、できる(できあがる)
類 완성[完成]되다, 성취[成就]되다
正 됩니다-돼요-됐어요-되세요

□ 058 - 5
두다
[トゥダ]

置く
類 놓다, 보관[保管]하다　対 들다(持ち上げる)
正 둡니다-둬요-뒀어요-두세요

□ 059 - 5
들다¹
[トゥルダ]

持つ、持ち上げる、食べる、いただく
類 들어올리다
ㄹ語幹 듭니다-들어요-들었어요-드세요

□ 060 - 5
들리다¹
[トゥルリダ]

聞こえる
関 듣다(聞く)
正 들립니다-들려요-들렸어요-들리세요

□ 061 - 5
들어가다
[드러가다　トゥロガダ]

入って行く
類 진입[進入]하다　対 들어오다(入って来る)
正 들어갑니다-들어가요-들어갔어요-들어가세요

□ 062 - 5
들어오다
[드러오다　トゥロオダ]

入って来る
対 들어가다(入って行く)　関 입장하다(入場する)
正 들어옵니다-들어와요-들어왔어요-들어오세요

□ 063 - 5
떠나다
[トナダ]

出発する、離れる、立ち去る
類 출발[出發]하다, 돌아가다
正 떠납니다-떠나요-떠났어요-떠나세요

□ 064 - 5
떨어지다
[떠러지다　トロジダ]

落ちる、離れる、なくなる
類 추락[墜落]하다　対 오르다(あがる)
正 떨어집니다-떨어져요-떨어졌어요-떨어지세요

4日目　CD1-05 チェック！
答えは右ページ下

- □ 入れる
- □ 遊ぶ
- □ 驚く
- □ 置く
- □ 通う
- □ 閉める
- □ 帰る
- □ 戻って来る
- □ (〜に)なる
- □ 置く
- □ 持つ
- □ 聞こえる
- □ 入って行く
- □ 入って来る
- □ 出発する
- □ 落ちる

강이 얼어 스케이트장이 되었어요.　川が凍ってスケート場になりました。
의사가 되려고 결심했습니다.　医者になろうと決心しました。
밥 다 되어 가요, 조금만 기다려요.　ご飯がもうできるから、ちょっと待ってください。

그냥 거기에 두세요.　そのままそこに置いてください。
집에 시계를 두고 왔습니다.　家に時計を置いてきました。
나 좀 내버려 둬!　私をちょっと放っといて。

지금 동생은 양손에 짐을 들었다.　今、弟／妹は両手に荷物を持った。
고개 들고 똑바로 얘기해 봐.　顔(頭)を上げてちゃんと話してみろ。
예를 들어서 설명하면 쉬워요.　例を挙げて説明すると簡単です。

지금 무슨 소리 안 들려요?　今、何か音が聞こえませんか?
제가 원래 귀가 잘 안 들려요.　私はもともと耳がよく聞こえません。
제 말 들리시면 대답 좀 해 주세요!　私の話が聞こえたら返事をしてください!

신발은 벗고 들어가세요.　靴を脱いで入ってください。
어서 안쪽으로 들어가세요.　さあ、中の方に入ってください。
이 공사에 들어간 돈이 얼마예요?　この工事にかかったお金はいくらですか?

얼른 따뜻한 곳으로 들어와요.　すぐに暖かいところに入って来てください。
그 사람은 올해 들어온 사람입니다.　その人は今年入って来た人です。
지금 방에 들어오지 마세요.　今、部屋に入って来ないでください。

오늘 그는 한국으로 떠났습니다.　今日彼は韓国に出発しました。
물고기가 물을 떠나서 어떻게 사니.　魚が水を離れてどうやって生きるの。
이미 떠난 사람이니 잊으세요.　もう、去った人だから忘れなさい。

용돈이 다 떨어졌어요.　小遣いがすべてなくなりました。
내년부터 가족과 떨어져서 삽니다.　来年から家族と離れて暮らします。
성능은 좀 떨어지는데 가격이 싸요.　性能はちょっと落ちますが価格が安いです。

4日目 ◁))CD1-05
チェック!
答えは左ページ下

- ☐ 넣다
- ☐ 놀다
- ☐ 놀라다
- ☐ 놓다
- ☐ 다니다
- ☐ 닫다
- ☐ 돌아가다
- ☐ 돌아오다
- ☐ 되다
- ☐ 두다
- ☐ 들다¹
- ☐ 들리다¹
- ☐ 들어가다
- ☐ 들어오다
- ☐ 떠나다
- ☐ 떨어지다

5日目

形容詞01 - 5級　 CD1-06

□ 065 - 5
가깝다
[가깝따　カッカプタ]

近い、親しい
[副] 가까이　[類] 밀접[密接]하다　[対] 멀다(遠い)
[ㅂ変] 가깝습니다-가까워요-가까웠어요-가까우세요

□ 066 - 5
같다
[갇따　カッタ]

同じだ、等しい
[副] 같이　[類] 동일[同一]하다　[対] 다르다(違う、異なる)
[正] 같습니다-같아요-같았어요-같으세요

□ 067 - 5
고프다
[コプダ]

空腹だ、ひもじい
[類] 시장하다　[対] 부르다(腹いっぱいだ)
[으語幹] 고픕니다-고파요-고팠어요-고프세요

□ 068 - 5
괜찮다
[괜찬타　クェンチャンタ]

構わない、結構だ、大丈夫だ
[類] 무방[無妨]하다
[正] 괜찮습니다-괜찮아요-괜찮았어요-괜찮으세요

□ 069 - 5
길다
[キルダ]

長い
[類] 오래다　[対] 짧다(短い)
[ㄹ語幹] 깁니다-길어요-길었어요-기세요

□ 070 - 5
나쁘다
[ナップダ]

悪い
[類] 불량[不良]하다　[対] 좋다(よい)
[으語幹] 나쁩니다-나빠요-나빴어요-나쁘세요

□ 071 - 5
낮다
[낟따　ナッタ]

低い
[類] 저질[低質]이다　[対] 높다(高い)
[正] 낮습니다-낮아요-낮았어요-낮으세요

□ 072 - 5
너무하다
[ノムハダ]

あんまりだ、ひどい、度が過ぎている
[類] 지나치다
[하用] 너무합니다-너무해요-너무했어요-너무하세요

▼ 次ページへ ▼

3日目は形容詞です。ここではㄹ語幹用言の単語やㅂ変則用言の単語も登場します。活用したときの音の変化に注目してみましょう。

가능성은 제로에 가까워요.　可能性はゼロに近いです。
가까운 친척.　近い親せき。
집에서 학교가 가까워서 좋아요.　家から学校が近くていいです。

그 사람은 정말 가수 같아요.　その人は本当に歌手みたいです。
같은 나이인데 훨씬 어른스러워요.　同じ年なのにずっと大人っぽいです。
같은 가격이면 이걸 사는 게 낫지.　価格が同じならこれを買うのがいいだろう。

아침을 못 먹어서 배가 너무 고파요.　朝食を食べられなかったのでひどく空腹です。
배가 고파서 잠을 못 자겠네!　空腹で眠れないよ！
그렇게 배가 고프면 뭐라도 좀 먹어.　そんなに空腹なら何かちょっと食べろ。

밥도 괜찮고 빵도 괜찮아요.　ごはんでも構わないし、パンでも構いません。
정말 그래도 괜찮아요?　本当にそれでも構いませんか？
그 사람 참 괜찮더라고요.　その人は本当にいい感じでした。

기린의 다리는 깁니다.　キリンの足は長いです。
길게 말할 거 없이 본론만 말해요.　長く話さないで本論だけ言ってください。
인생은 길게 봐야 합니다.　人生は長く見なければならないです。

술도 담배도 몸에 나빠요.　酒もたばこも体に悪いです。
나쁜 사람인지 겉만 보고는 몰라요.　悪い人かどうか外見だけではわかりません。
머리가 나쁘면 손발이 고생이지.　頭が悪ければ手足が苦労する。

그 사람 목소리는 참 낮아요.　その人の声は本当に低いです。
굽이 낮은 구두가 필요해요.　かかとの低い靴が必要です。
그럴 가능성은 낮으니까 걱정 마요.　そんな可能性は低いから心配しないでください。

욕까지 하다니 너무해요.　悪口まで言うなんてあんまりです。
이건 좀 너무하다 싶은데.　これはちょっとひどいと思うけど。
이렇게 비싸게 파는 건 너무하네.　こんなに高く売るなんてあんまりだ。

▼　次ページへ　▼

5日目 形容詞01 - 5級　◁)) CD1-06

□ 073 - 5
높다
[놉따　ノプタ]

高い
副 높이　対 낮다(低い)　関 높이(高さ)
正 높습니다-높아요-높았어요-높으세요

□ 074 - 5
늦다¹
[늗따　ヌッタ]

遅い
類 지각[遲刻]하다　対 빠르다(速い)
正 늦습니다-늦어요-늦었어요-늦으세요

□ 075 - 5
덥다
[덥따　トプタ]

暑い
類 무덥다　対 춥다(寒い)
ㅂ変 덥습니다-더워요-더웠어요-더우세요

□ 076 - 5
많다
[만타　マンタ]

多い
副 많이　類 풍부[豊富]하다　対 적다(少ない)
正 많습니다-많아요-많았어요-많으세요

□ 077 - 5
맛없다
[마덥따　マドプタ]

まずい
副 맛없이　類 싱겁다　対 맛있다(おいしい)
正 맛없습니다-맛없어요-맛없었어요-맛없으세요

□ 078 - 5
맛있다
[마딛따　マディッタ]*

おいしい
類 맛좋다, 맛나다　対 맛없다(まずい)
正 맛있습니다-맛있어요-맛있었어요-맛있으세요

□ 079 - 5
맞다
[맏따　マッタ]

合う、正しい、一致する、合っている
類 일치[一致]하다　関 맞추다(合わせる)
正 맞습니다-맞아요-맞았어요-맞으세요

□ 080 - 5
멀다
[モルダ]

遠い
副 멀리　対 가깝다(近い)
ㄹ語幹 멉니다-멀어요-멀었어요-머세요

| 5日目 ◁)) CD1-06 チェック！ 答えは右ページ下 | □ 近い
□ 同じだ
□ 空腹だ
□ 構わない | □ 長い
□ 悪い
□ 低い
□ あんまりだ | □ 高い
□ 遅い
□ 暑い
□ 多い | □ まずい
□ おいしい
□ 合う
□ 遠い |

※本来はこのように発音しますが、現在では[마싣따 マシッタ]も標準発音として認められています。

요즘은 기온이 너무 높아요.　この頃は気温がとても高いです。
다 같이 소리 높여 외칩시다!　みんなで一緒に声高く叫びましょう!
그렇게 굽이 높은 구두를 신으세요?　そんなにかかとの高い靴を履かれるんですか?

밤늦게까지 시험공부를 했습니다.　夜遅くまで試験勉強をしました。
너무 늦으면 엄마가 걱정하세요.　あまり遅いと母が心配します。
늦은 저녁은 다이어트의 적이다.　遅い夕食はダイエットの敵だ。

오늘은 정말 덥네요.　今日は本当に暑いですね。
덥다고 찬 것만 먹으면 배탈나요.　暑いからと冷たいものばかり食べるとお腹を壊します。
덥다, 덥다 하면 더 덥게 느껴진다.　暑い暑いと言うと、もっと暑く感じる。

우리 언니는 아는 사람이 많습니다.　うちの姉は知り合いが多いです。
요즘은 일이 많아서 힘들어요.　この頃は仕事が多くて大変です。
어학에 관심이 많은 편입니다.　語学に関心が多い方です。

이 가게는 맛없습니다.　この店はおいしくありません。
맛없는 게 값만 비싸네.　おいしくないのに値段は高いなあ。
맛없는 걸 억지로 먹었어요.　まずいものを無理矢理食べました。

어머니 음식은 다 맛있어요.　母の料理は全部おいしいです。
몸에 좋고 맛있는 게 좋지요.　体によくておいしいものがいいでしょう。
저녁은 맛있는 것을 먹읍시다.　夕食はおいしいものを食べましょう。

한국 음식이 입에 맞습니까?　韓国料理は口に合いますか?
그 사람과는 의견이 맞아요.　彼とは意見が合います。
아버지의 말씀은 늘 맞습니다.　父の言うことはいつも正しいです。

할아버지 댁은 우리집에서 멉니다.　おじいさんの家はうちから遠いです。
먼 나라에서 온 유학생.　遠い国から来た留学生。
저녁, 아직 멀었어요?　夕食はまだですか?

5日目 CD1-06
チェック!
答えは左ページ下

- □ 가깝다
- □ 같다
- □ 고프다
- □ 괜찮다
- □ 길다
- □ 나쁘다
- □ 낮다
- □ 너무하다
- □ 높다
- □ 늦다1
- □ 덥다
- □ 많다
- □ 맛없다
- □ 맛있다
- □ 맞다
- □ 멀다

6日目

名詞03 - 5級　　🔊 CD1-07

□ 081 - 5
기분
[キブン]

気分
漢 氣分　類 감정[感情], 생각

□ 082 - 5
기차
[キチャ]

汽車、列車
漢 汽車　類 열차[列車]

□ 083 - 5
길
[キル]

道
類 통행로[通行路]

□ 084 - 5
김치
[キムチ]

キムチ

□ 085 - 5
꽃
[꼳　コッ]

花

□ 086 - 5
끝
[끋　クッ]

終わり、端、先
類 마지막　対 처음(最初)

□ 087 - 5
나라
[ナラ]

国
類 국가[國家]

□ 088 - 5
나무
[ナム]

木
類 목재[木材], 수목[樹木]

▼　次ページへ　▼

パッチムの「ㅊ, ㅌ, ㅈ」は「t音」で発音しますが、助詞がついて連音化を起こすと音が変化するので注意しましょう。

오늘은 어제보다 기분이 좋아요.　今日は昨日より気分がいいです。
친구의 말에 기분이 나빴습니다.　友達の言葉に気分を害しました。
기분이 좋으면 노래를 부릅니다.　気分がよければ歌を歌います。

올 여름에는 같이 기차여행 가요.　この夏には一緒に汽車旅行に行きましょう。
기차를 보면 타고 싶습니다.　列車を見ると乗りたくなります。
춘천행 기차에 몸을 실었습니다.　春川行きの汽車に乗り(体を積み)ました。

길을 몰라서 택시를 탔습니다.　道がわからなくてタクシーに乗りました。
버스는 길을 건너서 타셔야 해요.　バスは道を渡って乗らなければなりません。
퇴근길에 한잔 하고 갈까요?　帰り道に一杯やって行きますか?

김치찌개 끓일 테니 와서 밥 먹어요.　キムチチゲを作るから来てご飯食べましょう。
김치는 한국 음식입니다.　キムチは韓国の食べ物です。
지방마다 김치를 담그는 법이 달라요.　地方によってキムチの漬け方が違います。

꽃을 든 남자.　花を持った男性。
봄이 오면 꽃이 핍니다.　春が来れば花が咲きます。
한국의 꽃은 무궁화입니다.　韓国の花はムクゲです。

공부는 끝이 없습니다.　勉強は終わりがありません。
바다는 끝이 보이지 않는다.　海は果てが見えない。
그녀와 이제 끝을 내야 한다.　彼女ともう終わりにしなければいけない。

이 나라를 위한 일꾼이 되겠습니다!　この国のための働き手になります!
나라에 세금을 냅니다.　国に税金を払います。
나라 이름을 그렇게 많이 알아요?　国の名前をそんなにたくさん知っていますか?

교실에서 밖에 있는 나무를 셉니다.　教室から外にある木を数えます。
나무가 없으면 공기가 나빠집니다.　木がないと空気が悪くなります。
나무 심는 날을 식목일이라 합니다.　木を植える日を「植木日」と言います。

▼　次ページへ　▼

6日目

名詞03 - 5級　　🔊 CD1-07

□ 089 - 5
나이
[ナイ]

年齢、歳
類 연령[年齡], 연세[年歲]

□ 090 - 5
날씨
[ナルシ]

天気、天候
類 일기[日氣], 기후[氣候]

□ 091 - 5
남자
[ナムジャ]

男、男性
漢 男子　類 남성[男性]　対 여자(女)

□ 092 - 5
남편
[ナムピョン]

夫
漢 男便　類 서방[書房]　対 아내(妻)

□ 093 - 5
낮
[ナ　ナッ]

昼
対 밤(夜)　関 대낮(真っ昼間)

□ 094 - 5
내년
[ネニョン]

来年
漢 來年　類 다음해　対 작년(昨年)

□ 095 - 5
내일
[ネイル]

明日
漢 來日　対 오늘(今日)

□ 096 - 5
냉면
[ネンミョン]

冷麺
漢 冷麵

6日目 🔊 CD1-07
チェック！
答えは右ページ下

□ 気分	□ 花	□ 年齢	□ 昼
□ 汽車	□ 終わり	□ 天気	□ 来年
□ 道	□ 国	□ 男	□ 明日
□ キムチ	□ 木	□ 夫	□ 冷麺

나이가 어떻게 되세요?　年齢はおいくつですか？
한국 사람은 나이를 꼭 묻는다.　韓国人は年齢を必ず尋ねる。
나이를 먹어 기운이 없습니다.　年を取って気力がありません。

날씨가 좋아서 기분도 좋습니다.　天気がよくて気分もよいです。
날씨에 따라 컨디션이 달라진다.　天候によってコンディションが違う。
오늘 날씨 좋은데 소풍갈까요?　今日は天気がいいので遠足に行きましょうか？

야구를 하는 남자 아이가 보입니다.　野球をする男の子が見えます。
남자와 여자가 만나 결혼합니다.　男と女が出会って結婚します。
남자만 너무 좋아하다 망했다.　男がとても好きで身を滅ぼした。

남편이 요즘 늦게 들어와요.　夫はこの頃遅く帰ってきます。
남편이랑은 대학교 때 만났어요.　夫とは大学の時に出会いました。
남편은 평범한 회사원이에요.　夫は平凡な会社員です。

낮에는 일하고 밤에는 잡니다.　昼は働いて夜は寝ます。
낮에 본 것이 꿈에 나왔다.　昼に見たことが夢に出てきた。
휴일 낮에는 잠만 잔다.　休日の昼は寝てばかりいる。

내년부터 회사를 다닙니다.　来年から会社に通います。
내년에는 꼭 술을 끊을 거예요.　来年は必ず酒をやめるつもりです。
다이어트는 내년부터 하겠습니다.　ダイエットは来年からします。

내일부터 개학입니다.　明日から学校が始まります。
내일 저녁은 뭘 해 먹을까?　明日の夕食は何を作って食べようか？
내일 또 만나요.　明日また会いましょう。

냉면이 맛있는 여름입니다.　冷麺のおいしい夏です。
물냉면과 비빔냉면 중에 뭐가 좋아요?　水冷麺とビビム冷麺のどちらが好きですか？
냉면을 먹으러 오장동에 갑니다.　冷麺を食べにオジャンドン(冷麺の有名な街)に行きます。

6日目 ◁)) CD1-07
チェック！
答えは左ページ下

□ 기분　□ 꽃　□ 나이　□ 낮
□ 기차　□ 끝　□ 날씨　□ 내년
□ 길　□ 나라　□ 남자　□ 내일
□ 김치　□ 나무　□ 남편　□ 냉면

7日目

名詞04 - 5級　　CD1-08

□ 097 - 5
노트
[ノトゥ]

ノート
類 공책[空冊]

□ 098 - 5
농구
[ノング]

バスケットボール
漢 籠球

□ 099 - 5
누나
[ヌナ]

(弟からみた)姉
類 누이, 누님　対 형([弟からみた]兄)

□ 100 - 5
눈¹
[ヌン]

目
関 시력[視力](視力)

□ 101 - 5
눈²
[ヌン]

雪
類 강설[降雪]

□ 102 - 5
뉴스
[ニュス]

ニュース

□ 103 - 5
다리
[タリ]

脚、足
類 하지[下肢], 가랑이　関 발(足)

□ 104 - 5
다음
[タウム]

次、次の

▼　次ページへ　▼

これで1週間が終わります。この日のキクタン練習の後には用言の活用練習のページがありますので必ず練習してみてください。

노트 한 권을 샀어요.　ノートを1冊買いました。
노트에는 온통 낙서뿐이었다.　ノートには全部落書きばかりだった。
친구의 노트를 빌려 복사를 했다.　友達のノートを借りてコピーした。

우리 형은 농구를 잘합니다.　うちの兄はバスケットボールが上手です。
농구를 많이 하면 키가 클까요?　バスケットボールをたくさんすると背が高くなりますか?
농구를 잘하는 그가 멋져 보인다.　バスケットボールがうまい彼がかっこよく見えた。

누나는 예쁘고 공부도 잘해요.　姉はきれいで勉強もよくできます。
누나도 있고 형도 있어요.　姉もいるし兄もいます。
누나라고 불러도 돼요?　姉さんと呼んでもいいですか?

아름다운 사람에게 눈이 갑니다.　美しい人に目が行きます。
눈은 마음의 창이다.　目は心の窓だ。
눈에서 나오는 액체가 눈물이다.　目から出る液体が涙だ。

겨울에는 눈이 올 정도로 추워요.　冬には雪が降るくらい寒いです。
눈이 내리면 개들은 뛰어다닙니다.　雪が降ると犬たちが飛び回ります。
눈이 많이 와서 눈사람을 만들었어요.　雪がたくさん降って雪だるまを作りました。

아버지는 아침에 꼭 뉴스를 보세요.　父は朝、必ずニュースを見ます。
뉴스를 보다가 나는 벌떡 일어섰다.　ニュースを見ていて私はがばっと立ち上がった。
이웃집 아저씨가 뉴스에 나왔다.　隣の家のおじさんがニュースに出た。

다리에 쥐가 나서 걸을 수가 없어요.　足がつって歩くことができません。
축구를 하다가 다리를 다쳤습니다.　サッカーをしていて脚をけがしました。
사람들이 다리가 짧다고 놀려요.　人々が脚が短いとからかいます。

저 다음에 내려요.　私は次で降ります。
다음에 만날 때는 웃는 얼굴로 봐요.　次に会うときは笑顔で会いましょう。
다음 분, 들어오세요.　次の方、お入りください。

▼　次ページへ　▼

7日目

名詞04 - 5級　　🔊 CD1-08

□ 105 - 5
다음달*
[다음딸　タウムタル]

来月、翌月、次の月
類 내[来]달　対 이번달(今月)

□ 106 - 5
다음주*
[다음쭈　タウムチュ]

来週、翌週、次の週
類 내주[來週]　対 지난주(先週)

□ 107 - 5
단어
[다너　タノ]

単語
漢 單語　類 낱말

□ 108 - 5
달
[タル]

月
類 일 개월[一個月]　対 해(太陽)

□ 109 - 5
닭
[닥　タク]

ニワトリ

□ 110 - 5
대학
[テハク]

大学
漢 大學

□ 111 - 5
대학생
[대학쌩　テハクセン]

大学生
漢 大學生

□ 112 - 5
도서관
[トソグァン]

図書館
漢 圖書館　類 도서실[圖書室]

| 7日目 🔊 CD1-08 チェック！ 答えは右ページ下 | □ ノート □ バスケットボール □ (弟からみた)姉 □ 目 | □ 雪 □ ニュース □ 脚 □ 次 | □ 来月 □ 来週 □ 単語 □ 月 | □ ニワトリ □ 大学 □ 大学生 □ 図書館 |

※ハングル能力検定協会発行の『学習トウミ』に従い「다음」と「달」「주」を付けて1単語として扱いました。「이번주」も同様です。

다음달에 대통령 선거가 있어요. 来月大統領選挙があります。
다음달에 월급 받으면 갚을게요. 来月給料をもらったら返します。
다음달부터 용돈 올려주세요. 来月から小遣いを上げてください。

다음주부터는 수업이 없어요. 来週から授業はありません。
나 다음주에 선 보기로 했어. 私、来週お見合いすることにしたんだ。
다음주면 벌써 개학이다. 来週はもう新学期だ。

단어는 노래로 외우면 잘 외워져요. 単語は歌で覚えるとよく覚えられます。
그건 한 단어가 아니에요. それは１単語ではありません。
드디어 내가 아는 단어가 나왔다. ついに私が知っている単語が出てきた。

초승달 같은 언니의 눈썹. 三日月のような姉のまゆ毛。
보름달처럼 둥근 내 얼굴. 満月のように丸い私の顔。
달나라에 진짜 토끼가 살아요? 月の世界に本当にウサギが住んでるの？

닭이 울고 아침이 왔습니다. ニワトリが鳴いて朝が来ました。
닭이라도 한 마리 잡을까요? ニワトリでも１羽つぶしましょうか？
춘천에 닭갈비 먹으러 갈까요? 春川に鶏カルビ食べに行きましょうか？

언니랑 같은 대학에 다녀요. 姉と同じ大学に通います。
대학에서 무슨 공부를 했어요? 大学で何の勉強をしましたか？
딸이 대학에 다니고 있습니다. 娘が大学に通っています。

올해 드디어 대학생이 되는구나. 今年やっと大学生になるんだな。
대학가라서 대학생들이 많아요. 大学街なので大学生が多いです。
대학생들을 대상으로 한 설문. 大学生らを対象にしたアンケート。

도서관에서는 조용히 합시다. 図書館では静かにしましょう。
도서관에만 가면 잠이 온다. 図書館に行くと必ず眠くなる。
도서관은 어디에 있어요? 図書館はどこにありますか？

7日目 ◁») CD1-08
チェック！
答えは左ページ下

□ 노트　□ 눈²　□ 다음달*　□ 닭
□ 농구　□ 뉴스　□ 다음주*　□ 대학
□ 누나　□ 다리　□ 단어　□ 대학생
□ 눈¹　□ 다음　□ 달　□ 도서관

耳から覚える 用言の活用 1 [CD1-09]

3日目 辞書形	합니다体現在	해요体現在	해요体過去	해요体尊敬
□33 **가다**	갑니다	가요	갔어요	가세요
□34 **가르치다**	가르칩니다	가르쳐요	가르쳤어요	가르치세요
□35 **가지다**	가집니다	가져요	가졌어요	가지세요
□36 **감다**¹	감습니다	감아요	감았어요	감으세요
□37 **걸다** ㄹ語幹	겁니다	걸어요	걸었어요	거세요
□38 **걸리다**	걸립니다	걸려요	걸렸어요	걸리세요
□39 **계시다**	계십니다	계세요	계셨어요	
□40 **기다리다**	기다립니다	기다려요	기다렸어요	기다리세요
□41 **끊다**	끊습니다	끊어요	끊었어요	끊으세요
□42 **끝나다**	끝납니다	끝나요	끝났어요	끝나세요
□43 **나가다**	나갑니다	나가요	나갔어요	나가세요
□44 **나다**	납니다	나요	났어요	나세요
□45 **나오다**	나옵니다	나와요	나왔어요	나오세요
□46 **남다**	남습니다	남아요	남았어요	남으세요
□47 **내다**	냅니다	내요	냈어요	내세요
□48 **내리다**	내립니다	내려요	내렸어요	내리세요

※活用を示すアイコンのないものは正則用言です。

4日目 辞書形	합니다体現在	해요体現在	해요体過去	해요体尊敬
□ 49 **넣다**	넣습니다	넣어요	넣었어요	넣으세요
□ 50 **놀다** ㄹ語幹	놉니다	놀아요	놀았어요	노세요
□ 51 **놀라다**	놀랍니다	놀라요	놀랐어요	놀라세요
□ 52 **놓다**	놓습니다	놓아요	놓았어요	놓으세요
□ 53 **다니다**	다닙니다	다녀요	다녔어요	다니세요
□ 54 **닫다**	닫습니다	닫아요	닫았어요	닫으세요
□ 55 **돌아가다**	돌아갑니다	돌아가요	돌아갔어요	돌아가세요
□ 56 **돌아오다**	돌아옵니다	돌아와요	돌아왔어요	돌아오세요
□ 57 **되다**	됩니다	돼요	됐어요	되세요
□ 58 **두다**	둡니다	둬요	뒀어요	두세요
□ 59 **들다**[1] ㄹ語幹	듭니다	들어요	들었어요	드세요
□ 60 **들리다**[1]	들립니다	들려요	들렸어요	들리세요
□ 61 **들어가다**	들어갑니다	들어가요	들어갔어요	들어가세요
□ 62 **들어오다**	들어옵니다	들어와요	들어왔어요	들어오세요
□ 63 **떠나다**	떠납니다	떠나요	떠났어요	떠나세요
□ 64 **떨어지다**	떨어집니다	떨어져요	떨어졌어요	떨어지세요

用言の活用 1

[CD1-11]

5日目	辞書形	합니다体現在	해요体現在	해요体過去	해요体尊敬
□ 65	가깝다 ㅂ変	가깝습니다	가까워요	가까웠어요	가까우세요
□ 66	같다	같습니다	같아요	같았어요	같으세요
□ 67	고프다 으語幹	고픕니다	고파요	고팠어요	고프세요
□ 68	괜찮다	괜찮습니다	괜찮아요	괜찮았어요	괜찮으세요
□ 69	길다 ㄹ語幹	깁니다	길어요	길었어요	기세요
□ 70	나쁘다 으語幹	나쁩니다	나빠요	나빴어요	나쁘세요
□ 71	낮다	낮습니다	낮아요	낮았어요	낮으세요
□ 72	너무하다 하用	너무합니다	너무해요	너무했어요	너무하세요
□ 73	높다	높습니다	높아요	높았어요	높으세요
□ 74	늦다 [1]	늦습니다	늦어요	늦었어요	늦으세요
□ 75	덥다 ㅂ変	덥습니다	더워요	더웠어요	더우세요
□ 76	많다	많습니다	많아요	많았어요	많으세요
□ 77	맛없다	맛없습니다	맛없어요	맛없었어요	맛없으세요
□ 78	맛있다	맛있습니다	맛있어요	맛있었어요	맛있으세요
□ 79	맞다	맞습니다	맞아요	맞았어요	맞으세요
□ 80	멀다 ㄹ語幹	멉니다	멀어요	멀었어요	머세요

キクタン韓国語
2週目

8日目	名詞05 [5級 ㄷ-ㅁ]	>>> 42
9日目	名詞06 [5級 ㅁ-ㅂ]	>>> 46
10日目	動詞03 [5級 ㄷ-ㅂ]	>>> 50
11日目	動詞04 [5級 ㅂ-ㅇ]	>>> 54
12日目	副詞01 [5級 ㄱ-ㅊ]	>>> 58
13日目	名詞07 [5級 ㅂ-ㅅ]	>>> 62
14日目	名詞08 [5級 ㅅ]	>>> 66
	用言の活用2	>>> 70

8日目

名詞05 - 5級　　🔊 CD1-12

☐ 113 - 5
돈
[トン]

お金
類 현금[現金], 화폐[貨幣]

☐ 114 - 5
동생
[トンセン]

弟、妹
漢 同生　類 아우

☐ 115 - 5
돼지
[トゥエジ]

豚
類 꿀꿀이

☐ 116 - 5
뒤
[トゥィ]

後ろ
類 후[後]　対 앞(前)

☐ 117 - 5
뒤쪽
[トゥィッチョク]

後ろ、後ろの方、後ろ側
類 후방[後方]　対 앞쪽(前側)

☐ 118 - 5
딸
[タル]

娘
類 딸내미　対 아들(息子)

☐ 119 - 5
뜻
[뜯　トゥッ]

意味、意志
動 뜻하다　類 생각, 의지[意志]

☐ 120 - 5
마음
[マウム]

心
類 기분[氣分]　関 가슴(胸)

▼　次ページへ　▼

これから2週目。もうキクタン学習法には慣れたでしょうか？ 「말(言葉)」には、同音異義語で「말(馬)」という単語もあります。

돈으로도 못 사는 것이 있습니다.　お金でも買えないものがあります。
돈에 눈이 멀어 가족도 버렸다.　お金に目がくらんで家族も捨てた。
나는 돈이 없어서 결혼도 못해요.　私はお金がなくて結婚もできません。

밑으로 동생이 하나 있어요.　下に弟／妹が一人います。
엄마, 동생 좀 낳아 주세요!　ママ、弟／妹を産んでよ！
동생이랑은 세 살 차이예요.　弟／妹とは3歳違いです。

작년은 돼지의 해였습니다.　昨年はイノシシ年(豚年)でした。
돼지고기는 역시 삼겹살이죠!　豚肉はやはりサムギョプサルでしょう！
돼지가 새끼를 세 마리나 낳았어요.　豚が子供を3匹も産みました。

뒤에 앉지 말고 앞에 앉아요.　後ろに座らないで前に座ってください。
뒤에서 나는 발소리에 놀라 뛰었다.　後ろからする足音に驚いて走った。
이야기가 뒤로 갈수록 시시하네.　話が後ろにいくほどだらないね。

우유는 뒤쪽에 있는 걸 꺼내 와라.　牛乳は後ろにあるものを取り出しておいで。
뒤쪽에 앉으면 어쩐지 마음이 편해요.　後ろの方に座るとなぜか気楽です。
뒤쪽이다! 한 군인이 소리쳤다.　後方だ！　一人の軍人が声を上げた。

딸은 무슨 일이든 다 나한테 말해요.　娘はどんなことでもみんな私に話します。
아이가 딸만 셋입니다.　子供が娘ばかり3人です。
올해 딸을 시집을 보냈습니다.　今年、娘を嫁がせました。

한국어로 이 뜻이 무엇입니까?　韓国語でこの意味は何ですか？
도저히 무슨 뜻인지 모르겠어요.　到底、何の意味なのかわかりません。
아버지의 뜻을 꺾을 수는 없었다.　父の意志を曲げることはできなかった。

그렇게 마음이 약해서 어떡하니.　そんなに意志(心)が弱くてどうするの？
그래! 네 마음대로 해라.　そうだな！君の思うとおりにすればいいさ。
마음에 없는 소리는 하지도 마세요.　心にもないことを言うのはやめてください。

▼　次ページへ　▼

8日目

名詞05 - 5級　　　CD1-12

□ 121 - 5
말
[マル]

言葉
類 언어[言語], 잔소리, 소문[所聞]

□ 122 - 5
맛
[맏　マッ]

味
関 미각[味覺](味覚)

□ 123 - 5
매일
[メイル]

毎日
漢 毎日　類 날마다, 언제나

□ 124 - 5
머리
[モリ]

頭
類 두뇌[頭腦]　対 꼬리(尾)

□ 125 - 5
먼저
[モンジョ]

先(に)、まず、前もって
類 우선[于先]　対 나중(後で)

□ 126 - 5
메일
[メイル]

メール
類 전자메일[電子mail]

□ 127 - 5
모두
[モドゥ]

みんな、全て、全部
類 전부[全部]　対 일부분(一部分)

□ 128 - 5
모레
[モレ]

あさって
対 그저께(一昨日)

8日目 CD1-12
チェック！
答えは右ページ下

- □ お金
- □ 弟、妹
- □ 豚
- □ 後ろ
- □ 後ろ
- □ 娘
- □ 意味
- □ 心
- □ 言葉
- □ 味
- □ 毎日
- □ 頭
- □ 先に
- □ メール
- □ みんな
- □ あさって

그런 말은 어디서 배웠어요?　そんな言葉どこで覚えましたか？
발 없는 말이 천리 간다.　悪事千里を走る(足のない言葉が千里を行く)。
그 사람이 원래 말수가 적어요.　その人はもともと口数が少ないです。

와서 맛 좀 봐 주세요.　来て味をちょっとみてください。
맛이 좋은 한국 음식.　おいしい(味のよい)韓国料理。
반찬이 맛이 없습니다.　おかずがおいしくありません。

회사에 매일 지하철을 타고 가요.　会社まで毎日地下鉄に乗って行きます。
매일 하는 일이에요.　毎日することです。
매일 학교에 지각해요.　毎日学校に遅刻します。

감기에 걸려서 머리가 아픕니다.　風邪をひいて頭が痛いです。
머리를 맞대고 의논합니다.　頭を付き合わせて相談しています。
머리를 때리면 머리가 나빠져요.　頭を叩くと頭が悪くなります。

이 책은 내가 먼저 읽고 싶어요.　この本は先に私が読みたいです。
나는 일이 있으니까 먼저 가세요.　私は仕事があるから先に行ってください。
도착하면 먼저 전화부터 하세요.　到着したらまず電話をしてください。

외국 친구와 메일로 연락을 합니다.　外国で暮らしている友だちとメールで連絡をします。
사진을 메일로 보내 주세요.　写真をメールで送ってください。
메일 주소를 가르쳐 주세요.　メールのアドレスを教えてください。

모두가 좋아하는 메뉴로 정해요.　みんなが好むメニューに決めます。
돈을 모두 써 버렸어요.　お金を全部使ってしまいました。
모두 네 책임이다!　みんなお前の責任だ！

모레까지 숙제를 해 오세요.　あさってまでに宿題をしてきてください。
마감이 모레예요.　締め切りがあさってです。
모레 다음날이 글피입니다.　あさっての次の日がしあさってです。

8日目 CD1-12
チェック！
答えは左ページ下

- [ ] 돈
- [ ] 동생
- [ ] 돼지
- [ ] 뒤
- [ ] 뒤쪽
- [ ] 딸
- [ ] 뜻
- [ ] 마음
- [ ] 말
- [ ] 맛
- [ ] 매일
- [ ] 머리
- [ ] 먼저
- [ ] 메일
- [ ] 모두
- [ ] 모레

9日目

名詞06 - 5級 🔊 CD1-13

□ 129 - 5
목요일
[모교일　モギョイル]

木曜日
漢 木曜日

□ 130 - 5
몸
[モム]

体
類 신체[身體]　対 정신[精神](精神)

□ 131 - 5
문
[ムン]

ドア、門
漢 門　類 입구[入口]

□ 132 - 5
문제
[ムンジェ]

問題
漢 問題　類 물음　対 해답[解答](解答)

□ 133 - 5
물
[ムル]

水
類 식수[食水]　対 불(火)

□ 134 - 5
밑
[믿　ミッ]

下、底、元
類 바닥　対 위(上)　関 아래(下)

□ 135 - 5
바다
[パダ]

海
類 대양[大洋]　対 육지(陸地)

□ 136 - 5
바지
[パジ]

ズボン
対 치마(スカート)

▼　次ページへ　▼

次ページの「밖」から「방」までは、パッチムだけが異なっています。この日の
練習はパッチムの練習に最適です！

목요일에는 불고기를 먹기로 했어요.　木曜日にはプルコギを食べることにしました。
목요일은 쉬는 날입니다.　木曜日は休む日です。
목요일 밤 열한 시에 방영됩니다.　木曜日夜11時に放映されます。

몸에 좋은 음식은 입에 써요.　体によい食べ物は口には苦いです。
운동을 안 해서 몸이 무거워졌어요.　運動をしなくて体が重くなりました。
요즘 몸이 너무 피곤해요.　この頃、体がひどく疲れます。

문 좀 열어 주세요.　ドアをちょっと開けてください。
밤에 문 꼭 잠그고 자요.　夜はドアにしっかり鍵をかけて寝ます。
그녀는 마음의 문을 굳게 닫았다.　彼女は心の扉を固く閉ざした。

뉴스에서 그 말이 문제가 되었다.　ニュースでその言葉が問題になった。
아무 문제도 없습니다.　何の問題もありません。
어디가 문제입니까?　どこが問題ですか?

여기 물 한 잔 주세요.　こちらに水を1杯ください。
아이가 물에 빠졌어요!　子供がおぼれました!
물 한 모금만 마시고 얘기해 줄게.　水を一口だけ飲んだら話してあげる。

밑으로 내려갑시다.　下に降りましょう。
그게 책상 밑에 떨어져 있었어요.　それ、机の下に落ちていましたよ。
밑도 끝도 없이 무슨 말이에요?　やぶから棒に何を言っているんですか?

바다를 건너서 한국에 놀러 가요.　海を渡って韓国に遊びに行きます。
바다에서 일출을 봐요.　海で日の出を見ます。
바다에 가서 해수욕을 해요.　海に行って海水浴をします。

치마보다 바지를 좋아합니다.　スカートよりもズボンが好きです。
바지 자락이 길어요.　ズボンのすそが長いです。
그 사람은 항상 청바지를 입어요.　彼はいつもジーパンを履きます。

▼　次ページへ　▼

9日目 名詞06 - 5級 CD1-13

□ 137 - 5
밖
[박　パク]

外
類 외[外]　対 안(中)　関 겉(表面)

□ 138 - 5
반
[パン]

半分、半
漢 半　類 중간[中間]　対 전부[全部](全部)

□ 139 - 5
발
[パル]

足
類 족[足]　対 손(手)　関 다리(脚)

□ 140 - 5
밤
[パム]

夜
類 야간[夜間]　対 낮(昼)

□ 141 - 5
밥
[パプ]

ご飯、飯
類 식사[食事]　対 반찬[飯饌](おかず)

□ 142 - 5
방
[パン]

部屋
漢 房　類 실[室]

□ 143 - 5
배¹
[ペ]

腹
類 복부[腹部]　対 등(背)

□ 144 - 5
버스
[ポス]

バス

9日目 CD1-13 チェック！
答えは右ページ下

- □ 木曜日
- □ 体
- □ ドア
- □ 問題
- □ 水
- □ 下
- □ 海
- □ ズボン
- □ 外
- □ 半分
- □ 足
- □ 夜
- □ ご飯
- □ 部屋
- □ 腹
- □ バス

밖에서 기다려 주세요.　外でお待ちください。
밖에 나가서 놀아라.　外に出て遊べ。
오늘은 밖이 춥습니다.　今日は外が寒いです。

비빔밥을 반만 먹었습니다.　ビビンバを半分だけ食べました。
시작이 반이에요.　始めれば半分終わったも同然です(始まりが半分です)。
한 달 반 만에 만났어요.　1カ月半ぶりに会いました。

아침부터 버스에서 발을 밟혔어요.　朝からバスで足を踏まれました。
그 사람은 발이 넓어요.　彼は顔が広いです(彼は足が広いです)。
그 집에는 발을 끊었어요.　その家とは縁を切りました。

이 늦은 밤에 무슨 일이에요?　こんな夜遅くに何の用ですか?
밤이 되면 하늘에 별이 반짝여요.　夜になると空に星が輝きます。
결국 난 뜬눈으로 밤을 새웠다.　結局私は一睡もせず(開いた目で)夜を明かした。

밥은 있는데 반찬이 없어요.　ご飯はありますが、おかずがありません。
밥 한 그릇만 더 주세요.　ご飯をもう1膳だけください。
밥은 제대로 먹고 다니니?　元気?(ご飯をちゃんと食べて通っているの?)

방은 동생하고 같이 써요.　部屋は弟/妹と一緒に使っています。
그 방은 빈방이에요.　あの部屋は空き部屋です。
안방.　居間。

배가 부르니 잠이 오기 시작해요.　お腹がいっぱいになったら眠くなってきました。
어제부터 배가 아파요.　昨日からお腹が痛いです。
요즘 자꾸 배가 나와서 걱정이에요.　最近やたらとお腹が出てきて心配です。

사람이 많아서 버스를 못 탔습니다.　人が多くてバスに乗れませんでした。
저 버스를 놓치면 지각해요.　あのバスを逃がしたら遅刻します。
버스 전용 차선.　バス専用車線。

9日目 CD1-13
チェック!
答えは左ページ下

□ 목요일　□ 물　□ 밖　□ 밥
□ 몸　□ 밑　□ 반　□ 방
□ 문　□ 바다　□ 발　□ 배1
□ 문제　□ 바지　□ 밤　□ 버스

10日目

動詞03 - 5級　🔊 CD1-14

□ 145 - 5
뜨다
[トゥダ]

(目を)開ける、目覚める
対 감다((目を)閉じる)
으語幹 뜹니다-떠요-떴어요-뜨세요

□ 146 - 5
마시다
[マシダ]

飲む、吸う
類 흡입[吸入]하다　対 뱉다(吐く)　関 먹다(食べる)
正 마십니다-마셔요-마셨어요- ──

□ 147 - 5
만나다
[マンナダ]

会う
類 대면[對面]하다　対 헤어지다(別れる)
正 만납니다-만나요-만났어요-만나세요

□ 148 - 5
만들다
[マンドゥルダ]

作る、造る
類 제조[製造]하다　対 부수다(壊す)
ㄹ語幹 만듭니다-만들어요-만들었어요-만드세요

□ 149 - 5
말하다
[マラダ]

話す、話す
類 이야기하다　対 듣다(聞く)
하用 말합니다-말해요-말했어요-말하세요

□ 150 - 5
먹다
[먹따　モㇰタ]

食べる
関 먹이다(食べさせる)
正 먹습니다-먹어요-먹었어요- ──

□ 151 - 5
모르다
[モルダ]

知らない、わからない
類 알지 못하다　対 알다(知る)
르変 모릅니다-몰라요-몰랐어요-모르세요

□ 152 - 5
못하다
[모타다　モタダ]

できない
類 불가능[不可能]하다, 할 수 없다
하用 못합니다-못해요-못했어요-못하세요

▼　次ページへ　▼

> 「뜨다」は으語幹用言、「모르다」は르変則用言です。ヘヨ体での発音の変化に注目してみましょう。

자는 줄 알았던 그가 눈을 번쩍 떴어요.　寝ていると思っていた彼が目をぱっと開きました。
아침에 눈을 뜨면 먼저 세수를 해요.　朝、目が覚めたらまず顔を洗います。
네가 이성에 눈을 떴구나.　君が異性に目覚めたな。

하루에 보통 물 여섯 잔은 마셔요.　普通1日に水を6杯は飲みます。
그 사람 술 잘 마셔요.　その人は酒をよく飲みます。
산에 올라 신선한 공기를 마셔요.　山に登って新鮮な空気を吸います。

내일 오전에 정문에서 만납시다.　明日の午前に正門で会いましょう。
어제 친구를 만났어요.　昨日友達に会いました。
여자친구를 만날 시간이 없어요.　彼女に会う時間がありません。

정말 열심히 만들었어요.　本当に一生懸命作りました。
여행 경비를 만들기 위해 일했다.　旅行代を作るために仕事をした。
나중에 자리 한번 만들게요.　後日一度、席を設けます。

그녀는 거의 한국인처럼 말해요.　彼女はほとんど韓国人のように話します。
싫다고 말할 수가 없었어요.　いやだと言うことができませんでした。
그렇게까지 말할 건 없잖아요.　そんなにまで言うことはないじゃないですか。

일하기 전에 밥부터 먹어요.　仕事をする前にまずご飯を食べましょう。
그 사람 욕 많이 먹었을걸?　彼はよく悪口を言われていたと思うよ。
나이를 먹어서 일을 못해요.　年をとって仕事ができません。

그 친구 이미 가 버렸을지도 몰라요.　その人はすでに行ってしまったかもしれません。
한국어를 몰라서 고생했어요.　韓国語がわからなくて苦労しました。
저 모르시겠어요?　私、(誰だか)わかりませんか？

그는 가수인데 진짜 노래를 못해요.　彼は歌手なのに本当に歌が下手です。
그 사람은 못하는 게 없어요.　その人にはできないことがありません。
하다못해 전화라도 했어야지.　せめて電話でもするべきだった。

▼　次ページへ　▼

10日目

動詞03 - 5級　　CD1-14

□ 153 - 5　**믿다**
[믿따　ミッタ]

信じる
[類] 확신[確信]하다　[対] 의심[疑心]하다(疑う)
[正] 믿습니다-믿어요-믿었어요-믿으세요

□ 154 - 5　**바라보다**
[パラボダ]

見渡す、眺める、見晴らす
[類] 응시[凝視]하다, 관망[觀望]하다
[正] 바라봅니다-바라봐요-바라봤어요-바라보세요

□ 155 - 5　**받다**
[받따　パッタ]

受け取る、受ける、もらう
[類] 수리[受理]하다　[対] 주다(与える)
[正] 받습니다-받아요-받았어요-받으세요

□ 156 - 5　**배우다**
[ペウダ]

習う、学ぶ
[類] 학습[學習]하다　[対] 가르치다(教える)
[正] 배웁니다-배워요-배웠어요-배우세요

□ 157 - 5　**버리다**
[ポリダ]

捨てる
[類] 파기[破棄]하다　[対] 줍다(拾う)
[正] 버립니다-버려요-버렸어요-버리세요

□ 158 - 5　**벗다**
[벋따　ポッタ]

脱ぐ
[類] 탈의[脱衣]하다　[対] 입다(着る)
[正] 벗습니다-벗어요-벗었어요-벗으세요

□ 159 - 5　**보내다**
[ポネダ]

送る、届ける、過ごす
[類] 발송[發送]하다　[対] 받다(受ける)
[正] 보냅니다-보내요-보냈어요-보내세요

□ 160 - 5　**보다**
[ポダ]

見る
[類] 관찰[觀察]하다　[関] 보이다(見える、見せる)
[正] 봅니다-봐요-봤어요-보세요

10日目 CD1-14　チェック！
答えは右ページ下

- □ (目を)開ける
- □ 話す
- □ 信じる
- □ 捨てる
- □ 飲む
- □ 食べる
- □ 見渡す
- □ 脱ぐ
- □ 会う
- □ 知らない
- □ 受け取る
- □ 送る
- □ 作る
- □ できない
- □ 習う
- □ 見る

그런 미신을 믿어요?　そんな迷信を信じるのですか？
별로 믿을 만한 사람은 아니에요.　さほど信頼できる人ではありません。
어머니는 제 말을 믿으실 겁니다.　母は私の言葉を信じてくれるでしょう。

우리는 말없이 바다만 바라보았다.　私たちは言葉もなく海ばかり眺めていた。
정면을 바라보고 대답하세요.　正面を見て答えてください。
세상을 바라보는 눈이 넓어졌어요.　世間を見渡す目が広くなりました。

생일도 아닌데 선물을 받았어요.　誕生日でもないのにプレゼントをもらいました。
사랑을 많이 받았습니다.　多くのご愛顧を受けました。
친구에게 받은 편지.　友達から受け取った手紙。

술은 어른한테 배워야지.　酒は目上の人から学ぶべきだ。
조금만 배우면 누구나 할 수 있어요.　ちょっと学べば誰でもできます。
요리와 영어를 배우고 싶습니다.　料理と英語を習いたいです。

남은 음식은 버립시다.　残った食べ物は捨てましょう。
이 아까운 걸 왜 버려요?　このもったいない物をなぜ捨てるのですか？
이런 안 좋은 습관은 버려요.　こんなよくない習慣はやめよう(捨てよう)。

양말은 거기서 벗어요.　靴下はそこで脱ぎます。
안경을 벗어서 아무것도 안 보여요.　眼鏡を取ったので何も見えません。
드디어 누명을 벗었네요.　ついに濡れ衣を晴らしましたね。

오늘 아침에 택배로 보냈어요.　今日の朝に宅配で送りました。
아이를 학교에 보내고 잠깐 잤어요.　子供を学校に送って少しの間寝ました。
그 시간을 어떻게 보내면 좋을까요?　その時間をどう過ごしたらいいでしょうか？

어제 영화는 뭐 봤어요?　昨日、映画は何を見ましたか？
보면 볼수록 호감이 가요.　見れば見るほど好感が持てます。
만지지 말고 보기만 하세요.　触らないで見るだけにしてください。

10日目 ◁)) CD1-14
チェック！
答えは左ページ下

- □ 뜨다
- □ 마시다
- □ 만나다
- □ 만들다
- □ 말하다
- □ 먹다
- □ 모르다
- □ 못하다
- □ 믿다
- □ 바라보다
- □ 받다
- □ 배우다
- □ 버리다
- □ 벗다
- □ 보내다
- □ 보다

11日目

動詞04 - 5級 🔊 CD1-15

□ 161 - 5
보이다¹
[ボイダ]

見える
関 보다(見る), 보여주다(見せてやる)
正 보입니다-보여요-보였어요-보이세요

□ 162 - 5
붙다
[붇따 ブッタ]

つく、くっつく、(試験などに)合格する
対 떨어지다(落ちる) 関 합격[合格]하다(合格する)
正 붙습니다-붙어요-붙었어요-붙으세요

□ 163 - 5
사다
[サダ]

買う
類 구입[購入]하다 対 팔다(売る)
正 삽니다-사요-샀어요-사세요

□ 164 - 5
살다
[サルダ]

生きる、住む、暮らす
対 죽다(死ぬ) 関 살리다(生かす)
ㄹ語幹 삽니다-살아요-살았어요-사세요

□ 165 - 5
생각되다
[생각뙤다 センガクトゥェダ]

考えられる、思われる
類 판단[判斷]되다, 고려[考慮]되다
正 생각됩니다-생각돼요-생각됐어요-생각되세요

□ 166 - 5
서다
[ソダ]

立つ、止まる、(建物などが)建つ
類 기립[起立]하다 対 앉다(座る) 関 세우다(立てる)
正 섭니다-서요-섰어요-서세요

□ 167 - 5
세다
[セダ]

数える
類 헤아리다, 계산[計算]하다
正 셉니다-세요-셌어요-세세요

□ 168 - 5
세우다
[セウダ]

立てる、建てる、(車を)止める
類 설립[設立]하다 関 서다(立つ)
正 세웁니다-세워요-세웠어요-세우세요

▼ 次ページへ ▼

「쓰다」には、「書く」「被る」「使う」の3種類があります。いずれも으語幹用言として活用します。

창문 밖으로 언니의 모습이 보입니다. 窓の外に姉の姿が見えます。
너는 남자로는 안 보여. あなたを男性として見ることができないわ。
보이는 게 다가 아니에요. 見えるのものが全部ではありません。

대학은 한 번에 붙었어요. 大学は一度で合格しました。
문 앞에 광고지가 붙어 있었어요. 門の前にチラシが付いていました。
아마 풀로도 붙을 것 같아요. たぶん、のりでもくっつくと思います。

사고 싶은 것이 정말 많아요. 買いたいものが本当にたくさんあります。
쓸데없는 것은 사지 않아요. 役に立たないものは買いません。
그녀의 환심을 사려고 노력했어요. 彼女の歓心を買おうと努力しました。

옛날 옛날에 흥부와 놀부가 살았어요. むかし、むかし、フンプとノルプが暮らしていました。
마당이 있는 집에서 살고 싶어요. 庭のある家で暮らしたいです。
사시는 데 불편하지는 않으세요? お暮らしになるのにご不便ではありませんか?

괜찮다고 생각됩니다. 大丈夫だと思われます。
그는 다 알고 있었다고 생각된다. 彼はすべて知っていたと思われる。
그렇게 생각될 수도 있겠네요. そのように考えることもできるかもしれませんね。

빈자리가 없어서 문 앞에 섰어요. 空席がないのでドアの前に立ちました。
문 앞에 서 있는 사람은 누구예요? 門の前に立っている人は誰ですか?
기계가 서 버려서 일이 안돼요. 機械が止まってしまって仕事ができません。

하나부터 열까지 셉니다. 1から10まで数えます。
아무리 세어도 한 개가 모자라요. いくら数えても一つ足りないです。
이제 나이를 세는 것은 잊었다. もう年を数えることは忘れた。

아버지는 회사를 세웠습니다. 父は会社を建てました。
경찰이 그 차를 멈춰 세웠다. 警察がその車を止めた。
그가 세운 동상은 동네의 자랑이다. 彼が建てた銅像は町の自慢だ。

▼ 次ページへ ▼

11日目 動詞04 - 5級 🔊 CD1-15

□ 169 - 5
시작되다
[시작뙤다　シジャクトゥエダ]

始まる
漢 始作-- 対 끝나다(終わる)
正 시작됩니다-시작돼요-시작됐어요-시작되세요

□ 170 - 5
시키다
[シキダ]

させる、注文する
類 명령[命令]하다 対 손수하다(自らする)
正 시킵니다-시켜요-시켰어요-시키세요

□ 171 - 5
신다
[신따　シンタ]

履く
類 착용[着用]하다 対 벗다(脱ぐ)
正 신습니다-신어요-신었어요-신으세요

□ 172 - 5
쓰다¹
[スダ]

書く
類 메모[memo]하다, 필기[筆記]하다, 적다
으語幹 씁니다-써요-썼어요-쓰세요

□ 173 - 5
쓰다²
[スダ]

被る、(メガネを)かける、濡れ衣を被る
類 착용[着用]하다 対 벗다(脱ぐ)
으語幹 씁니다-써요-썼어요-쓰세요

□ 174 - 5
쓰다³
[スダ]

使う
類 사용[使用]하다 関 쓰이다(使われる)
으語幹 씁니다-써요-썼어요-쓰세요

□ 175 - 5
안되다¹
[アンドゥェダ]

うまくいかない
対 되다(うまくいく)
正 안됩니다-안돼요-안됐어요-안되세요

□ 176 - 5
앉다
[안따　アンタ]

座る
類 착석[着席]하다 対 서다(立つ)
正 앉습니다-앉아요-앉았어요-앉으세요

11日目 🔊 CD1-15 チェック！ 答えは右ページ下

□ 見える　　□ 考えられる　□ 始まる　　□ 被る
□ つく　　　□ 立つ　　　　□ させる　　□ 使う
□ 買う　　　□ 数える　　　□ 履く　　　□ うまくいかない
□ 生きる　　□ 立てる　　　□ 書く　　　□ 座る

새로운 일주일이 시작되었다.　新しい1週間が始まった。
결혼식이 시작되었는데 신부가 없다.　結婚式が始まったのに、新婦がいない。
그와 나의 갈등이 시작되었다.　彼と私の葛藤が始まった。

왜 만날 나만 시켜요!　なんでいつも私にだけさせるんですか！
시키는 일만 하면 보람이 없다.　言われたことだけをしているとやりがいがない。
차를 시키고 친구를 기다렸다.　お茶を注文して友だちが来るのを待った。

구두 사이즈 몇 신으세요?　靴のサイズはおいくつですか？
예쁜 구두를 신어 보았습니다.　かわいい靴を履いてみました。
그가 신은 양말에 구멍이 나 있다.　彼が履いた靴下に穴が開いている。

매일 일기를 씁니다.　毎日日記を書きます。
군대 간 친구에게 편지를 썼어요.　軍隊に行った友達に手紙を書きました。
소설을 쓰는 사람이 되고 싶다.　小説を書く人になりたい。

언니도 눈이 나빠서 안경을 씁니다.　姉も目が悪くて眼鏡をかけています。
꽃가루 때문에 마스크를 썼어요.　花粉のためにマスクをかけました。
비 맞지 말고, 우산 같이 쓰고 가요.　雨にあたらないよう、一緒に傘を差していきましょう。

정말 십 원도 안 남기고 다 썼어요.　本当に10ウォンも残さず全部使いました。
거기 있는 컵 쓰셔도 돼요.　そこにあるコップお使いになってもよろしいですよ。
다 쓴 볼펜은 재활용합니다.　使い終わったボールペンはリサイクル(再活用)します。

장사가 안돼서 걱정입니다.　商売がうまくいかなくて心配です。
공부가 안될 때는 쉬는 게 좋아요.　勉強がうまくいかないときは、休んだ方がいいです。
네가 안되면 내 마음이 아프다.　お前がうまくいかないと、おれの胸が痛む。

저 의자에 앉으세요.　あのいすにおかけください。
오래 앉아 있었더니 엉덩이가 아프다.　長い間座っていたらお尻が痛い。
여기 앉아서 기다리세요.　ここに座ってお待ちください。

11日目 CD1-15
チェック！
答えは左ページ下

- ☐ 보이다¹
- ☐ 붙다
- ☐ 사다
- ☐ 살다
- ☐ 생각되다
- ☐ 서다
- ☐ 세다
- ☐ 세우다
- ☐ 시작되다
- ☐ 시키다
- ☐ 신다
- ☐ 쓰다¹
- ☐ 쓰다²
- ☐ 쓰다³
- ☐ 안되다¹
- ☐ 앉다

12日目

副詞01 - 5級　CD1-16

□ 177 - 5
같이
[가치　カチ]

一緒に、同様に、共に
類 함께　対 별도[別途]로(別途に)

□ 178 - 5
곧
[コッ]

すぐに、すなわち、つまり
類 금방[今方]　対 천천히(ゆっくり)

□ 179 - 5
그러나
[クロナ]

しかし
類 반면[反面]

□ 180 - 5
그리고
[クリゴ]

そして

□ 181 - 5
다
[タ]

全部、すべて
類 전부[全部], 몽땅, 모두, 거의

□ 182 - 5
다시
[タシ]

もう一度、再度、再び
類 재차[再次], 거듭　関 또(また)

□ 183 - 5
더
[ト]

もっと、より一層、さらに
類 더욱　対 조금(少し)

□ 184 - 5
또
[ト]

また
類 다시, 거듭

▼　次ページへ　▼

いずれも会話ではよく使われる副詞です。「더」と「또」の発音の違いに注意しましょう。

도서관까지 같이 갑시다.　図書館まで一緒に行きましょう。
방에 같이 있었어요.　部屋に一緒にいました。
눈같이 하얀 피부.　雪のように白い肌。

아버지한테 곧 전화가 올 거예요.　父からすぐに電話が来るでしょう。
곧 여기를 떠나요.　すぐにここをたちます。
그 말은 곧 내가 범인이라는 겁니까?　その話は、つまり私が犯人だということですか？

그러나 겨울은 가고 봄이 왔다.　しかし、冬は過ぎ春が来た。
그러나 하나만 알아 둬요.　しかし一つだけ知っておいてください。
그러나 약속은 지켰어요.　しかし、約束は守りました。

엄마, 아빠 그리고 언니.　お母さん、お父さん、そしてお姉さん。
영화가 끝났다. 그리고 그는 떠났다.　映画が終わった。そして彼は去った。
숙제를 했습니다. 그리고 바로 잤어요.　宿題をしました。そしてすぐ寝ました。

다 먹어서 미안합니다.　全部食べてすみません。
다 망가졌어요.　全部壊れました。
이것도 저것도 다 갖다 버려라.　これもあれもみんな捨ててこい。

그 사람을 다시 만나고 싶습니다.　あの人にもう一度会いたいです。
그는 다시 볼 수 없는 곳으로 떠났다.　彼は二度と会えない所に旅立った。
다시 한 번 말씀해 주시겠어요?　もう一度おっしゃっていただけませんか？

선풍기도 없으니 더 더워요.　扇風機もないからさらに暑いです。
많이 남았는데 더 먹을래요?　いっぱい残ったけど、もっと食べますか？
얼굴까지 예쁘면 더 좋죠.　顔もきれいだったら、もっといいでしょう。

맛있어서 또 먹으러 갔어요.　おいしくてまた食べに行きました。
다음주 또 만납시다.　来週また会いましょう。
다음에 또 오십시오.　今度またいらっしゃってください。

▼　次ページへ　▼

12日目 副詞01 - 5級　◁))) CD1-16

□ 185 - 5
많이
[마니　マニ]

多く、たくさん
類 풍부[豊富]하게　対 조금(少し)

□ 186 - 5
빨리
[パルリ]

速く、早く
類 신속[迅速]히　対 천천히(ゆっくりと)　関 얼른(すぐ)

□ 187 - 5
아니
[アニ]

～しない、いや

□ 188 - 5
아주
[アジュ]

とても、非常に
類 매우, 대단히

□ 189 - 5
언제나
[オンジェナ]

いつも、しょっちゅう
類 항상[恒常], 매일[毎日]　対 가끔(時折)

□ 190 - 5
잘
[チャル]

よく
類 능숙히, 좋게

□ 191 - 5
좀
[チョム]

少し、ちょっと
類 조금, 약간[若干]　対 많이(多く)

□ 192 - 5
천천히
[チョンチョニ]

ゆっくりと
類 서서[徐徐]히　対 빨리(速く)

12日目 ◁))CD1-16
チェック！
答えは右ページ下

- □ 一緒に
- □ すぐに
- □ しかし
- □ そして
- □ 全部
- □ もう一度
- □ もっと
- □ また
- □ 多く
- □ 速く
- □ ～しない
- □ とても
- □ いつも
- □ よく
- □ 少し
- □ ゆっくりと

공부는 많이 했어요?　勉強はたくさんしましたか？
밥을 너무 많이 먹었나 봐요.　ご飯をたくさん食べ過ぎたみたいです。
학창 시절에 영화를 많이 봤어요.　学生時代に映画をたくさん見ました。

생각보다 지하철이 빨리 왔습니다.　思ったより地下鉄が早く来ました。
빨리 안 오고 뭐 해요?　早く来ないで何をしているんですか？
빨리 주말이 왔으면 좋겠어요.　早く週末が来ればいいと思います。

아니 가다.　行かない。
하다가 그만두면 아니 함만 못하다.　途中で止めたら、しないよりも劣る。
싫다. 아니, 밉다.　嫌いだ。いや、憎い。

우리 집은 학교와 아주 가깝습니다.　私の家は学校ととても近いです。
아주 친한 친구와 오늘 싸웠습니다.　とても親しい友達と今日、けんかをしました。
과자를 줬더니 아주 좋아했어요.　お菓子をあげたらとても喜びました。

언제나 즐거운 마음으로 삽시다.　いつでも楽しい心で暮らしましょう。
언제나 같은 자리에 서 있을게요.　いつも同じ場所に立っていますね。
언제나 웃고 살았으면 좋겠어요.　いつも笑って暮らせればいいです。

어제 시험은 잘 봤어요?　昨日の試験はよくできましたか？
칼이 잘 드니까 조심하세요.　刃がよく切れるから注意してください。
잘 해주셔서 고맙습니다.　よくしてくださってありがとうございます。

시간이 지나서 배가 좀 고파요.　時間が経ったので少しお腹がすきました。
좀 도와 주실래요?　ちょっと手伝ってもらえますか？
이럴 때 같이 있어 주면 좀 좋아?　こんなとき一緒にいてくれたらどんなにかいいのに。

집에 천천히 돌아갑니다.　家にゆっくり帰ります。
천천히 해도 되니까 서두르지 마요.　ゆっくりやってもいいからあわてないでください。
좀 천천히 말해 주세요.　少しゆっくり話してください。

12日目 CD1-16
チェック！
答えは左ページ下

□ 같이　□ 다　□ 많이　□ 언제나
□ 곧　□ 다시　□ 빨리　□ 잘
□ 그러나　□ 더　□ 아니　□ 좀
□ 그리고　□ 또　□ 아주　□ 천천히

13日目

名詞07 - 5級　　🔊 CD1-17

□ 193 - 5
병
[ピョン]

病気
漢病　類질병[疾病], 질환[疾患]

□ 194 - 5
병원
[ピョンウォン]

病院
漢病院　類의원[醫院], 진료소[診療所]

□ 195 - 5
볼펜
[ポルペン]

ボールペン

□ 196 - 5
봄
[ポム]

春
類춘계[春季]　対가을(秋)

□ 197 - 5
불
[プル]

火、明かり
類화재[火災]　対물(水)

□ 198 - 5
불고기
[プルゴギ]

焼き肉

□ 199 - 5
비
[ピ]

雨
関장마(梅雨)

□ 200 - 5
비디오
[ピディオ]

ビデオ
類비디오테이프[video tape]

▼　次ページへ　▼

「빵」は濃音、「방」は平音です。しっかり区別できるようになりましょう。

주말에 병이 나서 못 놀았어요.　週末、病気になって遊べませんでした。
병 키우지 말고 얼른 병원에 가라.　病気を悪くしないで(育てないで)すぐに病院に行け。
불치병.　不治の病。

머리가 아파서 병원에 갑니다.　頭が痛くて病院に行きます。
병원에 가는 건 정말 싫어요.　病院に行くのは本当に嫌です。
대학병원.　大学病院。

그 볼펜 제 거예요.　このボールペンは私のです。
볼펜 있으세요?　ボールペンありますか?
연필 말고 볼펜으로 적으세요.　鉛筆ではなくボールペンで書いてください。

내년 봄에 뭘 하고 싶으세요?　来年の春に何がしたいですか?
봄이니 꽃 피는 게 당연하죠.　春だから花が咲くのは当然でしょう。
날씨가 별로 봄 같지가 않아요.　天気がさほど春らしくありません。

큰길에 불이 났어요.　大通りで火事が発生しました。
잎이 잘 말라서 불에 잘 타요.　木の葉がよく乾いていてよく燃えます。
어두운데 불도 안 켜고 뭐 해요?　暗いのに明かりもつけずに何をしてるんですか?

다음주에는 불고기를 먹읍시다.　来週は焼き肉を食べましょう。
불고기는 돼지불고기가 좋아요.　焼き肉は豚の焼き肉がいいです。
불고기 양념.　焼き肉のたれ。

올해 여름에는 비가 많이 왔습니다.　今年の夏は雨がたくさん降りました。
이제 좀 있으면 비도 그칠 것 같네요.　もう少しで雨もやむでしょう。
비의 냄새를 좋아해요.　雨の香りが好きです。

토요일에는 비디오만 봅니다.　土曜日はビデオばかり見ます。
비디오 좀 반납하고 와라.　ビデオを返してきなさい。
비디오 한 대를 얻었어요.　ビデオを1台もらいました。

▼　次ページへ　▼

13日目

名詞07 - 5級　　🔊 CD1-17

□ 201 - 5
비빔밥
[비빔빱　ピビムパプ]

ビビンバ

□ 202 - 5
비행기
[ピヘンギ]

飛行機
漢 飛行機

□ 203 - 5
빵
[パン]

パン

□ 204 - 5
사과
[サグァ]

リンゴ
漢 沙果

□ 205 - 5
사람
[サラム]

人
類 인간[人間]　対 짐승(獣)

□ 206 - 5
사월
[サウォル]

4月
漢 四月

□ 207 - 5
사진
[サジン]

写真
漢 寫眞

□ 208 - 5
산
[サン]

山
漢 山　対 바다(海)

| 13日目 🔊 CD1-17
チェック！
答えは右ページ下 | □ 病気
□ 病院
□ ボールペン
□ 春 | □ 火
□ 焼き肉
□ 雨
□ ビデオ | □ ビビンバ
□ 飛行機
□ パン
□ リンゴ | □ 人
□ 4月
□ 写真
□ 山 |

아주머니, 비빔밥 한 그릇 주세요.　おばさん、ビビンバーつください。
비빔밥에 고추장도 안 넣고 먹어요?　ビビンバにコチュジャンも入れずに食べるんですか？
여기 비빔밥 맛있어요.　ここのビビンバ、おいしいです。

일본에는 비행기를 타고 갑니다.　日本には飛行機に乗って行きます。
부산까지 비행기로 가려고요.　釜山まで飛行機で行こうと思います。
비행기를 타 본 적이 없어요.　飛行機に乗ったことがありません。

빵도 잘 먹고 밥도 잘 먹습니다.　パンもよく食べてご飯もよく食べます。
아침으로 빵은 못 먹어요.　朝食にパンは食べられません。
직접 구운 빵이니까 맛 좀 보세요.　私が(直接)焼いたパンだから味をちょと見てください。

마당에 사과나무를 한 그루 심었다.　庭にリンゴの木を1本植えた。
아침에 먹는 사과는 보약과도 같다.　朝に食べるリンゴは補薬(強壮薬)と同じだ。
잘 익은 사과처럼 얼굴이 빨개졌다.　よく熟れたリンゴのように顔が赤くなった。

사람이 많은 곳은 싫습니다.　人の多い場所は嫌です。
사람이 말을 하면 좀 들어요.　人がしゃべったらちょっと聞きなさい。
남편이 경상도 사람이에요.　だんなさんが慶尚道の人です。

일본은 사월에 학기가 시작됩니다.　日本は4月に学期が始まります。
4월 1일은 만우절이잖아요.　4月1日はエープリルフールじゃないですか。
사월이라 날씨가 따뜻해요.　4月なので天候が暖かいです。

나의 사진을 보고 모두 웃었다.　私の写真を見てみんな笑った。
사진 한 장만 찍어 주세요.　写真1枚だけ撮ってください。
지난번에 찍었던 사진들 뽑았어요.　先日撮った写真をプリントしました。

우리 학교 교실에서 산이 보입니다.　うちの学校の教室から山が見えます。
이 구두를 신고 산에 오르겠다고요?　この靴を履いて山に登るですって？
그 산은 너무 가팔라서 위험해요.　あの山はとても険しくて危険です。

13日目 CD1-17
チェック！
答えは左ページ下

- □ 병
- □ 병원
- □ 볼펜
- □ 봄
- □ 불
- □ 불고기
- □ 비
- □ 비디오
- □ 비빔밥
- □ 비행기
- □ 빵
- □ 사과
- □ 사람
- □ 사월
- □ 사진
- □ 산

14日目

名詞08 - 5級　　　🔊 CD1-18

□ 209 - 5
삼월
[사월　サムォル]

3月
漢 三月

□ 210 - 5
새
[セ]

鳥
類 조류[鳥類]

□ 211 - 5
생일
[センイル]

誕生日
漢 生日　類 생신[生辰], 귀빠진 날

□ 212 - 5
선물
[ソンムル]

贈り物、プレゼント
漢 膳物　動 선물하다

□ 213 - 5
선생님
[ソンセンニム]

先生、～さん
漢 先生-　類 교직자[教職者], 교사[教師], 스승

□ 214 - 5
설탕
[ソルタン]

砂糖
漢 雪糖　対 소금(塩)

□ 215 - 5
소
[ソ]

牛

□ 216 - 5
소금
[ソグム]

塩
対 설탕(砂糖)

▼　次ページへ　▼

今日でちょうど2週間が終わります。ちょうど本書の4分の1を消化しました。

삼월부터 봄이 시작됩니다.　3月から春が始まります。
삼월인데도 쌀쌀하네요.　3月なのに肌寒いですね。
삼월이면 저도 대학생이 됩니다.　3月になったら私も大学生になります。

아침에 새소리가 들립니다.　朝、鳥の声が聞こえます。
지금 울고 있는 새 이름이 뭐더라?　今、鳴いている鳥の名前はなんだっけ?
그는 새에 관심이 많은 사람이에요.　彼は鳥に関心がある人です。

친구들이 생일 파티를 해 줬어요.　友だちが誕生日パーティーをしてくれました。
생일에는 미역국을 먹습니다.　誕生日にはワカメのスープを飲みます。
나는 쓸쓸한 생일을 맞았다.　私は寂しい誕生日を迎えた。

편지와 꽃을 선물합니다.　手紙と花をプレゼントします。
선물은 주는 사람의 마음입니다.　贈り物は贈る人の心です。
선물을 고르는 건 어려워요.　プレゼントを選ぶのは難しいです。

제 꿈은 선생님입니다.　私の夢は先生になることです。
국어 선생님은 나의 우상이셨다.　国語の先生は私のあこがれ(偶像)だった。
의사 선생님 말씀 잘 들어라.　お医者様のおっしゃることをよく聞きなさい。

커피에 설탕을 많이 넣습니다.　コーヒーに砂糖をたくさん入れます。
설탕은 달콤합니다.　砂糖は甘いです。
설탕을 안 넣으면 어떨까요?　砂糖を入れないとどうでしょうか?

소고기는 비싸요.　牛肉は高いです。
소는 농사에 꼭 필요합니다.　牛は農業に必ず必要です。
소의 눈은 착하게 보입니다.　牛の目はおとなしそうに見えます。

소금이 많이 들어가서 짜요.　塩がたくさん入っていて塩辛いです。
소금이 짠 게 당연하죠.　塩が塩辛いのは当然でしょう。
소금은 바다에서 납니다.　塩は海で取れます。

▼　次ページへ　▼

14日目

名詞08 - 5級　　🔊 CD1-18

□ 217 - 5
소리
[ソリ]

音、声、話

□ 218 - 5
속
[ソク]

中、内、腹(腹具合)、心中
類 안　対 겉(外側)

□ 219 - 5
손
[ソン]

手
対 발(足)　関 팔(腕)

□ 220 - 5
쇠고기
[スェゴギ]

牛肉
類 소고기, 우육[牛肉]　関 돼지고기(豚肉)

□ 221 - 5
수
[ス]

数
漢 數　類 양[量], 개수

□ 222 - 5
수업
[スオプ]

授業
漢 授業　類 강의[講義]

□ 223 - 5
수요일
[スヨイル]

水曜日
漢 水曜日

□ 224 - 5
숙제
[숙쩨　スクチェ]

宿題
漢 宿題　類 과제[課題]

| 14日目 🔊 CD1-18 チェック！答えは右ページ下 | □ 3月
□ 鳥
□ 誕生日
□ 贈り物 | □ 先生
□ 砂糖
□ 牛
□ 塩 | □ 音
□ 中
□ 手
□ 牛肉 | □ 数
□ 授業
□ 水曜日
□ 宿題 |

소리가 나는 쪽을 돌아보았습니다.　音のする方を振り返って見ました。
이제 와서 그게 무슨 소리예요?　いまさら、それはどういうことですか？
밤에 나는 소리는 솔직히 무섭다.　夜に起こる音は正直恐ろしい。

다 머리 속에 들어 있어요.　すべて頭の中に入っています。
아침부터 속이 안 좋아요.　朝から腹の具合がよくありません。
사람 속은 정말 모르겠습니다.　人の心の中は本当にわかりません。

밖이 추워서 손이 차다.　外が寒くて手が冷たい。
손을 잘 씻으면 감기에 안 걸려요.　手をよく洗うと風邪にかかりません。
그의 손을 잡으면 기분이 좋습니다.　彼の手を握ると気分がいいです。

고깃집에서 쇠고기를 샀습니다.　肉屋で牛肉を買いました。
한우보다 싼 수입 쇠고기.　韓牛より安い輸入牛肉。
쇠고기로 국을 끓이면 구수해요.　牛肉でスープを作ると風味がいいです。

수 십명의 아이들이 손을 잡고 간다.　数十人の子供たちが手をつないで行く。
흔히 수를 셀 때 손가락을 쓰지요.　よく、数を数えるとき、指を使うでしょ。
수가 너무 많아서 다 셀 수가 없다.　数がとても多くてみんな数えうれない。

오늘 수업은 여기까지 합니다.　今日の授業はここまでにします。
수업 종이 울렸다.　授業の鐘が鳴った。
수업 시간에는 집중해야 합니다.　授業の時間には集中しなければいけません。

매주 수요일에 방송됩니다.　毎週水曜日に放送されます。
수요일 밤에 시간이 돼요?　水曜日の夜、時間はありますか？
일주일 중 수요일이 가장 지루하다.　1週間のうち水曜日が一番退屈だ。

숙제를 하고 갑니다.　宿題をして行きます。
숙제를 너무 많이 내는 선생님.　宿題をとてもたくさん出す先生。
숙제를 안 해 가서 혼났습니다.　宿題をしていかなくて叱られました。

**14日目 CD1-18
チェック！**
答えは左ページ下

□ 삼월　□ 선생님　□ 소리　□ 수
□ 새　□ 설탕　□ 속　□ 수업
□ 생일　□ 소　□ 손　□ 수요일
□ 선물　□ 소금　□ 쇠고기　□ 숙제

耳から覚える 用言の活用 2 [CD1-19]

10日目	辞書形	합니다体現在	해요体現在	해요体過去	해요体尊敬
□ 145	**뜨다** 으語幹	뜹니다	떠요	떴어요	뜨세요
□ 146	**마시다**	마십니다	마셔요	마셨어요	
□ 147	**만나다**	만납니다	만나요	만났어요	만나세요
□ 148	**만들다** ㄹ語幹	만듭니다	만들어요	만들었어요	만드세요
□ 149	**말하다** 하用	말합니다	말해요	말했어요	말하세요
□ 150	**먹다**	먹습니다	먹어요	먹었어요	
□ 151	**모르다** 르変	모릅니다	몰라요	몰랐어요	모르세요
□ 152	**못하다** 하用	못합니다	못해요	못했어요	못하세요
□ 153	**믿다**	믿습니다	믿어요	믿었어요	믿으세요
□ 154	**바라보다**	바라봅니다	바라봐요	바라봤어요	바라보세요
□ 155	**받다**	받습니다	받아요	받았어요	받으세요
□ 156	**배우다**	배웁니다	배워요	배웠어요	배우세요
□ 157	**버리다**	버립니다	버려요	버렸어요	버리세요
□ 158	**벗다**	벗습니다	벗어요	벗었어요	벗으세요
□ 159	**보내다**	보냅니다	보내요	보냈어요	보내세요
□ 160	**보다**[1]	봅니다	봐요	봤어요	보세요

[CD1-20]

11日目 辞書形	합니다体現在	해요体現在	해요体過去	해요体尊敬
□ 161 **보이다**¹	보입니다	보여요	보였어요	보이세요
□ 162 **붙다**	붙습니다	붙어요	붙었어요	붙으세요
□ 163 **사다**	삽니다	사요	샀어요	사세요
□ 164 **살다** ㄹ語幹	삽니다	살아요	살았어요	사세요
□ 165 **생각되다**	생각됩니다	생각돼요	생각됐어요	생각되세요
□ 166 **서다**	섭니다	서요	섰어요	서세요
□ 167 **세다**	셉니다	세요	셌어요	세세요
□ 168 **세우다**	세웁니다	세워요	세웠어요	세우세요
□ 169 **시작되다**	시작됩니다	시작돼요	시작됐어요	시작되세요
□ 170 **시키다**	시킵니다	시켜요	시켰어요	시키세요
□ 171 **신다**	신습니다	신어요	신었어요	신으세요
□ 172 **쓰다**¹ 으語幹	씁니다	써요	썼어요	쓰세요
□ 173 **쓰다**² 으語幹	씁니다	써요	썼어요	쓰세요
□ 174 **쓰다**³ 으語幹	씁니다	써요	썼어요	쓰세요
□ 175 **안되다**¹	안됩니다	안돼요	안됐어요	안되세요
□ 176 **앉다**	앉습니다	앉아요	앉았어요	앉으세요

キクタン韓国語
3週目

15日目	名詞 09 [5級 ㅅ-ㅇ]	>>> 74
16日目	名詞 10 [5級 ㅇ]	>>> 78
17日目	動詞 05 [5級 ㅇ-ㅈ]	>>> 82
18日目	形容詞 02 [5級 ㅁ-ㅊ]	>>> 86
19日目	名詞 11 [5級 ㅇ]	>>> 90
20日目	名詞 12 [5級 ㅇ]	>>> 94
21日目	名詞 13 [5級 ㅇ-ㅈ]	>>> 98
	用言の活用 3	>>> 102

15日目

名詞09 - 5級 CD1-21

□ 225 - 5
술
[スル]

酒
類 약주[藥酒]

□ 226 - 5
숫자
[수짜　スッチャ]

数字
漢 數字

□ 227 - 5
스포츠
[スポチュ]

スポーツ
類 운동[運動], 경기[競技]

□ 228 - 5
시간
[シガン]

時間、時、時刻
漢 時間　類 때　対 공간[空間](空間)

□ 229 - 5
시계
[시게　シゲ]

時計
漢 時計

□ 230 - 5
시디
[シディ]

CD
関 음반[音盤](レコード)

□ 231 - 5
시월
[シウォル]

10月
漢 十月

□ 232 - 5
시장
[シジャン]

市場、マーケット
漢 市場　類 장[場]

▼ 次ページへ ▼

「시월」「십일월」「십이월」은 어느 것이나 발음이 비슷합니다. 특히 11월과 12월은 익숙해질 때까지 잘 들읍시다.

내 친구는 술자리를 좋아합니다.　私の友だちはお酒の席が好きです。
고기가 있으니 술 한잔해야죠.　肉があるから酒を一杯やらなくちゃね。
술이 술을 먹는다.　酒に飲まれてしまう(酒が酒を飲む)。

좋아하는 숫자는 무엇입니까?　好きな数字は何ですか？
숫자에 약한 나는 계산기가 필수다.　数字に弱い私は計算機が必須だ。
숫자 마케팅이 뭡니까?　数字マーケティングとは何ですか？

스포츠 중에서도 축구가 제일 좋아요.　スポーツの中でもサッカーが一番好きです。
남편이 스포츠맨이라 관심이 많아요.　夫がスポーツマンなので関心が高いです。
아버지는 스포츠 뉴스를 보고 계세요.　父はスポーツニュースを見ていらっしゃいます。

한 시간 안에 끝납니다.　1時間内に終わります。
시간을 꼭 지켜 주세요.　時間を必ず守ってください。
시간이 흘러 어느덧 백발이 되었다.　時間が流れいつの間にか白髪になった。

시계를 보고 놀랐다.　時計を見てびっくりした。
시계는 잘 가면 그만이다.　時計はちゃんと進めばそれで十分だ。
시계 소리는 똑딱똑딱.　時計の音はチクタクチクタク。

그 사진들 시디로 좀 구워 줘.　その写真、CDに焼いてちょうだい。
시디 한 장 사려고 화장하고 나갔다.　CDを1枚買おうと化粧をして出かけた。
친구에게 빌린 시디를 깜빡했다.　友達に借りたCDをうっかり忘れた。

시월에 여행을 떠납니다.　10月に旅行に行きます。
시월의 마지막 날이 제 생일입니다.　10月の最後の日が私の誕生日です。
시월이 되면 조금씩 추워집니다.　10月になれば少しずつ寒くなります。

한국의 시장은 정말 재미있습니다.　韓国の市場は本当に面白いです。
시장은 언제나 시끌벅적하다.　市場はいつもごった返している。
외국인에게도 남대문 시장은 유명하다.　外国人にも南大門市場は有名だ。

▼　次ページへ　▼

15日目

名詞09 - 5級　　CD1-21

□ 233 - 5
시험
[シホム]

試験、テスト
漢 試驗　類 테스트[test], 평가[評價]

□ 234 - 5
식당
[식땅　シクタン]

食堂
漢 食堂　類 밥집, 레스토랑[restaurant]　関 음식점(飲食店)

□ 235 - 5
신문
[シンムン]

新聞
漢 新聞　類 일보[日報], 신문지[新聞紙]

□ 236 - 5
신발
[シンバル]

履き物、靴
類 신, 구두

□ 237 - 5
십이월
[시비월　シビウォル]

12月
漢 十二月

□ 238 - 5
십일월
[시비뤌　シビルォル]

11月
漢 十一月

□ 239 - 5
아내
[アネ]

妻、家内
類 마누라　対 남편[男便](夫)

□ 240 - 5
아들
[アドゥル]

息子
対 딸(娘)

15日目 CD1-21　チェック！
答えは右ページ下

□ 酒　　　　□ 時計　　　□ 試験　　　□ 12月
□ 数字　　　□ CD　　　　□ 食堂　　　□ 11月
□ スポーツ　□ 10月　　　□ 新聞　　　□ 妻
□ 時間　　　□ 市場　　　□ 履き物　　□ 息子

제일 어려운 한국어 시험을 봤다.　一番難しい韓国語の試験を受けた。
오늘은 영어 실력을 시험합니다.　今日は、英語の実力を試験します。
운전 면허 시험에 합격해서 기쁘다.　運転免許の試験に合格してうれしい。

식당에서 천천히 밥을 먹었다.　食堂でゆっくりご飯を食べた。
학교 식당은 싸고 맛있다.　学校の食堂は安くておいしい。
식당에 가면 물을 먼저 줍니다.　食堂に行くと水をまずくれます。

매일 신문도 보고 뉴스도 봅니다.　毎日、新聞も読んでニュースも見ます。
나는 매일 새벽에 신문을 돌린다.　私は毎日朝方に新聞を配ります。
아버지는 거실에서 신문을 읽고 계세요.　父は居間で新聞を読んでいらっしゃいます。

신발을 벗고 들어오세요.　靴を脱いでお入りください。
신발이 꼭 끼어서 아프다.　靴がきつくて痛い。
이 신발 얼마나 편한지 몰라요.　この靴はどんなに楽かわかりません。

오늘로 십이월이 끝납니다.　今日で12月が終わります。
십이월에는 크리스마스가 있어서 좋다.　12月にはクリスマスがあっていい。
십이월에는 애인이 없으면 외로워요.　12月に恋人がいないと寂しいです。

한국은 십일월에 대학 시험이 있습니다.　韓国は11月に大学の試験があります。
십일월의 추위는 몸 속으로 스며든다.　11月の寒さは体の中に染みます。
십일월에는 낙엽이 거의 없다.　11月には落ち葉がほとんどない。

주말에는 아내와 드라이브를 가려고 해요.　週末には妻とドライブに行こうと思います。
내 눈에는 아내가 제일 예뻐요.　私の目には妻が一番きれいです。
아내가 울면 마음이 아프다.　妻が泣くと胸が痛む。

우리 아들은 야구를 좋아한다.　うちの息子は野球が好きだ。
아들만 보면 안 먹어도 배가 불러요.　息子さえ見ていれば食べなくてもお腹一杯です。
아들은 집안의 기둥이다.　息子は家の柱だ。

15日目 ◁)) CD1-21
チェック！
答えは左ページ下

- □ 술
- □ 숫자
- □ 스포츠
- □ 시간
- □ 시계
- □ 시디
- □ 시월
- □ 시장
- □ 시험
- □ 식당
- □ 신문
- □ 신발
- □ 십이월
- □ 십일월
- □ 아내
- □ 아들

16日目

名詞10 - 5級　🔊 CD1-22

□ 241 - 5
아래
[アレ]

下、下部
類 밑　対 위(上)

□ 242 - 5
아버지
[アボジ]

父、お父さん
類 아빠, 부친　対 어머니(母)

□ 243 - 5
아이
[アイ]

子供
類 자식[子息], 애, 어린이

□ 244 - 5
아저씨
[アジョッシ]

おじさん、おにいさん
対 아주머니(おばさん)

□ 245 - 5
아주머니
[アジュモニ]

おばさん、奥さん
類 아줌마　対 아저씨(おじさん)

□ 246 - 5
아침
[アチム]

朝、朝食
対 저녁(夕方)

□ 247 - 5
안
[アン]

中
類 속　対 밖(外)

□ 248 - 5
안경
[アンギョン]

眼鏡
漢 眼鏡

▼ 次ページへ ▼

「양말」「양쪽」의「ㅇ」パッチムは、日本語話者には発音しにくい音です。「ㄴ」や「ㅁ」パッチムとの違いを聞き取ってみましょう。

연필이 책상 아래로 떨어졌습니다.　鉛筆が机の下に落ちました。
가끔은 아래를 보면 돈을 줍는다.　たまに下を見るとお金を拾う。
아래를 향한 그의 눈이 슬펐다.　下を向いた彼の目が悲しかった。

밤 늦게 아버지가 돌아왔습니다.　夜遅く父が帰ってきました。
아버지의 어깨가 작아 보입니다.　父の肩が、小さく見えます。
아버지는 가족을 지탱해 왔습니다.　父は家族を支えてきました。

아이를 위해 할 수 있는 것은 다 할게요.　子供のためにできることをすべてします。
아이를 원하지 않는 부부가 많대요.　子供を望まない夫婦が多いそうです。
아이의 눈은 맑습니다.　子供の目は澄んでいます。

아저씨가 길을 가르쳐 줬습니다.　おじさんが道を教えてくれました。
그분은 제게 키다리 아저씨 같은 분이에요.　その方は私には足長おじさんのような人です。
결혼하고 나서 아저씨가 된 남편.　結婚してからオヤジになった夫。

아주머니, 이거 하나 더 주세요.　おばさん、これもう一つください。
옆집 아주머니가 김치를 나눠 주셨다.　隣のおばさんがキムチを分けてくださった。
이 땅의 아주머니들은 강하다.　この地のおばさんたちは強い。

이번주부터 아침에 청소를 합니다.　今週から朝に掃除をします。
아침은 뭘 드셨어요?　朝食は何を召し上がりましたか？
아침 햇살이 참 밝다.　朝の日差しが本当に明るい。

비도 오는데 안에서 놀아요.　雨も降るので、中で遊びます。
밖이 추우니 안으로 들어 오세요.　外は寒いので中に入りなさい。
안에서 얘기합시다.　中で話しましょう。

오후에 안경 가게에 갑니다.　午後に眼鏡屋に行きます。
안경을 쓰면 불편해요.　眼鏡をかけると煩わしいです（不便です）。
안경도 패션입니다.　眼鏡もファッションです。

▼　次ページへ　▼

16日目

名詞10 - 5級 🔊 CD1-22

□ 249 - 5
앞
[압 アプ]

前
類 전방[前方], 과거[過去], 이전[以前], 전[前], 미래[未來]　対 뒤(後)

□ 250 - 5
야구
[ヤグ]

野球
漢 野球

□ 251 - 5
양말
[ヤンマル]

靴下
漢 洋襪

□ 252 - 5
양쪽
[ヤンチョク]

両方
漢 兩-　対 한쪽(一方)

□ 253 - 5
어머니
[オモニ]

母、お母さん
類 엄마, 모친[母親]　対 아버지(父)

□ 254 - 5
어제
[オジェ]

昨日
類 어저께　対 내일[來日](明日)

□ 255 - 5
어젯밤
[어제빰　オジェッパム]

昨夜

□ 256 - 5
언니
[オンニ]

(妹からみた)姉
類 누이　対 오빠([妹からみた]兄)

16日目 🔊 CD1-22　チェック！　答えは右ページ下

- □ 下
- □ 父
- □ 子供
- □ おじさん
- □ おばさん
- □ 朝
- □ 中
- □ 眼鏡
- □ 前
- □ 野球
- □ 靴下
- □ 両方
- □ 母
- □ 昨日
- □ 昨夜
- □ (妹からみた)姉

우리는 그냥 앞만 보고 가면 돼요.　私たちはただ前だけ見て行けばいいです。
우리 집 앞에 건물이 생겼다.　私の家の前に建物が建った。
한 사람 앞에 하나씩만 가져 가세요.　一人当たり一つずつ持っていってください。

다음에 언제 야구를 합니까?　次、いつ野球をやりますか？
그 사람은 야구 마니아이다.　彼は野球マニアだ。
야구에 미쳐서 밥도 걸렀다.　野球に狂ってご飯も食べなかった。

양말을 신고 가세요.　靴下を履いて行ってください。
양말이 너무 두꺼우면 땀이 나요.　靴下が厚すぎると汗が出ます。
양말 세 켤레에 이천 원입니다!　靴下3足で2000ウォンです！

양쪽 시력이 약간 차이가 나요.　両方の視力に少し差があります。
그는 사고로 양쪽 팔을 못 써요.　彼は事故で両方の腕が使えません。
양쪽 이야기가 달라 헷갈린다.　両方の話が違ってこんがらかる。

어머니의 흰머리가 가슴이 아파요.　母の白髪に胸が痛みます。
어머니의 사랑은 끝이 없다.　母の愛は限りがない。
여자는 약하지만 어머니는 강하다.　女は弱いが、母は強い。

어제 안 좋은 일이 있었습니다.　昨日、よくないことがありました。
어제는 정말 즐거웠습니다.　昨日は本当に楽しかったです。
어제 먹던 찌개를 오늘 또 먹었다.　昨日食べていたチゲを今日また食べた。

어젯밤에 눈이 왔습니다.　昨夜、雪が降りました。
어젯밤에도 그녀를 찾아갔다.　昨日の夜にも彼女を訪ねた。
어젯밤 꿈에 너를 봤어.　昨日の夜、夢で君を見た。

시월에 언니가 결혼합니다.　10月に姉が結婚します。
옷은 언니랑 같이 입어요.　服は姉と一緒に着ます。
언니랑 별로 안 닮았네요.　お姉さんとあまり似ていませんね。

16日目 CD1-22
チェック！
答えは左ページ下

- 아래
- 아버지
- 아이
- 아저씨
- 아주머니
- 아침
- 안
- 안경
- 앞
- 야구
- 양말
- 양쪽
- 어머니
- 어제
- 어젯밤
- 언니

17日目

動詞05 - 5級　　CD1-23

□ 257 - 5
알다
[アルダ]

知る
類 이해[理解]하다, 깨닫다　対 모르다(知らない)
ㄹ語幹 압니다-알아요-알았어요-아세요

□ 258 - 5
열다
[ヨルダ]

開く、開ける、始める
対 닫다(閉じる)　関 열리다(開かれる)
ㄹ語幹 엽니다-열어요-열었어요-여세요

□ 259 - 5
오다
[オダ]

来る
類 도래[到來]하다　対 가다(行く)
正 옵니다-와요-왔어요-오세요

□ 260 - 5
울다
[ウルダ]

泣く
類 통곡[慟哭]하다, 눈물짓다　対 웃다(笑う)
ㄹ語幹 웁니다-울어요-울었어요-우세요

□ 261 - 5
웃다
[욷따　ウッタ]

笑う
類 미소 짓다, 웃음 짓다　対 울다(泣く)
正 웃습니다-웃어요-웃었어요-웃으세요

□ 262 - 5
일어나다
[이러나다　イロナダ]

起きる、生じる、起こる
類 기상[起床]하다　対 자다(寝る)　関 깨다(覚める)
正 일어납니다-일어나요-일어났어요-일어나세요

□ 263 - 5
이야기하다
[イヤギハダ]

話す
類 말하다　対 듣다(聞く)
하用 이야기합니다-이야기해요-이야기했어요-이야기하세요

□ 264 - 5
읽다
[익따　イクタ]

読む
類 독서[讀書]하다, 낭독[朗讀]하다
正 읽습니다-읽어요-읽었어요-읽으세요

▼　次ページへ　▼

「읽다」の二重パッチム「ㄹㄱ」は辞書形を読む場合は「k」音ですが、後続する語によって変化します。

나는 그를 잘 압니다. 私は彼をよく知っています。
정말 내가 알던 그 사람일까? 本当に私が知っていた彼だろうか?
아는 사람은 없었어요. 知っている人はいませんでした。

범인이 드디어 입을 열었다. 犯人がついに口を開いた。
마음을 열면 편안해집니다. 心を開くと楽になります。
문을 열고 들어오세요. ドアを開けて入ってきてください。

밖에 누가 왔어요. 外に誰か来ました。
오다가다 만난 사이. 行き来する間に出会った仲。
아이들이 오면 파티를 시작해요. 子供たちが来たらパーティーを始めましょう。

마음이 너무 아파서 펑펑 울었어요. 心が痛んでわんわん泣きました。
우는 아기에게 우유를 주었습니다. 泣く子供に牛乳をあげました。
첫닭이 울었으니 이제 그만 돌아가요. 一番鶏が鳴いたからもう帰りましょう。

뭐 때문에 그렇게 웃어요? 何のせいでそんなに笑うんですか?
많이 웃어서 배가 아픕니다. たくさん笑ったので、お腹が痛いです。
웃는 얼굴에 침 뱉으랴. 笑う顔につばを吐きかけるか?

오빠는 아침에 자고 밤에 일어납니다. 兄は朝に寝て夜に起きます。
빨리 일어나요. 늦겠어요. さっさと起きなさいよ。遅れますよ。
벌써 일어났어요? もう起きたんですか?

밤새도록 이야기했습니다. 夜が明けるまで話しました。
아무한테도 이야기하지 마요. 誰にも話さないでください。
자세히 이야기해 주세요. 詳しく話してください。

아버지는 아침마다 신문을 읽으십니다. 父は毎朝新聞をお読みになります。
책을 읽는 모습은 아름다워요. 本を読む姿は美しいです。
이번달에 읽고 싶은 책이 많습니다. 今月は読みたい本が多いです。

▼ 次ページへ ▼

17日目

動詞05 - 5級　　CD1-23

□ 265 - 5
입다
[입따　イプタ]

着る、負う
類 착용[着用]하다　対 벗다(脱ぐ)
正 입습니다-입어요-입었어요-입으세요

□ 266 - 5
잊다
[읻따　イッタ]

忘れる
類 깜빡하다　対 기억하다(記憶する、覚える)
正 잊습니다-잊어요-잊었어요-잊으세요

□ 267 - 5
잊어버리다
[이저버리다　イジョボリダ]

すっかり忘れてしまう、ど忘れする
類 깜빡하다　対 기억하다(記憶する、覚える)
正 잊어버립니다-잊어버려요-잊어버렸어요-잊어버리세요

□ 268 - 5
자다
[チャダ]

寝る
対 깨다(起きる)　関 주무시다(お休みになる)
正 잡니다-자요-잤어요- ──

□ 269 - 5
잘되다
[チャルトゥエダ]

よくできる、うまくいく、成功する
類 성공[成功]하다　対 안되다(うまくいかない)
正 잘됩니다-잘돼요-잘됐어요-잘되세요

□ 270 - 5
잘하다
[자라다　チャラダ]

上手だ、うまい
類 능숙하다　対 잘못하다(できない)
하用 잘합니다-잘해요-잘했어요-잘하세요

□ 271 - 5
잡다
[잡따　チャプタ]

つかむ、握る
類 쥐다, 체포[逮捕]하다　対 놓다(放す)
正 잡습니다-잡아요-잡았어요-잡으세요

□ 272 - 5
좋아하다
[조아하다　チョアハダ]

好きだ、好む
類 선호[選好]하다　対 싫어하다(嫌いだ)
하用 좋아합니다-좋아해요-좋아했어요-좋아하세요

17日目 CD1-23　チェック！
答えは右ページ下

- □ 知る
- □ 開く
- □ 来る
- □ 泣く
- □ 笑う
- □ 起きる
- □ 話す
- □ 読む
- □ 着る
- □ 忘れる
- □ すっかり忘れてしまう
- □ 寝る
- □ よくできる
- □ 上手だ
- □ つかむ
- □ 好きだ

날씨가 추워서 옷을 많이 입었습니다.　寒くて服をたくさん着ました。
양말은 입는 게 아니라 신는 겁니다.　靴下は着るのではなく履くものです。
부상을 입은 선수를 재빨리 옮겼다.　傷を負った選手を素早く移動した。

이제 내 나이는 잊었어요.　もう自分の年は忘れました。
깜빡 잊고 안 가지고 왔어요.　うっかり忘れて持ってきませんでした。
나를 잊지 마세요.　私を忘れないでください。

어제 공부한 것을 다 잊어버렸습니다.　昨日勉強したことをすっかり忘れてしまいました。
안 좋은 일은 다 잊어버려요.　よくないことは全部忘れなさい。
약속을 까맣게 잊어버리고 있었다.　約束をすっかり忘れていた。

자기 전에 불 끄고 자요.　寝る前に明かりを消して寝てください。
한숨 자고 일어나면 괜찮아질 거야.　ちょっと寝て起きたらよくなるさ。
닭도 눈을 감고 잘까요?　ニワトリも目を閉じて寝るんでしょうか?

마이크가 있으면 노래가 잘됩니다.　マイクがあると歌がうまくいきます。
네가 잘되어야 내 마음이 편하지.　君がうまくいって初めて私の気も楽になるんだ（君が成功すれば私の気が楽になるだろう）。
잘되어야 한 명이 뽑힐까 말까야.　うまくいって1人選ばれるかどうかだ。

우리 엄마는 노래를 잘합니다.　私の母は歌がうまいです。
살림을 야무지게 잘해요.　生活をしっかりとうまくやっています。
말을 어찌나 잘하는지 몰라요.　口がどんなにうまいかしれません。

좋아하는 사람과 손을 잡습니다.　好きな人と手をつなぎます。
지금 그녀를 잡지 않으면 후회할 거예요.　今、彼女を捕まえなければ後悔するでしょう。
아버지는 고기를 잡는 어부십니다.　父は魚を捕まえる漁師です。

전에는 정말 좋아했어요.　前は本当に好きでした。
좋아하는 가수 있어요?　好きな歌手はいますか?
불고기는 모두가 좋아하는 음식입니다.　プルコギは皆が好きな食べ物です。

17日目 CD1-23
チェック！
答えは左ページ下

□ 알다　□ 웃다　□ 입다　□ 잘되다
□ 열다　□ 일어나다　□ 잊다　□ 잘하다
□ 오다　□ 이야기하다　□ 잊어버리다　□ 잡다
□ 울다　□ 읽다　□ 자다　□ 좋아하다

18日目

形容詞02 - 5級 🔊 CD1-24

□ 273 - 5
미안하다
[미아나다　ミアナダ]

すまない、申し訳ない
漢 未安--　副 미안히　類 죄송[罪悚]하다
하用 미안합니다-미안해요-미안했어요-미안하세요

□ 274 - 5
비싸다
[ピッサダ]

高い
対 싸다(安い)　関 고가(高価)
正 비쌉니다-비싸요-비쌌어요- ──

□ 275 - 5
쉽다
[쉽따　シュイプタ]

たやすい、容易だ
副 쉬이　類 간단[簡單]하다　対 어렵다(難しい)
ㅂ変 쉽습니다-쉬워요-쉬웠어요-쉬우세요

□ 276 - 5
싫다
[실타　シルタ]

嫌だ、嫌いだ
動 싫어하다　類 불쾌[不快]하다　対 좋다(好きだ)
正 싫습니다-싫어요-싫었어요-싫으세요

□ 277 - 5
싸다
[サダ]

安い
類 저렴[低廉]하다　対 비싸다(高い)
正 쌉니다-싸요-쌌어요- ──

□ 278 - 5
아름답다
[아름답따　アルムダプタ]

美しい
類 예쁘다　対 추[醜]하다(醜い)
ㅂ変 아름답습니다-아름다워요-아름다웠어요-아름다우세요

□ 279 - 5
아프다
[アプダ]

痛い、具合が悪い
類 고통[苦痛]스럽다, 괴롭다　関 앓다(患う)
으語幹 아픕니다-아파요-아팠어요-아프세요

□ 280 - 5
어떻다
[어떠타　オットッタ]

どのようだ
ㅎ変 어떻습니까?-어때요?-어땠어요?-어떠세요?

▼ 次ページへ ▼

「싸다」는「사다」,「차다」는「자다」や「짜다」と区別できるようになりましょう。

어제는 미안했어.　昨日はすまなかった。
미안한데, 이것 좀 도와줄래요?　すみませんが、これちょっと手伝ってくれますか？
너무 미안해하지 마세요.　そんなにすまながらないでください。

일본은 교통비가 너무 비싸요.　日本は交通費があまりにも高いです。
그렇게 비싸면 못 사요.　そんなに高いと買えません。
비싸다고 다 좋은 건 아니니까요.　高いからってすべていいわけではありませんから。

발음이 쉽습니다.　発音がやさしいです。
쉽게 배우는 외국어란 없다.　やさしく学べる外国語などない。
짧고 쉬운 책을 찾습니다.　短くてやさしい本を探しています。

나는 기다리는 것이 아주 싫어요.　私は待つのがとても嫌です。
싫은 사람을 보면 웃을 수 없다.　嫌いな人を見ると笑えない。
싫다는데도 자꾸 권하면 괴롭습니다.　嫌だというのにしきりに勧められるとつらいです。

맛있는데 가격도 싸요.　おいしいし、値段も安いです。
싼 게 비지떡이다.　安物買いの銭失い(安いのがおからのもちだ)。
싸지만 질이 좋아요.　安いけど質はいいです。

동해에서 본 일출은 정말 아름다웠어요.　日本海(東海)で見た日の出は本当に美しかったです。
마음이 아름다운 사람이 되고 싶어요.　心が美しい人になりたいです。
아름다운 경치는 위안을 줍니다.　美しい景色は癒しを与えてくれます。

아까 부딪친 어깨가 아직도 아파요.　さっきぶつけた肩がまだ痛いです。
아프다면서 잘도 먹네요.　具合が悪いと言いながらよく食べますね。
아픈 그의 마음을 달래 주고 싶다.　傷ついた彼の心を癒してあげたい。

한국어는 어떻게 배웠습니까?　韓国語はどのようにして習いましたか？
어떻게 해야 좋을지 모르겠어요.　どのようにすればよいかわかりません。
이 많은 걸 어떻게 다 먹어요?　こんなに多くの物をどうやって全部食べるんですか？

▼　次ページへ　▼

18日目 形容詞02 - 5級 　CD1-24

□ 281 - 5
어렵다
[어렵따　オリョプタ]

難しい、貧しい
[類] 난해[難解]하다, 가난하다　[対] 쉽다(たやすい)
[ㅂ変] 어렵습니다-어려워요-어려웠어요-어려우세요

□ 282 - 5
작다
[작따　チャクタ]

小さい
[類] 조그맣다, 낮다　[対] 크다(大きい)
[正] 작습니다-작아요-작았어요-작으세요

□ 283 - 5
적다
[적따　チョクタ]

少ない
[類] 부족[不足]하다　[対] 많다(多い)
[正] 적습니다-적어요-적었어요-적으세요

□ 284 - 5
좋다
[조타　チョタ]

良い、好きだ
[類] 유익[有益]하다,　[対] 나쁘다(悪い)
[正] 좋습니다-좋아요-좋았어요-좋으세요

□ 285 - 5
죄송하다
[チェソンハダ]

申し訳ない、恐れ入る
[漢] 罪悚--　[類] 송구[悚懼]하다
[하用] 죄송합니다-죄송해요-죄송했어요-죄송하세요

□ 286 - 5
짧다
[짤따　チャルタ]

短い、足りない、浅い
[類] 부족[不足]하다, 얕다　[対] 길다(長い)
[正] 짧습니다-짧아요-짧았어요-짧으세요

□ 287 - 5
차다
[チャダ]

冷たい
[類] 차갑다, 춥다　[対] 뜨겁다(熱い)
[正] 찹니다-차요-찼어요-차세요

□ 288 - 5
춥다
[춥따　チュプタ]

寒い
[類] 차다, 쌀쌀하다　[対] 덥다(暑い)
[ㅂ変] 춥습니다-추워요-추웠어요-추우세요

18日目　CD1-24　チェック！
答えは右ページ下

- □ すまない
- □ 高い
- □ たやすい
- □ 嫌だ
- □ 安い
- □ 美しい
- □ 痛い
- □ どのようだ
- □ 難しい
- □ 小さい
- □ 少ない
- □ 良い
- □ 申し訳ない
- □ 短い
- □ 冷たい
- □ 寒い

한국어 문법은 너무 어려워요.　韓国語の文法はあまりにも難しいです。
어려운 문제라도 피해가지 마세요.　難しい問題でも避けないでください。
그 사람은 어렵게 살아요.　その人は貧しく暮らしています。

아이가 입는 옷은 정말 작습니다.　子供が着る服は本当に小さいです。
작은 고추가 맵다.　サンショウは小粒でもぴりりと辛い(小さい唐辛子が辛い)。
소리가 작아서 잘 안 들려요.　声が小さくてよく聞こえません。

내 음식이 더 적다.　私の料理がより少ない。
월급은 적지만 일이 재미있어요.　給料は少ないですが、仕事は面白いです。
그는 나에게 적지 않은 돈을 주었다.　彼は私に少なくないお金をくれた。

나는 무조건 당신이 좋아요.　私は無条件であなたが好きです。
이 노래 좋은데요.　この歌いいですね。
네, 좋습니다. 그렇게 하지요.　はい、いいです。そうしましょう。

약속 시간에 늦어서 죄송합니다.　約束の時間に遅れて申し訳ございません。
죄송한데, 이것 좀 들어 주세요.　申し訳ありませんが、これちょっと持ってください。
정말 죄송합니다.　本当に申し訳ありません。

통화는 짧게 끝내 주세요.　通話は手短に終えてください。
치마가 너무 짧은 거 아냐?　スカートが短すぎるんじゃないの？
제 생각이 짧았어요.　私の考えが浅かったです。

겨울에는 추워서 손이 찹니다.　冬は寒くて手が冷たいです。
바람이 찬데 볼일만 보고 얼른 들어와요.　風が冷たいから用事だけ済ませて、すぐ
　帰って来てください。
냉면사리를 찬물에 헹구어요.　冷麺の麺を冷水にさらします。

춥다고 생각하니 더 추워요.　寒いと思ったらもっと寒いです。
너무 추워서 눈물이 날 정도였어요.　とても寒くて涙が出るほどでした。
추우면 여기 들어와서 앉아요.　寒かったらこちらに入ってきて座りなさい。

18日目 CD1-24
チェック！
答えは左ページ下

- ☐ 미안하다
- ☐ 비싸다
- ☐ 쉽다
- ☐ 싫다
- ☐ 싸다
- ☐ 아름답다
- ☐ 아프다
- ☐ 어떻다
- ☐ 어렵다
- ☐ 작다
- ☐ 적다
- ☐ 좋다
- ☐ 죄송하다
- ☐ 짧다
- ☐ 차다
- ☐ 춥다

19日目

名詞11 - 5級 🔊 CD1-25

□ 289 - 5
얼굴
[オルグル]

顔
類 안면[顔面]

□ 290 - 5
얼마
[オルマ]

いくら、いくらか

□ 291 - 5
여름
[ヨルム]

夏
類 하계[夏季]　対 겨울(冬)

□ 292 - 5
여자
[ヨジャ]

女
漢 女子　類 여성[女性], 여인[女人]　対 남자(男)

□ 293 - 5
여행
[ヨヘン]

旅行
漢 旅行　動 여행하다

□ 294 - 5
역
[ヨク]

駅
漢 驛

□ 295 - 5
연필
[ヨンピル]

鉛筆
漢 鉛筆　関 샤프펜슬, 샤프(シャーペン)

□ 296 - 5
영어
[ヨンオ]

英語
漢 英語

▼ 次ページへ ▼

母音をしっかり区別できるように注意しましょう。特に「얼굴」の「얼」と「올해」の「올」の母音の違いに注意！

돌아가신 아빠의 얼굴을 모릅니다.　亡くなったお父さんの顔を知りません。
얼굴만 예쁘다고 여자냐?　顔さえきれいなら女か？
얼굴이 크다고 놀리지 마세요.　顔が大きいとからかわないでください。

비디오 세 개에 얼마입니까?　ビデオ三つでいくらですか？
돈은 얼마든지 있습니다.　お金はいくらでもあります。
그가 오려면 얼마나 걸릴까?　彼が来るならいくらかかるだろうか？

여름에는 무엇을 하고 싶어요?　夏には何がしたいですか？
여름은 노출의 계절이다.　夏は露出の季節だ。
여름에는 수박을 먹는 재미가 있다.　夏にはスイカを食べる楽しみがある。

나는 여자의 눈물에 약한 남자다.　私は女の涙に弱い男だ。
여자의 마음도 모르는 바보.　女心もわからないばか。
아무리 나이를 먹어도 여자는 여자다.　いくら年を取っても女は女だ。

한국에 여행 가는 일본사람이 많습니다.　韓国に旅行に行く日本人が多いです。
여행은 배낭 여행이 최고다.　旅行はバックパックでの個人旅行が最高だ。
여행을 가고 싶어도 시간이 없습니다.　旅行に行きたくても時間がありません。

다음 역에서 내립시다.　次の駅で降りましょう。
역 앞에서 세 시에 만나요.　駅前で3時に会いましょう。
눈이 내린 역에는 아무도 없었다.　雪が降った駅には誰もいなかった。

나는 언제나 연필로 씁니다.　私はいつでも鉛筆で書きます。
연필을 사각사각 깎아요.　鉛筆をさくさく削ります。
요즘은 연필보다 샤프를 더 많이 쓴다.　この頃は鉛筆よりシャープペンシルをよく使う。

영어와 한국어로 이야기를 합니다.　英語と韓国語で話をします。
영어만 할 줄 알면 참 좋겠다.　英語だけでもできれば本当にいいのに。
아무리 공부해도 영어가 안 늘어요.　どんなに勉強しても英語が上達しません。

▼　次ページへ　▼

19日目 名詞11 - 5級 🔊 CD1-25

□ 297 - 5
영화
[ヨンファ]

映画
漢映畫 類무비[movie]

□ 298 - 5
옆
[엽 ヨプ]

横、そば、隣
類측면[側面] 関곁(そば)

□ 299 - 5
오늘
[オヌル]

今日
類현재[現在]

□ 300 - 5
오빠
[オッパ]

(妹からみた)兄
類오라버니, 형 対언니([妹からみた]姉)

□ 301 - 5
오월
[オウォル]

5月
漢五月

□ 302 - 5
오전
[オジョン]

午前
漢午前 対오후(午後)

□ 303 - 5
오후
[オフ]

午後
漢午後 対오전(午前)

□ 304 - 5
올해
[오래 オレ]

今年
類금년[今年]

| 19日目 🔊 CD1-25 チェック！ 答えは右ページ下 | □ 顔
□ いくら
□ 夏
□ 女 | □ 旅行
□ 駅
□ 鉛筆
□ 英語 | □ 映画
□ 横
□ 今日
□ (妹からみた)兄 | □ 5月
□ 午前
□ 午後
□ 今年 |

영화를 공부하고 싶습니다.　映画を学びたいです。
영화의 옛 이름은 활동사진이다.　映画の昔の名前は活動写真だ。
영화 속 주인공처럼 살고 싶어요.　映画の中の主人公のように生きたいです。

좀 더 옆으로 가 주세요.　もう少し横に行ってください。
게는 옆으로 가는 것이 똑바로 가는 것이다.　カニは横に歩くことが真っすぐ歩く
　ことだ。
옆 사람이 자꾸 신경 쓰인다.　横の人がやたらと気になる。

오늘 오후까지 주세요.　今日の午後までにください。
오늘을 소중히 합니다.　今日を大切にします。
오늘이 내일을 만듭니다.　今日が明日をつくります。

우리 오빠는 스포츠를 좋아합니다.　うちの兄はスポーツが好きです。
오빠가 사 준 빨간 운동화를 좋아합니다.　兄が買ってくれた赤い運動靴が好きです。
나는 오빠가 있는 친구들이 부럽다.　私は兄がいる友達がうらやましい。

오월에는 맑은 날이 많습니다.　5月は晴れの日が多いです。
오월은 가정의 달이라고 합니다.　5月は家庭の月と言われます。
오월에는 꽃이 많이 핍니다.　5月には花がたくさん咲きます。

오늘은 오전부터 비가 오겠습니다.　今日は午前中から雨が降ります。
오전에는 시간이 없어요.　午前中は時間がありません。
오전에 받아볼 수는 없을까요?　午前中に受け取ることはできませんか？

시험은 오후부터 봅니다.　試験は午後からします。
오늘은 오후 수업만 있어요.　今日は午後の授業だけがあります。
오후가 되자 졸리기 시작했다.　午後になると眠くなり始めた。

올해도 오늘로 끝납니다.　今年も今日で終わります。
올해 목표는 부자가 되는 것.　今年の目標は金持ちになること。
올해부터는 가정에도 신경을 쓰세요.　今年からは家庭にも気を使ってください。

**19日目 CD1-25
チェック！
答えは左ページ下**

☐ 얼굴　☐ 여행　☐ 영화　☐ 오월
☐ 얼마　☐ 역　☐ 옆　☐ 오전
☐ 여름　☐ 연필　☐ 오늘　☐ 오후
☐ 여자　☐ 영어　☐ 오빠　☐ 올해

20日目

名詞12 - 5級　　🔊 CD1-26

□ 305 - 5
옷
[옫　オッ]

服
類 의상[衣裳], 의류[衣類]

□ 306 - 5
외국
[ウェグク]

外国
漢 外國　類 타국[他國], 이국[異國]　対 모국[母國]（母国）

□ 307 - 5
요일
[ヨイル]

曜日
漢 曜日

□ 308 - 5
우리나라
[ウリナラ]

わが国

□ 309 - 5
우산
[ウサン]

傘
漢 雨傘

□ 310 - 5
우유
[ウユ]

牛乳
漢 牛乳

□ 311 - 5
우체국
[ウチェグク]

郵便局
漢 郵遞局

□ 312 - 5
우표
[ウピョ]

切手
漢 郵票

▼　次ページへ　▼

母音の「우」と「으」「위」と「의」の違いに注目。特に「의」は日本語にはない母音です。

우리 할머니는 좋은 옷만 입습니다.　おばあさんはよい服だけを着ます。
옷 좀 입어요.　服をちょっと着てください。
손 씻고, 옷도 갈아입으세요.　手を洗って、服も着替えてください。

외국에서 살고 싶습니다.　外国に住みたいです。
외국으로 이민갈까?　外国に移住しようか?
외국 사람만 보면 도망가요.　外国人さえ見れば逃げ出します。

무슨 요일에 영어를 배워요?　何曜日に英語を習っていますか?
요일별로 정리하세요.　曜日別に整理してください。
그날이 무슨 요일이죠?　その日は何曜日ですか?

한국사람은 항상 우리나라라고 해요.　韓国人はいつもわが国と言います。
우리나라 사람들이 정에 약하잖아요.　わが国の人々は情に弱いじゃないですか。
사계절이 뚜렷한 우리나라.　四季がはっきりしたわが国。

우산이 찢어져서 버렸어요.　傘が破れたので捨てました。
우산 좀 펴 주세요.　傘をちょっと開いてください。
제 우산 같이 쓰고 가면 돼요.　私の傘を一緒に使って行けばいいです。

우유만 마시면 배가 아파요.　牛乳を飲むと(必ず)お腹が痛くなります。
우유를 먹어야 키가 크지.　牛乳を飲んでこそ背が高くなるのよ。
흰 우유는 잘 못 마셔요.　白い牛乳はあまり飲めません。

우체국에서 편지를 보냅니다.　郵便局で手紙を送ります。
외숙모는 우체국에서 일하세요.　(母方の)おばは郵便局で働いています。
이 근처에 우체국이 있나요?　この近所に郵便局がありますか?

우체국에서 우표를 삽니다.　郵便局で切手を買います。
우표 수집이 취미예요.　切手集めが趣味です。
우표 한 장을 붙여서 넣어 주세요.　切手1枚を張って入れてください。

▼　次ページへ　▼

20日目 名詞12 - 5級 🔊 CD1-26

□ 313 - 5
월요일
[월료일 ウォリョイル]

月曜日
漢 月曜日

□ 314 - 5
위
[ウィ]

上
類 정상[頂上]　対 아래(下)

□ 315 - 5
유월
[ユウォル]

6月
漢 六月

□ 316 - 5
은행
[으냉 ウネン]

銀行
漢 銀行

□ 317 - 5
음식
[ウムシク]

食べ物、料理
漢 飲食　類 먹을거리　関 요리(料理)

□ 318 - 5
음악
[으막 ウマク]

音楽
漢 音樂　類 노래

□ 319 - 5
의사
[ウイサ]

医師
漢 醫師

□ 320 - 5
의자
[ウイジャ]

いす
漢 椅子　類 걸상[床]

| 20日目 🔊 CD1-26 チェック！ 答えは右ページ下 | □ 服 □ 外国 □ 曜日 □ わが国 | □ 傘 □ 牛乳 □ 郵便局 □ 切手 | □ 月曜日 □ 上 □ 6月 □ 銀行 | □ 食べ物 □ 音楽 □ 医師 □ いす |

월요일에 한국으로 떠납니다.　月曜日に韓国にたちます。
그는 월요일에는 언제나 지각해요.　彼は月曜日にはいつも遅刻します。
월요일이 오지 않았으면 좋겠어요.　月曜日が来なければいいと思います。

먼저 위에 가서 기다리세요.　先に上に行って待っていてください。
위에 적당히 올려 두세요.　上に適当に上げておいてください。
이건 내가 그보다 한 수 위다.　これは私が彼よりも一枚上手だ。

유월에 결혼하고 싶습니다.　6月に結婚したいです。
남동생은 6월 2일에 태어났습니다.　弟は6月2日に生まれました。
6월인데도 벌써 이렇게 덥네요.　6月なのにもうこんなに暑いですね。

은행에서 돈을 찾습니다.　銀行でお金を下ろします。
은행에는 무슨 일로 다녀오셨어요?　銀行には何の用事で行って来たんですか?
동생이 은행에 다닙니다.　妹／弟は銀行に勤めています。

싫어하는 음식은 있어요?　嫌いな食べ物はありますか?
음식에도 철학이 있어요.　食べ物にも哲学があります。
부인 음식 솜씨가 정말 좋으시네요!　奥さんは料理の腕前が本当によいですね。

음악을 들으면 마음이 편해진다.　音楽を聞くと心が楽になる。
음악이 없으니 심심하네.　音楽がないので退屈だな。
그의 음악은 열정적이다.　彼の音楽は情熱的だ。

몸이 아파서 의사한테 갔어요.　体調が悪くて医者に行きました。
의사 선생님, 우리 아이 좀 고쳐 주세요!　医者の先生、私の子供を治してください!
그는 외과 의사이다.　彼は外科医師だ。

마음에 드는 의자를 샀습니다.　気に入ったいすを買いました。
의자에 앉아서 기다리세요.　いすに座って待っていてください。
이 의자 예쁘네요.　このいす、かわいいね。

20日目 CD1-26
チェック!
答えは左ページ下

- □ 옷
- □ 외국
- □ 요일
- □ 우리나라
- □ 우산
- □ 우유
- □ 우체국
- □ 우표
- □ 월요일
- □ 위
- □ 유월
- □ 은행
- □ 음식
- □ 음악
- □ 의사
- □ 의자

21日目　名詞13 - 5級　◁)) CD1-27

□ 321 - 5　이날
[イナル]
この日

□ 322 - 5　이달
[イダル]
今月、この月
類 금월[今月], 이번달

□ 323 - 5　이때
[イッテ]
この時、今、その時

□ 324 - 5　이름
[イルム]
名前
類 성함[姓銜], 성명[姓名]

□ 325 - 5　이야기
[イヤギ]
話、物語
動 이야기하다　類 얘기, 말, 사정[事情]

□ 326 - 5　이월
[イウォル]
2月
漢 二月

□ 327 - 5　일
[イル]
仕事、こと、用事、事件
動 일하다　類 업무[業務], 직업[職業]

□ 328 - 5　일본
[イルボン]
日本
漢 日本

▼ 次ページへ ▼

「이월」과「일월」의 발음에서는「ㄹ音」이 있는가, 없는가의 차이밖에 없습니다.
거기에 기를 붙이면 구분할 수 있습니다.

이날 학교에 안 나와도 됩니다.　この日、学校に来なくていいです。
그럼 이날 만나서 뭐하지?　じゃあ、この日に会って何する?
이날이 있기까지 고생은 말로 못한다.　この日が来るまでの苦労は言葉にできない。

이달에 시험이 두 개 있습니다.　今月に試験が二つあります。
이달만 해도 벌써 몇 번째예요?　今月だけでもう何回目ですか?
이달의 행사.　今月の行事。

지금 이때밖에 없다고 생각했습니다.　今この時しかないと思いました。
이때가 아니면 기회는 없다.　この時でなければ機会はない。
어이구, 이때까지 속고만 사셨나?　あらまあ、今までだまされてばかりいらっしゃったの?

이 회사의 이름은 무엇입니까?　この会社の名前は何ですか?
이름 참 예쁘네요.　名前が本当にかわいいですね。
어머니가 지어 주신 이름이에요.　母が付けてくださった名前です。

선생님은 천천히 이야기를 합니다.　先生はゆっくり話をします。
그의 이야기는 지루하다.　彼の話は退屈だ。
슬픈 이야기를 좋아합니다.　悲しい話が好きです。

이월이 되고 나서 첫눈이 왔어요.　2月に入って初雪が降りました。
이월에는 밸런타인데이도 있네요.　2月にはバレンタインデーもありますね。
이월부터는 회사에 나가게 되었습니다.　2月からは会社に通うようになりました。

일이 끝나서 집에 돌아갑니다.　用事が終わって家に帰ります。
요즘 일이 없어서 놀고 있어요.　最近は仕事がなくて遊んでいます。
일이 꼬여서 골치가 아파요.　仕事がこじれて頭が痛いです。

한국과 일본은 가깝습니다.　韓国と日本は近いです。
일본에서 산 적이 있어요.　日本で暮らしたことがあります。
일본 음식 좋아하세요?　日本の食べ物はお好きですか?

▼　次ページへ　▼

21日目 名詞13 - 5級 　CD1-27

□ 329 - 5
일본어
[일보너　イルボノ]

日本語
漢 日本語

□ 330 - 5
일요일
[이료일　イリョイル]

日曜日
漢 日曜日

□ 331 - 5
일월
[이뤌　イルォル]

1月
漢 一月

□ 332 - 5
일주일
[일쭈일　イルチュイル]

1週間
漢 一週日　類 일주간[一週間]

□ 333 - 5
입
[イプ]

口
関 식구[食口](家族)

□ 334 - 5
자기
[チャギ]

自分、自己
類 자신[自身]

□ 335 - 5
자동차
[チャドンチャ]

自動車
漢 自動車

□ 336 - 5
자리
[チャリ]

席、場所、跡、地位
類 장소[場所], 좌석[座席]

21日目　CD1-27　チェック！
答えは右ページ下

□ この日　□ 話　□ 日本語　□ 口
□ 今月　□ 2月　□ 日曜日　□ 自分
□ この時　□ 仕事　□ 1月　□ 自動車
□ 名前　□ 日本　□ 1週間　□ 席

사과는 일본어로「링고」입니다.　リンゴは日本語で「リンゴ」です。
일본어는 언제부터 배우셨어요?　日本語をいつから習いましたか?
일본어와 한국어는 닮았다.　日本語と韓国語は似ている。

일요일에는 회사도 학교도 안 갑니다.　日曜日には会社にも学校にも行きません。
일요일이라도 일찍 일어나야죠.　日曜日でも早く起きなくちゃいけないですよ。
이번 일요일에 만나기로 해요.　今度の日曜日に会うことにしましょう。

일월에는 많은 결심을 합니다.　1月にはたくさんの決意を固めます。
한국은 일월 일일이 설날이 아닙니다.　韓国は1月1日が正月ではありません。
드디어 일월이 되었습니다.　ついに1月になりました。

일주일 후에 한국에 갑니다.　1週間後に韓国に行きます。
일주일이면 충분합니다.　1週間なら十分です。
일주일 전에 보고 못 봤어요.　1週間前に会ってその後は会えていません。

한국어 선생님은 입이 큽니다.　韓国語の先生は口が大きいです。
한 입 가지고 두 말은 하지 마라.　一つの口で二つのことを言うな。
이거 한 입만 먹어 볼게요.　これ一口だけ食べてみます。

자기 이름을 종이에 쓰세요.　自分の名前を紙に書いてください。
저 사람은 자기밖에 몰라요.　あの人は自分(のこと)しかわからない。
자기 행동에 책임을 지세요.　自分の行動に責任を持ってください。

아버지는 일본 자동차를 좋아합니다.　父は日本の自動車が好きです。
드디어 자동차운전면허를 땄습니다.　ついに自動車の運転免許を取りました。
하늘을 나는 자동차가 있다면 좋겠다.　空飛ぶ自動車があればいいのに。

자리에서 일어나서 밖으로 나갑시다.　席を立って外に出ましょう。
학교가 있었던 자리.　学校があった場所。
사장님 자리에 앉았어요.　社長のいすに座りました。

21日目 ◁))) CD1-27
チェック！
答えは左ページ下

- □ 이날
- □ 이달
- □ 이때
- □ 이름
- □ 이야기
- □ 이월
- □ 일
- □ 일본
- □ 일본어
- □ 일요일
- □ 일월
- □ 일주일
- □ 입
- □ 자기
- □ 자동차
- □ 자리

耳から覚える 用言の活用 3 [CD1-28]

17日目	辞書形	합니다体現在	해요体現在	해요体過去	해요体尊敬
□257	알다 ㄹ語幹	압니다	알아요	알았어요	아세요
□258	열다 ㄹ語幹	엽니다	열어요	열었어요	여세요
□259	오다	옵니다	와요	왔어요	오세요
□260	울다 ㄹ語幹	웁니다	울어요	울었어요	우세요
□261	웃다	웃습니다	웃어요	웃었어요	웃으세요
□262	일어나다	일어납니다	일어나요	일어났어요	일어나세요
□263	이야기하다 하用	이야기합니다	이야기해요	이야기했어요	이야기하세요
□264	읽다	읽습니다	읽어요	읽었어요	읽으세요
□265	입다	입습니다	입어요	입었어요	입으세요
□266	잊다	잊습니다	잊어요	잊었어요	잊으세요
□267	잊어버리다	잊어버립니다	잊어버려요	잊어버렸어요	잊어버리세요
□268	자다	잡니다	자요	잤어요	
□269	잘되다	잘됩니다	잘돼요	잘됐어요	잘되세요
□270	잘하다 하用	잘합니다	잘해요	잘했어요	잘하세요
□271	잡다	잡습니다	잡아요	잡았어요	잡으세요
□272	좋아하다 하用	좋아합니다	좋아해요	좋아했어요	좋아하세요

18日目 辞書形	합니다体現在	해요体現在	해요体過去	해요体尊敬
□273 미안하다 하用	미안합니다	미안해요	미안했어요	미안하세요
□274 비싸다	비쌉니다	비싸요	비쌌어요	
□275 쉽다 ㅂ変	쉽습니다	쉬워요	쉬웠어요	쉬우세요
□276 싫다	싫습니다	싫어요	싫었어요	싫으세요
□277 싸다	쌉니다	싸요	쌌어요	
□278 아름답다 ㅂ変	아름답습니다	아름다워요	아름다웠어요	아름다우세요
□279 아프다 으語幹	아픕니다	아파요	아팠어요	아프세요
□280 어떻다 ㅎ変	어떻습니까?	어때요?	어땠어요?	어떠세요?
□281 어렵다 ㅂ変	어렵습니다	어려워요	어려웠더요	어려우세요
□282 작다	작습니다	작아요	작았어요	작으세요
□283 적다	적습니다	적어요	적었어오	적으세요
□284 좋다	좋습니다	좋아요	좋았어요	좋으세요
□285 죄송하다 하用	죄송합니다	죄송해요	죄송했어요	죄송하세요
□286 짧다	짧습니다	짧아요	짧았어요	짧으세요
□287 차다	찹니다	차요	찼어요	차세요
□288 춥다 ㅂ変	춥습니다	추워요	추웠어요	추우세요

キクタン韓国語
4週目

22日目	名詞14 [5級ㅈ-ㅊ]	>>> 106
23日目	名詞15 [5級ㅊ-ㅍ]	>>> 110
24日目	名詞16 [5級ㅍ-4級ㄱ]	>>> 114
25日目	名詞17 [4級ㄱ]	>>> 118
26日目	ハダ用言01 [5級ㄱ-4級ㄱ]	>>> 122
27日目	動詞06 [5級ㅈ-4級ㄱ]	>>> 126
28日目	形容詞03 [5級ㅋ-4級ㅂ]	>>> 130
	用言の活用4	>>> 134

22日目

名詞14 - 5級　　　🔊 CD1-30

□ 337 - 5
작년
[장년　チャンニョン]

昨年、去年
漢 昨年　類 지난해

□ 338 - 5
저녁
[チョニョク]

夕方、夕食
類 해질 녘　対 아침(朝)

□ 339 - 5
전철
[チョンチョル]

電車、地下鉄
漢 電鐵　類 열차[列車], 지하철[地下鐵]

□ 340 - 5
정도
[チョンド]

程度、くらい、ほど
漢 程度　類 쯤

□ 341 - 5
정말
[チョンマル]

本当、本当に
漢 正-　類 진짜　対 거짓(偽り)

□ 342 - 5
제일
[チェイル]

一番、最も
漢 第一　類 가장

□ 343 - 5
조선
[チョソン]

朝鮮
漢 朝鮮

□ 344 - 5
종이
[チョンイ]

紙

▼　次ページへ　▼

「작년」은 鼻音化により、「ㄱ」パッチムが「ㅇ」の音で発音されます。文字と音の違いに注意しましょう。

작년부터 언니와 같이 살고 있습니다.　去年から姉と一緒に住んでいます。
작년 이맘때 무엇을 하고 있었던가.　昨年の今頃は何をしていたっけ。
그래도 작년보다는 나아요.　それでも昨年よりはましですよ。

저녁에 남편과 함께 영화를 봅니다.　夕方に夫と一緒に映画を見ます。
오늘 저녁은 뭘 해 먹을까요?　今日の夕食は何を作って食べましょうか?
저녁에는 무조건 집에서 쉰다.　夕方にはとにかく家で休む。

전철로 갈까요, 택시로 갈까요?　電車で行きましょうか、タクシーで行きましょうか?
전철이 중간에 서 버려서 늦었어요.　電車が途中で止まってしまって遅れました。
전철로 십 분이면 가요.　電車で10分もすれば行きますよ。

값이 어느 정도 합니까?　値段はどのくらいになりますか?
정도껏 해야 봐주지.　ほどほどだったら大目に見てやるのに。
그 정도면 됐다.　その程度なら構わない。

그게 정말이에요?　それ本当ですか?
정말 어려운 문제입니다.　本当に難しい問題です。
정말 귀여운 아이였어요.　本当にかわいい子供でした。

나는 비빔밥이 제일 맛있습니다.　私はビビンパが一番おいしいです。
세상에서 엄마 잔소리가 제일 무서워요.　世の中でお母さんのお小言が最も怖いです。
저는 복숭아가 제일 좋아요.　私はモモが一番好きです。

조선의 태조는 이성계이다.　朝鮮の太祖は李成桂である。
조선 시대.　朝鮮時代。
조선 왕조.　朝鮮王朝。

종이에 가지고 싶은 것을 써 봅시다.　紙に欲しい物を書いてみましょう。
천재와 바보는 종이 한 장 차이다.　天才とばかは紙一枚の差だ。
이 종이는 너무 얇은 것 같아요.　この紙は薄すぎるようです。

▼　次ページへ　▼

22日目

名詞14 - 5級　　　CD1-30

□ 345 - 5
주
[チュ]

週
漢 週

□ 346 - 5
주말
[チュマル]

週末
漢 週末

□ 347 - 5
주스
[チュス]

ジュース

□ 348 - 5
지금
[チグム]

今、ただ今
対 옛날(昔)

□ 349 - 5
지난주
[チナンジュ]

先週
漢 --週　類 전주[前週]　対 다음주(来週)

□ 350 - 5
집
[チプ]

家、家庭、店
類 주택[住宅]

□ 351 - 5
차¹
[チャ]

車
漢 車　類 자동차[自動車], 차량[車輛]

□ 352 - 5
차²
[チャ]

お茶
漢 茶

22日目 CD1-30 チェック！
答えは右ページ下

- □ 昨年
- □ 夕方
- □ 電車
- □ 程度
- □ 本当
- □ 一番
- □ 朝鮮
- □ 紙
- □ 週
- □ 週末
- □ ジュース
- □ 今
- □ 先週
- □ 家
- □ 車
- □ お茶

회사를 주 오일 다닙니다. 会社に週五日通います。
주 중에 한 번 연락 드리겠습니다. 週のうちに一度連絡を差し上げます。
주에 한 번은 들르세요. 週に１度は立ち寄ってください。

언제나 주말은 약속이 많습니다. いつでも週末は約束が多いです。
주말인데 집에서 뭐 해? 週末なのに家で何してるの？
주말인데도 회사에서 일하고 있어요. 週末なのに会社で仕事しています。

빵을 먹고 주스를 마십니다. パンを食べてジュースを飲みます。
생과일을 갈아서 만든 주스예요. 生の果物をすりおろして作ったジュースです。
커피랑 주스 중에 어떤 거 드실래요? コーヒーとジュースのうち、どちらを飲まれますか？

지금 무엇을 하고 있습니까? 今、何をしていますか？
어때요, 지금은 좀 괜찮아요? どうですか、今は少しはよくなりましたか？
지금부터 제 이야기를 잘 들으세요. 今から私の話をよく聞いてください。

지난주 목요일에 결혼했습니다. 先週の木曜日に結婚しました。
지난주에는 내내 일만 했어요. 先週はずっと仕事ばかりしました。
지난주부터 운동을 시작했어요. 先週から運動を始めました。

집을 짓고 가족 모두 같이 삽니다. 家を建てて家族みんな一緒に住んでいます。
냉면이 맛있는 집. 冷麺がおいしい店。
집에서 회사까지는 좀 멀어요. 家から会社まではちょっと遠いです。

매일 차를 타고 다닙니다. 毎日、車に乗って通います。
그는 퇴직금으로 차를 한 대 구입했다. 彼は退職金で車を１台購入した。
차를 운전한 게 벌써 몇 년 전이야. 車を運転したのはもう何年前だろう。

식사를 하고 차를 마십니다. 食事をしてお茶を飲みます。
차 한 잔 하실 시간은 있으시죠? お茶１杯飲む時間はありますでしょう？
무슨 차 드실래요? どんなお茶をお飲みになりますか？

22日目 CD1-30
チェック！
答えは左ページ下

□ 작년 □ 정말 □ 주 □ 지난주
□ 저녁 □ 제일 □ 주말 □ 집
□ 전철 □ 조선 □ 주스 □ 차¹
□ 정도 □ 종이 □ 지금 □ 차²

23日目

名詞15 - 5級　　　CD1-31

□ 353 - 5
책
[チェク]

本
漢 冊　類 서적[書籍], 도서[圖書]

□ 354 - 5
책상
[책쌍　チェクサン]

机
漢 冊床

□ 355 - 5
처음
[チョウム]

最初、初めて
類 첫째, 시작[始作]　対 마지막(最後)

□ 356 - 5
축구
[축꾸　チュクク]

サッカー
漢 蹴球

□ 357 - 5
취미
[チュィミ]

趣味
漢 趣味

□ 358 - 5
치마
[チマ]

スカート
類 스커트[skirt]　対 바지(ズボン)

□ 359 - 5
친구
[チング]

友人
漢 親舊　類 벗

□ 360 - 5
칠월
[치뤌　チルオル]

7月
漢 七月

▼ 次ページへ ▼

今日は激音を含んだ単語が多く出てきます。平音や濃音の音としっかり区別できるようになりましょう。

좋아하는 책이 영화가 되었습니다.　好きな本が映画になりました。
그 사람은 책을 너무 많이 읽어요.　あの人は本をとても多く読みます。
책벌레.　本の虫。

책상 위에 있는 것은 무엇입니까?　机の上にあるものは何ですか?
책상을 한 대 새로 샀어요.　机を一つ新しく買いました。
책상을 깨끗이 정리합니다.　机をきれいに整理します。

처음으로 한국에 왔습니다.　初めて韓国に来ました。
처음에는 몰랐는데 하다 보니 알겠네요.　初めはわからなかったけどやってみたらわかりました。
처음에는 누구나 실수하는 법이에요.　初めは誰でも失敗するものです。

우리 동생은 매일 축구를 합니다.　弟は毎日サッカーをします。
축구에는 별로 관심이 없어요.　サッカーにはさほど関心はありません。
축구는 전반전과 후반전으로 나눈다.　サッカーは前半戦と後半戦に分かれる。

취미는 영화 감상입니다.　趣味は映画鑑賞です。
취미가 뭐예요?　趣味は何ですか?
취미 하나쯤 있으면 좋죠.　趣味の一つくらいあってもいいでしょう。

치마보다 바지가 편해요.　スカートよりズボンが楽です。
너는 치마가 잘 어울려.　君はスカートがよく似合う。
나도 짧은 치마를 입어 볼까.　私も短いスカートを履いてみようかな。

친구한테 편지를 받았습니다.　友達から手紙をもらいました。
친구 사이에 이 정도도 못해주냐?　友達の間柄なのにこのくらいのこともしてくれないの?
둘도 없는 친구예요.　二人といない友達です。

칠월부터는 날씨가 덥습니다.　7月からは暑いです。
칠월에 태어났고, 사자자리입니다.　7月に生まれて、獅子座です。
칠월에는 과일이 맛있어요.　7月は果物がおいしいです。

▼　次ページへ　▼

23日目

名詞15 - 5級　　CD1-31

□ 361 - 5
커피
[コピ]

コーヒー

□ 362 - 5
컴퓨터
[コムピュト]

コンピューター

□ 363 - 5
코
[コ]

鼻

□ 364 - 5
택시
[택씨　テクシ]

タクシー

□ 365 - 5
텔레비전
[テルレビジョン]

テレビジョン
類 티브이[TV]

□ 366 - 5
토요일
[トヨイル]

土曜日
漢 土曜日

□ 367 - 5
팔
[パル]

腕
対 다리(脚)

□ 368 - 5
팔월
[파뤌　パルォル]

8月
漢 八月

23日目 CD1-31 チェック！
答えは右ページ下

- □ 本
- □ 机
- □ 最初
- □ サッカー
- □ 趣味
- □ スカート
- □ 友人
- □ 7月
- □ コーヒー
- □ コンピューター
- □ 鼻
- □ タクシー
- □ テレビジョン
- □ 土曜日
- □ 腕
- □ 8月

커피를 좋아하세요?　コーヒーはお好きですか？
커피에 설탕 넣으세요?　コーヒーに砂糖は入れますか？
커피 한 잔의 여유.　コーヒー一杯の余裕。

컴퓨터를 많이 해서 눈이 나쁩니다.　コンピューターを長時間して、目が悪いです。
웬만하면 컴퓨터 한 대 사라.　何だったらコンピューターを1台買え。
젊어서 그런지 컴퓨터도 잘 다루네.　若いせいかコンピューターもうまく扱うね。

언니는 나보다 코가 높습니다.　姉は私より鼻が高いです。
코가 막혀서 답답해요.　鼻がつまって息苦しいです。
감기에 걸렸는지 코를 훌쩍거렸다.　風邪にかかったのか鼻をぐすぐすさせていた。

택시 아저씨가 길을 가르쳐 줬습니다.　タクシーのおじさんが道を教えてくれました。
택시는 참 편리합니다.　タクシーは本当に便利です。
택시비가 또 올랐어요.　タクシー料金がまた上がりました。

밤에는 텔레비전을 보고 잡니다.　夜にはテレビを見て寝ます。
텔레비전 끄고 얼른 자라.　テレビを消してすぐ寝ろ。
텔레비전 한 대.　テレビ1台。

토요일에는 영화를 봅니다.　土曜日には映画を見ます。
드디어 토요일이다!　ついに土曜日だ！
토요일인데도 회사에 나가야 해요.　土曜日なのに会社に出なければいけません。

언니는 팔다리가 깁니다.　姉は手足が長いです。
팔을 모기에 물려서 벅벅 긁고 있다.　腕を蚊に食われてぼりぼりかいている。
팔을 다쳐서 기브스를 했다.　腕をけがしてギブスをした。

올해 팔월에는 바다에 가고 싶다.　今年の8月には海に行きたい。
팔월이 가장 덥다.　8月が一番暑い。
휴가는 팔월이에요.　休暇は8月です。

**23日目 CD1-31
チェック!**
答えは左ページ下

□ 책　　　□ 취미　　　□ 커피　　　□ 텔레비전
□ 책상　　□ 치마　　　□ 컴퓨터　　□ 토요일
□ 처음　　□ 친구　　　□ 코　　　　□ 팔
□ 축구　　□ 칠월　　　□ 택시　　　□ 팔월

24日目

名詞16 - 5・4級　　CD1-32

□ 369 - 5
편지
[ピョンジ]

手紙
漢 便紙　類 서간[書簡]

□ 370 - 5
학교
[학꾜　ハクキョ]

学校
漢 學校

□ 371 - 5
학생
[학쌩　ハクセン]

学生
漢 學生　対 교사(教師)

□ 372 - 5
한국
[ハングㇰ]

韓国
漢 韓國　類 대한민국[大韓民國]

□ 373 - 5
한국어
[한구거　ハングゴ]

韓国語
漢 韓國語

□ 374 - 5
한글
[ハングル]

ハングル

□ 375 - 5
할머니
[ハルモニ]

おばあさん
類 조모[祖母]　対 할아버지(おじいさん)

□ 376 - 5
할아버지
[하라버지　ハラボジ]

おじいさん
類 조부[祖父]　対 할머니(おばあさん)

▼　次ページへ　▼

「편지」の「편」は激音なので、平音との違いに注意して聞いてみましょう。

노트에 세 장 정도 편지를 썼습니다.　ノートに３ページほど手紙を書きました。
남자 친구에게 편지를 썼어요.　彼氏に手紙を書きました。
엄마의 편지에 마음이 따뜻했다.　母の手紙に心が温かくなった。

학교 도서관에서 기다리겠습니다.　学校の図書館で待っています。
수요일은 학교에 안 가요.　水曜日には学校に行きません。
학교는 즐거운 곳입니다.　学校は楽しい所です。

학생은 공부를 하는 것이 일입니다.　学生は勉強するのが仕事です。
학생이면 고등학생이에요?　学生だったら、高校生ですか？
학생 때가 좋았어요.　学生の時がよかったです。

한국은 이웃나라입니다.　韓国は隣の国です。
한국에 가 보고 싶어요.　韓国に行ってみたいです。
한국 음식 좋아해요.　韓国料理が好きです。

최근에 한국어를 배우기 시작했어요.　最近韓国語を習い始めました。
한국어와 일본어는 닮은 점이 많습니다.　韓国語と日本語は似ている点が多いです。
한국어를 참 잘하시네요.　韓国語が本当にお上手ですね。

한글은 자음과 모음으로 이루어져 있다.　ハングルは子音と母音から成る。
한글은 세종대왕이 만들었습니다.　ハングルは世宗大王が作りました。
한글날.　ハングルの日。

할머니는 손이 작습니다.　おばあさんは手が小さいです。
우리 할머니 음식은 맛있다.　うちのおばあさんの料理はおいしい。
할머니는 올해 칠순입니다.　おばあさんは今年70歳です。

우리 할아버지는 꽃을 좋아합니다.　うちのおじいさんは花が好きです。
할아버지께서 용돈을 주셨어요.　おじいさんがお小遣いをくださいました。
옆집 할아버지.　隣の家のおじいさん。

▼　次ページへ　▼

24日目

名詞16 - 5・4級　　🔊 CD1-32

□ 377 - 5
해
[ヘ]

太陽、日、年
類 태양[太陽]　対 달(月)

□ 378 - 5
허리
[ホリ]

腰

□ 379 - 5
형
[ヒョン]

(弟からみた)兄
漢 兄　類 형님　対 누나([弟からみた]姉)

□ 380 - 5
호텔
[ホテル]

ホテル

□ 381 - 5
화요일
[ファヨイル]

火曜日
漢 火曜日

□ 382 - 5
화장실
[ファジャンシル]

トイレ、化粧室
漢 化粧室

□ 383 - 5
회사
[フェサ]

会社
漢 會社　関 기업(企業)

□ 384 - 4
가수
[カス]

歌手
漢 歌手

| 24日目 🔊 CD1-32 チェック！ 答えは右ページ下 | □ 手紙
□ 学校
□ 学生
□ 韓国 | □ 韓国語
□ ハングル
□ おばあさん
□ おじいさん | □ 太陽
□ 腰
□ (弟からみた)兄
□ ホテル | □ 火曜日
□ トイレ
□ 会社
□ 歌手 |

벌써 해가 바뀌었다. もう年が替わった。
여름이라 해가 길어요. 夏なので日が長いです。
해야 솟아라. 日よ昇れ。

허리를 펴고 운동합시다. 腰を伸ばして運動しましょう。
앉아만 있었더니 허리가 아파요. 座ってばかりいたので腰が痛いです。
허리 좀 주물러 보아라. 腰をちょっともんでみなさい。

형은 책벌레입니다. 兄は本の虫です。
누나는 있는데 형은 없어요. 姉はいますが、兄はいません。
제가 형이네요. 僕がお兄さんですね。

저 호텔에서 자 보고 싶어요. あのホテルで寝てみたいです。
저는 호텔리어가 꿈이에요. 私はホテルスタッフ(ホテリア)が夢です。
그렇게 좋은 호텔은 아니었어요. そんなにいいホテルではなかったです。

화요일에는 영어 수업이 있습니다. 火曜日には英語の授業があります。
다음주 화요일은 어떠세요? 来週の火曜日はいかがでいらっしゃいますか?
이번주 화요일부터 세일이래요. 今週の火曜日からセールだそうです。

화장실 좀 다녀올게요. ちょっとトイレに行ってきます。
화장실이 어디죠? トイレはどこですか?
화장실 좀 써도 되나요? トイレを使ってもいいですか?

이제 회사를 그만두고 싶어요. もう会社を辞めたいです。
회사는 요즘 좀 어때요? 会社はこの頃どうですか?
무슨 회사 다닌다고 했죠? 何の会社に通っていると言いましたっけ?

노래 부르는 게 좋아서 가수가 됐죠. 歌を歌うことが好きで歌手になったんです。
최고의 가수들만 오를 수 있는 무대. 最高の歌手たちだけが上がれる舞台。
누나가 가수예요. 姉が歌手です。

24日目 CD1-32
チェック!
答えは左ページ下

- ☐ 편지
- ☐ 학교
- ☐ 학생
- ☐ 한국
- ☐ 한국어
- ☐ 한글
- ☐ 할머니
- ☐ 할아버지
- ☐ 해
- ☐ 허리
- ☐ 형
- ☐ 호텔
- ☐ 화요일
- ☐ 화장실
- ☐ 회사
- ☐ 가수

名詞17 - 4級

□ 385 - 4
가운데
[カウンデ]

中、中間、内部、間、真ん中
類 중간[中間]　対 변두리(周辺)

□ 386 - 4
거리²
[コリ]

距離
漢 距離　類 사이

□ 387 - 4
거울
[コウル]

鏡

□ 388 - 4
거짓말
[거진말　コジンマル]

嘘
動 거짓말하다　類 뻥　対 진실(真実)

□ 389 - 4
건물
[コンムル]

建物
漢 建物　類 건축물[建築物]

□ 390 - 4
게임
[ゲイム]

ゲーム
類 경기[競技]　関 놀이(遊び)

□ 391 - 4
경우
[キョンウ]

場合、ケース
漢 境遇

□ 392 - 4
경제
[キョンジェ]

経済
漢 經濟

▼ 次ページへ ▼

「거짓말(うそ)」の「짓」は後続子音「ㅁ」の影響を受けて鼻音化し、「t」音が「ㄴ」で発音されます。

어려운 가운데서도 남을 도와요.　苦しい中でも他人を助けます。
그 작품들 가운데 하나만 고르세요.　その作品の中で一つだけ選んでください。
바다 가운데 떠 있는 섬.　海の中に浮かんでいる島。

집하고 거리가 가까워요.　家と距離が近いです。
걸어서 십분 거리.　歩いて10分の距離。
그 친구와는 왠지 거리가 느껴져요.　その友達とはどういうわけか距離を感じます。

그 거울은 거실에 걸 거예요.　その鏡は居間にかけるつもりです。
현실을 비추는 거울.　現実を映し出す鏡。
거울 보고 네 얼굴 좀 확인해 봐.　鏡を見てお前の顔をちょっと確認してみろ。

거짓말하면 안 돼요.　嘘をついてはいけません。
그 이야기는 새빨간 거짓말이야.　その話は真っ赤な嘘だ。
밥 먹듯이 거짓말을 해요.　いつも(ご飯を食べるように)嘘をつきます。

저 건물이 우리 회사예요.　あの建物が私の会社です。
새롭게 건물을 지었어요.　新しく建物を建てました。
옥상에 있는 가건물.　屋上にあるプレハブ住宅。

마지막 게임에서 졌습니다.　最後のゲームで負けました。
이제 게임 오버야!　もう、ゲームオーバーだ！
게임을 관전했어요.　ゲームを観戦しました。

이건 좀 예외적인 경우예요.　これはちょっと例外的な場合です。
만일의 경우에 대비했어요.　万一の場合に備えました。
그런 경우가 많습니다.　そのような場合が多いです。

경제학을 전공하고 있어요.　経済学を専攻しています。
경제가 악화됐습니다.　経済が悪化しました。
이 편이 훨씬 경제적이다.　こっちの方がはるかに経済的だ。

▼　次ページへ　▼

25日目

名詞17 - 4級　　🔊 CD1-33

□ 393 - 4
계단
[게단　ケダン]

階段
漢階段　類층계[層階]

□ 394 - 4
고급
[コグプ]

高級
漢高級　形고급스럽다　類상급[上級]　対하급[下級](下級)

□ 395 - 4
고양이
[コヤンイ]

猫

□ 396 - 4
고추장
[コチュジャン]

唐辛子味噌、コチュジャン
漢--醬

□ 397 - 4
고향
[コヒャン]

故郷、ふるさと
漢故郷　類시골　対타향[他郷](他郷)　関출신(出身)

□ 398 - 4
공
[コン]

ボール、球
類볼[ball]

□ 399 - 4
공원
[コンウォン]

公園
漢公園

□ 400 - 4
공항
[コンハン]

空港
漢空港

25日目 🔊 CD1-33 チェック！
答えは右ページ下

□ 中	□ 建物	□ 階段	□ 故郷
□ 距離	□ ゲーム	□ 高級	□ ボール
□ 鏡	□ 場合	□ 猫	□ 公園
□ 嘘	□ 経済	□ 唐辛子味噌	□ 空港

계단을 이용하십시오.　階段を利用してください。
계단으로 올라가요.　階段を上ります。
천천히 계단을 내려와요.　ゆっくり階段を下りてきます。

그 바이올린은 굉장히 고급이에요.　そのバイオリンはとても高級です。
그 식당은 아주 고급스러웠어요.　その食堂はとても高級そうでした。
고급 인력.　上等(高級)な人材。

고양이를 한 마리 길러요.　猫を1匹飼っています。
고양이한테 생선을 맡긴 격이다.　猫に魚を任せるようなものだ。
고양이 용품 전문점.　猫用品専門店。

집에서 담근 고추장입니다.　家で作ったコチュジャンです。
고추장을 넣고 끓여요.　コチュジャンを入れて作ります（沸かします）。
밥에 고추장을 비벼 먹었다.　ご飯にコチュジャンを混ぜて食べた。

오늘 고향으로 내려갑니다.　今日、故郷に帰ります。
가끔 고향 생각이 납니다.　時々、故郷を思い出します。
그리운 고향의 맛.　懐かしい故郷の味。

타자가 쏘아 올린 공.　打者が打ち上げたボール。
공을 치고 놀았어요.　ボールを蹴って遊びました。
바람 빠진 축구공.　空気の抜けたサッカーボール。

공원에서 개최됩니다.　公園で開催されます。
애인과 함께 공원을 산책했어요.　恋人と公園を散歩しました。
공원 잔디밭.　公園の芝生。

공항까지 마중을 나가요.　空港まで出迎えに行きます。
공항 버스를 이용하는 게 좋습니다.　空港バスを利用するのがよいです。
비행기가 공항에 착륙했어요.　飛行機が空港に着陸しました。

25日目 CD1-33 チェック！
答えは左ページ下

- □ 가운데
- □ 거리²
- □ 거울
- □ 거짓말
- □ 건물
- □ 게임
- □ 경우
- □ 경제
- □ 계단
- □ 고급
- □ 고양이
- □ 고추장
- □ 고향
- □ 공
- □ 공원
- □ 공항

26日目

ハダ用言01 - 5・4級 🔊 CD1-34

□ 401 - 5
결혼
[겨론　キョロン]

結婚
漢 結婚　動 결혼하다　対 이혼[離婚](離婚)
하用 결혼합니다-결혼해요-결혼했어요-결혼하세요

□ 402 - 5
공부
[コンブ]

勉強
漢 工夫　動 공부하다　類 학습[學習]
하用 공부합니다-공부해요-공부했어요-공부하세요

□ 403 - 5
노래
[ノレ]

歌
動 노래하다　類 가요[歌謠]
하用 노래합니다-노래해요-노래했어요-노래하세요

□ 404 - 5
생각
[センガク]

考え、思想
動 생각하다　類 마음, 고려[考慮]
하用 생각합니다-생각해요-생각했어요-생각하세요

□ 405 - 5
시작
[シジャク]

始め、始まり
漢 始作　動 시작하다　類 처음　対 끝(終わり)
하用 시작합니다-시작해요-시작했어요-시작하세요

□ 406 - 5
식사
[식싸　シクサ]

食事
漢 食事　動 식사하다　類 밥, 끼니
하用 식사합니다-식사해요-식사했어요-식사하세요

□ 407 - 5
안녕
[アンニョン]

安寧、元気だ、無事だ、つつがない
漢 安寧　形 안녕하다
하用 안녕합니다-안녕해요-안녕했어요-안녕하세요

□ 408 - 5
약속
[약쏙　ヤクソク]

約束
漢 約束　動 약속하다　類 다짐
하用 약속합니다-약속해요-약속했어요-약속하세요

▼ 次ページへ ▼

ハダ用言は「하다」の存在により「ㅎ」の弱音化や「激音化」をよく起こします。

내 여동생이 나보다 먼저 결혼합니다.　私の妹が私より先に結婚します。
혹시, 결혼하셨어요?　もしかして、結婚していらっしゃいますか?
언제 결혼해요?　いつ結婚しますか?

한국어 공부를 열심히 해요.　韓国語の勉強を一生懸命します。
학교에서는 학생에게 공부를 많이 시킵니다.　学校では生徒に勉強をたくさんさせます。
그 사람은 공부벌레예요.　彼はガリ勉(勉強の虫)です。

음악 수업 시간에 다 같이 노래합니다.　音楽の授業の時間にみんなで一緒に歌います。
노래방에 가서 같이 노래를 부릅니다.　カラオケに行って一緒に歌を歌います。
내일 노래 자랑 대회가 있습니다.　明日、のど自慢大会があります。

나는 이렇게 생각해요.　私はこう考えます。
생각이 달라지면 세상이 바뀝니다.　考えが変わると世の中が変わります。
생각이 잘 나지 않습니다.　考えが浮かびません。

우리는 결혼생활을 시작했어요.　私たちは結婚生活を始めました。
시작부터 재미있는 영화였다.　始めから面白い映画だった。
한번 시작하면 끝까지 합니다.　一度始めたら最後までやります。

일곱 시에 다 같이 식사를 합니다.　7時にみんな一緒に食事をします。
식사하는 시간은 항상 저녁 일곱 시다.　食事する時間はいつも夕方7時だ。
식사 습관을 잘 들여야 건강하다.　食事の習慣を身につけてこそ健康だ。

안녕하세요라고 인사를 했습니다.　こんにちはとあいさつをしました。
헤어지면서 나는 그의 안녕을 빌었다.　別れながら私は彼の安寧を祈った。
국가의 안녕이 우리 손에 달렸다.　国家の安寧がわれわれの手にかかっている。

약속은 지키기 위해서 합니다.　約束は守るためにします。
그녀와 결혼을 약속했습니다.　彼女と結婚を約束しました。
그와 나는 손가락을 걸고 약속을 했다.　彼と私は指切りをして約束をした。

▼　次ページへ　▼

26日目

ハダ用言01 - 5・4級 CD1-34

□ 409 - 5
요리
[ヨリ]

料理
漢 料理　動 요리하다　類 음식[飲食]
ハ用 요리합니다-요리해요-요리했어요-요리하세요

□ 410 - 5
운동
[ウンドン]

運動
漢 運動　動 운동하다　類 스포츠[sports]
ハ用 운동합니다-운동해요-운동했어요-운동하세요

□ 411 - 5
전화
[저놔　チョヌァ]

電話
漢 電話　動 전화하다
ハ用 전화합니다-전화해요-전화했어요-전화하세요

□ 412 - 4
감사
[カムサ]

感謝
漢 感謝　動 감사하다　類 고맙다
ハ用 감사합니다-감사해요-감사했어요-감사하세요

□ 413 - 4
강의
[강이　カンイ]

講義
漢 講義　動 강의하다　類 수업[授業]
ハ用 강의합니다-강의해요-강의했어요-강의하세요

□ 414 - 4
걱정
[걱쩡　コクチョン]

心配
動 걱정하다　類 염려[念慮]　対 안심[安心](安心)
ハ用 걱정합니다-걱정해요-걱정했어요-걱정하세요

□ 415 - 4
결정
[결쩡　キョルチョン]

決定
漢 決定　動 결정하다　類 결단[決斷]
ハ用 결정합니다-결정해요-결정했어요-결정하세요

□ 416 - 4
계산
[계산　ケサン]

計算、会計
漢 計算　動 계산하다　類 셈
ハ用 계산합니다-계산해요-계산했어요-계산하세요

26日目 CD1-34 チェック！
答えは右ページ下

- ☐ 結婚
- ☐ 勉強
- ☐ 歌
- ☐ 考え
- ☐ 始め
- ☐ 食事
- ☐ 安寧
- ☐ 約束
- ☐ 料理
- ☐ 運動
- ☐ 電話
- ☐ 感謝
- ☐ 講義
- ☐ 心配
- ☐ 決定
- ☐ 計算

주말에는 거의 요리를 합니다.　週末にはほとんど料理します。
어머, 요리할 줄 아세요?　あら、料理もできるんですか？
요즘 요리 학원을 다녀요.　最近、料理学校に通っています。

운동 부족으로 요즘 살이 많이 쪘어요.　運動不足で最近太りました。
화요일에는 운동합니다.　火曜日には運動します。
운동을 하면 밥맛이 좋아져요.　運動をすると食欲がわきます(ご飯の味がよくなります)。

그럼 내일 전화해요.　それじゃあ明日、電話してね。
전화벨 소리에 깜짝 놀랐어요.　電話のベル音にびっくりしました。
드디어 그녀에게 전화가 왔다.　とうとう彼女から電話が来た。

감사의 마음을 전했어요.　感謝の気持ちを伝えました。
진심으로 감사하고 있습니다.　心から感謝しています。
와 주셔서 감사합니다.　来てくださってありがとうございます。

사회학 강의를 맡으신 김 교수님.　社会学の講義を受け持たれているキム教授。
그 강의를 들으려고 일찍 나왔다.　その講義を聞こうといち早く出掛けた。
인기가 많은 강의.　人気が高い講義。

연락이 없어서 걱정됩니다.　連絡がなくて心配です。
걱정을 끼쳐 드려 죄송합니다.　心配をかけてすみません。
아이를 걱정하는 마음.　子供を心配する心。

결정하는 게 어려워요.　決定するのが難しいです。
결정을 내렸어요.　決定を下しました。
겨우 결정을 봤습니다.　ようやく決定を見ました。

계산기 어디다 두셨어요?　計算機をどこに置かれましたか？
제가 좀 계산에 약해요.　私はちょっと計算に弱いです。
암산으로 계산하실 수 있으세요?　暗算で計算できますか？

26日目 CD1-34
チェック！
答えは左ページ下

□ 결혼　□ 시작　□ 요리　□ 강의
□ 공부　□ 식사　□ 운동　□ 걱정
□ 노래　□ 안녕　□ 전화　□ 결정
□ 생각　□ 약속　□ 감사　□ 계산

27日目

動詞06 - 5・4級　　CD1-35

□ 417 - 5
주다
[チュダ]
あげる、くれる、与える
[類] 지급[支給]하다　[対] 받다(もらう)
[正] 줍니다-줘요-줬어요-주세요

□ 418 - 5
지나다
[チナダ]
過ぎる、通る、超す
[類] 통과[通過]하다
[正] 지납니다-지나요-지났어요-지나세요

□ 419 - 5
찍다
[찍따　チクタ]
(写真を)撮る、(はんこを)押す、(点などを)打つ、(液体や粉などを)つける
[正] 찍습니다-찍어요-찍었어요-찍으세요

□ 420 - 5
찾다
[찬따　チャッタ]
探す、見つける、見つかる、(お金を)おろす
[類] 탐색[探索]하다
[正] 찾습니다-찾아요-찾았어요-찾으세요

□ 421 - 5
타다
[タダ]
乗る、(スキーやそりなどで)滑る
[類] 승차[乘車]하다　[対] 내리다(降りる)
[正] 탑니다-타요-탔어요-타세요

□ 422 - 5
팔다
[パルダ]
売る
[類] 판매[販賣]하다　[対] 사다(買う)　[関] 팔리다(売られる)
[ㄹ語幹] 팝니다-팔아요-팔았어요-파세요

□ 423 - 5
펴다
[ピョダ]
広げる、開く、伸ばす
[類] 펼치다　[対] 접다(たたむ)
[正] 폅니다-펴요-폈어요-펴세요

□ 424 - 5
하다
[ハダ]
する、〜と言う、〜と思う
[類] 실행[實行]하다
[하用] 합니다-해요-했어요-하세요

▼ 次ページへ ▼

「걷다(歩く)」はㄷ変則用言で、ヘヨ体では「ㄷ」パッチムが、「ㄹ」に変化します。

안 입는 옷을 동생에게 주었습니다. 着ない服を妹にあげました。
나도 주세요. 私にもください。
엄마는 형에게만 용돈을 준다. おかあさんは兄さんにだけ小遣いをあげる。

그가 떠난 지 일주일이 지났다. 彼が出発して1週間が過ぎた。
지나는 길에 들러 봤어요. 通ったついでに立ち寄ってみました。
지나간 세월을 어떻게 되돌리겠어요. 過ぎた歳月をどうやって取り戻すのですか。

자, 이제 사진 찍습니다! さあ、写真を撮ります！
여기에 도장을 찍으시면 됩니다. ここにはんこを押したらいいです。
포크로 찍어 드세요. フォークを使って(刺して)召し上がってください。

잃어버린 물건은 아직도 못 찾았어요? なくした物は、まだ見つからないですか？
은행에서 오만 원만 찾았어요. 銀行で5万ウォンだけ下ろしました。
도서관에 두고 간 책을 찾고 있습니다. 図書館に置いていった本を探しています。

오랜만에 놀이터에서 그네를 탔어요. 久しぶりに遊び場でブランコに乗りました。
그 사람은 스키를 잘 타요. 彼はスキーがうまいです。
버스를 타고 할머니 집으로 갑니다. バスに乗っておばあさんの家 に行きます。

지금은 안 읽는 책을 팝니다. 今は読まない本を売ります。
돈에 양심을 팔았군! 金で良心を売ったんだな!
정신을 어디다 팔고 있어? 何をほかのことに気を取られてるんだ？(精神をどこに売っているんだ？)

이제 그만 떠들고 교과서 펴요. もう騒ぐのはやめて、教科書を開いてください。
가슴을 펴고 미래를 향해 간다. 胸をはって未来に向かっていく。
우산을 펴자 비가 그쳤습니다. 私が傘を開いたら雨がやみました。

하고 싶은 일을 찾으세요. したいことを探してください。
네 할 일이나 해. お前がやるべきことでもやってろ。
숙제 다 했으니까 놀아야지. 宿題を全部やったから遊ばなくっちゃ。

▼ 次ページへ ▼

27日目

動詞06 - 5・4級　　CD1-35

□ 425 - 4
감다²
[감따　カムタ]

(髪を)洗う

正 감습니다-감아요-감았어요-감으세요

□ 426 - 4
걷다
[걷따　コッタ]

歩く

類 보행[步行]하다　対 달리다(走る)

ㄷ変 걷습니다-걸어요-걸었어요-걸으세요

□ 427 - 4
그리다
[クリダ]

描く

類 묘사[描寫]하다

正 그립니다-그려요-그렸어요-그리세요

□ 428 - 4
깎다
[깍따　カクタ]

削る、刈る

正 깎습니다-깎아요-깎았어요-깎으세요

□ 429 - 4
깨다
[ケダ]

覚める、目覚める

類 기상[起牀]하다　対 자다(寝る)　関 일어나다(起きる)

正 깹니다-깨요-깼어요-깨세요

□ 430 - 4
꾸다
[クダ]

(夢を)見る

対 깨다(夢から覚める)

正 꿉니다-꿔요-꿨어요-꾸세요

□ 431 - 4
끄다
[クダ]

(火・明かりを)消す

類 소등[消燈]하다　対 켜다(つける)

으語幹 끕니다-꺼요-껐어요-끄세요

□ 432 - 4
끌다
[クルダ]

引きずる、引く

類 견인[牽引]하다, 당기다　対 밀다(押す)

ㄹ語幹 끕니다-끌어요-끌었어요-끄세요

27日目 CD1-35 チェック！
答えは右ページ下

- □ あげる
- □ 過ぎる
- □ (写真を)撮る
- □ 探す
- □ 乗る
- □ 売る
- □ 広げる
- □ する
- □ (髪を)洗う
- □ 歩く
- □ 描く
- □ 削る
- □ 覚める
- □ (夢を)見る
- □ (火・明かりを)消す
- □ 引きずる

창포물에 머리를 감는다.　菖蒲湯で髪を洗う。
바빠서 오늘은 머리를 못 감았어요.　忙しくて今日は髪を洗えませんでした。
머리 감겨 줄 테니 엎드려라.　髪を洗ってあげるから体を前に倒しなさい。

학교까지 걸어서 가요.　学校まで歩いていきます。
거리를 걷는 사람들.　街を歩く人々。
그는 당당한 걸음으로 걸어 나왔다.　彼は堂々とした足取りで歩み出た。

그림을 그릴 때 사용하는 붓.　絵を描くときに使用する筆。
집까지 약도를 그려 주세요.　家までの略図を描いてください。
사랑을 그린 소설.　愛を描いた小説。

머리를 짧게 깎았어요.　髪を短く刈りました。
뼈를 깎는 노력 없이는 성공 못해요.　骨を削るような努力なしには成功できません。
값을 좀 깎아 주세요.　値段を少し安くしてください。

아침 일곱 시에는 잠이 깹니다.　朝7時には目覚めます。
술이 덜 깬 상태.　酔いが十分に覚めていない状態。
마취에서 깨어났어요.　麻酔から目覚めました。

자주 악몽을 꿔요.　よく悪い夢を見ます。
다시 시험을 치는 꿈을 꿨습니다.　もう一度試験を受ける夢を見ました。
꿈을 꾸는 아이.　夢見る子供。

생일 케이크의 촛불을 껐어요.　誕生日のケーキのろうそくを消しました。
이제 불을 끄고 나갑시다.　もう明かりを消して出ましょう。
엔진을 끄고 차에서 내렸어요.　エンジンを切って車から降りました。

다리를 끌며 걷고 있어요.　足を引きずって歩いています。
경찰이 그 사람을 끌고 갔어요.　警察が、その人を引っ張っていきました。
눈길을 끄는 매력이 있어요.　視線を引きつける魅力があります。

27日目 CD1-35
チェック！
答えは左ページ下

☐ 주다　☐ 타다　☐ 감다²　☐ 깨다
☐ 지나다　☐ 팔다　☐ 걷다　☐ 꾸다
☐ 찍다　☐ 펴다　☐ 그리다　☐ 끄다
☐ 찾다　☐ 하다　☐ 깎다　☐ 끌다

28日目

形容詞03 - 5・4級　CD1-36

□ 433 - 5
크다
[クダ]

大きい
[対]작다(小さい)
[으語幹] 큽니다-커요-컸어요-크세요

□ 434 - 4
가볍다
[가볍따　カビョプタ]

軽い
[副]가벼이　[類]경솔[輕率]하다　[対]무겁다(重い)
[ㅂ変] 가볍습니다-가벼워요-가벼웠어요-가벼우세요

□ 435 - 4
강하다
[カンハダ]

強い
[漢]強--　[類]세다　[対]약[弱]하다(弱い)
[하用] 강합니다-강해요-강했어요-강하세요

□ 436 - 4
검다
[검따　コムタ]

黒い
[類]까맣다
[正] 검습니다-검어요-검었어요-검으세요

□ 437 - 4
고맙다
[고맙따　コマプタ]

ありがたい
[類]감사[感謝]하다
[ㅂ変] 고맙습니다-고마워요-고마웠어요-고마우세요

□ 438 - 4
그렇다
[그러타　クロタ]

そのようだ、そんなに
[ㅎ変] 그렇습니다-그래요-그랬어요-그러세요

□ 439 - 4
기쁘다
[キップダ]

うれしい
[類]좋다
[으語幹] 기쁩니다-기뻐요-기뻤어요-기쁘세요

□ 440 - 4
깊다
[깁따　キプタ]

深い
[副]깊이　[対]얕다(浅い)　[関]깊이(深さ)
[正] 깊습니다-깊어요-깊었어요-깊으세요

▼ 次ページへ ▼

今日でちょうど半分。この調子でハングル能力検定の4級に出てくる単語をどんどん勉強していきましょう。

고기가 너무 커서 다 못 먹었습니다.　肉がとても大きくて全部食べられませんでした。
그 친구 키가 제법 커요.　その友達は背が結構高いです。
발이 커서 불편해요.　足が大きくて不便です。

그 사람은 입이 가벼워요.　彼は口が軽いです。
가볍게 한잔하고 갈까요?　軽く一杯やっていきましょうか?
이게 더 가벼우니까 이거 드세요.　これがもっと軽いからこれを持ってください。

그는 개인전에 강해요.　彼は個人戦に強いです。
하루종일 강한 바람이 불었어요.　一日中強い風が吹きました。
그는 강하게 부정했다.　彼は強く否定した。

검은 색 옷이 유행이에요.　黒い色の服が流行です。
햇볕이 강해서 살이 검게 탔어요.　日差しが強くて肌が黒く焼けました。
검은 생머리.　長い黒髪。

정말 고마웠어요.　とてもありがたかったです。
열 번도 넘게 고맙다고 말했습니다.　10回以上もありがとうと言いました。
고맙게 생각하고 있어요.　ありがたく思っています。

아침부터 밤까지 도서관에 있었다. 그렇게 하루를 보냈다.　朝から夜まで図書館にいた。そのように1日を過ごした。
왜 그렇게 성을 내니?　なんでそんなに怒るの?
그렇게 큰 문제는 아니다.　そんなに大きな問題ではない。

선물을 받아서 아주 기뻤어요.　プレゼントをもらってとてもうれしかったです。
기뻐서 어쩔 줄 몰랐어요.　うれしくてどうしていいかわかりませんでした。
기쁜 소식을 들었습니다.　うれしい便りを聞きました。

수심이 깊으니까 조심하세요.　水深が深いから気を付けなさい。
깊은 산속에는 곰이 산다.　深い山奥にはクマがすんでいる。
얼굴에 깊게 새겨진 주름살.　顔に深く刻まれたしわ。

▼　次ページへ　▼

28日目 形容詞03 - 5・4級 CD1-36

□ 441 - 4 넓다
[널따　ノルタ]

広い
[類] 광대[廣大]하다　[対] 좁다(狭い)　[関] 넓이(広さ)
[正] 넓습니다-넓어요-넓었어요-넓으세요

□ 442 - 4 늦다²
[늗따　ヌッタ]

遅れる
[対] 빠르다(速い)
[正] 늦습니다-늦어요-늦었어요-늦으세요

□ 443 - 4 다르다
[タルダ]

違う
[副] 달리　[類] 상이[相異]하다　[対] 같다(同じだ)
[르変] 다릅니다-달라요-달랐어요-다르세요

□ 444 - 4 달다
[タルダ]

甘い
[類] 감미[甘味]롭다, 달콤하다　[対] 쓰다(苦い)
[ㄹ語幹] 답니다-달아요-달았어요-다세요

□ 445 - 4 따뜻하다
[따뜨타다　タットゥタダ]

暖かい、温かい
[副] 따뜻이　[類] 온난[溫暖]하다　[対] 춥다(寒い)
[하用] 따뜻합니다-따뜻해요-따뜻했어요-따뜻하세요

□ 446 - 4 맵다
[맵따　メプタ]

辛い、(煙などが)目にしみる
[類] 얼큰하다
[ㅂ変] 맵습니다-매워요-매웠어요-매우세요

□ 447 - 4 무겁다
[무겁따　ムゴプタ]

重い
[対] 가볍다(軽い)
[ㅂ変] 무겁습니다-무거워요-무거웠어요-무거우세요

□ 448 - 4 바쁘다
[パップダ]

忙しい
[副] 바삐　[対] 한가[閑暇]하다(ひまだ)
[으語幹] 바쁩니다-바빠요-바빴어요-바쁘세요

28日目 CD1-36 チェック！ 答えは右ページ下

- □ 大きい
- □ 軽い
- □ 強い
- □ 黒い
- □ ありがたい
- □ そのようだ
- □ うれしい
- □ 深い
- □ 広い
- □ 遅れる
- □ 違う
- □ 甘い
- □ 暖かい
- □ 辛い
- □ 重い
- □ 忙しい

발이 넓어요.　顔が広いです(足が広いです)。
소문이 넓게 퍼졌어요.　噂が広まりました。
옛날에 넓은 공원이 있었어요.　昔、広い公園がありました。

늦은 경우.　遅れた場合。
늦게까지 놀았어요.　遅くまで遊びました。
늦어서 미안해요.　遅れてすみません。

쌍둥이인데 서로 얼굴이 달라요.　双子なのにお互いに顔が違います。
예상하고 굉장히 달랐습니다.　予想と大きく違いました。
전혀 다른 사람.　まったく違う人。

과자가 달아요.　菓子が甘いです。
벌은 달게 받겠습니다.　罰は甘んじて受けます。
단 음식 많이 먹지 마세요.　甘い食べ物をたくさん食べないでください。

온돌방은 바닥이 따뜻해서 좋아요　オンドル部屋は床が暖かくていいです。
가족처럼 따뜻이 대해 주었어요.　家族のように温かく接してくれました。
옷을 따뜻이 입어야 해요.　服を着て暖かくし(暖かく着)なければいけません。

너무 매워서 못 먹겠어요.　とても辛くて食べられません。
연기 때문에 눈이 매워요.　煙のせいで目が痛いです。
매운 음식을 잘 먹어요.　辛い料理をよく食べます。

짐이 무거워서 움직일 수가 없어요.　荷物が重くて動かせません。
무거운 죄를 지은 사람.　重い罪を犯した人。
몸이 무거워졌어요.　身体が重くなりました。

어제는 눈코 뜰 새 없이 바빴어요.　昨日は目が回るほど(目、鼻を開ける暇もないくらい)忙しかったです。
바쁜 나날을 보내고 있습니다.　忙しい日々を送っています。
바빠서 정신이 없습니다.　忙しくて目が回りそうです。

28日目 CD1-36
チェック！
答えは左ページ下

- □ 크다
- □ 가볍다
- □ 강하다
- □ 검다
- □ 고맙다
- □ 그렇다
- □ 기쁘다
- □ 깊다
- □ 넓다
- □ 늦다²
- □ 다르다
- □ 달다
- □ 따뜻하다
- □ 맵다
- □ 무겁다
- □ 바쁘다

耳から覚える 用言の活用 4 [CD1-37]

26日目 辞書形	합니다体現在	해요体現在	해요体過去	해요体尊敬
□ 401 **결혼하다** 하用	결혼합니다	결혼해요	결혼했어요	결혼하세요
□ 402 **공부하다** 하用	공부합니다	공부해요	공부했어요	공부하세요
□ 403 **노래하다** 하用	노래합니다	노래해요	노래했어요	노래하세요
□ 404 **생각하다** 하用	생각합니다	생각해요	생각했어요	생각하세요
□ 405 **시작하다** 하用	시작합니다	시작해요	시작했어요	시작하세요
□ 406 **식사하다** 하用	식사합니다	식사해요	식사했어요	식사하세요
□ 407 **안녕하다** 하用	안녕합니다	안녕해요	안녕했어요	안녕하세요
□ 408 **약속하다** 하用	약속합니다	약속해요	약속했어요	약속하세요
□ 409 **요리하다** 하用	요리합니다	요리해요	요리했어요	요리하세요
□ 410 **운동하다** 하用	운동합니다	운동해요	운동했어요	운동하세요
□ 411 **전화하다** 하用	전화합니다	전화해요	전화했어요	전화하세요
□ 412 **감사하다** 하用	감사합니다	감사해요	감사했어요	감사하세요
□ 413 **강의하다** 하用	강의합니다	강의해요	강의했어요	강의하세요
□ 414 **걱정하다** 하用	걱정합니다	걱정해요	걱정했어요	걱정하세요
□ 415 **결정하다** 하用	결정합니다	결정해요	결정했어요	결정하세요
□ 416 **계산하다** 하用	계산합니다	계산해요	계산했어요	계산하세요

[CD1-38]

27日目 辞書形	합니다体現在	해요体現在	해요体過去	해요体尊敬
□ 417 **주다**	줍니다	줘요	줬어요	주세요
□ 418 **지나다**	지납니다	지나요	지났어요	지나세요
□ 419 **찍다**	찍습니다	찍어요	찍었어요	찍으세요
□ 420 **찾다**	찾습니다	찾아요	찾았어요	찾으세요
□ 421 **타다**	탑니다	타요	탔어요	타세요
□ 422 **팔다** ㄹ語幹	팝니다	팔아요	팔았어요	파세요
□ 423 **펴다**	폅니다	펴요	폈어요	펴세요
□ 424 **하다** 하用	합니다	해요	했어요	하세요
□ 425 **감다** ²	감습니다	감아요	감았어요	감으세요
□ 426 **걷다** ㄷ変	걷습니다	걸어요	걸었어요	걸으세요
□ 427 **그리다**	그립니다	그려요	그렸어요	그리세요
□ 428 **깎다**	깎습니다	깎아요	깎았어요	깎으세요
□ 429 **깨다**	깹니다	깨요	깼어요	깨세요
□ 430 **꾸다**	꿉니다	꿔요	꿨어요	꾸세요
□ 431 **끄다** 으語幹	끕니다	꺼요	껐어요	끄세요
□ 432 **끌다** ㄹ語幹	끕니다	끌어요	끌었어요	끄세요

用言の活用 4

[CD1-39]

28日目	辞書形	합니다体現在	해요体現在	해요体過去	해요体尊敬
433	크다 으語幹	큽니다	커요	컸어요	크세요
434	가볍다 ㅂ変	가볍습니다	가벼워요	가벼웠어요	가벼우세요
435	강하다 하用	강합니다	강해요	강했어요	강하세요
436	검다	검습니다	검어요	검었어요	검으세요
437	고맙다 ㅂ変	고맙습니다	고마워요	고마웠어요	고마우세요
438	그렇다 ㅎ変	그렇습니다	그래요	그랬어요	그러세요
439	기쁘다 으語幹	기쁩니다	기뻐요	기뻤어요	기쁘세요
440	깊다	깊습니다	깊어요	깊었어요	깊으세요
441	넓다	넓습니다	넓어요	넓었어요	넓으세요
442	늦다 ²	늦습니다	늦어요	늦었어요	늦으세요
443	다르다 르変	다릅니다	달라요	달랐어요	다르세요
444	달다 ㄹ語幹	답니다	달아요	달았어요	다세요
445	따뜻하다 하用	따뜻합니다	따뜻해요	따뜻했어요	따뜻하세요
446	맵다 ㅂ変	맵습니다	매워요	매웠어요	매우세요
447	무겁다 ㅂ変	무겁습니다	무거워요	무거웠어요	무거우세요
448	바쁘다 으語幹	바쁩니다	바빠요	바빴어요	바쁘세요

キクタン韓国語
5週目

29日目	名詞18 [4級ㄱ-ㄴ]	>>> 138
30日目	名詞19 [4級ㄴ-ㄷ]	>>> 142
31日目	名詞20 [4級ㄷ-ㅁ]	>>> 146
32日目	動詞07 [4級ㄱ-ㄷ]	>>> 150
33日目	動詞08 [4級ㄷ-ㅁ]	>>> 154
34日目	副詞02 [4級ㄱ-ㄷ]	>>> 158
35日目	副詞03 [4級ㄷ-ㅇ]	>>> 162
	用言の活用5	>>> 166

29日目

名詞18 - 4級 🔊 CD2-01

□ 449 - 4
과거
[クァゴ]
過去
漢 過去　類 옛날, 지난날　対 미래[未來] (未来)

□ 450 - 4
과자
[クァジャ]
菓子
漢 菓子

□ 451 - 4
교수
[キョス]
教授
漢 敎授　類 선생[先生]님　対 학생[學生] (学生)

□ 452 - 4
귤
[キュル]
みかん
漢 橘　類 감귤[柑橘], 밀감[蜜柑]

□ 453 - 4
그간
[クガン]
その間
漢 -間　類 그사이

□ 454 - 4
그곳
[그곧　クゴッ]
そこ
関 거기 (そこ)

□ 455 - 4
그릇
[그른　クルッ]
器

□ 456 - 4
그사이
[クサイ]
その間
類 그새, 그간

▼ 次ページへ ▼

「글자」の「자」は特別に、濃音の「짜」で発音されますので、注意が必要です。

과거로 돌아가고 싶습니까?　過去に戻りたいですか？
과거에 있었던 일은 잊었어요.　過去にあったことは忘れました。
과거의 영광.　過去の栄光。

어떤 과자가 좋아요?　どんなお菓子が好きですか？
과자 부스러기.　菓子のくず。
한국 전통과자를 팝니다.　韓国の伝統菓子を売っています。

아버지는 대학교 교수입니다.　父は大学教授です。
교수님은 방에 계십니까?　教授は部屋にいらっしゃいますか？
교수가 집필한 책.　教授が執筆した本。

귤에는 비타민이 많아요.　ミカンはビタミンが多いです。
제주도 귤 밭에서 귤을 딴다.　済州島のミカン畑でミカンを摘む。
귤껍질.　ミカンの皮。

그간 어떻게 지내셨습니까?　その後、どのようにお過ごしでしたか？
그간의 연구 실적.　その間の研究実績。
그간의 얘기는 차차 듣도록 하지요.　その間の話はおいおい聞くことにしましょう。

아침 일찍 그곳을 떠났어요.　朝早くそこをたちました。
그곳에 쓰레기를 버리지 마세요.　そこにゴミを捨てないでください。
그곳에서 계속 기다렸어요.　そこでずっと待っていました。

반찬을 그릇에 듬뿍 담았습니다.　おかずを器にたっぷり盛りました。
식탁 그릇은 치웠어요.　食卓の器は片付けました。
밥을 두어 그릇 먹었어요.　ご飯を2杯ほど食べました。

그 사이에 무슨 일이 있을 줄 알고요?　その間に何かあったらどうするんですか？
그 사이를 못 참고 가 버렸네.　その間に、待ちきれなくて行ってしまったな。
그 사이 집안에 많은 일들이 있었다.　その間、家にいろいろなことがあった。

▼　次ページへ　▼

29日目 — 名詞18 - 4級　CD2-01

□ 457 - 4
그저께
[クジョッケ]
一昨日
類 그제

□ 458 - 4
그쯤
[クッチュム]
そのくらい

□ 459 - 4
근처
[クンチョ]
近所
漢 近處　類 곁

□ 460 - 4
글자
[글짜　クルチャ]
字
漢 -字　類 글씨

□ 461 - 4
김
[キム]
のり

□ 462 - 4
꿈
[クム]
夢
類 희망[希望], 이상[理想]　対 현실[現實](現実)

□ 463 - 4
나중
[ナジュン]
後、後で、後ほど
類 추후[追後]　対 먼저(まず)

□ 464 - 4
날
[ナル]
日、日和、日付
類 일일[一日], 날짜

29日目 CD2-01 チェック！ 答えは右ページ下

- □ 過去
- □ 菓子
- □ 教授
- □ みかん
- □ その間
- □ そこ
- □ 器
- □ その間
- □ 一昨日
- □ そのくらい
- □ 近所
- □ 字
- □ のり
- □ 夢
- □ 後
- □ 日

그저께 백화점에 들렀다가 샀어요.　一昨日、デパートに立ち寄って買いました。
그 친구는 그저께 만났어요.　その友達は一昨日会いました。
그저께 다친 손목이 아직도 쑤셔요.　一昨日、痛めた手首がまだずきずきします。

소금은 그쯤 넣으면 됐어요.　塩はそのくらい入れればいいです。
그쯤이야 식은 죽 먹기지.　そのくらいは朝飯前さ(冷めた粥を食うことさ)。
그쯤에서 그만둬라.　そのくらいでやめておけ。

회사 근처까지 가겠어요.　会社の近所まで行きます。
역 근처에는 식당이 많아요.　駅の近所には食堂が多いです。
근처에 있을 거야.　近くにあるだろう。

일찍부터 글자를 배웠어요.　早くから文字を習いました。
글자가 잘 안 보여요.　文字がよく見えません。
글자가 작아서 읽을 수 없어요.　字が小さくて読めません。

한국의 김을 좋아해요?　韓国のりは好きですか?
밥을 김에 싸서 먹었어요.　ご飯をのりに包んで食べました。
김밥을 말아 주세요.　のり巻きを巻いてください。

그렇게 될 줄은 꿈에도 몰랐어요.　そうなるとは夢にも思いませんでした。
마치 꿈만 같아요.　まるで夢のようです。
꿈에서 깨어났어요.　夢から覚めました。

나중에 만나 주세요.　後で会ってください。
이 일은 나중으로 미루어도 돼요?　この仕事は後に回してもいいですか?
맨 나중이 됐어요.　一番最後になりました。

오늘은 좋은 날이다.　今日はよい日だ。
결혼식 날을 잡았어요.　結婚式の日を決めました。
그는 날이면 날마다 지각해요.　彼は毎日のように遅刻します。

29日目 CD2-01 チェック!
答えは左ページ下

□ 과거　□ 그간　□ 그저께　□ 김
□ 과자　□ 그곳　□ 그쯤　□ 꿈
□ 교수　□ 그릇　□ 근처　□ 나중
□ 귤　□ 그사이　□ 글자　□ 날

30日目

名詞19 - 4級　　🔊 CD2-02

□ 465 - 4
날짜
[ナルチャ]

日、日数、日付
類 시일[時日]

□ 466 - 4
남
[ナム]

他人
類 타인[他人], 제삼자[第三者]　対 우리(私たち)

□ 467 - 4
남동생
[ナムドンセン]

弟
漢 男--　対 여동생(妹)

□ 468 - 4
남성
[ナムソン]

男性
漢 男性　類 남자[男子], 사나이, 남정네　対 여성[女性](女性)

□ 469 - 4
남쪽
[ナムチョク]

南、南側、南の方
漢 南-　類 남향[南向]

□ 470 - 4
내달
[ネダル]

來月
漢 來-　類 내월[來月], 다음달

□ 471 - 4
내용
[ネヨン]

內容、中身
漢 內容　類 속

□ 472 - 4
내주
[ネジュ]

來週
漢 來週　類 다음주　対 지난주(先週)

▼ 次ページへ ▼

漢字音の発音は通常一通りですが、二通りの読み方をするものもいくつかあります。「댁」もその一つで、住宅は「주택」と激音です。

마감 날짜가 다가와요.　締め切りの日が近づいてきます。
일을 끝내기에는 날짜가 모자라요.　仕事を終わらせるには日にちが足りません。
오늘 날짜가 며칠이죠?　今日の日付は何日ですか?

남도 아닌데 잘 지냅시다.　他人でもないのに仲良くしましょう。
남의 일에 참견하다.　他人のことに干渉する。
남 걱정 말고 네 걱정이나 해라.　人の心配をしないで自分の心配でもしろ。

남동생은 유학을 갔습니다.　私の弟は留学しました。
저 사람은 남동생 친구예요.　あの人は弟の友達です。
남동생이 하나 있어요.　弟が一人います。

남성적 매력을 느끼다.　男性的な魅力を感じる。
중년 남성.　中年男性。
남성적인 성격.　男性的な性格。

남쪽 지방이 더 따뜻해요.　南の地方がより暖かいです。
남쪽 하늘을 봐요.　南の空を見ます。
남쪽으로 난 창.　南側に出た窓。

내달부터 다른 학교를 다닙니다.　来月からほかの学校に通います。
내달 중순.　来月の中旬。
이 법은 내달부터 시행된다.　この法律は来月から施行される。

이 영화는 내용이 어려워요.　この映画は内容が難しいです。
자세한 내용을 알려 주세요.　詳しい内容を知らせてください。
편지 내용.　手紙の内容。

학교 수업은 내주가 마지막입니다.　学校の授業は来週が最後です。
내주에 한번 오세요.　来週一度来てください。
야구 경기가 내주로 연기되었다.　野球競技が来週に延期された。

▼　次ページへ　▼

30日目 名詞19 - 4級　🔊 CD2-02

□ 473 - 4
냄새
[ネムセ]

におい
類 내, 향기[香氣]

□ 474 - 4
눈물
[ヌンムル]

涙

□ 475 - 4
능력
[능녁　ヌンニョク]

能力
漢 能力　類 힘

□ 476 - 4
다음날
[タウムナル]

次の日、翌日、後日、別の日、今度

□ 477 - 4
다음해
[タウムヘ]

来年、翌年、あくる年
類 내년[來年]　対 지난해(昨年)

□ 478 - 4
담배
[タムベ]

たばこ

□ 479 - 4
대학원
[대하권　テハグォン]

大学院
漢 大學院

□ 480 - 4
댁
[テク]

宅、お宅(あなた)、〜の奥さん
漢 宅

30日目 🔊 CD2-02 チェック！ 答えは右ページ下

- □ 日
- □ 他人
- □ 弟
- □ 男性
- □ 南
- □ 来月
- □ 内容
- □ 来週
- □ におい
- □ 涙
- □ 能力
- □ 次の日
- □ 来年
- □ たばこ
- □ 大学院
- □ 宅

이상한 냄새가 나요. 変なにおいがします。
냄새를 맡아요. においをかぎます。
수상한 냄새가 코를 찔렀어요. おかしなにおいが鼻を突きました。

눈에서 눈물이 나요. 目から涙が出ます。
눈물에 젖은 손수건. 涙で濡れたハンカチ。
닭똥 같은 눈물이 흘러요. (鶏の糞ほどの)大粒の涙が流れます。

능력이 있는 사람. 能力のある人。
능력을 남김없이 발휘했습니다. 能力を余すところなく発揮しました。
능력에 달려 있어요. 能力にかかっています。

다음날을 기약하며 이만 헤어집시다. 後日、会うことを約束してこれで別れましょう。
다음날 아침. 翌日の朝。
헤어진 다음날. 別れた次の日。

다음해 첫눈이 오는 날에 만나요. 来年、初雪が降る日に会いましょう。
다음해 농사. 来年の農事。
다음해에는 담배를 끊어야지. 来年にはたばこをやめなきゃ。

담배에 불을 붙여 주세요. たばこに火をつけてください。
담배를 많이 피우지 마세요. たばこを多く吸わないでください。
담배를 끊으셔야 겠어요. たばこをやめなければいけません。

대학원에 진학했습니다. 大学院に進学しました。
교육대학원을 마쳤어요. 教育大学院を終えました。
대학원에 다니고 있어요. 大学院に通っています。

댁까지 모셔다 드리겠어요. お宅までお連れいたします。
댁에서 회사까지. お宅から会社まで。
친정댁. (嫁の)実家。

30日目 CD2-02 チェック！ 答えは左ページ下

- ☐ 날짜
- ☐ 남
- ☐ 남동생
- ☐ 남성
- ☐ 남쪽
- ☐ 내달
- ☐ 내용
- ☐ 내주
- ☐ 냄새
- ☐ 눈물
- ☐ 능력
- ☐ 다음날
- ☐ 다음해
- ☐ 담배
- ☐ 대학원
- ☐ 댁

31日目

名詞20 - 4級　🔊 CD2-03

☐ 481 - 4
도시
[トシ]

都市
漢 都市　類 도회[都會]　対 시골(田舎)

☐ 482 - 4
도시락
[トシラク]

弁当

☐ 483 - 4
도장
[トジャン]

はんこ
漢 圖章　類 인감[印鑑]

☐ 484 - 4
돌
[トル]

石
類 돌멩이

☐ 485 - 4
동물
[トンムル]

動物
漢 動物　類 짐승　対 식물[植物](植物)

☐ 486 - 4
동쪽
[トンチョク]

東、東の方、東側
漢 東-　類 동[東], 동방[東方]　対 서[西]쪽(西)

☐ 487 - 4
등
[トゥン]

背中
対 배(腹)

☐ 488 - 4
디브이디
[ティブイディ]

DVD

▼　次ページへ　▼

「떡」の「떠」の発音に注意しましょう。うまく言わないと「덕(徳)」「턱(あご)」になってしまいます。

큰 도시에 삽니다. 大きな都市に住んでいます。
도시를 건설하고 있어요. 都市を建設しています。
국제도시. 国際都市。

도시락에는 김밥이 담겨 있어요. 弁当にはのり巻きが入っています。
일찍 일어나서 도시락을 쌌어요. 早く起きて弁当を包みました。
도시락을 사 먹었습니다. 弁当を買って食べました。

출근부에 도장을 찍다. 出勤簿にはんこをつく。
도장을 새기다. はんこを彫る。
인감 도장. 印鑑。

돌을 던졌습니다. 石を投げました。
돌에 맞아 죽었어요. 石に当たって死にました。
검고 둥근 돌. 黒くて丸い石。

주말에 동물원에 놀러 갔어요. 週末に動物園に遊びに行きました。
집에서 동물을 길러요. 家で動物を育てます。
이 근처에 동물 병원이 없어요? この近くに動物病院はありませんか？

동쪽으로 향해서 갑니다. 東へ向かって行きます。
동쪽 하늘을 봐요. 東の空を見ます。
동쪽에서 해가 뜹니다. 東の方から日が昇ります。

아이를 등에 업었어요. 子供を背中に背負いました。
등이 휘도록 열심히 일을 했어요. 背中が曲がるほど一生懸命仕事をしました。
효자손으로 등을 긁어요. 孫の手で背中をかきます。

그 영화 벌써 디브이디로 나왔어? あの映画、もうDVDで出たの？
그 결혼식 영상 디브이디로 구워 줄래? あの結婚式の映像、DVDに焼いてくれる？
콘서트/영화 디브이디. コンサート／映画のDVD。

▼ 次ページへ ▼

31日目　名詞20 - 4級　🔊 CD2-03

□ 489 - 4
땀
[タム]
汗

□ 490 - 4
때
[テ]
時
類 시간[時間]　関 시기(時期)

□ 491 - 4
떡
[トク]
もち

□ 492 - 4
라디오
[ラディオ]
ラジオ

□ 493 - 4
라면
[ラミョン]
ラーメン

□ 494 - 4
마지막
[マジマク]
最後、終わり
類 끝, 맨 나중　対 처음(最初)

□ 495 - 4
마찬가지
[マチャンガジ]
同じこと、同様、同然
類 매한가지

□ 496 - 4
만일
[마닐　マニル]
万一
漢 萬一　類 만약[萬若], 혹시[或是]

31日目 🔊 CD2-03 チェック！
答えは右ページ下

□ 都市	□ 動物	□ 汗	□ ラーメン
□ 弁当	□ 東	□ 時	□ 最後
□ はんこ	□ 背中	□ もち	□ 同じこと
□ 石	□ DVD	□ ラジオ	□ 万一

땀에 흠뻑 젖은 옷.　汗でぐっしょり濡れた服。
땀을 흘리면서 매운탕을 먹었어요.　汗を流しながらメウンタン(辛い鍋)を食べました。
더워서 땀이 나요.　暑くて汗が出ます。

한국에 올 때 연락을 주세요.　韓国に来るとき、連絡をください。
그 때는 알겠지요.　その時はわかるでしょう。
아주 먹고 싶을 때가 있어요.　とても食べたくなるときがあります。

설날 아침에 떡을 먹었어요.　正月の朝にもちを食べました。
밥이 떡이 되어 버렸어요.　ご飯がもちのようになってしまいました。
그런 일쯤이야 누워서 떡먹기죠.　そのくらいのこと、朝飯前(寝てもちを食べること)
　でしょ。

라디오 소리가 잘 안 들려요.　ラジオの音がよく聞こえません。
라디오가 고장이 났어요.　ラジオが故障しました。
라디오에 사연을 보냈어요.　ラジオに投書しました。

라면을 끓여서 먹었어요.　ラーメンを作って(沸かして)食べました。
라면이 불어서 맛없어요.　ラーメンがふやけてまずいです。
컵라면에 뜨거운 물을 부어요.　カップラーメンに熱いお湯を注ぎます。

마지막에 들어온 사람이 불을 껐습니다.　最後に入ってきた人が明かりを消しました。
마지막 열차를 놓쳤어요.　終電車を逃しました。
이번이 마지막 기회예요.　これが最後の機会です。

이거나 저거나 마찬가지죠.　あれもこれも同じことでしょ。
누구나 마찬가지예요.　誰も同様です。
그와 마찬가지로 고생했어요.　彼と同じように苦労しました。

만일을 대비해서 비상금을 챙겼어요.　万一に備えてへそくりを準備しました。
만일을 위해 신분증을 확인했습니다.　万一のために身分証を確認しました。
만일 전화가 오면 연락을 주세요.　万一、電話が来たら連絡をください。

31日目 CD2-03
チェック！
答えは左ページ下

- ☐ 도시
- ☐ 도시락
- ☐ 도장
- ☐ 돌
- ☐ 동물
- ☐ 동쪽
- ☐ 등
- ☐ 디브이디
- ☐ 땀
- ☐ 때
- ☐ 떡
- ☐ 라디오
- ☐ 라면
- ☐ 마지막
- ☐ 마찬가지
- ☐ 만일

32日目

動詞07 - 4級　　CD2-04

□ 497 - 4
끝내다
[끈내다　クンネダ]
終える、済ませる
[類]마치다, 끝마치다　[対]시작[始作]하다(始める)
[正]끝냅니다-끝내요-끝냈어요-끝내세요

□ 498 - 4
나누다
[ナヌダ]
分ける、分かち合う、割る
[類]가르다, 자르다　[対]합치다(合わせる)
[正]나눕니다-나눠요-나눴어요-나누세요

□ 499 - 4
나서다
[ナソダ]
出る、進み出る、乗り出す、関与する、でしゃばる
[類]나오다　[対]들어서다(立ち入る)
[正]나섭니다-나서요-나섰어요-나서세요

□ 500 - 4
나타나다
[ナタナダ]
現れる、表れる
[類]보이다, 나오다　[対]사라지다(消える)
[正]나타납니다-나타나요-나타났어요-나타나세요

□ 501 - 4
나타내다
[ナタネダ]
現す、表す
[類]드러내다, 밝히다　[対]감추다(隠す)
[正]나타냅니다-나타내요-나타냈어요-나타내세요

□ 502 - 4
남기다
[ナムギダ]
残す
[類]두다, 남겨두다
[正]남깁니다-남겨요-남겼어요-남기세요

□ 503 - 4
낫다
[낟따　ナッタ]
治る、癒える
[類]치료[治療]되다
[人変]낫습니다-나아요-나았어요-나으세요

□ 504 - 4
넘다
[넘따　ノムタ]
こえる、あふれる、過ぎる
[類]초과[超過]하다　[対]모자라다(足りない)
[正]넘습니다-넘어요-넘었어요-넘으세요

▼ 次ページへ ▼

「낫다(治る)」はㅅ変則用言で、ヘヨ体では、「ㅅ」が脱落します。しかし、その際には母音の縮約は起こりません。

주말까지 작업을 끝내야 해요.　週末までに作業を終えなくてはいけません。
오늘 준비를 끝낼 수 있겠어요?　今日、準備を終えられますか？
관계를 끝내는 게 좋겠어요.　関係を終えるのがよいでしょう。

친구랑 나눠서 먹어요.　友だちと分けて食べなさい。
상사와 의견을 나누었습니다.　上司と意見を交わしました。
기쁨도 슬픔도 나누며 살아요.　喜びも悲しみも分かち合って暮らします。

앞으로 나서서 발표를 했어요.　前に出て発表をしました。
잘 알지도 못하면서 나서지 마세요.　よく知りもしないで出しゃばらないでください。
반대를 주장하고 나섰습니다.　反対を主張しました。

갑자기 나타나서 놀랐습니다.　急に現れて驚きました。
효과가 나타나기 시작했어요.　効果が現れ始めました。
작가의 생각이 잘 나타난 문장.　作家の考えがよく表れた文章。

이 문장이 나타내는 것이 무엇입니까?　この文章が表すものは何ですか？
일찍이 두각을 나타내기 시작했어요.　いち早く頭角を現し始めました。
어디 있다 이제야 나타난 거야!　どこにいて、今頃現れたんだ！

음식을 남기지 마세요.　食べ物を残さないでください。
이익을 많이 남길 수 있어요.　利益を多く残せます。
좋은 교훈을 남겼어요.　よい教訓を残しました。

상처가 다 나았습니다.　傷がすっかり治りました。
씻은 듯이 병이 나았어요.　きれいさっぱり（洗ったように）病気が治りました。
병이 나은 것 같아요.　病気は治ったようです。

시험에서 팔십 점을 넘어야 해요.　試験で80点を超えなくていけません。
시각은 자정을 넘었습니다.　時刻は午前零時を過ぎました。
이제 겨우 한 고비 넘었어요.　今ようやく峠を越えました。

▼　次ページへ　▼

32日目

動詞07 - 4級　　　🔊 CD2-04

□ 505 - 4
눕다
[눕따　ヌプタ]

横たわる、横になる、寝転がる、伏す
類 드러눕다　対 서다(立つ)
ㅂ変 눕습니다-누워요-누웠어요-누우세요

□ 506 - 4
느끼다
[ヌッキダ]

感じる、(心に)思う
類 인식[認識]하다
正 느낍니다-느껴요-느꼈어요-느끼세요

□ 507 - 4
늘다
[ヌルダ]

伸びる、増える、上達する、うまくなる
類 많아지다　対 줄다(縮む)　関 늘리다(伸ばす)
ㄹ語幹 늡니다-늘어요-늘었어요-느세요

□ 508 - 4
다녀가다
[タニョガダ]

立ち寄って行く、立ち寄って帰る
正 다녀갑니다-다녀가요-다녀갔어요-다녀가세요

□ 509 - 4
다녀오다
[タニョオダ]

行って来る、立ち寄って来る
正 다녀옵니다-다녀와요-다녀왔어요-다녀오세요

□ 510 - 4
다치다
[タチダ]

けがをする、傷つく、痛める
類 상하다, 부상[負傷]당하다
正 다칩니다-다쳐요-다쳤어요-다치세요

□ 511 - 4
닦다
[닥따　タクタ]

磨く、ふく、ぬぐう、(心などを)修める
類 광[光]내다　関 연마하다(錬磨する)
正 닦습니다-닦아요-닦았어요-닦으세요

□ 512 - 4
달라지다
[タルラジダ]

変わる、変化する
類 변하다, 바뀌다　対 같아지다(同じになる)
正 달라집니다-달라져요-달라졌어요-달라지세요

32日目 🔊 CD2-04
チェック！
答えは右ページ下

☐ 終える　☐ 現す　☐ 横たわる　☐ 行って来る
☐ 分ける　☐ 残す　☐ 感じる　☐ けがをする
☐ 出る　☐ 治る　☐ 伸びる　☐ 磨く
☐ 現れる　☐ こえる　☐ 立ち寄って行く　☐ 変わる

잔디밭에 누워 하늘을 올려다봤어요. 芝生に横たわって空を仰ぎ見ました。
큰 대자로 누웠습니다. 大の字に横になりました。
방바닥에 누워 잡지를 봤어요. 床に寝転がって雑誌を見ました。

중요성을 강하게 느꼈습니다. 重要性を強く感じました。
느끼는 바가 있어요. 思うところがあります。
만족감을 느끼지 못했어요. 満足感を感じられませんでした。

영어 실력이 많이 늘었어요. 英語の実力がとても伸びました。
찾아오는 사람이 부쩍 늘었어요. 訪ねて来る人がぐっと増えました。
그 사람은 우리말이 늘었어요. その人は韓国語がうまくなりました。

선생님께서 다녀가셨어요. 先生が立ち寄って行かれました。
꼭 한번 다녀가세요. 必ず一度、立ち寄って行ってください。
제주도를 다녀간 여행자들. 済州島を訪れた旅行者たち。

학교에 다녀오겠습니다. 学校に行って来ます。
고향에 다녀오세요. 故郷に行って来てください。
화장실에 다녀오겠습니다. トイレに行って来ます。

다친 사람 없어요? けがした人はいませんか？
계단에서 넘어져 무릎을 다쳤어요. 階段で転んでひざをけがしました。
심하게 다치지 않았어요? ひどくけがしませんでしたか？

걸레로 복도를 닦았어요. ぞうきんで廊下を磨きました。
손수건으로 눈물을 닦으세요. ハンカチで涙をふいてください。
마음을 닦고 품격을 높이자. 心を修めて品格を高めよう。

생활이 몰라보게 달라졌어요. 生活が見違えるほど変わりました。
달라지는 제도. 変わる制度。
아무 것도 달라지지 않았습니다. 何も変わりませんでした。

32日目 CD2-04
チェック！
答えは左ページ下

- 끝내다
- 나누다
- 나서다
- 나타나다
- 나타내다
- 남기다
- 낫다
- 넘다
- 눕다
- 느끼다
- 늘다
- 다녀가다
- 다녀오다
- 다치다
- 닦다
- 달라지다

33日目

動詞08 - 4級　　CD2-05

□ 513 - 4
달리다
[タルリダ]

走る
類 뛰다　対 걷다(歩く)
正 달립니다-달려요-달렸어요-달리세요

□ 514 - 4
담다
[담따　タムタ]

(器などに)盛る、(器などに)入れる、込める
類 넣다　対 덜다(少なくする)
正 담습니다-담아요-담았어요-담으세요

□ 515 - 4
던지다
[トンジダ]

投げる
類 내던지다
正 던집니다-던져요-던졌어요-던지세요

□ 516 - 4
돌다
[トルダ]

回る、(色、つやなどが)漂う、出る
対 멈추다(止まる)　関 돌리다(回す)
ㄹ語幹 돕니다-돌아요-돌았어요-도세요

□ 517 - 4
돌려주다
[トルリョジュダ]

返す
対 빼앗다(奪う)　関 반납하다(返納する)
正 돌려줍니다-돌려줘요-돌려줬어요-돌려주세요

□ 518 - 4
돌리다
[トルリダ]

回す、向きを変える
関 돌다(回る)
正 돌립니다-돌려요-돌렸어요-돌리세요

□ 519 - 4
드리다
[トゥリダ]

差し上げる、ささげる
対 받다(受け取る)
正 드립니다-드려요-드렸어요-드리세요

□ 520 - 4
듣다
[듣따　トゥッタ]

聞く
類 귀기울이다　対 말하다(言う)
ㄷ変 듣습니다-들어요-들었어요-들으세요

▼ 次ページへ ▼

「듣다」はㄷ変則用言で母音が後続すると「ㄷ」パッチムが「ㄹ」に変化します。
ヘヨ体などでは注意が必要です。

그는 문 쪽으로 쏜살같이 달렸다.　彼はドアの方に矢のように走った。
더 빨리 달려라.　もっと速く走れ。
철마는 달리고 싶다.　鉄馬(＝汽車を馬に例えた表現)は走りたい。

과일을 접시에 담았어요.　果物を皿に盛りました。
경치를 사진에 담았습니다.　風景を写真に収めました。
마음을 담은 편지를 써요.　心を込めた手紙を書きます。

돌을 멀리 던져요.　石を遠くに投げます。
바다로 몸을 던졌어요.　海に身を投げました。
교수에게 던진 질문.　教授に投げかけた質問。

팽이가 뱅글 뱅글 잘 돌아요.　こまがくるくるとよく回ります。
취해서 혀가 잘 안 돌아요.　酔って舌がよく回りません。
얼굴에 화색이 돌았습니다.　顔に明るい笑みが漂いました。

친구에게 빌린 CD를 돌려주었어요.　友達に借りたCDを返しました。
반드시 돌려주어야 해요.　必ず返さなければいけませんよ。
그것 좀 이제 돌려주세요.　それ、ちょっともう返してください。

지구본을 돌리면서 이야기를 했어요.　地球儀を回しながら話をしました。
돌려 말하지 말고 딱 부러지게 말해요.　遠回しに言わないで、はっきり言ってください。
이야기 도중에 화제를 돌렸어요.　話の途中から話題を変えました。

부모님께 어버이날 선물을 드려요.　両親に「両親の日」の贈り物を差し上げます。
내일 연락을 드리겠습니다.　明日、連絡を差し上げます。
제가 도와 드릴까요?　私が手伝って差し上げましょうか？

목소리를 듣고 싶어서 전화했어요.　声を聞きたくて電話しました。
음악을 들으면서 공부해요.　音楽を聴きながら勉強します。
부모님한테 꾸중을 들었어요.　両親にしかられました。

▼　次ページへ　▼

33日目

動詞08 - 4級　　CD2-05

□ 521 - 4
들다²
[トゥルダ]

入る、日が差す、当たる
類 들어가다　対 나다(出る)
ㄹ語幹 듭니다-들어요-들었어요-드세요

□ 522 - 4
들리다²
[トゥルリダ]

聞かせる
関 듣다(聞く)
正 들립니다-들려요-들렸어요-들리세요

□ 523 - 4
들어서다
[드러서다　トゥロソダ]

入る、立ち入る、踏み入る、立ち並ぶ
類 들어오다　対 나가다(出て行く)
正 들어섭니다-들어서요-들어섰어요-들어서세요

□ 524 - 4
떠나가다
[トナガダ]

立ち去る、離れていく、たつ、旅立つ
類 떠나다　対 머무르다(留まる)
正 떠나갑니다-떠나가요-떠나갔어요-떠나가세요

□ 525 - 4
뛰다
[トゥィダ]

走る、はねる、はずむ
類 달리다　対 걷다(歩く)
正 뜁니다-뛰어요-뛰었어요-뛰세요

□ 526 - 4
마치다
[マチダ]

終わる、終える、済ます
類 끝내다　対 시작[始作]하다(始める)
正 마칩니다-마쳐요-마쳤어요-마치세요

□ 527 - 4
맞추다
[맏추다　マッチュダ]

合わせる、一致させる、あつらえる
関 맞다(合う)
正 맞춥니다-맞춰요-맞췄어요-맞추세요

□ 528 - 4
맡다
[맏따　マッタ]

引き受ける、受け持つ、預かる
類 지다, 담당[擔當]하다　対 맡기다(任せる)
正 맡습니다-맡아요-맡았어요-맡으세요

33日目 CD2-05　チェック！
答えは右ページ下

- □ 走る
- □ (器などに)盛る
- □ 投げる
- □ 回る
- □ 返す
- □ 回す
- □ 差し上げる
- □ 聞く
- □ 入る
- □ 聞かせる
- □ 入る
- □ 立ち去る
- □ 走る
- □ 終わる
- □ 合わせる
- □ 引き受ける

햇볕이 잘 드는 방이에요. 日のよく入る部屋です。
어젯밤에 도둑이 들었어요. 昨夜泥棒が入りました。
반에서 5등 안에 들어야 해요. クラスで5番以内に入らなければいけません。

아기에게 음악을 들려 주었어요. 子供に音楽を聞かせてあげました。
그 이야기를 들려 주는 게 좋아. その話を聞かせてあげるのがいいよ。
라디오를 들리다. ラジオを聞かせる。

집 안에 들어서면 큰 거울이 눈에 띕니다. 家に入ると大きな鏡が目に入ってきます。
사업가의 길로 들어선 지 10년이에요. 事業家の道に入って10年です。
고층 아파트가 들어서 있습니다. 高層マンションが立ち並んでいます。

떠나간 사람을 그리워하다. 立ち去った人を懐かしがる。
항구에서 떠나가는 배가 보였다. 港から立ち去っていく船が見えた。
고향을 떠나다. 故郷を離れる。

열심히 뛰어가 도둑을 잡았어요. 一生懸命走って泥棒を捕まえました。
그 소식을 듣고 가슴이 뛰었습니다. その知らせを聞いて胸が弾みました。
작년보다 물가가 두 배로 뛰었어요. 昨年に比べて物価が2倍にはね上がりました。

일을 마치고 집에 갑니다. 仕事を終えて家に帰ります。
긴장해서 말을 제대로 마치지 못했어요. 緊張して言葉をまともに終えることができませんでした。
대학을 마쳤습니다. 大学を終えました。

시험지를 정답과 맞추어 봐요. テストを解答と合わせてみてください。
입을 맞추다. キスをする。
비위를 맞춰요. ご機嫌を取ります(脾臓と胃を合わせます)。

맡은 일에는 최선을 다해요. 引き受けた仕事には最善を尽くします。
오늘부터 이 반을 맡았어요. 今日からこのクラスを受け持ちました。
짐을 맡아 주세요. 荷物を預かってください。

33日目 CD2-05
チェック！
答えは左ページ下

☐ 달리다
☐ 담다
☐ 던지다
☐ 돌다
☐ 돌려주다
☐ 돌리다
☐ 드리다
☐ 듣다
☐ 들다²
☐ 들리다²
☐ 들어서다
☐ 떠나가다
☐ 뛰다
☐ 마치다
☐ 맞추다
☐ 맡다

34日目

副詞02 - 4級　　CD2-06

□ 529 - 4
가끔
[カックム]

時々、たまに、時折
類 때때로, 이따금　対 자주(しばしば)

□ 530 - 4
가만히
[가마니　カマニ]

じっと、静かに、じっくり、ひそかに
類 조용히, 잠자코

□ 531 - 4
가장
[カジャン]

最も、一番、何よりも
類 제일[第一], 최고[最高]

□ 532 - 4
갑자기
[갑짜기　カプチャギ]

急に
類 별안간　関 급히(急いで)

□ 533 - 4
겨우
[キョウ]

やっと、ようやく、かろうじて、わずか
類 간신히, 가까스로

□ 534 - 4
그냥
[クニャン]

そのまま、ありのまま、ただ
類 그저

□ 535 - 4
그대로
[クデロ]

そのまま、そのとおりに

□ 536 - 4
그래도
[クレド]

それでも、でも

▼ 次ページへ ▼

「꼭」は、濃音で強く発音します。平音だと「곡(曲、谷)」になってしまいますよ。

가끔 그가 보고 싶어져요.　時折、彼に会いたくなります。
그는 가끔 짜증을 낸다.　彼は時々、かんしゃくを起こす。
아주 가끔 있는 일이에요.　ごくまれにあることです。

떠들지 말고 가만히 있어라.　騒がないでじっとしていろ。
아무 말 없이 가만히 앉아만 있다.　無言で静かに座っているだけだ。
지난 일을 가만히 생각해 보다.　過ぎ去ったことをじっくり考えてみた。

가장 다른 점은 뭐예요?　最も違う点は何ですか?
그게 가장 빠른 방법이에요.　それが一番早い方法です。
가장 좋을 때.　一番いい時。

갑자기 생각이 났어요.　急に思い立ちました。
갑자기 비가 와요.　急に雨が降り出しました。
전화가 갑자기 끊겼어요.　電話が急に切れました。

일을 겨우 마칠 수 있었어요.　仕事をやっと終えることができました。
대학을 겨우 졸업했습니다.　大学をようやく卒業しました。
겨우 이 정도냐?　やっとこの程度なのか?

그냥 집에 있었어요.　ただ、家にいました。
그냥 내버려 두면 안 돼요.　そのまま、放っておいてはいけません。
보고 싶어서 그냥 전화해 봤어요.　会いたくてただ何となく電話してみました。

있는 그대로 놓아 두세요.　あるとおりに置いておいてください。
그대로인 상태.　そのままの状態。
있는 그대로의 나.　あるとおり、そのままの私。

그래도 괜찮아요?　それでも構わないですか?
그래도 해야 해요.　それでもやらなければいけません。
그래도 사실은 사실이다.　それでも事実は事実だ。

▼　次ページへ　▼

34日目 副詞02 - 4級 CD2-06

□ 537 - 4 그래서
[クレソ]

それで
類 그렇게 해서

□ 538 - 4 그러니까
[クロニッカ]

だから

□ 539 - 4 그러면
[クロミョン]

それなら、それでは
類 그렇게 하면

□ 540 - 4 그런데
[クロンデ]

ところで
類 그건 그렇고

□ 541 - 4 그렇지만
[그러치만　クロチマン]

だが、しかし

□ 542 - 4 꼭
[コク]

必ず、きっと、ぎゅっと、ぴったり
類 반드시, 꽉

□ 543 - 4 늘
[ヌル]

いつも、常に
類 항상[恒常], 언제나　対 가끔(時々)

□ 544 - 4 더욱
[トウク]

いっそう、さらに
類 더, 점점 더, 더욱더

34日目 CD2-06 チェック！ 答えは右ページ下

- □ 時々
- □ じっと
- □ 最も
- □ 急に
- □ やっと
- □ そのまま
- □ そのまま
- □ それでも
- □ それで
- □ だから
- □ それなら
- □ ところで
- □ だが
- □ 必ず
- □ いつも
- □ いっそう

몸이 아팠어요. 그래서 쉬었어요.　具合が悪かったんです。それで休みました。
그래서 못 왔구나.　それで、来られなかったんだね。
그래서 여자들이 다 좋다고 해요.　それで、女性たちはみんな好きだと言います。

네가 그러니까 애가 따라하잖아.　お前がそんなふうだから、子供がまねするじゃないか。
그러니까 내 말대로 하라고.　だから私の言ったとおりにしろって。
그러니까 그렇지.　だからそうなんだ。

너까지 그러면 난 어떡해.　お前までそうなら、俺はどうすればいいんだ。
두드려라. 그러면 열릴 것이다.　叩けよ。されば開かれん。
너 자꾸 그러면 때려 줄 거다.　お前、何度もそんなふうなら殴るぞ。

그런데 몇 살이에요?　ところで、何歳ですか?
그런데 왜 그때는 말씀을 안 하셨습니까?　ところで、なぜ、その時はおっしゃらなかったんですか?
그런데 내일은 나오세요?　ところで、明日はおいでになりますか?

그렇지만 그렇게 하면 안 됩니다.　だが、そうしてはいけません。
그렇지만 그 사람은 외국인이잖아요.　でも、その人は外国人じゃないですか。
알아요. 그렇지만 변명이죠.　わかります。でも言い訳でしょ。

약속은 꼭 지켜야 해요.　約束は必ず守らなければいけません。
내 손을 꼭 잡아요.　私の手をぎゅっと握ってください。
몸에 꼭 맞는 옷을 입어요.　体にぴったり合った服を着ます。

아침에는 늘 신문을 봐요.　朝にはいつも新聞を見ます。
늘 감사해요.　いつも感謝しています。
어머니는 늘 걱정하셨어요.　母はいつも心配していらっしゃいました。

아이들은 더욱 신나서 떠들어 댄다.　子供たちはいっそう浮かれて騒ぎ立てる。
더욱 붉어지는 노을.　いっそう赤くなる夕日
더욱 세차게 내리는 비.　さらに激しく降る雨。

34日目 ◁))) CD2-06
チェック!
答えは左ページ下

- □ 가끔
- □ 가만히
- □ 가장
- □ 갑자기
- □ 겨우
- □ 그냥
- □ 그대로
- □ 그래도
- □ 그래서
- □ 그러니까
- □ 그러면
- □ 그런데
- □ 그렇지만
- □ 꼭
- □ 늘
- □ 더욱

161

35日目

副詞03 - 4級　　🔊 CD2-07

☐ 545 - 4
또는
[トヌン]

または、もしくは、あるいは、それとも
類 혹[惑]은

☐ 546 - 4
또한
[トハン]

また、同じく、同様に、その上
類 마찬가지로, 그뿐 아니라

☐ 547 - 4
매우
[メウ]

非常に、とても、大変
類 대단히, 꽤, 몹시　対 그다지(それほど)

☐ 548 - 4
무척
[ムチョク]

大変、非常に、大層
類 매우, 아주

☐ 549 - 4
바로
[パロ]

正しく、真っすぐに、すぐ
類 올바로, 곧　関 제대로(まともに)

☐ 550 - 4
반드시
[パンドゥシ]

必ず、絶対、決まって
類 꼭, 틀림없이

☐ 551 - 4
벌써
[ポルソ]

すでに、もう、とうに、いつの間にか
類 이미, 오래 전에　対 아직(まだ)

☐ 552 - 4
보다
[ポダ]

より
類 한층, 한층 더

▼　次ページへ　▼

副詞にも「보다」という単語があります。もちろん動詞の「보다(見る)」とは用法が違います。

월요일 또는 수요일.　月曜日または水曜日。
확대 또는 축소.　拡大あるいは縮小。
오늘 오후 또는 내일 오전에 오세요.　今日の午後もしくは明日の午前に来てください。

나 또한 그렇다.　私もまたそうだ。
아이가 영리하고 또한 착하다.　子供が賢くて、まじめだ。
그녀는 내 아내다. 또한 동료다.　彼女は私の妻だ。その上同僚だ。

매우 독창적인 발상.　非常に独創的な発想。
그 사람은 매우 아름다웠어요.　その人はとても美しかったです。
그는 매우 착해요.　彼はとても善良です。

그는 무척 진지한 사람입니다.　彼は大変真摯な人です。
그를 무척 사랑해.　彼をとても愛してる。
무척이나 고맙게 느껴졌어요.　非常にありがたく感じました。

바로 고쳤습니다.　正しく直しました。
선을 바로 긋는 법.　線を真っすぐに引く方法。
도착해서 바로 전화했어요.　到着してすぐ電話しました。

반드시 시간에 맞추어 오세요.　必ず時間に合わせていらっしゃってください。
외제가 반드시 좋은 것은 아니다.　外国製が必ずしもよいのではない。
신분증이 반드시 필요함.　身分証明書は必ず必要。

벌써 1년이 다 갔네요.　もう1年が過ぎようとしていますね。
유학에서 돌아온 지 벌써 10년이 돼요.　留学から帰ってきて、もう10年になりました。
산은 벌써 가을 기운이 완연했어요.　山はすでに秋の気配が感じられました。

형보다 동생이 커요.　兄より弟が大きいです。
나보다 공부를 잘하는 친구입니다.　私より勉強のできる友達です。
아빠보다 엄마가 좋습니다.　父より母が好きです。

▼　次ページへ　▼

35日目

副詞03 - 4級　　🔊 CD2-07

□ 553 - 4
아마[도]
[アマ[ド]]

おそらく、たぶん
類 혹, 혹시

□ 554 - 4
아직
[アジク]

まだ
類 여태, 여태까지　対 벌써(もう)

□ 555 - 4
아직도
[아직또　アジクト]

いまだに、まだ

□ 556 - 4
어서
[オソ]

早く、さあ、どうぞ
類 빨리, 얼른

□ 557 - 4
얼마나
[オルマナ]

どのくらい、どんなにか、いくらぐらい
類 얼마만큼이나

□ 558 - 4
역시
[역씨　ヨクシ]

やはり、やっぱり
漢 亦是　類 또한, 과연[果然]　関 과연(果たして)

□ 559 - 4
열심히
[열씨미　ヨルシミ]

熱心に、一生懸命に
漢 熱心-　類 열렬[熱烈]히

□ 560 - 4
우선
[ウソン]

まず、先に、ともかく
類 먼저　関 일단(一旦)

| 35日目 🔊 CD2-07
チェック！
答えは右ページ下 | □ または
□ また
□ 非常に
□ 大変 | □ 正しく
□ 必ず
□ すでに
□ より | □ おそらく
□ まだ
□ いまだに
□ 早く | □ どのくらい
□ やはり
□ 熱心に
□ まず |

아마 아직도 널 기다리고 있을 걸.　おそらくまだお前を待っているだろう。
아마 그때가 가을이었지.　たぶんその時は秋だったろう。
아마 그랬을지도 몰라.　おそらくそうかもしれない。

아직 시간이 남아 있습니다.　まだ時間は残っています。
친구가 아직 오지 않아요.　友達がまだ来ません。
아직 멀었어요?　まだですか?

아직도 꿈속을 헤매고 있구나.　まだ夢の中をさまよってるな。
동이 트려면 아직도 멀었다.　夜が明けるにはまだ遠い。
너 아직도 울고 있구나.　お前、まだ泣いてるんだな。

어서 말해 봐요.　早く言ってみてください。
어서 드십시오.　どうぞ召し上がってください。
어서 오십시오.　いらっしゃいませ。

얼마나 있어요?　どのくらいありますか?
얼마나 아픈지 눈물이 났어요.　涙が出るほど痛かったです。
얼마나 고생했는지 알아?　どんなに苦労したかわかる?

그 사람은 역시 안 왔습니다.　彼はやはり来ませんでした。
역시 당신이 최고입니다.　やはりあなたが最高です。
역시 이 분야에 밝은 사람이어야 해요.　やはりこの分野に明るい人でなければいけません。

한국말을 열심히 공부해요.　韓国語を熱心に勉強しています。
열심히 일하고 있어요.　一生懸命に働いています。
열심히 노력하시기를 바래요.　一生懸命に努力することを願います。

우선 식사부터 하세요.　まず、食事からなさってください。
우선 해야 하는 것.　先にしなければならないこと。
우선 가 봐야 돼요.　ともかく行かなくちゃいけません。

35日目　CD2-07
チェック!
答えは左ページ下

- □ 또는
- □ 또한
- □ 매우
- □ 무척
- □ 바로
- □ 반드시
- □ 벌써
- □ 보다
- □ 아마[도]
- □ 아직
- □ 아직도
- □ 어서
- □ 얼마나
- □ 역시
- □ 열심히
- □ 우선

耳から覚える 用言の活用 5 [CD2-08]

32日目 辞書形	합니다体現在	해요体現在	해요体過去	해요体尊敬
□ 497 **끝내다**	끝냅니다	끝내요	끝냈어요	끝내세요
□ 498 **나누다**	나눕니다	나눠요	나눴어요	나누세요
□ 499 **나서다**	나섭니다	나서요	나섰어요	나서세요
□ 500 **나타나다**	나타납니다	나타나요	나타났어요	나타나세요
□ 501 **나타내다**	나타냅니다	나타내요	나타냈어요	나타내세요
□ 502 **남기다**	남깁니다	남겨요	남겼어요	남기세요
□ 503 **낫다** 人変	낫습니다	나아요	나았어요	나으세요
□ 504 **넘다**	넘습니다	넘어요	넘었어요	넘으세요
□ 505 **눕다** ㅂ変	눕습니다	누워요	누웠어요	누우세요
□ 506 **느끼다**	느낍니다	느껴요	느꼈어요	느끼세요
□ 507 **늘다** ㄹ語幹	늡니다	늘어요	늘었어요	느세요
□ 508 **다녀가다**	다녀갑니다	다녀가요	다녀갔어요	다녀가세요
□ 509 **다녀오다**	다녀옵니다	다녀와요	다녀왔어요	다녀오세요
□ 510 **다치다**	다칩니다	다쳐요	다쳤어요	다치세요
□ 511 **닦다**	닦습니다	닦아요	닦았어요	닦으세요
□ 512 **달라지다**	달라집니다	달라져요	달라졌어요	달라지세요

[CD2-09]

33日目 辞書形	합니다体現在	해요体現在	해요体過去	해요体尊敬
513 달리다	달립니다	달려요	달렸어요	달리세요
514 담다	담습니다	담아요	담았어요	담으세요
515 던지다	던집니다	던져요	던졌어요	던지세요
516 돌다 ㄹ語幹	돕니다	돌아요	돌았어요	도세요
517 돌려주다	돌려줍니다	돌려줘요	돌려줬어요	돌려주세요
518 돌리다	돌립니다	돌려요	돌렸어요	돌리세요
519 드리다	드립니다	드려요	드렸어요	드리세요
520 듣다 ㄷ変	듣습니다	들어요	들었어요	들으세요
521 들다 2 ㄹ語幹	듭니다	들어요	들었어요	드세요
522 들리다 2	들립니다	들려요	들렸어요	들리세요
523 들어서다	들어섭니다	들어서요	들어섰어요	들어서세요
524 떠나가다	떠나갑니다	떠나가요	떠나갔어요	떠나가세요
525 뛰다	뜁니다	뛰어요	뛰었어요	뛰세요
526 마치다	마칩니다	마쳐요	마쳤어요	마치세요
527 맞추다	맞춥니다	맞춰요	맞췄어요	맞추세요
528 맡다	맡습니다	맡아요	맡았어요	맡으세요

キクタン韓国語
6週目

36日目	名詞21 [4級 ㅁ-ㅂ]	>>> 170
37日目	名詞22 [4級 ㅂ-ㅅ]	>>> 174
38日目	ハダ用言02 [4級 ㄱ-ㅂ]	>>> 178
39日目	動詞09 [4級 ㅁ-ㅂ]	>>> 182
40日目	動詞10 [4級 ㅅ-ㅇ]	>>> 186
41日目	名詞23 [4級 ㅅ]	>>> 190
42日目	名詞24 [4級 ㅅ-ㅇ]	>>> 194
	用言の活用6	>>> 198

36日目

名詞21 - 4級 　　🔊 CD2-10

□ 561 - 4
맞은편
[마즌편　マジュンピョン]

向かい側、相手側
漢 --便　類 건너편　関 상대편(相手側)

□ 562 - 4
맥주
[맥쭈　メクチュ]

ビール
漢 麥酒

□ 563 - 4
며칠
[ミョチル]

(その月の)何日、幾日、(期間の)何日
類 며칟날, 몇날

□ 564 - 4
모양
[モヤン]

模様、様子、格好、(連体形に付いて)〜らしい
漢 模樣　類 모습

□ 565 - 4
모자
[モジャ]

帽子
漢 帽子

□ 566 - 4
목
[モク]

首、のど
類 모가지

□ 567 - 4
목소리
[목쏘리　モクソリ]

声

□ 568 - 4
목적
[목쩍　モクチョク]

目的
漢 目的　類 목표[目標]

▼ 次ページへ ▼

「맥주」「목소리」「목적」は、「ㄱ」パッチムの後に子音の「ㅈ、ㅅ」が続き、濃音化が起こります。

우리 집은 학교 바로 맞은편에 있습니다.　私の家は学校の真向かいにあります。
맞은편 자리에 앉으세요.　向かい側の席に座ってください。
맞은편 전철로 갈아타세요.　向かい側の電車に乗り換えなさい。

맥주 한 잔 주세요.　ビールを1杯ください。
시원한 맥주를 마시고 싶어요.　冷えたビールを飲みたいです。
맥주 한 병을 마셨습니다.　ビール1本を飲みました。

오늘이 며칠이에요?　今日は何日ですか?
일이 완성될 때까지 며칠 걸렸어요.　仕事が完成するまで何日かかりました。
며칠 동안 굶었어요.　何日間か食事を抜きました。

요즘은 머리 모양이 다양해졌어요.　最近は、ヘアスタイルが多様になりました。
거울 앞에서 열심히 모양을 내고 있어요.　鏡の前で、一生懸命格好をつけている。
같이 가고 싶은 모양이었습니다.　一緒に行きたいみたいでした。

모자를 깊게 쓴 군인들.　帽子を深くかぶった軍人たち。
모자를 벗고 앉았어요.　帽子を脱いで座りました。
노란 밀짚모자.　黄色い麦わら帽子。

목 빠지게 기다렸어요.　首を長くして(首が抜けるほど)待っていました。
목이 마르니까 물 좀 주세요.　のどが渇いたから水をちょっとください。
노래를 많이 불렀더니 목이 아파요.　歌をたくさん歌ってのどが痛いです。

선생님의 목소리가 들렸어요.　先生の声が聞こえました。
고운 목소리를 가진 사람.　きれいな声を持った人。
가수는 목소리를 아껴야 해요.　歌手は声を大切にしなければいけません。

시험의 목적은 무엇입니까?　試験の目的は何ですか?
드디어 목적을 이뤘어요.　ついに目的を成し遂げました。
뚜렷한 목적이 있어야 합니다.　はっきりとした目的がなければいけません。

▼ 次ページへ ▼

36日目 名詞21 - 4級　CD2-10

□ 569 - 4
무
[ム]

大根

□ 570 - 4
무릎
[무릅　ムルプ]

ひざ
類 무르팍

□ 571 - 4
문장
[ムンジャン]

文章
漢 文章　類 글, 글월

□ 572 - 4
문화
[무놔　ムヌァ]

文化
漢 文化

□ 573 - 4
물건
[ムルゴン]

物、品物、物件
漢 物件　類 물품[物品]

□ 574 - 4
바람
[パラム]

風、浮気

□ 575 - 4
발가락
[발까락　パルカラク]

足の指
対 손가락(手の指)

□ 576 - 4
방금
[パングム]

今しがた、ついさっき
漢 方今　類 바로 지금

36日目 CD2-10 チェック！
答えは右ページ下

□ 向かい側　□ 帽子　□ 大根　□ 物
□ ビール　□ 首　□ ひざ　□ 風
□ (その月の)何日　□ 声　□ 文章　□ 足の指
□ 模様、様子　□ 目的　□ 文化　□ 今しがた

김치를 담그기 위해 무가 필요해요.　キムチを漬けるために大根が必要です。
무를 채 썰어요.　大根を千切りにします。
무김치를 좋아해요?　大根キムチは好きですか？

무릎을 꿇고 용서를 구했습니다.　ひざまずいて許しを求めました。
할머니는 무릎이 안 좋으십니다.　おばあさんはひざがよくありません。
'맞아, 맞아' 하며 무릎을 쳤어요.　そうだ、そうだとひざを叩きました。

좋은 문장을 많이 읽어요.　よい文章をたくさん読みます。
문장으로 표현해요.　文章で表現します。
문장부호는 바르게 써야 해요.　文章記号は正しく書かなければいけません。

새로운 문화가 들어왔습니다.　新しい文化が入ってきました。
전통문화를 계승합니다.　伝統文化を継承します。
문화교류가 필요합니다.　文化交流が必要です。

물건을 함부로 만지지 마세요.　物をやたらと触らないでください。
물건을 주문했어요.　物を注文しました。
필요한 물건이 있으면 말해요.　必要な物があったら言ってください。

바람에 촛불이 꺼졌어요.　風でろうそくが消えました。
몰래 바람을 피우다 딱 걸렸어요.　こっそり浮気をしてばれてしまいました。
바람을 쐬러 갑시다.　風に当たりに行きましょう。

자꾸 발가락을 꼼지락거려요.　しきりに足の指を動かします。
너무 추워서 발가락이 시려요.　とても寒くて足の指がかじかみます。
발가락에 티눈이 생겨서 아픕니다.　足の指にうおのめができて痛いです。

그 이야기를 방금 들었습니다.　その話を今しがた聞きました。
과장님은 방금 나가셨어요.　課長は今しがたお出かけになりました。
회의는 방금 끝났습니다.　会議は今しがた終わりました。

36日目 CD2-10
チェック！
答えは左ページ下

- □ 맞은편
- □ 맥주
- □ 며칠
- □ 모양
- □ 모자
- □ 목
- □ 목소리
- □ 목적
- □ 무
- □ 무릎
- □ 문장
- □ 문화
- □ 물건
- □ 바람
- □ 발가락
- □ 방금

37日目

名詞22 - 4級　　🔊 CD2-11

□ 577 - 4
방법
[パンボプ]

方法
漢 方法　類 수단[手段]　関 수(技)

□ 578 - 4
방향
[パンヒャン]

方向
漢 方向

□ 579 - 4
배²
[ペ]

船

□ 580 - 4
배추
[ペチュ]

白菜

□ 581 - 4
번호
[ボノ　ポノ]

番号
漢 番號

□ 582 - 4
벽
[ピョク]

壁
漢 壁　類 담, 울

□ 583 - 4
별
[ピョル]

星

□ 584 - 4
보통
[ポトン]

普通
漢 普通　類 평범[平凡]　対 특별[特別](特別)

▼ 次ページへ ▼

「방법」の「법」は濁音ですが、「헌법〔헌뻡〕(憲法)」など、その他の「법」が後続する単語では濃音で発音されます。

좋은 방법이 없을까요?　よい方法はありませんか？
방법을 가리지 않아요.　方法を選びません。
방법을 강구했습니다.　方法を研究しました。

거리에서 방향을 잃고 헤맸습니다.　街で方向を見失って迷いました。
시계 방향으로 도세요.　時計回りに回ってください。
일이 뜻밖의 방향으로 진전됐어요.　事は思いがけない方向へと進展しました。

배가 바다 한가운데에 떠 있습니다.　船が海の真ん中に浮かんでいます。
배에 올랐습니다.　船に乗り込みました。
제주도까지 가는 배가 없습니까?　済州島まで行く船はありませんか？

배추 김치를 담가요.　白菜のキムチを漬けます。
속이 찬 배추를 골랐어요.　巻きのしっかりした白菜を選びました。
배추를 재배하고 있어요.　白菜を栽培しています。

번호를 부르면 나와 주세요.　番号を呼んだら出て来てください。
사진에 번호를 매겼어요.　写真に番号を付けました。
비밀번호를 잊어버렸어요.　暗証番号を忘れてしまいました。

벽에 기대어 잤습니다.　壁に寄りかかって寝ました。
벽돌로 벽을 쌓았어요.　レンガで壁を造りました。
벽에 부딪쳐서 좌절했습니다.　壁にぶち当たって挫折しました。

구름이 껴서 별이 안 보여요.　雲がかかって星が見えません。
밤하늘에 별이 많이 떴습니다.　夜空に星がたくさん浮かびました。
별이 반짝이는 밤.　星が輝く夜。

보통 실력이 아닙니다.　普通の実力ではありません。
그는 보통 9시 반에는 출근해요.　彼は普通、9時半には出勤します。
음식 솜씨가 보통이 아닙니다.　料理の腕が普通ではありません。

▼　次ページへ　▼

37日目

名詞22 - 4級　　CD2-11

□ 585 - 4
부모님
[プモニム]

父母、両親
類 어버이, 양친[兩親]

□ 586 - 4
부엌
[부억　プオク]

台所
類 주방[廚房]

□ 587 - 4
부인
[プイン]

夫人
漢 夫人　類 아내

□ 588 - 4
북쪽
[プクチョク]

北、北の方、北側
漢 北-　類 북, 북녘　対 남쪽(南)

□ 589 - 4
비누
[ピヌ]

せっけん

□ 590 - 4
사실
[サシル]

事実、(副詞的に)実際に、本当は
漢 事實　類 진실[眞實], 진짜　対 허위(虛偽)

□ 591 - 4
사이
[サイ]

間、間柄
類 관계[關係]

□ 592 - 4
사장
[サジャン]

社長
漢 社長

| 37日目 CD2-11 チェック！答えは右ページ下 | □ 方法
□ 方向
□ 船
□ 白菜 | □ 番号
□ 壁
□ 星
□ 普通 | □ 父母
□ 台所
□ 夫人
□ 北 | □ せっけん
□ 事実
□ 間
□ 社長 |

부모님께 인사를 했습니다.　両親にあいさつをしました。
부모님 덕에 구김 없이 자랐어요.　両親のおかげで伸び伸びと育ちました。
부모를 존경하고 있어요.　両親を尊敬しています。

부엌에서 아침 식사를 준비했어요.　台所で朝食を準備しました。
어머니는 늘 부엌에 계십니다.　母はいつも台所にいらっしゃいます。
부엌을 고쳤습니다.　台所を直しました。

저 분이 김 부장님 부인이세요?　あの方がキム部長のご夫人でいらっしゃいますか?
부인은 별일 없으시죠?　ご夫人はお変わりありませんか?
대통령 부인.　大統領夫人。

서울 북쪽에 자리 잡고 있습니다.　ソウルの北に位置しています。
북쪽을 향하는 열차.　北に向かう列車。
북쪽 바다.　北の海。

비누로 세수했어요.　せっけんで顔を洗いました。
거품이 잘 나는 비누.　よく泡立つせっけん。
저는 비누를 만들어서 써요.　私はせっけんを作って使います。

거짓없이 사실대로 말했어요.　偽りなく事実のとおりに話しました。
그 사람은 사실을 밝혔다.　その人は事実を明らかにした。
사실 나는 오래전부터 그를 사랑해요.　本当は、私はずっと前から彼を愛しています。

한국과 일본 사이.　韓国と日本の間。
그 사람과 친한 사이가 됐습니다.　その人とは親しい間柄になりました。
결혼을 약속한 사이.　結婚の約束をした仲。

그 사람은 드디어 사장 자리에 앉았어요.　彼はついに社長の地位に座りました。
자회사 사장으로 계십니다.　子会社の社長をしていらっしゃいます。
사장님은 출장 중이십니다.　社長は出張中でいらっしゃいます。

37日目 CD2-11 チェック!
答えは左ページ下

- □ 방법
- □ 방향
- □ 배²
- □ 배추
- □ 번호
- □ 벽
- □ 별
- □ 보통
- □ 부모님
- □ 부엌
- □ 부인
- □ 북쪽
- □ 비누
- □ 사실
- □ 사이
- □ 사장

38日目

ハダ用言02 - 4級 🔊 CD2-12

☐ 593 - 4
계속
[게속　ケソク]

継続、(副詞的に用いて)引き続き、ずっと、続いて
漢 繼續　動 계속하다　対 중지[中止](中止)
하用 계속합니다-계속해요-계속했어요-계속하세요

☐ 594 - 4
계획
[게획　ケフェク]

計画
漢 計劃　動 계획하다　類 기획[企劃]
하用 계획합니다-계획해요-계획했어요-계획하세요

☐ 595 - 4
기록
[キロク]

記録
漢 記錄　動 기록하다
하用 기록합니다-기록해요-기록했어요-기록하세요

☐ 596 - 4
기억
[キオク]

記憶、覚える
漢 記憶　動 기억하다　対 망각[忘却]하다(忘れる)
하用 기억합니다-기억해요-기억했어요-기억하세요

☐ 597 - 4
노력
[ノリョク]

努力
漢 努力　動 노력하다　類 힘, 품
하用 노력합니다-노력해요-노력했어요-노력하세요

☐ 598 - 4
대답
[テダプ]

答え、返事
漢 對答　動 대답하다　類 답　対 질문[質問](質問)
하用 대답합니다-대답해요-대답했어요-대답하세요

☐ 599 - 4
대신
[テシン]

代わり
漢 代身　動 대신하다　類 대리[代理]　対 몸소(自ら)
하用 대신합니다-대신해요-대신했어요-대신하세요

☐ 600 - 4
도착
[トチャク]

到着
漢 到着　動 도착하다　対 출발[出發]하다(出発する)
하用 도착합니다-도착해요-도착했어요-도착하세요

▼ 次ページへ ▼

パッチムに「ㄱ, ㄷ, ㅂ, ㅈ」を持った語がハダ用言になった場合、『하다』の「ㅎ」の影響で激音化が起こります。

같은 노래를 계속해서 들었어요.　同じ歌を続けて聴きました。
앞으로도 계속 노력하겠습니다.　今後も引き続き努力いたします。
비 내리는 날이 계속됐어요.　雨の降る日が続きました。

여행 계획을 세웠습니다.　旅行の計画を立てました。
계획에 차질이 생길 것 같습니다.　計画に誤りが生じそうです。
너 계획적으로 이런 거지?　お前、計画的にこうしたんだろう？

우수한 기록을 세웠어요.　優秀な記録を立てました。
세계기록을 갱신했습니다.　世界記録を更新しました。
기록은 아직 남아 있습니다.　記録はまだ残っています。

기억에 생생하게 남아 있어요.　記憶に生々しく残っています。
기억해 주세요.　覚えておいてください。
옛 기억을 잃었어요.　昔の記憶を失いました。

그 사람은 노력 끝에 성공했습니다.　その人は努力の末に成功しました。
합격을 위해 노력했어요.　合格のために努力しました。
더 많은 노력이 필요해요.　より多くの努力が必要です。

불러도 대답이 없었습니다.　呼んでも返事がありませんでした。
얼른 대답하십시오.　早く答えなさい。
질문에 대답했어요.　質問に答えました。

당분간 형이 아버지를 대신하다.　当分の間、兄が父の代わりをする。
너 대신 내가 갈게.　お前の代わりに私が行く。
그 대신.　その代わり。

편지가 도착하기를 기다리고 있어요.　手紙が到着するのを待っています。
그 사람이 도착한 후 출발했어요.　彼が到着した後、出発しました。
목적지에 도착했습니다.　目的地に到着しました。

▼　次ページへ　▼

38日目

ハダ用言02 - 4級 CD2-12

□ 601 - 4
독서
[독써　トクソ]

読書
漢 讀書　動 독서하다
하用 독서합니다-독서해요-독서했어요-독서하세요

□ 602 - 4
말씀
[マルスム]

お言葉、お話
動 말씀하다　類 말
하用 말씀합니다-말씀해요-말씀했어요-말씀하세요

□ 603 - 4
발음
[바름　パルム]

発音
漢 發音　動 발음하다
하用 발음합니다-발음해요-발음했어요-발음하세요

□ 604 - 4
발전
[발쩐　パルチョン]

発展
漢 發展　動 발전하다　類 발달[發達]하다
하用 발전합니다-발전해요-발전했어요-발전하세요

□ 605 - 4
발표
[パルピョ]

発表
漢 發表　動 발표하다
하用 발표합니다-발표해요-발표했어요-발표하세요

□ 606 - 4
번역
[버녁　ポニョク]

翻訳
漢 飜譯　動 번역하다
하用 번역합니다-번역해요-번역했어요-번역하세요

□ 607 - 4
보도
[ポド]

報道
漢 報道　動 보도하다　類 소식[消息], 뉴스
하用 보도합니다-보도해요-보도했어요-보도하세요

□ 608 - 4
부탁
[プタク]

依頼、お願い
漢 付託　動 부탁하다　類 의뢰[依賴], 당부[當付]
하用 부탁합니다-부탁해요-부탁했어요-부탁하세요

38日目 CD2-12 チェック！
答えは右ページ下

□ 継続　□ 努力　□ 読書　□ 発表
□ 計画　□ 答え　□ お言葉　□ 翻訳
□ 記録　□ 代わり　□ 発音　□ 報道
□ 記憶　□ 到着　□ 発展　□ 依頼

독서는 마음을 살찌운다. 読書は心を豊かにする。
가을은 독서의 계절이다. 秋は読書の季節だ。
독서량. 読書量。

천만의 말씀입니다. どういたしまして（千万なお言葉でございます）。
기탄없이 말씀해 주십시오. 忌憚なくおっしゃってください。
말씀 많이 들었습니다. お話は伺っております。

서툰 발음으로 말했어요. 下手な発音でしゃべりました。
똑바로 발음하는 게 힘들어요. きちんと発音するのは難しいです。
발음을 잘못했어요. 発音を間違えました。

과학의 발전에 놀랐습니다. 科学の発展に驚きました。
큰 발전을 이룩했습니다. 大きな発展を遂げました。
꾸준히 발전해 왔습니다. たゆまず発展してきました。

당선자 발표가 나왔습니다. 当選者発表がされました。
내용을 발표했습니다. 内容を発表しました。
선정 결과가 발표될 예정입니다. 選定の結果が発表される予定です。

한국어로 번역이 안 되는 문장. 韓国語に訳せない文章。
번역은 생각보다 어려운 일이다. 翻訳は思ったより難しい仕事だ。
이 책은 일본어로도 번역되었다. この本は日本語にも翻訳された。

보도를 접하다. 報道に接する。
그 사건은 신문에 보도되었다. その事件は新聞に報道された。
특종 기사를 보도한다. 特ダネ記事を報道する。

거래처 부탁을 들어 줬습니다. 取引先の依頼を聞き入れました。
취직을 시켜달라고 부탁했어요. 就職させてくれとお願いしました。
오빠가 내 부탁을 거절했다. 兄が私の頼みを断った。

**38日目 CD2-12
チェック！
答えは左ページ下**

□ 계속　□ 노력　□ 독서　□ 발표
□ 계획　□ 대답　□ 말씀　□ 번역
□ 기록　□ 대신　□ 발음　□ 보도
□ 기억　□ 도착　□ 발전　□ 부탁

39日目

動詞09 - 4級　　CD2-13

□ 609 - 4　매다
[メダ]
結ぶ、締める、縛る
類 묶다, 잇다　対 풀다(解く)
正 맵니다-매요-맸어요-매세요

□ 610 - 4　모으다
[モウダ]
集める、合わせる
類 모집[募集]하다　関 모이다(集まる)
으語幹 모읍니다-모아요-모았어요-모으세요

□ 611 - 4　모이다
[モイダ]
集まる
類 모여들다　対 헤어지다(別れる)　関 모으다(集める)
正 모입니다-모여요-모였어요-모이세요

□ 612 - 4　모자라다
[モジャラダ]
足りない
類 부족[不足]하다　対 충분[充分]하다(十分だ)
正 모자랍니다-모자라요-모자랐어요-모자라세요

□ 613 - 4　묻다
[묻따　ムッタ]
尋ねる、問う
類 질문[質問]하다　関 여쭙다(伺う)
ㄷ変 묻습니다-물어요-물었어요-물으세요

□ 614 - 4　바꾸다
[パックダ]
代える、交換する
類 교환[交換]하다, 교체[交替]하다　関 바뀌다(変わる)
正 바꿉니다-바꿔요-바꿨어요-바꾸세요

□ 615 - 4　바라다
[パラダ]
願う、望む、欲する
類 원[願]하다, 소망[所望]하다
正 바랍니다-바라요-바랐어요-바라세요

□ 616 - 4　밝히다
[발키다　パルキダ]
明らかにする、明るくする、(女・お金など)を好む
類 밝게 하다　対 숨기다(隠す)
正 밝힙니다-밝혀요-밝혔어요-밝히세요

▼ 次ページへ ▼

「뵙다」は通常のㅂ変則用言とは異なる変化をする変則用言です。注意が必要です。

운동화 끈은 단단히 매야 돼요.　運動靴のひもはしっかり結ばなければいけません。
허리띠를 매요.　ベルトを締めます。
떠난 사랑에 목을 매는 사람.　過ぎ去った恋に縛られている人。

돈을 모아서 샀어요.　お金を貯めて買いました。
취미로 우표를 모으고 있어요.　趣味で切手を集めています。
두 손을 모으고 기도를 했어요.　両手を合わせて祈りました。

자료가 모이면 정리해요.　資料が集まったら整理します。
오늘 모임에 사람들이 많이 모였다.　今日の集まりに人がたくさん集まりました。
다음에 모일 날짜를 정해요.　次に集まる日を決めましょう。

돈이 모자라서 못 사요.　お金が足りなくて買えません。
일손이 모자라요.　人手が足りません。
비용이 얼마나 모자랍니까?　費用がどのくらい足りませんか？

다른 사람에게 길을 물어 봤습니다.　ほかの人に道を尋ねてみました。
어려운 건 묻지 마세요.　難しいことは尋ねないでください。
책임을 묻는 판결이 내려졌습니다.　責任を問う判決が下されました。

돈을 바꿨습니다.　お金を換えました。
위치를 서로 바꿨습니다.　位置をお互いに換えました。
이미 바꾼 상태입니다.　すでに換えた状態です。

기적이 일어나기를 바랐어요.　奇跡が起こることを願いました。
연락해 주시기 바랍니다.　ご連絡くださいますようお願いいたします。
돈은 바라지도 않습니다.　お金は望んでもいません。

사건의 진상을 밝힙니다.　事件の真相を明らかにします。
불빛이 방을 밝혔습니다.　明かりが四方を明るくしました。
그 사람은 먹을 것을 밝혀요.　彼は食べるものに目がありません。

▼　次ページへ　▼

39日目 動詞09 - 4級　CD2-13

□ 617 - 4
변하다
[벼나다　ピョナダ]

変わる、変化する
漢 變--　類 바뀌다　関 변화하다(変化する)
하用 변합니다-변해요-변했어요-변하세요

□ 618 - 4
보이다²
[ポイダ]

見せる
類 뵈다, 보여주다　対 보다(見る)
正 보입니다-보여요-보였어요-보이세요

□ 619 - 4
뵙다
[뵙따　ペㇷ゚タ]

お目にかかる
類 만나다
ㅂ変 뵙습니다-봬요-뵀어요-뵈세요

□ 620 - 4
부르다
[プルダ]

呼ぶ、歌う、招く、称する
関 불리다(呼ばれる)
르変 부릅니다-불러요-불렀어요-부르세요

□ 621 - 4
불다
[プルダ]

吹く、(息を)吹き入れる、かける
ㄹ語幹 붑니다-불어요-불었어요-부세요

□ 622 - 4
붙이다
[부치다　プチダ]

付ける、張り付ける、(習慣などを)身に付ける
類 부착[附着]하다　対 떼다(取る)
正 붙입니다-붙여요-붙였어요-붙이세요

□ 623 - 4
비다
[ピダ]

空く、席が空く
類 텅 비다　対 차다(満ちる)
正 빕니다-비어요-비었어요-비세요

□ 624 - 4
빌리다
[ピルリダ]

借りる
対 빌려주다(貸す)
正 빌립니다-빌려요-빌렸어요-빌리세요

39日目 CD2-13 チェック！
答えは右ページ下

- ☐ 結ぶ
- ☐ 集める
- ☐ 集まる
- ☐ 足りない
- ☐ 尋ねる
- ☐ 代える
- ☐ 願う
- ☐ 明らかにする
- ☐ 変わる
- ☐ 見せる
- ☐ お目にかかる
- ☐ 呼ぶ
- ☐ 吹く
- ☐ 付ける
- ☐ 空く
- ☐ 借りる

내리던 비가 눈으로 변했습니다.　降っていた雨が雪に変わりました。
안색이 창백하게 변했습니다.　顔色が蒼白に変わりました。
색깔이 변한 바나나.　色が変わったバナナ。

여행 사진을 보여 주세요.　旅行の写真を見せてください。
그녀는 가족사진을 보여 줬어요.　彼女は家族の写真を見せてくれました。
남에게 보여 주지 마세요.　人に見せないでください。

뵙게 되어 영광입니다.　お目にかかれて光栄です。
언제 찾아뵈면 좋을까요?　いつお訪ねすればよろしいですか?
처음 뵐 때.　初めてお会いするとき。

친구를 큰 소리로 불렀어요.　友達を大きな声で呼びました。
사람들이 쾌재를 불렀습니다.　人々が快哉を叫びました。
노래를 큰 소리로 불러요.　歌を大きな声で歌います。

차가운 바람이 쌩쌩 불어요.　冷たい風がぴゅうぴゅう吹きます。
신나게 휘파람을 불고 있어요.　浮かれて口笛を吹いています。
풍선을 불어요.　風船に息を吹き込みます。

간단한 설명을 붙여 주세요.　簡単な説明を付けてください。
우표를 붙이고 부쳤어요.　切手を張って送りました。
좋은 습관을 붙이세요.　よい習慣を身に付けなさい。

방이 하나 비었어요.　部屋が一つ空きました。
내일은 시간이 빈다.　明日は時間が空いている。
빈 자리.　空席。

선생님한테서 자료를 빌렸습니다.　先生から資料を借りました。
비디오 한 권을 공짜로 빌려 줍니다.　ビデオ1本をただで貸します。
명의를 빌려서 가게를 합니다.　名義を借りて店をしています。

39日目 CD2-13
チェック！
答えは左ページ下

- ☐ 매다
- ☐ 모으다
- ☐ 모이다
- ☐ 모자라다
- ☐ 묻다
- ☐ 바꾸다
- ☐ 바라다
- ☐ 밝히다
- ☐ 변하다
- ☐ 보이다²
- ☐ 뵙다
- ☐ 부르다
- ☐ 불다
- ☐ 붙이다
- ☐ 비다
- ☐ 빌리다

40日目

動詞10 - 4級　CD2-14

□ 625 - 4
생기다
[センギダ]

生じる
類 나다　対 없어지다(なくなる)
正 생깁니다-생겨요-생겼어요-생기세요

□ 626 - 4
쉬다
[シュイダ]

休む、中断する、欠席する、寝る
類 휴식[休息]하다　対 일하다(仕事をする)
正 쉽니다-쉬어요-쉬었어요-쉬세요

□ 627 - 4
싸우다
[サウダ]

けんかをする、争う、戦う
類 다투다　対 화해하다(和解する)
正 싸웁니다-싸워요-싸웠어요-싸우세요

□ 628 - 4
씻다
[씯따　シッタ]

洗う、ぬぐう、(汚名を)そそぐ
類 닦다　対 더럽히다(汚す)
正 씻습니다-씻어요-씻었어요-씻으세요

□ 629 - 4
알리다
[アルリダ]

知らせる
類 일러두다, 통지[通知]하다　関 보고하다(報告する)
正 알립니다-알려요-알렸어요-알리세요

□ 630 - 4
알아듣다
[아라듣따　アラドゥッタ]

理解する、納得する、聞き取る
ㄷ変 알아듣습니다-알아들어요-알아들었어요-알아들으세요

□ 631 - 4
얻다
[얻따　オッタ]

もらう、得る
類 얻어내다　対 잃다(失う)
正 얻습니다-얻어요-얻었어요-얻으세요

□ 632 - 4
열리다
[ヨルリダ]

開かれる、開(あ)く
対 닫히다(閉じる)　関 열다(開く)
正 열립니다-열려요-열렸어요-열리세요

▼ 次ページへ ▼

「씻다」「얻다」は変則用言のように見えますが、正則用言です。「알아듣다」は変則用言です。

볼에 작은 보조개가 생겨요.　ほおに小さなえくぼができます。
뜻밖의 문제가 생겼습니다.　意外な問題が生じました。
여자는 예쁘게 생겼어요.　女性はきれいでした。

힘들어서 쉬어야 겠어요.　疲れて休まなければいけません。
좀 쉬었다 갑시다.　ちょっと休んで行きましょう。
어제는 쉬는 날이었어요.　昨日は休日でした。

그들은 만나기만 하면 서로 싸운다.　彼らは会えばけんかする。
그는 견디기 힘든 병마와 싸웠다.　彼は耐え難い病魔と闘った。
열심히 싸운 선수들에게 박수!　一生懸命戦った選手たちに拍手！

손을 씻고 밥을 먹어요.　手を洗ってご飯を食べます。
오명은 씻어야 됩니다.　汚名はそそがなければいけません。
이제 병은 씻은 듯이 나았어요.　もう病気はきれいさっぱり治りました。

학생들에게 소식을 알려요.　学生たちにニュースを知らせます。
도착하면 집에 알려 주세요.　到着したら家に知らせてください。
그 사실을 널리 알려야 해요.　その事実を広く知らせなければいけません。

내 말 알아들어요?　私の言うことがわかりますか？
잘 알아듣게 타일렀어요.　よく納得してくれるように諭しました。
사투리가 심해서 못 알아들어요.　なまりがひどくて聞き取れません。

허락을 얻어야 해요.　許可をもらわないといけません。
여성들에게 많은 인기를 얻었어요.　女性たちから多くの人気を得ました。
김밥을 얻어 먹었어요.　のり巻きをもらって食べました。

내일 아침 열 시부터 행사가 열립니다.　明日、朝10時から行事が開かれます。
문이 열려서 바람이 들어와요.　ドアが開いて風が入ってきます。
학교 정문이 열렸어요.　学校の正門が開きました。

▼　次ページへ　▼

40日目

動詞10 - 4級　　CD2-14

□ 633 - 4
오르다
[オルダ]

登る、上がる、乗る、昇進する
[類] 올라가다　[対] 내리다(下りる)
[巨変] 오릅니다-올라요-올랐어요-오르세요

□ 634 - 4
올라가다
[オルラガダ]

登る、上がる、上京する
[類] 오르다　[対] 내려가다(降りていく)
[正] 올라갑니다-올라가요-올라갔어요-올라가세요

□ 635 - 4
올라오다
[オルラオダ]

上がって来る、昇る
[対] 내려오다(下りて来る)
[正] 올라옵니다-올라와요-올라왔어요-올라오세요

□ 636 - 4
올리다
[オルリダ]

上げる、差し上げる、申し上げる、挙げる
[対] 내리다(下ろす)　[関] 인상[引上]하다(引き上げる)
[正] 올립니다-올려요-올렸어요-올리세요

□ 637 - 4
외우다
[ウェウダ]

覚える、暗記する、暗唱する
[対] 잊어버리다(忘れる)　[関] 암기[暗記]하다(暗記する)
[正] 외웁니다-외워요-외웠어요-외우세요

□ 638 - 4
움직이다
[움지기다　ウムジギダ]

動く、動かす
[類] 동작[動作]하다　[対] 멈추다(止まる)
[正] 움직입니다-움직여요-움직였어요-움직이세요

□ 639 - 4
이기다
[イギダ]

勝つ
[対] 지다(負ける)　[関] 승리[勝利]하다(勝利する)
[正] 이깁니다-이겨요-이겼어요-이기세요

□ 640 - 4
일어서다
[이러서다　イロソダ]

立ち上がる、立つ、立ち直る
[対] 앉다(座る)　[関] 기립[起立]하다(起立する)
[正] 일어섭니다-일어서요-일어섰어요-일어서세요

40日目 CD2-14 チェック！ 答えは右ページ下

- □ 生じる
- □ 休む
- □ けんかをする
- □ 洗う
- □ 知らせる
- □ 理解する
- □ もらう
- □ 開かれる
- □ 登る
- □ 登る
- □ 上がって来る
- □ 上げる
- □ 覚える
- □ 動く
- □ 勝つ
- □ 立ち上がる

어제 친구와 같이 산에 올랐어요. 昨日友達と一緒に山に登りました。
동료들과 함께 기차에 올랐습니다. 同僚とともに列車に乗りました。
친구는 드디어 사장 자리에 올랐어요. 友人はついに社長の席に上りました。

이층에 올라가서 쉬어요. 2階に上がって休んでください。
한국어 성적이 많이 올라갔어요. 韓国語の成績がとても上がりました。
서울에 올라가면 찾아 뵙겠습니다. ソウルに上京したらすぐに伺います。

지하에서 연기가 올라왔어요. 地下から煙が上がって来ました。
어서 올라와요. 早く上がって来なさい。
언제 서울에 올라와요? いつソウルに上京してきますか？

상품의 값을 올리다. 商品の値段を上げる。
팔을 천천히 올리세요. 腕をゆっくり上げてください。
결혼식을 올리다. 結婚式を挙げる。

드라마 대사를 외워요. ドラマのセリフを覚えます。
시를 줄줄 외웠어요. 詩をすらすらと暗唱しました。
단어 활용을 외워야 해요. 単語の活用を覚えなければいけません。

몸을 움직이십시오. 体を動かしてください。
다친 손가락은 움직여요? けがした指は動きますか？
시민단체가 정부를 움직였어요. 市民運動団体が政府を動かしました。

축구 시합에서 이겼어요. サッカーの試合で勝ちました。
유혹을 이기지 못해서 실수했어요. 誘惑に勝てなくて失敗しました。
이기고 싶은 마음이 간절했어요. 勝ちたいという気持ちが切実でした。

자리에서 일어서다. 席から立ち上がる。
놀라서 벌떡 일어섰습니다. 驚いてぱっと立ち上がりました。
실패해서 일어서기 어려워요. 失敗して立ち直ることは難しいです。

40日目 CD2-14 チェック！
答えは左ページ下

□ 생기다　□ 알리다　□ 오르다　□ 외우다
□ 쉬다　□ 알아듣다　□ 올라가다　□ 움직이다
□ 싸우다　□ 얻다　□ 올라오다　□ 이기다
□ 씻다　□ 열리다　□ 올리다　□ 일어서다

41日目

名詞23 - 4級　　CD2-15

□ 641 - 4
사전
[サジョン]

辞典、事典
漢辭典　類사서[辭書]

□ 642 - 4
사회
[サフェ]

社会
漢社會　類세상, 조직[組織]

□ 643 - 4
새벽
[セビョク]

明け方、暁、夜明け、朝までの午前
類동틀녘　対저녁(夕方)

□ 644 - 4
색
[セク]

色
漢色　類빛깔　関색깔(色合い)

□ 645 - 4
생선
[センソン]

魚、鮮魚
漢生鮮　類물고기

□ 646 - 4
서로
[ソロ]

お互い、(副詞的用法)お互いに
類쌍방[雙方]

□ 647 - 4
서쪽
[ソッチョク]

西、西の方
漢西-

□ 648 - 4
선
[ソン]

線
漢線　類줄, 금　対면[面](面)

▼　次ページへ　▼

「서로」は例文にあるように副詞的な用法でも、よく使われます。

모르는 단어를 사전에서 찾아요.　わからない単語を辞書で探します。
뜻을 알기 위해 사전을 봤습니다.　意味を知るために辞書を見ました。
여러 사전을 뒤적였습니다.　いろいろな辞書を引っかき回して探しました。

한국 사회에 적응해야 합니다.　韓国の社会に適応しなければいけません。
사회에 기여하는 사람.　社会に寄与する人。
사회생활을 시작합니다.　社会生活を始めます。

새벽 거리는 한산합니다.　夜明けの街は閑散としています。
오늘은 새벽에 눈을 떴습니다.　今日は明け方に目を覚ましました。
새벽 세 시에 일어납니다.　午前3時に起きます。

색이 바랜 책.　色があせた本。
밝은 색과 어두운 색.　明るい色と暗い色。
벽에 색을 칠했습니다.　壁に色を塗りました。

반찬거리로 생선 두 마리를 샀어요.　おかずの材料に魚を2匹買いました。
생선 비린내가 풍깁니다.　魚の生臭いにおいが漂います。
생선찌개를 맛있게 끓이는 법.　魚のチゲをおいしく作る方法。

서로 도와 어려움을 극복해요.　お互いに助け合って困難を克服しましょう。
서로 사랑하는 사이예요.　お互い愛し合っている仲です。
서로의 행복을 위하여.　お互いの幸福のために。

내일은 해가 서쪽에서 뜨겠어.　珍しいこともあるもんだ(明日は日が西から昇るだろう)。
서쪽으로 조금만 가면 바다가 보여요.　西に10分ほど行けば海が見えます。
서쪽 방향.　西の方向。

선을 긋다.　線を引く。
얼굴의 선이 드러나다.　顔の輪郭がはっきりしている。
국민 소득이 만 달러 선에 있다.　国民の所得が1万ドルの線にある。

▼　次ページへ　▼

41日目 — 名詞23 - 4級 CD2-15

□ 649 - 4
섬
[ソム]
島

□ 650 - 4
소설
[ソソル]
小説
漢 小說

□ 651 - 4
손가락
[손까락　ソンカラク]
手の指
対 발가락(足の指)

□ 652 - 4
손님
[ソンニム]
お客
類 객[客], 나그네　対 주인[主人](主人)

□ 653 - 4
손수건
[손쑤건　ソンスゴン]
ハンカチ
漢 -手巾

□ 654 - 4
수도
[スド]
首都
漢 首都　類 서울

□ 655 - 4
숟가락
[숟까락　スッカラク]
スプーン、匙
類 숟갈　対 젓가락(箸)

□ 656 - 4
시
[シ]
市
漢 市　類 도시[都市]

41日目 CD2-15 チェック！答えは右ページ下

- □ 辞典
- □ 社会
- □ 明け方
- □ 色
- □ 魚
- □ お互い
- □ 西
- □ 線
- □ 島
- □ 小説
- □ 手の指
- □ お客
- □ ハンカチ
- □ 首都
- □ スプーン
- □ 市

한국 남쪽에 떠 있는 섬.　韓国の南方に浮かんでいる島。
섬과 섬을 이어 주는 다리.　島と島をつなぐ橋。
남해에는 크고 작은 섬이 있습니다.　南海には大小さまざまの島があります。

추리소설을 즐겨 읽습니다.　推理小説を好んで読みます。
그 사람은 유명한 소설가예요.　彼は有名な小説家です。
소설책을 한 권 샀어요.　小説を1冊買いました。

애인과 손가락을 걸고 약속했습니다.　恋人と指切りをして約束しました。
다섯 손가락 안에 꼽히는 거장.　5本の指に数えられる巨匠。
넷째 손가락에 반지를 낍니다.　4番目の指に指輪をはめます。

찾아오는 손님들이 많습니다.　訪れる客が多いです。
손님을 모셨습니다.　お客さまをお連れしました。
손님으로 초대했어요.　お客として招待しました。

손수건으로 눈물을 닦았습니다.　ハンカチで涙をぬぐいました。
손수건 한 장.　ハンカチ1枚。
그가 준 손수건에 코를 풀었다.　彼がくれたハンカチで鼻をかんだ。

한국의 수도는 서울이다.　韓国の首都はソウルだ。
수도를 옮기다.　首都を移す。
수도권.　首都圏。

숟가락으로 밥을 먹어요.　スプーンでご飯を食べます。
설탕을 숟가락으로 넣어요.　砂糖をスプーンで入れます。
밥 숟가락을 놓는 날까지.　死ぬときまで(匙を置くときまで)。

이번 대회에는 각 시에서 참가합니다.　今度の大会には各市から参加します。
시에서 교육비를 보조하는 학교.　市で教育費を補助している学校。
서울특별시.　ソウル特別市。

41日目 CD2-15
チェック！
答えは左ページ下

- □ 사전
- □ 사회
- □ 새벽
- □ 색
- □ 생선
- □ 서로
- □ 서쪽
- □ 선
- □ 섬
- □ 소설
- □ 손가락
- □ 손님
- □ 손수건
- □ 수도
- □ 숟가락
- □ 시

42日目

名詞24 - 4級　　CD2-16

□ 657 - 4
신
[シン]

履き物
類 신발　関 구두(靴)

□ 658 - 4
쌀
[サル]

米

□ 659 - 4
아까
[アッカ]

先ほど
類 조금 전

□ 660 - 4
아르바이트
[アルバイトゥ]

アルバイト

□ 661 - 4
아무것
[아무걷　アムゴッ]

何、何も

□ 662 - 4
아빠
[アッパ]

パパ、お父さん
類 아버지　対 엄마(母さん)

□ 663 - 4
아파트
[アパトゥ]

マンション、アパート、団地

□ 664 - 4
야채
[ヤチェ]

野菜
漢 野菜　類 채소[菜蔬]　対 고기(肉)

▼ 次ページへ ▼

今日で6週目が終わります。あと2週間やれば本書を終えられます。がんばって続けましょう！

신이 헐렁헐렁해서 자꾸 벗겨진다.　履き物ががばがばでよく脱げる。
신이 발에 꼭 맞다.　履き物が足にぴったり合う。
신을 신고 나가요.　履き物を履いて出かけます。

맛있는 쌀로 유명한 지방.　おいしい米で有名な地方。
햅쌀이 나왔습니다.　新米が出ました。
쌀을 씻고 밥을 지어요.　米を洗ってご飯を炊きます。

아까부터 뭘 하세요?　さっきから何をしているんですか？
아까 전화가 왔어요.　さっき電話が来ました。
아까는 미안했어요.　さっきはごめんなさい。

그는 아르바이트로 생활한다.　彼はアルバイトで生活しています。
아르바이트 자리.　アルバイトの働き口。
아르바이트 모집 광고.　アルバイト募集の広告。

아무것도 아니에요.　何でもありません。
아무것도 아닌 일로 다투었다.　何でもないことで言い争った。
나는 아무것도 몰라요.　私は何も知りません。

아빠와 함께 산에 갔다 왔어요.　お父さんと一緒に山に行って来ました。
아빠는 방에 계세요.　お父さんは部屋にいらっしゃいます。
아빠와 엄마.　お父さんとお母さん。

아파트를 구했어요.　マンションを借りました。
아파트 단지를 건설 중입니다.　高層団地を建設中です。
집은 원룸 아파트예요.　家はワンルームマンションです。

야채는 키우는 재미가 있어요.　野菜は育てる面白みがあります。
신선한 야채.　新鮮な野菜。
야채 장수.　野菜売り。

▼　次ページへ　▼

42日目 名詞24 - 4級　CD2-16

□ 665 - 4
약
[ヤク]

薬
漢藥　類의약[醫藥]　対독[毒](毒)

□ 666 - 4
어깨
[オッケ]

肩

□ 667 - 4
어른
[オルン]

大人、目上の人
類성인[成人]　対아이(子供)

□ 668 - 4
어린이
[어리니　オリニ]

子供、児童
類어린아이, 어린애, 소아[小兒]

□ 669 - 4
어저께
[オジョッケ]

昨日
類어제

□ 670 - 4
어휘
[オフィ]

語彙
類낱말, 단어[單語]

□ 671 - 4
엄마
[オムマ]

ママ、母さん、お母ちゃん
類어머니　対아빠(父さん)　関어머니(母)

□ 672 - 4
여기저기
[ヨギジョギ]

あちこち
類곳곳, 여러 곳

42日目 CD2-16 チェック！ 答えは右ページ下	□ 履き物 □ 米 □ 先ほど □ アルバイト	□ 何 □ パパ □ マンション □ 野菜	□ 薬 □ 肩 □ 大人 □ 子供	□ 昨日 □ 語彙 □ ママ □ あちこち

병이 낫지 않아서 약을 먹었어요.　病気がよくならないので薬を飲みました。
잘 듣는 약이에요.　よく効く薬です。
좋은 약이 입에 쓴 법입니다.　良薬は口に苦いものです。

책임감이 어깨를 눌렀다.　責任感が肩にのしかかった。
중요한 일을 맡아서 어깨가 무거워요.　重要な仕事を任され.て肩の荷が重いです。
어깨에 가방을 메고 가요.　肩にかばんを担いで行きます。

결혼했으니 너도 이제 어른이구나.　結婚したからお前ももう大人だな。
어른을 보면 인사합니다.　目上の方に会ったらあいさつします。
어른이면 어른답게 행동하세요.　大人なら大人らしく行動しなさい。

놀이터에서 어린이들이 놀고 있어요.　遊び場で子供たちが遊んでいます。
어린이가 안심하고 살 수 있는 도시.　子供が安心して暮らせる都市。
5월5일은 어린이날이에요.　5月5日は子供の日です。

어저께 밤에 잠을 한숨도 못 잤다.　昨日の夜は一睡もできなかった。
어저께는 바빴는데 오늘은 한가하다.　昨日は忙しかったが、今日は暇です。
어저께는 고마웠습니다.　昨日はありがとうございました。

어휘 선택은 중요한 문제입니다.　語彙選択は重要な問題です。
이 사전은 어휘가 풍부해요.　この辞書は語彙が豊富です。
어느 정도 어휘력은 필요해요.　ある程度語彙力は必要です。

우리 엄마는 학교 선생님이었어요.　うちの母は学校の先生でした。
엄마가 보고 싶습니다.　母さんに会いたいです。
그리운 엄마 얼굴.　懐かしい母さんの顔。

여기저기 전화를 걸어 물어봤어요.　あちこち電話をかけて尋ねてみました。
현수막이 여기저기 걸려 있습니다.　横断幕があちこちにかかっています。
여기저기서 그런 이야기를 들었어요.　あちこちでそんな話を聞きました。

42日目 CD2-16
チェック！
答えは左ページ下

- □ 신
- □ 쌀
- □ 아까
- □ 아르바이트
- □ 아무것
- □ 아빠
- □ 아파트
- □ 야채
- □ 약
- □ 어깨
- □ 어른
- □ 어린이
- □ 어저께
- □ 어휘
- □ 엄마
- □ 여기저기

耳から覚える 用言の活用 6 [CD2-17]

38日目 辞書形	합니다体現在	해요体現在	해요体過去	해요体尊敬
593 **계속하다** 하用	계속합니다	계속해요	계속했어요	계속하세요
594 **계획하다** 하用	계획합니다	계획해요	계획했어요	계획하세요
595 **기록하다** 하用	기록합니다	기록해요	기록했어요	기록하세요
596 **기억하다** 하用	기억합니다	기억해요	기억했어요	기억하세요
597 **노력하다** 하用	노력합니다	노력해요	노력했어요	노력하세요
598 **대답하다** 하用	대답합니다	대답해요	대답했어요	대답하세요
599 **대신하다** 하用	대신합니다	대신해요	대신했어요	대신하세요
600 **도착하다** 하用	도착합니다	도착해요	도착했어요	도착하세요
601 **독서하다** 하用	독서합니다	독서해요	독서했어요	독서하세요
602 **말씀하다** 하用	말씀합니다	말씀해요	말씀했어요	말씀하세요
603 **발음하다** 하用	발음합니다	발음해요	발음했어요	발음하세요
604 **발전하다** 하用	발전합니다	발전해요	발전했어요	발전하세요
605 **발표하다** 하用	발표합니다	발표해요	발표했어요	발표하세요
606 **번역하다** 하用	번역합니다	번역해요	번역했어요	번역하세요
607 **보도하다** 하用	보도합니다	보도해요	보도했어요	보도하세요
608 **부탁하다** 하用	부탁합니다	부탁해요	부탁했어요	부탁하세요

39日目

辞書形	합니다体現在	해요体現在	해요体過去	해요体尊敬
□ 609 **매다**	맵니다	매요	맸어요	매세요
□ 610 **모으다** 으語幹	모읍니다	모아요	모았어요	모으세요
□ 611 **모이다**	모입니다	모여요	모였어요	모이세요
□ 612 **모자라다**	모자랍니다	모자라요	모자랐어요	모자라세요
□ 613 **묻다** ㄷ変	묻습니다	물어요	물었어요	물으세요
□ 614 **바꾸다**	바꿉니다	바꿔요	바꿨어요	바꾸세요
□ 615 **바라다**	바랍니다	바라요	바랐어요	바라세요
□ 616 **밝히다**	밝힙니다	밝혀요	밝혔어요	밝히세요
□ 617 **변하다** 하用	변합니다	변해요	변했어요	변하세요
□ 618 **보이다**²	보입니다	보여요	보였어요	보이세요
□ 619 **뵙다** ㅂ変	뵙습니다	봬요	뵀어요	뵈세요
□ 620 **부르다** 르変	부릅니다	불러요	불렀어요	부르세요
□ 621 **불다** ㄹ語幹	붑니다	불어요	불었어요	부세요
□ 622 **붙이다**	붙입니다	붙여요	붙였어요	붙이세요
□ 623 **비다**	빕니다	비어요	비었어요	비세요
□ 624 **빌리다**	빌립니다	빌려요	빌렸어요	빌리세요

用言の活用6

[CD2-19]

40日目 辞書形	합니다体現在	해요体現在	해요体過去	해요体尊敬
□625 **생기다**	생깁니다	생겨요	생겼어요	생기세요
□626 **쉬다**	쉽니다	쉬어요	쉬었어요	쉬세요
□627 **싸우다**	싸웁니다	싸워요	싸웠어요	싸우세요
□628 **씻다**	씻습니다	씻어요	씻었어요	씻으세요
□629 **알리다**	알립니다	알려요	알렸어요	알리세요
□630 **알아듣다** ㄷ変	알아듣습니다	알아들어요	알아들었어요	알아들으세요
□631 **얻다**	얻습니다	얻어요	얻었어요	얻으세요
□632 **열리다**	열립니다	열려요	열렸어요	열리세요
□633 **오르다** 르変	오릅니다	올라요	올랐어요	오르세요
□634 **올라가다**	올라갑니다	올라가요	올라갔어요	올라가세요
□635 **올라오다**	올라옵니다	올라와요	올라왔어요	올라오세요
□636 **올리다**	올립니다	올려요	올렸어요	올리세요
□637 **외우다**	외웁니다	외워요	외웠어요	외우세요
□638 **움직이다**	움직입니다	움직여요	움직였어요	움직이세요
□639 **이기다**	이깁니다	이겨요	이겼어요	이기세요
□640 **일어서다**	일어섭니다	일어서요	일어섰어요	일어서세요

キクタン韓国語
7週目

43日目	名詞25 [4級 ㅇ]	>>> 202
44日目	名詞26 [4級 ㅇ-ㅈ]	>>> 206
45日目	ハダ用言03 [4級 ㅅ-ㅇ]	>>> 210
46日目	動詞11 [4級 ㅇ-ㅊ]	>>> 214
47日目	形容詞04 [4級 ㅂ-ㅈ]	>>> 218
48日目	名詞27 [4級 ㅈ]	>>> 222
49日目	名詞28 [4級 ㅈ-ㅊ]	>>> 226
	用言の活用7	>>> 230

43日目

名詞25 - 4級　　🔊 CD2-20

□ 673 - 4
여동생
[ヨドンセン]

妹
漢 女同生　類 누이 동생　対 남동생(弟)

□ 674 - 4
여성
[ヨソン]

女性
漢 女性　類 여자[女子], 여인[女人]　対 남성[男性]
(男性)

□ 675 - 4
역사
[역싸　ヨクサ]

歴史
漢 歷史　類 역사학[歷史學], 내력[來歷]

□ 676 - 4
연락처
[열락처　ヨルラクチョ]

連絡先
漢 連絡處

□ 677 - 4
영향
[ヨンヒャン]

影響
漢 影響　類 여파[餘波]

□ 678 - 4
예
[イェ]

例
漢 例　類 보기, 본보기, 예제[例題]

□ 679 - 4
예문
[イェムン]

例文
漢 例文

□ 680 - 4
옛날
[옌날　イェンナル]

昔
類 과거[過去]　対 미래[未來](未来)

▼ 次ページへ ▼

「연락처」의「연락」は、流音化により「ㄴ」パッチムを「ㄹ音」で発音します。文字と発音の違いに注意しましょう。

그에게는 여동생이 둘이 있어요.　彼には妹が二人います。
여동생이 다음달에 시집을 가요.　妹は来月嫁ぎます。
여동생처럼 여기고 아끼는 사람.　妹のように思い大切にしている人。

더 많은 여성의 사회 참여가 필요합니다.　より多くの女性の社会参加が必要です。
여성 잡지를 구독해요.　女性雑誌を購読します。
여성적 매력이 넘치는 사람.　女性的な魅力にあふれた人。

오천 년의 역사를 자랑하는 한국.　5000年の歴史を誇る韓国。
역사책을 편집하고 있습니다.　歴史の本を編集しています。
한국어의 역사를 연구해요.　韓国語の歴史を研究しています。

연락처를 남겨 주시기 바랍니다.　連絡先を残してくださいますようお願いします。
연락처를 가르쳐 주세요.　連絡先を教えてください。
신청서에는 연락처를 적어야 해요.　申請書には連絡先を書き記さなければいけません。

흡연은 건강에 나쁜 영향을 끼친다.　喫煙は健康に悪い影響を及ぼす。
부정적 영향.　否定的な影響。
그 사람한테 많은 영향을 받았어요.　彼から多くの影響を受けました。

예를 들어 설명해 주세요.　例を挙げて説明してください。
이 케이스는 전형적인 예입니다.　このケースは典型的な例です。
너무 어려운 예는 피해 주세요.　とても難しい例は避けてください。

다음 예문을 읽고 물음에 답하시오.　次の例文を読んで問いに答えなさい。
적절한 예문을 들다.　適切な例文を挙げる。
시험 문제가 교과서 예문에서 나왔다.　試験問題が教科書の例文から出た。

아주 먼 옛날 호랑이 담배 피우던 시절.　とても遠い昔、トラがたばこを吸っていた時代。
몸이 옛날 같지 않다.　体が昔のようではない。
옛날 버릇이 나왔어요.　昔の癖が出ました。

▼　次ページへ　▼

43日目

名詞25 - 4級　　🔊 CD2-20

□ 681 - 4
오래간만
[オレガンマン]

久しぶり

□ 682 - 4
오른쪽
[オルンチョク]

右、右側
類 오른편, 우측[右側]　対 왼쪽(左)

□ 683 - 4
외국어
[외구거　ウェグゴ]

外国語
漢 外國語　類 타국어[他國語]　対 모국어[母國語]（母国語）

□ 684 - 4
외국인
[외구긴　ウェグギン]

外国人
漢 外國人　類 이방인[異邦人]　対 내국인[內國人]（内国人）

□ 685 - 4
왼쪽
[ウェンチョク]

左、左側
類 왼편, 좌측[左側]　対 오른쪽(右側)

□ 686 - 4
요즘
[ヨジュム]

近頃、最近
類 최근[最近], 요즈음, 요사이, 요새

□ 687 - 4
움직임
[움지김　ウムジギム]

動き
類 동작[動作], 동태[動態]

□ 688 - 4
음반
[ウムバン]

CD、レコード
漢 音盤　類 시디　関 시디(CD)

| 43日目 🔊CD2-20 チェック！ 答えは右ページ下 | □ 妹
□ 女性
□ 歴史
□ 連絡先 | □ 影響
□ 例
□ 例文
□ 昔 | □ 久しぶり
□ 右
□ 外国語
□ 外国人 | □ 左
□ 近頃
□ 動き
□ CD |

오래간만에 고향에 가 봤어요.　久しぶりに故郷に行ってみました。
친구를 오래간만에 만났습니다.　友達に久しぶりに会いました。
선생님을 뵙는 것도 오래간만이었습니다.　先生にお会いするのも久しぶりでした。

거기서 오른쪽으로 돌면 됩니다.　そこで右に曲がればよいです。
오른쪽 손으로 잡아요.　右の手で握ります。
오른쪽으로 높은 건물이 보입니다.　右側に高い建物が見えます。

그 사람은 외국어를 자유자재로 구사해요.　その人は外国語を自由自在に駆使します。
외국어를 배우고 싶어요.　外国語を習いたいです。
이 문장을 외국어로 번역합니다.　この文章を外国語に翻訳します。

한국어를 유창하게 말하는 외국인.　韓国語を流ちょうに話す外国人。
한국에 거주하는 외국인들.　韓国に居住している外国人たち。
외국인이 살기 좋은 나라를 만들다.　外国人が住みよい国をつくる。

왼쪽 눈이 안 좋아요.　左の目がよくありません。
거기서 왼쪽으로 가세요.　そこを左に行ってください。
왼쪽으로 꺾어야 해요.　左に曲がらなければいけません。

요즘은 어떻게 지내세요?　近頃、どうお過ごしですか?
요즘 독감이 유행이니 조심하세요.　最近、インフルエンザがはやっているので注意してください。
요즘 왜 이래?　最近なんでこんなふうなの?

적의 움직임을 포착했다.　敵の動きを捕捉した。
거북이는 움직임이 둔하다.　カメは動きが鈍い。
천체의 움직임을 관찰해요.　天体の動きを観察します。

오늘은 음반을 취입합니다.　今日はCDを吹き込みます。
클래식 음반.　クラシックレコード。
음반 판매량.　CDの販売量。

**43日目 CD2-20
チェック!**
答えは左ページ下

- ☐ 여동생
- ☐ 여성
- ☐ 역사
- ☐ 연락처
- ☐ 영향
- ☐ 예
- ☐ 예문
- ☐ 옛날
- ☐ 오래간만
- ☐ 오른쪽
- ☐ 외국어
- ☐ 외국인
- ☐ 왼쪽
- ☐ 요즘
- ☐ 움직임
- ☐ 음반

44日目

名詞26 - 4級　　CD2-21

□ 689 - 4
의견
[ウイギョン]

意見
漢 意見　類 견해[見解]

□ 690 - 4
이것저것
[이걷쩌걷　イゴッチョゴッ]

あれこれ

□ 691 - 4
이곳저곳
[이곧쩌곧　イゴッチョゴッ]

あちこち

□ 692 - 4
이마
[イマ]

額
類 앞이마　対 뒤통수(後頭部)

□ 693 - 4
이번
[イボン]

今回、今度
漢 -番　類 요번, 금번[今番]

□ 694 - 4
이상
[イサン]

以上
漢 以上　類 위　対 이하[以下](以下)

□ 695 - 4
이유
[イユ]

理由、わけ
漢 理由　類 까닭　関 원인[原因](原因)

□ 696 - 4
이전
[イジョン]

以前
漢 以前　類 그전, 예전　対 이후[以後](以後)

▼ 次ページへ ▼

「이것저것」と「이곳저곳」の発音の違いは、母音の「어」と「오」の違いです。
母音をはっきり聞き取ってみましょう。

선배 의견에 따르는 게 좋아요.　先輩の意見に従った方がよいです。
의견을 무시하지 마세요.　意見を無視しないでください。
의견에 차이가 있어요.　意見に差があります。

이것저것 입어 보다.　あれこれ着てみる。
이것저것 가리지 말고 골고루 먹어라.　あれこれえり好みしないで均等に食べろ。
이것저것 다 해 봤지만 별 수 없었다.　あれこれ、みんなやってみましたが、だめだった。

하루 종일 이곳저곳을 돌아다니다.　一日中、あちこち歩き回る。
이곳저곳으로 흩어져 있어요.　あちこちに散らばっています。
회장을 찾아 이곳저곳을 헤맸어요.　会場を探してあちこち迷いました。

이마에 땀을 흘리면서 일해요.　額に汗を流しながら働きます。
이마를 맞대고 의논하고 있어요.　頭を付き合わせて(額を付き合わせて)相談しています。
그 사람은 이마가 넓어요.　その人は額が広いです。

이번 경기를 반드시 이겨요.　今度の競技で必ず勝ちましょう。
이번만 눈감아 주세요.　今回だけ目をつむってください。
이번주 토요일에 만납시다.　今週の土曜日に会いましょう。

이상으로 방송을 마치겠습니다.　以上で放送を終わります。
키 180cm 이상인 남자가 이상형이에요.　身長180センチ以上の男性が理想です。
시작한 이상 끝까지 해 보자.　始めた以上最後までやってみよう。

일을 못하는 이유가 뭐예요?　仕事ができない理由は何ですか？
이유를 한번 물어봐야겠어요.　わけを一度聞いてみなくてはいけません。
정당한 이유 없이 거부할 수 없어요.　正当な理由なく拒否できません。

이전에 만난 적이 없어요?　以前に会ったことなかったですか？
90년대 이전.　90年代以前。
이전에는 이런 일이 없었어요.　以前はこんなことはありませんでした。

▼　次ページへ　▼

44日目　名詞26 - 4級　CD2-21

□ 697 - 4
이제
[イジェ]

今、もう、もうすぐ、すでに
類 지금[只今]

□ 698 - 4
이틀
[イトゥル]

二日間、二日
類 이일[二日]

□ 699 - 4
이하
[イハ]

以下
漢 以下　類 나중, 뒤　対 이상[以上](以上)

□ 700 - 4
이후
[イフ]

以後
漢 以後　類 그 뒤　対 이전(以前)

□ 701 - 4
인터넷
[イントネッ]

インターネット

□ 702 - 4
일한
[이란　イラン]

日韓
漢 日韓

□ 703 - 4
입구
[입꾸　イプク]

入り口
漢 入口　対 출구[出口](出口)

□ 704 - 4
자전거
[チャジョンゴ]

自転車
漢 自轉車

44日目 CD2-21 チェック！
答えは右ページ下

□ 意見　□ 今回　□ 今　□ インターネット
□ あれこれ　□ 以上　□ 二日間　□ 日韓
□ あちこち　□ 理由　□ 以下　□ 入り口
□ 額　□ 以前　□ 以後　□ 自転車

이제부터 시작하겠습니다.　今から始めます。
이제 그만 하세요.　もうおやめなさい。
이제 며칠이면 오월이에요.　もう何日かで5月です。

이틀 동안 밤을 세웠어요.　二日間徹夜をしました。
이틀에 한 번은 반드시 연락했어요.　二日に1回は必ず連絡しました。
이틀 사이에 생각이 바뀌었어요.　二日の間に考えが変わりました。

이 영화는 18세 이하 관람 불가입니다.　この映画は18歳以下観覧不可です。
수준 이하의 솜씨였다.　水準以下の腕前だった。
시간 관계상 이하 생략하겠습니다.　時間の関係で以下は省略します。

저녁 9시 이후에 연락을 주세요.　午後9時以降に連絡してください。
그날 이후 그는 보이지 않았다.　その日以降、彼は(姿を)見せなかった。
그 일 이후 만나지 않았어요.　それ以後、会いませんでした。

그들은 인터넷에 자사 광고를 올렸다.　彼らはインターネットに自社広告を上げた。
인터넷에 연결하다.　インターネットにつなぐ。
인터넷 사용자.　インターネットの利用者。

일한사전 있어요?　日韓辞典はありますか？
일한번역기를 이용해 번역합니다.　日韓翻訳機を利用して翻訳します。
일한통역 전공.　日韓通訳専攻。

회관 입구에서 만나기로 해요.　会館の入り口で会うことにしましょう。
명동 입구에서 3시에 봐요.　明洞入り口で3時に会いましょう。
지하철 입구가 어디죠?　地下鉄の入り口はどこですか？

통근용으로 자전거 한 대를 샀어요.　通勤用に自転車1台を買いました。
자전거 탈 수 있어요?　自転車に乗れますか？
학교까지 자전거로 오 분밖에 안 걸려요.　学校まで自転車で5分しかかかりません。

44日目 CD2-21
チェック！
答えは左ページ下

- 의견
- 이것저것
- 이곳저곳
- 이마
- 이번
- 이상
- 이유
- 이전
- 이제
- 이틀
- 이하
- 이후
- 인터넷
- 일한
- 입구
- 자전거

45日目

ハダ用言03 - 4級 CD2-22

□ 705 - 4
사랑
[サラン]

愛、恋
[動] 사랑하다　[類] 애정[愛情]　[対] 미워하다(憎む)
[하用] 사랑합니다-사랑해요-사랑했어요-사랑하세요

□ 706 - 4
생활
[センファル]

生活
[漢] 生活　[動] 생활하다　[類] 일상[日常]
[하用] 생활합니다-생활해요-생활했어요-생활하세요

□ 707 - 4
설명
[ソルミョン]

説明
[漢] 說明　[動] 설명하다　[類] 해설[解說]
[하用] 설명합니다-설명해요-설명했어요-설명하세요

□ 708 - 4
세수
[セス]

洗面
[漢] 洗手　[動] 세수하다　[関] 세안[洗顔](洗顔)
[하用] 세수합니다-세수해요-세수했어요-세수하세요

□ 709 - 4
소개
[ソゲ]

紹介
[漢] 紹介　[動] 소개하다　[類] 중개[仲介]
[하用] 소개합니다-소개해요-소개했어요-소개하세요

□ 710 - 4
실례
[シルレ]

失礼
[漢] 失禮　[動] 실례하다　[類] 결례[缺禮]
[하用] 실례합니다-실례해요-실례했어요- ──

□ 711 - 4
연락
[열락　ヨルラク]

連絡
[漢] 連絡　[動] 연락하다　[類] 연결[連結]
[하用] 연락합니다-연락해요-연락했어요-연락하세요

□ 712 - 4
연습
[ヨンスプ]

練習
[漢] 練習　[動] 연습하다　[類] 훈련[訓鍊]
[하用] 연습합니다-연습해요-연습했어요-연습하세요

▼ 次ページへ ▼

「연락」「연습」はハダ用言になった場合、後続する「하다」の「ㅎ」の影響で激音化が起こります。

두 사람 사이에 사랑이 싹텄습니다.　二人の間に愛が芽生えました。
사랑하는 사람과 살고 있어요?　愛する人と暮らしていますか？
사랑에 빠졌습니다.　恋に落ちました。

건강한 생활을 보냅시다.　健康な生活を送りましょう。
도시 생활은 각박합니다.　都会の生活は世知辛いです。
직장생활에 익숙해졌습니다.　会社での生活に慣れました。

아무런 설명도 듣지 못했어요.　何の説明も聞くことができませんでした。
알기 쉽게 설명해 주세요.　わかりやすく説明してください。
설명서를 잘 읽어보세요.　説明書をよく読んでみてください。

늦잠을 자서 세수도 못하고 나왔어요.　寝坊して顔も洗わないで出ました。
따뜻한 물에 세수한다.　お湯で洗顔する。
고양이세수.　猫の顔洗い。

친구 소개로 왔습니다.　友達の紹介で来ました。
일자리를 소개해 주세요.　働き口を紹介してください。
자기소개를 하세요.　自己紹介をしてください。

지난번에는 실례가 많았습니다.　せんだっては誠に失礼いたしました。
이만 실례하겠습니다.　これで失礼いたします。
실례를 무릅쓰고 여쭤봅니다.　失礼を顧みずお尋ねします。

연락을 기다리고 있습니다.　連絡を待っています。
내일 연락할 예정이에요.　明日、連絡する予定です。
그 사람과는 연락을 끊었습니다.　その人とは連絡を断ちました。

매일 똑같은 시간에 연습을 해요.　毎日同じ時間に練習をします。
연습할 시간이 필요합니다.　練習する時間が必要です。
연습 문제를 풀었어요.　練習問題を解きました。

▼　次ページへ　▼

45日目 ハダ用言03 - 4級　CD2-22

□ 713 - 4
예정
[イェジョン]

予定
漢 豫定　動 예정하다　類 예상[豫想]
活用 예정합니다-예정해요-예정했어요-예정하세요

□ 714 - 4
요구
[ヨグ]

要求
漢 要求　動 요구하다　類 요청[要請]
活用 요구합니다-요구해요-요구했어요-요구하세요

□ 715 - 4
유학
[ユハク]

留学
漢 留學　動 유학하다
活用 유학합니다-유학해요-유학했어요-유학하세요

□ 716 - 4
의미
[ウイミ]

意味、わけ、意義
漢 意味　動 의미하다　対 무의미[無意味](無意味)
活用 의미합니다-의미해요-의미했어요-의미하세요

□ 717 - 4
이용
[イヨン]

利用
漢 利用　動 이용하다　関 사용[使用](使用)
活用 이용합니다-이용해요-이용했어요-이용하세요

□ 718 - 4
이해
[イヘ]

理解
漢 理解　動 이해하다　類 납득[納得]
活用 이해합니다-이해해요-이해했어요-이해하세요

□ 719 - 4
인사
[インサ]

あいさつ
動 인사하다　類 예[禮]
活用 인사합니다-인사해요-인사했어요-인사하세요

□ 720 - 4
입학
[이팍　イパク]

入学
漢 入學　動 입학하다　対 졸업[卒業](卒業)
活用 입학합니다-입학해요-입학했어요-입학하세요

45日目 CD2-22 チェック！
答えは右ページ下

□ 愛　□ 紹介　□ 予定　□ 利用
□ 生活　□ 失礼　□ 要求　□ 理解
□ 説明　□ 連絡　□ 留学　□ あいさつ
□ 洗面　□ 練習　□ 意味　□ 入学

아버지는 예정했던 시간보다 늦으셨습니다. 父は予定していた時間よりお遅れになりました。
여행이 예정보다 길어질 것 같습니다. 旅行が予定より長くなりそうです。
도착 예정 시각. 到着予定時刻。

돈을 달라고 요구했어요. お金をくれと要求しました。
범인의 요구에 응했습니다. 犯人の要求に応じました。
요구된 돈을 준비했습니다. 要求されたお金を準備しました。

언니는 미국으로 유학을 떠났다. 姉はアメリカに留学に旅立った。
유학길에 오르다. 留学の途に就く。
한국에 유학을 갔어요. 韓国に留学に行きました。

이 작품에 담겨진 의미가 뭔가요? この作品に込められた意味は何ですか？
행운을 의미하는 네잎클로버. 幸運を意味する四つ葉のクローバー。
의미가 없어졌어요. 意味がなくなりました。

지하철을 이용해서 회사까지 가요. 地下鉄を利用して会社まで行きます。
이용 방법을 가르쳐 주세요. 利用方法を教えてください。
그 사람한테 이용을 당했어요. 彼に利用されました。

이해하기 어려운 문장입니다. 理解しにくい文章です。
나는 그의 이해를 구했다. 私は彼の理解を求めた。
저희 사정도 이해해 주세요. 私たちの事情も理解してください。

인사를 드리겠습니다. あいさつを申し上げます。
인사할 차례입니다. あいさつをする番です。
자, 인사를 나누세요. さあ、あいさつを交わしてください。

대학 입학을 축하합니다. 大学入学をお祝いいたします。
막내가 초등학교에 입학했어요. 末っ子が小学校に入学しました。
올해 입학한 학생은 800명입니다. 今年入学した学生は800名です。

**45日目 CD2-22
チェック！**
答えは左ページ下

☐ 사랑　　☐ 소개　　☐ 예정　　☐ 이용
☐ 생활　　☐ 실례　　☐ 요구　　☐ 이해
☐ 설명　　☐ 연락　　☐ 유학　　☐ 인사
☐ 세수　　☐ 연습　　☐ 의미　　☐ 입학

46日目

動詞11 - 4級　CD2-23

□ 721 - 4
잃다
[일타　イルタ]

失う、なくす、迷う
類 잃어버리다　対 얻다(得る)
正 잃습니다-잃어요-잃었어요-잃으세요

□ 722 - 4
잃어버리다
[이러버리다　イロボリダ]

なくす、失う
類 분실[紛失]하다　対 얻다(得る)
正 잃어버립니다-잃어버려요-잃어버렸어요-잃어버리세요

□ 723 - 4
자라다
[チャラダ]

育つ、成長する、伸びる
類 크다, 성장[成長]하다　対 줄다(減る、縮む)
正 자랍니다-자라요-자랐어요-자라세요

□ 724 - 4
잘못하다
[잘모타다　チャルモタダ]

間違える、損なう、しくじる
動 잘못하다　関 실수하다(失敗する)
하用 잘못합니다-잘못해요-잘못했어요-잘못하세요

□ 725 - 4
잘살다
[チャルサルダ]

豊かな暮らしをする、不自由なく暮らす、無事に過ごす
類 부유[富裕]하다　対 못살다(貧しく暮らす)
ㄹ語幹 잘삽니다-잘살아요-잘살았어요-잘사세요

□ 726 - 4
전하다
[저나다　チョナダ]

伝える、知らせる、渡す
漢 傳--　類 옮기다, 알리다
하用 전합니다-전해요-전했어요-전하세요

□ 727 - 4
정하다
[チョンハダ]

定める、決める
漢 定--　関 결정[決定]하다(決定する)
하用 정합니다-정해요-정했어요-정하세요

□ 728 - 4
주고받다
[주고받따　チュゴパッタ]

やり取りする
類 수수[授受]하다
正 주고받습니다-주고받아요-주고받았어요-주고받으세요

▼ 次ページへ ▼

「치다」は同音異義語が多い単語の一つ。前後の単語から意味を推測しましょう。「시험을 치다」などは韓国語独特の言い回しです。

교통사고로 조강지처를 잃었어요. 　交通事故で糟糠の妻をなくしました。
불경기로 직장을 잃었습니다. 　不景気で職場を失いました。
해가 져서 길을 잃었습니다. 　日が暮れて道に迷いました。

길에서 지갑을 잃어버렸어요. 　道で財布をなくしました。
돈을 전부 잃어버렸습니다. 　お金を全部失ってしまいました。
잃어버린 지갑은 찾았어요? 　なくした財布は見つけましたか？

아기가 무럭무럭 자랍니다. 　子供がすくすくとよく育っています。
고생을 모르고 곱게 자랐어요. 　苦労を知らずに育ちました。
싹이 자라 나무가 됩니다. 　芽が育って木になります。

내가 말을 잘못했어요. 　私が、悪かったです。
잘못한 줄은 알아? 　間違ったことはわかってる？
잘못한 일은 솔직히 사과하세요. 　間違ったことは素直に謝りなさい。

그녀는 잘사는 집 아가씨예요. 　彼女は豊かな暮らしをしている家の娘です。
잘사는 나라로 이민 갔어요. 　豊かに暮らしている国に移民しました。
모든 국민이 잘사는 나라. 　すべての国民が不自由なく暮らしている国。

말 좀 전해 주세요. 　伝言をちょっと伝えてください。
친구에게 선물을 전했어요. 　友達にプレゼントを渡しました。
친구에게 기쁜 소식을 전했습니다. 　友達にうれしい知らせを伝えました。

회사가 정한 방법을 씁니다. 　会社が定めた方法を使います。
만날 장소를 정해요. 　会う場所を決めましょう。
여행 일정을 정했어요. 　旅行の日程を決めました。

친구와 선물을 주고받다. 　友達とプレゼントをやりとりする。
농담을 주고받으며 친해졌습니다. 　冗談を言い合いながら親しくなりました。
눈짓을 주고받다. 　お互いに目配せをする。

▼　次ページへ　▼

46日目　動詞11 - 4級　CD2-23

□ 729 - 4
주무시다
[チュムシダ]

お休みになる
対 일어나시다(お起きになる)
正 주무십니다-주무세요-주무셨어요- ──

□ 730 - 4
죽다
[죽따　チュクタ]

死ぬ
類 숨지다, 사망[死亡]하다　対 살다(生きる)
正 죽습니다-죽어요-죽었어요- ──

□ 731 - 4
지내다
[チネダ]

過ごす、暮らす、務める
類 살아가다　関 살다(暮らす)
正 지냅니다-지내요-지냈어요-지내세요

□ 732 - 4
지다
[チダ]

負ける、敗れる
類 패[敗]하다　対 이기다(勝つ)
正 집니다-져요-졌어요-지세요

□ 733 - 4
지키다
[チキダ]

守る、保護する、保つ
類 수호[守護]하다　関 보호[保護]하다(保護する)
正 지킵니다-지켜요-지켰어요-지키세요

□ 734 - 4
짓다
[짇따　チッタ]

(家を)建てる、(名前を)付ける、ご飯を炊く
対 허물다(取り壊す)　関 세우다(建てる)
人変 짓습니다-지어요-지었어요-지으세요

□ 735 - 4
찾아가다
[차자가다　チャジャガダ]

訪ねていく、受け取っていく、(お金を)下ろしていく
対 찾아오다(訪ねて来る)　関 방문[訪問]하다(訪問する)
正 찾아갑니다-찾아가요-찾아갔어요-찾아가세요

□ 736 - 4
찾아오다
[차자오다　チャジャオダ]

訪ねてくる、取り返してくる、(お金を)下ろしてくる
類 만나러 오다　対 찾아가다(訪ねていく)
正 찾아옵니다-찾아와요-찾아왔어요-찾아오세요

46日目 CD2-23 チェック！
答えは右ページ下

- □ 失う
- □ なくす
- □ 育つ
- □ 間違える
- □ 豊かな暮らしをする
- □ 伝える
- □ 定める
- □ やり取りする
- □ お休みになる
- □ 死ぬ
- □ 過ごす
- □ 負ける
- □ 守る
- □ (家を)建てる
- □ 訪ねていく
- □ 訪ねてくる

안녕히 주무셨어요?　ゆっくりお休みになれましたか？
아버지께서는 방에서 주무십니다.　お父さんは部屋でお休みになっていらっしゃいます。
할아버지께서 주무시는 방입니다.　おじいさんがお休みになる部屋です。

난 너랑 죽어도 못 헤어져.　私はお前と死んでも別れられない。
선생님한테 혼나서 기가 죽었어요.　先生にしかられてしょげています。
둘이 먹다 하나가 죽어도 모른다.　二人で食べていて一人が死んでもわからない。(＝それほど料理がおいしい)

어떻게 지내고 계세요?　どのようにお過ごしですか？
함께 지내온 시간을 생각합니다.　一緒に過ごしてきた時間を考えます。
그는 부장을 지낸 사람입니다.　その人は部長を務めた人です。

시합에서 안타깝게도 졌습니다.　試合で惜しくも負けました。
지지 않으려고 노력했어요.　負けないように努力しました。
애한테 졌어요.　子供に負けました。

약속을 꼭 지켜 주세요.　約束は必ず守ってください。
개가 집을 지키고 있어요.　犬が家を守っています。
나라를 지키는 군인.　国を守る軍人。

새로운 집을 지었어요.　新しい家を建てました。
아기에게 멋진 이름을 지어 주었다.　子供にかっこいい名前を付けてあげた。
아침밥은 지었어요?　朝のご飯は炊きましたか？

전문가를 찾아가서 상담도 해봤어요.　専門家を訪ねて相談もしてみました。
제가 시간에 맞춰서 찾아가겠어요.　私が時間に合わせて訪ねていきます。
남편이 말도 없이 내 돈을 찾아갔다.　夫が断りもなく私のお金を下ろして行った。

이런 좋은 기회는 다시 찾아오지 않아요.　こんなにいい機会は、二度と訪れません。
일부러 찾아올 필요는 없습니다.　わざわざ訪ねて来る必要はありません。
다시 찾아오기만 해봐라…….　もう一回訪ねて来てみやがれ……。

46日目 CD2-23
チェック！
答えは左ページ下

- ☐ 잃다
- ☐ 잃어버리다
- ☐ 자라다
- ☐ 잘못하다²
- ☐ 잘살다
- ☐ 전하다
- ☐ 정하다
- ☐ 주고받다
- ☐ 주무시다
- ☐ 죽다
- ☐ 지내다
- ☐ 지다
- ☐ 지키다
- ☐ 짓다
- ☐ 찾아가다
- ☐ 찾아오다

47日目

形容詞04 - 4級　　CD2-24

□ 737 - 4
반갑다
[반갑따　パンガプタ]

懐かしい、うれしい、喜ばしい
副 반가이　　類 기쁘다, 즐겁다
ㅂ変 반갑습니다-반가워요-반가웠어요-반가우세요

□ 738 - 4
밝다
[박따　パクタ]

明るい
類 환하다　　対 어둡다(暗い)
正 밝습니다-밝아요-밝았어요-밝으세요

□ 739 - 4
비슷하다
[비스타다　ピスタダ]

似ている
対 다르다(違う、異なる)　　関 닮다(似る)
하用 비슷합니다-비슷해요-비슷했어요-비슷하세요

□ 740 - 4
빠르다
[パルダ]

速い、(順序が)早い、先だ
副 빨리　　類 날쌔다　　対 느리다(のろい)
르変 빠릅니다-빨라요-빨랐어요-빠르세요

□ 741 - 4
슬프다
[スルプダ]

悲しい
副 슬피　　類 구슬프다　　対 기쁘다(うれしい)
으語幹 슬픕니다-슬퍼요-슬펐어요-슬프세요

□ 742 - 4
시장하다
[シジャンハダ]

お腹がすく
類 배고프다　　対 배부르다(お腹が膨れる)
하用 시장합니다-시장해요-시장했어요-시장하세요

□ 743 - 4
안되다[2]
[アンドゥェダ]

気の毒だ、哀れだ

正 ── - ── -안됐어요- ──

□ 744 - 4
알맞다
[알맏따　アルマッタ]

適当だ、ふさわしい、合う
類 어울리다　　関 적당하다(適当だ)
正 알맞습니다-알맞아요-알맞았어요-알맞으세요

▼　次ページへ　▼

「안되다」には同音異義語で「うまくいかない」という意味のものと、「気の毒だ」という意味のものの2種類があります。

만나서 반갑습니다.　会えてうれしいです。
나는 그 사람이 무척 반가웠어요.　私は、その人がたいへん懐かしかったです。
그거 참 반가운 일입니다.　それは本当にうれしいことです。

저는 날이 밝는 대로 가겠습니다.　私は夜が明け次第、行きます。
밝은 표정을 지었습니다.　明るい表情をしました。
그 사람은 재테크에 밝아요.　彼は財テクに明るいです。

그 친구와 나는 생김새가 비슷해요.　その友達と私は容姿が似ています。
비슷한 듯 다른 두 사람.　似ているような似てないような二人。
비슷한 말.　似た言葉。

그는 행동이 아주 빨라요.　彼は行動がとても速いです。
이 시계는 항상 오 분이 빨라요.　この時計はいつも5分速いです。
그는 아주 눈치가 빠른 사람입니다.　彼はとても目ざとい人です。

너무 슬퍼요.　とても悲しいです。
슬픈 추억.　悲しい思い出。
슬픈 영화를 봤어요.　悲しい映画を見ました。

시장하시지 않으세요?　お腹がおすきではいらっしゃいませんか?
시장하다고 아무 거나 먹을 수 없지.　お腹がすいたからと何でも食べるわけにはいかないだろう。
시장이 반찬.　お腹すいたのがおかず(＝お腹がすいていれば何でもおいしいものだ)。

그것 참 안됐어요.　それは、本当にお気の毒です。
요즘 힘들다더니 얼굴이 많이 안됐네.　最近大変だと言っていたが、顔が本当に哀れだった。
어머님이 돌아가셨다니 정말 안됐어요.　お母さんが亡くなられたとは誠にお気の毒です。

빈칸에 알맞은 말을 고르세요.　空欄に合う適当な言葉を選びなさい。
계절에 알맞은 옷차림을 하십시오.　季節に合った服装をしなさい。
혼자 살기에 알맞은 방이에요.　一人で住むにはふさわしい部屋です。

▼　次ページへ　▼

47日目 形容詞04 - 4級　CD2-24

□ 745 - 4　약하다
[야카다　ヤクカダ]

弱い
漢 弱--　類 연약[軟弱]하다　対 강[強]하다(強い)
하用 약합니다-약해요-약했어요-약하세요

□ 746 - 4　어둡다
[어둡따　オドゥプタ]

暗い、うとい
類 어두컴컴하다　対 밝다(明るい)
ㅂ変 어둡습니다-어두워요-어두웠어요-어두우세요

□ 747 - 4　어리다
[오리다　オリダ]

幼い、幼稚だ
対 노숙[老熟]하다(老練だ)　関 유치[幼稚]하다(幼稚だ)
正 어립니다-어려요-어렸어요-어리세요

□ 748 - 4　예쁘다
[이엡쁘다　イェップダ]

きれいだ、かわいい、美しい
対 못생기다(醜い)　関 아름답다(美しい)
으語幹 예쁩니다-예뻐요-예뻤어요-예쁘세요

□ 749 - 4　옳다
[올타　オルタ]

正しい、もっともだ
関 맞다(合う)
正 옳습니다-옳아요-옳았어요-옳으세요

□ 750 - 4　이렇다
[이러타　イロタ]

このようだ
ㅎ変 이렇습니다-이래요-이랬어요-이러세요

□ 751 - 4　이상하다
[이상하다　イサンハダ]

変だ、奇妙だ、おかしい
漢 異常--　副 이상하게　類 이상스럽다
하用 이상합니다-이상해요-이상했어요-이상하세요

□ 752 - 4　재미없다
[재미업따　チェミオプタ]

面白くない、つまらない
副 재미없이　対 재미있다(面白い)　関 심심하다(退屈だ)
正 재미없습니다-재미없어요-재미없었어요-재미없으세요

47日目 CD2-24 チェック！答えは右ページ下

□ 懐かしい　□ 悲しい　□ 弱い　□ 正しい
□ 明るい　□ お腹がすく　□ 暗い　□ このようだ
□ 似ている　□ 気の毒だ　□ 幼い　□ 変だ
□ 速い　□ 適当だ　□ きれいだ　□ 面白くない

힘이 약합니다.　力が弱いです。
좀 약하게 해주세요.　ちょっと弱くしてください。
계산에는 약한 편이에요.　計算には弱いほうです。

불빛이 어두워 글을 읽지 못했다.　部屋の明かりが暗くて文が読めなかった。
세상 물정에 어둡다.　世の中の世事にうとい。
그의 어두운 표정이 신경 쓰인다.　彼の暗い表情が気にかかる。

어린 시절을 시골에서 보냈어요.　幼い頃を田舎で過ごしました。
그녀는 나이보다 어려 보여요.　彼女は年よりも幼く見えます。
어리다고 무시하면 안 돼요.　幼いからと無視してはいけません。

하는 짓도 예쁘고 표정도 예뻐요.　やることもかわいくて表情もかわいいです。
인형처럼 예쁜 소녀.　人形のようにきれいな少女。
자기 자식 예뻐하지 않는 사람은 없어요.　自分の子供がかわいくない人はいません。

친구 생각이 옳았어요.　友達の考えが正しかったです。
그것은 옳은 판단이에요.　それはもっともな判断です。
옳은 일만 하고 살아도 모자란 인생.　正しいことだけして生きてもつまらない人生。

이렇게 된 이상 어쩔 수 없다.　このようになった以上、どうしようもない。
그는 웃으며 이렇게 말했다.　彼は笑いながらこのように言った。
그는 이렇게 30년을 살아왔다.　彼は、このように30年を生きてきた。

이상이 생겨서 안 움직여요.　異常が発生して動きません。
부엌에서 이상한 냄새가 나요.　台所から変なにおいがします。
이상한 생각이 들다.　変な気がする。

그 책 읽어 봤는데 별로 재미없었어요.　あの本を読んでみましたが、さほど面白くありませんでした。
재미없는 이야기.　面白くない話。
그는 정말 재미없는 사람이에요.　彼は本当につまらない人です。

47日目 CD2-24
チェック！
答えは左ページ下

- □ 반갑다
- □ 밝다
- □ 비슷하다
- □ 빠르다
- □ 슬프다
- □ 시장하다
- □ 안되다²
- □ 알맞다
- □ 약하다
- □ 어둡다
- □ 어리다
- □ 예쁘다
- □ 옳다
- □ 이렇다
- □ 이상하다
- □ 재미없다

48日目

名詞27 - 4級　◁))) CD2-25

□ 753 - 4
잘못
[잘몯　チャルモッ]

誤り、手違い、落ち度
類 허물　関 실수(失敗)

□ 754 - 4
잠
[チャム]

眠り

□ 755 - 4
잠깐
[チャムカン]

しばらくの間
類 잠시

□ 756 - 4
잠시
[チャムシ]

しばらくの間
漢 暫時　類 잠깐　対 오래(長い間)

□ 757 - 4
잡지
[잡찌　チャプチ]

雑誌
漢 雜誌

□ 758 - 4
저고리
[チョゴリ]

チョゴリ、上衣
類 웃옷　対 바지(ズボン)

□ 759 - 4
전
[チョン]

前
類 앞　対 후(後)

□ 760 - 4
전화번호
[저놔버노　チョヌァボノ]

電話番号
漢 電話番號

▼ 次ページへ ▼

「조건」의 「건」은 「물건(物件)」의 경우를 제외하고, 「사건〔사껀〕(事件)」 등, 농음으로 발음됩니다.

그게 다 제 잘못인가요?　それ、全部私の過ちですか？
과거의 잘못을 사죄하러 왔습니다.　過去の過ちを謝罪しに来ました。
그 아이가 무슨 잘못이 있겠어요?　その子供に何の過ちがあるのですか？

잠이 잘 안 와요.　よく眠れません。
잠이 모자라서 졸려요.　睡眠不足で眠いです。
잠이 깊이 들었어요.　深い眠りにつきました。

잠깐 기다리세요.　少々お待ちください。
잠깐만요, 같이 가요.　ちょっと待ってください、一緒に行きましょう。
잠깐 들렀다 가요.　ちょっと立ち寄ってから行きます。

잠시 후.　しばらく後。
잠시 쉬었다 가요.　しばらく休んでから行きましょう。
잠시만요.　しばらくお待ちください。

잡지를 보고 있습니다.　雑誌を見ています。
그 잡지는 부록 때문에 샀어요.　その雑誌は付録のために買いました。
잡지를 정기 구독하고 있어요.　雑誌を定期購読しています。

검정 치마에 흰 저고리.　黒いチマ(スカート)に白いチョゴリ。
한복 바지와 저고리.　韓服のパジ(ズボン)とチョゴリ。
저고리 고름을 매요.　チョゴリのひもを結びます。

전에 한 번 뵌 적이 있어요.　前に一度お会いしたことがあります。
전부터 알고 있었어요.　前からわかっていました。
전 대통령.　前大統領。

일일사에 전화해서 전화번호를 물어봤어요.　114(韓国の電話番号案内)に電話して電話番号を尋ねてみました。
전화번호를 정리해야지.　電話番号を整理しなくては。
전화번호를 써 주세요.　電話番号を書いてください。

▼　次ページへ　▼

48日目　名詞27 - 4級　CD2-25

□ 761 - 4
점
[チョム]

点
漢點　類반점[斑點]

□ 762 - 4
점심
[チョムシム]

昼食
漢點心　類중식[中食]

□ 763 - 4
접시
[접씨　チョプシ]

皿

□ 764 - 4
젓가락
[저까락　チョッカラク]

箸
類저[箸]　対숟가락(匙)

□ 765 - 4
제목
[チェモク]

題目、表題、タイトル
漢題目　類표제[表題]　関타이틀(タイトル)

□ 766 - 4
조건
[조껀　チョッコン]

条件
漢條件　類요건[要件]

□ 767 - 4
조금
[チョグム]

ちょっと、少し、わずか
類약간　対많이(多い)

□ 768 - 4
주소
[チュソ]

住所、居所
漢住所　類소재지[所在地]

48日目 CD2-25 チェック！ 答えは右ページ下	□ 誤り □ 眠り □ しばらくの間 □ しばらくの間	□ 雑誌 □ チョゴリ □ 前 □ 電話番号	□ 点 □ 昼食 □ 皿 □ 箸	□ 題目 □ 条件 □ ちょっと □ 住所

이면지에 작은 점을 찍었어요.　裏紙に小さな点を打ちました。
시험은 빵 점을 맞았어요.　試験は0点でした。
좋은 점과 나쁜 점을 말해 봐요.　よい点と悪い点を言ってみてください。

점심을 같이 먹으러 가요.　昼食を一緒に食べに行きましょう。
점심은 도시락을 사 먹었어요.　昼食は弁当を買って食べました。
점심을 제대로 못먹어서 빵으로 때웠어요.　昼食をちゃんと食べられなくてパンで済ませました。

접시에 맛있는 음식을 담았어요.　皿においしい料理を盛りました。
접시를 떨어뜨려서 깼어요.　皿を落として割りました。
김치 한 접시 더 주세요.　キムチ、もう一皿ください。

젓가락 한 벌 주세요.　箸を1膳ください。
숟가락과 젓가락.　匙と箸。
올바르게 젓가락을 쓰는 방법.　正しく箸を使う方法。

어떻게 붙여진 제목인가요?　どのようにして付けられた題目ですか?
작품의 제목이 뭐예요?　作品の表題は何ですか?
노래 제목을 물어 봤어요.　歌のタイトルを尋ねてみました。

우리 쪽에 유리한 조건이에요.　私たちに有利な条件です。
필수 조건을 제시해 주세요.　必須条件を提示してください。
조건을 보고 결정하겠습니다.　条件を見て決定します。

조금만 걸어도 다리가 아파요.　ちょっと歩いても脚が痛いです。
바람을 쐤더니 기분이 조금 좋아졌어요.　風に当たったら気分が少しよくなりました。
조금만 있으면 돼요.　少しだけあればいいです。

아무도 그녀의 주소를 몰랐어요.　誰も彼女の住所を知りませんでした。
이사해서 주소가 바뀌었어요.　引っ越して住所が変わりました。
새로운 주소를 알려드립니다.　新しい住所をお知らせいたします。

| 48日目 CD2-25 チェック！答えは左ページ下 | □ 잘못
□ 잠
□ 잠깐
□ 잠시 | □ 잡지
□ 저고리
□ 전
□ 전화번호 | □ 점
□ 점심
□ 접시
□ 젓가락 | □ 제목
□ 조건
□ 조금
□ 주소 |

49日目

名詞28 - 4級　　CD2-26

□ 769 - 4
줄
[チュル]

ひも、列、行、線
類 끈　関 행렬(行列)

□ 770 - 4
중학교
[중학꾜　チュンハクキョ]

中学校
漢 中學校

□ 771 - 4
지갑
[チガプ]

財布
漢 紙匣　類 손지갑

□ 772 - 4
지난번
[チナンボン]

前回、この間、先頃
漢 --番　類 저번[這番], 접때

□ 773 - 4
지난해
[チナンヘ]

昨年、去年
類 작년

□ 774 - 4
지도
[チド]

地図
漢 地圖

□ 775 - 4
지방
[チバン]

地方
漢 地方　類 지역[地域]

□ 776 - 4
지식
[チシク]

知識
漢 知識　類 앎, 학식[學識]

▼　次ページへ　▼

「진짜(本当)」は名詞ですが、例文にあるように「本当に」という意味で副詞的な使われ方もします。

짐을 줄로 묶어요.　荷物をひもで縛ります。
사람들이 줄을 서서 기다려요.　人々が列を作って待っています。
첫째 줄부터 읽어 봐요.　最初の行から読んでみてください。

초등학교를 졸업하고 중학교에 진학했어요.　小学校を卒業して中学校へ進学しました。
중학교에 다니는 학생들.　中学校に通う生徒たち。
공립중학교와 사립중학교.　公立中学校と私立中学校。

지갑에서 돈을 꺼내서 지불합니다.　財布からお金を取り出して支払います。
지갑을 소매치기 당했어요.　財布をすられました。
지폐 지갑과 동전 지갑.　札入れと小銭入れ。

지난번에 부탁한 일 어떻게 됐어요?　前回、お願いしたことはどうなりましたか?
지난번에는 내가 이겼습니다.　前回は私が勝ちました。
지난번 같은 실수를 하면 안 되지요.　前回と同じような失敗をしてはだめでしょう。

지난해 겨울은 정말 추웠어요.　昨年の冬は本当に寒かったです。
지난해도 지지난해도 한국에 갔어요.　昨年も一昨年も韓国に行きました。
지난해에는 사람들이 많았어요.　昨年は人が多かったです。

지도를 보면서 관광지를 찾아 갔어요.　地図を見ながら観光地を訪ねました。
도로 지도 한 권 주세요.　道路地図1冊ください。
간단한 지도를 그려 주세요.　簡単な地図を描いてください。

지방으로 여행하는 게 재미있어요.　地方に旅行するのが面白いです。
어제 지방에서 올라왔어요.　昨日、地方から上京しました。
각 지방의 특색을 알고 싶습니다.　各地方の特色を知りたいです。

그 책에서 많은 지식을 얻었어요.　その本から多くの知識を得ました。
사전 지식을 갖추는 게 좋아요.　事前に知識を備えておくのがよいです。
해박한 지식을 자랑하다.　広い知識を誇る。

▼　次ページへ　▼

49日目 名詞28 - 4級　CD2-26

□ 777 - 4
지하철
[チハチョル]
地下鉄
漢 地下鐵

□ 778 - 4
직업
[지겁　チゴプ]
職業
漢 職業　類 일

□ 779 - 4
진짜
[チンチャ]
本物、(副詞的用法で)本当に
漢 眞-　類 사실[事實]　対 가짜(偽物)

□ 780 - 4
차례
[チャレ]
順序、順番、順
類 순서[順序]

□ 781 - 4
차이
[チャイ]
差異、相違、差、違い
漢 差異　類 차[差]

□ 782 - 4
찬물
[チャンムル]
冷たい水
類 냉수[冷水]

□ 783 - 4
참
[チャム]
本当、(副詞的用法で)本当に、誠に
類 진짜, 정말　対 거짓(偽り)

□ 784 - 4
창문
[チャンムン]
窓
漢 窓門　類 창[窓]

49日目 CD2-26 チェック！ 答えは右ページ下

- □ ひも
- □ 中学校
- □ 財布
- □ 前回
- □ 昨年
- □ 地図
- □ 地方
- □ 知識
- □ 地下鉄
- □ 職業
- □ 本物
- □ 順序
- □ 差異
- □ 冷たい水
- □ 本当
- □ 窓

지하철이 고장나서 늦었어요.　地下鉄が故障で遅れました。
지하철 6호선.　地下鉄6号線。
지하철을 타고 회사로 가요.　地下鉄に乗って会社に行きます。

그의 직업은 의사입니다.　彼の職業は医者です。
직업 훈련을 받고 있습니다.　職業訓練を受けています。
그 사람은 직업 군인이에요.　彼は職業軍人です。

이 시계 진짜예요, 가짜예요?　その時計は本物ですか、ニセモノですか？
영화 진짜 좋아해요.　映画が本当に好きです。
이 드라마는 진짜 지루해요.　このドラマは本当に退屈です。

노래할 차례가 돌아왔습니다.　歌う順番が回ってきました。
전화가 몇 차례 왔었어요.　電話が数回来ていました。
차례를 지켜 주세요.　順番を守ってください。

두 사람의 생각 차이가 심해요.　二人の考え方の違いが甚だしいです。
그건 성격 차이예요.　それは性格の違いです。
역시 경험자와는 차이가 있어요.　やはり経験者とは差があります。

삶은 면을 찬물에 헹궈요.　ゆでた麺を冷たい水にさらします。
찬물을 마시고 싶어요.　冷たい水を飲みたいです。
찬물도 위아래가 있다.　冷たい水も上下がある（＝何事にも順番、順序がある）。

이야기가 참인지 거짓인지 몰라요.　話が本当なのか嘘なのかわかりません。
그녀는 참 멋지다.　彼女は本当にかっこいい。
그는 참 인생을 살았다.　彼は充実した人生を生きた。

창문으로 시원한 바람이 들어와요.　窓から涼しい風が入ってきます。
답답해서 창문을 활짝 열었어요.　息苦しくて窓をばあっと開けました。
창문은 있어도 열 수는 없어요.　窓はあっても開けられません。

49日目 ◁))) CD2-26
チェック！
答えは左ページ下

☐ 줄　　　☐ 지난해　☐ 지하철　☐ 차이
☐ 중학교　☐ 지도　　☐ 직업　　☐ 찬물
☐ 지갑　　☐ 지방　　☐ 진짜　　☐ 참
☐ 지난번　☐ 지식　　☐ 차례　　☐ 창문

耳から覚える 用言の活用 7 [CD2-27]

45日目	辞書形	합니다体現在	해요体現在	해요体過去	해요体尊敬
□ 705	**사랑하다** 하用	사랑합니다	사랑해요	사랑했어요	사랑하세요
□ 706	**생활하다** 하用	생활합니다	생활해요	생활했어요	생활하세요
□ 707	**설명하다** 하用	설명합니다	설명해요	설명했어요	설명하세요
□ 708	**세수하다** 하用	세수합니다	세수해요	세수했어요	세수하세요
□ 709	**소개하다** 하用	소개합니다	소개해요	소개했어요	소개하세요
□ 710	**실례하다** 하用	실례합니다	실례해요	실례했어요	
□ 711	**연락하다** 하用	연락합니다	연락해요	연락했어요	연락하세요
□ 712	**연습하다** 하用	연습합니다	연습해요	연습했어요	연습하세요
□ 713	**예정하다** 하用	예정합니다	예정해요	예정했어요	예정하세요
□ 714	**요구하다** 하用	요구합니다	요구해요	요구했어요	요구하세요
□ 715	**유학하다** 하用	유학합니다	유학해요	유학했어요	유학하세요
□ 716	**의미하다** 하用	의미합니다	의미해요	의미했어요	의미하세요
□ 717	**이용하다** 하用	이용합니다	이용해요	이용했어요	이용하세요
□ 718	**이해하다** 하用	이해합니다	이해해요	이해했어요	이해하세요
□ 719	**인사하다** 하用	인사합니다	인사해요	인사했어요	인사하세요
□ 720	**입학하다** 하用	입학합니다	입학해요	입학했어요	입학하세요

46日目	辞書形	합니다体現在	해요体現在	해요体過去	해요体尊敬
721	잃다	잃습니다	잃어요	잃었어요	잃으세요
722	잃어버리다	잃어버립니다	잃어버려요	잃어버렸어요	잃어버리세요
723	자라다	자랍니다	자라요	자랐어요	자라세요
724	잘못하다 2 하用	잘못합니다	잘못해요	잘못했어요	
725	잘살다 ㄹ語幹	잘삽니다	잘살아요	잘살았어요	잘사세요
726	전하다 하用	전합니다	전해요	전했어요	전하세요
727	정하다 하用	정합니다	정해요	정했어요	정하세요
728	주고받다	주고받습니다	주고받아요	주고받았어요	주고받으세요
729	주무시다	주무십니다	주무셔요	주무셨어요	
730	죽다	죽습니다	죽어요	죽었어요	
731	지내다	지냅니다	지내요	지냈어요	지내세요
732	지다	집니다	져요	졌어요	지세요
733	지키다	지킵니다	지켜요	지켰어요	지키세요
734	짓다 ㅅ変	짓습니다	지어요	지었어요	지으세요
735	찾아가다	찾아갑니다	찾아가요	찾아갔어요	찾아가세요
736	찾아오다	찾아옵니다	찾아와요	찾아왔어요	찾아오세요

用言の活用 7

[CD2-29]

47日目	辞書形	합니다体現在	해요体現在	해요体過去	해요体尊敬
737	반갑다 ㅂ変	반갑습니다	반가워요	반가웠어요	반가우세요
738	밝다	밝습니다	밝아요	밝았어요	밝으세요
739	비슷하다 하用	비슷합니다	비슷해요	비슷했어요	비슷하세요
740	빠르다 르変	빠릅니다	빨라요	빨랐어요	빠르세요
741	슬프다 으語幹	슬픕니다	슬퍼요	슬펐어요	슬프세요
742	시장하다 하用	시장합니다	시장해요	시장했어요	시장하세요
743	안되다 2			안됐어요	
744	알맞다	알맞습니다	알맞아요	알맞았어요	알맞으세요
745	약하다 하用	약합니다	약해요	약했어요	약하세요
746	어둡다 ㅂ変	어둡습니다	어두워요	어두웠어요	어두우세요
747	어리다	어립니다	어려요	어렸어요	어리세요
748	예쁘다 으語幹	예쁩니다	예뻐요	예뻤어요	예쁘세요
749	옳다	옳습니다	옳아요	옳았어요	옳으세요
750	이렇다 ㅎ変	이렇습니다	이래요	이랬어요	이러세요
751	이상하다 하用	이상합니다	이상해요	이상했어요	이상하세요
752	재미없다	재미없습니다	재미없어요	재미없었어요	재미없으세요

キクタン韓国語
8週目

50日目	名詞29 [4級ㅊ-ㅎ]	>>> 234
51日目	名詞30 [4級ㅎ-3級ㄱ]	>>> 238
52日目	ハダ用言04 [4級ㅈ-ㅇ]	>>> 242
53日目	動詞12 [4級ㅊ-3級ㅇ]	>>> 246
54日目	形容詞05 [4級ㅈ-3級ㅎ]	>>> 250
55日目	副詞04 [4級ㅇ-3級ㅌ]	>>> 254
56日目	名詞31 [3級ㄱ-ㅎ]	>>> 258
	用言の活用8	>>> 262

50日目

名詞29 - 4級 ◁))) CD2-30

☐ 785 - 4
출신
[출씬　チュルシン]

出身
漢 出身

☐ 786 - 4
층
[チュン]

層、〜階
漢 層

☐ 787 - 4
카메라
[カメラ]

カメラ
類 사진기[寫眞機]

☐ 788 - 4
카운터
[カウント]

カウンター
類 계산대[計算臺]

☐ 789 - 4
칼
[カル]

ナイフ、刃物、包丁
類 도[刀], 검[劍]

☐ 790 - 4
큰길
[クンギル]

大通り、表通り
類 대로

☐ 791 - 4
키
[キ]

身長、背
類 신장

☐ 792 - 4
파
[パ]

ねぎ

▼ 次ページへ ▼

さあ、最後の1週間の始まりです。たゆまず最後までやり遂げましょう！

출신이 어디예요?　出身はどこですか？
그는 명문 대학 출신이에요.　彼は名門大学出身です。
서울 출신입니다.　ソウル出身です。

부유층의 생활 방식.　富裕層の生活スタイル。
맨 위 층까지 올랐어요.　一番上の階まで上りました。
사무실은 2층에 있어요.　事務室は2階にあります。

카메라의 셔터를 눌렀다.　カメラのシャッターを押した。
새로운 카메라가 등장했다.　新しいカメラが登場した。
디지털카메라를 줄여서 디카라고 해요.　デジタルカメラを略してディカと言います。

계산은 카운터에서 하시기 바랍니다.　会計はカウンターでお願いします。
아시아나 항공의 카운터는 어디입니까?　アシアナ航空のカウンターはどこですか？
카운터에 앉아 혼자 술을 마셨다.　カウンターに座って一人で酒を飲んだ。

칼에 찔려서 죽었습니다.　ナイフで刺されて死にました。
잘 드는 칼을 주세요.　よく切れる包丁をください。
칼에 베인 상처.　ナイフで切られた傷。

이 길을 쭉 가면 큰길이 나옵니다.　この道を真っすぐ行けば大通りに出ます。
큰길이 보이면 좌회전하세요.　大通りが見えたら左折してください。
큰길에 늘어선 가로수.　大通りに並んだ街路樹。

키가 큰 사람.　背が高い人。
키가 큰 사람이 부러워요.　背が高い人がうらやましいです。
키가 얼마나 돼요?　身長はどのくらいですか？

파를 썰어서 김치 찌개에 넣었어요.　ネギを切ってキムチチゲに入れました。
파전과 동동주를 같이 먹으면 맛있어요.　パジョン（ネギのお焼き）とトンドン酒を一緒にいただくとおいしいです。
파김치.　ネギキムチ。

▼　次ページへ　▼

50日目 名詞29 - 4級　　CD2-30

□ 793 - 4
페이지
[ペイジ]

ページ
類 쪽

□ 794 - 4
펜
[ペン]

ペン

□ 795 - 4
표
[ピョ]

切符、チケット、票
漢 票　類 티켓

□ 796 - 4
프린트
[プリントゥ]

プリント
動 프린트하다　類 인쇄[印刷]

□ 797 - 4
하루
[ハル]

1日
類 어떤 날

□ 798 - 4
하룻밤
[하루빰　ハルッパム]

一晩、一夜、ある晩
類 한 밤, 어떤 날밤

□ 799 - 4
학기
[학끼　ハクッキ]

学期
漢 學期

□ 800 - 4
학년
[항년　ハンニョン]

学年
漢 學年

50日目 CD2-30 チェック！答えは右ページ下

- □ 出身
- □ 層
- □ カメラ
- □ カウンター
- □ ナイフ
- □ 大通り
- □ 身長
- □ ねぎ
- □ ページ
- □ ペン
- □ 切符
- □ プリント
- □ 1日
- □ 一晩
- □ 学期
- □ 学年

페이지를 넘기다.　ページをめくる。
두 페이지.　2ページ。
이 책은 무려 900페이지에 달한다.　この本はおおよそ900ページに達する。

펜으로 글을 쓰다.　ペンで字を書く。
펜을 놓았어요.　ペンを置きました。
펜은 칼보다 강하다.　ペンは剣より強し。

기차 표를 끊었어요.　列車の切符を買いました。
선거를 위해 표를 모으겠어요.　選挙のために票を集めます。
인터넷으로 영화표를 예매했어요.　インターネットで映画のチケットを前もって買いました。

앞에서부터 프린트물 넘기겠습니다.　前からプリントを回します。
꽃무늬 프린트 스카프.　花柄プリントのスカーフ。
시험 문제를 프린트하다.　試験問題をプリントする。

오늘은 정말 긴 하루였습니다.　今日は本当に長い１日でした。
어느새 오늘 하루도 다 가버렸네요.　いつの間にか今日１日も過ぎてしまいましたね。
어느 하루 그가 내게 찾아왔다.　ある日彼が私を訪ねてきた。

하룻밤이 지나자 강물이 더욱 불었다.　一晩過ぎると河の水かさがより増した。
하룻밤만 자면 집에 간다.　一晩だけ寝て家に帰る。
하룻밤 묵어 가요.　一晩泊まっていきなさい。

새로운 학기가 시작됩니다.　新しい学期が始まります。
이번 학기 한국어 강좌를 신청했습니다.　今学期の韓国語講座を申し込みました。
3학년 2학기가 끝났어요.　3年の2学期が終わりました。

아드님이 중학교 몇 학년입니까?　息子さんは中学何年生ですか？
벌써 아들이 1학년이 됐어요.　もう、息子は１年生になりました。
학년말 시험에 대비해 공부합니다.　学年末試験に備えて勉強します。

50日目 CD2-30
チェック！
答えは左ページ下

□ 출신　□ 칼　□ 페이지　□ 하루
□ 층　□ 큰길　□ 펜　□ 하룻밤
□ 카메라　□ 키　□ 표　□ 학기
□ 카운터　□ 파　□ 프린트　□ 학년

51日目

名詞30 - 4級　　🔊 CD2-31

☐ 801 - 4
한마디
[ハンマディ]

一言

☐ 802 - 4
한자
[한짜　ハンチャ]

漢字
漢漢字　類한문[漢文]

☐ 803 - 4
해외
[ヘウェ]

海外、外国
漢海外　類외국[外國]　対국내[國內]（国内）

☐ 804 - 4
형제
[ヒョンジェ]

兄弟
漢兄弟　対자매[姉妹]（姉妹）

☐ 805 - 4
혼자
[ホンジャ]

一人で、単独で
類홀로

☐ 806 - 4
홍차
[ホンチャ]

紅茶
漢紅茶　関녹차[綠茶]（緑茶）

☐ 807 - 4
회사원
[フェサウォン]

会社員
漢會社員　類사원[社員]

☐ 808 - 4
횟수
[회쑤　フェッス]

回数
漢回數

▼　次ページへ　▼

「학기」「학년」의「학」의 발음은, 後続子音によって「학기」では濃音化が、「학년」では鼻音化が起こります。

그의 따뜻한 말 한마디가 힘이 됐다.　彼の温かい一言が、力になった。
한마디 말도 없이 떠나다.　一言の言葉もなく出ていく。
옆에서 한마디 거들다.　横から一言、口添えする。

이름을 한자로 써 주세요.　名前を漢字で書いてください。
한자 능력 검정 시험이 있습니다.　漢字能力検定試験があります。
한자 사전을 옥편이라고도 해요.　漢字辞典のことを玉篇ともいいます。

여름 방학 때 해외 여행을 갔어요.　夏休みに海外旅行に行きました。
해외로 어학연수를 가는 사람이 많아요.　海外に語学研修に行く人が多いです。
해외 동포들이 몇 명 정도 됩니까?　海外同胞はどのくらいになりますか?

형제끼리 싸우면 보기 흉해.　兄弟同士でけんかをすると醜い。
외아들이라서 형제가 없습니다.　一人息子なので兄弟はいません。
그 친구하고는 형제처럼 지냈어요.　その友達とは兄弟のように過ごしました。

서울에서 혼자서 직장 생활을 하고 있어요.　ソウルで、一人で社会生活をしています。
어린 아이를 혼자 남겨 두지 마세요.　幼い子供を一人でおいて置かないでください。
혼자 가 버리면 안 돼요.　単独で行ってしまったらだめです。

커피 드시겠습니까? 홍차 드시겠습니까?　コーヒーを召し上がりますか?　紅茶を召し上がりますか?
항상 홍차를 즐겨 마셔요.　いつも紅茶を好んで飲みます。
홍차를 맛있게 끓이는 방법.　紅茶をおいしく入れる方法。

그의 직업은 회사원이다.　彼の職業は会社員だ。
아침 전철은 회사원들로 가득하다.　朝の電車は会社員たちでいっぱいだ。
남자친구는 회사원이다.　ボーイフレンドは会社員だ。

횟수를 거듭하다.　回数を重ねる。
술잔을 기울이는 횟수가 잦아졌다.　酒杯を傾ける回数が頻繁になった。
횟수가 늘다.　回数が増える。

▼　次ページへ　▼

51日目　名詞30 - 4級　CD2-31

□ 809 - 4
후
[フ]

後、のち
漢 後　類 뒤, 나중, 다음　対 전[前](前)　関 뒤(後)

□ 810 - 4
휴가
[ヒュガ]

休暇
漢 休暇

□ 811 - 4
휴일
[ヒュイル]

休日
漢 休日　類 노는 날, 쉬는 날　対 평일[平日](平日)

□ 812 - 4
흰머리
[흰머리　ヒンモリ]

白髪
類 백발[白髮]　対 검은 머리(黒髪)

□ 813 - 4
힘
[ヒム]

力
類 근력[筋力], 능력[能力]

□ 814 - 3
경찰
[キョンチャル]

警察
漢 警察

□ 815 - 3
관심
[クァンシム]

関心
漢 關心　対 무관심[無關心](無関心)

□ 816 - 3
국가
[국까　ククカ]

国家
漢 國家　類 나라

51日目 CD2-31 チェック！答えは右ページ下

- □ 一言
- □ 漢字
- □ 海外
- □ 兄弟
- □ 一人で
- □ 紅茶
- □ 会社員
- □ 回数
- □ 後
- □ 休暇
- □ 休日
- □ 白髪
- □ 力
- □ 警察
- □ 関心
- □ 国家

십 분 후에 다시 전화해 주실래요?　10分後に再び電話をしていただけますか？
며칠 후에 다시 만났어요.　数日後に再び会いました。
문장을 읽은 후 질문에 답하십시오.　文章を読んだ後、質問に答えなさい。

휴가를 얻어 고향에 다녀왔다.　休暇をもらって、故郷に帰ってきた。
작업이 끝나서 휴가를 받았다.　作業が終わったので休暇をもらった。
출산 휴가.　出産休暇。

휴일이라 그런지 사람이 많다.　休日のせいか人が多い。
그는 휴일 아침마다 늦잠을 잔다.　彼は休日の朝はいつも遅くまで寝ている。
공휴일.　公休日。

아버지의 흰머리를 뽑아드렸다.　父の白髪を抜いて差し上げた。
흰머리가 나다.　白髪が生える。
흰머리를 검게 염색하다.　白髪を黒く染める。

힘이 세서 진 적이 없습니다.　力が強くて負けたことがありません。
힘에 겨워서 못할 것 같아요.　手に余って(力に余って)できそうもありません。
그 사람은 교육 사업에 힘을 썼어요.　彼は教育事業に力を尽くしました。

경찰에 신고해 주세요.　警察に申告してください。
커서 경찰이 되고 싶어요.　大きくなったら警官になりたいです。
경찰이 범인을 잡았습니다.　警察が手配中の犯人を逮捕しました。

요즘 패션에 관심이 많아요.　最近、ファッションに関心が高いです。
관심을 끌기 위해서 노력했어요.　関心を引くために努力しました。
공부에도 관심을 좀 가져 봐.　勉強にも関心をちょっと持ってみろ。

동유럽 국가들도 EU에 가입했다.　東ヨーロッパの国家もEUに加入した。
그 선수는 국가적인 지원을 받았다.　その選手は国家的な支援を受けた。
민주주의 국가.　民主主義国家。

51日目 CD2-31
チェック！
答えは左ページ下

☐ 한마디　　☐ 혼자　　　☐ 후　　　　☐ 힘
☐ 한자　　　☐ 홍차　　　☐ 휴가　　　☐ 경찰
☐ 해외　　　☐ 회사원　　☐ 휴일　　　☐ 관심
☐ 형제　　　☐ 횟수　　　☐ 흰머리　　☐ 국가

52日目

ハダ用言04 - 4・3級 CD2-32

□ 817 - 4
졸업
[조럽　チョロプ]

卒業
漢 卒業　動 졸업하다　類 수료[修了]하다
活用 졸업합니다-졸업해요-졸업했어요-졸업하세요

□ 818 - 4
주의
[チュイ]

注意
漢 注意　動 주의하다　類 조심
活用 주의합니다-주의해요-주의했어요-주의하세요

□ 819 - 4
준비
[チュンビ]

準備
漢 準備　動 준비하다　類 채비, 차비[差備]
活用 준비합니다-준비해요-준비했어요-준비하세요

□ 820 - 4
중요
[チュンヨ]

重要
漢 重要　形 중요하다　類 요긴[要緊]
活用 중요합니다-중요해요-중요했어요-중요하세요

□ 821 - 4
지각
[チガク]

遅刻
漢 遅刻　動 지각하다　類 늦음
活用 지각합니다-지각해요-지각했어요-지각하세요

□ 822 - 4
지도
[チド]

指導
漢 指導　動 지도하다　関 가르치다(教える)
活用 지도합니다-지도해요-지도했어요-지도하세요

□ 823 - 4
질문
[チルムン]

質問
漢 質問　動 질문하다　対 답(答え)　関 물음(問い)
活用 질문합니다-질문해요-질문했어요-질문하세요

□ 824 - 4
출발
[チュルバル]

出発
漢 出發　動 출발하다　対 도착[到着]하다(到着する)
活用 출발합니다-출발해요-출발했어요-출발하세요

▼　次ページへ　▼

「주의(注意)」の「의」は子音の後および語中では「이」、所有格の「〜の」の場合は「에」で発音します。

올해 대학교를 졸업했습니다.　今年大学を卒業しました。
고등학교를 졸업한 학생들.　高等学校を卒業した生徒たち。
졸업하려면 시험을 봐야 돼요.　卒業のために試験を受けなければいけません。

맹견 주의.　猛犬注意。
주의를 환기하다.　注意を喚起する。
주의를 주다.　注意を与える。

완벽한 준비를 해야 됩니다.　完璧な準備をしなければいけません。
준비할 시간이 필요합니다.　準備する時間が必要です。
식사 준비부터 하세요.　食事の準備からしてください。

정말 중요하니까 외우세요.　本当に重要だから覚えなさい。
이것은 중요 사항입니다.　これは重要事項です。
가장 중요히 생각되는 일.　最も重要と考えられること。

오늘도 지각이다.　今日も遅刻だ。
수업에 지각했어요.　授業に遅刻しました。
저 사람은 지각대장이에요.　あの人は遅刻の王様(大将)です。

지도적인 역할.　リーダー的な役割。
자녀들을 지도하여 바른길로 인도하다.　子女を指導して正しい道に導く。
지도 편달.　ご指導ご鞭撻(べんたつ)。

질문은 발표 후에 받겠습니다.　質問は発表の後に受け付けます。
궁금한 게 있으면 질문하세요.　気になることがあるなら質問してください。
질문에 대답해 주세요.　質問に答えてください。

아침 일찍 출발했습니다.　朝早く家を出発しました。
서둘러야 해요. 곧 출발이에요.　急がなければいけません。すぐ出発です。
3시에 부산에서 출발할 기차.　3時に釜山に出発する列車。

▼　次ページへ　▼

52日目

ハダ用言04 - 4・3級　CD2-32

□ 825 - 4
필요 [피료　ピリョ]
必要
漢 必要　形 필요하다　対 불필요[不必要]하다(不必要だ)
하用 필요합니다-필요해요-필요했어요-필요하세요

□ 826 - 4
회화 [フェファ]
会話
漢 會話　動 회화하다　類 이야기하다
하用 회화합니다-회화해요-회화했어요-회화하세요

□ 827 - 3
감동 [カムドン]
感動
漢 感動　動 감동하다
하用 감동합니다-감동해요-감동했어요-감동하세요

□ 828 - 3
경험 [キョンホム]
経験
漢 經驗　動 경험하다　類 체험[體驗]
하用 경험합니다-경험해요-경험했어요-경험하세요

□ 829 - 3
관계 [관게　クァンゲ]
関係
漢 關係　動 관계하다　関 사이(間)
하用 관계합니다-관계해요-관계했어요-관계하세요

□ 830 - 3
변화 [벼놔　ピョヌァ]
変化
漢 變化　動 변화하다　関 달라지다(変わる)
하用 변화합니다-변화해요-변화했어요-변화하세요

□ 831 - 3
사용 [サヨン]
使用
漢 使用　動 사용하다　関 사용[使用]되다(使用される)
하用 사용합니다-사용해요-사용했어요-사용하세요

□ 832 - 3
연구 [ヨング]
研究
漢 研究　動 연구하다　類 탐구[探究]하다
하用 연구합니다-연구해요-연구했어요-연구하세요

52日目 CD2-32 チェック！ 答えは右ページ下

- □ 卒業
- □ 注意
- □ 準備
- □ 重要
- □ 遅刻
- □ 指導
- □ 質問
- □ 出発
- □ 必要
- □ 会話
- □ 感動
- □ 経験
- □ 関係
- □ 変化
- □ 使用
- □ 研究

그렇게까지 할 필요는 없어요.　そこまでする必要はありません。
도움이 필요하면 언제든지 말해요.　助けが必要なときはいつでも言ってください。
필요한 물건은 가져 가세요.　必要な物は持っていってください。

한국어 회화가 즐거워요.　韓国語で会話するのが楽しいです。
유학생에게 영어 회화를 배우고 있어요.　留学生から英語会話を習っています。
중국어 회화도 가능하세요?　中国語会話もおできになりますか？

아기의 탄생은 감동이었습니다.　子供の誕生は感動でした。
멋진 영화는 우리에게 감동을 준다.　素晴らしい映画は私たちに感動を与える。
감동의 눈물.　感動の涙。

경험이 풍부한 사람.　経験の豊富な人。
지금껏 경험해 본 적 없는 기쁨.　今まで経験したことのない喜び。
유학 경험을 살려서 일하고 싶어요.　留学の経験を生かして仕事がしたいです。

둘이 무슨 관계예요?　二人はどんな関係ですか？
드디어 그와의 관계를 청산했다.　ついに彼との関係を清算した。
삼각관계로 고민하고 있어요.　三角関係で悩んでいます。

그녀의 옷차림에 변화가 생겼다.　彼女の服装に変化が生じた。
무슨 심경의 변화가 있었던 걸까요?　何か心境の変化があったのでしょうか？
빠르게 변화하는 시대.　素早く変化する時代。

컴퓨터 사용 인구가 늘고 있습니다.　コンピューターを使う人口が増えています。
설명서에 사용 방법이 쓰여 있다.　説明書に使用方法が書かれている。
사용하기 편한 필기 도구.　使いやすい筆記道具。

방언학을 연구하고 있습니다.　方言学を研究しています。
연구 계획서를 작성하고 있어요.　研究計画書を作成しています。
오랜 연구 끝에 얻은 값진 성과.　長い研究の末に得た価値ある成果。

52日目 CD2-32
チェック！
答えは左ページ下

- □ 졸업
- □ 주의
- □ 준비
- □ 중요
- □ 지각
- □ 지도
- □ 질문
- □ 출발
- □ 필요
- □ 회화
- □ 감동
- □ 경험
- □ 관계
- □ 변화
- □ 사용
- □ 연구

53日目

動詞12 - 4・3級　CD2-33

□ 833 - 4
치다¹
[チダ]
打つ、叩く、鳴らす、刈る、摘む、弾く
類 때리다, 두드리다　対 맞다(叩かれる)
正 칩니다-쳐요-쳤어요-치세요

□ 834 - 4
치다²
[チダ]
(線を)引く、(試験を)受ける、見なす
類 긋다
正 칩니다-쳐요-쳤어요-치세요

□ 835 - 4
켜다
[キョダ]
(スイッチなどを)つける、(火、明かりなど)つける
類 불붙이다　対 끄다(消す)
正 켭니다-켜요-켰어요-켜세요

□ 836 - 4
통하다
[トンハダ]
通じる
漢 通--　類 막힘 없다
正 통합니다-통해요-통했어요-통하세요

□ 837 - 4
틀리다
[トゥルリダ]
間違う、違う
類 잘못되다, 맞지 않다　対 맞다(合う)
正 틀립니다-틀려요-틀렸어요-틀리세요

□ 838 - 4
풀다
[プルダ]
ほどく、解く、外す、鼻をかむ
対 묶다(縛る)
ㄹ語幹 풉니다-풀어요-풀었어요-푸세요

□ 839 - 4
피다
[ピダ]
咲く、(かびが)生える、(暮らしが)よくなる
類 벌어지다, 열리다　対 지다(散る)
正 핍니다-펴요-폈어요-피세요

□ 840 - 4
피우다
[ピウダ]
(たばこを)吸う、(火を)おこす、(花を)咲かせる、におわせる
正 피웁니다-피워요-피웠어요-피우세요

▼ 次ページへ ▼

語幹が「르」で終わる用言のほとんどは르変則用言ですが、「따르다」は으語幹用言、「이르다」は러変則用言です。

못을 망치로 쳐요.　くぎを金づちで打ちます。
기타 칠 줄 알아요?　ギターを弾けますか？
가수 뺨 치게 노래를 잘해요.　歌手に負けないくらい歌がうまいです。

중요한 부분은 밑줄을 치면서 들으세요.　重要な部分は下線を引きながら聞いてください。
오늘 시험 잘 쳤니?　今日の試験はうまくいった？
그물을 쳐서 물고기를 잡았다.　網を打って魚を捕まえた。

아침에 일어나면 텔레비전을 켭니다.　朝起きるとテレビをつけます。
생일 케이크에 촛불을 켰어요.　誕生日ケーキのろうそくに火をつけました。
불 좀 켜 줄래요?　明かりをつけてくれますか？

뜻이 통하지 않는 부분이 있어요.　意味がよく通じない部分があります。
이 길은 북쪽으로 통합니다.　この道は北に通じています。
그 친구하고는 잘 통하는 사이예요.　その友達とはよく通じ合う仲です。

이런 간단한 문제를 틀렸어요.　こんな簡単な問題を間違いました。
문제의 해답이 틀립니다.　問題の解答が違います。
틀림 없이 있었어요.　間違いなくありました。

이 문제를 좀 풀어 주세요.　この問題をちょっと解いてください。
긴장을 푸세요.　緊張をほぐしてください。
휴지로 코를 풀었어요.　ちり紙で鼻をかみました。

뒷산에 개나리가 활짝 피었어요.　裏山にレンギョウの花がぱあっと咲きました。
식빵에 곰팡이가 펴서 못 먹겠어요.　食パンにカビが生えて食べられません。
요즘 살림이 좀 폈습니다.　最近は暮らしが少し楽になりました。

여기서 담배를 피우지 마세요.　ここでたばこを吸わないでください。
게으름을 피우지 말고 열심히 하세요.　サボらないで一生懸命にしてください。
친구들과 이야기꽃을 피웠습니다.　友達と話に花を咲かせました。

▼　次ページへ　▼

53日目

動詞12 - 4・3級　　CD2-33

□ 841 - 4
해내다
[ヘネダ]

やり遂げる
類 이겨내다
正 해냅니다-해내요-해냈어요-해내세요

□ 842 - 4
흐르다
[フルダ]

流れる、傾く、偏る
類 넘치다　対 멈추다(止まる)
르変 흐릅니다-흘러요-흘렀어요-흐르세요

□ 843 - 3
낳다
[나타　ナタ]

産む
類 출산[出産]하다　対 배다(はらむ)
正 낳습니다-낳아요-낳았어요-낳으세요

□ 844 - 3
따르다
[タルダ]

従う、ついていく、伴う、懐く
類 뒤쫓다　対 이끌다(導く)
으語幹 따릅니다-따라요-따랐어요-따르세요

□ 845 - 3
빠지다
[パジダ]

落ちる、おぼれる、陥る、抜ける
類 잠기다, 골몰[汨没]하다　対 건지다(掬う)
正 빠집니다-빠져요-빠졌어요-빠지세요

□ 846 - 3
옮기다
[옴기다　オムギダ]

移す、運ぶ、訳す
類 이동[移動]하다　関 운반[運搬]하다(運搬する)
正 옮깁니다-옮겨요-옮겼어요-옮기세요

□ 847 - 3
이루다
[イルダ]

成す、作る、築く、遂げる、果たす、達する
類 이룩하다　対 실패[失敗]하다(失敗する)
正 이룹니다-이뤄요-이뤘어요-이루세요

□ 848 - 3
이르다
[イルダ]

至る、到達する、行き着く
類 닿다　関 도달[到達]하다(到達する)
러変 이릅니다-이르러요-이르렀어요-이르세요

| 53日目 CD2-33 チェック！ 答えは右ページ下 | □ 打つ
□ (線を)引く
□ (スイッチなどを)つける
□ 通じる | □ 間違う
□ ほどく
□ 咲く
□ (たばこを)吸う | □ やり遂げる
□ 流れる
□ 産む
□ 従う | □ 落ちる
□ 移す
□ 成す
□ 至る |

이 일을 혼자 해낼 수 있겠니?　この仕事を一人でやり遂げることができる？
제 몫을 다 해내다.　自分の役割を全部やり遂げる。
맡은 역할을 거뜬히 해내다.　引き受けた役割を軽々とやり遂げる。

물은 높은 데서 낮은 데로 흐른다.　水は高い所から低い所へ流れる。
긴 세월이 흘렀습니다.　長い歳月が流れました。
방 안에 침묵이 흘렀다.　部屋の中に沈黙が流れた。

언니가 귀여운 조카를 낳았습니다.　姉がかわいいめいを産みました。
우리 집의 개가 새끼를 낳았습니다.　うちの犬が子犬を産みました。
비극이 비극을 낳았구나!　悲劇が悲劇を生んだんだな！

나는 그를 따라갈 수밖에 없었다.　私は彼についていくしかなかった。
아이가 그 사람을 잘 따르더군요.　子供が彼によくなついていますね。
자, 저를 따라서 해 보세요.　さあ、私に従ってやってみてください。

옷의 얼룩이 안 빠져요.　服の染みが落ちません。
물에 빠져서 죽을 뻔했어요.　おぼれて死にそうになりました。
그는 사고로 혼수상태에 빠졌다.　彼は事故で昏睡状態に陥った。

환자를 급히 수술실로 옮겼다.　患者を急いで手術室に移した。
이 한국어를 일본어로 옮겨요.　この韓国語を日本語に翻訳します。
여행의 감동을 틈틈이 글로 옮겼다.　旅行の感動をひまひまに文章にした。

너무나 외로워서 잠 못 이루는 밤.　あまりにも寂しくて眠れない夜。
드디어 소원을 이뤘어요.　ついに願いをかなえました。
그들은 가족을 이루었다.　彼らは家族を成した。

달인의 경지에 이르다.　達人の境地に至る。
그렇게 그는 죽음에 이르고 말았다.　そうして彼は死に至ってしまった。
그렇게 오늘에 이르렀어요.　そのようにして今日に至りました。

53日目 CD2-33
チェック！
答えは左ページ下

- □ 치다¹
- □ 치다²
- □ 켜다
- □ 통하다
- □ 틀리다
- □ 풀다
- □ 피다
- □ 피우다
- □ 해내다
- □ 흐르다
- □ 낳다
- □ 따르다
- □ 빠지다
- □ 옮기다
- □ 이루다
- □ 이르다

54日目

形容詞05 - 4・3級 CD2-34

□ 849 - 4
재미있다
[재미읻따　チェミイッタ]

面白い、興味深い
類 즐겁다　関 흥미롭다(興味深い)
正 재미있습니다-재미있어요-재미있었어요-재미있으세요

□ 850 - 4
젊다
[점따　チョムタ]

若い
対 늙다(年老いる)　関 어리다(幼い)
正 젊습니다-젊어요-젊었어요-젊으세요

□ 851 - 4
좁다
[좁따　チョプタ]

狭い
対 넓다(広い)　関 비좁다(狭苦しい)
正 좁습니다-좁아요-좁았어요-좁으세요

□ 852 - 4
짜다
[チャダ]

塩辛い、けちだ、少ない
類 짭짤하다　対 싱겁다(味が薄い)
正 짭니다-짜요-짰어요-짜세요

□ 853 - 4
편안하다
[펴난하다　ピョナナダ]

安らかだ、無事だ、楽だ
漢 便安--　副 편안히　類 편하다, 좋다
하用 편안합니다-편안해요-편안했어요-편안하세요

□ 854 - 4
편하다
[펴나다　ピョナダ]

安らかだ、楽だ、気楽だ、無事だ
漢 便--　副 편히　類 쉽다　対 불편[不便]하다(不便だ)
正 편합니다-편해요-편했어요-편하세요

□ 855 - 4
흐리다
[フリダ]

濁る、曇っている、はっきりしない、ぼかす
類 깨끗지 않다　対 맑다(澄んでいる)
正 흐립니다-흐려요-흐렸어요-흐리세요

□ 856 - 4
희다
[히다　ヒダ]

白い
類 하얗다　対 검다(黒い)
正 흽니다-희어요-희었어요-희세요

▼ 次ページへ ▼

「짜다」は、濃音で発音されています。平音の「자다」や激音の「차다」と、区別できるようになりましたか。

그 드라마는 참 재미있습니다.　あのドラマは本当に面白いです。
재미있는 이야기 좀 해 주세요.　面白い話をちょっとしてください。
요즘 재미있는 책 없나요?　最近、面白い本はありませんか？

나보다 다섯 살이나 젊어요.　私より５歳も若いです。
아직 젊어서 생각이 짧아요.　まだ若くて考え方が浅いです。
한 젊은이를 만났습니다.　１人の若者に会いました。

그 사람은 속이 좁아요.　彼は心が狭いです。
세상이 좁아서 나쁜 짓을 못해요.　世間は狭くて悪いことができません。
방이 좁아서 불편해요.　部屋が狭くて不便です。

짜고 매운 음식은 삼가는 게 좋겠어요.　塩辛いものや辛い食べ物は控えるのがよいです。
일에 비해서 수당이 정말 짜요.　仕事に比べて手当は本当に少ないです。
그 선생님은 학점이 짜요.　その先生は単位の採点が辛いです。

요즘 우리 집은 아주 편안해요.　最近わが家はとても平安です。
편안한 옷으로 갈아입어요.　楽な服に着替えます。
편안히 주무세요.　安らかにお休みください。

그 사람과 같이 있으면 마음이 편해요.　彼と一緒にいると心が安らかです。
사용하기 간단해서 아주 편해요.　使うのが簡単でとても楽です。
편히 쉬십시오.　ゆっくりと休んでください。

흐린 눈으로 바라보다.　濁った目で見つめる。
날이 잔뜩 흐린 게 비가 올 것 같다.　大変に曇っているので雨が降るようだ。
글씨를 흐리게 써서 잘 안 보인다.　文字をはっきり書いてなくてよく見えない。

흰 옷차림을 좋아해요.　白い服装が好きです。
거리에 흰 눈이 내려 와요.　街に白い雪が降ってきます。
서류를 흰 봉투에 넣었어요.　書類を白い封筒に入れました。

▼ 次ページへ ▼

54日目 形容詞05 - 4・3級　CD2-34

857 - 4
힘들다
[ヒムドゥルダ]
骨が折れる、大変だ、難しい
類 어렵다　対 쉽다(やさしい)
ㄹ語幹 힘듭니다-힘들어요-힘들었어요-힘드세요

858 - 3
궁금하다
[궁그마다　クングマダ]
気になる、気遣わしい、心配だ
類 알고 싶다
하用 궁금합니다-궁금해요-궁금했어요-궁금하세요

859 - 3
무섭다
[무섭따　ムソプタ]
恐ろしい、怖い
類 두렵다, 겁나다
ㅂ変 무섭습니다-무서워요-무서웠어요-무서우세요

860 - 3
부드럽다
[부드럽따　ブドゥロプタ]
柔らかい
類 보들보들하다　対 거칠다(粗い)
ㅂ変 부드럽습니다-부드러워요-부드러웠어요-부드러우세요

861 - 3
심각하다
[심가카다　シムガカダ]
深刻だ
漢 深刻--　類 중대[重大]하다
하用 심각합니다-심각해요-심각했어요-심각하세요

862 - 3
심하다
[시마다　シマダ]
ひどい、甚だしい
漢 甚--　類 지나치다　対 덜하다(ひどくない)
하用 심합니다-심해요-심했어요-심하세요

863 - 3
충분하다
[충부나다　チュンブナダ]
十分だ
漢 充分--　副 충분히　類 넉넉하다
하用 충분합니다-충분해요-충분했어요-충분하세요

864 - 3
훌륭하다
[フルリュンハダ]
立派だ、偉い、素晴らしい
副 훌륭히　類 우수[優秀]하다
하用 훌륭합니다-훌륭해요-훌륭했어요-훌륭하세요

54日目 CD2-34 チェック！
答えは右ページ下

- ☐ 面白い
- ☐ 若い
- ☐ 狭い
- ☐ 塩辛い
- ☐ 安らかだ
- ☐ 安らかだ
- ☐ 濁る
- ☐ 白い
- ☐ 骨が折れる
- ☐ 気になる
- ☐ 恐ろしい
- ☐ 柔らかい
- ☐ 深刻だ
- ☐ ひどい
- ☐ 十分だ
- ☐ 立派だ

상처가 아파서 참기 힘들었어요.　傷が痛くて堪え難かったです。
오늘 안에 끝내기 힘들겠어요.　今日中に終わらせるのは難しそうです。
하루 종일 걸었더니 힘들어 죽겠어요.　一日中歩いたら大変で死にそうです。

어떻게 지내시는지 궁금하네요.　どのようにお過ごしか気になりますね。
맛있는 요리의 비결이 궁금해요.　おいしい料理の秘訣が気になります。
그렇게 궁금하면 직접 물어보세요.　そんなに気になるなら直接尋ねてみてください。

말만 들어도 무서워요.　話だけ聞いても怖いです。
너는 하늘이 무섭지도 않니?　お前は天が怖くはないのか？
뚜껑을 열기가 무섭게 집어넣었다.　ふたを開けるや否や放り込んだ。

낮고 부드러운 목소리.　低く柔らかい声。
그녀의 부드러운 머릿결.　彼女の柔らかい髪。
피부가 아기처럼 부드럽네요.　肌が赤ちゃんのように柔らかいですね。

그렇게 심각하게 생각하지 마세요.　そんなに深刻に考えないでください。
이것은 정말 심각한 문제입니다.　これは本当に深刻な問題です。
생각보다 더 심각한 상태인 것 같다.　思ったより深刻な状態のようだ。

지난번에는 내가 너무 심했어요.　先日は、私が言い過ぎました（大変ひどかったです）。
바람이 심하니 쉬었다 가세요.　風がひどいから休んでいってください。
파도가 심해 배가 흔들린다.　波がひどくて船が揺れる。

십 분이면 충분하지?　10分なら十分だろう？
그럴 만한 자격이 충분히 있다.　そのような資格は十分にある。
충분히 생각하고 결정한 겁니다.　十分に考えて決定したことです。

모양은 별로여도 맛은 훌륭해요.　外見はさほどでもないが味は素晴らしいです。
그분 정말 훌륭하신 분이죠.　あの方は本当に立派な方ですよ。
어려운 연기를 훌륭히 해냈어요.　難しい演技を立派にやってのけました。

54日目 ◁))) CD2-34
チェック!
答えは左ページ下

□ 재미있다　□ 편안하다　□ 힘들다　□ 심각하다
□ 젊다　□ 편하다　□ 궁금하다　□ 심하다
□ 좁다　□ 흐리다　□ 무섭다　□ 충분하다
□ 짜다　□ 희다　□ 부드럽다　□ 훌륭하다

55日目

副詞04 - 4・3級　CD2-35

□ 865 - 4
일찍
[イルチク]

早く
類 빨리　対 늦게(遅く)

□ 866 - 4
자꾸
[チャック]

しきりに、ひっきりなしに、何度も
類 늘, 자주　対 이따금(時折)

□ 867 - 4
자주
[チャジュ]

しばしば、しょっちゅう、よく
類 종종, 여러 번　対 가끔(時折)

□ 868 - 4
전혀
[저녀　チョニョ]

まったく、全然
漢 全-　類 조금도, 도무지

□ 869 - 4
절대로
[절때로　チョルテロ]

絶対に
漢 絶對-　類 절대, 결코

□ 870 - 4
정말로
[チョンマルロ]

本当に、間違いなく、誠に
漢 正--　類 참말로, 참으로

□ 871 - 4
제법
[チェボプ]

なかなか、案外、割合、相当
類 꽤, 썩

□ 872 - 4
하지만
[ハジマン]

しかし、だが
類 그러나, 허나

▼　次ページへ　▼

「절대로」「정말로」는 「로」를 取った「절대」「정말」의 形でも使われます。

아침 일찍 일어났어요.　朝早く起きました。
보통 때보다 일찍 집을 나갔어요.　普段より早く家を出ました。
일찍 일찍 다녀라.　もっと早く帰ってこい。

감기가 들었는지 자꾸 기침이 나요.　風邪を引いたせいかしきりにせきが出ます。
자꾸 고장이 나요.　ひっきりなしに故障します。
자꾸 우기지 마세요.　何度も言い張らないでください。

그 가게는 자주 가는 가게예요.　その店はしばしば行く店です。
전화 자주 못해서 미안해요.　電話をしょっちゅうできなくてごめんなさい。
그런 질문 자주 받아요.　よく受ける質問です。

전혀 모르는 이야기예요.　まったく知らない話です。
전혀 상관이 없습니다.　まったく関係ありません。
전혀 다른 사람같이 보여요.　まったく違う人のように見えます。

세상에 절대로 공짜라는 것은 없다.　ただより高いものはない(世の中に絶対ただのものはない)。
이 말은 남에게 절대 하지 마라.　この話は他人に絶対話すな。
절대적 지지.　絶対的な支持。

지구가 정말로 둥글까?　地球は本当に丸いの?
당신을 정말로 사랑해.　あなたを本当に愛してる。
경치가 정말로 아름답다.　景色が誠に美しい。

일이 제법 힘들었어요.　仕事はなかなか骨が折れました。
오늘은 날씨가 제법 추워요.　今日は相当寒いです。
실력이 제법인데.　実力はなかなかだな。

이유는 알아요. 하지만 안 돼요.　理由はわかります。しかしだめです。
네 말이 옳아. 하지만 어쩔 수 없어.　お前の言うことは正しい。しかし、どうしようもない。
가능합니다. 하지만 시간이 걸려요.　可能です。しかし時間がかかります。

▼　次ページへ　▼

55日目

副詞04 - 4・3級　　CD2-35

□ 873 - 4
함께
[ハムケ]

一緒に、共に
動 함께하다　類 같이, 더불어　対 따로(単独で)

□ 874 - 4
혹시
[혹씨　ホクシ]

もしも、万一、もしかして
漢 或是　類 만일, 만약[萬若]

□ 875 - 3
별로
[ピョルロ]

別に、さほど
漢 別-　類 그다지　対 특별[特別]히(特別に)

□ 876 - 3
얼른
[オルルン]

すぐ、素早く、急いで
類 빨리, 어서

□ 877 - 3
이미
[イミ]

すでに、もう、とうに
類 벌써

□ 878 - 3
점점
[チョムジョム]

だんだんと、いよいよ、ますます
漢 漸漸　類 점차[漸次]

□ 879 - 3
제대로
[チェデロ]

きちんと、満足に、ろくに、ちゃんと
類 정상적[正常的]으로

□ 880 - 3
특히
[트키　トゥキ]

特に
漢 特-　類 특별[特別]히

55日目 CD2-35 チェック！
答えは右ページ下

- □ 早く
- □ しきりに
- □ しばしば
- □ まったく
- □ 絶対に
- □ 本当に
- □ なかなか
- □ しかし
- □ 一緒に
- □ もしも
- □ 別に
- □ すぐ
- □ すでに
- □ だんだんと
- □ きちんと
- □ 特に

언제나 함께 놀고 함께 공부도 해요. いつも一緒に遊び、一緒に勉強もします。
봄이 오는 것과 함께 꽃도 피기 시작했어요. 春の訪れとともに花も咲き始めました。
평생을 함께 하고 싶은 사람이에요. 一生を共にしたい人です。

혹시, 동전 있어요? もしかして、小銭もってますか?
혹시 내일 떠나게 될지도 모르겠습니다. もしかしたら、明日出発するかもしれません。
혹시 우리 전에 본 적 있나요? もしかして、私たち前に会ったことがありますか?

지금은 별로 먹고 싶지 않은데. 今は、別に食べたくないんだけど。
티셔츠는 괜찮은데 바지는 별로다. Tシャツはいい感じだが、ズボンはさほどでもない。
오늘은 별로 춥지도 않아요. 今日はさほど寒くもありません。

국이 식기 전에 얼른 드세요. スープが冷める前に、すぐに召し上がってください。
어두워지기 전에 얼른 돌아갑시다. 暗くなる前に急いで帰りましょう。
벨소리에 얼른 달려가 문을 열었다. ベルの音にすぐさま走っていってドアを開けた。

이미 다 지난 일이에요. すでに、すべて過ぎ去ったことです。
가게는 이미 닫혔다. 店はもう閉まった。
때는 이미 늦었다. 時はすでに遅かった。

약속 시간이 점점 다가온다. 約束の時間がだんだんと近づいてくる。
그녀는 요즘 점점 예뻐져요. 彼女は最近ますますきれいになります。
읽으면 읽을수록 점점 빠져든다. 読めば読むほどますますはまっていく。

월급이 제대로 안 나와요. 月給がきちんと出ません。
어제 잠을 제대로 못 잤어요. 昨日は満足に眠れませんでした。
이가 아파서 제대로 못 씹어요. 歯が痛くてちゃんとかめません。

과일 중에 특히 수박을 좋아해요. 果物の中で特にスイカが好きです。
카메라, 특히 필름카메라가 좋아요. カメラ、特にフィルムカメラが好きです。
특히 출근 시간에 붐벼요. 特に出勤時間に込みます。

55日目 CD2-35
チェック!
答えは左ページ下

☐ 일찍　　☐ 절대로　　☐ 함께　　☐ 이미
☐ 자꾸　　☐ 정말로　　☐ 혹시　　☐ 점점
☐ 자주　　☐ 제법　　　☐ 별로　　☐ 제대로
☐ 전혀　　☐ 하지만　　☐ 얼른　　☐ 특히

56日目

名詞31 - 3級　　🔊 CD2-36

□ 881 - 3
국민
[궁민　クンミン]

国民
漢 國民　類 백성[百姓]

□ 882 - 3
느낌
[ヌッキム]

感じ
関 기분[氣分]（気分）

□ 883 - 3
다리
[タリ]

橋

□ 884 - 3
문학
[무낙　ムナヶ]

文学
漢 文學　類 문예[文藝]

□ 885 - 3
부부
[ププ]

夫婦
漢 夫婦

□ 886 - 3
사건
[사껀　サッコン]

事件
漢 事件　類 사고[事故]

□ 887 - 3
성격
[성껵　ソンキョヶ]

性格
漢 性格

□ 888 - 3
세상
[セサン]

世間、社会
漢 世上　類 세계[世界]

▼　次ページへ　▼

今日が最後です。ここまで来た人なら、検定試験でも間違いなくいい成果を残せるはずです。これからも続けてファイティン！

전 국민적인 인기를 얻고 있는 아이돌.　全国民的な人気を得ているアイドル。
국민들이 투표에 너무 무관심해요.　国民が投票にとても無関心です。
국민배우.　国民的俳優。

차가운 느낌.　冷たい感じ。
경쾌한 느낌을 주는 음악.　軽快な感じを与える音楽。
이상한 느낌에 뒤를 돌아보았다.　変な感じがして後ろを振り返った。

한강에는 수많은 다리가 있습니다.　漢江にはたくさんの橋があります。
언니네 집은 다리 건너에 있다.　姉の家は橋の向こうにある。
무지개 다리.　虹の橋。

문학사에 대한 공부를 하고 있어요.　文学史について勉強をしています。
한국의 현대 문학에 관심이 있어요.　韓国の現代文学に関心があります。
나는 어려서 문학소녀였다.　私は幼くして文学少女だった。

부부의 연을 맺다.　夫婦の縁を結んだ。
남편과 부부 모임에 갔습니다.　夫と夫婦の集まりに行きました。
우리 부부에게 아이가 하나 있어요.　うちの夫婦には子供が一人います。

꼭 사건의 진상을 밝히겠습니다.　必ず事件の真相を明らかにします。
살인 사건이 일어나다.　殺人事件が起きる。
결국 사건이 터지고 말았군!　結局事件が起こってしまったな！

낙천적 성격.　楽天的な性格。
두 사람은 성격 차이로 헤어졌다.　二人は性格の違いで別れた。
성격은 다르지만 얼굴은 닮았다.　性格は異なるが、顔は似ている。

이 세상에 하나뿐인 당신.　この世で一人だけのあなた。
요즘은 세상이 너무 각박해요.　最近は世の中がとても世知辛いです。
그 친구는 어제 세상을 떴다.　その友達は昨日亡くなった。

▼　次ページへ　▼

56日目　名詞31 - 3級　 CD2-36

□ 889 - 3
시대
[シデ]

時代
漢 時代　類 기간[期間], 연대[年代]　関 시절[時節]（時節、時期）

□ 890 - 3
예술
[イェスル]

芸術
漢 藝術　類 예능[藝能]

□ 891 - 3
인간
[インガン]

人間
漢 人間　類 사람

□ 892 - 3
자연
[チャヨン]

自然
漢 自然　対 인공[人工]（人工）

□ 893 - 3
정신
[チョンシン]

精神、心、魂
漢 精神　類 마음, 생각

□ 894 - 3
지역
[チヨク]

地域
漢 地域　関 지방（地方）

□ 895 - 3
최근
[チェグン]

最近
漢 最近　類 요즘, 근래[近來]

□ 896 - 3
환경
[ファンギョン]

環境
漢 環境　類 분위기[雰圍氣]　関 상황[狀況]（状況）

56日目 CD2-36 チェック！
答えは右ページ下

□ 国民　□ 夫婦　□ 時代　□ 精神
□ 感じ　□ 事件　□ 芸術　□ 地域
□ 橋　　□ 性格　□ 人間　□ 最近
□ 文学　□ 世間　□ 自然　□ 環境

시대별로 정리해 두세요.　時代別に整理しておいてください。
이 시대의 장인 정신.　この時代の匠の精神。
이곳은 신라 시대의 유적입니다.　ここは新羅時代の遺跡です。

김홍도의 예술 세계.　金弘道(朝鮮時代後期の画家)の芸術の世界。
아내의 김치찌개는 정말 예술이다.　妻のキムチチゲは本当に芸術だ。
예술의 전당에 가려고 합니다.　芸術の殿堂に行こうと思います。

인간의 존엄성.　人間の尊厳性。
인간문화재.　人間国宝(人間文化財)
식물인간이 되어버렸다.　植物人間になってしまった。

자연을 보호합시다.　自然を保護しましょう。
자연은 신의 선물입니다.　自然は神からの贈り物です。
자연스럽게 웃어보세요.　自然に笑ってみてください。

절약 정신이 필요한 때이다.　節約の精神が必要な時だ。
이제 좀 정신이 드니?　もう、気が付いた？
정신을 차리고 보니 집이었다.　気が付いてみたら家だった。

거기도 재개발 지역에 포함되었다.　そこも再開発地域に含まれた。
지역별로 분포가 조금씩 달라요.　地域別に分布が少しずつ異なります。
지역에 따라 말이 다르다.　地域によって言葉が異なる。

최근에 가장 유행하는 곡이 뭐예요?　最近一番はやっている曲はなんですか？
그 사람, 최근에는 못 만났어요.　その人、最近は会えません。
최근 환율 동향.　最近の為替レート動向。

환경이 너무 열악해요.　環境が非常に劣悪です。
환경 보호에 앞장서다.　環境保護の先頭に立つ。
교육 환경.　教育環境。

56日目 ◁))) CD2-36
チェック！
答えは左ページ下

- □ 국민
- □ 느낌
- □ 다리
- □ 문학
- □ 부부
- □ 사건
- □ 성격
- □ 세상
- □ 시대
- □ 예술
- □ 인간
- □ 자연
- □ 정신
- □ 지역
- □ 최근
- □ 환경

耳から覚える 用言の活用 8 [CD2-37]

52日目 辞書形	합니다体現在	해요体現在	해요体過去	해요体尊敬
□ 817 **졸업하다** 하用	졸업합니다	졸업해요	졸업했어요	졸업하세요
□ 818 **주의하다** 하用	주의합니다	주의해요	주의했어요	주의하세요
□ 819 **준비하다** 하用	준비합니다	준비해요	준비했어요	준비하세요
□ 820 **중요하다** 하用	중요합니다	중요해요	중요했어요	중요하세요
□ 821 **지각하다** 하用	지각합니다	지각해요	지각했어요	지각하세요
□ 822 **지도하다** 하用	지도합니다	지도해요	지도했어요	지도하세요
□ 823 **질문하다** 하用	질문합니다	질문해요	질문했어요	질문하세요
□ 824 **출발하다** 하用	출발합니다	출발해요	출발했어요	출발하세요
□ 825 **필요하다** 하用	필요합니다	필요해요	필요했어요	필요하세요
□ 826 **회화하다** 하用	회화합니다	회화해요	회화했어요	회화하세요
□ 827 **감동하다** 하用	감동합니다	감동해요	감동했어요	감동하세요
□ 828 **경험하다** 하用	경험합니다	경험해요	경험했어요	경험하세요
□ 829 **관계하다** 하用	관계합니다	관계해요	관계했어요	관계하세요
□ 830 **변화하다** 하用	변화합니다	변화해요	변화했어요	변화하세요
□ 831 **사용하다** 하用	사용합니다	사용해요	사용했어요	사용하세요
□ 832 **연구하다** 하用	연구합니다	연구해요	연구했어요	연구하세요

53日目	辞書形	합니다体現在	해요体現在	해요体過去	해요体尊敬
☐ 833	치다¹	칩니다	쳐요	쳤어요	치세요
☐ 834	치다²	칩니다	쳐요	쳤어요	치세요
☐ 835	켜다	켭니다	켜요	켰어요	켜세요
☐ 836	통하다	통합니다	통해요	통했어요	통하세요
☐ 837	틀리다	틀립니다	틀려요	틀렸어요	틀리세요
☐ 838	풀다 ㄹ語幹	풉니다	풀어요	풀었어요	푸세요
☐ 839	피다	핍니다	펴요	폈어요	피세요
☐ 840	피우다	피웁니다	피워요	피웠어요	피우세요
☐ 841	해내다	해냅니다	해내요	해냈어요	해내세요
☐ 842	흐르다 르変	흐릅니다	흘러요	흘렀어요	흐르세요
☐ 843	낳다	낳습니다	낳아요	낳았어요	낳으세요
☐ 844	따르다 으語幹	따릅니다	따라요	따랐어요	따르세요
☐ 845	빠지다	빠집니다	빠져요	빠졌어요	빠지세요
☐ 846	옮기다	옮깁니다	옮겨요	옮겼어요	옮기세요
☐ 847	이루다	이룹니다	이뤄요	이뤘어요	이루세요
☐ 848	이르다 러変	이릅니다	이르러요	이르렀어요	이르세요

用言の活用 8

[CD2-39]

54日目	辞書形	합니다体現在	해요体現在	해요体過去	해요体尊敬
☐ 849	재미있다	재미있습니다	재미있어요	재미있었어요	재미있으세요
☐ 850	젊다	젊습니다	젊어요	젊었어요	젊으세요
☐ 851	좁다	좁습니다	좁아요	좁았어요	좁으세요
☐ 852	짜다	짭니다	짜요	짰어요	짜세요
☐ 853	편안하다 하用	편안합니다	편안해요	편안했어요	편안하세요
☐ 854	편하다	편합니다	편해요	편했어요	편하세요
☐ 855	흐리다	흐립니다	흐려요	흐렸어요	흐리세요
☐ 856	희다	흽니다	희어요	희었어요	희세요
☐ 857	힘들다 ㄹ語幹	힘듭니다	힘들어요	힘들었어요	힘드세요
☐ 858	궁금하다 하用	궁금합니다	궁금해요	궁금했어요	궁금하세요
☐ 859	무섭다 ㅂ変	무섭습니다	무서워요	무서웠어요	무서우세요
☐ 860	부드럽다 ㅂ変	부드럽습니다	부드러워요	부드러웠어요	부드러우세요
☐ 861	심각하다 하用	심각합니다	심각해요	심각했어요	심각하세요
☐ 862	심하다 하用	심합니다	심해요	심했어요	심하세요
☐ 863	충분하다 하用	충분합니다	충분해요	충분했어요	충분하세요
☐ 864	훌륭하다 하用	훌륭합니다	훌륭해요	훌륭했어요	훌륭하세요

巻末資料・索引

韓国語の言葉づかい	>>> 266
変則活用	>>> 268
ハングル能力検定4・5級その他品詞一覧	>>> 270
索引	>>> 274

韓国語の言葉づかい

韓国語の言葉づかいの違いは、語尾に多く表れます。本書の例文には、「活用形」の項に示した、初級レベルの人が実際によく使う形以外にも、パンマルといわれる言葉づかいなども含まれています。ここでは、語尾に表れた言葉づかいのいくつかについて簡略にまとめました。

■ かしこまった丁寧形（합니다体）

かしこまった丁寧形の 합니다 体は、公式的、断定的なニュアンスがある言葉づかいです。平叙文は「-ㅂ니다 / -습니다」で終わり、疑問文には「-ㅂ니까? / -습니까?」が付きます。ニュースやビジネスなどの改まった席でよく使われ、また普段の会話でも礼儀正しい感じを出したいときに使います。

- 저는 배철수입니다. 잘 부탁합니다.
  私はペ・チョルスです。よろしくお願いします。
- 현행범을 체포해 왔습니다!
  現行犯を逮捕してきました！

■ うちとけた丁寧形（해요体）

うちとけた丁寧形の 해요 体は、丁寧で柔らかい印象を受ける言葉づかいで、会話でよく使われます。해요 体は、平叙文、疑問文、勧誘文、命令文すべてが「-요」で終わります（文末のイントネーションで区別します）。

- 여기는 동대문시장이에요.
  ここは東大門市場です。
- 한국에서 친구가 와요.
  韓国から友人が来ます。
- 이거 얼마예요?
  これ、いくらですか？

■ 尊敬表現

目上の人と話すときは、通常尊敬の接尾辞「-(으)시-」を用いて敬意を表します。下の例では、합니다体と 해요体の中で用いられています（해요体では「-세요」になります）。最初の例文では、自分の会社の社長のことを「사장님」（社長様）と言っていますが、これは韓国語の敬語が絶対敬語であるからです。相手が内部の人であれ、自分より目上の人について話すときは敬語を使います。

- 저희 회사 사장님이십니다. / 사장님이세요.
  私どもの会社の社長です。
- 아버지는 신문을 읽으십니다. / 읽으세요.
  父は新聞をご覧になっています。
- 일본에서 오십니까? / 오세요?
  日本からいらっしゃいますか？
- 어서 들어오십시오 / 들어오세요.
  早くお入りください。

■ パンマル（해体）

パンマル（해体）とはぞんざいな言葉づかいのこと。日本語の「タメ口」と考えると

わかりやすいでしょう。パンマルは同年代や年下に対して使い、目上の人に対して使うのは禁物ですが、母や兄、姉、歳の近い先輩など、ごく親しい相手であれば年上や目上の人に対しても使うことができます。

パンマルの基本形は、くだけた丁寧形の「해요体」から「요」を取った形です。ただし、指定詞「-예요/이에요」(〜です)の場合、「-(이)야」(〜だ)となります。

- 그래?
  そう？
- 이제 늦었으니까 자.
  もう遅いから寝な。
- 그건 상식이야.
  それは常識だよ。

上記の例文は、丁寧形の 해요体 であれば、それぞれ「그래요 / 자요 / 상식이에요」となります。

■ 下称形(한다体)

韓国語には、目上の人が目下の人に、あるいは非常に親しい友人同士で使うぞんざいな表現、下称形(한다体)というものもあります。下称形は、もっともぞんざいな言葉づかいです。たとえばパンマルは母親やごく親しい先輩などに使うことができますが、目上・年上の人に下称形を使うことはできません。たとえば、平叙文では「-다」、疑問文では「-냐」や「-니」で終わり、命令文では「-라」、勧誘文では「-자」で終わります(このほかのパターンもいくつかあります)。

また、下称形は、日本語の「だ・である体」同様に、日記、随筆、小説など、文章でもよく使われます。

- 생일 축하한다.
  誕生日おめでとう。
- 지금 몇 살이니?
  今何歳だい？
- 얼른 먹어라.
  早く食べろ。
- 오늘 누나한테서 편지가 왔다.
  今日姉から手紙が来た。

変則活用

韓国語には規則的に活用する用言と不規則に活用する用言があります。ここでは不規則に活用する用言について見てみましょう。
※本書では、本文中の各用言が、どの活用用言に当たるかをアイコンで示してあります。

■ ㄹ 語幹 (本書中 ㄹ語幹 で表示)

子音の「ㄴ、ㅅ、ㅂ」が後続するとㄹパッチムが脱落するのが特徴です。

알다 (知る) ➡ 아는 사람、압니다
들다 (入る) ➡ 드세요

【辞書形の探し方】

語幹が母音で終わっていて子音の「ㄴ、ㅅ、ㅂ」が後続していたり、パッチムになっていたりしたら、その子音以降を取ってㄹパッチムと「-다」をつけてみましょう。

■ 으 語幹 (本書中 으語幹 で表示)

母音の「-아/어」が後続すると、語幹から으が落ちて子音と後続の母音が結合するのが特徴です。

아프다 (痛い) ➡ 아파요
크다 (大きい) ➡ 커요

【辞書形の探し方】

母音語幹用言で「-아/어」や「-았/었」がついていたら、その部分を以降を取って子音に「-다」をつけてみましょう。

■ ㄷ 変則 (本書中 ㄷ変 で表示)

母音が後続するとㄷパッチムがㄹパッチムに変わるのが特徴です。

듣다 (聞く) ➡ 들어요
걷다 (歩く) ➡ 걸어요

【辞書形の探し方】

ㄹパッチムがあって「-아、-어、-으」などの母音が後続していたら、母音以降を取り、パッチムをㄷパッチムに変えて「-다」をつけてみましょう。

■ ㅂ 変則 (本書中 ㅂ変 で表示)

語幹の直後に「-으」が来るとㅂパッチム+「-으」が「-우」に、語幹の直後に「-아/-어」が来るとㅂパッチム+「-아/-어」が「-와/-워」になるのが特徴です。なお、「-와」となるのは、「곱다」(美しい)と「돕다」(助ける)のみです。

덥다 (暑い) ➡ 더워요、더운

【辞書形の探し方】

語幹に「-워、-와、-울、-운、-우」という部分があったら、これらの部分を取って「-ㅂ다」をつけてみましょう。

■ ㅅ 変則 (本書中 ㅅ変 で表示)

母音が後続すると ㅅ パッチムが脱落し、その際、母音の同化が起こらないのが特徴です。

낫다 (治る) ➡ 나아요、나은

【辞書形の探し方】

語幹が母音で終わっているのに、「나아요」のように母音同化で省略されるはずの母音が残っていたり、「나은」のように母音語幹用言なのに、現在連体形で 은 がついていたりしたら、これらの部分を取って「-ㅅ다」をつけてみましょう。

■ ㅎ 変則 (本書中 ㅎ変 で表示)

ㅎ パッチムで終わっている形容詞は、「좋다」(よい)を除いてすべて ㅎ 変則に該当します。語幹の直後に「-으」が後続したら ㅎ パッチムと「-으」が落ちます。「-아/-어」が後続したら ㅎ パッチムが落ち、母音が「애」になるのが特徴です。

그렇다 (そのようだ) ➡ 그래요、그런

【辞書形の探し方】

「이런、그런、저런、얄、얀」や「이래、그래、저래、애」といった形でパッチムがある場合はパッチムを取って「-ㅎ다」をつけてみましょう。

■ 르 変則 (本書中 르変 で表示)

르 変則用言は、語幹に「-아」後続したら「르」が「-ㄹ라」、「-어」が後続したら「르」が「-ㄹ러」に変わるのが特徴です。

모르다 (知らない) ➡ 몰라요

【辞書形の探し方】

「ㄹ라、ㄹ러」といった部分があったら、これらの部分を取って「르다」をつけてみましょう。

■ 러 変則 (本書中 러変 で表示)

「누르다」(黄色い)、「푸르다」(青い)、「이르다」(着く)のみで、語幹に「-어」が後続すると「-어」が「-러」に変わるのが特徴です。

이르다 (至る) ➡ 이르러요

【辞書形の探し方】

「-르러」という部分があったら、「러」から後ろを取って「-다」をつけてみましょう。

ハングル能力検定4・5級その他品詞一覧

これまでに本書で取り上げた名詞、動詞、形容詞、副詞以外の、ハングル能力検定4・5級の範囲に指定されている品詞などを取り上げました（分類は原則的にハングル能力検定協会発行の『合格トウミ』に従っています）。

■ 代名詞

거기	そこ
그 1	彼
그 2	それ
그것	それ
그녀	彼女
그들	彼ら
그분	その方
그쪽	そちら
나	私
내 1	私
내 2	私の
누[가]	誰が
누구	誰
무엇	何
아무 1	誰(でも)
아무 2	誰それ
어느 것	どれ
어느 쪽	どちら
어디	どこ
여기	ここ
우리	私たち
이	これ
이것	これ
이곳	ここ
이분	この方
이쪽	こちら
저 1	私(わたくし)
저 2	あれ
저것	あれ
저곳	あそこ
저분	あの方
저쪽	あちら
저희	私(わたくし)たち
제	私(わたくし)の

■ 助詞

가/이 1	[主格] ～が、～は
가/이 2	～では (ない)
가/이 (되다) 3	～に(なる)、～と(なる)
가/이 4	～を(食べたい、見たい)
가	[強調] ～ではない、～しはしない
같이	～のように
까지	～まで、～さえ
께	[尊敬語] ～に
께서	[尊敬語] ～が
ㄴ	～は (는の縮約形)
는/은	～は
도	～も
들	～たち
ㄹ	～を (를の縮約形)
로/으로 1	～で、～によって
로/으로 2	～として
로/으로 3	～に、～へ
를/을 1	～を
를/을 2	～に(登る、行く)
를/을 3	～が、～を(好む)
마다	～のたびに、～ごとに
만	～だけ、～ばかり
밖에	～しか…ない
보다	～より
부터	～から
부터…까지	～から…まで
서	～で、～から
에 1	～に
에 2	～に(始まる)
에 3	～で(いくら)
에 4	～に、～に加えて

에게	(人・動物)〜に
에게서	〜から、〜に
에서 1	〜で (会う)
에서 2	〜から
에서…까지	〜から…まで
와/과	〜と
의	〜の
이다	〜だ
처럼	〜ように
하고	〜と
한테	〜に
한테서	〜から、〜に

■ 語尾

-거든요	〜なんですよ、〜しますから
-겠- 1	[意思表示] 〜します
-겠- 2	[控えめな気持ち] 〜します
-겠- 3	[推量] 〜だろう
-겠- 4	[予告] 〜だろう
-겠- 5	[可能] 〜します
-겠- 6	[断定的な未来] 〜だろう
-고	〜して
-ㄴ 1	[形容詞の現在連体形] 〜な〜、〜い〜、〜である
-ㄴ 2	[動詞の過去連体形] 〜した〜
-네요	〜ですね
-는	[動詞の現在連体形] 〜する〜、〜している〜
-니까	〜するから、〜だから
-다고	〜だと、〜と
-ㄹ	〜する〜、〜である〜、〜すべき〜
-ㄹ/을게요	〜しますよ
-ㄹ/을까요?	[誘い] 〜しましょうか
-ㄹ/을래요 (?)	〜しませんか、〜しますよ
-ㅂ/습니까?	[現在時制・未来時制] 〜しますか、〜ですか
-ㅂ/습니다	[現在時制・未来時制] 〜します、〜です
-ㅂ/읍시다	〜しましょう、〜してください
-아/어도	〜しても、〜でも
-아/어서	〜して、〜なので
-아/어서요	[原因・理由] 〜だからです、〜したからです
-아/어야	〜しなくてはならない、〜してはじめて
-아/어요 (?) 1	[現在時制・未来時制・叙述] 〜します (か)、〜です (か)
-아/어요 2	[誘い・命令] 〜してください、〜しましょう
-았/었-	[過去時制] 〜た [結果・状態の持続] 〜だ、〜している
-았/었겠-	〜でしたでしょう、〜だったでしょう
-(으)러	〜しに
-(으)려고	〜しようと
-(으)려고요(?)	〜しようと思います (か)
-(으)면	〜なら、〜たら、〜ならば
-(으)세요	〜してください
-(으)세요(?)	〜ですか、〜なさいますか、〜でいらっしゃいますか
-(으)시-	[尊敬] 〜される、〜でいらっしゃる
-(으)십시오	〜してください
-(이)요 (?)	〜です、〜ですか、〜ですね
-(이)지요 (?)	〜でしょう、〜でしょうか
-지만	〜だが、〜けれど

■ 表現

〈体言〉같다	〜のようだ、みたいだ
-고	〜して
-고 가다/오다	〜て行く/来る
-고 계시다	〜ていらっしゃる
-고 싶다	〜したい
-고 있다	〜している
〈名詞〉끝에	〜の末に、〜したあげく
-ㄴ/은 가운데	〜するなかで
-ㄴ/은 것 1	〜なこと
-ㄴ/은 것 2	〜したこと
-ㄴ/은 끝에	〜した末に

-ㄴ/은 다음(에)	~した次に
-ㄴ/은 뒤(에)	~したあとに
-ㄴ/은 사이(에)	~する間に
-ㄴ/은 이상(은)	~した以上は
-ㄴ/은 후(에)	~した後に
-는 것	~すること
-다고 하다	~という
〈体言〉때문에	~のために
-ㄹ/을 거예요(?)	~でしょう
-ㄹ/을 때(에)	~する時に
-ㄹ/을 생각(이다)	~する考えだ、~するつもりだ
-아/어 가다/오다	~して行く/来る
-아/어 보다	~してみる
-아/어 있다	~している
-아/어 주다	~してやる
-아/어 주세요	~してください
-아/어 줘(요)	~してくれる
-아/어도 괜찮다	~てもかまわない
-아/어도 되다	~てもよい
-아/어서 반갑다	~してうれしい
-아/어야 되다	~しなくてはならない
-아/어야 하다	~しなくてはならない
-와 같다	~と同じだ
-와 같이	~と同じく
-와 달리	~と違って
-(으)러 가다/오다	~しに行く/来る
-(으)려(고) 하다	~しようとする
-(으)면 되다	~すればよい
-(으)면 안 되다	~してはいけない
-(으)면 좋다	~すればよい
-(으)시겠어요?	~されますか?
-(으)시죠(?)	~でしょう、されますか
-이/가 되다	~になる
-이/가 아니다/아니라	~ではない、~ではなく
-이/가 어떻게 됩니까/되세요?	
	~はどうなりますか
〈体言〉중(에서)	~の中で
-지 말다	~しない
-지 못하다	~できない
-지 않다	~しない
-지 않으시겠어요?	~なさいませんか?

■ 数を表す語

영	0
일	1
이	2
삼	3
사	4
오	5
육	6
칠	7
팔	8
구	9
십	十
백	百
천	千
만	万
억	億
하나	一つ
둘	二つ
셋	三つ
넷	四つ
다섯	五つ
여섯	六つ
일곱	七つ
여덟	八つ
아홉	九つ
열	十
스물	二十
서른	三十
마흔	四十
쉰	五十
예순	六十
일흔	七十
여든	八十
아흔	九十

■ 接辞・依存名詞

-가	~家
-가지	~種類
-간	~間
-개	~個

-개월	~カ月	-원1	~ウォン
-거	~もの	-원2	~員
-것	~もの	-월	~月
-권1	~巻	-이	(終声のある名前に続けて) ~ちゃん
-권2	~券	-일	~日
-그램	~グラム	-장	~張、~枚、~片
-날	~日にち	-적	~的
-내	~内	-점1	~点
-년	~年	-점2	~店
-년생	~年生	제-	第~
-달	~月	-주	~週
대-	大~	-주일	~週日
-대	~台	-중	~中
-데	~ところ、~時	-짜리	~値するもの
-도	~度	-째	~目
-등1	~等	-쪽	~側
-등2	~等	-쯤	~頃
-마리	~匹	-초1	~秒
-말	~末	-초2	~初め
-명	~名	-층	~層
무-	無~	-킬로	~キロ
미-	未~	-킬로그램	~キログラム
-미터	~メートル	-킬로미터	~キロメートル
-번	~番	-퍼센트	~パーセント
-번째	~番目	-해	~年
-벌	(衣服や器物など) ~着、~具	-행	~行き
-분1	~方	-회	~回
-분2	~分		
-비	~費		
-뿐	~だけ		
-살	~歳		
-생	~生まれ		
-센티미터	~センチメートル		
소-	小~		
수-	数~		
-시	~時		
-시간	~時間		
-씨	~さん、~氏		
-알	~粒、~卵		
-어	~語		
-엔	~円		
여-	女~		

索引

本書で学んだ語彙を ㄱㄴㄷ 順で掲載しました（数字は見出し語の番号を表します）。
どこまで覚えられたかチェックしてみましょう！

ㄱ

□가게	1
□가깝다	65
□가끔	529
□가다	33
□가르치다	34
□가만히	530
□가방	2
□가볍다	434
□가수	384
□가슴	3
□가운데	385
□가을	4
□가장	531
□가족	5
□가지다	35
□감기	6
□감다1	36
□감다2	425
□감동	827
□감사	412
□갑자기	532
□값	7
□강	8
□강의	413
□강하다	435
□같다	66
□같이	177
□개	9
□거리1	10
□거리2	386
□거울	387
□거의	11
□거짓말	388
□걱정	414
□건물	389
□걷다	426
□걸다	37
□걸리다	38
□검다	436
□게임	390
□겨우	533
□겨울	12
□결과	13
□결정	415
□결혼	401
□경우	391
□경제	392
□경찰	814
□경험	828
□계단	393
□계산	416
□계속	593
□계시다	39
□계획	594
□고급	394
□고기	14
□고등학교	15
□고맙다	437
□고양이	395
□고추	16
□고추장	396
□고프다	67
□고향	397
□곧	178
□공	398
□공부	402
□공원	399
□공항	400
□과거	449
□과일	17
□과자	450
□관계	829
□관심	815
□괜찮다	68
□교과서	18
□교사	19
□교수	451
□교실	20
□구두	21
□구름	22
□구월	23
□국	24
□국가	816
□국민	881
□궁금하다	858
□귀	25
□귤	452
□그간	453
□그곳	454
□그날	26
□그냥	534
□그대로	535
□그때	27
□그래도	536
□그래서	537
□그러나	179
□그러니까	538
□그러면	539
□그런데	540
□그렇다	438
□그렇지만	541
□그릇	455
□그리고	180
□그리다	427
□그림	28
□그사이	456
□그저께	457
□그쯤	458
□근처	459
□글	29
□글자	460
□금요일	30
□금주	31
□급	32
□기다리다	40
□기록	595
□기분	81
□기쁘다	439
□기억	596
□기차	82
□길	83
□길다	69
□김	461
□김치	84
□깊다	440
□깎다	428
□깨다	429
□꼭	542
□꽃	85
□꾸다	430
□꿈	462
□끄다	431
□끊다	41
□끌다	432
□끝	86
□끝나다	42
□끝내다	497

ㄴ

□나가다	43
□나누다	498
□나다	44
□나라	87
□나무	88
□나쁘다	70
□나서다	499
□나오다	45
□나이	89
□나중	463
□나타나다	500
□나타내다	501
□날	464
□날씨	90

☐날짜	465	☐늦다1	74	☐돈	113	☐라면	493
☐남	466	☐늦다2	442	☐돌	484		
☐남기다	502			☐돌다	516	**ㅁ**	
☐남다	46	**ㄷ**		☐돌려주다	517		
☐남동생	467			☐돌리다	518	☐마시다	146
☐남성	468	☐다	181	☐돌아가다	55	☐마음	120
☐남자	91	☐다녀가다	508	☐돌아오다	56	☐마지막	494
☐남쪽	469	☐다녀오다	509	☐동물	485	☐마찬가지	495
☐남편	92	☐다니다	53	☐동생	114	☐마치다	526
☐낫다	503	☐다르다	443	☐동쪽	486	☐만나다	147
☐낮	93	☐다리	103	☐돼지	115	☐만들다	148
☐낮다	71	☐다리	883	☐되다	57	☐만일	496
☐낳다	843	☐다시	182	☐두다	58	☐많다	76
☐내년	94	☐다음	104	☐뒤	116	☐많이	185
☐내다	47	☐다음날	476	☐뒤쪽	117	☐말	121
☐내달	470	☐다음달	105	☐드리다	519	☐말씀	602
☐내리다	48	☐다음주	106	☐듣다	520	☐말하다	149
☐내용	471	☐다음해	477	☐들다1	59	☐맛	122
☐내일	95	☐다치다	510	☐들다2	521	☐맛없다	77
☐내주	472	☐닦다	511	☐들리다1	60	☐맛있다	78
☐냄새	473	☐단어	107	☐들리다2	522	☐맞다	79
☐냉면	96	☐닫다	54	☐들어가다	61	☐맞은편	561
☐너무하다	72	☐달	108	☐들어서다	523	☐맞추다	527
☐넓다	441	☐달다	444	☐들어오다	62	☐맡다	528
☐넘다	504	☐달라지다	512	☐등	487	☐매다	609
☐넣다	49	☐달리다	513	☐디브이디	488	☐매우	547
☐노래	403	☐닭	109	☐따뜻하다	445	☐매일	123
☐노력	597	☐담다	514	☐따르다	844	☐맥주	562
☐노트	97	☐담배	478	☐딸	118	☐맵다	446
☐놀다	50	☐대답	598	☐땀	489	☐머리	124
☐놀라다	51	☐대신	599	☐때	490	☐먹다	150
☐농구	98	☐대학	110	☐떠나가다	524	☐먼저	125
☐높다	73	☐대학생	111	☐떠나다	63	☐멀다	80
☐놓다	52	☐대학원	479	☐떡	491	☐메일	126
☐누나	99	☐댁	480	☐떨어지다	64	☐며칠	563
☐눈1	100	☐더	183	☐또	184	☐모두	127
☐눈2	101	☐더욱	544	☐또는	545	☐모레	128
☐눈물	474	☐던지다	515	☐또한	546	☐모르다	151
☐눕다	505	☐덥다	75	☐뛰다	525	☐모양	564
☐뉴스	102	☐도서관	112	☐뜨다	145	☐모으다	610
☐느끼다	506	☐도시	481	☐뜻	119	☐모이다	611
☐느낌	882	☐도시락	482			☐모자	565
☐늘	543	☐도장	483	**ㄹ**		☐모자라다	612
☐늘다	507	☐도착	600			☐목	566
☐능력	475	☐독서	601	☐라디오	492	☐목소리	567

275

☐목요일	129	☐방	142	☐비누	589	☐선생님	213
☐목적	568	☐방금	576	☐바다	623	☐설명	707
☐몸	130	☐방법	577	☐비디오	200	☐설탕	214
☐못하다	152	☐방향	578	☐비빔밥	201	☐섬	649
☐무	569	☐배1	143	☐비슷하다	739	☐성격	887
☐무겁다	447	☐배2	579	☐비싸다	274	☐세다	167
☐무릎	570	☐배우다	156	☐비행기	202	☐세상	888
☐무섭다	859	☐배추	580	☐빌리다	624	☐세수	708
☐무척	548	☐버리다	157	☐빠르다	740	☐세우다	168
☐문	131	☐버스	144	☐빠지다	845	☐소	215
☐문장	571	☐번역	606	☐빨리	186	☐소개	709
☐문제	132	☐번호	581	☐빵	203	☐소금	216
☐문학	884	☐벌써	551			☐소리	217
☐문화	572	☐벗다	158	(ㅅ)		☐소설	650
☐묻다	613	☐벽	582			☐속	218
☐물	133	☐변하다	617	☐사건	886	☐손	219
☐물건	573	☐변화	830	☐사과	204	☐손가락	651
☐미안하다	273	☐별	583	☐사다	163	☐손님	652
☐믿다	153	☐별로	875	☐사람	205	☐손수건	653
☐밑	134	☐병	193	☐사랑	705	☐쇠고기	220
		☐병원	194	☐사실	590	☐수	221
(ㅂ)		☐보내다	159	☐사용	831	☐수도	654
		☐보다	160	☐사월	206	☐수업	222
☐바꾸다	614	☐보다	552	☐사이	591	☐수요일	223
☐바다	135	☐보도	607	☐사장	592	☐숙제	224
☐바라다	615	☐보이다1	161	☐사전	641	☐숟가락	655
☐바라보다	154	☐보이다2	618	☐사진	207	☐술	225
☐바람	574	☐보통	584	☐사회	642	☐숫자	226
☐바로	549	☐볼펜	195	☐산	208	☐쉬다	626
☐바쁘다	448	☐봄	196	☐살다	164	☐쉽다	275
☐바지	136	☐뵙다	619	☐삼월	209	☐스포츠	227
☐밖	137	☐부드럽다	860	☐새	210	☐슬프다	741
☐반	138	☐부르다	620	☐새벽	643	☐시	656
☐반갑다	737	☐부모님	585	☐색	644	☐시간	228
☐반드시	550	☐부부	885	☐생각	404	☐시계	229
☐받다	155	☐부엌	586	☐생각되다	165	☐시대	889
☐발	139	☐부인	587	☐생기다	625	☐시디	230
☐발가락	575	☐부탁	608	☐생선	645	☐시월	231
☐발음	603	☐북쪽	588	☐생일	211	☐시작	405
☐발전	604	☐불	197	☐생활	706	☐시작되다	169
☐발표	605	☐불고기	198	☐서다	166	☐시장	232
☐밝다	738	☐불다	621	☐서로	646	☐시장하다	742
☐밝히다	616	☐붙다	162	☐서쪽	647	☐시키다	170
☐밤	140	☐붙이다	622	☐선	648	☐시험	233
☐밥	141	☐비	199	☐선물	212	☐식당	234

□식사	406	□안되다2	743	□연락	711	□우유	310
□신	657	□앉다	176	□연락처	676	□우체국	311
□신다	171	□알다	257	□연습	712	□우표	312
□신문	235	□알리다	629	□연필	295	□운동	410
□신발	236	□알맞다	744	□열다	258	□울다	260
□실례	710	□알아듣다	630	□열리다	632	□움직이다	638
□싫다	276	□앞	249	□열심히	559	□움직임	687
□심각하다	861	□야구	250	□영어	296	□웃다	261
□심하다	862	□야채	664	□영향	677	□월요일	313
□십이월	237	□약	665	□영화	297	□위	314
□십일월	238	□약속	408	□옆	298	□유월	315
□싸다	277	□약하다	745	□예	678	□유학	715
□싸우다	627	□양말	251	□예문	679	□은행	316
□쌀	658	□양쪽	252	□예쁘다	748	□음반	688
□쓰다1	172	□어깨	666	□예술	890	□음식	317
□쓰다2	173	□어둡다	746	□예정	713	□음악	318
□쓰다3	174	□어떻다	280	□옛날	680	□의견	689
□씻다	628	□어렵다	281	□오늘	299	□의미	716
		□어른	667	□오다	259	□의사	319
◎		□어리다	747	□오래간만	681	□의자	320
		□어린이	668	□오르다	633	□이것저것	690
□아까	659	□어머니	253	□오른쪽	682	□이곳저곳	691
□아내	239	□어서	556	□오빠	300	□이기다	639
□아니	187	□어저께	669	□오월	301	□이날	321
□아들	240	□어제	254	□오전	302	□이달	322
□아래	241	□어젯밤	255	□오후	303	□이때	323
□아르바이트	660	□어휘	670	□올라가다	634	□이렇다	750
□아름답다	278	□언니	256	□올라오다	635	□이루다	847
□아마[도]	553	□언제나	189	□올리다	636	□이르다	848
□아무것	661	□얻다	631	□올해	304	□이름	324
□아버지	242	□얼굴	289	□옮기다	846	□이마	692
□아빠	662	□얼른	876	□옳다	749	□이미	877
□아이	243	□얼마	290	□옷	305	□이번	693
□아저씨	244	□얼마나	557	□외국	306	□이상	694
□아주	188	□엄마	671	□외국어	683	□이상하다	751
□아주머니	245	□여기저기	672	□외국인	684	□이야기	325
□아직	554	□여동생	673	□외우다	637	□이야기하다	263
□아직도	555	□여름	291	□왼쪽	685	□이용	717
□아침	246	□여성	674	□요구	714	□이월	326
□아파트	663	□여자	292	□요리	409	□이유	695
□아프다	279	□여행	293	□요일	307	□이전	696
□안	247	□역	294	□요즘	686	□이제	697
□안경	248	□역사	675	□우리나라	308	□이틀	698
□안녕	407	□역시	558	□우산	309	□이하	699
□안되다1	175	□연구	832	□우선	560	□이해	718

☐이후	700	☐잠시	756	☐주소	768	☐찾아오다	736
☐인간	891	☐잡다	271	☐주스	347	☐책	353
☐인사	719	☐잡지	757	☐주의	818	☐책상	354
☐인터넷	701	☐재미없다	752	☐죽다	730	☐처음	355
☐일	327	☐재미있다	849	☐준비	819	☐천천히	192
☐일본	328	☐저고리	758	☐줄	769	☐최근	895
☐일본어	329	☐저녁	338	☐중요	820	☐축구	356
☐일어나다	262	☐적다	283	☐중학교	770	☐출발	824
☐일어서다	640	☐전	759	☐지각	821	☐출신	785
☐일요일	330	☐전철	339	☐지갑	771	☐춥다	288
☐일월	331	☐전하다	726	☐지금	348	☐충분하다	863
☐일주일	332	☐전혀	868	☐지나다	418	☐취미	357
☐일찍	865	☐전화	411	☐지난번	772	☐층	786
☐일한	702	☐전화번호	760	☐지난주	349	☐치다1	833
☐읽다	264	☐절대로	869	☐지난해	773	☐치다2	834
☐잃다	721	☐젊다	850	☐지내다	731	☐치마	358
☐잃어버리다	722	☐점	761	☐지다	732	☐친구	359
☐입	333	☐점심	762	☐지도	774	☐칠월	360
☐입구	703	☐점점	878	☐지도	822		
☐입다	265	☐접시	763	☐지방	775	ㅋ	
☐입학	720	☐젓가락	764	☐지식	776		
☐잊다	266	☐정도	340	☐지역	894	☐카메라	787
☐잊어버리다	267	☐정말	341	☐지키다	733	☐카운터	788
		☐정말로	870	☐지하철	777	☐칼	789
ㅈ		☐정신	893	☐직업	778	☐커피	361
		☐정하다	727	☐진짜	779	☐컴퓨터	362
☐자기	334	☐제대로	879	☐질문	823	☐켜다	835
☐자꾸	866	☐제목	765	☐집	350	☐코	363
☐자다	268	☐제법	871	☐짓다	734	☐크다	433
☐자동차	335	☐제일	342	☐짜다	852	☐큰길	790
☐자라다	723	☐조건	766	☐짧다	286	☐키	791
☐자리	336	☐조금	767	☐찍다	419		
☐자연	892	☐조선	343			ㅌ	
☐자전거	704	☐졸업	817	ㅊ			
☐자주	867	☐좀	191			☐타다	421
☐작년	337	☐좁다	851	☐차	351	☐택시	364
☐작다	282	☐종이	344	☐차	352	☐텔레비전	365
☐잘	190	☐좋다	284	☐차다	287	☐토요일	366
☐잘되다	269	☐좋아하다	272	☐차례	780	☐통하다	836
☐잘못	753	☐죄송하다	285	☐차이	781	☐특히	880
☐잘못하다	724	☐주	345	☐찬물	782	☐틀리다	837
☐잘살다	725	☐주고받다	728	☐참	783		
☐잘하다	270	☐주다	417	☐창문	784	ㅍ	
☐잠	754	☐주말	346	☐찾다	420		
☐잠깐	755	☐주무시다	729	☐찾아가다	735	☐파	792

☐팔	367		☐화장실	382
☐팔다	422		☐환경	896
☐팔월	368		☐회사	383
☐페이지	793		☐회사원	807
☐펜	794		☐회화	826
☐펴다	423		☐횟수	808
☐편안하다	853		☐후	809
☐편지	369		☐훌륭하다	864
☐편하다	854		☐휴가	810
☐표	795		☐휴일	811
☐풀다	838		☐흐르다	842
☐프린트	796		☐흐리다	855
☐피다	839		☐희다	856
☐피우다	840		☐흰머리	812
☐필요	825		☐힘	813
			☐힘들다	857

ㅎ

☐하다	424		
☐하루	797		
☐하룻밤	798		
☐하지만	872		
☐학교	370		
☐학기	799		
☐학년	800		
☐학생	371		
☐한국	372		
☐한국어	373		
☐한글	374		
☐한마디	801		
☐한자	802		
☐할머니	375		
☐할아버지	376		
☐함께	873		
☐해	377		
☐해내다	841		
☐해외	803		
☐허리	378		
☐형	379		
☐형제	804		
☐호텔	380		
☐혹시	874		
☐혼자	805		
☐홍차	806		
☐화요일	381		

■参考資料

『「ハングル」検定公式ガイド 合格トウミ』(ハングル能力検定協会)

「표준국어대사전」(韓国・国立国語院ホームページ [http://www.korean.go.kr/])

「한컴사전」(ソフトウェア『한글2007』収録。한글과컴퓨터 社)

聞いて覚える韓国語単語帳

キクタン
韓国語
【初級編】

ハングル能力検定試験 4・5級レベル

発行日　2008年 5月28日　初版発行
　　　　2010年12月 3日　9刷発行

編　者　HANA韓国語教育研究会

装丁・CDレーベルAD　細山田光宣
装丁・CDレーベルデザイン　横山朋香（細山田デザイン事務所）
本文デザイン　木下浩一（アングラウン）
DTP　秀文社、高瀬伸一（WAKARU）
イラスト　カトウ ナオコ
編集協力　中山義幸（Studio GICO）
ナレーション　林周禧、定本正志
録音・CD編集　パシフィック・ミュージック・コーポレーション
CDプレス　ソニー・ミュージックコミュニケーションズ
印刷・製本　図書印刷株式会社

発行人　平本照麿
編集人　新城宏治
発行所　株式会社アルク
　　　　〒168-8611 東京都杉並区永福2-54-12
　　　　TEL:03-3327-1101（カスタマーサービス部）
　　　　TEL:03-3323-4440（韓国語ジャーナル編集部）

アルクのキャラクターです

WOWI（ウォーウィ）
WOWIは、WORLDWIDEから生まれた名前。「地球上の人々と手をつなぎコミュニケーションしていく能力とマインドを持つ、ワールドワイドに生きる人」を指します。
http://wowi.jp/
ワールドワイドに活躍する人のコミュニティ・サイト

- 落丁・乱丁本、CDに不具合が発生した場合は、弊社にてお取替えいたしております。弊社カスタマーサービス部までご相談ください。
（電話：03-3327-1101 受付時間：平日9時～17時）
- 定価はカバーに表示してあります。

© HANA Press Inc.・ALC Press Inc.
2008 Printed in Japan
PC : 7008108